U0085513

新世紀
法學叢書

修訂九版

證券交易法導論
Introduction of Securities Regulation

廖大穎

學歷／
國立臺灣大學法律學系畢業
日本國立神戶大學法學博士

現職／
東海大學法律學院教授

著作／

Ⅰ.專論　　公司債法理之研究
　　　　　股份轉換制度之研究
　　　　　契約型商業組織之人合公司論

Ⅱ.論文集　公司制度與企業金融之法理
　　　　　公司制度與企業組織設計之法理
　　　　　企業法人治理與公司制度論
　　　　　證券市場與股份制度論
　　　　　證券市場與企業法制論
　　　　　證券市場與投資人保護之法理

Ⅲ.教科書　公司法原論
　　　　　證券交易法導論
　　　　　企業法制案例與裁判解析：股份有限公司篇

三民書局

修訂九版序

民國一○九年（二○二○年）初始，因中國武漢肺炎引爆全世界各地的新型冠狀病毒 (Covid-19) 流行疫情肆虐，一時間全球深陷恐慌，希望及早平息，回復正常、平和、無懼的生活秩序。相較於這變動的時期，二、三年間證券交易法部分條文亦有零星的數次小修正，幅度雖小，而本書亦為配合此部分條文修正，將最新的證券交易法教科書內容，呈現給各位。理所當然，本書之所以能有讀者各位如此的熱烈支持，無異是對作者最高的殷盼與期待，自不敢輕忽怠慢，仍秉持日益求精、最嚴謹的一貫態度，傳承這證券市場法制的啟門之鑰；同時，因應相關國家法科考試的科目，增列證券交易法一科，顯示證券交易法在財經法學領域的重要性，與日俱增，從而在本書內容的撰寫上，將於適當處繼續增加重要的行政函釋與司法見解，充實法律人研讀之所需。

至於本書證券交易法刑事罰責部分的規定，持續特別邀請國立陽明交通大學科技法律學院的林志潔教授執筆，藉由林教授在刑事法學上專業、豐厚的實力，撰寫本書第三篇財經刑法〈證券犯罪〉部分，有系統地解析證券市場上企業資訊不實之詐欺行為、操縱市場、內線交易、非常規交易等各種犯罪行為，而成為本書修訂後的最大特色所在。最後是本書再版，蒙三民書局編輯部同仁的大力幫忙，謹於文末，表達個人忱謝之意。

作者謹識於東海大學法律學院
二○二三年初夏

序

　　本書係繼《公司法原論》後之第二本教科書，其亦原為個人教授證券交易法課程時所準備的講義，承三民書局的熱情邀約，依稿付梓而成《證券交易法導論》一書，發行問世。

　　眾人皆曉，證券交易法是規範證券市場最重要的一部法典；惟相關證券市場之實際運作，常隨著時間的快速遞移，呈現出不同時代的面貌，而其法制設計，往往因高度專業性與技術性的內涵，亦讓初入門道的莘莘學子理不出一條頭緒。當然，針對如此變化快速的一門學科，亦曾是個人躊躇是否應約撰寫的關鍵之一；基於此，相關本書的章節安排與內容編寫上，乃以最淺顯的市場法制體系，試圖引領初學者一窺證券交易法，期使修習證券交易法課程的同學，在短時間內能掌握我國證券市場簡明而完整的輪廓。理所當然耳，有關證券市場法制的學問，浩瀚深邃，因而相較於本書所呈現個人能力不足之處，則祈請大學方家不吝指正。

　　時序進入二〇〇五年，正是阪神大地震屆滿十週年紀念，亦是個人負笈學成歸國的第十個年頭。光陰似箭，一則感念證券交易法的啟蒙老師——神崎克郎教授，留學期間無私關照，在此由衷祝福　恩師身體康健，再造杏壇，二則感謝政大賴源河教授，在財經法學上於公於私，猶如恩師一般，提攜後進。至於本書之順利出版，不僅蒙三民書局編輯部各位同仁的辛勞，所幸同時亦有成大法律所張誌純碩士（日月光半導體，ASE Group）、涂欣成律師、研究生楊啟志與曾傑民同學等諸位研究助理的幫忙；當然，洪恩法律事務所林祺祥律師的情誼相助，亦應在此一併致意再三。

謹誌於台南成大光復校區社會科學院

西元二〇〇五年四月

證券交易法導論

目　次

修訂九版序
序

第一篇　緒　論

第一章　證券市場

第一節　我國證券市場之歷史軌跡 ································ 5
第二節　證券市場與經濟發展之關係 ························ 10
第三節　股票市場與債券市場 ······························· 26

第二章　證券交易法之基礎架構

第一節　證券市場法制與規範內容 ························ 33
第二節　證券與交易的概念 ······························· 47
第三節　證券管理行政與自律制度 ······················ 55

第二篇　本　論

第三章　發行市場（初級市場）

第一節　公開發行有價證券 ······························· 71

第二節 資訊揭露 ······ 86

第三節 違反企業資訊揭露之民事責任制度 ······ 114

第四節 公開發行公司之私募有價證券 ······ 146

第四章 公開發行公司法制

第一節 公司法與公開發行公司的特別規制 ······ 159

第二節 證券交易法與公開發行公司的特別規制 ······ 181

第五章 流通市場（次級市場）

第一節 有價證券集中交易市場 ······ 247

第二節 有價證券店頭交易市場 ······ 273

第三節 證券市場與不法行為規範 ······ 286

第四節 外國企業來臺上市上櫃之補充規定 ······ 359

第六章 證券法制與企業秩序

第一節 大量持有股權 ······ 371

第二節 公開收購股權 ······ 378

第三節 私募與股權交易 ······ 404

第四節 股權代理行使與委託書之徵求 ······ 413

第七章 證券交易機關

第一節 證券商 ······ 431

第二節 證券交易所 ······ 458

第八章 證券服務事業

第一節 證券金融事業 ······ 483

第二節　證券集中保管事業 ⋯⋯⋯⋯⋯⋯⋯⋯⋯⋯⋯⋯⋯ 494

第三節　證券投資信託與投資顧問事業 ⋯⋯⋯⋯⋯⋯⋯ 500

第四節　信用評等事業 ⋯⋯⋯⋯⋯⋯⋯⋯⋯⋯⋯⋯⋯⋯⋯ 513

第九章　證券仲裁

第一節　證券爭議與仲裁制度 ⋯⋯⋯⋯⋯⋯⋯⋯⋯⋯⋯ 519

第二節　仲裁程序與仲裁判斷

　　　　——證券仲裁制度之特殊規定 ⋯⋯⋯⋯⋯⋯⋯ 521

第十章　保護證券投資人與金融消費者特別法

第一節　保護證券投資人之特別立法 ⋯⋯⋯⋯⋯⋯⋯⋯ 525

第二節　證券投資人保護機構 ⋯⋯⋯⋯⋯⋯⋯⋯⋯⋯⋯ 529

第三節　實現證券投資人保護的設計與配套措施 ⋯⋯⋯ 538

第四節　金融消費者保護法的另一立法 ⋯⋯⋯⋯⋯⋯⋯ 558

第三篇　財經犯罪

第十一章　證券犯罪

第一節　導　論 ⋯⋯⋯⋯⋯⋯⋯⋯⋯⋯⋯⋯⋯⋯⋯⋯⋯ 579

第二節　證券市場之犯罪類型 ⋯⋯⋯⋯⋯⋯⋯⋯⋯⋯⋯ 583

第三節　其他犯罪類型 ⋯⋯⋯⋯⋯⋯⋯⋯⋯⋯⋯⋯⋯⋯ 633

第四節　刑事政策與「犯罪所得」 ⋯⋯⋯⋯⋯⋯⋯⋯⋯ 657

第五節　小　結 ⋯⋯⋯⋯⋯⋯⋯⋯⋯⋯⋯⋯⋯⋯⋯⋯⋯ 677

附錄〈Ⅰ〉證券投資人及期貨交易人保護法現行條文 ⋯⋯ 679

附錄〈Ⅱ〉金融消費者保護法現行條文 ⋯⋯⋯⋯⋯⋯⋯⋯ 688

第一篇

緒 論

第一章　證券市場

綱要導讀

第一節　我國證券市場之歷史軌跡

壹、萌芽期的證券市場

貳、有價證券集中交易市場之創設

參、證券交易法之頒布與實行

第二節　證券市場與經濟發展之關係

壹、證券市場概論

貳、企業金融與有價證券

參、有價證券與投資理財

第三節　股票市場與債券市場

壹、股票市場

貳、債券市場

第一節 我國證券市場之歷史軌跡

壹、萌芽期的證券市場

論臺灣的證券市場歷史，一般認為其時尚淺，或因臺灣早期屬於農村的經濟社會，有關發展資本市場之誘因，恐無從談起。縱然在二十世紀前半期，日本殖民時代的臺灣，亦因當時「農業臺灣，工業日本」的既定政策，在臺灣本島的重要工業建設鮮少；至於相關戰前的證券交易，僅有證券商之店頭市場買賣，比方是在股票方面，其主要為在臺灣之幾家銀行、製糖公司、紙業公司、電力公司及礦業公司等，另一部分則是透過日本證券商買賣日本內地的上市股票，而相對於債券方面，主要為日本政府所發行之公債及小額債券等。無論是股票或債券交易，均在證券商之店頭買賣，當時尚未有集中市場，且無組織化之交易制度；惟直至太平洋戰爭爆發後，因戰事日趨惡化之故，證券業務亦益形萎縮，終而二次大戰日本戰敗，原來的證券交易亦消匿其形跡❶。

二次世界大戰結束後，中華民國政府因國共內戰，於民國 38 年播遷來臺，重新建設臺灣的經濟發展，使業已消逝的證券市場，因而有日漸復甦之趨勢，私人間買賣漸多，而國民政府亦於該年 8 月發行愛國公債，其乃一般所謂戰後證券交易的開始。民國 42 年，政府為實施耕者有其田政策，乃徵收地主土地轉放自耕農承領，即運用證券市場的功能，將省營之台泥、台紙、工礦、農林四大公司移轉民營，以其股票補償地主，而土地價款則以實物土地債券七成及該四大公司股票三成，辦理補償；惟因當時地主對股票價值不甚瞭解，多脫手求現，都市中擁有資金之人，便以極低價格大肆收購，一時「買賣證券」、「高價收買證券」之行號，如雨後春筍般林立，如此類土地債券、股票及政府發行的愛國公債，乃逐漸在市面流通。因此，代客買賣證券之商號亦陸續出現，戰後臺灣初期零散的證券（店頭）市場，

---

❶ 賴源河，《證券管理法規》（自版，2000 年）32 頁。

亦自然復甦成形❷。

由於店頭買賣交易頻繁，市面上流通證券日增，為保障投資大眾的權益，政府乃於民國 43 年 1 月，由當時臺灣省政府依據國家總動員法第 18 條之規定，制定「臺灣省證券商管理辦法」，以資管理，防止不正當的交易行為（主管機關為臺灣省政府財政廳）。其後，嗣因國民儲蓄明顯增加，且是時正逢工商業發展，企業常為資金短絀所苦，政府乃於民國 44 年 7 月修正發布上述管理辦法，放寬證券商代表人之資格，取消分區規定，不再限制證券商家數，並規定證券商本身雖不得買賣政府所發行之債券，但得自由買賣股票，以活絡資本市場的供需平臺。一直到民國 45 年 2 月，臺北市證券商同業公會正式成立，共有證券商 52 家，戰後初期的證券（店頭）市場規模乃逐漸擴大，惟當時市場的發展並不穩定❸。

貳、有價證券集中交易市場之創設

為因應當時財經情勢，加速經濟發展，民國 47 年政府公布十九點「財經改革方案」，其中之一即為籌建證券市場，以充分供應經濟建設資金及促進企業資本之形成；爰以，經濟部乃據此於翌年成立「經濟部建立證券市場研究小組」專責研究籌設相關事宜，且邀請美國證券市場專家符禮思 (Mr. George M. Ferris) 先生來臺擔任顧問，並協助該小組研究。

民國 49 年 1 月符禮思顧問提出「臺灣建立證券交易所研究報告」，分析臺灣當時的投資環境，對於經濟部證券小組所提出之設立證券交易所的主張，予以高度肯定，謂「臺灣證券市場如不建立，則健全之資本形成無從實現，無健全之資本形成勢將阻礙工業之發展，如此則整個美援計畫之效果，亦屬短暫而有限度」，雖認為設立證交所是必要的，且其的確有促進

❷　財團法人中華民國證券暨期貨市場發展基金會，《中華民國證券暨期貨市場(民國 90 年版)》(同基金會，2001 年) 20 頁。

❸　證基會，前揭書❷ 22 頁。
　　賴源河，前揭書❶ 34 頁；余雪明，《證券管理》(正中書局，1983 年) 234 頁，陳指戰後臺灣的店頭交易市場，畸形發展，一直無法納入正軌。

資本形成、抑制通貨膨脹、健全承銷人之財務及吸收國外資金的機能，但亦認為「在未採取下列步驟以改善投資環境前，證券市場似不宜建立：㈠修改稅法；㈡成立證券交易管理委員會；㈢建立一經特別考試合格之會計師制度；㈣修訂有關銀行之管理法規。苟證券交易所先於上述各步驟完成前建立，則此證券交易所必因不能獲得社會企業界及投資者之支持，終將失敗。由於其失敗，必然喪失人民對證券投資之信心，且對臺灣之長期資本形成及工業成長亦為一極大打擊」❹。因此，經濟部證券管理委員會於民國49年9月成立，積極起草證券相關法令及推動證券市場之建立，繼而成立臺灣證券交易所股份有限公司（以下簡稱臺灣證交所）。

　　在政府全力推動下，臺灣證交所於民國51年2月9日成立。然，在開業之初，為考量證券商素質之問題，試先採以公司制，其主要的營業項目為：㈠提供場所及設備為各種上市證券集中買賣與結算之用，㈡集中證券交易，㈢辦理各種證券買賣及結算有關之保管及過戶代理業務；再者，臺灣證交所係採行強制上市制度，即公司屬於公開發行及以前已有公開買賣者，必須在證券交易所集中交易買賣，且依據當時臺灣證交所「公司證券上市審查準則」所訂標準，凡合乎標準者列為正式上市，否則列為試行上市，以配合證券商管理辦法規定「強制上市」之政策。就歷史的資料觀之，臺灣證交所開業當時，場內買賣有價證券種類，有下列三種：當日交割之買賣、例行交割之買賣及特約日交割之買賣，已近似於先進國家所採行之定期結算交易，發揮調節證券市場信用之功能，並有效逐步引導日後我國證券市場的健全發展❺。爰此，論者有謂是臺灣證交所之開業，將分散各地之交易全部納入證券交易所集中交易，並嚴格禁止場外交易行為，於是國內證券店頭市場終告一段落，亦有稱取而代之的證券集中交易，為我國證券市場發展之第二階段❻。

---

❹　符禮思，〈臺灣建立證券交易所研究報告〉《臺灣證券市場研究報告》（經濟部證券管理委員會，1969年）1頁。

❺　證基會，前揭書❷24頁；余雪明，前揭書❸225頁。

❻　李開遠，《證券管理法規新論》（五南圖書，2001年）205頁。

參、證券交易法之頒布與實行

一、制度化之證券市場

民國 54 年 4 月行政院函請立法院審議證券交易法草案,其為建立我國證券市場制度化的第一步工作,當時行政院函謂「查關於證券交易管理,原係以 24 年制定公布之交易所法為依據,該法實施迄今已近三十年,以之適應現時經濟情況,不合時宜之處甚多,本院前為配合經濟發展,籌建證券市場,曾於 50 年依據國家動員法,制定公布『證券商管理辦法』一種,以利推行,惟該辦法仍屬一時權宜措施,不足以適用需要」,並將經濟部證券管理委員會所呈之證券交易法草案研議整理後,提請審議,期以完成立法程序,同時並函請審議廢止交易所法❼。職是,我國現行的證券交易法正式於民國 57 年 4 月 16 日立法院三讀通過,是年 4 月 30 日總統公布施行。

證券交易法的頒布,其意義乃如第一條所明文「為發展國民經濟,並保障投資」之文義,冀為有效確保企業發行有價證券,並維持公平、公正的證券交易制度,達致保護投資人之目的;易言之,吾人試就證券交易法的目的觀之,其規範包括公開發行公司、證券發行、交易市場與其相關服務事業,以及證券市場上不特定之多數投資人。因此,證券交易法之頒布、施行,可謂是我國證券市場發展史上的一項重要里程,其將使相關公司公開發行有價證券與買賣有價證券之市場管理,取得法源的依據,逐步邁入法制化管理之範疇,實有助於日後證券市場之正常運作❽。

---

❼ 民國 54 年 4 月 15 日臺 54 經字第 2445 號行政院函請審議證券交易法草案並於完成立法程序時將交易所法審議廢止案,請參閱立法院秘書處《證券交易法案（上）》（立法院公報法律案專輯,1968 年）1 頁。

　　惟其後,行政院旋即撤回證券交易法草案,於民國 55 年 8 月再函請審議之,請參閱本註前揭書 29 頁。

❽ 證基會,前揭書❷ 26 頁。

二、朝向自由化與國際化的證券市場

　　雖然如此，但從我國證券市場的長期發展而言，亦存在相當多的缺失，恐導致證券市場體質本身不夠健全，例如證券市場規模狹小，長期未能隨同經濟成長而擴大，又例如國內證券市場偏向發展，績效不彰，投資人結構異形而顯現投機色彩濃厚，缺乏穩定性；再者，令人詬病的是上市公司財務、業務報告等企業資訊，其內容公開不充分且不正確，凸顯公司管理制度未臻完善，尤其是傳聞內線交易與人為炒作股票行為猖獗等之，亦成為我國證券市場發展的瓶頸❾。

　　在國際經濟與總體經濟上，隨著證券市場的角色加重，為配合政府自由化與國際化之財經政策，自民國 79 年證券主管機關乃區分三階段，推動僑外資直接投資國內證券市場，而逐年修訂相關法規，放寬投資總額之限制，開放國內企業至海外發行公司債，並於民國 86 年起開放國內企業所發行股份得跨國上市，外國企業亦得來臺上市。其次是在股市管理方面，政府於民國 79 年實施公司財務預警制度，民國 83 年推動公司財務預測制度，加強會計師評鑑制度，並於民國 84 年實施股票交易款券劃撥制度，並推動新制股票承銷制度。再其次是全盤檢討證券交易法及其相關規定，其中以民國 77 年、民國 89 年及民國 91 年的證券交易法修正，為充實企業公開之資訊品質，調整市場仲介機關，強化公司內部人交易之管理，推動證券業務多元化，開發新種證券商品，放寬公開發行公司之私募有價證券等，影響現行證券交易制度至為深遠❿。

　　相對於期貨市場，政府於民國 81 年間，有鑑於期貨交易已成為現代金融活動中極重要之一環，乃展開我國期貨市場的建立工作，在民國 86 年完成立法、公布「期貨交易法」，而主管機關證券管理委員會亦正式更名為證券暨期貨管理委員會；臺灣期貨交易所於民國 87 年成立，正式發展我國期貨市場。

---

❾　證基會，〈因應國際化、健全證券市場的策略〉專題研究（78 年度研究報告）5 頁，分析當時我國證券市場之特徵所在。

❿　證基會，前揭書❷ 30 頁。

第二節　證券市場與經濟發展之關係

壹、證券市場概論

一、證券市場的意義

　　若論證券市場與國民經濟的關係，從個體經濟的角度言之，證券市場可謂係為資金需求者（例如企業）與資金供給者（例如投資人）間，建立一個公開的市場，使資金需求者透過發行有價證券，獲得其所需的資金，順利從事經濟活動，而相對於資金供給者，則透過有價證券的持有，間接參與企業盈餘或利息的分配；因此，假如發行有價證券的初級市場能有效率地運作，其不僅可降低企業資金調度的成本，強化企業競爭力外，亦可藉此促進資本的形成，而在證券的次級市場上，買賣證券除了可有效率反應於市場的交易價格，提升證券流動性外，再則亦可促進社會財富重分配，使有理財能力的投資人得以在證券市場獲致個人財富。

　　至於總體經濟與證券市場的關係，論者亦謂由於發行市場係作為企業籌募資金的管道，因企業對外發行證券的行為，必然牽動國內的民間儲蓄、企業投資以及對未來經濟成長的變動；而在流通市場方面，由於股市交易資金來源多屬於高流動性的貨幣，因流通市場的榮枯對於一個國家的貨幣供給、利率及匯率變化影響甚大，往往是金融當局調整貨幣政策的重要參考指標。職是，由上觀之，證券市場與國民財產權的保障，甚至是與國家經濟的運作，密切相關；基於此，如何確保證券市場之秩序與效率？無異是政府財經政策與證券市場法制最關注的問題所在。或可謂是觀諸各國證券市場法制之立論，其目的不外是藉由法律的規範，建立一個公平、公正、公開的市場，使證券市場的運作更有效率，期以達成增進國民財富及促進國家經濟發展之使命[11]。

---

[11]　證基會，前揭書[2]2頁。

二、證券市場的基礎構造——發行市場與流通市場

　　證券市場是溝通資金供需的橋樑，其不僅是自由經濟制度的產物之一，其亦為一國金融市場所不可缺少的要角；一般所稱的證券市場，係指政府或企業公開發行有價證券之發行市場與提供建立已公開發行有價證券自由買賣轉讓之流通市場而言。

　　理所當然耳，論證券市場之目的，如前所述，乃具有集合國民儲蓄，促進資本形成，有效分配市場資源，改善社會經濟結構，並寓有提升企業經營成效，以促進國民經濟發展與社會均富之功能。因此，證券市場亦被稱為經濟櫥窗，有謂是證券市場的運作，即足以適切反映各國經濟發展情況之良窳，影響國家經濟與社會發展，至深且鉅❿。

㈠發行市場

　　證券發行市場，亦即所謂的證券初級市場，指政府或公司為籌集資金，向不特定的社會大眾，公開發行有價證券（例如中央或地方政府債券、股票或公司債等），並透過證券承銷商於證券市場上公開銷售，由投資人購買所形成之市場。

　　發行市場係資金供需之中介，其提供政府或企業籌集所需資金之管道，引導國民儲蓄投入生產事業之創業、建廠、擴充或更新設備所需之資金；當企業需用資金時，可向證券主管機關申請核准或申報生效，藉由發行公司股票或債券之方式，透過證券承銷商向非特定人公開銷售，以匯集多數投資人之小額資金，形成公司所需之資本，使企業於成長過程中，可免除舉借長期的負債及巨額的利息負擔，產業得以加速發展與升級，成為企業籌措營運資金的最佳管道之一。質言之，發行市場即是有價證券之募集發行所形成之市場，為企業從事資本證券化，證券大眾化活動之重要場所❸。

---

❿　財團法人中華民國證券暨期貨市場發展基金會，〈我國證券市場之運作與發展〉研究報告（同基金會，1992 年）5 頁。

❸　陳厚侗，《證券市場》（三民書局，1976 年）32 頁；黃川口，《證券交易法要論》（自版，1997 年）46 頁；李開遠，前揭書❻ 23 頁。

㈡流通市場（交易市場）

一般而言，證券流通市場係由證券交易所與店頭市場所構成的；尤其是證券交易所，其是證券流通（交易）市場的核心所在，為健全證券市場不可或缺的組織之一。惟論者亦謂，因證券交易所有固定之集中場所，使買賣有價證券之會員或經紀商與自營商共聚一堂，從事交易，為證券市場中唯一的有形市場。

關於證券交易所訂有證券上市審查標準，非經公開發行公司正式申請，或未能符合其上市標準之有價證券，即不能上市買賣；然，在流通市場上，由於政府與部分公司所發行的有價證券尚未具有上市之條件，無法在證券交易所上市買賣，遂有店頭市場之產生，專以提供未上市證券之流通轉讓。相對於證券交易所，店頭市場交易制度於我國證券交易法上的正式名稱為「證券商營業處所買賣有價證券」，係指分散於各處的證券經紀商或自營商，在其營業處所受託或自行買賣有價證券之謂。爰此，證券流通市場又稱次級市場，指有價證券發行後，投資人彼此間交易所形成之市場；換言之，流通市場指依本法已發行有價證券之買賣市場，故又稱為證券交易市場❶❹。

㈢發行市場與流通市場之關係

雖於證券市場上，得區分為證券發行市場與證券流通市場，但兩者間之關係，十分密切；一般認為發行市場是流通市場的基礎，而流通市場的健全與否，亦是影響發行市場的重要關係。

公司公開發行股票、公司債及政府發行公債，均以不特定之社會大眾為其對象，並有賴證券商為其發行與交易有價證券之媒介，因而形成有價證券之發行市場，且有價證券的本質是具有自由轉讓之特性，若無流通性，則該證券難以脫手變現，勢將使人無意願持有之，公司與政府將難以順利公開發行有價證券；因此，遂有證券流通市場之產生，供給已公開發行之有價證券，得繼續自由流通轉讓之交易場所，以有效支撐證券發行市場。職是之故，證券發行與流通市場間，具有相輔相成之效果，缺一不可❶❺。

---

❶❹　陳厚侗，前揭書❶❸ 32 頁；黃川口，前揭書❶❸ 47 頁；李開遠，前揭書❻ 24 頁。

❶❺　黃川口，前揭書❶❸ 59 頁；李開遠，前揭書❻ 19 頁。

三、證券市場的功能

關於證券市場之任務，如前所述，在於引導國民儲蓄與社會資金，透過證券投資之途徑，以促進企業資本之形成，從而充裕產業資金，加速經濟發展，並使社會大眾藉工商業利潤之分配，共享經濟發展之成果，民生均富；因此，一般而言，論者認為證券市場具備下列的功能：

(一)提供企業、政府等籌措長期且安定資金之場所

企業需要長短期資金以因應經營上之用途，一般可分為運用於擴充廠房、機器設備購置等之長期資金及支應正常營運所需之短期資金；一般企業自證券市場所籌措之資金，大都屬長期性質，可用於擴充廠房設備、增加存貨生產等，對企業經營之安定性有甚大助益。

相對於政府在籌措公共財源方面，亦可經由發行債券及釋出官股方式，在證券市場上得到部分長期資金；例如以往政府所曾推動的各項重大公共工程建設，其目的乃在於促進國民經濟發展，而該公共建設之財源籌措，部分即由發行政府公債而來。因之，證券市場的興衰，對於國民經濟發展，扮演著極為重要之角色❶⑥。

(二)提供國民儲蓄資金之運用場所

一般論國民儲蓄運用之管道，或有銀行存款、有價證券之投資、信託、保險及房地產等，其中有價證券之投資，當然包括股票、債券、受益憑證等；然近年來，隨著經濟之發展、國民所得迅速提高，我國國民儲蓄累積金額已有顯著增加，國人對金融資產之偏好，比例亦大幅增加。尤其是對有價證券之投資，有逐年增加之趨勢，並有從以往較重視安全性之投資，逐漸轉變為重視收益性及流動性高之投資傾向，且對該金融性資產採取多樣化之投資組合，藉以分散風險並提高投資報酬率。

政府為因應國人之需求，證券主管機關亦多次合理修改上市條件，健

⑯　李開遠，前揭書❻ 21 頁。

證基會，前揭報告⑫ 7 頁，陳指證券市場所扮演的是讓企業有一個公開吸收資本的場所，作為該企業從事投資、開發、營運之用。

全及擴大店頭市場之組織與規模，並持續鼓勵符合一定條件之公司股票上市、上櫃，以利募集資金，並擴大市場規模❼。

(三)使社會資源有效率分配，促進國民經濟成長

證券市場健全發展，可提供國人儲蓄資金投資管道，不但有助於國內物價之穩定，同時證券市場亦可提供企業及政府一個籌措資金之管道，將國人剩餘的儲蓄資金，引導至生產事業，進而促進國民經濟的發展。

就我國證券市場而言，其隨著經濟快速發展及多項證券管理制度之持續建立、充實與改善，市場規模迅速擴大，交易日趨活絡，上市公司總市值佔當年國民生產毛額，證交稅佔政府總稅收及開戶人數佔總人口等項之比例皆具有相當之比重；因此，論者亦謂證券市場在我國國民經濟上，已佔有相當地位，其對國民經濟之重要性與日俱增❽。

貳、企業金融與有價證券

一、企業資金與籌措管道

對於企業發展而言，一般認為人力、物力、財力與技術是缺一不可的要素，尤其是相關資金之於企業，其重要性或有將之比喻為企業活動的血液。論者有謂企業從事經濟活動，其資金猶如人體血液的運行，藉由血液的循環功能，人體各器官組織才能獲取正常運作所需的養分；換言之，在經濟活動中，企業必須取得資金，購買生產資源，透過生產行為，製造商品與提供服務，進而創造財富。如此的過程，乃仰賴於資金的流動，始能

---

❼ 李開遠，前揭書❻22頁。

　證基會，前揭報告❿6頁，認為臺灣金融深化的情形相當顯著，所謂金融深化是指隨著經濟發展，金融資產所累積的財富，遠較非金融資產所累積者快速，呈現金融資產的比重相對提高。

❽ 李開遠，前揭書❻22頁。

　證基會，前揭報告❿10頁，認為目前我國證券市場所提供的金融中介功能比重偏低，或因受到國內上市公司家數不多，影響證券市場的資金機能，但因金融自由化與國際化，政策日漸開放，我國金融體系亦將產生變化。

促使企業順利完成各種商業交易之謂[19]。職是，企業資金是否充裕？往往是直接影響該公司的營運狀況，進而左右該事業是否能持續健全經營的主要關鍵所在。

㈠內部資金與外部資金

企業需要資金，以因應其經營上不同之用途，例如購置廠房、充實機器等設備，乃至於購買原料、支付人事、租金等費用；關於企業資金，因其來源不同，可分為內部資金及外部資金，雖在不同的資金，因償還期限長短不同而有不同的成本考量及運用方式，但企業在資金運用上，須有良好的規劃，始能達到資金靈活運用，降低成本之功效，並避免公司周轉不靈的情況發生。然，所謂企業內部的長期資金來源，多來自於企業之保留盈餘及固定資產所提列之折舊費用所產生之現金流入，而企業內部的短期資金來源，其多來自於交易過程所發生短期性之應付帳款、預收費用等；相對於企業外部的資金來源，一般係指企業對外籌得的短期資金，包括向銀行的短期借款、發行商業本票等，而企業外部的長期資金來源，則例如包括發行股票、債券等有價證券及從金融機構所借入之中長期借款等[20]。

針對上述企業的外部資金來源，比方在公司法上，股份有限公司得發行股票或公司債等有價證券，藉由證券市場完成企業所需資金調度的任務，即屬之。如上所指摘，論者謂證券市場之主要功能，乃在於有效的匯集社

---

[19]　證基會，前揭書[2] 4 頁。

[20]　證基會，前揭書[2] 4 頁，認為企業資金如何籌措，看似複雜，但最重要的還是企業本身現金流出流入的情況，作一併考量；例如零售業，現金流量多屬短期資金，在資金籌措上，短期資金比重就應較高，又如晶圓代工產業，因廠房設備初期投資金額極鉅，且產業景氣風險高，在資金籌措上，則適合多搭配長期資金。

邱靖博，《財務管理》(三民書局，1988 年) 416 頁，認為內部資金係由內部產生的資金，由財務的觀點言之，以內部資金作為公司資金調度之來源較為穩當，乃因其金額累積之多寡與速度可視為企業發展潛力的判斷依據；若其比重愈大，則表示企業的獲利能力佳，公司資金結構較為健全，而企業規模的擴大與其投資計畫亦較易達成。

會大眾之儲蓄資金，而將其資本市場的資源——資金，分配挹注於生產事業，協助企業取得資金的管道；其不僅是促進國民經濟發展與社會繁榮，就政府建立證券市場而言，當然亦有寓於促進企業資本形成之目的㉑。

惟就企業外部籌措資金的範疇，不論公司是從金融機構所取得的貸款，抑或是發行商業本票、公司債券的方式，其所調度的資金，在資產負債表上的會計處理是屬於公司之負債，對公司的債權人而言，公司依約定負有支付利息，屆期償還債款的義務，其性質屬於公司舉債，即運用他人的資本，以滿足該企業對資金的需求；然，就公司依發行股票的方式，其所籌措的資金是認股人繳納之股款，在會計上即屬股本，對股東而言，除依股東會盈餘分派的決議外，公司並無支付利息與到期償還其出資額的義務，亦即公司得藉由股份制度，將股東認購股份所繳納之他人資本，轉化為公司自有的資本，與公司將盈餘保留於企業內部同屬於資產負債表上業主權益類的項目，亦為企業籌措資金的重要管道之一㉒。

㈡資本市場之國際化

其次，問題是在於企業如何發行有價證券，籌措資金？有謂是從公司資本的結構言之，一般認為其來源無非是原始股東所投入的股本；除此之外，依會計學的觀點，股份有限公司亦得透過現金增資、盈餘或資本公積轉增資等發行新股方式，擴充公司資本。承前所述，證券市場之目的乃在於達致企業資本的形成，即所謂藉由證券交易之公平、公正、公開機制，

㉑ 廖大穎，《公司法原論》（三民書局，2019 年）339 頁。

㉒ 廖大穎，前揭書㉑ 281 頁。
財團法人中華民國證券暨期貨市場發展基金會，《中華民國證券暨期貨市場(民國 88 年版)》（同基金會，1997 年）7 頁，認為企業之資金來自內部時，其雖必須考慮資金之機會成本，以達資金使用效率，但因無須考慮外部因素，所以是構成企業最安定之長期資金來源，且亦指出企業外部的資金籌措，則以發行股票和公司債，較具長期安定的特性，相對於公司從金融機構的融資貸款，則較不具安定性；惟就企業取得外部資金的最大特點，在於其使用時，公司必須考慮證券市場資金成本之高低，市場資金的寬鬆情形與政府金融政策之走向變數。

以有效匯集社會的儲蓄資金，使之投資於生產事業，協助工商業取得中長期資產，促進國民經濟發展與社會繁榮；雖然在增資與否的企業決策上，經營景氣與公司盈餘或資本公積轉增資的關連性較密切，但論者亦謂公司現金增資的部分，則與證券市場的表現，息息相關，實質影響企業資本的規模❷。就如下的統計資料觀之，以我國上市公司的資本來源為例，近年僑外資部分的比重約略二、三成上下，而證券市場的國際化亦似乎是各國證券發展之必然趨勢；因此相關資本市場之國際化，其目標係使未來的證券市場，更加開放，不論是對本國人或外國人應無法律上的不同對待，使外國業者或其資本往來，在證券市場上無任何障礙，為努力之方向。

歷年上市公司資本來源統計表（摘取最近 5 年）

時間	政府機關	本國金融機構	本國公司法人	本國證券投信	本國自然人	僑外資	庫藏股
民國 107 年	4.37%	6.28%	22.86%	0.82%	35.38%	30.05%	0.24%
民國 108 年	4.79%	5.95%	22.66%	0.99%	35.55%	29.93%	0.13%
民國 109 年	5.03%	6.27%	23.09%	1.18%	36.10%	28.19%	0.14%
民國 110 年	5.10%	5.85%	23.46%	1.38%	36.89%	27.04%	0.10%
民國 111 年	4.48%	5.86%	23.70%	1.74%	37.96%	26.17%	0.09%

資料來源：臺灣證券交易所證券統計資料年報，https://www.twse.com.tw。

我國政府自民國 70 年起，致力於證券市場國際化的開放政策，依序解除不必要的管制，引進外資投入我國有價證券，並積極開放國人投資國外有價證券，放寬外資投入我國證券市場資金進出之限制外，同時亦核准本國企業赴海外籌資，並放寬外國企業至國內之跨國發行管道❷。

1.本國企業赴外國發行有價證券

依現行證券交易法第 22 條、發行人募集與發行海外有價證券處理準則，甚至是發行人募集與發行有價證券處理準則等相關規定，本國企業跨國籌資，遠赴海外發行有價證券之種類，包括海外債券、存託憑證等，甚

---

❷ 證基會，前揭書❷ 8 頁。

❷ 證基會，前揭書❷ 240 頁。

至開放本國企業在海外證券市場直接發行股票與申請上市、上櫃。

2.外國企業在我國發行有價證券

相對於本國人赴海外發行證券，我國政府依證券交易法第 22 條、外國發行人募集與發行有價證券處理準則與臺灣證交所外國證券上市準則等規定，亦開放辦理外國發行人在國內發行債券、存託憑證等，並同意外國企業直接來臺發行股票與申請上市、上櫃；就此，請參閱本書第五章第四節所謂第一、第二上市櫃有價證券之介紹。

二、證券市場與銀行市場──直接金融與間接金融之法制與對應

所謂金融，其意義乃指各個經濟主體在資金調度之行為上，所發生金錢的融通、流動現象。惟就金融市場的體系言之，若其資金的流向僅在各個經濟主體內部為限者，比方是企業將其所得盈餘保留於內部，以備作投資公司設備及商品之庫存用途等，稱之為內部資金，而相對於此，資金融通的現象大多存在於不同的經濟主體間所生之金錢流通，稱之為外部資金；然，從市場運作的機制觀之，企業外部資金的調度是資金盈餘主體，將其剩餘之部分資金，提供給需要資金者，論者有謂其乃是金融體系中最重要的機制[25]。

論傳統金融市場與資金移動的供需功能，金融機關乃扮演著重要的中介角色，例如在金融交易上，企業不僅可透過銀行，取得其事業發展上所需的融資貸款，滿足資金的需求，讓資金的提供單位（例如存款人）與需要單位（例如企業）間，得以完成資金的供需移動，順利進行金融交易的間接效果，而相較於此企業亦得以發行股票與債券的方式，透過證券市場，完成所需的資金籌措；前者，即一般所謂間接金融，而後者正是所謂的直接金融。爰此，就企業金融的設計上，銀行之於銀行市場與證券商之於證券市場，皆是不可或缺的金融中介要角，其扮演著將市場上資金作最合理的，且有效的資源分配[26]。

---

[25]　邱靖博、蔡豐清，《證券與金融》（三民書局，1992 年）31 頁。

[26]　廖大穎，〈現代金融法的基礎規範〉《證券市場與股份制度論》（元照，1999

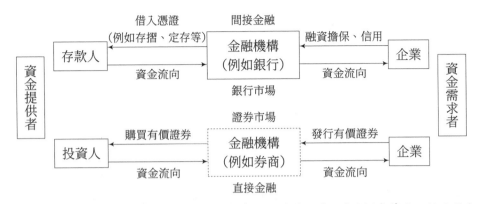

資料來源：財團法人中華民國證券暨期貨市場發展基金會，《圖解中華民國證券暨期
　　　　　貨市場（民國90年版）》（同基金會，2001年）7頁。

　　雖在過去的金融市場上，企業籌措資金的媒介主要是透過銀行取得融
資貸款，但現在的企業，其在資金的調度上，亦多透過發行股票或公司債
券等，藉由有價證券的方式，直接向投資人取得其所需的資金。相對於傳
統的銀行市場，證券市場之於企業的資金調度，其不但提供一個成本低廉
且富有彈性的選項，而投資人亦因投資、儲財工具的多樣化與較高的利殖
率，得以選擇銀行存款以外的金融商品；甚者，於現今證券市場在金融市
場上所代表之直接金融比重，年年提高，但在九〇年代初期過後，比重有
逐漸下滑的趨勢，惟理所當然，以規範證券市場的證券交易法，在現代金
融法的體系當中，其重要性是不可言喻的[27]。惟從上述直接金融的體系上，
證券市場是直接連結提供資金的投資人與需要資金的企業體，以發揮現代
企業資金調度的重要設計；因此，論證券交易法之不二使命，當然肩負起
發展國民經濟的任務外，亦有維持市場秩序，實現保護投資人的課題[28]。

年）6頁。

[27]　證基會，前揭書[2]6頁，認為近年來，由於企業規模逐漸擴大，使企業在直接
　　　金融市場議價能力提高，尤其是證券市場上新證券商品之開發，不僅提升企業
　　　融資便利性，在降低融資成本亦有很大進步，且政府在企業上市掛牌及發行證
　　　券之審查規範逐漸放寬，加以我國電子產業蓬勃發展，企業投資需求大幅增加，
　　　直接金融市場（尤其是股票市場）已成為推動我國科技產業發展的重要動力。

三、資產證券化

(一)立法動態

一般認為金融市場之進展,隨著金融自由化與國際化的潮流,證券化是當前時代的新趨勢之一;惟何謂金融證券化?簡言之,從傳統的企業金融制度,如上所論及的直接金融體系,企業藉由發行有價證券之方式,例如公司股票、公司債券等直接向社會投資大眾籌募資金的原始型態。至於是企業為提高所持有資產之流動性,亦得藉由發行有價證券之方式,滿足實現該企業對資金調度的需求;比方是吾人所熟悉的,例如美國七〇年代的不動產抵押貸款債權證券,八〇年代的汽車貸款債權證券、信用卡貸款債權證券等應收帳款,「資產」證券化的發展,從美國流行到歐洲、日本等世界各地的金融市場,頓時金融證券化蔚成一股風尚。然,就在 2008 年金融海嘯席捲全世界的引爆點,亦似乎是圍繞在資產證券化的議題,即起因於美國的次級房貸債權,經證券化包裝之金融商品,順利將次貸債權風險轉嫁給證券市場,所引發一場全球性的金融風暴❷⁹。

單位:新臺幣億元

時間	間接金融 *		直接金融 **	
	存量總額	比重 (%)	存量總額	比重 (%)
民國 107 年	431,829	67.85	204,649	32.15
民國 108 年	455,825	68.49	209,668	31.51
民國 109 年	486,200	68.76	220,942	31.24
民國 110 年	521,100	69.03	233,771	30.97
民國 111 年	546,515	69.63	238,349	30.37

資料來源:https://www.cbc.gov.tw/ 中央銀行金融統計資料。
* 金融機構授信,包括放款與投資。
** 證券發行,包括上市(櫃)股票、短期票券、公司債、海
　外債及政府債券,再包括資產證券化受益證券,但扣除金
　融機構投資部分。

❷⁸ 相較於證券交易法之立法目的在於「為發展國民經濟,並保障投資」,銀行法第 1 條明文「為健全銀行業務經營,保障存款人權益,適應產業發展,並使銀行信用配合國家金融政策」,為其立法目的。

　　相較於歐美日，我國亦於 2002 年 7 月 24 日公布施行「金融資產證券化條例」，明文金融機構或其他經主管機關核定之機構，得依本條例規定，將資產信託與受託機構或讓與特殊目的公司，由受託機構或特殊目的公司以該資產為基礎，發行受益證券或資產基礎證券；如此的證券化機制，乃亦屬企業獲取資金管道之一種設計（金融資產證券化條例第 4 條第 1 項第 3 款），正式開啟我國資產證券化的新紀元❸⓿。惟相關上述金融資產證券化條例之「資產」，其可作為信託或讓與之對象者，依該條例第 4 條第 1 項第 2 款所規定係指由創始機構收益及處分之下列資產：㊀汽車貸款債權或其他動產擔保貸款債權及其擔保物權，㊁房屋貸款債權或其他不動產擔保貸

---

❷⓽　例如民國 86 年中央銀行成立金融革新小組，曾就資產證券化問題深入研議，建議政府應優先實施不動產抵押債權之證券化方案，請參閱財政部，《金融革新小組報告彙編》（民國 87 年 6 月）186 頁。至於資產證券化的介紹，請參閱陳文達、李阿乙、廖咸興，《資產證券化理論與實務》（智勝文化事業，2002 年）8 頁；廖大穎、谷湘儀、葉仕國、黃鴻隆，《企業籌資法務與個案分析》（元照，2015 年）33 頁。惟相關 2008 年美國金融危機與因應法案之介紹，請參閱邵慶平〈金融危機的形成、處理機制與法制基礎〉《月旦法學雜誌》第 165 期 39 頁。

❸⓿　關於金融資產證券化條例的立法設計，請參閱王志誠，《金融資產證券化──立法原理與比較法制》（五南圖書，2002 年）10 頁。

惟何思湘，〈金融資產證券化概說與法制初探（上）〉《證券暨期貨管理雜誌》第 20 卷第 8 期 2 頁，陳指我國金融資產證券化的運作背景，實與我國致力於推動金融自由化，解除各項金融管制，開放新銀行成立所導致銀行間業務競爭激烈，不僅其經營利潤降低，同時銀行的經營風險亦相對提升，從而無法符合銀行法第 44 條第 1 項前段「銀行自有資本率與風險性資產比率，不得低於百分之八」的要求，尤其在亞洲金融危機發生及我國銀行逾放高漲，如何儘速建構資產證券化之法制環境，藉以提高金融資產之流動性及交易效率，並作為金融機構處理不良債權之一種手段之謂。相較於立法院第 5 屆第 1 會期第 22 次會議記錄，針對行政院函請審議「金融資產證券化條例草案」案，當時財政部長亦認為「如何將金融資產中流動性不足、清償期過長的資產加以證券化，以滿足金融市場需求，並分散金融機構經營風險，進而促進金融體系穩定與金融環境發展，乃成為當務之急」，請參閱《立法院公報》第 91 卷第 45 期 410 頁（李庸三說明）。

款債權及其擔保物權，㈢租賃債權、信用卡債權、應收帳款債權或其他金錢債權，㈣創始機構以前三目所定資產與信託業成立信託契約所生之受益權，㈤其他經主管機關核定之債權為限❸。

　　至於「不動產證券化條例」，則於 2003 年 7 月 23 日公布施行，該條例之立法，係參酌美日兩國的法制架構與實務經驗，特別導入「不動產投資信託」（資產管理型，即先發行證券募集資金，再投資不動產）及「不動產資產信託」（資產流動型，即先將不動產信託，再據以發行證券募集資金）二大制度，而明文受託機構得依本條例之規定，成立不動產投資信託或不動產資產信託，向不特定人募集發行或向特定人私募，交付受益憑證，獲取資金之行為規制（不動產證券化條例第 4 條第 1 項第 4 款）❸。惟如上所述，論不動產投資信託，雖係依規定募集發行受益憑證之一種金融商品，但其本質應屬一般投資信託「共同基金」的範疇；然，就不動產資產信託而言，依規定其係委託人移轉不動產或不動產相關權利予受託機構，並由受託機構向不特定人募集發行或特定私募，交付不動產資產信託受益證券，以表彰受益人對該信託之不動產相關權利或其所生利益、孳息及其他收益之權利而成立之信託關係（不動產證券化條例第 4 條第 1 項第 6 款），論其本質，實與不動產投資信託不同，而為資產證券化的一種型態❸。其次，相較於金融資產證券化條例，不動產證券化條例因顧及特殊目的之公司法制與一般公司法制的契

---

❸　依立法院前揭會議記錄❸ 410 頁，「金融資產證券化條例草案」審查報告，謂財政部爰參美日等先進國家相關法制及實務作法，研擬我國金融資產證券化條例草案，期能讓我國住宅貸款、汽車貸款、信用卡應收帳款等債權中，屬於信用品質易於預測、具有指標特性，且可於將來生產現金流量之資產，得透過信託架構及證券化等程序，包裝成為單位化、小額化之證券形式（李庸三說明）。

❸　立法院財政、內政及民族委員會審查行政院函請審議「不動產證券化條例草案」案審查報告，請參閱《立法院公報》第 92 卷第 37 期 287 頁（李庸三說明）。

❸　惟依不動產證券化條例第 30 條第 1 項明文規定該不動產資產信託契約移轉之財產權，以第 17 條第 1 項第 1 款「已有穩定收入之不動產」及第 2 款「已有穩定收入之不動產相關權利(指地上權及其他經中央目的事業主管機關核定之權利)」所規定者為限。

合性較低，且恐造成該條例內容過於複雜等諸多考量，僅採取信託型的投資架構，在制度的設計上兩者有所不同❹。

㈡實務案例

相關資產證券化與企業籌措資金的議題，我國在金融海嘯爆發之前，即 2008 年為止，可說是蓬勃發展，如前所述，但在一場全球性的金融風暴後，一夕變天；然，即便如此，論者亦認為資產證券化的金融商品開發，隨著政府於 2002 年、2003 年先後公布的「金融資產證券化條例」與「不動產證券化條例」，使得企業籌資再次邁向另外一個新的紀元；質言之，對於原本高掛於資產負債表上無法活用的資產，企業現在可以運用債權或是未來收益，加以證券化，使得營運資金來源更加多元與自由，從資金籌措的效能觀之，我國企業利用資產證券化方式進行籌資的金額，近年雖有嚴重下降趨勢，但相關資產證券化法制與企業籌資之效果，客觀數據上仍有達致增加企業籌資之管道與總量❺。

至於相關實務上的實例，如下簡介二則代表性的個案，同時讀者也可參酌興大財經法律系列叢書⑴《企業籌資法務與個案分析（修訂第三版）》一書，就相關資產證券化案例的法律、財務分析：

1.奇美電子應收帳款證券化與金融資產證券化條例❻

為解決企業籌資的問題，奇美電子股份有限公司將其所有之應收帳款債權證券化，由中國信託商業銀行發行一百億元之應收帳款證券化短期受益證券，即屬於「資產基礎商業本票 (Asset-Backed Commercial Paper, ABCP)」之性質，不僅在傳統的籌資工具之外，開啟了新的籌資管道，也使得資金的取得，更為活絡及多元化；易言之，奇美電子透過本案將應收帳款予以證券化，並循環發行短期受益證券，讓將來取得之應收帳款債權得

---

❹ 立法院前揭審查報告❷ 287 頁（李庸三說明）。

❺ 廖大穎、谷湘儀、葉仕國、黃鴻隆，《企業籌資法務與個案分析》（元照，2015年）11 頁。

❻ 谷湘儀、羅至玄、蔡振宏，〈奇美電子應收帳款證券化〉《企業籌資法務與個案分析》（元照，2015 年）389 頁。

提前取得，讓其擁有之資產予以活化，也使其資金運用，更為靈活及充裕。

2.萬國商業大樓不動產證券化與不動產證券化條例❸

嘉新國際股份有限公司依據不動產證券化條例規定，以不動產資產信託證券化方式，將所有之萬國商業大樓，信託予台北國際商業銀行，由台北國際商業銀行於 2004 年 6 月 10 日發行總金額新臺幣四十四億一千萬元之受益證券，其中優先順位受益證券（分為 A、B 二券）金額為新臺幣二十一億三千萬元，由台北國際商業銀行完成優先順位受益證券募集後，將所得資金轉交嘉新國際，以達嘉新國際以不動產籌資之實質經濟目的，而次順位受益證券係新臺幣二十二億八千萬元，則由嘉新國際全部持有，其受償順位劣於優先順位受益證券，以作為信用加強。當然，本案開啟了國內以不動產證券化進行籌資的第一件個案，不動產證券化個案乃藉此尋求固定且成本較低的可運用資金，並使籌資管道，有更加多元化的效果。

參、有價證券與投資理財

就當今社會之經濟發展，投資理財或已成為時下國民經濟活動之重要課題；惟所謂投資，涵義甚廣，舉凡購買不動產、黃金、有價證券等固係投資的行為，而購買保險、接受教育亦不失為投資的一環，其中以有價證券之投資，因其具有極佳之市場流通性，復因目前證券市場蓬勃發展，一般認為證券投資似已儼然成為國人投資理財之主流。

一般人所稱的「證券投資」，即為買賣有價證券，藉由證券交易之理財活動，期以未來能夠獲取一定投資報酬之行為；至於何謂有價證券？依經濟學上之定義，謂「有價證券」乃指貨幣證券及資本證券而言，貨幣證券為商業上之給付工具，如本票、支票，而資本證券則係表示投資之憑證和收益之請求權，如股票、公司債❸。析言之，論者有謂投資人買賣有價證

---

❸ 羅至玄、蔡振宏，〈萬國商業大樓不動產證券化〉《企業籌資法務與個案分析》（元照，2015 年）415 頁。

❸ 一般而言，貨幣證券的期限在一年以內，資本證券則在一年以上。若就證券交易法之有價證券定義而言，依該法第 6 條規定，係指政府債券、公司股票及經

券之主要目的,例如投資股票,乃是期望藉由獲取之報酬作為未來的消費,亦即消費者希望透過投資股票能保持,甚至增加未來的商品購買力,但由於股票之報酬是透過變現後之貨幣持有數量來表示,而貨幣價值亦會隨時間及物價指數,有所改變,實質影響到投資股票的報酬。

　　一般而言,政府的財務金融政策將會影響整體社會的貨幣情勢,比方中央銀行的貨幣政策(包括調整重貼現利率,改變存款準備率及公開市場操作等措施)均會改變社會的貨幣供給量及利率結構,然而利率又扮演投資人購買股票之相對機會成本,可調節投資人交易之次數及投資股市之貨幣流通速度;換言之,利率是企業決定投資擴充及加速資本形成的機會成本之一,或可謂是證券交易活動的樞紐。有鑑於此,吾人認為利率的升降與股價的變動之間,有非常密切的關係,理論上,當其他因素不變時,利率和股價之間呈反向關係,即利率上升時,股票價格會下跌,此種關係,可從企業及投資人兩方面觀察:㈠對企業來說,利率上升表示企業的資金成本增加,也就是利息費用會增加,導致企業盈餘減少,並使財務風險提高,造成不利的情況;㈡對投資人而言,利率上升,則其投資股票所要求的報酬率會上升,當然因利率上升,融資利率亦會隨著調升,從而增加其投資股票所負擔之成本。反之,利率下跌時,股票價格會上漲❸❾。

　　再者,論者有謂凡是投資行為必涉及投資報酬與風險之二項因素,然有價證券之投資較其他投資具有彈性,且一般人所期望之報酬亦較高,但相對承擔之風險亦較大;職是,如何建立一個公開、公正、自由運作之投資市場,供投資人買賣有價證券,實為證券市場發展之基礎,亦係證券主管機關責無旁貸之職責所在。至於證券投資人?理所當然,亦應培養對證

財政部核定之其他有價證券,而新股認購權利證書、新股權利證書及前項各種有價證券之價款繳納憑證或表明其權利之證書,則視為有價證券;至於前述規定之有價證券,未印製表示其權利之實體有價證券者,亦得視為有價證券。因此,一般在證券交易中,習慣上所稱之有價證券,乃係以證券交易法之定義為範圍。請參閱賴源河,前揭書❶ 12頁;李開遠,前揭書❻ 21頁。

❸❾　證基會,前揭書❷❷ 9頁。

券市場知識之瞭解及證券投資風險之認知，期以建立正確之投資觀念，促進證券市場之健全發展❹。

第三節　股票市場與債券市場

壹、股票市場

　　股票係表彰股東權利之有價證券，依現行公司法第 161 條之 1 第 1 項所規定，公開發行股票之公司應發行股票❹。惟股票所記載的內容是股份，係公司資本的構成單位（公司法第 156 條第 1 項）；因此，從企業金融的立場言之，為達成創業目的、為改善財務結構或為擴充生產規模等，公司必須取得一定的企業資金，始竟其功。如前所述，股票市場之於企業金融的效能，其可藉由發行股票方式，向社會大眾公開募集資金，滿足該企業對資金的需求，且藉由公開發行股票，有效達到企業的資本「證券化」，富藏於民之階段性目的；申言之，股票市場的任務，其不僅在於匯集社會游資，配分予資金需求者，當然亦有將社會的游資，變為企業所需的資金，使證券市場上資金配分的效果，明顯產生❹。

　　目前，我國股票市場上的交易型態，因證券市場之集中交易制度及店頭交易制度，分別由臺灣證券交易所與財團法人中華民國證券櫃檯買賣中心掌管，而有所不同。從制度面的觀點言之，臺灣證券交易所係以提供有價證券集中交易市場為目的之法人（證券交易法第 11 條），即所稱的集中市場，其採行有價證券集中買賣之競價交易方式（證券交易法第 12 條），

---

❹　李開遠，前揭書❻ 22 頁。

❹　原則上股份有限公司依規定應發行股票，惟經民國 90 年、民國 107 年二次修正後的公司法第 161 條之 1 第 1 項規定強制發行股票，僅限於公開發行股票之公司。另，相關股份有限公司之發行股票制度，亦得依第 161 條之 2 第 1 項「得免印製股票」，以配合政府推動股票無實體發行制度。

❹　證基會，前揭書❷ 34 頁。

與上述之櫃檯買賣中心所成立的櫃檯市場（即店頭交易），其採行之議價交易方式不同。所謂競價交易，依臺灣證券交易所集中市場競價方式，由參加買賣證券商輸入委託買賣有價證券代號、交易種類（普通、鉅額、零股）、單價、數量及買賣別，經證券交易所電腦主機接受後，列印買賣回報而撮合成交時，依買賣申報「價格優先」、「時間優先」原則，依序成交；按其所採之集合競價，成交價格決定原則：(1)滿足最大的成交量成交，高於決定價格之買進申報與低於決定價格之賣出申報須全部滿足，(2)決定價格之買進申報與賣出申報至少一方須全部滿足，(3)合乎前兩款原則之價位有二個以上時，採接近前一日收盤價格之價位[43]。至於櫃檯買賣之議價交

---

[43] https://www.twse.com.tw/ 臺灣證券交易所股份有限公司，例示上市股票交易之集合競價規則，在當市漲跌停價格範圍內，以滿足最大成交量的價位成交，撮合前買賣委託狀況如下圖：

累計買方張數	買方張數	買賣價位	賣方張數	累計賣方張數
(162)	(162)		(94)	(347)
		57.50		
162		57.00	36	253
162		56.50	25	217
185	23	56.00	20	192
195	10	55.50	15	172
195		55.00	46	157
252	57	54.50	55	111
252		54.00	20	56
282	30	53.50	13	36
282		53.00	3	23
381	99	52.50		20
381		52.00		20
403	22	51.50		20
408	5	51.00		20
441	33	−50.50	20	20

撮合後結果，成交價格為 56.00 元，共成交 185 張；如揭示買進價為 55.50 元，未成交委託量 10 張，但賣出價為 56.00 元，則未成交委託量 7 張。

一般而言，上市股價交易價格有所謂開盤價、收盤價與揭示價三種，開盤價為當

易，係指有價證券在證券商的營業櫃檯，以議價的方式，進行交易行為；申請上櫃的股票交易，均屬電腦自動成交系統，包括自營及經紀買賣，採電腦撮合，最低成交單位為千股，每股委託量在五十萬股以下，亦稱為「股票等價成交系統」交易，其類似集中市場下單方式，委託經紀商輸入欲買賣股票之數量及價格，由櫃檯買賣中心以電腦撮合成交❹。

貳、債券市場

債券係由中央、地方政府機關、金融機構、公司法人及外國政府等機

日各種股票第一筆成交價格，收盤價為當日各種股票最後一筆成交價格，而揭示價為當日各種股票當時未成交之最高一檔買進或最低一檔賣出委託之價格。

累計買方張數	買方張數	買賣價位	賣方張數	累計賣方張數
(162)	(162)		(94)	(347)
		57.50	94	162
		57.00	36	68
		56.50	25	32
		56.00	7	7
10	10	55.50		
10		55.00		
67	57	54.50		
67		54.00		
97	30	53.50		
97		53.00		
196	99	52.50		
196		52.00		
218	22	51.50		
223	5	51.00		
256	33	−50.50		

❹ https://www.tpex.org.tw/（財）中華民國證券櫃檯買賣中心，依據櫃檯買賣中心證券商營業處所買賣有價證券業務規則第 71 條規定，在證券商營業處所議價係採傳統議價方式進行者，其交易範圍如下：㈠自營商間買賣，㈡自營商與客戶一次交易在十萬股以上買賣，㈢經紀商利用錯帳或違約處理專戶向自營商買進股票。

構所發行的有價證券，其為一種可在證券市場發行、交易的借款憑證。就企業而言，一般認為債券發行與現金增資、乃至於向銀行借款等方式，同為籌措資金之主要手段之一❹；當然，從有價證券之流通性本質而言，債券異於金融機構之融資借款，從企業發行公司債，有依約定支付一定金額或比率之利息，並有到期還償本金的觀點言之，債券又異於股票，屬於長期負債的一種。

債券市場與股票市場相同，亦可分為發行市場與流通市場兩大類。通常，債券的發行市場係由發行人、投資人、證券承銷商及受託人組成，其中以政府公債為發行大宗；惟過去公司債由於發行量不多，且多由金融機構保證，由承銷金融機構所吸收，以致公司債之流通量甚微。債券流通市場是指債券持有人將其手中的債券在集中市場或店頭市場出售變現的場所，在流通市場的債券交易，亦可分為在證券交易所之競價交易及由證券商與顧客或證券商間所進行之店頭市場的議價交易：㈠集中市場：將買進及賣出的各種報價，匯集在證券交易所，以競價方式交易。債券的集中市場因採取競價方式，由證券交易所依買進高價優先，賣出低價優先及時間順序逐項撮合成交，其成交價格較為公正，且較具代表性，適合議價能力較弱的小額投資人參與。㈡店頭市場：因不在集中市場內交易，而是在證券商的營業處所買賣，故又稱櫃檯買賣。店頭市場買賣債券，除採議價方式外，自民國 82 年 11 月起我國債券店頭市場亦起用「債券等殖自動成交系統」，為經紀商及自營商提供另一項可選擇的交易方式❻。

---

❹ 政府公債乃各級政府為籌措資金而發行之債券，例如中央政府建設公債、臺灣省政府建設公債，係目前流動性最佳、風險最低之債券，其形式包含實體債券（無記名式）及自民國 86 年 9 月起發行之中央登錄公債（記名式）。

如資金需求者（即發行債券主體）為股份有限公司者，其所發行的債券即稱為公司債；如債券發行主體為金融機構者，其所發行的債券即稱為金融債。我國目前唯有已公開發行公司始得發行公司債，然因公司債在次級市場交易時，賣方必須負擔千分之一的交易稅，交易成本較高，以致流通性不如免稅之政府公債。請參閱（財）中華民國櫃檯買賣中心網站 https://www.tpex.org.tw。

❻ 證基會，前揭書❷ 60 頁。

第二章 證券交易法之基礎架構

綱要導讀

第一節　證券市場法制與規範內容
- 壹、立法目的
- 貳、保護投資人的課題
- 參、證券交易法之規範內容
- 肆、證券市場的法制政策

第二節　證券與交易的概念
- 壹、證券交易法上之有價證券
- 貳、買賣證券之現行交易制度

第三節　證券管理行政與自律制度
- 壹、證券管理機關
- 貳、證券業之自律規範

2

第一節　證券市場法制與規範內容

壹、立法目的

誠如第一章所述，證券市場係為一溝通資本供需之中介平臺，論其建立之目的有二：一為引導社會資金，透過國民投資證券市場之途徑，聚集企業所需的長期資金，以加速其資本之形成，二則是藉由資本證券化、證券大眾化的財經政策，達致國家經濟發展與平均社會財富之終極目標；申言之，由股份有限公司所代表之現代企業，其得藉由有價證券之公開發行，在自由經濟的體制下，扮演著國民儲蓄與理財投資的橋樑。惟該證券市場運作之健全與否，乃正是其關鍵所在❶。

證券交易法第 1 條開宗明義，揭示其立法目的在於「為發展國民經濟，並保障投資，特制定本法」之謂，以下簡單論述之。

一、發展國民經濟

一般認為政府建立證券市場之目的，乃在於提供企業藉由發行股票或

---

❶ 民國 55 年提案制定證券交易法時，依其草案總說明，謂「股份有限公司公開發行股票，為自由經濟制度中溝通儲蓄與投資之路，為保障投資者利益，期其有助於工業發展及整個經濟之進步，除有健全之企業組織外，尚須對股票公開發行及交易予以嚴格之監督管理，而有關法令規章之制訂，又為建立監督管理制度之基礎」，又認為「現行交易所法，雖係以有價證券之買賣為主，惟因該法修正公布於民國 24 年 4 月，距今已近三十年，以之適用於現時經濟情況，未合時宜之處甚多，政府為配合經濟發展，籌建證券市場，雖於民國 50 年制定『證券商管理辦法』以利推行。然該項辦法，仍屬一時權宜措施，不足以適應需要。因此證券交易法之制定，實有必要。且修正公司法業經公布施行，證券交易法與公司法有密切關係，為期配合施行，尤須早日制定。付諸實施」，請參閱立法院秘書處，《證券交易法案（上冊）》（立法院公報法律案專輯，1968 年）30 頁。

公司債等有價證券，協助企業資金籌措，形成一個有效率的資本市場；因此，就證券市場的主要任務之一，如上所言，在於吸收社會的資金，投入生產事業之途，以有效分配市場資源。從而，論者亦謂有價證券係工商業發達後所衍生的產物，其為資金流通的媒介之一，而證券市場之於導引國民儲蓄，廣納社會游資於正軌，協助工商業籌集資金，並擴大企業經營規模，使得工商企業足以茁壯成長，加速國民經濟發展，影響甚鉅；當然，論者亦有認為一個健全的證券市場，實是維繫企業發行有價證券的關鍵所在，確保有價證券交易之公平性，落實工商企業的股權分散，使投資人普遍持有股權，參與投資，分享經濟發展之成果，實現政府資本證券化、證券大眾化的既定政策，均富民生之建設❷。

二、保障投資

所謂保障投資，一般認為其與保護投資人之意義是相同的，如民國 55 年制定證券交易法時之立法草案總說明，即謂「為保障投資者利益」之詮釋❸；然，或有認為國人對證券交易法之保障投資，常有不正確的偏差認知，例如當證券市場下跌時，期待政府護盤，以確保其所投資證券的價值或價格等，實有相當的誤解，謂該保護投資的立法規定，其目的在於建立投資人對證券市場的信心❹。

從法目的之觀點，論者有謂保障投資的義涵，或應將之闡釋為「防止投資人受到欺騙，並給予受欺騙的投資人，適當的救濟途徑」；就此言之，首先係認為保障投資與「防止投資人受到欺騙」的關鍵，乃在於相關發行

---

❷　賴英照，《證券交易法逐條釋義(1)》（自版，1992 年）38 頁；黃川口，《證券交易法要論》（自版，1997 年）3 頁；李開遠，《證券管理法規新論》（五南圖書，2001 年）1 頁；林國全，〈證券交易法與證券行政〉《證券交易法研究》（元照，2000 年）6 頁；姚志明，《證券交易法導讀》（三民書局，2008 年）1 頁；王志誠、邵慶平、洪秀芬、陳俊仁，《實用證券交易法》（五南圖書，2011 年）1 頁。

❸　民國 55 年證交法，前揭立法草案總說明❶ 30 頁。

❹　余雪明，《證券交易法》（證券暨期貨市場發展基金會，2000 年）3 頁。

有價證券的企業資訊，是否向投資大眾予以揭露？其實現與否，將關係到投資人在決定購買有價證券前，得否充分地瞭解發行公司的狀況而據以判斷該證券是否具有相當的投資價值？其次，就保障投資人與「投資人適當的救濟途徑」的關係言之，是否因買賣有價證券，受到欺騙而有損害的投資人，依法得以向發行公司或其他相關人員，請求民事上損害賠償之設計❺。雖然如此，惟論者亦謂證券市場上投資行為之本質，因證券理財的風險性高，易為市場投機者所變相操作之斂財工具，影響證券市場之交易秩序，一旦如是則易使投資人對證券市場喪失信心，難以提升社會大眾的證券投資，普遍參與證券市場之意願❻；因此，如何維護證券市場的公正性及證券交易的公平性，落實投資人權益之保障，不啻為證券交易法上之首要課題，甚至是在立法政策上，課予刑事責任。

　　承上所指摘，相關證券交易法第1條「為發展國民經濟，並保障投資，特制定本法」之立法目的，最高法院93年臺上字第3023號刑事判決亦肯認「證券交易法第1條……，考其立法目的，除具有強烈社會法益保護性質外，亦兼及保護個人法益」之謂。

三、發展國民經濟與保障投資之關係

　　關於上述發展國民經濟與保障投資間之立法論，高等法院臺南高分院92年上字第1196號刑事判決明白指出，所謂「發展國民經濟」係維持一個健全而活潑的證券市場，一方面加速企業資本形成，促使社會經濟發展，作最有效的分配，增進國家整體財富，另一方面使國民普遍透過有價證券之投資與持有，分享經濟發展成果，促進均富目標之達成，而所謂「保障投資」則在於確保投資人得有公平、公正從事證券交易之機會，並排除妨害投資人依其自由判斷及責任進行證券交易之不當行為，而非在保障投資人能獲得一定利益或填補其損失。就此，學說多數的見解均亦贊同證券交

---

❺　例如賴英照，前揭書❷40頁；劉連煜，〈證券交易法之立法目的〉《新證券交易法實例研習》（自版，2002年）7頁。

❻　黃川口，前揭書❷4頁；李開遠，前揭書❷1頁；林國全，前揭論文❷7頁。

易法的立法主旨，其開宗明義謂以「發展國民經濟並保障投資，也就是說以保障投資為手段，達到發展國民經濟之目的，良以投資得不到保障，一般資金便難期其用之於發展經濟之途。欲期資金導向生產事業，必先使投資人對投資有安全感，欲使投資人得到安全感，一切措施又必須以維護公眾利益為前提，本法之基本精神，即在維護公眾利益來保障投資之安全，進而使企業資本加速形成，以達到發展國民經濟之最高目標……」之主張❼；因而，一般認為二者目的間，存有階段性之差異，亦即「發展國民經濟」是落實「保障投資」之間接效果，而「保障投資」乃是證券交易法之直接的、具體的終極目的之謂❽。

惟從資本市場的機能而言，無庸置疑的，證券市場之於企業資金的籌措，其亦扮演一個重要的、有效率的資源分配場所；爰此，有論者亦認為證券交易法並非藉由「保障投資」之命題，即可達致。申言之，若在法制政策的層面上觀之，誠如立法所明文，其應是「發展國民經濟」與「保障投資」兩者兼重，相輔相成，不可偏廢；亦即，政府在建立證券市場，於講求發展國民經濟效益之同時，亦應依市場法制之理念，落實保護投資人為基礎，以免政府對證券市場之管理，淪為經濟統治工具之虞，且亦不宜過度強調保護投資人之目的，而影響企業自證券市場籌措資金的機能，阻礙國民經濟之發展❾。

❼ 民國 55 年 12 月 4 日〈立法院經濟‧財政‧司法三委員會邀請證券專家座談會紀錄〉《證券交易法案（下冊）》（立法院公報法律案專輯，1968 年）924 頁（胡淳發言）。

❽ 賴源河，《證券管理法規》（自版，2000 年）23 頁；陳春山，《證券交易法論》（五南圖書，2000 年）5 頁；劉連煜，〈證券交易法之立法目的〉《證券交易法實例研習》（自版，2002 年）6 頁；賴英照，前揭書❷ 10 頁，亦認為保障投資實為證券交易法之第一要義。

❾ 林國全，前揭論文❷ 10 頁。

貳、保護投資人的課題

一、保護投資人的真諦

　　一般認為證券交易與一般交易之商品不同，乃因證券本身並無實質的經濟價值，而證券交易之誘因應是表彰於該有價證券的權利價值，吸引投資人買賣有價證券之關鍵，惟其價值，基本上應是以該發行公司的財務狀況、業務績效等企業產值為依據，所計算出的一個數值；然其同時，若涉及市場上的交易價格，恐亦隨有價證券之供給量與需求量的變化，影響該證券的價格變動等等各種要素，左右有價證券上所表彰之權利價值。因此，論者亦有謂證券交易法之所以保護投資人之目的，並不是在於保證投資人，從事證券交易所購買之證券，應有一定的財產價值，或者是擔保證券投資之必然獲得利潤與迴避損失，而如前所述，該投資人保護的立法政策上乃是以確保證券交易之公平性與公正性，為其前提❿。

　　基於此，證券交易法的頒布是保護投資人理念之實踐，乃藉由法律強制企業內容之資訊揭露及禁止證券市場之不公正行為，以有效落實證券市場的管理制度；如此的立法思維，論者有謂其無外乎是在於「使一般投資人能以自己之責任及判斷而公平、公正地為證券交易」之基本理念⓫。易言之，證券市場上所謂保護投資人之真諦，並非在於制定法律，專為保障證券投資的利得或損失，而應是保障投資人的投資判斷免於不完全、不正確企業資訊的危險，亦應是保障投資人的證券交易免於不健全市場中介的危險，且免於受不公平、不公正市場交易的危險，藉由企業資訊公開的原則，投資人本於自己的投資判斷買賣有價證券。蓋證券投資本質即具有其風險，因證券投資所致生利益與損失，是由投資人自負盈虧，保障投資並非意味著證券市場投資零風險；相對於此，即所謂「投資人自己責任」的

---

❿　賴英照，前揭書❷ 39 頁；林國全，前揭論文❷ 7 頁；廖大穎，〈論證券市場與投資人自己責任制度〉《公司制度與企業金融之法理》（元照，2003 年）195 頁。

⓫　賴源河，前揭書❽ 24 頁；賴英照，前揭書❷ 41 頁；林國全，前揭論文❷ 8 頁。

原則，應由投資人自己承擔證券投資風險的鐵則，保障投資係在確保投資人自己的投資判斷，從事證券交易的市場機制，始為保護投資人之真正目的❷，如前揭臺南高分院 92 年上字第 1196 號刑事判決所指摘。當然，在我國實務上，曾備受爭議的司法官鳳梨宴，因所涉事後彌補特定人投資虧損的醜聞案，全國譁然，究其本質即是一種嚴重扭曲證券市場上投資人自己責任原則之行為❸。

二、證券交易立法體制之建構

論證券交易法之立法目的，尤其是從保護投資人與證券管理的立場，分析證券市場法制的規範，證券交易法大致可依如下兩個方向觀察之：

(一)投資判斷與企業資訊之揭露

所謂企業內容的資訊揭露制度，一般即是針對公開發行公司，依證券交易法，應將其營業及財務狀況等企業資訊，公開揭露之，以供投資人從事證券投資時判斷參考；易言之，從投資人自己責任為主軸，觀察如何保護投資人的議題上，按證券交易法管理規制的方向，首重市場資訊的提供，使證券市場上的投資人得以形成合理的投資判斷為其要務。

目前我國證券市場上企業的資訊揭露制度，主要是公開說明書（證券交易法第 30 條），年度、半年度暨第一、第三季財務報告與年報等項目（證券交易法第 36 條第 1 項、第 3 項），以及重大事項即時申報（證券交易法第 36 條第 2 項）等企業資訊外，尚包括公司董監事、經理人、大股東等內部關係人之持股管理制度（證券交易法第 25 條），出席股東會使用委託書制度（證券交易法第 25 條之 1），公司重大業務行為處理制度（證券交易法第 36 條之 1）與公開收購股權制度的資訊揭露（證券交易法第 43 條之 1）。當然，藉由企業資訊揭露的設計，依法公開企業的內容，除了使投資人在決定買賣有價證券時，有充分而確切的資料，可供投資參考之外，證券交易法之企業資訊公開制度，能讓政府及社會大眾廣泛瞭解該公司的企

---

❷ 廖大穎，前揭論文❿ 196 頁。

❸ 廖大穎，〈鴻門宴與投資虧損〉《月旦法學雜誌》第 82 期 28 頁。

業情況；因此，企業資訊揭露制度本身就有嚇阻企業經營者，違法濫權的監控作用。職是之故，論者亦謂資訊公開乃證券交易法上最高的立法原則❶。

㈡公平交易與市場秩序之維持

　　承上所言，現行證券交易法之於證券市場的規制，其係基於企業公開的架構，實現投資人參與市場行為之合理性與公正性；從而，相關證券市場的管理與公平正義之維護上，我國證券交易法乃參酌美、日的證券管理制度，為防治證券詐欺之不法行為，制定相關的管理規範，圖以建構一個健全的證券市場。

　　關於證券市場上不正交易行為的現行規範，例如證券交易法第 20 條第 1 項特別明文「有價證券之募集、發行、私募或買賣，不得有虛偽、詐欺或其他致人誤信之行為」，此是一般所謂的「反詐欺條款」，防範證券詐欺之情事發生，以保障投資人的權益❶。當然，在證券交易法上值得注意的行為規定有二，一是為維護自由市場的機制，特別明文禁止的人為市場操縱行為，二是為維護證券市場參與之公平原則，特別規範的公司內部人交易制度。前者，謂禁止人為的市場操縱行為是為了確保證券市場的機能，法律明文禁止為自己或他人，運用各種人為的方式，製造變動市場上價格之非合理原因，使其脫離經濟市場的供需法則，以扭曲自由市場價格形成機制之行為，特別於證交法第 155 條明文規定之❶；相對於後者，謂其禁止內部人交易之立法意旨，正如證券交易法制定當時的證管會主任委員，

❶　賴源河，〈企業內容之公開制度〉《公司法問題研究㈠》（政治大學法學叢書，1982年）184 頁；陳松興《證券市場資訊公開體系革命》（實用稅務，1990 年）14 頁；陳春山，前揭書❽ 27 頁；賴英照，前揭書❷ 40 頁；黃川口，前揭書❷ 37 頁；李開遠，前揭書❷ 2 頁；林國全，前揭論文❷ 11 頁；廖大穎，前揭論文❿ 206 頁。

❶　賴英照，前揭書❷ 349 頁；余雪明，前揭書❹ 526 頁。

❶　賴英照，《證券交易法逐條釋義 (3)》（自版，1992 年）374 頁；賴源河，〈Regulation of Securities Market Manipulation〉《公司法問題研究㈠》（政治大學法學叢書，1982 年）307 頁；林國全，〈從日本法之規定檢視我國證交法第 155 條反操縱條款〉《證券交易法研究》（元照，2000 年）161 頁。

於立法院所報告「第 152 條（按即現行法第 157 條）之基本精神，在規定
對發行公司之經營有很大影響這一類人，如董事、監察人、經理人及所謂
大股東，……（為）防止這類人利用其對公司有控制權而投機取巧」之緣
由，為保障投資大眾與維持市場紀律，法律應嚴格禁止其利用公司內部資
訊而不法圖利的行為❶，若依現行法的設計，一者為證券交易法第 157 條
內部人短線交易之禁止規定，二者為證券交易法第 157 條之 1 禁止內部人
利用未公開的內部消息而買賣股票的規定，以確保公平的證券交易制度，
健全證券市場的發展❶。

　　申言之，證券交易法之於規範證券市場的交易秩序，例如明文禁止公
司內部人交易、人為炒作等相關證券詐欺性的不法行為，為其法制之主要
內涵，其意義是在於防止證券市場淪為特定人士不正利得的賭場；從而，
論證券交易法之立法目的，其當然不僅在於提供一個公平的交易制度，建
立一個健全的證券市場，同樣亦有肩負國民經濟的重要任務❶。

參、證券交易法之規範內容

　　關於我國證券交易法之制定過程，係當時由經濟部證券管理委員會先
行採譯日本證券交易法、美國 1933 年證券法與 1934 年證券交易法，並參
照有關法令作綜合研究後，於民國 51 年 7 月開始草擬條文，民國 57 年 4
月三讀立法通過頒布施行之❷；論其規範內容，則重點在於：

---

❶　民國 56 年 8 月 17 日立法院經濟・財政・司法三委員會第 30 次聯席會議記錄
　　《證券交易法案（上冊）》（立法院公報法律案專輯，1968 年）441 頁（汪彝定
　　發言）。

❶　余雪明，前揭書❹ 537 頁；曾宛如，《證券交易法原理》（自版，2000 年）200
　　頁；賴源河，〈證券交易法之公平機制〉《月旦法學雜誌》第 1 期 89 頁。

❶　林國全，前揭論文❷ 11 頁；廖大穎，前揭論文❿ 233 頁。

❷　民國 55 年證券交易法，前揭立法院草案總說明❶ 31 頁。

一、發行市場之管理

　　對企業而言，發行市場是提供資金供需相遇之管道，藉由公開發行有價證券，引導國民儲蓄投資生產事業，促進企業資本形成的場所之一。從目前公開發行有價證券的實務觀之，發行市場之構成關係有三：㈠發行人，證券發行人即企業，係以發行有價證券之方式，籌集其所需的資金，為證券市場上資金的需求者，亦為有價證券發行之主體；㈡認購人，證券認購人係應募認購證券發行人所發行證券之投資人，為證券市場上資金的供給者，包括一般的個人投資者及機構投資人；㈢承銷商，證券承銷商是發行市場之資金中介橋樑，協助企業發行有價證券，並將之銷售給投資大眾，以促進企業資本形成，落實「資本證券化」與「證券大眾化」之關鍵角色❷❶。因此，論發行市場規制的首要課題，在於公開發行有價證券之管理。

　　所謂「公開發行」，依證管會（金融監督管理委員會證期局前身）之見解，認為舉凡股份有限公司，依照公司法及證券交易法的規定，辦理發行有價證券之審核程序，將其財務業務予以公開發表或分散部分股權，稱為公開發行，其中尤以上市、上櫃公司，即是公開發行有價證券之代表❷❷。然，雖依法辦理公開發行的有價證券，但在法律上，並無強制上市或上櫃交易之規定，申請上市或上櫃與否，係發行公司自行決定；惟從證券市場之健全發展而言，完善的發行市場規制之有無，乃深切影響到公開發行有價證券之發行企業與證券投資人之權益，唯有落實發行市場上對公開發行公司之制度管理，始是提升國民經濟發展與保障投資的不二法門，實言不為過。

二、流通市場之管理

　　流通市場係指買賣有價證券之場所，亦稱為交易市場。雖諸如股票、

---

❷❶　黃川口，前揭書❷ 46 頁；李開遠，前揭書❷ 23 頁。

❷❷　財政部證券管理委員會，《臺灣證券市場概況》（證管會，1989 年）7 頁。

公司債券等有價證券，具有自由轉讓的本質，但是否足以讓投資人隨時變賣求現，以回收其投資管道，並促進資金市場再分配之功能？唯有端賴該證券流通轉讓的交易市場，始竟其功；亦即，流通市場乃是提供投資人，彼此間買賣有價證券所需要之交易場所。

從目前證券交易的實務觀之，如第一章第二節【壹之二】所述，流通市場是藉由證券交易所之上市買賣與證券商營業處所之店頭買賣有價證券所構成的一種交易場所，惟其乃建立於：㈠買賣有價證券之雙方當事人間，即買方與賣方之投資人，係證券交易的主體，扮演證券市場上資金再分配的供給者與需求者；㈡經紀商，證券經紀商為流通市場之交易中介橋樑，藉由委託買賣有價證券的交易方式，實現有價證券之自由轉讓，並輔以創造證券市場之流通管道❷❸。職是，就流通市場規制而言，其首要課題乃在於證券交易市場之管理。

目前有價證券交易之方式而言，除買賣雙方私下轉讓的交易行為外，依現行法所規範的證券交易型態，不外是證券交易所之有價證券集中交易與證券商營業處所之櫃檯交易兩種；易言之，相對於發行市場之提供企業資金籌措的功能，流通市場是提供投資人自由買賣有價證券之交易場所，藉由提升證券之流動性，促成投資人願意購買初次發行之有價證券，同時亦讓證券投資人得以順利變現的機制，其或可謂是構成證券市場的核心部位。當然，從流動市場之於證券市場的重要性觀之，唯有維持公平的交易機制與市場秩序，證券市場始能健全地發展。

三、證券交易相關事業機構之管理

㈠證券交易所

證券交易所是以經營供給有價證券集中交易市場為其業務，積極推動證券市場建立之公益性機構。因證券交易所係負責證券市場之運作，證券交易所制度乃關係著公開發行有價證券之上市與集中市場上的競價交易、

---

❷❸　黃川口，前揭書❷ 47 頁；李開遠，前揭書❷ 24 頁。

結算交割作業；一般認為其對證券交易制度之健全與否，實位居關鍵的地位❷。

㈡證券商

證券商在現行證券交易制度下，其所擔任的是證券市場中介的角色；如前所述，在發行市場上，證券商介於證券發行的企業體與應募認購的投資人之間，例如是證券承銷商，為消化企業因發行有價證券所致生可能的風險，扮演資金供需的橋樑，提供證券市場上資金的合理分配機制，而在流通市場上，證券商亦為社會大眾投資人提供一個安全的證券交易制度，例如是證券經紀商，其乃在於接受買賣有價證券之委託，以促進有價證券的流通，並繼而創造證券市場上資金之移動，實現一般人證券投資的理財行動❷。

㈢證券服務事業

證券市場的周邊相關事業活動，例如證券交易法第 18 條第 1 項所明文之證券投資信託事業、證券金融事業、證券投資顧問事業、證券集中保管事業或其他證券服務事業，謂以完善證券市場發展，所不可或缺之必要機構❷。

肆、證券市場的法制政策

一、證券交易法的地位

證券交易法屬商事法的範疇，在自由經濟制度下，規範證券市場的一部法典；因證券市場為溝通國民儲蓄與投資之重要管道，證券交易法的制定係有助於工商業的發展及整個國民經濟之進步，從保障投資之立法意旨，不難理解，如前所述。

---

❷　證管會，前揭書❷ 54 頁，https://www.twse.com.tw/臺灣證券交易所股份有限公司。

❷　廖大穎，〈證券商制度〉《證券市場與股份制度論》（元照，1999 年）169 頁。

❷　李開遠，前揭書❷ 369 頁；曾宛如，前揭書❸ 271 頁。

(一)證券交易法與公司法之關係

公司法係規範公司制度的基本法，側重企業組織的法律關係，例如公司設立、組織運作等❷；尤其是股份有限公司之現代企業組織，因發行股份與發行公司債等之特殊設計，利用有價證券之法理，籌措企業資金的模式，使股份有限公司制度與證券市場間，存在著一定程度的密切關係。相對於此，證券交易法係以證券市場為其規制的範疇，例如公開發行公司之股票或債券等有價證券的募集、發行與買賣等行為；換言之，證券交易法所涵蓋的內容，不僅是從公司法第 156 條第 4 項公司申請公開發行程序開始，規範發行市場上公開發行有價證券之秩序，乃至於落實公司法第 163 條第 1 項股份自由轉讓的設計，證券交易法亦提供證券流通市場的管理機制，在在顯示出證券交易法與公司法的關係密切，互為唇齒。或亦有從證券交易制度，認為證券交易法實為股份有限公司之支架，若缺之，則股份有限公司對於企業資金之籌措，恐猶機能喪失，不能運用自如，而謂此種的企業型態，則亦將失其意義之比喻❷。

從公司制度的體例而言，證券交易法係專為公開發行之股份有限公司，即一般所稱的公開公司，規範其有價證券募集、發行與買賣的一部法典；當然，就特別規範公開發行公司的法制，證券交易法亦是公司法之特別法，而在法位階的適用上，自然是依特別法應優先適用普通法之原則❷。

(二)證券交易法與行政法之關係

論者有謂行政法，係以國家行政權之組織及其作用為其法制的中心概念。然，因現代國家之於證券市場機制的期許，在證券交易法的立法設計上，不僅賦予證券行政主管機關，直接對證券市場管理之權限，例如公開

---

❷　廖大穎，《公司法原論》(三民書局，2002 年) 24 頁，認為公司法之立法課題之一乃是公司法人團體內部之利益調整。

❷　例如賴源河，前揭書❽ 29 頁。

❷　賴源河，前揭書❽ 30 頁；賴英照，前揭書❷ 9 頁；黃川口，前揭書❷ 4 頁；李開遠，前揭書❷ 17 頁。

發行有價證券之申請核准或申報生效（舊證券交易法第 22 條第 1 項）、證券商申請設立或營業之許可（證券交易法第 44 條第 1 項）、證券服務事業之申請核准（證券交易法第 18 條第 1 項）等，而且亦明文授權該主管機關，得制定、頒布相關證券的行政命令，以強化行政權對證券市場之管理，例如主管機關依法所頒布的「發行人募集與發行有價證券處理準則」（證券交易法第 22 條第 4 項）、「證券商設置標準」、「證券商管理規則」（證券交易法第 44 條第 4 項），乃至於「證券投資信託事業管理規則」、「證券金融事業管理規則」、「證券投資顧問事業管理規則」或「證券集中保管事業管理規則」等，亦屬之。因此，若就現行證券交易法的內容言之，處處蘊含行政法之濃厚色彩，明顯易見❸⓪。

　　相較於上述的行政管理方式，證券交易法亦有藉由證券市場相關事業團體自行制定規範，並執行之自律制度，以間接方式，達成證券市場管理之目的，例如目前臺灣證券交易所訂定的上市審查準則（證券交易法第 140 條）、上市費用（證券交易法第 143 條）等，其雖須經主管機關核定等之行政程序，但論者亦謂如此設計，乃是屬於由證券交易法賦予證券行政機關指導或監督之一種間接規範❸①。

二、證券市場管理與法制設計

　　如前所指摘，證券交易法是代表證券市場法制之一部重要法典。關於證券交易法所規範的證券市場，因其市場建構之目的與實踐的要素，相當多元而層面複雜；當然，證券市場不獨是企業維繫的資本市場，亦是一般人投資理財買賣有價證券的交易市場，而證券市場的發展亦是國家經濟的重要指標之一，同屬於影響國家財經政策的重要金融市場之一。基於此，證券交易法之於證券市場管理的效率與秩序，正是各國政府所關注的重點所在。

　　論者有謂行政機關的事前與事後規制是我國證券交易法的特色之一，

---

❸⓪　賴源河，前揭書❽ 30 頁。

❸①　林國全，前揭論文❷ 22 頁。

尤其是對於證券市場之管理，法律賦予主管機關對於證券交易機構的直接或間接行政職權，堪稱典型。至於公開發行有價證券之公司？證券交易法亦賦予主管機關對於該公司一定的行政規制，例如對公開發行公司之財務、業務管理或檢查（證券交易法第 14 條、第 14 條之 1、第 36 條、第 36 條之 1、第 38 條、第 38 條之 1 及第 41 條），又例如對公開發行公司之股權股務管理（證券交易法第 22 條之 1、第 22 條之 2、第 25 條、第 26 條與第 28 條之 1）、買回庫藏股制度（證券交易法第 28 條之 2）、大量持有股權及公開收購有價證券（證券交易法第 43 條之 1、第 43 條之 2、第 43 條之 4 及第 43 條之 5）和有價證券之私募（證券交易法第 43 條之 6、第 43 條之 8）等，皆屬之❷；當然，相關公開發行股票公司之獨立董事新制度，亦授權主管機關制定行政命令管理（證券交易法第 14 條之 2、第 14 條之 3 與第 14 條之 4）。

惟相關證券交易法之於證券市場秩序之維持，值得注意的是民事責任與刑事責任制度之建立：㈠民事責任的特別規定，雖證券交易的本質，原本是私人間權利義務關係的模式所衍生之議題，應基於買賣的法律關係，實現被害人依法請求損害賠償的民事設計，但例如證券交易法第 20 條市場上虛偽、詐欺之行為、第 155 條違反禁止人為操縱市場行為、第 157 條之 1 違反禁止內部人交易之規定等，特別明文行為人負有民事上損害賠償責任，而證券交易法第 157 條亦有對違反短線交易之內部人，公司得依法請求利益歸入的制度，如此的民事責任規定，一般認為其不僅寓有損害填補的基本機能外，尚有藉由民事責任之訴追機制，以達致抑制發生違法行為

❷ 林國全，前揭論文❷ 24 頁，認為政府為提供投資人適當的投資環境，對於參與證券市場活動之發行公司、證券商及其他證券相關事業機構，作種種規範是值得肯定的，但是否因此規範而過度限制這些事業之活動？導致影響全體國民經濟發展之疑慮？又例如劉連煜，〈證券管理哲學的幾點省思〉《公司法理論與判決研究㈠》（自版，1995 年）300 頁，亦例舉美國 Glass-Steagall 法案的銀證分離制度、證券商費率問題、交易所會員資格等爭議，該限制性規定，即屬適例；其雖係政府施政刻意所為之一種立法政策，然就規定之立法目的，究為「限制競爭」？抑或為「保護投資人」？恐難有確切而明白之答案。

的期待❸。㈡刑事責任的特別規定，例如證券交易法第 171 條至第 177 條的規定，針對不法行為課予刑事責任之制裁；當然，證券交易法之特別刑法規定是藉由國家刑罰權之行使，懲處違法之行為，以強制回復證券市場應有的秩序，並收嚇阻違法行為發生之抑制效果。

第二節　證券與交易的概念

壹、證券交易法上之有價證券

依證券交易法第 2 條所明文「有價證券之募集、發行、買賣，其管理、監督依本法之規定」觀之，有價證券本是證券交易法規範之核心概念。當然，關於證券交易法第 6 條的有價證券，其法制上的意義何在？論者亦謂證券交易法的規範，其目的乃是落實保護投資人之證券管理目的，強調發行有價證券之企業資訊揭露義務與不正交易行為之禁止；前者，比方是企業內容公開制度，在現行的證券管理體制下，企業不僅於發行市場募集有價證券時，應向投資人交付公開說明書之義務（證券交易法第 31 條），且於流通市場上，依本法公開發行之公司亦有繼續公開，甚至是即時揭露企業資訊的義務（證券交易法第 36 條），相對地，後者針對嚴格禁止證券市場上不正交易行為，例如證券交易法第 155 條人為操縱市場行為之禁止、第 157 條短線交易與第 157 條之 1 利用未公開的訊息的內線交易行為之禁止等，至於依虛偽、詐欺或其他足以致人誤信之行為，乃於法所不容（證券交易法第 20 條）。附帶一提，有關證券交易法第 45 條證券業務的經營，包括有價證券之承銷、自行買賣與為他人買賣之行紀、居間或代理，現行法所採係證券商專業經營的原則，即非證券商不得為之的證券業法制（證券交易法第 44 條第 1 項後段），配合有價證券定義之範圍，亦有強化證券

---

❸　賴英照，前揭書❷ 31 頁。

　　廖大穎，前揭論文❿ 234 頁，則認為證券交易法上損害賠償責任之救濟制度，實屬投資人自己責任原則的例外。

市場管理的效益**❸❹**。

一、資本證券

所謂有價證券，其定義，證券交易法並無明文；惟一般認為是表彰具有財產私權之書面證券，該有價證券所表彰特定權利內容之發生、移轉或行使，其全部或一部須與證券相結合，例如公司法上的股票、公司債券，票據法上的本票、匯票與支票，保險法上的保單，民法上的提單或海商法上的載貨證券等有價證券，而不同於私法上的證書，例如收據、借據等，單純屬證明法律關係之文書**❸❺**。

依證券交易法第 6 條第 1 項「本法所稱有價證券，謂政府債券、公司股票、公司債券及經主管機關核定之其他有價證券」的規定，證券交易法上有價證券的範圍：

㈠政府債券，即一般所稱的公債，乃中央政府或地方政府所發行的債券，其係基於財政上的理由或為配合國家經濟發展之需要，依法定的程序，向社會大眾所募集債款之一種有價證券。

㈡公司股票，係表彰股東權利之有價證券，其乃股份有限公司為籌措企業資金，依公司法第 161 條、第 161 條之 1 對認股人所發行之公司股票。

㈢公司債券，其本質與政府債券同屬一種舉債行為，但該發行主體係企業，尤其是股份有限公司，依公司法第 246 條所募集之公司債；惟金融

---

❸❹ 林麗香，〈證券交易法上「有價證券」〉《證券交易法修正草案相關問題之研究》（賴源河主持立法院財政委員會研究計畫，1993 年）1～2 頁；林國全，前揭論文**❷** 10 頁。

至於證券業務管理之金融政策，其與銀行業間的關係，請參閱林麗香，〈銀行兼營證券業務規制〉《證券市場發展季刊》第 12 期 6 頁；陳春山，〈銀行證券業務的法律規範〉《證交資料月刊》第 310 期 2 頁；王文宇，〈我國銀行兼營證券業務法制之研究〉《經社法制論叢》第 24 期 132 頁；廖大穎，〈銀行法制之變革〉《月旦法學雜誌》第 66 期 77 頁。

❸❺ 王仁宏，〈有價證券之概念及本質〉《民商法理論之研究》（三民書局，1988 年）7 頁。

機構，例如依銀行法第 11 條規定所發行者，特別稱為金融債券。

從以上的有價證券觀之，證券交易法所規範之對象，僅侷限於資本證券，而不包括本票等支付（信用）證券，或載貨證券、提單等財物證券❸⑥；職是，論者有謂資本證券，乃以其發行之經濟目的在於發行人的籌措資金與投資人的資本投資，一般認為典型的資本證券即是公司股票、公司債券等，其表彰投資與收益請求之一種憑證，始為證券市場上的有價證券❸⑦。

㈣經主管機關核定之其他有價證券，例如改隸金管會證期局前，由財政部所核定之受益憑證❸⑧、認購（售）權證❸⑨、在我國境內從事募集、發行的「外國」政府債券、股票、公司債、受（存）託憑證及其他具有投資性質之有價證券❹⓿ 等；至於財政部亦曾針對華僑或外國人在臺籌集資金，

---

❸⑥　賴源河，前揭書❽ 28 頁；余雪明，前揭書❹ 116 頁；黃川口，前揭書❷ 12
　　頁；曾宛如，前揭書❶❽ 11 頁，認為證券交易法第 6 條所規範者，較一般的有
　　價證券範圍為狹小。

❸⑦　王仁宏，前揭論文❸⑤ 7 頁；陳春山，前揭書❽ 22 頁。
　　黃川口，前揭書❷ 12 頁，指陳資本證券是投資人將資金投資在企業、或對企
　　業或對政府所有債券之憑證，例如股票、公司債券、公債等，其代表的是較長
　　的投資或債務關係，不同於票據所代表的短期債權、債務關係，例如匯票、本
　　票和支票等之貨幣證券。

❸⑧　財政部 77 年 9 月 20 日 (77) 臺財證㈢字第 09070 號函，「證券投資信託事業為
　　募集證券投資信託基金所發行之受益憑證，為證券交易法所稱之有價證券」。

❸⑨　財政部 86 年 6 月 2 日 (86) 臺財證㈤字第 03245 號函，「非由標的證券發行公
　　司所發行之認購（售）權，其募集、發行與交易等相關事項均應受我國證券管
　　理法令之規範」。

❹⓿　財政部 76 年 9 月 12 日 (76) 臺財證㈡字第 00900 號函，「外國之股票、公司
　　債、政府債券、受益憑證及其他具有投資性質之有價證券，凡在我國境內募
　　集、發行、買賣或從事上開有價證券之投資服務，均應受我國證券管理法令之
　　規範」。
　　最高法院民國 105 年度臺抗字第 615 號裁判指摘，臺灣存託憑證係屬證券交易
　　法第 6 條第 1 項所規範之有價證券，證券交易法第 165 條之 2 增訂之目的係在
　　規範第二上市櫃外國公司有價證券於我國募集、發行及買賣之行為，除主管機
　　關另有規定外，準用我國證券交易法相關條文規定為管理、監督，司法院法學

赴外投資所定立之投資契約，投資人皆因給付資金而取得憑證，享有權益者，其與發行各類有價證券並無二致，而金管會亦認為期貨信託事業為募集期貨信託基金所發行之受益憑證，均係屬證券交易法第 6 條之有價證券❹。就此，其效果乃是在我國境內募集等行為，應受我國證券管理法令之規範。另，晚近虛擬貨幣 (virtual currency)，即在虛擬空間的特定族群內，提供購買商品及服務之貨幣功能，依金管會民國 108 年函釋發布核定「具證券性質之虛擬通貨為證券交易法所稱之有價證券」之令，認為「所稱具證券性質之虛擬通貨，係指運用密碼學及分散式帳本技術或其他類似技術，表彰得以數位方式儲存、交換或移轉之價值，且具流通性及下列投資性質者：㈠出資人出資。㈡出資於一共同事業或計畫。㈢出資人有獲取利潤之期待。㈣利潤主要取決於發行人或第三人之努力。」。

二、擬制的有價證券

　　證券交易法第 6 條第 2 項特別明文「新股認購權利證書、新股權利證書及前項各種有價證券之價款繳納憑證或表明其權利之證書，視為有價證券」，依法擬制為證券市場上有價證券的效果；惟這依法所擬制的有價證券，其轉讓亦有特別明文規定，例如證券交易法第 23 條、第 34 條第 2 項等，即屬之：

㈠新股認購權利證書

　　所謂新股認購權利證書，一般認為係表彰認購新股權利之書面文件，其概念上不同於附認股權特別股、公司債等衍生性金融商品之有價證券，而是在現金增資時，公司法第 267 條賦予員工及原有股東承購新股之權利。在實務上，董事會依規定決議公司發行新股，並向員工及股東通知限期認

　　　　資料全文檢索，https://law.judicial.gov.tw/。另，相關臺灣存託憑證部分，請參閱廖大穎、谷湘儀、葉仕國、黃鴻隆，《企業籌資法務與個案分析》（元照，2015 年）30 頁。

❹　　財政部 76 年 10 月 30 日 (76) 臺財證㈡字第 6934 號函，金管會 96 年 8 月 8 日證七字第 38704 號函。

購新股，於發行新股前，公司所製作認購新股的證明文書而已，因其得隨時依股票價格或公司資產價值，獲得一定之價值，依規定報經主管機關，亦得於證券市場上轉讓交易❷；惟公司法第 267 條第 4 項特別限制員工新股認購權利之獨立轉讓，因而理應將之排除於有價證券的範疇❸。至於新股認購權利證書的轉讓，依法應於原有股東認購新股的期限內為之（證券交易法第 23 條）。

(二)新股權利證書

所謂新股權利證書，通常是在公司無償配股時，例如公司法第 240 條第 1 項盈餘轉增資，將應分派股息或紅利之全部或一部，發行新股，或公司法第 241 條第 1 項公積撥充資本，按股東原有股份之比例，發行新股者，於上市買賣前，得先行印製表彰享有分配新股權利之證明文書❹；當然，該新股權利證書依規定，報經主管機關，亦得於證券市場轉讓流通。

(三)有價證券之價款繳納憑證

證券交易法第 6 條第 2 項明文「前項各種有價證券之價款繳納憑證」，例如代收股款或債款之金融機構收款後，應向各繳款之認股人或應募人，交付發行人簽章之股款或債款繳納憑證，日後憑證換發公司股票或債券之用（證券交易法第 33 條），而該繳納憑證依第 34 條第 2 項規定，認股人或應募人得於一定期限內，例如前項所明文之「得發行股票或公司債券之日起三十日內，……交付股票或公司債券」，為轉讓流通；惟此處的「得發行股票之日」，依證券交易法施行細則第 3 條規定係指核准公司設立或發行新股變更登記執照送達公司之日。

---

❷　黃川口，前揭書❷ 16 頁；溫耀源，《證券交易民刑法律問題之研究》（中華民國證券暨期貨市場發展基金會，1991 年）18 頁；吳光明，《證券交易法論》（三民書局，1996 年）36 頁。

❸　賴英照，前揭書❷ 87 頁；溫耀源，前揭書❷ 18 頁；劉連煜，〈有價證券〉《新證券交易法實例研習》（自版，2002 年）39 頁。

❹　賴英照，《證券交易法逐條釋義(4)》（自版，1992 年）65 頁；黃川口，前揭書❷ 16 頁；吳光明，前揭書❷ 36 頁；劉連煜，前揭論文❸ 40 頁。

㈣其他表明權利證書

例如公司法第 262 條第 1 項可轉換公司債債權人請求轉換公司股份時，公司依法應核發股份時，所發行之債券換股權利證書等，即亦屬之；然論者有謂此概括的立法例，將公司如以其他文件或憑證，表彰本條第 1 項各種有價證券之權利，納入證券交易法第 6 條有價證券之範圍者，係有效防止規範上的疏漏，以求周延**❹**。

三、有價證券之無實體發行

民國 89 年證券交易法修正，乃政府為配合有價證券無實體發行制度的推展，增訂第 6 條第 3 項之規定，對於未印製表示其權利之實體有價證券者，亦視為有價證券，例如公司法第 161 條之 2（民國 107 年修正公司法第 162 條之 2 改定）與第 257 條之 2 所明文公司發行之股份，得免印製股票，而公司所發行之公司債，亦得免印製債票；惟該無實體發行之有價證券，與無實體交易的實現，其運作有賴股票或公司債券等有價證券之帳簿劃撥制度的配合，並應洽有價證券集中保管事業機構之管理，始竟其功。

四、傳統有價證券概念之檢討

論證券交易法第 6 條所規範的有價證券，其對象雖限於資本證券，例如股票、債券，較民商法上所規範者狹隘，但在立法例上，亦將非屬民商法上的有價證券或表明權利之書面文件，視為有價證券，使證券交易法上的有價證券範疇，逾越傳統有價證券的概念；如此的「有限列舉、概括授權」的立法方式，授權主管機關依實務需要，因時制宜，得隨時增列其他種類之有價證券，納入證券市場法制規範，以有效管理之**❹**。

從證券市場法制意義言之，證券交易法所規範的是企業發行有價證券與籌措資金的經濟活動；然不幸的是，在我國從早期的財神酒店事件、鴻源吸金事件，到經歷歐洲共同仕場事件等，社會上投資人受害事件的不斷

---

❹　賴英照，前揭書**❹** 66 頁。

❹　惟賴英照，前揭書**❹** 66 頁，認為財政部未積極行使此項授權。

發生，企業「公開」募集社會資金的投資商品，卻不受證券交易法的管理與規範，而任其自生自滅的情況觀之，或許在企業金融的層面上，的確是個不容忽視的問題。因此，為配合我國當今證券市場的發展，建立國民經濟與保護投資人的使命，除日常生活上的投資契約外，在經濟活動中的商業本票、資產金融證券化等，乃至於新創事業、群眾募資及新近的虛擬通貨、im.B 或 P2P 借貸平臺所衍生的投資人與籌資行為，這些手段與市場集資的管理問題❹，均值得再檢討研議之。

貳、買賣證券之現行交易制度

證券交易法上之「交易」，意指買賣之謂，證券交易即是買賣有價證券之行為；原則上，證券交易與民法第 345 條第 1 項所明文私人間買賣的法律關係無異，即雙方當事人合意一方移轉財產權於他方，他方支付價金之一種契約。惟買賣雙方當事人進行證券交易時，應依有價證券權利轉讓的方式為之，例如公司法第 164 條與第 260 條明文記名式股票與記名式公司債券，背書轉讓之要式性，且公司法第 165 條第 1 項與第 260 條後段亦特別規定股東名簿或公司債存根簿的過戶登記制度，否則不得以其轉讓對抗該公司之效力。

相較上述有價證券買賣的交易類型，證券交易法建立有價證券集中交易制度與店頭交易制度，提供投資人買賣有價證券之交易市場：

---

❹ 關於實務上證券交易法之「有價證券」與投資人保護的相關介紹，請參閱林麗香，前揭論文❸ 1～2 頁；劉連煜，〈論票券是否可能成為證券法上所規範之證券〉《公司法理論與判決研究(一)》（自版，1995 年）225 頁；余雪明，〈有價證券之概念〉《月旦法學雜誌》第 16 期 84 頁；吳光明，前揭書❷ 70 頁；廖大穎，〈開發新金融商品與修正證券交易法〉《證券市場與股份制度論》（元照，1999 年）161 頁；曾宛如，前揭書❸ 22 頁。

另，金融資產證券化條例、不動產證券化條例等於民國 91 年、92 年立法通過實行，請參閱本書第一章第二節【貳之三】的介紹，而相關創櫃版的證券交易平臺、創意集資平臺等亦於民國 102 年分別在櫃買中心或主管機關行政輔導下成立大眾募資管道，請參閱本書第三章第一節【參之二】的介紹。

一、有價證券之集中交易

有價證券集中交易制度，即證券交易所為供有價證券之競價買賣，所開設之證券市場（證券交易法第 12 條）。目前有價證券之集中交易制度，係針對依法公開發行之有價證券，由發行人向證券交易所申請上市（證券交易法第 139 條第 1 項），且該上市有價證券之買賣，除證券交易法第 150 條所列各款，比方是上市公司股票零股買賣之私人間交易等情況外，限制應於證券交易所開設的有價證券集中交易市場為之❽。

然，如此的有價證券集中交易係採競價買賣的方式，即由參加買賣的證券商下單，經證券交易所依買賣有價證券之集合競價規則，決定市場上成交與否的交易型態，並非傳統民法上私人間相對議價的買賣模型，亦稱為市場型交易；申言之，買賣上市有價證券之雙方當事人，雖無法明知交易當事人對方，但經由證券交易所撮合該有價證券之買賣，完成證券交易。在如此的前提下，證券交易法亦設有買賣一方債務不履行（即違約不交割）時之配套措施，例如共同責任制給付結算基金之代為交付（證券交易法第 153 條），以維持有價證券集中交易之運作與秩序。

二、有價證券之店頭交易

有價證券店頭交易制度，即相對於前述上市集中買賣之交易型態，針對未上市的有價證券得由證券經紀商或證券自營商，在其營業處所（店頭）受託或自行買賣有價證券之謂（證券交易法第 62 條第 1 項）。依現行實務，未上市的有價證券無法在集中交易市場完成有價證券之買賣，唯有在證券商專設的櫃檯，以議價的方式，進行交易，故亦稱為櫃檯買賣❾；我國於

---

❽ 關於有價證券上市交易制度之管理，可參閱「臺灣證券交易所股份有限公司有價證券上市審查準則」、「臺灣證券交易所股份有限公司營業細則」等。

❾ 賴源河，前揭書❽ 225 頁，認為店頭交易市場的特點在於：㈠店頭交易之買賣場所，未如集中交易市場之集中一處，係分散於各地證券商的臨店櫃檯，㈡店頭交易不論是顧客與證券商或證券商間相互之買賣，與集中交易市場之連續競

民國 83 年成立櫃檯買賣中心，訂定有價證券上櫃買賣之審查準則，為上市的有價證券集中交易市場建立所謂的預備市場及後備市場，以增加未上市有價證券之變現性❺⓪。

　　至於未上市未上櫃的有價證券，證券主管機關亦於民國 90 年修正證券商營業處所買賣有價證券管理辦法，在現行上市、上櫃市場外，另建置一個議價交易市場；針對申請上市或上櫃輔導契約之公開發行公司，亦可透過證券商的推薦，向櫃檯買賣中心完成登錄，於證券商營業處所議價買賣該公司之股票等，即所謂「興櫃股票市場」，其為我國階段性健全未上市未上櫃股票之一種交易制度❺❶。

第三節　證券管理行政與自律制度

壹、證券管理機關

一、證券交易法上之主管機關

　　原證券交易法第 3 條明文證券交易法所稱的主管機關，為財政部證券暨期貨管理委員會，簡稱證期會。財政部為管理、監督有價證券之發行、交易及期貨交易，依財政部當時的組織法第 24 條規定，特別設置證券暨期

　　　價方式不同，而店頭交易之買賣係以議價的方式，完成交易，同一證券在同一時間內，可能有兩個以上之成交價格。

❺⓪　關於有價證券上櫃交易制度之管理，可參閱「財團法人中華民國證券櫃檯買賣中心證券商營業處所買賣有價證券審查準則」、「財團法人中華民國證券櫃檯買賣中心證券商營業處所買賣有價證券業務規則」。

❺❶　關於興櫃股票交易制度之管理，可參閱「財團法人中華民國證券櫃檯買賣中心證券商營業處所買賣有價證券買賣興櫃股票審查準則」、「財團法人中華民國證券櫃檯買賣中心證券商營業處所買賣有價證券業務規則」等。
　　　至於未上市未上櫃股票交易弊端之檢討，請參閱王文宇，〈未上市（櫃）股票買賣衍生之法制問題〉《月旦法學雜誌》第 59 期 134 頁。

貨交易委員會，隸屬於財政部；惟民國 93 年 7 月成立行政院金融監督管理委員會（簡稱金管會），將證券暨期貨管理委員會納入金管會的組織架構內，而改稱為證券期貨局，爰以本書相關主管機關部分，亦隨改稱證券期貨局（簡稱證期局）。當然，民國 94 年證券交易法部分條文修正時，亦將第 3 條本法所稱之主管機關，改稱為行政院金融監督管理委員會，又於民國 104 年配合行政院組織改造工作，修正為金融監督管理委員會 ❷。

證期局的基本任務，如證券交易法與期貨交易法之法目的所示，為「發展國民經濟、保障投資」及「健全發展期貨市場、維護期貨交易秩序」，致力於㈠健全資本市場發展，促進資本證券化、證券大眾化；㈡改進證券期貨市場運作，力求交易公平、公正與公開；㈢發展證券期貨服務事業，發揮溝通儲蓄與投資之功能；㈣加強會計師管理，提升其執業水準及查帳技能等四項工作方針。目前設有證券發行組、證券商管理組、證券交易組、投信投顧組、會計審計組及期貨管理組等業務單位；並設秘書室、人事室、會計室、政風室、資訊室等幕僚單位 ❸，其編制如下圖：

---

❷ 民國 94 年證券交易法部分條文修正草案，第 3 條修正理由，謂「配合行政院金融監督管理委員會……成立，業依金融監督管理委員會組織法第 2 條、第 4 條及行政程序法第 11 條第 2 項將主管機關由財政部證券暨期貨管理委員會變更為行政院金融監督管理委員會」，請參閱立法院第 6 屆第 2 會期第 1 次會議議案關係文書・院總第 727 號（政府提案第 10191 號）政 236 頁；另，民國 104 年證券交易法部分條文修正草案，修正第 3 條之立法說明，請參閱《立法院公報》第 104 卷第 9 期 166 頁，https://lis.ly.gov.tw/lglawc/lglawkm 立法院法律系統。

惟關於證期會早期隸屬的問題與晚近發展之演變，請參閱賴源河，前揭書 ❽ 6 頁；余雪明，前揭書 ❹ 37 頁；賴英照，前揭書 ❷ 54 頁。

❸ 金融監督管理委員會證券期貨局，https://www.sfb.gov.tw。

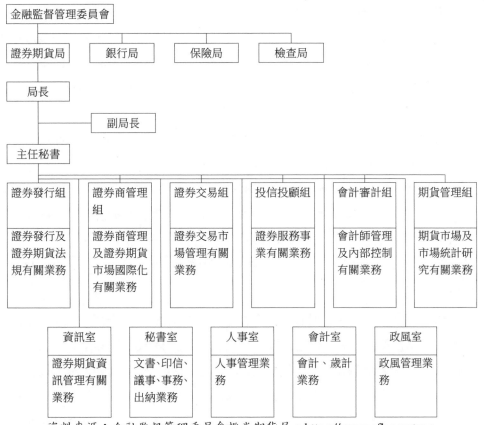

資料來源：金融監督管理委員會證券期貨局，https://www.sfb.gov.tw。

二、證券市場與主管機關之行政管理權

　　如本章第一節【肆之一】所述，證券交易法的內容蘊含相當濃厚之行政色彩，理所當然的，現行證券交易法賦予主管機關的權限是執行證券市場之管理；然，如此的證券行政權，就我國證券市場之法制而言，其內容除依法授權主管機關，制定行政命令，落實證券市場的管理外，民國94年證券交易法部分條文修正時，亦增訂第21條之1授權主管機關得與外國簽訂資訊合作協定，共同維護證券市場之交易秩序與安全便利性。惟就主管機關金融監督管理委員會證券期貨局之行政管理權，證券交易法上的主要規定，分述如下：

(一)對公開發行有價證券之管理

原則上，公司法第 133 條第 1 項明文公司募股設立時、公司法第 268 條第 1 項公司公開發行新股時，應申請證券主管機關審核，而公司法第 248 條第 1 項亦明文公司發行公司債時，應向證券主管機關辦理等之規定；就有價證券之公開發行程序，採行所謂的實質管理主義，即核准制，應經主管機關就發行人之實質條件，予以審查，如符合一定之發行條件者，始准予公開發行之❺❹。因此，如早期證券交易法第 17 條第 1 項之舊有規定「公司依本法公開募集及發行有價證券時，應先向主管機關申請核准……（已刪除）」，而其同時，證券交易法第 38 條第 1 項亦特別明文主管機關為有價證券募集或發行之核准，因保護公益或投資人利益，對發行人、證券承銷商或其他關係人，得命令其提出參考或報告資料，並得直接檢查其有關書表、帳冊。

然，主管機關之事先審核，是否為證券品質之保證？恐有被誤解之虞。如證券交易法第 40 條之規定，其特別明文「對於有價證券募集之核准，不得藉以作為證實申請事項或保證證券價值之宣傳」，究其原委，乃不僅可能發生發行人以虛偽不實的財務報表，騙取主管機關之核准，再且即使是發行人於發行時真實公開其財務、業務狀況，經過相當時日，公司財務狀況實已發生變動，實非主管機關所能預見者。論主管機關之審核程序，非但不宜作為發行人申請事項之證實，亦不宜作為該證券價值之保證❺❺；職是，謂上述原證券交易法第 17 條的立法例，係民國 77 年證券交易法部分條文修正時，由證券管理機關之審核，改兼採申請核准與申報生效之公開發行程序，惟於民國 94 年證券交易法部分條文修正時，公開發行有價證券程序再改採申報生效制，廢止申請主管機關審核之程序，刪除第 17 條規定。

至於在實務上有價證券之上市、上櫃買賣等，例如證券交易法第 142

---

❺❹ 賴英照，前揭書❷ 168 頁，認為有價證券申請核准之公開發行係在企業內容公開的前提下，輔以主管機關之實質審核權，對於未具備一定財務標準的發行人，限制其不能公開發行有價證券，在理論上投資人可獲得雙重保障的機制。

❺❺ 賴英照，前揭書❷ 168 頁。

條亦規定發行人發行之有價證券，非於其上市契約經主管機關之核准，不得於證券交易所之有價證券集中交易市場為買賣，而證券交易法第 62 條第 1 項亦明文證券商營業處所買賣之有價證券，非經主管機關核准，不得買賣，賦予主管機關審核之權限。

㈡對公開發行公司之管理

針對公開發行有價證券公司之管理是我國證券交易法制獨有的立法例，將於本書第四章說明；惟就證券主管機關之於公開發行公司的行政管理而言，例如第 14 條與第 36 條財務報告、第 14 條之 1 財務業務之內部控制、第 14 條之 2 獨立董事、第 14 條之 4 審計委員會、第 22 條之 1 股權分散與股務處理、第 25 條內部人股權申報、第 25 條之 1 委託書、第 26 條董監股權成數及查核、第 26 條之 3 董事會與監察人構成、第 28 條之 1 現金增資、第 28 條之 2 買回庫藏股、第 36 條之 1 重大財務業務行為處理、第 43 條之 1 公開收購股權及第 43 條之 6 私募有價證券等事項，由主管機關定之。

證券交易法第 38 條第 2 項特別規定有價證券發行後，主管機關得隨時命令發行人提出財務、業務報告或直接檢查財務、業務狀況；若主管機關於審查發行人所申報之財務報告、其他參考或報告資料時，或於檢查其財務、業務狀況時，發現發行人有不符合法令規定之事項，除得以命令糾正、限期改善外，並得依本法第 178 條處罰之（證券交易法第 39 條）。然，證券交易法為強化上述主管機關檢查之績效，第 38 條之 1 明文賦予主管機關認為必要時，得隨時指定具備專業技術、知識及經驗之專業人員，例如會計師、律師、工程師或其他專門職業或技術人員，深入檢查財務、業務狀況及有關書表、帳冊，並向主管機關提出報告或表示意見，以保障投資安全；惟其費用由被檢查人負擔❺❻。

---

❺❻　民國 89 年證券交易法部分條文修正草案第 38 條之 1 立法說明，請參閱《立法院公報》第 89 卷第 39 期 273 頁。

　　林仁光，〈證券交易法制之發展（上）——2000 年證券交易法修正之影響〉《月旦法學雜誌》第 65 期 38 頁，稱為代行檢查權。

㈢對證券商之管理

關於主管機關對證券商之管理，現行證券交易法設有如下的規制：

1.非證券商不得經營證券業務之設立許可主義

證券交易法第 44 條第 1 項後段明示證券商專業主義制度，非證券商不得經營證券業務。所謂證券商，乃依第 44 條第 1 項前段之規定，須經主管機關之許可，始得申請設立登記（公司法第 17 條）；至於證券商之設置標準，證券交易法第 44 條第 4 項授權主管機關制定之❺❼。惟證券商取得經營證券業務之特許（許可？）後，經主管機關發覺有違反法令或虛偽情事者，得撤銷其特許（證券交易法第 57 條），而證券商自受領證券業務特許（許可？）證照，並登記後，於三個月內未開始營業，或雖已開始營業而自行停止營業連續三個月以上時，主管機關亦得撤銷其特許，如有正當事由，得申請延展（證券交易法第 59 條）❺❽。

2.比照對公開發行公司之行政管理

例如證券交易法第 14 條財務報告、第 14 條之 1 財務、業務之內部控制制度，於證券商亦適用之；證券交易法第 63 條亦明文第 36 條相關公開發行公司編制、申報及公告財務報告之規定，對證券商準用之。除此之外，證券交易法第 64 條亦特別規定主管機關為保護公益或投資人利益，得隨時命令證券商提出財務或業務之報告資料，或檢查其營業、財產、帳簿、書類或其他有關物件，而證券交易法第 65 條亦規定主管機關於調查證券商之業務、財務狀況時，發現該證券商有不符合規定之事項，得隨時以命令糾正、限期改善之。

---

❺❼ 賴英照，前揭書❹❹ 308 頁，認為證券交易法第 44 條雖採許可主義，惟在實務執行上，或如財政部當時的保證，謂「凡符合證券商標準的都會准，絕不會因人而異」的態度，有實質轉化為準則主義（要件主義）之現象。

❺❽ 從民國 77 年證券交易法部分條文修正草案，第 44 條第 1 項證券商之「特許」改為「許可」之聯席會審查意見，造成第 57 條與第 59 條文字未同步調整之故，請參閱《立法院公報》第 76 卷第 96 期 57 頁。

3. 處分權

證券交易法第 66 條明文違反法令之處分制度，即證券商違反本法或依本法所發布之命令者，除依證券交易法第七章罰則處罰外，主管機關得視情節之輕重，依該條規定處分，並得命其限期改善之；而證券交易法第 56 條亦規定主管機關之處分權限。

四對證券商同業公會之管理

證券交易法第 90 條規定證券商同業公會章程之主要內容及其業務之指導與監督，由主管機關以命令定之；同時，為保障有價證券買賣之公平或為保護投資人，主管機關於必要時，亦得命令證券商同業公會變更其章程、規則、決議或提供參考、報告之資料，或為其他一定之行為（證券交易法第 91 條）。至於證券商同業公會之理、監事有違反法令怠於實施該會章程、規則，濫用職權或違背誠實信用原則之行為者，主管機關亦得予以糾正或命令證券商同業公會解任之（證券交易法第 92 條）。

五對證券交易所之管理

依現行法之規定，主管機關對證券交易所之行政管理設計，主要如下：

1. 交易所之設立特許或許可主義

證券交易法第 93 條明文交易所之設立，應於登記前先經主管機關之特許或許可❺❾；其申請程序及必要事項，由主管機關以命令定之。惟主管機關於特許或許可交易所設立後，發現其有虛偽之記載或有其他違反法令之行為者，得撤銷其特許或許可（證券交易法第 100 條）。

2. 交易所業務之指導、監督與人員之管理

證券交易法第 102 條規定證券交易所業務之指導、監督及其負責人與業務人員管理事項，由主管機關以命令定之。尤其是有價證券之上市及受託買賣，例如有價證券，非經申報主管機關核准之上市契約者，不得於證

---

❺❾　賴英照，《證券交易法逐條釋義(3)》（自版，1992 年）5 頁，第 93 條兼用「特許」及「許可」二詞，係兼指「會員制證券交易所之許可」及「公司制證券交易所之特許」二者，惟公司設立時之「特許」一語係援用民國 55 年公司法的用語之謂。

券交易所之有價證券集中交易市場為買賣（證券交易法第 142 條），而證券
交易所訂定之有價證券上市審查準則及上市契約準則，應申請主管機關核
定（證券交易法第 140 條）；證券交易法第 145 條亦明文證券交易所處理有
價證券之申請終止上市，即一般謂「下市」，應經主管機關核准等；又例如
證券交易法第 158 條所明文證券經紀商接受有價證券之受託買賣，應依證
券交易所訂定之受託契約準則，其主要內容亦由主管機關以命令定之。

再者，證券交易法第 161 條特別規定主管機關為保護公益或投資人利
益，得以命令通知證券交易所變更其章程、業務規則、營業細則、受託契
約準則及其他章則，或停止、禁止、變更、撤銷其決議案或處分，而第
162 條亦明文準用第 64 條之規定，主管機關為保護公益或投資人利益，得
隨時命令證券交易所提出資料或檢查之。

3.處分權

證券交易所之行為，如有違反法令或本於法令之行政處分，或妨害公
益或擾亂社會秩序時，主管機關得依證券交易法第 163 條規定處分之。

4.監理制度

為有效監督證券交易所之業務與有價證券集中交易市場之狀況，證券
交易法第 164 條特別明文主管機關得於證券交易所，派駐監理人員；惟其
監理辦法，亦由主管機關以命令定之。

㈥對證券服務事業之管理

關於證券服務事業之管理，證券交易法第 18 條第 1 項規定凡經營證券
金融事業、證券集中保管事業或其他服務事業，應經主管機關之核准，而
證券投資信託及顧問法第 3 條第 2 項與第 4 條第 2 項亦分別明文證券投資
信託事業及證券投資顧問事業，亦應經主管機關之核准，始得為之，相關
證券服務事業之設立申請與管理事項，由主管機關制定之（證券交易法第
18 條第 2 項、證券投資信託及顧問法第 72 條第 1 項）。至於證券交易法第
18 條之 1 亦明文準用第 38 條主管機關得隨時命令提出財務、業務報告或
檢查其財務、業務狀況的規定，準用第 39 條主管機關得以命令糾正、限期
改善，並得依本法處罰，並準用第 66 條主管機關除依證券交易法處罰外，

得視違法行為情節輕重處分，命限期改善之；當然，相關證券投資信託與投資顧問事業部分，證券投資信託及顧問法亦有相對應之規定，關於此，請參閱第八章第三節【貳】部分。

三、證券不法行為與主管機關之調查權

　　關於上述主管機關之行政管理制度，例如證券交易法明文賦予主管機關命令提出資料，並直接檢查之權限，論者有謂其性質上係屬於許可行政的立法設計下，主管機關對於許可或核准事業，施以經常性、持續性之行政檢查權❻；然，針對證券不法事件，例如證券交易法第 20 條詐欺性的證券行為與不實財務報表、第 32 條不實公開說明書、第 155 條炒作股票行為及第 157 條之 1 內線交易行為等課予刑事責任之違法情事，主管機關並無任何檢肅不法之調查權限。

　　就以上的證券不法行為，原則上係藉由舉發犯罪嫌疑之事實，移請司法調查機關偵查案情，並提請訴追之程序，以符合訴請法律救濟之正當司法程序。雖然如此，但往往因證券交易不法情事之特殊性，其調查工作涉及相當高程度的專業知識與經驗；論者認為若無及時性的專業能力介入，掌握市場不法情事之證據，追究其法律責任，恐將無法確實有效舉發證券不法行為，造成無能將其繩之以法的遺憾，嚴重影響證券市場的秩序。因此，證券交易法是否因證券不法行為之特殊性質，應參酌美日等國之立法例，亦賦予主管機關之調查權，以維護證券交易安全的特別設計？頗值得再深入研議❼。

---

❻　林國全，〈證券主管機關之行政調查權〉《月旦法學雜誌》第 39 期 35 頁。

❼　民國 89 年證券交易法部分條文修正草案，第 20 條之 1 立法說明（行政院版），雖亦有謂「證券市場為發展國家經濟之櫥窗，為安全國家經濟發展之命脈，並保障投資人之投資安全，實有必要賦予主管機關調查執行之權能，以檢肅不法」，但本條文草案終未取得共識而不予增訂。

　　關於外國立法例之介紹，請參閱羅怡德，〈證管會之調查權〉《證券交易法修正草案相關問題研究》（立法院財政委員會委託國立政治大學法律研究所研究計畫，1993 年）4–1 頁；林國全，〈自日本 1992 年設置證券交易等監視委員會論

四、國際合作

為加強國際合作，與外國主管機關充分合作共同遏止、打擊跨國不法行為，圖以維護我國證券交易法之交易秩序，民國 94 年證券交易法部分條文修正時，增訂第 21 條之 1 特別規定政府或其授權之機構依互惠原則，得與外國政府、機構或國際組織，就資訊交換、技術合作、協助調查等事項，簽訂合作條約或協定（第 1 項）；同時，證券交易法第 21 條之 1 亦特別明文除有妨害國家利益或投資大眾權益者外，主管機關依前項簽訂之條約或協定，得洽請相關機關、機構依法提供必要資訊，並基於互惠及保密原則，提供予與我國簽訂條約或協定之外國政府、機構或國際組織（原第 2 項）❻❷。

民國 99 年證券交易法部分修正條文修正時，再強化我國證券管理機關之國際合作機能，提升國際機構等跨國監理的協助能力，符合國際證券管理機構組織多邊協商、合作與資訊交換之正式簽署國要件，特別於第 21 條之 1 第 2 項增列所簽訂之條約或協定，得要求有關機構、法人、團體及自然人依該條約或協定，提供必要資訊予外國政府、機構或國際組織；再者，同時亦增訂第 21 條之 1 第 3 項「為促進證券市場國際合作，於外國政府依第 1 項簽訂之條約或協定請求協助調查時，主管機關得要求與證券交易有關之機構、法人、團體或自然人，提示相關之帳簿、文據或到達辦公處所說明；必要時，並得請該外國政府派員協助調查事宜」與第 4 項「前項被要求到達辦公處所說明者，得選任律師、會計師、其他代理人或經主管機關許可偕同輔佐人到場」。至於為貫徹強化我國主管機關之國際合作效能，證券交易法第 21 條之 1 第 5 項特別規定第 2 項及第 3 項機構、法人、團體或自然人，對於主管機關要求提供必要資訊、提示相關帳簿、文據或到達辦公處所說明，不得規避或拒絕❻❸。

證券主管機關之調查檢查權限〉《證券交易法研究》（元照，2000 年）197 頁。

❻❷　民國 94 年證券交易法部分條文修正草案，第 21 條之 1 增訂理由，請參閱前揭立法院關係文書❺❷政 247 頁。

貳、證券業之自律規範

一般認為證券行政之態樣，可區分為行政主管機關對證券市場之直接規範與透過證券市場相關事業團體自律規範所為之間接規範；前者行政機關之直接規範，如上所述，而相對於此，後者相關事業團體之間接規範，例如證券交易所、證券商同業公會等團體，基於其在證券市場上的專業能力，形成一種自我規律之特殊管理體系，有效拘束團體的每一分子，並得迅速自我調整，期以適應證券市場新局的複雜性與技術性，誠不失為一種值得倡議推行之制度[64]。

惟何謂自律規範？其定義法並無明文，論者有謂其是依各成員之同意授權，由業者為組織的構成員，或依法令之授權而由主管機關委任所組成之自律機關團體，該團體就其構成員或受規範之人，針對業務上的行為，如有違反自律規範者，得依據該團體章程、章則或公約等，加以懲處之制度。在實務上，例如證券商所組成的證券商同業公會（證券交易法第 89 條）、證券投資信託事業、證券投資顧問事業，依據相關管理法令所組成業者間之同業公會，即為典型之自律機關；甚至是會員制之證券交易所，因其係以參與交易之證券業者，即證券自營商或證券經紀商為其組成之會員，在性質上亦屬之（證券交易法第 103 條）[65]。因此，論證券業之自律規範，亦有謂其乃藉由自律機關對同業間行為之約束力量，自約克制違反規範的原動力，例如遵守證券交易上之誠信原則或市場上應有的慣行與共識，積極提升與維護證券市場上同業的形象，比方是杜絕不合理的收費、不合理的削價競爭，乃至於是業者與客戶間之關係，舉凡徵信開戶、委託、交易、

---

[63] 民國 99 年證券交易法部分條文修正草案，第 21 條之 1 修正說明，請參閱《立法院公報》第 97 卷第 75 期 93 頁。

[64] 賴源河，前揭書[8] 4 頁；林國全，前揭論文[2] 16 頁。

[65] 賴源河，〈證券暨期貨業自律機關及其規範之探討〉《月旦法學雜誌》第 29 期 85 頁；林國全，〈證券市場自律機構功能之探討〉《證券交易法研究》（元照，2000 年）313 頁。

結算交割等整個交易循環之詳細、完整的規範，不僅充分保障客戶個人資料的安全，而如何踐行相互通報及對客戶的篩選，使存有不法或不良背景之客戶能無所遁形，維護證券事業之市場秩序；申言之，證券業組織之自律規範實亦為證券市場規制的重要一環❻❻。

總而言之，自律機關因結合業者間自我約束功能之發揮，不僅可減省主管機關行政權過度介入證券市場，凸顯證券業者自我管理之實效，增進業者奉法遵行之倫理，並激發道德潛能，使一些法令規定及行政管理所無法祛除防治之黑數，有效遏止之，寓有降低管理成本的卓實效益，而且自律機關亦得以結合業者間的意見，反映業界的需求，符合證券市場之變化與因應之道，其當然亦將是主管機關施政與管理之重要參考依據所在。雖然如此，但論者亦謂，若業者間之自律規範無法發揮其功效，其對整個證券市場所造成的衝擊，不獨是主管機關恐加重其行政管理上之成本，而且業界對於違規風險所遭致行政處罰的不可預測性，亦無從免除；就整個證券市場的秩序、投資人權益之保護而言，亦將受嚴重影響，甚至連國家經濟之發展等，恐亦因自律規範所潛藏的負面效果，可能致生意外之折損❻❼。

---

❻❻　賴源河，前揭論文❻❺ 87 頁。

❻❼　賴源河，前揭論文❻❺ 85 頁。

　　例如林國全，前揭論文❻❺ 316 頁，亦陳指自律規範所潛藏的弊害，比方是自律機構未必會確實對違反規範者，施以嚴格制裁，或因自律規範本身欠缺強制力而無其功效，同時亦就自律規範的影響言之，其制定與執行或有可能忽略公共利益之考量，甚至是可能阻礙政府直接監督之實行。

本　論

第三章　發行市場（初級市場）

綱要導讀

第一節　公開發行有價證券
壹、公開發行的概念

貳、核准制與申報制

—— 公開發行之管理政策

參、強制公開發行與豁免證券

第二節　資訊揭露
壹、企業內容公開

貳、初次公開

—— 以公開說明書為中心

參、繼續公開

—— 以定期性報告與即時性報告為中心

第三節　違反企業資訊揭露之民事責任制度
壹、資訊揭露與保障投資

貳、未交付資訊之民事責任

參、不實資訊之民事責任

第四節　公開發行公司之私募有價證券
壹、不公開發行之私下募集

貳、證券交易法上的私募制度

參、策略性的私募證券

肆、私募證券與市場秩序之維護

3

第一節　公開發行有價證券

壹、公開發行的概念

所謂公開發行，證券交易法並無明文定義，僅第 8 條第 1 項謂「本法所稱發行，謂發行人於募集後並交付……有價證券之行為」，但其似乎與公司法第 162 條、第 257 條公司發行股票、公司債券之概念該當。惟依證券交易法第 7 條第 1 項所明文「本法所稱募集，謂發起人於公司成立前或發行公司於發行前，對非特定人公開招募有價證券之行為」的規定觀之，比方是公司法第 133 條發起人募股設立、公司法第 268 條對外公開發行新股等，一般認為係企業藉由證券市場，向社會不特定之多數人籌措資金，公開發行有價證券的態樣❶。質言之，吾人可謂公開發行，其乃相較於發行人不藉由證券市場，例如現行公司法第 267 條僅對公司原有股東、員工或洽由特定第三人「私下」募集股份，而不公開發行有價證券之相對概念。職是，證券交易法第 2 條特別明文「有價證券之募集、發行……，其管理、監督依本法之規定，而本法未規定者，始適用公司法或其他有關法律之規定。」

一、募　集

依證券交易法第 7 條第 1 項所稱之「募集」，其為發起人於公司成立前或發行公司於發行前，對非特定人公開招募有價證券之行為；論其文義：㈠募集主體，係發起人與發行公司。雖不論自然人或法人皆可為設立公司之發起人（公司法第 128 條），但發行公司則僅限於依公司法組織之股份有限公司（證券交易法第 4 條）；因此，對於證券交易法第 5 條明文公司設立時募集有價證券之發起人，或募集及發行有價證券之股份有限公司，均為

---

❶　證券市場與公開發行有價證券之關係，請參閱財團法人中華民國證券暨期貨市場發展基金會，《中華民國證券暨期貨市場（民國 90 年版）》（同基金會，2001年）2 頁。

本法之發行人❷。㈡募集客體，當然係證券交易法第 6 條所定義之有價證券範圍。㈢募集條件，乃指對非特定人公開之行為，但何謂非特定人？何謂公開？證券交易法並未有明確之定義。因此，在技術上，一般認為藉由傳播媒介，向不特定之公眾募集者，即屬之❸；若對可得確定之一群人，例如公司之股東、員工或其他特定對象之人，不論人數多寡、數量多少，即非屬本條之募集，當然亦不涉及證券交易法第 22 條第 1 項公開發行與否之程序❹。

二、發　行

依證券交易法第 8 條第 1 項所稱之「發行」，謂發行人於募集後，製作並交付或以帳簿劃撥方式支付有價證券之行為；惟論其文義：㈠發行人，即發行主體。證券交易法第 5 條所明文發行人，指募集及發行有價證券之公司或募集有價證券之發起人，如前所述。㈡製作並交付有價證券之行為，例如依公司法第 162 條第 1 項、第 257 條第 1 項等法定方式，製作有價證券，並於一定的期限內交付之，又例如證券交易法第 34 條第 1 項明文發行人應於 30 日內，交付股票或公司債券之行為等。

至於無實體發行制度，即證券交易法第 8 條第 2 項所特別規定有價證

---

❷　賴英照，《證券交易法逐條釋義⑴》（自版，1992 年）82 頁，認為在立法上是否為發行人，應視其是否有無納入證券交易法規範之實益而定，惟如現行法第 5 條明文限於公司或發起人是否周全？比方是發行後的公開售賣行為（secondary distribution，再次發行），即有疑義。

❸　例如賴源河，《證券管理法規》（自版，2000 年）51 頁。
　　至於余雪明，《證券交易法》（財團法人中華民國證券暨期貨市場發展基金會，2000 年）128 頁，則認為募集的「公開發行」概念或可從其「對象」與「方式」加以界定之。

❹　關於公司法第 267 條對公司股東、員工或其他特定之人為對象，屬對「特定人」的法令解釋，將其排除在證券交易法上之募集概念，不適用公開發行的程序，賴英照，前揭書❷ 105 頁、曾宛如，《證券交易法原理》（自版，2000 年）47 頁，認為從保護投資人的立場觀之，恐有不妥之謂。

券之發行，得以不印製實體有價證券的方式為之。一般認為證券交易法第8條第2項是實現政府倡導有價證券無實體發行之明文化；然，如此規定不僅是肯定我國證券集中保管制度的運作順暢安全，一則係因證券市場無實體交易之成效卓著，進而再推行有價證券之無實體發行制度，其次是證券交易法之明文依據，得以避免在傳統法理上有價證券應否實體發行的爭議。惟有價證券之無實體發行制度，其與無實體交易制度相若，均端賴於有價證券集中保管與帳簿劃撥方式之配合，始得實現之；故於證券交易法第8條第1項後段所增訂「或以帳簿劃撥方式交付有價證券」，謂以發行人依法得不印製有價證券之無實體發行制度❺。

貳、核准制與申報制——公開發行之管理政策

原證券交易法第22條第1項前段規定「有價證券之募集與發行，除……外，非經主管機關核准或向主管機關申報生效後，不得為之」，此即公司是否辦理公開發行有價證券，應向金融監督管理委員會證期局申請核准或完成申報之程序，始得為之。然，相關上述公開發行之程序，原證券交易法第22條第1項後段亦特別明文有價證券之募集與發行，其處理準則，由主管機關定之；因此，主管機關依其授權，頒布「發行人募集與發行有價證券處理準則」，規範有價證券之申請核准或申報公開發行事項❻。

惟民國94年證券交易法部分條文修正時，調整上述公開發行有價證券之管理政策，即廢止申請主管機關核准的方式，完全改採申報生效制（新修正證券交易法第22條第1項）；一般而言，公司得依董事會之決議，向

---

❺　民國89年證券交易法部分條文修正草案，第8條立法說明，謂有價證券募集後之發行，若能採取帳簿劃撥方式，直接進入集中保管系統，不但可提高集中保管之集中度，有助於提升帳簿劃撥之效率，對發行人而言，其可減省印製，並交付實體有價證券之勞務與費用，對投資人而言，其可省去領取、保管等手續，並避免遺失、竊盜或滅失等風險；請參閱《立法院公報》第89卷第39期257頁。

❻　財政部民國77年7月26日 (77) 臺財證㈠字第08728號函。

證券管理機關申請辦理公開發行之程序，但相關公營事業之公開發行，則應由該公營事業之主管機關專案核定，始得為之（公司法第 156 條之 2 第 1 項）❼。至於相關公開發行有價證券之申報，現行證券交易法第 22 條第 4 項特別明文「依前三項規定申報生效應具備之條件、應檢附之書件、審核程序及其他應遵行事項之準則，由主管機關定之」。

　　雖然現行法已改採新制，廢止原有之申請核准制，但為明瞭公開發行程序之管理政策，仍將申請核准制之部分保留，供讀者參考。

一、申請核准制（已廢止）

　　依修正前發行人募集與發行有價證券處理準則規定，已廢止的「申請核准」程序，係主管機關依發行人所提出相關書件，予以審查，如未發現異常情事者，即予以核准其公開發行有價證券❽。從公開發行的申請核准程序言之，其關鍵在於主管機關事前對發行人公開發行有價證券之實質條件，予以審查，唯有發行人符合一定的發行條件，主管機關始予核准之，故亦稱為實質審查制❾。就此，即現行公司法第 133 條、第 268 條等申請證券主管機關審核之緣由。

二、申報生效制

　　相對於申請核准有價證券之公開發行，所謂申報生效制，係發行人依發行人募集與發行有價證券處理準則之規定，檢齊相關書件向主管機關提出申報；依規定除因申報書件應行記載事項不充分，為保護公益有必要補

---

❼　民國 90 年公司法部分條文修正草案第 156 條第 4 項立法說明與立法院朝野黨團協商結論，認為公司股票是否公開發行，屬企業自治事項，請參閱經濟部商業司，《公司法第十一次修正案》（2001 年）討 82 頁，朝野黨團協商結論 9 頁。
　　關於證券交易法第 17 條第 1 項的制度演變，請參閱賴源河，前揭書❸ 57 頁；賴英照，《證券交易法逐條釋義(4)》（自版，1992 年）117 頁。
❽　民國 94 年修正前發行人募集與發行有價證券處理準則第 3 條第 3 項規定參照。
❾　賴英照，前揭書❷ 165 頁。

正說明或經主管機關退回者外，該申報公開發行案件，自主管機關或其指定之機構收到申報書件即日起，屆滿一定營業日，即可生效之制度❿。從上述申報生效與公開發行有價證券的關係而言，發行人依規定向主管機關申報，並揭露有關資料之義務，於申報後一定期間內，主管機關未提出異議者，即得公開發行之，無須主管機關積極之處分行為，故亦稱為註冊制。論申報生效制的精神在於企業資訊之完全公開，而主管機關亦不就發行人的實質條件，加以審查，限制其是否公開發行之謂，如發行人依規定將相關資料完全揭露，即使是發行人的財務、業務狀況，或有均呈現危機，主管機關亦無權阻止其有價證券之公開發行⓫。

　　在理論上，相較於上述主管機關實質管理之核准制，雖然申報生效制度並無公開發行之實質條件限制，且亦無主管機關事前審核的篩選機制，但投資人所憑藉的，唯有依發行人對外揭露之財務、業務資訊，自行作成理性的投資判斷，從而影響證券投資的態度是較為審慎，且不易養成依賴政府管理的心理；申言之，若在證券市場上，如遇有發行人以虛偽不實之財務資料，欺騙投資人時，除主管機關可主動追究其責任外，投資人並得依法向該發行人及其相關人員追訴民事與刑事責任，以保障投資人權益，維護證券市場秩序之一種立論⓬。誠然如申報生效制，其所形成的證券管理政策是較符合投資人自己責任原則之法律設計，但亦不可諱言的，論者亦有認為申報生效制的理論模型，是否假設條件過於樂觀？將證券市場的參與行為單純化之疑慮，而屬於一種理想化的假說：

（一）申報生效與製造投資陷阱

　　就證券市場之企業金融機能而言，為順利取得資金，發行人是否慣於製作亮眼的財務報表而粉飾其企業內容，以獲得一般投資人的青睞？若查核簽證的會計師未能秉持職業倫理與道德，公正表示其專業意見時，申報生效之公開發行有價證券恰是誘使發行人易於製造投資陷阱的溫床；如此，

---

❿　發行人募集與發行有價證券處理準則第 3 條第 2 項規定參照。

⓫　賴英照，前揭書❷ 165 頁；黃川口，《證券交易法要論》（自版，1997 年）111 頁。

⓬　賴英照，前揭書❷ 169 頁。

為落實投資保障，以防範證券發行詐欺之不法情事，恐屬非易⑬。

㈡投資判斷的專業能力

申報生效制的前提係企業資訊完全公開，且其假設是一般的投資人均有意願閱讀公開說明書，並有能力分析發行人所揭露之相關資料，例如財務報表等，自行研判有價證券之性質與價值，據以作為投資判斷的基礎，但事實上或不免有所出入，甚至並非如此⑭。

㈢過去式的企業內容

論者有謂證券市場上的股價變動，往往先於企業資訊之公開，或因傳聞或未對外揭露的資訊洩漏，所誘發股價變化的實情觀之，發行人依法公開的企業內容，送到投資大眾時，常已是時過境遷的訊息，使企業資訊揭露的意義，因失其時效性，而流於形式的指摘⑮。

㈣企業資訊非證券行情的唯一變數

雖企業資訊是一個重要的變數，但眾所周知，影響證券交易價格的要素，不僅是公司的企業資訊而已，其他類如國內外之政經消息等，均是可能左右證券行情的變數；因此，就企業資訊揭露義務與股市行情間，並無必然性的因果關係，論法律上企業內容公開原則與保護投資人權益的命題，亦是無絕對的關連性存在。然，若過度強調企業內容公開的原則，恐易導致投資人莫衷一是之批判，如此的企業資訊反而使市場上投資人更加迷惑⑯。

三、申請核准公開發行與改採申報生效制之演進過程

就證券交易法制的過程觀察，民國 55 年制定證券交易法第 17 條第 1 項時，其最初設計是在「公司依本法公開募集及發行有價證券時，應先向

---

⑬　黃川口，前揭書⑪ 115 頁。

⑭　余雪明，前揭書❸ 168 頁；賴英照，前揭書❷ 169 頁；黃川口，前揭書⑪ 115 頁。

⑮　賴英照，前揭書❷ 170 頁；黃川口，前揭書⑪ 116 頁。

⑯　黃川口，前揭書⑪ 116 頁。

主管機關申請核准」的基礎上，輔以第 30 條規定發行人製作公開說明書，強化發行公司財務、業務之公開，並配合第 36 條規定會計師查核簽證發行公司之財務報告，提升該財務報表的可靠性❶❸；之後，證券交易法第 17 條改採申請核准與申報生效並用之雙軌制。

惟於民國 94 年證券交易法部分條文修正前，原證券交易法第 17 條（已刪除）相關有價證券之公開發行程序乃申請核准與申報生效之兼採制度，此乃民國 77 年證券交易法修正時，通盤檢討當時既有的規定，並參酌國外之相關立法例，咸認為為減輕主管機關之人力負荷，簡化已公開發行公司再發行有價證券之手續及改進發行時效起見，有必要將現行所採募集與發行有價證券之規制，修正當時的第 17 條與第 22 條改兼採審核與申報制，並圖以擴大發行市場的規模❾。然，一般認為如此的修正，主要是受到美國 1933 年證券法所採申報制與民國 72 年丸億案的影響，深感在我國行之多年的申請核准制，其負面效果反是造成投資人形成錯誤觀念之誘因，乃

---

❶　民國 55 年證券交易法草案總說明，請參閱立法院秘書處，《證券交易法案（上冊）》（立法院公報法律案專輯，1968 年）32 頁。

❸　民國 55 年立法院經濟・財政・司法三委員會第 1 次聯席會議紀錄（第 35 會期），請參閱立法院秘書處，前揭書❶ 42 頁（經濟部長李國鼎報告）。

❾　民國 76 年立法院財政・經濟・司法三委員會第 1 次聯席會議紀錄（第 79 會期），請參閱《立法院公報》第 76 卷第 42 期 17 頁（財政部長錢純報告）。民國 77 年證券交易法部分條文修正草案，第 17 條立法說明，謂「修正條文第 22 條第 1 項對於有價證券之募集及發行，已修正兼採審核與申報生效制度，並授權主管機關訂定其處理準則，爰於第 1 項末句增列『或申報生效』，以資配合」，同修正草案第 22 條立法說明，則認為「證券市場已建立二十五年，公開發行公司與市場交易量質隨著國家經濟成長而逐日擴增，投資人投資知識已逐漸充實。關於有價證券募集與發行之審核，配合加重會計師財務簽證責任暨發行公司對財務報告有虛偽或不實情事者，對於善意之有價證券取得人或出賣人因而所受之損害，應負賠償之責等改進措施，對部分得簡化審核程序之募集與發行，可採行美、日等國申報生效制，以增進募集與發行之時效，爰將現行審核制，修正兼採審核與申報制」，請參閱《立法院公報》第 76 卷第 96 期 37 頁、40 頁。

痛定思痛，為導正證券市場視聽，所作成的變革與決定[20]。

核准制與申報制之比較

	特徵	優點	缺點
核准制	所謂核准制，即為「實質審查主義 (Substantive Regulation Philosophy)」，證券之發行，不僅以真實狀況公開為滿足，尚須合乎若干真實的條件。亦即政府對有價證券之發行，在公司法及證券交易法或授權主管機關作有發行條件之限制，發行人發行有價證券必須符合該等限制條件，主管機關在審查時，除審查發行人所申報文件之完全性及正確性外，尚須審查發行之證券價值是否符合所規定之限制條件，發行人必須收到主管機關之核准後，始得進行募集及發行有價證券之行為。	1.由於經主管機關審核符合所定條件方可發行，對投資人權益較有保障，並維持市場之穩定發展。 2.藉審查制可淘汰並遏止不宜向大眾公開募集發行之公司，以達到適度保障投資大眾。 3.確實執行後，能防範詐欺情事，建立投資人的信心。	1.易導致投資大眾誤認投資證券具有絕對之安全性。 2.經審查符合者，其實質內容未必百分之百正確，若有偏差易遭投資人指責。 3.審查期間若太長，易導致企業錯失商機。
申報制	所謂申報制，即為「完全公開主義 (Full Disclosure Philosophy)」，主管機關對發行人發行有價證券事先不作實質條件之限制，發行人發行時，要完全且正確地將投資人為判斷證券性質、投資價值所必要之重要資訊作充分之公開，主管機關對發行人所申報發行要件，僅作形式要件之審查，審查發行人所申報資訊是否具完全性及正確性，至於對發行證券之價值不作審查，發行人在申報後一定期間內，若未遭受主管機關阻止，即可進行募集及發行有價證券之行為。	1.簡化發行手續及改進發行時效，以增加企業及早籌措資金而增強競爭優勢。 2.減輕主管機關人事負擔，加重會計師、發行公司、各類專家及承銷商之責任。 3.促使投資大眾降低依賴心理，培養正確之投資態度。	1.一般投資大眾無專業知識閱讀公司資料，或者因誤導而造成投資錯誤之情形。 2.公開資料到達投資人手中時，往往因過時而無法有效運用，使公開原則流於形式。

資料來源：余雪明主持，《我國證券市場之運作與發展專題研究報告》（財團法人中華民國證券市場發展基金會，1992 年）57 頁。

---

[20] 賴英照，前揭書[7] 119 頁；曾宛如，前揭書[4] 56 頁。

關於九億案的相關文獻與資料，請參閱賴源河〈九億公司案評議〉《證券管理》第 2 卷第 4 期 43 頁，財團法人中華民國證券暨期貨市場發展基金會，《違反證券交易法案例彙編──（壹）發行市場》（同基金會，1996 年）261 頁。

關於申請核准制或申報生效制的採選，兩者互有優劣之處，如上表所列；雖於我國證券交易法上，與公司法規定相若，原採申請核准制，但對發行人而言，其亦課予正確揭露其財務、業務資訊之義務，實踐企業內容的公開原則；相較於美國 1933 年證券法所採行的申報生效制，證券主管機關亦對發行證券之申報資料，加以嚴格的審查，如有發現申報資料有虛偽或欠缺之情事，則要求發行人補正或禁止其發行，藉由企業公開原則之執行，發揮防腐與監督的機制，以達到保障投資的立法目的，兩者間實有殊途而同歸之趨勢❷。其次，有鑑於我國證券市場發展的成熟度，政府亦逐步調整其規範，試從申請核准之公開發行思維而兼採申報生效制的立法例，期以引導投資人自行判斷證券之投資價值，減輕其對主管機關之依賴，除保留原來之核准制外，並授權主管機關制定標準，若合乎該標準之發行，得經由申報方式，不必經主管機關之審核程序，自由發行之❷。當然，在民國 94 年證券交易法部分條文修正時，特別調整公開發行有價證券之管理政策，廢止申請核准制，而改採申報生效一制❷。

---

❷　賴英照，前揭書❷ 166 頁。

　　賴源河，前揭書❸ 53 頁；余雪明，前揭書❸ 168 頁，亦認為申請核准與申報生效制兩者間，並非相互排斥，有時亦有互補的作用，惟各國證券交易法亦多兼採兩者之間，只是重點有所差異而已。

❷　余雪明，前揭書❸ 169 頁。

　　惟在實務上，有價證券之募集與發行於何種情形下適用申報制？何種情形則適用核准制？主管機關於發行人募集與發行有價證券處理準則中，數度有易，但有謂目前係自民國 87 年 6 月修正後，公開發行有價證券程序原則上適用申報制，例外適用核准制，請參閱林國全，〈證券交易法與證券行政〉《證券交易法研究》（元照，2000 年）28 頁。

❷　惟相關民國 94 年證券交易法部分條文修正行政院版草案，第 22 條第 1 項仍維持申請核准與申報生效兼採之管理政策，但於立法院三讀通過修法過程，終以改採申報生效一制，廢止既有的申請核准制，請參閱立法院第 6 屆第 2 會期第 1 次會議議案關係文書・院總第 727 號（政府提案第 10191 號）政 248 頁。

　　賴英照，《最新證券交易法解析》（自版，2006 年）31 頁，則質疑第 22 條第 1 項改採公開發行之申報生效制，同條第 4 項又授權主管機關訂定「申報生

參、強制公開發行與豁免證券

雖然證券交易法並無明文公開發行之定義，但從以上的簡單介紹，一般認為公開發行，即公司對不特定之人，發行有價證券籌募資金，這與證券市場的關係密切。因此，股份有限公司依公司法、證券交易法之規定，向證券主管機關辦理公開發行有價證券之申請或申報，經主管機關核准或屆期生效後，發行人向社會大眾不特定之多數人，募集與發行有價證券，並將其財務、業務及相關資料予以公開揭露，或者分散部分股權者，稱為公開發行❷❹；惟就公開發行有價證券之意義，論者有謂其中的目的，不外乎是透過證券市場「資本證券化，證券大眾化」的機能，落實政府所倡導之企業民主制度，間接促進我國企業現代化經營之既定目標❷❺。

一、強制公開發行制度

按企業自治的精神，公司是否將其所發行之有價證券「公開發行」？正如原公司法第 156 條第 4 項本文所規定者，原則上係依董事會之決定，向證券管理機關辦理之，屬於自願性的公開發行有價證券。然，在「資本證券化，證券大眾化」的政策下，我國亦曾藉由強制的股權分散等立法例，例如原公司法第 156 條第 4 項本文的舊有規定，謂「公司資本額達中央主管機關所定一定數額以上者，除經目的事業中央主管機關專案核定者外，其股票應公開發行」之強制公開發行政策，經濟部依法頒布行政命令，規定「……股份有限公司實收資本額達新臺幣貳億元以上者，其股票須公開發行」，明文資本額數額達一定規模以上之企業，須強制公開發行股票，促

效……審核程序……事項」，恐有混淆公開發行的原有設計。

❷❹ 例如余雪明主持，《我國證券市場之運作與發展專題研究報告》(財團法人中華民國證券暨期貨市場發展基金會，1992 年) 55 頁；李開遠，《證券管理法規新論》(五南圖書，2001 年) 52 頁。

❷❺ 黃川口，前揭書❶❶ 350 頁；李開遠，前揭書❷❹ 54 頁；吳光明，《證券交易法論》(三民書局，1996 年) 54 頁。

進經濟繁榮，鼓勵公司財務公開，便利投資，期以分散股權，達成資本大眾化之目標❷❻。惟民國90年原公司法第156條第4項（現行法第156條之2第1項）強制公開發行政策之改變，修正為企業自治事項的範疇，以尊重企業之自我決定權，逐漸排除公權力介入之市場管理政策，上述規定業已刪除，但不可否認的，目前證券交易法仍存有如下的強制公開發行規定❷❼：

㈠適合公眾投資之事業（已刪除）

　　證券交易法第28條第1項原明文公司所經營之事業，以由公眾投資為適當者，得由財政部事先以命令規定發起人應認足股份數額之一定限度❷❽❷❾。惟民國94年證券交易法部分條文修正時，有鑑於現行法規之政策以鬆綁及企業自治為原則，且考量特定事業如仍須規定發起人應認足股份之一定數額者，得於各目的事業主管機關之相關法令明定之，爰予刪除本條規定❸⓪。

---

❷❻　經濟部民國70年2月14日經(70)商字第05325號函。
　　惟經濟部民國89年11月2日經(89)商字第89221412號函，修正為「……實收資本額達新臺幣五億元以上者，其股票須公開發行」。

❷❼　強制公開發行政策之明文化，其法理依據何在？涉及強制私有財產公開發行的問題，備受質疑。請參閱賴英照，《證券交易法逐條釋義⑵》（自版，1992年）212頁；陳春山，《證券交易法論》（五南圖書，2000年）52頁；劉連煜，〈強制公開發行股份之政策與公開發行公司之界定〉《公司法理論與判決研究㈡》（自版，1998年）94頁。

❷❽　民國55年證券交易法草案總說明，請參閱立法院秘書處，前揭書❶❼ 32頁。

❷❾　行政院新聞局民國90年5月1日(90)正廣五字第05900號函；因此，財政部民國90年6月5日臺財證㈠第128579號函，認為有線電視事業「依據行政院新聞局首揭函釋，……基於有線電視管理需要，同時考量有線電視事業為特許經營之性質，……仍應將財務業務資訊公開，維持股票公開發行」。
　　至於商業銀行，依財政部民國79年4月10日臺財融第791256747號令，發布商業銀行設立標準第3條參照。

❸⓪　民國94年證券交易法部分條文修正草案，第28條刪除理由，請參閱前揭立法院關係文書❷❸政250頁。

㈡公開發行公司

　　一般所稱公開發行公司，例如證券交易法第 22 條第 2 項所規定的「已依本法發行股票之公司」，具體而言，即「股票已上市之公司」（證券交易法第 139 條第 2 項）等；然，重點在於現行證券交易法第 22 條第 2 項特別限制公開發行公司，依公司法規定發行新股時，除依第 43 條之 6 的私募程序外，仍應依第 1 項規定辦理申請或申報公開發行的程序❸。

　　惟如此的強制公開發行，其實現的關鍵在於證券交易法第 22 條之 1 第 1 項與第 28 條之 1 第 1 項及第 2 項的公開發行公司股權分散政策；換言之，證券交易法第 22 條第 2 項雖有強制公開發行程序之適用，但並無股權分散之實質效果，當然遑論其規定是否實現證券大眾化的目標❸。因此，證券交易法第 22 條之 1 第 1 項明文公開發行公司，於增資發行新股時，主管機關得規定其股權分散標準❸，而第 28 條之 1 則具體規定公開發行公司

---

❸　民國 55 年證券交易法草案總說明，認為基於已發行股票與新發行股票之連鎖性，為使同一公司先後發行之股票，於發行上作同一處理，明文：㈠已依本法發行股票之公司，於增資再發行時，縱於公司法得為不公開發行之股票，亦應依本法規定辦理（第 22 條第 2 項）；㈡依本法增資發行新股者，其以前未依本法發行之股份，視為已依本法發行（第 24 條）。請參閱立法院秘書處，前揭書❶ 32 頁。

❸　從證券交易法第 17 條第 1 項與第 22 條第 1 項公開發行有價證券的程序觀之，僅有書面作業的形式，對於公司股權分散的效益，並無絕對性之決定因素。

❸　例如發行人募集與發行有價證券處理準則第 17 條第 1 項規定上市或上櫃公司辦理現金增資發行新股，且未經依本法第 139 條第 2 項限制其上市買賣，應提撥發行新股總額百分之十，以時價對外公開發行，第 2 項規定興櫃股票公司辦理現金發行新股作為初次上市、上櫃公開銷售者，準用前項之規定辦理，而第 19 條第 1 項亦規定未上市或未上櫃公司，其持股一千股以上之記名股東人數未達三百人或未達其目的事業主管機關規定之股權分散標準者，於現金發行新股時，除有該項各款情形者外，應提撥發行新股總額百分之十，對外公開發行之。
　　關於證券交易法第 22 條之 1 增資發行新股時之股權分散規定，賴英照，前揭書❼ 138 頁，認為依其立法經過的法制史觀之，當指公司法第 278 條第 2 項發

發行新股時之股權分散義務，第 1 項明文「股票未在證券交易所上市或未於證券商營業處所買賣之公開發行股票公司，其股權分散未達主管機關依第 22 條之 1 第 1 項所定標準者，於現金發行新股時，除主管機關認為無須或不適宜對外公開發行者外，應提撥發行新股總額之一定比率，對外公開發行」，不受公司法第 267 條第 3 項關於原股東儘先分認規定之限制，而第 2 項亦明文「股票已在證券交易所上市或於證券商營業處所買賣之公開發行股票公司，於現金發行新股時，主管機關得規定提撥新股總額之一定比率，以時價向外公開發行」，不受公司法第 267 條第 3 項關於原股東儘先分認規定之限制。至於上述之提撥比率，證券交易法第 28 條之 1 第 3 項特別明文前二項提撥比率定為發行新股總額之百分之十，但股東會另有較高比率之決議者，從其決議；附帶注意的是依第 28 條之 1 第 1 項或第 2 項規定提撥向外公開發行新股時，證券交易法第 28 條之 1 第 4 項亦規定同次發行由公司員工承購或原有股東認購之價格，應與向外公開發行之價格相同。

（三）再次發行

　　所謂再次發行，係指有價證券之持有人對非特定人公開招募而言，典型的案例如我國公營事業之官股釋出等，此即證券交易法第 22 條第 3 項特別明文「出售所持有第 6 條第 1 項規定之有價證券或其價款繳納憑證、表明其權利之證書或新股認購權利證書、新股權利證書，而公開招募者，準用第 1 項規定」 ❸❹ ；易言之，上述有價證券之持有人，其對非特定人出售該證券之公開招募行為，雖不該當於第 7 條募集與第 8 條發行之概念，本非屬證券交易法所規範之對象，但因如此的公開招募行為，恐影響證券市場層面甚廣。因此，為維護公益，並保障投資人交易安全起見，證券交易法第 22 條第 3 項特別規定準用第 1 項經主管機關核准（已刪除）或向主管

　　行增資後之新股而言，不及於公司法第 156 條第 2 項之分次發行新股。

❸❹　民國 100 年證券交易法部分條文修正草案，修正第 22 條第 3 項之立法說明，謂「為保護投資人，出售所持有本法第 6 條第 1 項規定之有價證券，而公開招募者，均應準用第 1 項規定，……不限於現行第 3 項所定之公司股票、公司債券，爰修正第 3 項」，請參閱《立法院公報》第 99 卷第 84 期 109 頁。

機關申報生效的公開發行程序，將之納入證券交易法的有效管理❸。

㈣申請上市上櫃之補辦公開發行程序

證券交易法第 42 條第 1 項明文公司對於未依本法發行之股票，如擬在證券交易所上市或證券商營業處所買賣者，應先向主管機關申請補辦本法規定之有關發行審核程序；換言之，擬申請公司股票，在集中市場或店頭市場進行交易者，其前提是公開發行。

所謂補辦公開發行，比方是業已依法設立之公司，雖無增資發行新股之計畫，但其實收資本額及股權分散等條件，符合主管機關所定之標準，倘若該股票擬在證券交易所上市或證券商營業處所買賣，依規定乃應補行辦理公開發行之程序；如此觀之，申請上市等補辦公開發行，或屬自願性質，當然法律並不宜加以強制之❸。惟若該股票未依上述規定補辦發行審核程序者，當然證券交易法第 42 條第 2 項亦特別規定其不得為本法之買賣，或為買賣該種股票之公開徵求或居間，以免未經主管機關依法審核核准之股票，流入證券市場，影響投資人權益之謂❸。

二、豁免證券

所謂豁免證券，一般認為其係源自於上述有價證券之公開發行程序概念，即證券交易法第 22 條第 1 項的除外條款，例如政府債券或其他經主管機關核定之有價證券等，其雖屬證券交易法第 6 條有價證券之範疇，然該等證券之募集與發行，得排除適用證券交易法相關公開發行程序之規範，而不受制約之意❸：

❸ 民國 77 年證券交易法部分條文修正草案，第 22 條第 3 項立法說明，請參閱《立法院公報》第 76 卷第 96 期 41 頁。

關於有價證券持有人之公開招募的規制，請參照發行人募集與發行有價證券處理準則。

❸ 賴源河，前揭書❸ 81 頁；黃川口，前揭書⓫ 359 頁。

❸ 賴英照，前揭書㉗ 327 頁。

關於補辦公開發行的作業程序，請參照發行人募集與發行有價證券處理準則。

❸ 余雪明，前揭書❸ 126 頁；賴英照，前揭書㉗ 6 頁；黃川口，前揭書⓫ 118

一是關於政府債券之募集與發行，不論是中央或地方政府所發行之債券，均依政府發行公債相關條例為之，論者有謂其自無另依本條，經主管機關再行申請審核或申報之必要，且政府債券係以政府為擔保之債券，故原則上認為債信無虞，債券持有人自獲得適當之保障；而相關政府所發行之債券，證券交易法第 149 條亦特別明文其上市，由主管機關以命令行之，亦不適用本法[39]。

二是其他經主管機關核定之有價證券，例如銀行發行之金融債券（銀行法第 11 條），係先前財政部依客觀情形，就特定種類的有價證券加以核准，爰以證券交易法第 22 條第 1 項賦予主管機關核定特定的發行人所發行證券之一種行政裁量權，亦無須另依本法規定，向主管機關再行申報之必要，即豁免程序[40]。

至於民國 102 年主管機關金融監督管理委員會正式同意財團法人中華民國證券櫃檯買賣中心成立「創櫃板的證券交易平臺」，此即定位於提供具創新、創意構想之非公開發行公司的「微型企業創業輔導籌資機制」，因不公開發行，無證券交易法第 22 條第 1 項公開發行程序的適用，登錄創櫃板之微型企業亦無證券交易法第 24 條補辦公開發行之程序；惟之所以命名為「創櫃板」，乃取其創意櫃檯之意涵，但此創櫃板的證券交易平臺，僅提供「股權籌資」的功能，並不具一般市場上買賣有價證券的功能，而採證券市場上的差異化管理，針對微型創新企業因資本額小且欠缺資金，可藉由登錄創櫃板前的公設聯合輔導機制建置相關制度，協助扶植我國微型新創產業之成長為政策目標。甚者，又例如是時下群眾募資的「創意集資平臺」，提供有創新與創業創意想法之社會大眾及微型企業，協助完成創新想法及成長茁壯，因而上述櫃買中心亦於官網建置創意集資的資訊揭露專區，期以群眾集資平臺上之創業創意者，可透過相關資訊公開，不僅提高創業創意提案曝光機會，且適度管理平臺業者，增強其公信力，提升贊助者的

頁；曾宛如，前揭書[4] 15 頁。

[39]　賴源河，前揭書[3] 71 頁；賴英照，前揭書[27] 6 頁；黃川口，前揭書[11] 118 頁。

[40]　賴英照，前揭書[27] 6 頁；黃川口，前揭書[11] 119 頁。

贊助意願，創業創意提案者得以勇敢尋夢，達成扶持創業創意產業發展之謂❹。

最後，原證券交易法第 17 條第 2 項另亦明文公司須由具有特定資格之股東所組成，或其事業之範圍或其性質不適宜由公眾投資者，得經財政部之核定，不適用本法及公司法關於公開發行之舊有規定❹；惟因民國 90 年公司法部分條文修正時，刪除公司法第 156 條第 4 項強制公開發行之原有規定，已改採企業自我決定公開發行股票之管理政策，爰於民國 94 年證券交易法部分條文修正時，亦刪除證券交易法第 17 條第 2 項之規定❹。

第二節　資訊揭露

壹、企業內容公開

關於證券交易法上的資訊揭露制度，一般認為係指發行人於募集、發行有價證券時，或持有人對非特定人公開招募而出售其有價證券時，依法應檢具的公開說明書，或指公開發行公司，依法應定期編送主管機關之財

---

❹　財團法人中華民國證券櫃檯買賣中心創櫃板與創意集資平臺，https://www.tpex.org.tw/。

　　關於群眾募資的國內文獻介紹，請參閱林秀英、陳勇志，〈圓夢推手的理想與實現——群眾募資平臺的發展現況與挑戰課題〉《臺灣經濟研究月刊》第 36 卷第 3 期 98 頁；蔡昌憲，〈我國股權性質群眾募資之管制發展——從創櫃板到民間募資平臺〉《臺大法學論叢》第 45 卷第 1 期 249 頁。

❹　賴英照，前揭書❷ 173 頁，從法制的演變，認為證券交易法第 17 條第 2 項係原公司法強制公開發行之例外規定，得申請核定不公開發行之依據；然基於此，因現行公司法修正調整公開發行之企業自治權限事宜，本條存在的必要性，恐有再斟酌之處。

　　惟余雪明，前揭書❸ 127 頁；黃川口，前揭書⓫ 119 頁，認為例如公營事業可有本條之適用。

❹　民國 94 年證券交易法部分條文修正草案，第 17 條第 2 項刪除理由，請參閱前揭立法院關係文書㉓政 243 頁。

務報告等企業資訊，乃至於公開收購股權或公開徵求委託書時，亦依法應公開之參考書類或說明書等，以提供投資人買賣有價證券的判斷依據❹。申言之，誠如本書第二章所提及的證券交易法制其所規範的核心之一，乃是投資判斷與市場資訊揭露的議題；若具體而言，公開發行公司的有價證券，例如上市股票，公司應依一般會計處理原則編製財務報告等定期或立即公開。這即乃將公司資產、負債和營運收益等最新的財務狀況，或相關業務等企業資訊，依規定充分揭露之，使證券市場上的投資人能充分瞭解該項投資，所能預期到的損益並評估其所可能負擔風險之程度。如此的企業內容公開，目的不僅是作為投資人選擇投資有價證券，當然其也可作為投資人決定、選擇是否再持有該有價證券之參考依據❺。職是，論者亦謂證券市場上的證券交易與一般交易之商品不同，該證券本身並無實質經濟的價值，有價證券的價值係表彰於證券上權利的價值；嚴格言之，例如股票，其所表彰的股東權，基本上乃以其發行公司的財務狀況、業務績效等企業產值，作為計算評估價值的依據。

若是論及證券市場的交易價格，這則涉及交易市場上的買賣供需變化等諸多因素，影響層面相當複雜；同時，證券交易的態樣特殊，尤其是集中市場之公開競價方式，其不同於民法上傳統的交易形態，不僅該買賣有價證券之雙方當事人並無謀面的機會，進行買賣商品內容、價格等交易條件之交涉、議價行為，單憑交易所撮合成交系統作業，完成買賣有價證券之交易模式，爰以就參與證券市場之投資人而言，唯有取得有價證券的相關資訊為其基礎，依據個人之分析能力與投資經驗，作為屬於投資人個人買賣有價證券之投資判斷。因此，吾人亦認為企業內容公開的機制是決定一個投資人理性判斷不可或缺的前提，基於如此的理論建構，證券交易法亦積極課予企業資訊揭露義務，提供市場上的投資人有機會取得適時、正確之投資訊息❻。

---

❹　例如陳春山，前揭書❷ 29 頁。

❺　黃川口，前揭書❶ 37 頁。

❻　林國全，〈企業內容資訊揭露制度之有效基準〉《證券交易法研究》（元照，

一、公開企業內容之功能

論企業內容之公開原則，一般認為其意義乃在於企業資訊的充分揭露，惟如此的觀念係衍自於美國法上證券發行的管理基礎——「公開是現代社會及產業病症的救藥，陽光是最好的防腐劑，而燈光是最有效的警察」，且論者亦一致認為企業內容之公開，本身即寓含防制詐欺發生的作用[47]；因此，相關該企業內容之公開制度，其具有如下一定的效能：

㈠提供研判有價證券之必要資訊

如上所述，企業內容是提供證券市場上一般投資人，作成投資判斷的必備資訊之一，因從發行公司所揭露的訊息，投資人得藉此瞭解該公司財務、業務的狀況，並評估該公司經營之未來前景。爰此，就企業內容的公開，其不僅是提供投資人研判理財投資的參考依據，且亦因公開制度之落實，有效提升證券市場上投資行為之正確性，確保一般投資人的權益，使企業資訊反映於證券市場的價格，間接促進資本市場上公平競爭機制的形成[48]。

2000 年）41 頁。

賴源河，前揭書❸ 24 頁與賴英照，前揭書❷ 39 頁，咸認為若無企業資訊之適時與正確揭露，一般投資人將無法形成合理的投資與交易，恐或成為證券詐欺的犧牲品，而證券市場的價格，亦易為人所操縱之疑慮。

[47] 美國證券管理委員會 (S.E.C.) 曾於 1963 年證券市場特別調查報告中，以「為大眾所持有之證券發行人的義務」為題，認為聯邦證券立法之全部構造中樞在於企業內容之公開，為使投資人能形成一個明智的投資判斷，利用其有關投資或已投資證券之適當的財產狀況資料或其他資料，且如此的企業內容公開，亦是防止證券詐欺之最好方法。

賴源河，前揭書❸ 53 頁；賴英照，前揭書❼ 118 頁；余雪明，前揭書❸ 168 頁；黃川口，前揭書⓫ 38 頁；李開遠，前揭書㉔ 2 頁；陳春山，前揭書㉗ 30 頁；曾宛如，前揭書❹ 29 頁。

[48] 賴源河，前揭書❸ 53 頁；賴英照，前揭書㉗ 223 頁；黃川口，前揭書⓫ 38 頁；陳春山，前揭書㉗ 30 頁。

㈡提供實踐公司治理的必要資訊

　　公開原則係於建立發行公司揭露企業資訊的基礎，然如此的公開原則，其亦是將企業內容透明化的重要設計之一；換言之，依規定所揭露的企業資訊是攤開企業經營之內容，其效果不僅是使公司的企業經營者，於眾目睽睽之下慎戒經營，有防範企業內部濫權與不法行徑之發生，有效提升企業經營職責的功用，而且從企業資訊揭露的積極效能言之，其亦是提供公司內外部利害關係人，例如股東、公司債權人等，行使權利，實踐公司治理不可或缺的重要依據❹。

　　另，依民國 107 年、109 年證券交易法部分條文二次修正，分別增訂、修正第 14 條第 5 項明定我國上市櫃公司依規定揭露資訊內容，即亦應「另依主管機關規定」，實踐金管會公司治理藍圖之施行時程，辦理揭露公司薪資報酬政策、全體員工平均薪資及調整情形、董事及監察人之酬金等資訊❺。

㈢協助健全會計制度之建立

　　企業內容公開法制化的課題之一，即公開發行公司應編製並定期申報、公告、交付與分發，依主管機關所規定之相關書類；尤其是相關公司財務報告編製的資訊揭露，至為重要。因之，論者亦強調企業內容公開，其不僅是建立健全之會計制度與內部控制稽核制度的一大助力，同時亦是促進公司經營效率化與民主化的重要關鍵❺。

㈣嚇阻證券不法情事之發生

　　投資人自己責任原則是證券交易法上保障投資的真諦，而企業內容公開制度乃是實現投資人保護法制的核心議題；因此，針對揭露不實的企業資訊，證券交易法特別明文民、刑事責任，課予公開發行公司應依法充分

---

❹　賴英照，前揭書❷ 223 頁；黃川口，前揭書❶ 39 頁；陳春山，前揭書❸ 30 頁。

❺　民國 107 年證券交易法部分條文第 2 次修正草案，增訂第 14 條第 5 項之立法說明（賴士葆提案），請參閱《立法院公報》第 107 卷第 103 期 241 頁；民國 109 年證券交易法部分條文修正草案，修正第 14 條第 5 項之立法理由（曾銘宗提案），《立法院公報》第 109 卷第 32 期 116 頁。

❺　黃川口，前揭書❶ 40 頁。

揭露適正之企業內容，並有效嚇阻證券市場上意圖製造不實資訊，減少誤導投資人的「詐欺性」非法行為與投資人受騙之情事發生，以健全證券市場的發展❷。

雖然企業內容公開是目前證券交易法奉為圭臬的最高立法原則，但不可否認的，其亦有諸多不同見解，批評企業內容公開制度與證券市場運作脫節的情景；惟一般認為證券交易法之於證券市場秩序之維持，而證券市場則維繫於投資大眾的信心，就證券市場法制效益的觀點言之，仍是肯定企業資訊揭露的正面功能❸。

二、證券市場的企業資訊公開

就我國現行證券市場的結構區分，承第一章第二節【壹之二】所述，一般認為是證券發行的初級市場與證券流通（交易）的次級市場兩個體系；因此，證券交易法相關企業內容的資訊公開制度，亦因發行市場與流通（交易）市場的機能殊異，分別設有不同規劃。

相關發行市場的企業內容公開，證券交易法乃藉由公開說明書制度，亦即該法第 13 條所明文，謂發行人為有價證券之募集或出賣時，依法向公眾提出之說明文書；至於流通（交易）市場之公開制度？論者有謂證券交易法所正視的，則在於如何讓交易市場之參與者，適時、正確地獲得相關有價證券的企業資訊，以瞭解公司狀況及影響股票價格等，諸多可能的變

---

❷ 賴源河，前揭書❸ 53 頁；賴英照，前揭書㉗ 223 頁；黃川口，前揭書⓫ 40 頁；陳春山，前揭書㉗ 30 頁。

❸ 例如陳春山，前揭書㉗ 30 頁，介紹美國企業內容公開法制的批判學說：(1)有效市場說：認為證券投資專業機構已足以形成有效市場，且該有效市場決定其購賣證券之報酬或其投資組合，因而在此有效市場中，投資人是否獲取資訊並無意義。(2)投資組合說：認為公司之公開制度，主要目的是提供投資人之投資判斷，以減少投資風險，但是基於投資組合說，投資證券是以分散投資之方式，即可規避風險，因而公開原則並無必要。(3)成本效益分析說：認為美國在證券交易法施行前及施行後，對於公開發行證券之品質，並無明顯之改進，故公開原則之實行，其成本顯超過效益。

數，並側重於發行公司是否隱藏內線交易與異常交易的監控，以提升市場管理的績效，維護交易的公平性與效率性，有效防制扭曲市場機能之不法行為等；爰此，交易市場的企業內容公開，不僅要求有價證券發行人之定期揭露義務，依規定應定期編送財務報告（證券交易法第 14 條第 1 項），其亦強調該發行人之臨時揭露義務，例如證券交易法第 36 條第 3 項重大訊息之適時公開制度❺❹。職是，就以上制度的設計，一般將前者稱為企業內容之初次公開，而將後者稱為繼續公開。

三、落實企業內容公開的基本

為發揮上述的功能，論者亦謂企業資訊的揭露必須具備下列的基本條件，始有一定的效果可言❺❺：

㈠完整的資訊（完全性）

一般認為揭露完整的企業資訊，係指堪供投資人作成有價證券投資判斷之相關必要資料，理論上發行公司應予以充分揭露之；易言之，如有企業資訊揭露不完整或有缺漏時，則將可能影響一個理性投資人所作成的投資判斷之謂❺❻。

問題是揭露企業所有的資訊，雖符合上述公開原則的完全性要求，但論者亦有謂其在事實上並不可能，而且亦無此必要，因過多的資訊，反而造成「資訊洪水」，不僅是困擾投資人利用企業資訊之虞，且其亦致生企業成本增加與社會資源之浪費；因此，就揭露完整的企業資訊而言，自宜將之限縮於投資人作成投資判斷所需之「必要資訊」，充分公開即可❺❼。具體言之，以公開發行新股時為例，一是公司應依公司法第 268 條第 1 項規定申請公開發行，而證券交易法第 30 條第 1 項亦明文公司募集、發行有價證

---

❺❹　李開遠，前揭書❷❹ 3 頁。

❺❺　賴源河，前揭書❸ 55 頁；賴英照，前揭書❷❼ 224 頁；黃川口，前揭書⓫ 40
　　頁；林國全，前揭論文❹❻ 43 頁；陳春山，前揭書❷❼ 31 頁。

❺❻　賴英照，前揭書❷❼ 224 頁；黃川口，前揭書⓫ 40 頁；陳春山，前揭書❷❼ 31 頁。

❺❼　林國全，前揭論文❹❻ 44 頁。

券，於申請審核時，除依公司法所規定記載事項外，應另行加具公開說明書。二是另於流通市場上，公開發行公司則亦依證券交易法第 36 條所訂，定期公告、申報企業年報、財務報告、營運報告及及時性重大資訊等。

　　至於發行市場上的公開說明書，將於本節的次一階段介紹；惟依證券交易法第 13 條之規定，該公開說明書係向投資大眾提出之說明文書，就其主要內容應記載㈠發行公司概況、㈡營運概況、㈢發行計畫及執行情形、㈣財務概況、㈤財務狀況及經營結果之檢討分析與風險管理、㈥特別記載事項與㈦重要決議、公司章程及相關法規等必要事項，依規定公開企業的內容，以提供投資人參考❺❽。

㈡正確的資訊（正確性）

　　揭露正確資訊是企業內容公開制度的基本前提，因如有錯誤或虛偽不實的企業資訊，不僅無法達致企業內容公開之目的，反而因此誤導投資人作成錯誤之投資判斷，甚至是該企業資訊，恐或成為有心人士進行證券詐欺或操縱股價的手段之一❺❾。職是，一般認為企業內容的正確性，係要求發行公司依法向投資人所公開的資訊，藉由例如向主管機關提出「審核」的公開說明書（證券交易法第 30 條第 1 項），又例如向主管機關申報經會計師「查核簽證」或「核閱」之財務報告（證券交易法第 36 條第 1 項）等輔助設計，以提升企業資訊揭露的正確性，使投資大眾得以信賴發行公司所公開之內容是正確而無誤，實現保障投資之目的；尤其是民國 94 年證券交易法部分條文之修正，為強化公司所定期編送主管機關的財務報告之資訊正確性，參酌美國沙氏法案 (Sarbanes-Oxley Act) 增訂第 14 條第 3 項，規定財務報告應經董事長、經理人及會計主管簽名或蓋章，並出具財務報告內容無虛偽或隱匿之聲明，同時亦考量到會計主管之專業能力，特別增訂第 14 條第 4 項，明文前項之會計主管應具備一定之資格條件，並於任職期間內持續專業進修之義務，並授權主管機關制定相關該會計主管資格條件、持續專業進修的最低進修時數及辦理進修機構應具備條件等事項之辦法❻⓪。

---

❺❽　公司募集發行有價證券公開說明書應行記載事項準則第 6 條參照。

❺❾　林國全，前揭論文❹❻ 47 頁。

　　若有企業所揭露的資訊是不實的，證券交易法第 32 條第 1 項與第 20 條之 1 第 1 項分別針對不實的公開說明書、財務報告及其他有關財務業務文件，課予民事的損害賠償制度；當然，證券交易法第 171 條第 1 項第 1 款、第 174 條亦明文規定相關虛偽記載之刑事責任**❻**。

(三)最新的資訊（時效性）

　　論者亦謂企業內容之公開原則，應符合企業資訊的時效性，即發行公司應將最新之財務、業務等「現在」的資訊，予以公開，而非僅是提供公司過去的事實，使投資人獲得最新時效的企業資訊，作成合理的投資決定**❻**。

　　雖然在理論上期待企業揭露最新的「現在」訊息，例如公開發行有價證券時之公開說明書（證券交易法第 30 條），即所謂「初次公開」，而證券交易法亦如前述，另要求發行有價證券公司應繼續公開其企業內容之義務（證券交易法第 36 條），即所謂「繼續公開」，但關鍵在於公開企業最新訊息之理念，恐不易達成，且實際上所謂揭露「現在」的企業資訊，並無此可能；因此，證券交易法所要求的企業內容公開是以最接近現在時點之事實，或在最短的可能時期內，揭露將影響投資人投資判斷之事實**❻**。因此，證券交易法第 36 條第 1 項規定公開發行公司應定期公告並申報每年度、每季的財務報告及每上月份的營運情形，而第 3 項亦規定公開發行公司於一定情事下，應立即於事實發生二日內公告，並申報主管機關之臨時報告制度，迅速補充資訊揭露之最新動態。

(四)容易利用之資訊（容易性）

　　所謂資訊之利用容易性，乃基於市場上一般投資人容易利用企業資訊

---

❻　民國 94 年證券交易法部分條文修正草案，第 14 條第 3 項、第 4 項增訂理由，請參閱前揭立法院關係文書**❷❸**政 236 頁。

❻　賴源河，前揭書**❸** 55 頁；賴英照，前揭書**❷❼** 224 頁；黃川口，前揭書**⓫** 40 頁；林國全，前揭論文**❹❻** 47 頁。

❻　賴源河，前揭書**❸** 55 頁；賴英照，前揭書**❷❼** 224 頁；黃川口，前揭書**⓫** 40 頁；陳春山，前揭書**❷❼** 31 頁。

❻　林國全，前揭論文**❹❻** 49 頁。

的考量，期以發揮企業內容公開的效能起見，一般認為企業依法之揭露資訊，其制度設計應包括企業資訊之取得容易與理解容易兩個層次；如此的設計，將不僅使投資大眾容易取得企業所揭露之資訊，且亦使投資大眾容易理解其公開的內容❻。

　　至於前者，何謂資訊之取得容易性？例如是證券交易法第 31 條發行人應交付或第 79 條證券商代理交付公開說明書之措施，證券交易法第 36 條第 4 項公開發行公司分送年報、第 5 項公開發行公司依法揭露資訊，供公眾閱覽等制度，不論是直接或間接使投資人取得企業資訊的方法，均屬之；尤其是晚近證券交易所的公開資訊觀測站，大大落實投資人取得資訊的便利性。惟後者，何謂「企業資訊之理解容易性」？證券交易法並無明文相關規定，但依公司募集發行有價證券公開說明書應行記載事項準則第 2 條第 1 款規定「公開說明書所記載之內容，必須詳實明確，文字敘述應簡明易懂」，為其編製之基本原則，而公開發行公司年報應行記載事項準則第 3 條第 2 款亦規定「年報宜力求詳實明確，文字敘述應簡明易懂，善用統計圖表、流程圖或其他圖表，必要時得以中、外文對照方式刊載或另行刊印外文版本」，以確保投資人容易理解發行公司依法所揭露的企業內容。

貳、初次公開——以公開說明書為中心

一、公開說明書概述

　　所謂初次公開，一般認為是發行人對非特定人公開招募的有價證券，此時依法公開、揭露企業的內容❻；比方是證券交易法第 30 條第 1 項明文公司募集、發行有價證券時，應申請審核或辦理的資料，除依公司法所規定的下列記載事項外，亦另行加具「公開說明書」。至於依公司法規定，發

---

❻　賴源河，前揭書❸ 56 頁；賴英照，前揭書❷ 224 頁；黃川口，前揭書⓫ 41
　　頁；林國全，前揭論文⓵ 50 頁；陳春山，前揭書❷ 31 頁。
❻　賴源河，前揭書❸ 57 頁；陳春山，前揭書❷ 32 頁。
　　至於林國全，前揭論文⓵ 42 頁，稱為發行公開。

行人應載明下列事項，向證券管理機關申請審核或辦理之：

㈠公開募股設立時，依公司法第133條第1項所列事項，例如營業計畫書、發起人資料、招股章程、代收股款金融機構、證券承銷商及承銷約定事項等。

㈡公開發行新股時，依公司法第268條第1項所規定事項，例如公司名稱、原定股份總數及實收資本額資料、本次發行新股資料、財務報表、增資計畫、代收股款金融機構、證券承銷商及承銷約定事項、發行新股決議之議事錄等。

㈢公開發行公司債時，依公司法第248條第1項所規定，例如公司名稱、本次發行公司債資料、債款資金運用計畫、償還本次公司債款計畫、先前所曾發行公司債資料、財務報表、公司債受託人及受託約定事項、代收債款金融機構、證券承銷商及承銷約定事項、董事會之議事錄等。

　　如證券交易法第13條所明文，公開說明書係指發行人於有價證券之募集或出賣時，依本法之規定，應向公眾提出之說明文書。然，嚴格言之，所謂有價證券之募集，雖屬證券交易法第7條第1項「……發起人於公司成立前或發行公司於發行前，對非特定人公開招募有價證券之行為」，但有價證券之出賣？其係有價證券於發行後，有價證券持有人出售其持有之公司股票、公司債券或其他有價證券，而對非特定人公開招募者而言❻❻。因此，相較於前者之「募集」是屬於發行人原始的、初次的發行有價證券之概念，論有價證券之「出賣」，其行為人則非發行人，乃該證券之持有人向市場上非特定之投資人，公開銷售其有價證券之行為，惟依證券交易法第22條第3項規定其對非特定人公開招募者，準用公開發行有價證券之程序，亦或稱為再次發行❻❼，請參閱本章第一節【參之一之㈢】之說明。職是，在公開發行公司實務上，發行人申請或申報募集與發行有價證券時，依發行新股、募集設立或發行附認股權特別股等案件性質，分別檢具各項

---

❻❻　黃川口，前揭書❶❶ 132頁。

❻❼　賴英照，前揭書❼ 127頁；余雪明，前揭書❸ 223頁；陳春山，前揭書❷❼ 55頁；曾宛如，前揭書❹ 64頁。

申請書，載明應記載之事項，並連同檢附公開說明書為之；再者，即公司申請有價證券在證券交易所上市或於證券商營業處所買賣，依證券交易法第 30 條第 3 項明文準用第 1 項，應加具申請上市或上櫃等公開說明書。

至於有價證券持有人，依證券交易法第 22 條第 3 項規定，對非特定人公開招募時，應檢具有價證券公開招募申報書，並檢附「公開招募說明書」❻❽；惟就公開收購人，依證券交易法第 43 條之 4 第 1 項規定，亦應於應買人請求或向受委任機構交存有價證券時，交付「公開收購說明書」，將於本書第六章第二節【貳之三之㈠】處，介紹之。

二、公開說明書之內容

公開說明書係有價證券初次公開發行時，企業依法揭露其內容的核心設計，如上所述。關於公開說明書的內容，證券交易法第 30 條第 2 項特別明文「前項公開說明書，其應記載之事項，由主管機關以命令定之」，授權金管會證期局頒布「公司募集發行有價證券公開說明書應行記載事項準則」，期以有效發揮揭露企業資訊制度的功能❻❾；因此，這於最高法院 93 年度臺上字第 4393 號刑事判決，明確指摘公開說明書之內容，依此規定截至公開說明書刊印日為止，所有已發生之「足以影響利害關係人判斷之交易或其他事件」，自應全部揭露之。

至於公司因申請有價證券在證券交易所上市或於證券商營業處所買賣者，證券交易法第 30 條第 3 項前段亦明文準用第 1 項另行加具公開說明書之規定，而其相關內容，同條第 3 項後段亦規定「其公開說明書應行記載事項之準則，分別由證券交易所與證券櫃檯買賣中心擬訂，報請主管機關核定」，例如「臺灣證券交易所股份有限公司初次申請有價證券上市公開說明書應行記載事項準則」、「財團法人中華民國證券櫃檯買賣中心申請有價證券於證券商營業處所買賣之公開說明書應行記載事項準則」等，應予遵行❼⓿。以下，即以○○股份有限公司現金增資發行新股用之公開說明書為

---

❻❽　發行人募集與發行有價證券處理準則第 6 條與第 64 條參照。

❻❾　財政部民國 73 年 12 月 4 日 (73) 臺財證㈠第 3440 號函。

例，簡示其內容：

(一)公開說明書之封面

○○股份有限公司
公開說明書
（股票初次申請第一上市用稿本）

一、公司名稱：○○股份有限公司

二、公司註冊地：○○

三、公開說明書編印目的：股票初次申請第一上市用稿本。

　　(一)發行新股來源：現金增資。

　　(二)已發行股份種類：記名式普通股，每股面額新臺幣壹拾元整。

　　(三)已發行股份股數：33,000,000 股。

　　(四)已發行股份金額：新臺幣 330,000 仟元整。

　　(五)發行條件：全額發行。

　　(六)公開承銷比例：依法擬以現金增資發行新股 4,800 仟股，其中保留 10% 供員工認購，其餘全數辦理公開承銷。

　　(七)承銷及配售方式：委由證券承銷商辦理上市前公開銷售。

四、本公司為外國企業在臺以新臺幣掛牌公司。

五、本次資金運用計劃之用途及預計可能產生效益之概要：請參閱本公開說明書第 66 頁。

六、初次申請股票第一上市買賣相關費用：

　　(一)承銷費用包括輔導費用新臺幣 700 萬元及承銷手續費新臺幣 500 萬元，合計新臺幣 1,200 萬元。

　　(二)上市審查費新臺幣 50 萬元。

　　(三)其他費用（包括會計師、律師及印刷等其他費用）約新臺幣 1,400 萬元。

七、有價證券之生效，不得藉以作為證實申報事項或保證證券價值之宣傳。

八、本公開說明書之內容如有虛偽或隱匿之情事者，應由發行人及其負責人與其他曾在公開說明書上簽名或蓋章者依法負責。

九、本公開說明書，適用於初次申請有價證券上市，並計劃以現金增資發行新股委託證券承銷商辦理上市前之公開銷售。

十、初次上市承銷案件，掛牌後首五個交易日應無漲跌幅限制，投資人應注意交易之風險。

十一、本次現金增資所發行之股票，為因應證券市場價格之變動，證券承銷商必要時得依規定進行安定操作。

---

⑩ 民國 91 年（5 月 14 日）證券交易法部分條文修正，第 30 條第 3 項增訂立法理由，謂以配合行政程序法之施行，將現行既有規定，提升至法律位階。財政部民國 91 年 12 月 12 日 (91) 臺財證㈠字第 0910006138 號函准予備查，民國 91 年 12 月 17 日臺證上字第 031675 號公告；財政部民國 91 年 12 月 12 日 (91) 臺財證㈠字第 0910157378 號函准予備查，民國 91 年 12 月 26 日證櫃上字第 47657 號公告。

十二、投資人投資前應至金融監督管理委員會指定之資訊申報網站，詳閱本公開說明書之內容，並應注意本公司之風險事項：請參閱本公開說明書第 5 頁。

十三、本公司於掛牌上市年度及其後二個會計年度內，繼續委任主辦證券承銷商協助本公司遵循中華民國證券法令、臺灣證券交易所章則暨公告事項及上市契約。

十四、查詢本公開說明書之網址：公開資訊觀測站 http://mops.twse.com.tw。

○○股份有限公司編製

西元○○○○年○○月○○日刊印

(二)公開說明書之封裡

一、本次發行前實收資本額之來源：

實收資本額來源	金額（仟元）	占實收資本額之比率
設立資本	5,000	1.27%
現金增資	207,381	52.83%
盈餘轉增資	129,830	33.07%
資本公積轉增資	6,495	1.65%
員工紅利轉增資	24,203	6.17%
員工認股權增資	19,660	5.01%
合計	392,569	100.00%

二、公開說明書之分送計畫：

　㈠陳列處所：依規定函送有關單位外，另放置於本公司以供查閱。

　㈡分送方式：依主管機關規定方式辦理。

　㈢索取方法：上網至公開資訊觀測站查詢。

三、證券承銷商名稱、地址、網址及電話：

　名稱：○○○○股份有限公司　網址：http://www.00000000.com.tw

　地址：○○市○○路 00 號 00 樓　電話：(00) 0000-0000

　名稱：○○綜合證券股份有限公司　網址：http://www.000.com.tw

　地址：○○市○○路 00 號 00 樓　電話：(00) 0000-0000

　名稱：○○綜合證券股份有限公司　網址：http://www.000.com.tw

　地址：○○市○○路一段 00 號 00 樓　電話：(00) 0000-0000

四、公司債保證機構之名稱、地址、網址及電話：不適用。

五、公司債受託機構之名稱、地址、網址及電話：不適用。

六、股票或公司債簽證機構名稱、地址、網址及電話：本公司因採無實體發行，故不適用。

七、辦理股票過戶機構之名稱、地址、網址及電話：

　名稱：○○商業銀行股務代理部　網址：www.00000.com.tw

　地址：○○市○○路一段 00 號 00 樓　電話：(00) 0000-0000

八、信用評等機構名稱、地址、網址及電話：不適用。

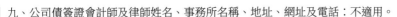

九、公司債簽證會計師及律師姓名、事務所名稱、地址、網址及電話：不適用。

十、最近年度財務報告簽證會計師姓名、事務所名稱、地址、網址及電話：

　　會計師姓名：○○○會計師

　　事務所名稱：○○聯合會計師事務所　　網址：www.000.com.tw

　　地址：○○市○○路一段 00 號 00 樓　　電話：(00) 0000-0000

十一、複核律師姓名、事務所名稱、地址、網址及電話：

　　律師姓名：○○○律師

　　事務所名稱：○○法律事務所　　網址：www.0000000000000.com

　　地址：○○市○○路一段 00 號 00 樓　　電話：(00) 0000-0000

十二、發言人、代理發言人姓名、職稱、聯絡電話及電子郵件信箱：

　　發言人：○○○　　　　　　代理發言人：○○○

　　電話：(00) 0000-0000　　　電話：(00) 0000-0000

　　職稱：財務部協理　　　　　職稱：總經理

十三、公司網址：www.00000.com.tw

(三)○○股份有限公司公開說明書摘要

○ ○ ○ ○ 股 份 有 限 公 司 公 開 說 明 書 摘 要

實收資本額：000 百萬元	公司地址：○○市○○區○○路 00 號 00 樓		電話：(00) 0000-0000
設立日期：00.00.00	網址：http://www.000.com.tw		
上市日期：不適用　上櫃日期：不適用	公開發行日期:○○年○○月○○日		管理股票日期：不適用
負責人：　董事長○○○	發言人：(姓名) ○○○ (職稱) 財務部協理		
總經理○○○	代理發言人：(姓名) ○○○ (職稱) 總經理		
股票過戶機構：○○○○商業銀行	電話：(00) 0000-0000　　　網址：www.0000.com.tw		
	地址：○○市○○區○○路 00 號 00 樓		
股票承銷機構：○○○○股份有限公司	電話：(00) 0000-0000　　　網址：www.0000.com.tw		
	地址：○○市○○區○○路 00 號 00 樓		
股票承銷機構：○○○○綜合證券股份有限公司	電話：(00) 0000-0000　　　網址：www.0000.com.tw		
	地址：○○市○○區○○路 00 號 00 樓		
股票承銷機構：○○綜合證券股份有限公司	電話：(00) 0000-0000　　　網址：www.0000.com.tw		
	地址：○○市○○區○○路 00 號 00 樓		
最近年度簽證會計師：○○聯合會計師事務所 ○○○、○○○會計師	電話：(00) 0000-0000　　　網址：www.00000000.com		
	地址：○○市○○區○○路 00 號 00 樓		
複核律師：○○○○法律事務所 ○○○律師	電話：(00) 0000-0000　　　網址：www.00000000.com		
	地址：○○市○○區○○路 00 號 00 樓		
信用評等機構：不適用	電話：不適用　　　　　　　網址：不適用		

地址：不適用								
最近一次經信用評等日期：不適用　　　評等標的：不適用　　　評等結果：不適用								
董事選任日期：〇〇年〇〇月〇〇日，任期：3 年					監察人選任日期：〇〇年〇〇月〇〇日，任期：3 年			
全體董事持股比例：21.65%（〇〇年〇〇月〇〇日）					全體監察人持股比率：1.83%（〇〇年〇〇月〇〇日）			
董事、監察人及持股超過 10% 股東及其持股比例：（〇〇年〇〇月〇〇日）								
職　稱	姓　名	持股比例	職　稱	姓　名	持股比例	職　稱	姓　名	持股比例
董事長	〇〇〇	4.28%	董　事	〇〇〇		獨立董事	〇〇〇	–
董　事	〇〇〇	1.86%	〇商業			獨立董事	〇〇〇	–
董　事	〇〇〇	2.08%	銀行股			具獨立職		
董　事	〇〇〇	0.62%	份有限公司	12.81%		職能監察人	〇〇〇	–
監察人	〇〇〇	1.83%	監察人	〇〇〇	–			
工廠地址：〇〇市〇〇區〇〇路 00 號 00 樓　　　電話：(00) 0000-0000								
主要產品：工業單板電腦、系統產品等　　　　　　市場結構：內銷 3.84% 外銷 96.16%							參閱本文之頁次 53 頁	
風險事項			請參閱公開說明書				參閱本文之頁次 4〜12 頁	
去（〇〇）年度		營業收入：969,276 仟元 稅前純益：68,573 仟元　每股盈餘：1.63 元					73 頁	
本次募集發行有價證券種類及金額			請參詳本公開說明書封面					
發行條件			請參詳本公開說明書封面					
募集資金用途及預計產生效益概述			請參詳本公開說明書封面					
本次公開說明書刊印日期：〇〇年〇〇月〇〇日				刊印目的：股票初次上櫃用稿本				
其他重要事項之扼要說明及參閱本文之頁次請參詳本公開說明書目錄								

本公司之產業、營運及其他重要風險

一、產業風險

㈠關鍵零組件掌控不易（略）

㈡是否掌握產品發展趨勢，即時推出符合市場需求之產品（略）

二、營運風險

㈠庫存管理之風險（略）

㈡研發設計人才異動之風險（略）

㈢匯率風險（略）

三、其他重要風險

另其他有關公司營運風險請詳公開說明書第 4～12 頁。

　　綜上所述，就本公司產業、營運及其他重要風險三方面，分別予以評估其各項可能風險之因應措施，本公司已具備降低風險的能力，其措施尚屬穩當。

㈣公開說明書目錄

壹、公司概況 ·· 1
　一、公司簡介 ·· 1
　　㈠設立日期 ·· 1
　　㈡總公司、分公司及工廠之地址及電話 ·· 1
　　㈢公司沿革 ·· 1
　二、風險事項 ·· 4
　　㈠本公司最近年度及申報年度截至公開說明書刊印日止之風險因素 ········· 4
　　㈡訴訟或非訟事件 ·· 6
　　㈢公司董事、監察人、經理人及持股比例超過百分之十之大股東最近二年度及截至
　　　公開說明書刊印日止，如有發生財務週轉困難或喪失債信情事，應列明其對公司
　　　財務狀況之影響 ·· 9
　　㈣發行人於最近一會計年度或申請上櫃會計年度內，其單一海外營業據點或子公司
　　　符合相關標準之一者，其海外營業據點或子公司之風險事項說明 ········· 10
　　㈤外國發行人申請股票登錄興櫃或第一上櫃者，應增列敘明外國發行人註冊地國及
　　　主要營運地國之總體經濟、政經環境變動、相關法令、外匯管制及租稅，暨是否
　　　承認我國法院民事確定判決效力之情形等風險事項，並說明所採行之因應措施 ·· 12
　　㈥發行人之非董事，而實質上執行董事業務或實質控制公司之人事、財務或業務經
　　　營而實質指揮董事執行業務者，應增列敘明上開人士之姓名、經（學）歷、持有
　　　股份、目前兼任發行人及其他公司之職務、與發行人董事及監察人之關係及對發
　　　行人實質控制情形 ·· 12
　　㈦其他重要事項 ··· 12
　三、公司組織 ·· 13
　　㈠組織系統 ·· 13
　　㈡關係企業圖 ··· 16
　　㈢總經理、副總經理、協理、各部門及分支機構主管 ·························· 18
　　㈣董事及監察人 ·· 20
　　㈤發起人 ··· 23
　　㈥董事、監察人、總經理及副總經理之酬金 ····································· 24
　四、資本及股份 ··· 29
　　㈠股份種類 ·· 29
　　㈡股本形成過程 ·· 29
　　㈢最近股權分散情形 ··· 31
　　㈣最近二年度每股市價、淨值、盈餘、股利及相關資料 ······················ 35
　　㈤公司股利政策及執行狀況 ·· 35
　　㈥本年度之無償配股對公司營業績效及每股盈餘之影響 ······················ 36

㈦員工分紅及董事、監察人酬勞 ································ 36

㈧公司買回本公司股份情形 ······························· 37

五、公司債（含海外公司債）辦理情形 ························ 37

六、特別股辦理情形 ··································· 37

七、參與發行海外存託憑證辦理情形 ························· 37

八、員工認股權憑證辦理情形 ····························· 37

九、併購辦理情形 ···································· 37

十、受讓他公司股份發行新股辦理情形 ······················ 37

貳、營運概況 ······································ 38

一、公司之經營 ····································· 38

㈠業務內容 ······································ 38

㈡市場及產銷概況 ·································· 53

㈢最近二年度及截至公開說明書刊印日止之從業員工人數 ············ 63

㈣環保支出資訊 ··································· 63

㈤勞資關係資訊 ··································· 64

㈥公司及其子公司於申請上櫃年度及其前二年度如有委託單一加工工廠於年度內加
工金額達五仟萬以上者，應增揭露該加工廠之名稱、地址、電話、董事成員、持
股百分之十大股東及最近期財務報表 ······················ 65

㈦有無爭訟事件、及勞資間關係有無尚須協調之處 ··············· 65

㈧有無因應景氣變動之能力 ··························· 65

㈨關係人間交易事項是否合理 ·························· 66

㈩如其事業係屬生物技術工業、製藥工業或醫療儀器工業者，應增列其依法令取得
主管機關許可進行人體臨床試驗或田間實驗者或在國內從事生物技術工業或醫療
儀器工業研究發展，且已有生物技術或醫療儀器相關產品製造及銷售或提供技術
服務之實績暨最近一年度產品及相關技術服務之營業額、研究發展費用所占本公
司總營業額之比例情形 ····························· 66

㈩㈠公司如於提出上櫃申請前一年度因調整事業經營，終止其部分事業，或已將其部
分之事業獨立另設公司、移轉他公司或與他公司合併者，應分別予以記載說明其
終止或合併之事業暨目前存續之營業項目，並提出目前存續營業項目前一年度之
營業額、研究發展費用占公司該年度總營業額比例情形 ············· 66

二、固定資產及其他不動產 ····························· 67

㈠自有資產 ······································ 67

㈡租賃資產 ······································ 67

㈢各生產工廠現況及最近二年度設備產能利用率 ················ 67

三、轉投資事業 ····································· 68

㈠轉投資事業概況 ·································· 68

㈡綜合持股比例 ··································· 69

㈢上市或上櫃公司最近二年度及截至公開說明書刊印日止，子公司持有或處分本公
司股票情形及其設定質權之情形，並列明資金來源及其對公司經營結果及財務狀
況之影響 ······································ 69

㈣最近二年度及截至公開說明書刊印日止，發生公司法第 185 條情事或有以部分營
業、研發成果移轉子公司者，應揭露放棄子公司現金增資認購情形，認購相對人

之名稱，及其與公司、董事、監察人及持有比例超過百分之十股東之關係及認購
股數 ·· 69
㈤已赴或擬赴大陸地區從事間接投資者，應增列該投資事業之名稱、地址、電話、
董事成員、持股百分之十大股東及最近財務報表 ····································· 70
四、重要合約 ·· 70
五、其他必要說明事項 ·· 70
參、發行計畫及執行情形 ·· 71
一、前次現金增資、併購、受讓他公司股份發行新股或發行公司債資金運用計畫 ······· 71
二、本次現金增資、發行公司債或發行員工認股權憑證計畫應記載事項 ············ 71
三、本次受讓他公司股份發行新股應記載事項 ··· 71
四、本次併購發行新股應記載事項 ·· 71
肆、財務概況 ·· 72
一、最近五年度簡明財務資料 ·· 72
㈠簡明資產負債表及損益表 ··· 72
㈡影響上述財務報表作一致性比較之重要事項 ·· 73
㈢最近五年度簽證會計師姓名及查核意見 ··· 74
㈣財務分析 ··· 75
㈤會計科目重大變動說明 ·· 77
㈥本國發行人自行公開發行後最近連續五年或外國發行人最近連續五年由相同會計
師查核簽證者，應說明未更換之原因、目前簽證會計師之獨立性暨發行公司對強
化會計師簽證獨立性之具體因應措施 ··· 78
㈦外國發行人申請股票登錄興櫃者，其最近二年度之財務報表；外國發行人申請股
票第一上櫃者，其最近三年度之財務資料 ··· 78
二、財務報表應記載事項 ·· 78
㈠最近二年度財務報表及會計師查核報告 ··· 78
㈡最近一年度及最近期經會計師查核簽證或核閱之母子公司合併財務報表 ········ 78
㈢發行人申報募集發行有價證券後，截至公開說明書刊印日前，最近期經會計師查
核簽證之財務報表 ·· 78
三、財務概況其他重要事項 ·· 79
㈠公司及其關係企業最近年度及截至年報刊印日止，如有發生財務週轉困難情事，
應列明其對本公司財務狀況之影響 ·· 79
㈡最近二年度及截至公開說明書刊印日止，有發生公司法第 185 條情事者，應揭露
之相關資訊 ··· 79
㈢期後事項 ··· 79
㈣其　他 ·· 79
四、財務狀況及經營結果檢討分析 ·· 79
㈠財務狀況 ··· 79
㈡經營結果 ··· 80
㈢現金流量 ··· 81
㈣最近年度重大資本支出對財務業務之影響 ·· 81
㈤最近年度轉投資政策、其獲利或虧損之主要原因、改善計畫及未來一年投資計畫
·· 81

　　㈥其他重要事項 ………………………………………………………… 82
伍、特別記載事項 ………………………………………………………………… 83
　一、內部控制制度執行狀況 …………………………………………………… 83
　二、委託經行政院金融監督管理委員會證券期貨局核准或認可之信用評等機構進行評等
　　　者，應揭露該信用評等機構所出具之評等報告 ………………………… 83
　三、證券承銷商評估總結意見 ………………………………………………… 83
　四、律師法律意見書 …………………………………………………………… 83
　五、由發行人填寫並經會計師複核之案件檢查表彙總意見 ………………… 83
　六、前次募集與發行有價證券於申報生效時，經行政院金融監督管理委員會證券期貨局
　　　通知應自行改進事項之改進情形 …………………………………………… 83
　七、本次募集與發行有價證券於申報生效時，經行政院金融監督管理委員會證券期貨局
　　　通知應補充揭露之事項 ……………………………………………………… 83
　八、公司初次上市、上櫃或前次及最近三年度申報募集與發行有價證券時，於公開說明
　　　書中揭露之聲明書或承諾事項及其目前執行情形 ……………………… 83
　九、最近年度及截至公開說明書刊印日止，董事或監察人對董事會通過重要決議有不同
　　　意見且有紀錄或書面聲明者，其主要內容 ……………………………… 83
　十、最近年度及截至公開說明書刊印日止，公司及其內部人員依法被處罰、公司對其內
　　　部人員違反內部控制制度規定之處罰、主要缺失與改善情形 ………… 83
　十一、上市上櫃公司公司治理運作情形 …………………………………… 83
　十二、發行人及其聯屬公司各出具之財務業務往來無非常規交易情事之書面承諾，及其
　　　　重要業務之政策 ………………………………………………………… 84
　十三、發行人是否有與其他公司共同使用申請貸款額度 ………………… 84
　十四、發行人有無因非正當理由仍有大量資金貸與他人 ………………… 84
　十五、發行人申請公司債上櫃者，應說明公司債本金及利息償還之資金來源，暨發行標
　　　　的或保證金融機構之信用評等等級、評等理由及評等展望等信用評等結果 …… 84
　十六、發行人有財團法人證券櫃檯買賣中心審查準則第 10 條第 1 項第 4 款或外國審查
　　　　準則第 9 條第 1 項第 3 款情事者，應將該重大未改善之非常規交易詳細內容及處
　　　　理情形充分揭露，並提報股東會 ……………………………………… 84
　十七、充分揭露發行人與推薦證券商共同訂定承銷價格之依據及方式 ……… 84
　十八、發行人分別以承銷價格及於興櫃市場掛牌之最近一個月平均股價為衡量依據，設
　　　　算其已發行但股份基礎給付交易最終確定日尚未屆至且採內含價值法之員工認股
　　　　權憑證，於股票上櫃後所產生之費用對財務報表可能之影響 ……… 84
　十九、其他基於有關規定應出具之書面承諾或聲明 ……………………… 84
　二十、其他必要補充說明事項 ……………………………………………… 84
　二十一、上市上櫃公司就公司治理運作情形應記載事項 ………………… 85
　　　㈠董事會運作情形 ……………………………………………………… 85
　　　㈡審計委員會運作情形或監察人參與董事會運作情形 ……………… 86
　　　㈢公司治理運作情形及其與上市上櫃公司治理實務守則差異情形及原因 …… 87
　　　㈣公司如有設置薪酬委員會，應揭露其組成、職責及運作情形 …… 91
　　　㈤履行社會責任情形 …………………………………………………… 92
　　　㈥公司履行誠信經營情形及採行措施 ………………………………… 94
　　　㈦公司如有訂定公司治理守則相關規章者，應揭露其查詢方式 …… 94

(八)最近年度及截至公開說明書刊印日止，與財務報告有關人士（包括董事長、
　　總經理、會計主管及內部稽核主管等）辭職解任情形之彙總 ························· 94
(九)其他足以增進對公司治理運作情形之瞭解的重要資訊 ························· 94
陸、重要決議、公司章程及相關法規 ························· 312
　　一、重要決議記載與本次發行有關之決議文 ························· 312
　　　　(一)公司章程及修正條文對照表 ························· 312
　　　　(二)盈餘分配表 ························· 312
　　二、未來股利發放政策 ························· 312
　　三、截至公開說明書刊印日止之背書保證相關資訊 ························· 313
附件：推薦證券商評估報告稿本

(五)公開說明書封底

推薦證券商：○○○○證券股份有限公司

評估人簽章：○○○
　　　　　　○○○
　　　　　　○○○
　　　　　　○○○
單位主管簽章：○○○
董事長簽章：○○○
（本用印頁僅限○○○○股份有限公司股票初次上櫃推薦證券商評估報告使用）

中華民國　　○○　　年　　○○　　月　　○○　　日

推薦證券商：○○○○綜合證券股份有限公司

評估人簽章：○○○
單位主管簽章：○○○　　　　　負責人簽章：○○○

參、繼續公開──以定期性報告與即時性報告為中心

一、定期性報告

　　所謂繼續公開，係相較於初次公開的概念，乃指發行人於公開發行有
價證券後，在證券市場上流通期間，依法應繼續公開企業的相關內容❼。

就此，證券交易法第 36 條第 4 項前段規定「第 1 項（已依本法發行有價證券）之公司，應編製年報，於股東常會分送股東」，定期分送企業資訊外，證券交易法第 36 條第 1 項明文「已依本法發行有價證券之公司，除情形特殊……外，應依下列規定公告並向主管機關申報：一、於每會計年度終了後……之年度財務報告。二、於每會計年度第一季、第二季及第三季終了後……之財務報告。三、於每月……營運情形」，對於公開發行公司的企業資訊，依法課予該發行公司定期揭露之義務，且證券交易法第 36 條第 5 項亦特別明文「第 1 項……公告、申報事項及前項年報，有價證券已在證券交易所上市買賣者，應以抄本送證券交易所及證券商同業公會；有價證券已在證券商營業處所買賣者，應以抄本送證券商同業公會供公眾閱覽」，強調企業內容於證券市場上繼續公開之必要性。

㈠年　報

從公司法與證券交易法的規定觀之，公司法第 230 條第 1 項明文經股東會常會承認後，董事會應將財務報表及盈餘分派或虧損撥補之決議，分發給股東之規定；相較於此，證券交易法第 36 條第 4 項前段亦特別明文已依本法發行有價證券之公司，應編製年報，於股東常會分送股東之義務，直接對公司股東揭露其企業內容，如上所述。惟關於年報的內容，其應行記載事項、編製原則及其他應遵行事項之準則，證券交易法第 36 條第 4 項後段則明文由主管機關定之，即授權金融監督管理委員會證期局頒布「公開發行公司年報應行記載事項準則」，以資遵循❼❷。

```
┌─────────────────────────────────────────┐
│                                         │
│           ○○股份有限公司                  │
│                                         │
│           ○○年度年報                      │
│                                         │
│        中華民國○○年○月○日                 │
│                                         │
└─────────────────────────────────────────┘
```

---

❼❶　賴源河，前揭書❸ 57 頁；林國全，前揭論文❹❻ 43 頁；陳春山，前揭書❷❼ 32 頁。

❼❷　例如先前財政部民國 77 年 6 月 7 日 (77) 臺財證㈠字第 08446 號函。

公司總部及晶圓○○○廠
地址：新竹○○○區○○路○○號
電話：+886-3-……　傳真：+886-3-……

研發中心及晶圓○○○廠
地址：新竹○○○區○○路○○號
電話：+886-3-……　傳真：+886-3-……

北美子公司
地址：……, U.S.A.
電話：+1-408-……　傳真：+1-408-……

○○（中國）有限公司
地址：上海市○○區○○路○○號
電話：+86-21-……　傳真：+86-21-……

公司發言人
姓名：○○○
職稱：資深副總經理暨財務長
電話：+886-3-……　傳真：+886-3-……
電子信箱：……@…….com

代理發言人／企業訊息
姓名：○○○
職稱：企業訊息處資深處長
電話：+886-3-……　傳真：+886-3-……
電子信箱：……@…….com

簽證會計師
事務所名稱：○○會計師事務所
會計師姓名：○○○、○○○
11073 臺北市○○區○○路○○號○○樓
電話：+886-2-……　傳真：+886-2-……
網址：http://www.…….com.tw

辦理股票過戶機構
○○信託商業銀行代理部
10008 臺北市○○區○○路○○段○○號○○樓
電話：+886-2-……　傳真：+886-2-……
網址：http://www.…….com

ADR 美國存託憑證存託銀行

Company: ○○, N.A.

Depositary Receipts Services

Address: ……, U.S.A.

Website: http://www.……com/dr

Tel: +1-877-…… (toll free) Tel: +1-781-…… (out of US)

Fax: +1-201-……

E-mail: ……@……com

○○公司的美國存託憑證 (ADR) 在美國紐約證券交易所 (NYSE) 以○○為代號掛牌交易。查詢海外有價證券資訊之方式：https://www.nyse.com 以及 https://mops.twse.com.tw。

1. 致股東報告書 ……………………………………………………………………… 3
2. 公司概況 ………………………………………………………………………… 9
　2.1　公司簡介 …………………………………………………………………… 9
　2.2　市場概況 …………………………………………………………………… 9
　2.3　公司組織 …………………………………………………………………… 16
　2.4　董事會成員 ………………………………………………………………… 18
　2.5　主要經理人 ………………………………………………………………… 26
3. 公司治理 ………………………………………………………………………… 35
　3.1　概述 ………………………………………………………………………… 35
　3.2　董事會 ……………………………………………………………………… 36
　3.3　股東會與董事會重要決議事項及執行情形 ……………………………… 41
　3.4　公司治理運作情形及其與上市上櫃公司治理實務守則差異情形及原因 …… 43
　3.5　從業道德 …………………………………………………………………… 47
　3.6　法規遵循 …………………………………………………………………… 51
　3.7　內部控制制度執行狀況 …………………………………………………… 53
　3.8　與公司財務及業務有關人士之資訊 ……………………………………… 54
　3.9　會計師資訊 ………………………………………………………………… 54
　3.10　重大資訊處理作業程序 …………………………………………………… 55
4. 資本及股份 ……………………………………………………………………… 57
　4.1　資本及股份 ………………………………………………………………… 57
　4.2　公司債辦理情形 …………………………………………………………… 64
　4.3　特別股辦理情形 …………………………………………………………… 66
　4.4　海外存託憑證辦理情形 …………………………………………………… 66
　4.5　員工認股權憑證辦理情形 ………………………………………………… 68
　4.6　限制員工權利新股辦理情形 ……………………………………………… 68
　4.7　併購或受讓他公司股份發行新股辦理情形 ……………………………… 68
　4.8　資金運用計劃執行情形 …………………………………………………… 68
5. 營運概況 ………………………………………………………………………… 71
　5.1　業務內容 …………………………………………………………………… 71
　5.2　技術領導地位 ……………………………………………………………… 72

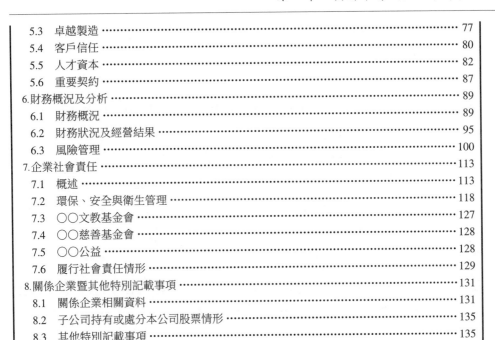

　5.3　卓越製造 ……………………………………………… 77
　5.4　客戶信任 ……………………………………………… 80
　5.5　人才資本 ……………………………………………… 82
　5.6　重要契約 ……………………………………………… 87
6.財務概況及分析 …………………………………………… 89
　6.1　財務概況 ……………………………………………… 89
　6.2　財務狀況及經營結果 ………………………………… 95
　6.3　風險管理 …………………………………………… 100
7.企業社會責任 …………………………………………… 113
　7.1　概述 ………………………………………………… 113
　7.2　環保、安全與衛生管理 …………………………… 118
　7.3　○○文教基金會 …………………………………… 127
　7.4　○○慈善基金會 …………………………………… 128
　7.5　○○公益 …………………………………………… 128
　7.6　履行社會責任情形 ………………………………… 129
8.關係企業暨其他特別記載事項 ………………………… 131
　8.1　關係企業相關資料 ………………………………… 131
　8.2　子公司持有或處分本公司股票情形 ……………… 135
　8.3　其他特別記載事項 ………………………………… 135

資料來源：臺灣證券交易所公開資訊觀測站（年報及股東會相關資料），
　　　　　https://mops.twse.com.tw

㈡財務報告及營運報告

　　其次，證券交易法第 36 條第 1 項亦特別明文已依本法發行有價證券之公司，除情形特殊，經主管機關另予規定者外，應定期公告，並向主管機關申報如下的財務報告[73]與營運報告：

1.年度財務報告

　　公開發行公司應於每個會計年度終了後三個月內公告、申報由董事長、經理人及會計主管簽名或蓋章，並經會計師查核簽證、董事會通過及監察人承認之年度財務報告。

2.每季財務報告

　　公開發行公司，除特殊情形符合規定外，應於每個會計年度第一季、第二季及第三季終了後四十五日內公告、申報由董事長、經理人及會計主

---

[73]　民國 108 年證券交易法部分條文第 2 次修正草案，修正第 36 條之立法說明，請參閱《立法院公報》第 108 卷第 60 期 409 頁。

管簽名或蓋章，並經會計師核閱及提報董事會之財務報告。

3. 上月份營運報告

公開發行公司，除特殊情形符合規定外，應於每月十日以前公告，並申報上月份營運情形。至於依證券交易法第 36 條第 1 項第 3 款所定公告並申報之營業情形，證券交易法施行細則第 5 條特別規定係指下列事項：㈠合併營業收入額，㈡為他人背書及保證金額，㈢其他主管機關所定事項。

以上，公開發行公司依法定期編送主管機關之財務報告等，屬於證券交易法第 14 條第 1 項所明文之財務報告，其內容、適用範圍、作業程序、編製及其他應遵行事項之準則，均依第 14 條第 2 項所授權主管機關頒布「證券發行人財務報告編製準則」，且相關之財務報告應經董事長、經理人及會計主管簽名或蓋章後，並出具財務報告內容無虛偽或隱匿之聲明（證券交易法第 14 條第 3 項）；惟值得注意的，有二：

一是民國 100 年證券交易法部分條文修正，在第 14 條第 2 項授權主管機關制定相關財務報告編製準則之同時，並導入國際會計準則 (IFRSs)。相關國際會計準則與證券交易法第 14 條第 2 項之修正，其立法理由謂以增加我國企業財務報告與國際之比較性，使國內企業赴海外籌資，無須重編，適度降低會計成本，因而增訂「不適用商業會計法第四章、第六章及第七章之規定」，並調整第 36 條第 1 項的規定，爰以符合國際會計準則之公司財務報告，即以合併報告為主，個體報告為輔，且期中合併財務報告均提報董事會通過及經會計師出具核閱意見❼❹。

二是依民國 107 年證券交易法部分條文第二次修正與 109 年證券交易法部分條文修正，分別增訂、再修正的第 14 條第 5 項，即「股票已在證券交易所上市或於證券櫃檯買賣中心上櫃買賣之公司，依第二項規定編製年度財務報告時，應另依主管機關規定揭露公司薪資報酬政策、全體員工平

---

❼❹　民國 100 年證券交易法部分條文修正草案，修正第 14 條第 2 項之立法說明，請參閱《立法院公報》第 99 卷第 84 期 105 頁。

另，民國 100 年證券交易法部分條文修正草案，修正第 36 條第 1 項之立法說明，請參閱《立法院公報》第 99 卷第 84 期 116 頁。

均薪資及調整情形、董事及監察人之酬金等相關資訊」的規定❼。

　　相較公司法第 210 條第 2 項的規定，關於股東及公司之債權人得檢具利害關係證明文件，指定範圍，隨時請求查閱或抄錄前項董事會應備置之章程及簿冊而言，就證券交易法第 37 條第 4 項之備置與提供查閱抄錄規定，即公開發行公司依第 36 條第 1 項所公告、申報之財務報告，應備置於公司及其分支機構之義務，供股東及公司債權人之查閱或抄錄，且依證券交易法第 36 條第 5 項，亦特別規定上述公開發行公司依法應公告、申報事項暨其前項應分送股東之年報，如其有價證券已在證券交易所上市買賣者，應以抄本送證券交易所；如其有價證券已在證券商營業處所買賣者，應以抄本送主管機關指定之機構，供公眾閱覽的方式，實現證券交易法上企業內容公開之目的。

二、即時性報告

　　相較於上述定期性的企業內容公開制度，證券交易法第 36 條第 3 項亦規定相關即時性的企業資訊揭露制度，即謂已依本法發行有價證券之公司，如有下列情事，則應於事實發生之日起二日內公告，並向主管機關申報之：

　　㈠股東常會承認之年度財務報告，與公告並向主管機關申報之年度財務報告不一致者。

　　㈡發生對股東權益或證券價格有重大影響之事項。

　　例如證券交易法施行細則第 7 條明文本法第 36 條第 3 項第 2 款所定重大影響之事項，係指⑴存款不足之退票、拒絕往來或其他喪失債信情事

---

❼　民國 107 年證券交易法部分條文第 2 次修正草案，增訂第 14 條第 5 項之立法理由，謂「對上市櫃公司強制要求揭露年度內全體員工薪資調整資訊，以利查核公司治理是否公平合理並善盡社會責任」，請參閱《立法院公報》第 107 卷第 103 期附件審查報告，立法院議案關係文書院總第 1559 號、第 727 號委員提案第 22277 號、第 19136 號之 1 併案審查資料 5 頁；另，民國 109 年證券交易法部分條文修正草案，修正第 14 條第 5 項的立法理由，謂「為促使公司訂定合理之董事、監察人及員工薪資報酬，爰第五項內容修正為……」，請參閱《立法院公報》第 109 卷第 32 期 116 頁。

者，(2)因訴訟、非訟、行政處分、行政爭訟、保全程序或強制執行事項，對公司財務或業務有重大影響者，(3)嚴重減產或全部或部分停工、公司廠房或主要設備出租、全部或主要部分資產質押，對公司營業有重大影響，(4)有公司法第 185 條第 1 項所定各款情事之一者，(5)經法院依公司法第 287 條第 1 項第 5 款規定其股票為禁止轉讓之裁定者，(6)董事長、總經理或三分之一以上董事發生變動者，(7)變更簽證會計師者，但變更事由係由會計師事務所內部調整者，不包括在內，(8)重要備忘錄、策略聯盟或其他業務合作計畫或重要契約之簽訂、變更、終止或解除、改變業務計畫之重要內容、完成新產品開發、試驗之產品已開發成功且正式進入量產階段、收購他人企業、取得或出讓專利權、商標專用權、著作權或其他智慧財產權之交易，對公司財務或業務有重大影響者，(9)其他足以影響公司繼續營運之重大情事者，均屬之❼❻；惟以上應即時公告、申報之事項，證券交易法第 36 條第 5 項亦特別規定該有價證券已在證券交易所上市買賣者，應以抄本送證券交易所及證券商同業公會，其已在證券商營業處所買賣者，應以抄本送證券商同業公會，以供公眾閱覽。在相關實務上，證券交易所與櫃檯買賣中心亦分別頒布對上市公司與對上櫃公司等重大訊息之查證暨公開處理程序之具體管理辦法，要求發行公司即時、完整並正確申報其企業內容❼❼。

　　至於證券交易法第 36 條，相關公開發行公司應公告並申報之財務報告，如未依有關法令編製者，證券交易法施行細則第 6 條第 1 項特別明文發行公司應予以更正之，依下列規定辦理之，並應照主管機關所定期限內

---

❼❻　林國全，前揭論文❹❻ 45 頁，認為證券交易法施行細則第 7 條所列之「重大」、「嚴重」、「主要」、「重要」等抽象文字而未訂其認定標準，在實務上係造成發行公司之困擾。

❼❼　財政部民國 81 年 2 月 18 日 (81) 臺財證㈠字第 10902 號函核定「臺灣證券交易所股份有限公司對上市公司重大訊息之查證暨公開處理程序」，民國 83 年 10 月 20 日 (83) 臺財證㈠字第 42405 號函准予備查「財團法人中華民國證券櫃檯買賣中心對上櫃公司重大訊息之查證暨公開處理程序」等管理辦法，請參照。

自行更正：⑴更正稅後損益金額在新臺幣一千萬元以上，且達原決算營業收入淨額百分之一或實收資本額百分之五以上者，應重編財務報告，並重行公告；惟依本款重行公告時，應扼要說明更正理由及與前次公告之主要差異處，⑵更正稅後損益金額未達前款標準者，得不重編財務報告，但應列為保留盈餘之更正數。

○○股份有限公司當日重大訊息

序號	1	發言日期	○○/○○/○○	發言時間	09:04:30
發言人	○○○	發言人職稱	部長	發言人電話	(02)……
主旨	公告本公司董事會決議發行員工認股權憑證				
符合條款	上市公司重大訊息之查證暨公開處理程序第2條第11款		事實發生日		○○/○○/○○
	1.董事會決議日期：○○/○○/○○ 2.發行期間： 3.認股權人資格條件： 4.員工認股權憑證之發行單位總數： 5.每單位認股權憑證得認購之股數： 6.因認股權行使而須發行之新股總數或依證券交易法第28條之2規定須買回之股數： 7.認股條件（含認股價格、權利期間、認購權利之種類及員工離職或發生繼承時之處理方式等）之決定方式： 　⑴認股價格： 　⑵權利期間： 　⑶認購股份之種類： 　⑷認股權人如因故離職，應於本員工認股權憑證存續期間內依下列方式處理： 8.履約方式： 9.認股價格之調整： 10.行使認股權之程序： 11.認股後之權利義務： 12.附有轉換、交換或認股者，其換股基準日： 13.附有轉換、交換或認股者，對股權可能稀釋情形： 14.其他重要約定事項： 其他應敘明事項：				

資料來源：臺灣證券交易所公開資訊觀測站（當日重大訊息），https://mops.twse.com.tw。

第三節　違反企業資訊揭露之民事責任制度

壹、資訊揭露與保障投資

　　如前章第一節【壹之二】所言，論者或認為證券交易法第 1 條明文「保障投資」之目的，究其法制的意義乃在如何防止證券市場上的投資人受到欺騙，並在法律上應給予受到欺騙的投資人，一條適當的救濟途徑❼❽。針對「防止投資人受到欺騙」之立法政策上，證券交易法特別要求企業內容公開的制度，如本章第二節【壹之一】所述，發行公司應將其營業及財務狀況等企業資訊，充分、適時而正確地揭露，謂其目的在使投資人能獲得該發行公司所提供的確切資訊，自行作成一個合理的投資判斷❼❾。

　　然，假設該發行公司所揭露的企業資訊，其內容若有虛偽或隱匿之不實訊息時，將不僅無法達成資訊公開之目的，而且恐亦因此誤導投資人形成錯誤的投資判斷，一旦有任何風吹草動，勢必成為投資糾紛的源頭之一❽⓪；因此，從企業資訊與保障投資的觀點而論，證券交易法除明文課予刑事制裁與民事損害賠償責任外，亦特別規定會計師查核簽證制度，並授權主管機關得檢查該發行公司財務、業務狀況之權限，若發現發行人有不符合法規定之事項，且得以命令糾正或處罰之。就此，論者有謂如此的立法政策，其意義在於提供證券投資人從事買賣有價證券時的正確投資訊息，以落實募集發行有價證券之企業內容，充分而適切地公開於證券市場；當然，從證券市場的管理局面而言，誠如前所指摘，正因企業公開其公司內

---

❼❽　賴英照，前揭書❷ 40 頁。

❼❾　賴源河，前揭書❸ 55 頁；賴英照，前揭書㉗ 224 頁；黃川口，前揭書⓫ 40 頁；林國全，前揭論文㊻ 43 頁；陳春山，前揭書㉗ 31 頁。

❽⓪　例如民國 93 年間，我國企業自博達案開始，訊碟、茂矽、皇統科技等上市公司，接二連三爆發公司財務危機醜聞，震撼證券市場的財報不實案件，嚴重影響廣大的投資人權益。

容，亦提供投資人檢視發行公司的機會，或有謂該資訊揭露制度本身，即寓有嚇阻企業經營者違法濫行之監控效果❸。

一、財務報告內容之聲明制度

　　一般認為證券交易法之於證券市場秩序的維持，係建立於企業資訊揭露之基礎，實現保障投資的終極立法意旨。當然，相關投資人保護的課題上，首重企業資訊揭露的真實性，唯如前揭所示，若其寓有虛偽或隱匿之不實企業資訊，投資人自行判斷與自己責任的立法思維，恐將無法成立；且其影響所及的，不僅是保護投資人權益的議題，而投資人對證券市場的信賴，亦因不實的企業資訊，無法提供投資人的理性判斷，終將遠離證券市場，使相對於建設證券市場之於發展國民經濟的立法目的，美意盡失，如此的證券交易將是一種被扭曲的經濟活動。

　　民國 94 年證券交易法部分條文修正時，參酌美國沙氏法案 (Sarbanes-Oxley Act) 之規定，增訂第 14 條第 3 項，明文「第一項財務報告應經董事長、經理人及會計主管簽名或蓋章，並出具財務報告內容無虛偽或隱匿之聲明」，謂為明確規範虛偽隱匿財務報告內容之相關人員責任，於公司董事長、經理人及會計主管在財務報告上簽名或蓋章，並出具其內容無虛偽或隱匿之聲明外，證券交易法第 20 條之 1 第 1 項亦特別明文財務報告之主要內容有虛偽或隱匿之情事，發行人與其負責人及曾在財務報告上簽名或蓋章者，對於發行人所發行有價證券之善意取得人、出賣人或持有人因而所受之損害，應負民事上的損害賠償責任，以資配合；其次是證券交易法第 174 條第 1 項第 5 款、第 6 款亦明文財務報告之虛偽記載的刑事責任規定。當然，違反證券交易法第 14 條第 3 項提出無虛偽或隱匿之聲明者，證券交易法第 178 條亦明文規定其行政罰鍰❷。

❸　賴英照，前揭書❷ 223 頁；黃川口，前揭書⓫ 39 頁；陳春山，前揭書❷ 30
　　頁；廖大穎，〈論證券市場與投資人自己責任制度〉《公司制度與企業金融之法
　　理》（元照，2003 年）194 頁。

❷　民國 94 年證券交易法部分條文修正草案，第 14 條第 3 項增訂理由，請參閱前

聲明書

依據證券交易法第 14 條第 3 項規定，本人聲明○○股份有限公司○○年度（自○○年○○月○○日至○○年○○月○○日止）之財務報告，係依「證券發行人財務報告編製準則」有關法令及一般公認會計原則編製，足以允當表達○○○○股份有限公司之財務狀況，暨經營成果與現金流量，並無虛偽或隱匿之情事。

　　特此聲明

　　　　　　　　　　　　立聲明書人
　　　　　　　　　　　　○○股份有限公司（印）
　　　　　　　　　　　　董 事 長：○○○（印）（簽名或蓋章）
　　　　　　　　　　　　總 經 理：○○○（印）（簽名或蓋章）
　　　　　　　　　　　　會計主管：○○○（印）（簽名或蓋章）

　　　　　　　　中華民國　○○　年　○○　月　○○　日

資料來源：○○股份有限公司公告查詢，請查閱臺灣證券交易所公開資訊觀測站，http://mops.twse.com.tw/。

　　就上述編製財務報告的品質，其亦為資訊揭露的重要關鍵之一。因此，證券交易法第 14 條第 4 項前段特別規定該會計主管應具備一定之資格條件，始足以擔綱，且該會計主管於任職期間內，負有持續接受專業進修之義務[83]。至於相關會計主管的資格條件、持續專業進修之最低進修時數及辦理進修機構應具備條件等事項之辦法，證券交易法第 14 條第 4 項後段則授權主管機關訂定之。

二、會計師查核簽證制度

　　承上所述，公開發行公司依法所揭露之企業內容，若有虛偽或隱匿之情事者，則將有誤導投資人形成投資判斷之虞；職是，在立法政策上，證券交易法第 36 條第 1 項亦明文凡公開發行有價證券之公司應公告，並向主

揭立法院關係文書❷政 236 頁。

[83]　民國 94 年證券交易法部分條文修正草案，第 14 條第 4 項增訂理由，謂其考量到會計主管之能力及操守攸關財務報告之品質與可靠性，該等人員除應具備良好道德及行為操守外，亦應強化其專業能力之要求，爰予增訂，請參閱前揭立法院關係文書❷政 237 頁。

管機關申報之各種定期性財務報告，應先經會計師查核簽證或核閱之制度，再供股東、公司債權人，甚至是公眾閱覽之用，例如將經查核簽證或核閱後之公司財務資訊，透過股市觀測站公開之，作為證券投資人理財決策的重要依據。至於公司初次發行有價證券申請審核時，依規定應另行加具公開說明書（證券交易法第 30 條第 1 項）；該公開說明書之重要編製內容，依主管機關所頒布之「公司募集發行有價證券公開說明書應行記載事項準則」，應予以揭露發行公司之財務概況資訊，例如最近五年度簡明財務資料、財務報表等事項，當然亦應包括記載簽證會計師之查核意見報告書，惟如此的規定，一般認為其亦在於強化發行公司所提供財務資訊的可信度，落實公開說明書制度之於企業資訊揭露的基本目的❽❹。

　　關於財務報表之會計師查核簽證，其目的乃藉由會計師之專業審計工作，對於財務報表上之內容，是否允當表達該公司真正的財務狀況及經營結果？會計師依相關審計公報規定，受託查核財務報表，並予出具意見的簽證作業，亦即藉由專業會計師查核報告之公信力，期以增進公司財務報表之可靠性。從而，或有謂發行公司之企業經營者與提供企業資金的投資人係站在相對的立場，其間經由會計師獨立公正之專業意見，始可使彼此相互信賴，資金需求者與提供者各取所需，促進資本市場的形成與健全發展❽❺。因此，經會計師以其專業所提供之簽證報表，不僅是供企業人士經

---

❽❹　民國 55 年證券交易法立法草案總說明，請參閱立法院秘書處，《證券交易法（上冊）》（立法院公報法律案專輯，1968 年）31 頁。

　　賴源河，前揭書❸ 55 頁；賴英照，前揭書㉗ 224 頁；黃川口，前揭書⓫ 164 頁；林國全，前揭論文㊻ 47 頁；廖大穎，〈揭露不實資訊之損害賠償請求㈢〉《月旦法學教室》第 7 期 22 頁。

❽❺　關於證券交易法第 36 條第 1 項公告財務報告時，證券交易法施行細則第 4 條特別規定：

　　一、年度及半年度財務報告應載明查核會計師姓名及其查核意見為「無保留意見」、「修正式無保留意見」、「保留意見」、「無法表示意見」或「否定意見」之字樣；其非屬「無保留意見」查核報告者，並應載明其理由。

　　二、季財務報告應載明核閱會計師姓名及核閱報告所特別敘明事項。

營決策的主要依據之一，且對於企業外部的資訊使用者，例如投資人或融資業者等，該簽證報表實為判斷其投資決策或授信時的關鍵性的參考**❽**。

會計師查核報告

○○股份有限公司　公鑒：

查核意見

　　○○股份有限公司及子公司（以下簡稱○○公司及其子公司）民國○○年及○○年12月31日之合併資產負債表，暨民國○○年及○○年1月1日至12月31日之合併綜合損益表、合併權益變動表、合併現金流量表，以及合併財務報表附註（包括重大會計政策彙總），業經本會計師查核竣事。

　　依本會計師之意見，上開合併財務報表在所有重大方面係依證券發行人財務報告編製準則暨經金融監督管理委員會認可並發布生效之國際財務報導準則、國際會計準則、解釋及解釋公告編制，足以允當表達○○公司及其子公司民國○○年及○○年12月31日之合併財務狀況，暨民國○○年及○○年1月1日至12月31日之合併財務績效及合併現金流量。

查核意見之基礎

　　本會計師係依照會計師查核簽證財務報表規則及一般公認審計準則執行查核工作。本會計師於該等準則下之責任將於會計師查核合併財務報表之責任段進一步說明。本會計師所隸屬事務所受獨立性規範之人員已依會計師職業道德規範，與○○公司及其子公司保持超然獨立，並履行該規範之其他責任。本會計師相信已取得足夠及適切之查核證據，以作為表示查核意見之基礎。

關鍵查核事項

　　關鍵查核事項係指依本會計師之專業判斷，對○○公司及其子公司民國○○年度合併財務報表之查核最為重要之事項。該等事項已於查核合併財務報表整體及形成查核意見之過程中予以因應，本會計師並不對該等事項單獨表示意見。

　　茲對○○公司及其子公司民國○○年度合併財務報表之關鍵查核事項敘明如下：
銷貨退回及折讓之提列

　　○○公司及其子公司因應業務需求及市場狀況，故針對不同之銷貨對象或產品提供不同條件之銷貨折讓。○○公司及其子公司係基於歷史經驗及考量不同合約條件，以估計可能發生之銷貨退回及折讓。與銷貨退回及折讓提列之相關資訊，請參閱合併財務報表附註四、五及二六。由於銷貨退回及折讓之提列涉及會計判斷及估計，亦影響○○公司及其子公司合併財務報表營業收入淨額，因此將銷貨退回及折讓之提列列為關鍵查核事項之一。

　　本會計師對於上述所述層面事項已執行之主要查核程序如下：

三、財務報告屬簡明報表者，應載明「會計師查核（核閱）之財務報告已備置公司供股東查閱或抄錄」之字樣。

❽　賴英照，前揭書**㉗**288頁；黃川口，前揭書**⓫**165頁；李開遠，前揭書**㉔**428頁；廖大穎，前揭論文**㉞**23頁。陳春山，前揭書**㉗**361頁，認為證券交易法規定公開發行公司之財務報表，經會計師查核簽證設計，謂其旨在保障發行公司所揭露財務資訊的真實性，實為擔保企業資訊的重要機制。

1. 瞭解並測試銷貨退回及折讓提列之主要內部控制的設計及執行有效性。
2. 瞭解並評估估計銷貨退回及折讓提列所用之假設及方法之合理性。
3. 抽核主要產品之銷售合約，檢視相關合約中所提供之折讓條件，並對評估個別產品達到折讓條件之可能性進行分析並提出質疑，以驗證銷貨折讓估列之合理性。
4. 執行回溯性覆核，參考過去實際發生之銷貨退回及折讓之金額，就歷史估計之正確性進行比較分析。

不動產、廠房及設備開始提列折舊之時點

　　○○公司及其子公司之資本支出主要係為持續發展及建置先進製程技術產能以滿足客戶需求。不動產、廠房及設備折舊相關會計政策及攸關揭露資訊，請參閱合併財務報表附註四、五及十七。根據國際會計準則第 16 號規定，不動產、廠房及設備之折舊始於該資產達可供使用且符合預期運作方式之必要狀態時。由於○○公司及其子公司之資本支出金額重大，且不同類別資產達預期使用狀態之評估條件有所不同並涉及主觀判斷，有關折舊開始提列時點是否適當，將對○○公司及其子公司之財務績效產生重大影響，因此將本年度不動產、廠房及設備提列折舊之時點列為關鍵查核事項之一。

　　本會計師對於上述所述層面事項已執行之主要查核程序如下：
1. 瞭解及測試不動產、廠房及設備提列折舊時點之主要內部控制設計及執行有效性。
2. 瞭解資產達可供使用狀態之條件及相關會計處理。
3. 抽核驗證本年度資產達可供使用狀態之時點是否適當，且是否開始正確提列折舊。
4. 觀察待驗設備及未完工程之實體盤點，並抽核相關文件以佐證待驗設備及未完工程尚未達到可使用狀態之合理性。
5. 自期後已轉列至達可供使用狀態之待驗設備及未完工程中抽核，評估其開始提列折舊時點之合理性。
6. 抽核驗證待驗設備及未完工程尚未達可供使用狀態之原因。

其他事項

　　○○股份有限公司業已編製民國○○及○○年度之個體財務報告，並經本會計師出具無保留意見之查核報告在案，備供參考。

管理階層與治理單位對合併財務報表之責任

　　管理階層之責任係依照證券發行人財務報告編製準則暨經金融監督管理委員會認可並發布生效之國際財務報導準則、國際會計準則、解釋及解釋公告編製允當表達之合併財務報表，且維持與合併財務報表編製有關之必要內部控制，以確保合併財務報表未存有導因於舞弊或錯誤之重大不實表達。

　　於編製合併財務報表時，管理階層之責任亦包括評估○○公司及其子公司繼續經營之能力、相關事項之揭露，以及繼續經營會計基礎之採用，除非管理階層意圖清算○○公司及其子公司或停止營業，或除清算或停業外別無實際可行之其他方案。

　　○○公司及其子公司之治理單位（含審計委員會）負有監督財務報導流程之責任。

會計師查核合併財務報表之責任

　　本會計師查核合併財務報表之目的，係對合併財務報表整體是否存有導因於舞弊或錯誤之重大不實表達取得合理確信，並出具查核報告。合理確信係高度確信，惟依照一般公認審計準則執行之查核工作無法保證必能偵出合併財務報表存有之重大不實表達。不實表達可能導因於舞弊或錯誤。如不實表達之個別金額或彙總數可合理預期將影響合併財務報表使用者所作之經濟決策，則被認為具有重大性。

本會計師依照一般公認審計準則查核時，運用專業判斷並保持專業上之懷疑。本會計師亦執行下列工作：

1. 辨認並評估合併財務報表導因於舞弊或錯誤之重大不實表達風險；對所評估之風險設計及執行適當之因應對策；並取得足夠及適切之查核證據以作為查核意見之基礎。因舞弊可能涉及共謀、偽造、故意遺漏、不實聲明或踰越內部控制，故未偵出導因於舞弊之重大不實表達之風險高於導因於錯誤者。

2. 對與查核攸關之內部控制取得必要之瞭解，以設計當時情況下適當之查核程序，惟其目的非對○○公司及其子公司內部控制之有效性表示意見。

3. 評估管理階層所採用會計政策之適當性，及其所作會計估計與相關揭露之合理性。

4. 依據所取得之查核證據，對管理階層採用繼續經營會計基礎之適當性，以及使○○公司及其子公司繼續經營之能力可能產生重大疑慮之事件或情況是否存在重大不確定性，作出結論。本會計師若認為該等事件或情況存在重大不確定性，則須於查核報告中提醒合併財務報表使用者注意合併財務報表之相關揭露，或於該等揭露係屬不適當時修正查核意見。本會計師之結論係以截至查核報告日所取得之查核證據為基礎。惟未來事件或情況可能導致○○公司及其子公司不再具有繼續經營之能力。

5. 評估合併財務報表（包括相關附註）之整體表達、結構及內容，以及合併財務報表是否允當表達相關交易及事件。

6. 對於○○公司及其子公司內組成個體之財務資訊取得足夠及適切之查核證據，以對合併財務報表表示意見。本會計師負責集團查核案件之指導、監督及執行，並負責形成集團查核意見。

本會計師與治理單位溝通之事項，包括所規劃之查核範圍及時間，以及重大查核發現（包括於查核過程中所辨認之內部控制顯著缺失）。

本會計師亦向治理單位提供本會計師所隸屬事務所受獨立性規範之人員以遵循會計師職業道德規範中有關獨立性之聲明，並與治理單位溝通所有可能被認為會影響會計師獨立性之關係及其他事項（包括相關防護措施）。

本會計師從與治理單位溝通之事項中，決定對○○公司及其子公司民國○○年度合併財務報表查核之關鍵查核事項。本會計師於查核報告中敘明該等事項，除非法令不允許公開揭露特定事項，或在極罕見情況下，本會計師決定不於查核報告中溝通特定事項，因可合理預期此溝通所產生之負面影響大於所增進之公眾利益。

○○會計師事務所

會計師○○○　　　　　　　　　　　會計師○○○
證券暨期貨管理委員會核准文號　　　證券暨期貨管理委員會核准文號
　臺財證六第○○○號　　　　　　　　臺財證六第○○○號

中　　華　　民　　國　　○　　○　　年　　○　　○　　月　　○　　○　　日

資料來源：臺灣證券交易所公開資訊觀測站，https://mops.twse.com.tw。

　　一般亦認為會計師職業水準之良窳，係衡量國家社會現代化的一項重要指標，因公司財務報表之公信力是仰賴於會計師查核簽證的服務品質，如何使會計師能超然公正利用專業知識，確保投資人、授信機構及稅捐機

關獲得正確而充分公開之財務資訊，實為當前刻不容緩的課題。基於此，證券交易法第 37 條第 1 項特別規定會計師辦理第 36 條財務報告之查核簽證，應經主管機關之核准，並明文授權主管機關制定「會計師辦理公開發行公司財務報告查核簽證核准準則」❽，且第 2 項亦明文會計師辦理前項簽證時，除會計師法或其他法律另有規定者外，應依主管機關所定之查核簽證規則辦理❽。至於公司財務資訊與會計師的查核簽證制度，其所反映的問題點是資訊揭露之品質，惟若從證券市場的資訊揭露制度觀之，會計師所扮演的角色是「查核簽證」，其為審計概念所表現的一種內涵，依證券交易法第 37 條第 1 項授權主管機關頒布之「會計師辦理公開發行公司財務報表查核簽證核准準則」第 6 條第 1 項規定，該查核簽證之工作，除法令另有規定外，應依一般公認審計準則辦理之❽。

　　當然，證券交易法第 37 條第 3 項亦特別規定會計師辦理第 1 項簽證時，如有發生錯誤或疏漏者，主管機關得視情節輕重，為下列之處分：㈠警告，㈡停止其二年以內，辦理本法所定之簽證，㈢撤銷簽證之核准；惟證券交易法第 32 條第 1 項亦明文規定會計師於虛偽不實之公開說明書上簽章，出具證實其所載或陳述意見，對於善意相對人因而所受之損害者，應與發行公司負連帶賠償責任，而證券交易法第 20 條之 1 第 3 項亦規定會計師辦理第 1 項財務報告或財務業務文件之簽證，有不正當行為或違反或廢弛其業務上應盡之義務，致第 1 項對於發行人所發行有價證券之善意取得人、出賣人或持有人因而所受之損害發生者，應負賠償責任。再者，值得注意的是證券交易法第 174 條第 2 項第 2 款與第 3 項的刑事責任，即規定會計師對公司申報或公告之財務報告、文件或資料有重大虛偽不實或錯誤情事，未善盡查核責任而出具虛偽不實報告或意見，或會計師對於內容

---

❽　財政部民國 83 年 9 月 27 日 (83) 臺財證㈥字第 01876 號函。

❽　財政部民國 91 年 11 月 8 日 (91) 臺財證㈥字第 0910148086 號令訂定「會計師查核簽證財務報表規則」參照。

❽　審計準則公報之釐定係由財團法人中華民國會計研究發展基金會審計準則委員會負責，提供會計師執行查核工作之依據。

存有重大虛偽不實或錯誤情事之公司財務報告，未依有關法規規定或一般公認審計準則查核，致未予敘明者，處以刑罰；且如有嚴重影響股東權益或損及證券交易市場穩定者，並得加重其刑。

三、主管機關之行政檢查制度

相對於會計師之查核簽證，證券交易法亦基於證券市場管理上之需要，特別規定主管機關為有價證券募集或發行之核准，因保護公益或投資人利益，對發行人、證券承銷商或其他關係人，得命令其提出參考或報告資料，並得直接檢查其有關書表、帳冊，而且亦特別明文有價證券發行後，主管機關得隨時命令發行人提出財務、業務狀況的制度（證券交易法第 38 條）；論者有謂如此設計係補充證券交易法第 36 條定期申報之規定，授權主管機關除定期報告外，得於必要時，隨時命發行人提交財務、業務報告，並得隨時檢查公司財務、業務狀況 [90]。惟關於上述主管機關之檢查制度，證券交易法第 38 條之 1 第 1 項特別明文主管機關認為必要時，得隨時指定具備專業技術、知識及經驗之專業人員，例如會計師、律師、工程師或其他專門職業或技術人員，檢查發行人、證券承銷商或其他關係人之財務、業務狀況及有關書表、帳冊，並向主管機關提出報告或表示意見，以強化其檢查之績效，保障投資安全之謂；當然，民國 100 年證券交易法部分條文修正時，增訂同條第 2 項，明定「繼續一年以上，持有股票已在證券交易所上市或於證券商營業處所買賣之公司已發行股份總數百分之三以上股份之股東，對特定事項認有重大損害公司股東權益時，得檢附理由、事證及說明其必要性，申請主管機關就發行人之特定事項或有關書表、帳冊進行檢查，主管機關認有必要時，依前項規定辦理」，謂以保護少數股東，參考公司法第 245 條規定，申請主管機關之行政檢查制度 [91]。

---

[90] 賴英照，前揭書 [27] 295 頁。

[91] 民國 89 年證券交易法部分條文修正草案，第 38 條之 1 立法說明，請參閱《立法院公報》第 89 卷第 39 期 273 頁。

民國 100 年證券交易法部分條文修正草案，增訂第 38 條之 1 第 2 項之立法說

　　至於主管機關於審查發行人所申報之財務報告、其他參考或報告資料時，或於檢查其財務、業務狀況時，發現發行人有不符法令規定之事項，得依證券交易法第 39 條規定，以命令糾正、限期改善，並得依法處罰之❷。

貳、未交付資訊之民事責任

　　關於企業內容的公開制度，論者相較於公司法與證券交易法之設計，謂公司法的規定，其係以保護股東及公司債權人之權益為前提，企業資訊之揭露對象是特定的，而證券交易法之立法，乃以保護市場上一般不特定之投資人為保護對象，認為兩者間之企業內容公開制度，並非相同❸。然，不唯如此，就資訊揭露的手段言之，在公司法上與證券交易法上亦有其差異存在，比方是公司法第 230 條第 1 項所分發股東會承認財務報表之直接交付，其在證券交易法上的資訊揭露，無寧屬於例外的方式，比方是證券交易法第 31 條交付公開說明書，第 36 條第 3 項分送年報等；質言之，證券交易法之資訊揭露手段，原則上係採間接傳達的設計，亦即側重在企業資訊應處於不特定多數的投資人容易取得之狀況，得供公眾閱覽的方式之謂❹。雖就傳訊效果而言，直接交付企業資訊自屬較佳，無可否認，但例如證券交易法第 36 條所規定之定期性報告或即時性報告，無明文要求發行公司應將所公開的企業資訊，直接交付給投資人之義務，且實際上亦無可能交付給不特定的多數投資人。

　　關於證券交易法第 31 條第 1 項所明文交付公開說明書之義務，即發行人依法募集有價證券時，應先向認股人或應募人交付公開說明書❺；惟在

明，請參閱《立法院公報》第 99 卷第 84 期 121 頁。

❷　民國 108 年證券交易法部分條文第 1 次修正草案，修正第 39 條之立法說明，請參閱《立法院公報》第 108 卷第 26 期 230 頁。

❸　例如賴源河，〈企業內容之公開制度〉《公司法問題研究㈠》（政治大學法學叢書，1982 年）184 頁；林國全，前揭論文❹❻ 43 頁。

❹　林國全，前揭論文❹❻ 50 頁。

❺　關於實務作業與證券交易法第 31 條交付公開說明書時點設計上的突兀，請參閱賴英照，前揭書❷❼ 241 頁；劉連煜，〈未依法交付公開說明書之民事責任〉

實務上，有鑑於有價證券之公開銷售作業，證券交易法第 79 條亦特別規定
證券承銷商出售其所承銷之有價證券，應依第 31 條第 1 項，代理發行人交
付公開說明書。惟值得注意的是證券交易法第 31 條第 2 項「違反前項之規
定者，對於善意之相對人因而所受之損害，應負賠償責任」之民事規定；
相關未交付公開說明書之損害賠償責任，觀其文義要件：

（一）民事責任發生原因，係違反前項之規定與因而所受之損害，問題的
關鍵在於未交付公開說明書之事實，與認股人或應募人間投資損害因果關
係之存在，始有請求損害賠償責任之餘地 ❾❻；但恐屬不易。

（二）法律上民事責任主體，係違反前項之規定者，對於善意之相對人，
亦即限於不知情之認股人或應募人，得向違反交付義務之人，請求民事賠
償。依證券交易法第 31 條第 1 項「募集有價證券，……交付公開說明書」
之義務人係發行人，但是否包括證券交易法第 79 條代理發行人交付公開說
明書之證券承銷商？一般係肯定之 ❾❼。

參、不實資訊之民事責任

一、虛偽不實的公開說明書

從上述揭露企業資訊與保護投資人的重要性觀之，若發行人編製不實
的公開說明書，恐是使證券交易法所明揭「保障投資」立法目的落空的第
一步；爰此，證券交易法第 32 條特別規定編製不實公開說明書之民事責任
制度。

《新證券交易法實例研習》（自版，2003 年）147 頁。

❾❻ 賴源河，前揭書❸ 68 頁；賴英照，前揭書㉗ 242 頁；劉連煜，前揭論文㊌ 150 頁。

❾❼ 例如賴源河，前揭書❸ 68 頁；余雪明，前揭書❸ 518 頁；賴英照，前揭書㉗
239 頁；陳春山，前揭書㉗ 343 頁；曾宛如，前揭書❹ 175 頁；劉連煜，前揭
論文㊌ 147 頁；但黃川口，前揭書⓫ 141 頁；李開遠，前揭書㉔ 130 頁，持不
同的見解；惟若因可歸責於發行人未提供證券商代理交付公開說明書時，證券
商之民事責任如何？則又有若干分歧。

　　證券交易法第 32 條第 1 項明文「前條之公開說明書，其應記載之主要內容有虛偽或隱匿之情事者，左列各款之人，對於善意之相對人，因而所受之損害，應就其所應負責部分與公司負連帶賠償責任：一、發行人及其負責人。二、發行人之職員，曾在公開說明書上簽章，以證實其所載內容之全部或一部者。三、該有價證券之證券承銷商。四、會計師、律師、工程師或其他專門職業或技術人員，曾在公開說明書上簽章，以證實其所載內容之全部或一部，或陳述意見者」，一般認為該規定之立法目的，在於加強發行人與其負責人、職員、承銷商及專門職業人員之法律責任，以確保公開說明書內容之真實完整，保障投資人 ❾❽：

　　㈠民事責任的發生原因，係不實的公開說明書。即公開說明書依規定應記載之主要內容有虛偽或隱匿之情事者，致善意之相對人因而所受之損害；惟相關證券交易法第 32 條第 2 項特別規定前項第 1 款至第 3 款之人，除發行人外，即其負責人、職員及證券承銷商，對於未經前項第 4 款之人（即會計師、律師、工程師或其他專門職業或技術人員）簽證部分，如能證明已盡相當之注意，並有正當理由確信其主要內容無虛偽、隱匿情事或對於簽證之意見有正當理由確信其為真實者，免負賠償責任。至於前項第 4 款之人？即例如會計師、律師、工程師等專門職業或技術人員，如能證明已經合理調查，並有正當理由確信其簽證或意見為真實者，亦同。

　　㈡法律上民事責任主體，係發行公司與證券交易法第 32 條第 1 項所列各款之人，對於善意之相對人，應就其所應負責部分，與公司負連帶賠償責任。惟依證券交易法第 32 條第 1 項的文義觀之，損害賠償請求權人為不知情之相對人，是否限於第 31 條第 1 項所交付公開說明書的認股人或應募人？從法條規定，應是如此，但就法規範的目的論而言，似乎不應侷限之 ❾❾；至於證券交易法第 32 條第 1 項所明文公開說明書應記載之主要內

❾❽　賴源河，前揭書❸ 65 頁；賴英照，前揭書㉗ 247 頁；劉連煜，〈公開說明書主要內容虛偽隱匿之民事責任〉《新證券交易法實例研習》（自版，2003 年）152 頁。

❾❾　賴英照，前揭書㉗ 252 頁；劉連煜，前揭論文㉟ 156 頁，認為解釋上應限縮請求權人的範圍。惟賴源河，前揭書❸ 66 頁；余雪明，前揭書❸ 519 頁；陳春

容，有虛偽或隱匿之情事者，對於善意之相對人因而所受之損害，負有民事責任之立法緣由，謂「公開說明書之性質，等於商人賣貨之廣告。公司於募集發行前，必先將公司經營事業之前途、營業計畫、財務狀況及資產結構等公開向投資大眾作詳盡說明，俾供應募人參考。因公開說明書係對大眾散發之文件，故嚴防其有欺騙行為。……為加強保障投資人之安全，希望擴大賠償義務人之範圍，故將公開說明書所涉及之有關人員均列為處分之對象……」**⑩**。

問題是對於交付公開說明書，其對象依第 31 條所定是認股人或應募人，但若認股人以外之投資人，是否得主張不實公開說明書與證券投資之損害賠償？例如最高法院 95 年度臺上字第 2385 號民事判決所指摘「原審（判決）……證券交易法第三十一條第一項規定之『說明書』，係指募集有價證券向認股人或應募人交付之公開說明書而言。所保護之對象為自發行人直接認股或應募之人」，並認定「本件上訴人係透過未上市盤商購進被上訴人公司股票，京元公司並非出賣人，亦無法自該交易中得利；上訴人既非認股人或應募人，自與證券交易法第三十二條第一項第一款規定要件不合。……被上訴人並未違反證券交易法第三十二條、……規定，自不成立民法第一百八十四條第二項侵權行為」，而最高法院 104 年度臺上字第 1894 號民事判決亦同旨，認為「……證交法第三十一條明定交付公開說明書之對象為『認股人或應募人』，則依同法第三十二條規定之請求權人自須以直接向發行人或承銷商認募之人為限，不包括在『交易市場』買受有價證券之人」的實務見解，即依法條文義觀之，似非本條之請求權人；惟法條之如此狹義限縮解釋，本書認為若基於本法第 1 條與保護投資人之立法目的，於民事上認為宜擴張解釋，得依證券交易法第 32 條，請求損害賠償

山，前揭書**㉗** 344 頁；曾宛如，前揭書**④** 180 頁；廖大穎，〈揭露不實資訊之損害賠償請求㈠〉《月旦法學雜誌》第 88 期 22 頁，認為不宜如上的限縮解釋。

⑩ 民國 56 年 4 月 22 日審查證券交易法草案第 7 次聯席會議紀錄（第 39 會期），前證管會主任委員汪彝定發言，請參閱立法院秘書處，前揭書**㉞** 191 頁。至於現行法第 32 條的立法過程，可參閱賴英照，前揭書**㉗** 248 頁。

為妥，例如臺北地院 87 年度重訴字第 1347 號民事判決「……無論就證交法第 13 條公開說明書之定義、交付上市（櫃）用公開說明書之目的在於揭露交易資訊、使股票市場更有效率之觀點……，如將證交法第 32 條限縮解釋僅限於同法第 31 條募集有價證券始有其適用，排除老股出賣之……上市、櫃用公開說明書而為不同解釋，顯然違反平等、公平原則、交易安全及立法之目的」，自得類推適用的下級審見解❶。

㈠不實資訊的範圍

依證券交易法第 32 條第 1 項所謂公開說明書應記載之「主要內容」有虛偽或隱匿者，與「因而所受之損害」的關係，乃構成民事損害賠償的核心所在，即不實企業資訊致生投資人損害的對象之一；惟證券交易法對「主要內容」的範圍，並未加以明定。因此，相關公開說明書之主要內容部分，則屬有待確定而屬於一種「未確定」的法律概念，一般認為或可參照美國法上的 materiality（重要性，或譯稱重大性）之概念，係指在判斷是否足以影響一個普通的理性投資人，在決定買賣該有價證券時，所應獲悉之訊息或事實。

具體而言，就該投資人對證券投資的價值判斷，論者有謂如屬發行公司所揭露的財務、業務及重要人事等有關訊息，皆是構成公開說明書之主要內容❷，例如最高法院 93 年度臺上字第 4393 號刑事判決指陳「前項公開說明

---

❶ 最高法院 95 年度臺上字第 2385 號民事判決、臺北地院 87 年度重訴字第 1347 號民事判決，請參閱司法院法學資料全文檢索，https://law.judicial.gov.tw。

❷ 賴英照，前揭書❷ 247 頁；賴源河，前揭書❸ 66 頁；余雪明，前揭書❸ 519 頁。

　惟就財務預測與企業揭露公開說明書部分，例如臺灣高等法院民國 90 年度重訴字第 162 號判決明確認為公開說明書應記載之主要內容，指記載於公開說明書內用以供一般投資人於購買有價證券前得以獲悉之重大事項，俾使投資人獲得投資該公開發行有價證券之公司，所需之重要財務、業務及人事等資訊，參以被告公司於系爭公開說明書第 89 頁以下揭露「更新後財務預測報告」，且其於第 94 頁記載其編制財務預測之目的，除作為內部經營管理指標外，並提供主管機關及投資人有關未來營運之資訊等云云，謂該財務預測顯然足供投資人

書，其應記載之事項，由主管機關以命令定之，……。而依該準則第 2 條明定……。公開說明書刊印前，發生足以影響利害關係人判斷之交易或其他事件，均應一併揭露」，又依最高法院 86 年度臺上字第 5768 號刑事判決，謂依規定應記載而未記載之事項，例如與客戶間的重要「買賣及供銷契約」，屬重要內容，不得有隱匿情事；至於最高法院 95 年度臺上字第 4108 號刑事判決亦肯認「所有已發生之『足以影響利害關係人判斷之交易或其他事件』，自應全部揭露。是財務報表數字之確定與發行公司資訊之充分揭露，應屬不同之問題」，亦即公司虧損之確切數字，縱尚未經會計師查核確認，然公司如已發生重大虧損之事件，依規定亦應揭露之，並究其法律責任。

㈡損害賠償的責任態樣

　　相關證券交易法第 32 條揭露不實公開說明書之民事規定，明定下列各款之人就其所應負責部分與公司負有連帶賠償責任，本書認為證券交易法第 32 條的規定，與民法侵權行為的構造無異，即行為人主觀不法、受害人損害及因果關係之要件外，但就證券交易法第 32 條的民事責任部分，其態樣因證券交易法第 32 條第 1 項、第 2 項之特別規定，有以下明顯差異之處：

1.對發行人之民事責任

　　關於發行人揭露不實資訊的可歸責事由——故意或過失，原則上應回歸民法上侵權行為責任之法理。惟因證券交易法第 32 條第 2 項特別明文「除發行人外」，使發行人無免責規定之適用；易言之，針對發行人之揭露不實資訊的民事責任，一般認為其在解釋上或屬於無過失責任的一種，凸

作為判斷是否購買有價證券的參考之一，自應認為其屬公開說明書之主要內容，但臺灣高等法院民國 93 年度重上字第 220 號民事判決則指摘：「財務預測與財務報表不同，財務預測係對未來之預估，財務報表係歷史資訊之陳述。財務預測涉及判斷人之專業素養、景氣之變化、各種不特定之因素，……須待時間驗證，任何人無法擔保預測準確，財務預測僅供參考，……非屬『公開說明書之主要內容』……。故上訴人第一次更新財務預測並非『公開說明書之主要內容』。……本件並無適用證券交易法第 32 條第 1 項第 1 款之適用」；相關以上判決，請參閱司法院法學資料全文檢索，https://law.judicial.gov.tw。

顯發行人的責任係「絕對責任」之立法，如公開說明書之主要內容有虛偽或欠缺情事，即應負責之謂❿❸。

2.對負責人、職員或證券承銷商之民事責任

若求償對象為該公司之負責人、職員或證券承銷商，雖證券交易法第32條第1項規定其與公司負連帶賠償責任，但該條第2項前段亦特別明文除發行人外，前項第1款至第3款之人，對於未經會計師等專門職業或技術人員簽證部分，如能證明已盡相當之注意，並有正當理由，確信該公開說明書之主要內容無虛偽、隱匿之情事者，或對於其簽證之意見，有正當理由確信其為真實者，依法得免負賠償責任；職是，論者有謂揭露不實公開說明書之民事責任部分，相對於發行人之無過失責任主義，如前所指摘外，發行公司之負責人、職員或證券承銷商因其免責規定之適用，在立法政策上，該負責人等若能證明其已盡相當之注意，並有正當理由確信其無虛偽、隱匿之情事，或確信其為真實者，得免其責任，此乃是一種過失責任舉證轉換的立法表現❿❹。

就證券交易法第32條第2項的立法例言之，因舉證責任之倒置，即公司負責人、職員或證券承銷商僅在得以提出證明之前提下，始免除該負責人等之連帶賠償責任，屬於一種推定的過失責任設計，但因舉證責任倒置，效果上或近似於無過失責任的程度，謂其目的乃在於以保護投資人，並促進公司負責人善盡調查能事及注意義務的特別規定❿❺。因此，就揭露不實企業資訊之民事責任而言，受害投資人向公司負責人、職員或證券承銷商請求損害賠償時，相較於追究發行人之無過失責任制度，應有不同的思維，原則上亦應回歸民法上侵權行為與請求損害賠償的機制。

3.對會計師、律師、工程師或其他專門職業或技術人員之民事責任

從本節【壹之二】會計師查核簽證的制度言之，一般認為簽證會計師

---

❿❸　例如賴源河，前揭書❸65頁；賴英照，前揭書❷❼252頁。

❿❹　廖大穎，〈揭露不實資訊之損害賠償請求㈡〉《月旦法學教室》第2期25頁。

❿❺　民國77年證券交易法部分條文修正草案，第32條第2項增訂立法說明，請參閱《立法院公報》第76卷第96期48頁。

之查核報告是實質影響投資人判斷決策的重要因子；基於此，會計師法第
41 條特別規定會計師不得有不正當行為或違反或廢弛其業務上應盡之義
務，如有上述情事，比方是查核簽證會計師違反一般公認審計準則之行為，
致利害關係人受有損害時，應負法律上的賠償責任，此即會計師法第 42 條
第 1 項「會計師因前條情事致指定人、委託人、受查人或利害關係人受有
損害者，負賠償責任」，明文承認會計師對第三人的民事責任。

　　針對證券交易法第 32 條揭露不實企業資訊的民事責任，相關簽證會計
師等專技人員與發行公司負責人、職員及證券承銷商的設計是相同的。至
於損害賠償責任之構成要件，乃基於侵權行為之法理，請求權人應就簽證
會計師、律師、工程師等專技人員之於揭露不實資訊行為的故意或過失、
損害發生與其間的因果關係，原則上負有舉證責任。惟證券交易法第 32 條
第 2 項後段亦明文該簽證會計師、律師、工程師或其他專門職業或技術人
員，「如能證明已經合理調查，並有正當理由確信其簽證或意見為真實者」，
免負賠償責任的特別規定，如前揭負責人、職員或證券承銷商部分，這是
一種舉證責任轉換，其亦屬於推定的過失責任；當然，其法律適用結果乃
謂簽證會計師、律師、工程師等專技人員之故意或過失的部分，由該會計
師等在法律上負有「無」故意或過失之舉證責任，始得主張其免責事由，
一般認為該立法目的乃藉以保護投資人，並促進簽證會計師、律師、工程
師或其他專門職業或技術人員應善盡調查的注意義務[106]。

　㈢因果關係

　　承上，相關前揭各款請求對象的民事責任部分，起因於企業的不實資

---

[106]　民國 77 年證券交易法部分條文修正草案，增訂第 32 條第 2 項立法理由說明，
　　　請參閱《立法院公報》第 76 卷第 96 期 48 頁。
　　　惟證券交易法第 32 條請求損害賠償者，除受證券交易法第 21 條的時效限制
　　　外，因第 32 條第 1 項所明文「應就其所應負責部分與公司負連帶賠償責任」
　　　之法律效果，在證券交易法無特別規定其間責任分擔的前提下，請求權人亦應
　　　負有舉證——因賠償不實資訊，該簽證會計師所應負連帶賠償部分的額度，但
　　　恐屬不易。

訊與損害賠償間的「因果關係」，其成立與否，將是重要的關鍵，這亦是訴訟上的難題所在。

　　一是就發行人責任部分。在法理上，雖受害的投資人無須舉證該發行人編製不實公開說明書之故意或過失，但該揭露不實資訊行為與投資損害及兩者間之因果關係，一般均肯定投資人之舉證責任，惟其舉證亦恐屬非易之事，爰以因果關係之舉證，往往涉及受害投資人損害範圍的認定，同時又係決定賠償損害額度之重要關鍵。若就保護投資人的觀點而言，證券交易法第 32 條第 2 項特別規定發行人揭露不實公開說明書之無過失責任，然相較於本條其他各款之人，其雖得適用免責規定，但其他各款之人依法負有證明其無過失或有正當確信之理由，始能免責之法理推論，本書認為這種「發行人以外之人的民事免責」規定，其立法構造實為一種舉證責任的轉換。因此，論其法律效果，雖證券交易法第 32 條第 2 項的立法例是強調發行人之無過失賠償責任，但不宜僅侷限於故意或過失的舉證，在立法解釋上，是否亦應減輕受害投資人因果關係的舉證責任（例如民國 77 年證券交易法部分條文修正草案，第 32 條第 2 項增訂立法理由，謂原規定係採「結果責任主義……並無免責之餘地」❿）？申言之，依法課予發行人絕對的賠償責任是側重保護投資人的立法例之一，若該投資人因信賴其所交付不實之公開說明書，認購其股份的投資行為而蒙受損失者，從證券交易法第 32 條無過失責任的思維基礎，其應無關於該發行人之故意或過失，只針對其損害發生的結果，發行人負有完全的損害賠償責任，在邏輯上始為合理，以實現其證券交易法保障投資之請求民事救濟目的⓫。

<hr />

❿　民國 77 年證券交易法部分條文修正草案，第 32 條第 2 項增訂立法說明，請參閱《立法院公報》第 76 卷第 96 期 48 頁，謂公開說明書為發行人所製作，其內容如有虛偽或欠缺之情事，發行人自應負責，故發行人不在免責之列。

⓫　廖大穎，前揭論文❾ 23 頁。
　　惟我國絕大部分的學者咸認為投資人，在傳統的舉證責任分配原則下，應負有舉證發行公司不實資訊行為與其投資受損的因果關係存在，證券交易法第 32 條的發行人責任始得成立。

　　二是就負責人、職員或證券承銷商責任部分。雖基於證券交易法第 32 條第 2 項前段規定適用的結果，即該受害的投資人無須舉證該負責人、職員或證券承銷商之故意或過失，但亦應負有證明該不實的公開說明書因而致生投資受損的因果存在，依證券交易法第 32 條第 1 項追究公司負責人等之損害賠償責任，始能成立 [109]。至於晚近在我國司法實務上，有部分承審法院受美國法制的影響，認為違反證券交易法第 32 條之不實公開說明書，甚至是本節次後續的證券交易法第 20 條之 1 不實財報等部分，本質上亦屬於違反證券交易法第 20 條第 1 項的一種詐欺性行為，並肯定適用美國判例法上所謂的詐欺市場理論 (fraud-on-the-market theory)，即推定原告信賴企業揭露的不實資訊與其投資受損間的因果關係是存在的，例如高雄地院 91 年度重訴字第 447 號民事判決、臺北地院 87 年度重訴字第 1347 號民事判決等；當然，亦有不採的，甚至是雖不直接採如此推定因果關係的司法見解，例如臺中地院 90 年度重訴字第 706 號民事判決、臺中地院 91 年度重訴字第 334 號民事判決，但仍肯定其損害與企業的不實資訊間的因果關係是存在的 [110]。職是，相關證券交易法第 32 條不實公開說明書之損害與賠償

---

[109] 賴英照，前揭書 [27] 252 頁與賴源河，前揭書 [3] 67 頁，認為證券交易法第 32 條之絕對責任，對發行人以外之人，民事賠償責任似屬嚴苛，實應酌予減輕；而關於此，賴英照，《證券交易法逐條釋義(4)》（自版，1992 年）230 頁，則認為民國 77 年證券交易法修正，增訂第 32 條第 2 項的免責規定，即為變更調整此種不合理之原有立法，但其責任型態係過失責任？無過失責任？語意未明。惟劉連煜，〈公司負責人因違反法令所生之損害賠償責任〉《公司法理論與判決研究 1.》（自版，1996 年）14 頁，亦認為證券交易法第 32 條第 2 項增訂公司負責人之免責事由者，謂該公開發行公司之負責人得證明其已盡積極調查或已盡相當之注意義務而抗無其責，係該負責人對不實之公開說明書，並不負無過失之絕對賠償責任。

[110] 關於美國詐欺市場理論是否適用於我國的質疑，請參閱陳春山，〈不實財務報告之民事責任法律適用爭議〉《現代公司法制之新課題》（元照，2005 年）471 頁；邵慶平，〈證券訴訟上交易因果關係與損害因果關係之認定評析高雄地院 91 年重訴字第 447 號判決〉《台灣本土法學雜誌》第 79 期 56 頁；廖大穎，〈論企業揭露不實資訊與損害賠償之因果關係兼評臺北地院 87 年度重訴字第

責任間之因果關係，我國實務看法並不一致，且最高法院目前尚無明確、統一的司法見解。

　　然，就上述不實企業資訊與投資人損害求償爭議的因果關係上，近年最高法院的幾個見解值得觀察：其一是 97 年度臺上字第 1118 號、99 年度臺上字第 521 號民事判決與 102 年度臺上字第 1305 號民事判決，咸反問企業揭露資訊與我國證券市場的適當反應期間為何？如在已反應不實資訊的期間內，投資人之消極不作為，是否與有過失等，竟未予詳查，遽為不利上訴人之論斷者，自有可議，而認為原審判決在程序上不合民事訴訟法規定，發回更審，然在最高法院 103 年度臺上字第 2568 號民事判決則指摘：「……投資人於不實財報期間縱有買賣獲利，係屬出於其個人就市場及理財等資訊之判斷，該利益之產生並非直接基於不實財報之同一原因事實而引起，亦無損益相抵之適用」，實務見解明顯不同⓫；其二是，相關投資人之所以買賣有價證券與不實企業資訊揭露間之因果，其與上述不置可否的司法態度，另於新近最高法院 104 年度臺上字第 225 號判決、104 年度臺上字第 1894 號判決及 105 年度臺上字第 49 號判決，則有較明確的見解，請參閱本節【參之二之㈠之 2】部分。

【對市場詐欺的理論】

　　美國司法實務上的「詐欺市場理論 (fraud-on-the-market theory)」，源於財

1347 號民事判決的認定基礎〉《月旦法學雜誌》第 153 期 261 頁；廖大穎、陳啟垂，〈論不實企業資訊之損害賠償與因果關係的舉證責任分配評述「詐欺市場理論」在實務上的適用〉《企業與金融法制》（元照，2009 年）625 頁；戴銘昇，〈證券詐欺之交易因果關係〉《華岡法粹》第 49 期 133 頁；戴銘昇，〈美國證券詐欺損失因果關係要件之研究〉《法令月刊》第 63 卷第 7 期 66 頁。

另，在歐陸法系的證券詐欺檢討，國內文獻請參閱葉新民，〈論資本市場上因不實資訊而致投資人損害的賠償方法——以德國法為中心〉《中原財經法學》第 23 期 107 頁。

⓫　廖大穎，〈再論企業揭露不實資訊與損害賠償評最高法院 99 年度臺上字第 521 號民事判決〉《月旦法學雜誌》第 187 期 203 頁。

務學上的效率市場假說 (Efficient Market Hypothesis)；惟又何謂效率的證券市場假說？這假說乃依財務學的觀點，係指股票市場中所有可能影響公司股票漲跌的因素，如都能即時的、而且完全反映在股票的漲跌上面，稱之為有效率的市場，此即相關本章所討論的資訊公開部分，與該公司股價影響必然關係的假設。因之，反向推論有二：一是非效率的證券市場，此乃市場上相關公司股票的漲跌，與企業所揭露的資訊無關，即企業依規定公開的訊息，與該公司股票漲跌，並無即時、完全反映之正相關；易言之，此時的證券市場即屬非效率的市場。二是在效率的市場假說之下，若企業對外揭露的是不實資訊時，當然所反映的股票價格是失真的；因此，企業揭露不實資訊，等同於對證券市場的詐欺。至於相關效率的證券市場假說，亦請再參閱本書第五章第三節【參】內線交易疑雲與資訊不對稱部分之介紹。

　　三是就會計師、律師、工程師或其他技專人員責任部分。在立法例上，除構成要件的內容，略有出入外，大致上與負責人、職員或證券承銷商的民事賠償與舉證責任之法理，解釋上亦均無不同之處。

(四)損害額與賠償額的算定

　　我國現行證券交易法並無明文有關企業揭露不實資訊，尤其是虛偽不實的公開說明書與投資人間請求損害賠償額度之任何規定。因此，受害的投資人依法理應負有舉證因不實的企業資訊與請求賠償損害之額度，如此不僅相當困難，且在實務上，恐亦存有相當爭議之處。惟對於證券市場上的投資是否受損？如前財政部長所言，即謂「不賣出股票，就無投資損失」，這一語道破證券市場上的投資受損，實深具爭議性。何謂投資受損？其不僅難以算定數額，且一般認為產生證券市場上價格漲跌的因素，非唯一而是眾多的、複雜的，無法單純化其間的因果牽連；職是，吾人若試著純化投資人受有損害與企業揭露不實資訊間之因果關係，並課予發行公司等，在民事法上的損害賠償責任，理論上的確亦有困難。

　　承上所述，一般人雖可將證券市場的股票等交易價格，作為社會上買賣有價證券的公平價格，是被投資人所接受的，但畢竟這是公開市場的交

易價格而已，不僅不同於會計學上每股淨值的概念，亦可能與投資學上的合理股價，有所乖離，莫衷一是。因此，形式上在證券市場買賣有價證券之投資損害與發行公司揭露不實資訊，依證券交易法第 32 條的公開說明書規定，如何計算投資人的損害額？就我國的司法見解，似因法無明文，目前各級法院見解不儘一致，雖例如最高法院 101 年度臺上字第 1695 號民事判決，在個案上與申請上櫃的不實公開說明書，肯認「按正義公司自八十一年間起財務報告內容就存貨及可轉讓定存單之記載均虛偽依一般客觀情形判斷，正常理性之投資人若知悉其事者，應無任何意願買受正義公司股票，故應採取毛損益法計算第一、二上訴人損害，始符公允」，但可確定的是在學理上的損害額爭議與計算，則受到我國學者引介美國證交法學者的意見，逐漸影響到我國司法判決對證券投資受損與計算金額的態度[112]；惟就此，大致如下二種看法：

一是「回復原狀法」(rescission measure)，又稱為「毛損益法」(gross-income loss)，此法係以回復證券投資受害人，至交易前之應有狀態為原則；這與企業揭露的不實資訊間，對投資人受有損害的民事賠償責任範圍是被設定在投資人交易價格，與發行公司揭露不實資訊時的市場交易價格之差額，所請求賠償的是股價下跌的損失。

二是「所失利益法」(loss-of-bargain rule)，又稱「淨損差額法」(out-of-pocket rule)，或譯為淨損益法，這似乎是上述毛損益計算方法的修正，即不法行為人僅須對其行為，負民事上的損害賠償責任，因而在計算上應排除非屬揭露不實訊息，所造成之股價下跌等價格，亦即扣除所謂的真實價格之差額，始是證券投資損害賠償的責任範圍，但何謂有價證券的真實價格？其實，這才正是難題所在[113]。

---

[112] 林文里，〈資訊公開不實所致損害金額的計算方法〉《現代公司法制之新課題》（元照，2005 年）505 頁；莊永丞，〈證券交易法第 20 條證券詐欺損害估算方法之省思〉《臺大法學論叢》第 34 卷第 2 期 123 頁；賴英照，《最新證券交易法解析》（自版，2014 年）775 頁；陳俊仁，〈美國與我國證券交易法民事責任金額計算方式之比較初探〉《2013 年東海大學財經法學術研討會論文》4 頁。

　　至於在證券交易法第 20 條之 1 不實財務業務報告等規定部分，如何計算投資人的損害額與被請求人之賠償責任範圍？例如最高法院 104 年度臺上字第 225 號民事判決認為「……損害賠償之目的在填補所生之損害，其應回復者，並非『原來狀態』，而係『應有狀態』，自應將非可歸責於債務人之變動狀態加以考慮，認僅應有狀態之損失……。原審未遑詳查究明，復未說明就此防禦方法之取捨意見，遽引詐欺市場理論，依毛損益法計算損害金額而為渠等不利之判斷，自屬可議」之質疑毛損益計算見解，而在最高法院 104 年度臺上字第 1894 號民事判決亦強調「……本件所受損害之賠償方法，即應適用民法第 216 條規定，填補所生之損害，回復至應有狀態，故本件以授權人購入價格減去該股票真實價格之差額，計算損害賠償金額為合理。惟因股價下跌之損失，固有由於財務報告不實之詐欺因素所造成者，亦有由於詐欺以外等其他市場因素造成者，本件授權人係以財報不實為請求之前提，惟系爭財報不實於 92 年 6 月間確實揭露時，久津公司股票已下市無交易價值，故採毛損益法為計算依據」之例外採行毛損益計算方式，但在最高法院 106 年度臺上字第 700 號民事判決，則表示「我國證交法就依修正前證交法第 20 條規定，請求賠償因財務報告不實損害之範圍，及其數額之計算，雖均無明文，然依民事訴訟法第 222 條第 2 項規定，經審酌一切情狀，認採『毛損益法』計算損害，應較可取」，原則採毛損益法的計算方式。當然，在法無明文的前提下，任何的損害賠償計算與見解均有再檢視的餘地；惟本書認為不實企業資訊與在證券市場上交易的損害賠償部分，最簡明的，即原則上似得應以受害投資人請求損害賠償時之市場價格（即若無市價，則算定處分該證券的價值），扣除其市場上當時取得該證券價格的差額為主，即上述的毛損益法計算方式，回復因不實企業資

---

⑬　劉連煜，《新證券交易法實例研習》（元照，2014 年）380 頁，認為我國司法實務見解有傾向採淨損差額法的趨勢；另，相關證券的真實價格計算，賴英照，《最新證券交易法解析》（自版，2014 年）779 頁特別介紹如下三種方式：一是類股指數比較法；二是參酌美國法；三是參考證券交易法第 157 條之 1 內線交易的賠償計算方法，這三種方法均值得進一步深究。

訊申報公告、交付前的原有狀態為宜。其次，若在請求損害賠償之前，受害人已處分該證券者，其損害額之算定，將其當時所支付取得證券之價格，扣除其因處分該證券所獲得對價之差額，以杜爭議；至於若有因揭露不實資訊以外情事，致生損害時，本書亦認為若發行公司等被請求人，如能例外證明其證券價格下滑的部分，實非肇於揭露不實資訊者，這在法理上其損害賠償額自宜扣除之❶❶❹。

　　總之，就市場上的證券投資而言，相關損害額與企業揭露不實公開說明書，包括如下財務業務報告等不實資訊間之賠償額算定，其間因果關係的證明，實屬不易。

二、虛偽不實的財務報告等

　　關於編製不實的財務報告，證券交易法第 36 條雖無特別明文相關民事責任的規定，但於民國 94 年證券交易法部分條文修正時，增訂第 20 條之 1 不實財務報告及業務文件的民事責任規定，依該條第 1 項所明文，違反前條（第 20 條）第 2 項發行人依本法規定申報或公告之財務報告及財務業務文件或違反依第 36 條第 1 項公開發行公司應公告申報之財務報告，其主要內容有虛偽或隱匿之情事，下列各款之人，即㈠發行人及其負責人，㈡發行人之職員，曾在財務報告或財務業務文件上簽名或蓋章者，對於發行人所發行有價證券之善意取得人、出賣人或持有人因而所受之損害，應負賠償責任。至於虛偽不實財務報告上的簽證會計師？證券交易法第 20 條之 1 第 3 項亦特別規定「會計師辦理第一項財務報告或財務業務文件之簽證，有不正當行為或違反或廢弛其業務上應盡之義務，致第一項之損害發生者，負賠償責任」。惟如此的規定，其係相較於證券交易法第 32 條之揭露不實公開說明書的民事責任規定外，證券交易法特別針對揭露不實之相關財務業務文件等，加強該發行人與其負責人、職員及簽證會計師的法律責任，以確保相關財務報告等內容之真實性，保障投資人的設計之一❶❶❺：

---

❶❶❹　廖大穎，前揭論文❾❾ 23 頁。

❶❶❺　民國 94 年證券交易法部分條文修正草案，第 20 條之 1 增訂理由，陳指實務上

㈠民事責任發生原因係不實財報。證券交易法第 20 條第 2 項之財務報告或財務業務文件，或依第 36 條第 1 項應公告申報之財務報告，其主要內容有虛偽或隱匿之情事，因而致投資人之損害者；惟證券交易法第 20 條之1 第 2 項特別規定前項各款之人，除發行人外，如能證明已盡相當注意，且有正當理由可合理確信其內容無虛偽或隱匿之情事者，免負賠償責任，但針對簽證會計師部分？證券交易法第 20 條之 1 第 3 項有別於以上的規定，而依照會計師法之立法，明文會計師於辦理第 1 項財務報告或財務業務之簽證，有不正當行為或違反或廢弛其業務上應盡之義務，所致生投資人之損害，負賠償責任。

㈡民事責任主體，如上述之發行人、負責人、職員及會計師等，對於發行人所發行有價證券之善意取得人、出賣人或持有人，因此所受之損害，負賠償責任，而與證券交易法第 32 條的規定，略有差異。至於持有人部分，這是我國法第 20 條之 1 第 1 項的特別規定，但在不實財報與損害賠償之間，產生相當多的問題。

另，證券交易法第 20 條第 4 項之規定，於本條亦準用之；申言之，證券交易法第 20 條之 1 第 6 項亦特別規定「前條（即第 20 條）第 4 項規定，於第 1 項準用之」，謂一般證券交易係多依證券交易法第 16 條第 3 款證券經紀商受託買賣有價證券之「行紀」方式為之，尤其是在證券集中交易市場，買賣有價證券之直接當事人為受託的證券經紀商，而非委託的投資人，若該證券交易有該當第 20 條之要件，投資人欲提出損害賠償訴訟時，恐無法依侵權行為法之規定，向加害人請求損害賠償，爰予增訂第 20 條第 4 項「委託證券商以行紀名義買入或賣出之人，視為前項之取得人或出賣人」⓰。

對於發行人所公告申報之財務報告及財務業務書件，或依第 36 條第 1 項公告申報財務報告之主要內容有記載不實之虛偽情事或應記載而未記載之隱匿情事，相關人員所應負擔之責任範圍，未盡明臻，為杜爭議，爰參考本法第 32 條等規定之立法例，特別明文因不實財務報告等之損害賠償規定，請參閱前揭立法院關係文書❷政 245 頁。

　　相關證券交易法第 20 條之 1 上述民事責任賠償之請求，與證券交易法第 32 條規定類似，但其立法上，則有不同的設計態樣：

(一)損害賠償的責任態樣與因果關係

1.對發行人責任部分

　　如證券交易法第 32 條第 2 項，發行人之於不實公開說明書的損害賠償責任是一種無過失責任之設計，而證券交易法第 20 條之 1 的規定，亦同；申言之，證券交易法第 20 條之 1 第 2 項亦明文舉證責任轉換與免責條款之規定，乃特別排除發行人，不得舉證免責，採無過失賠償責任。惟究其立法理由，謂虛偽不實的財務報告等，因而致該有價證券之善意取得人、出賣人或持有人之損害發生者，縱發行人無故意或過失，亦應負賠償責任，此係採一種所謂結果責任主義之立法，而在性質上是屬於發行人之一種絕對責任形態[17]。

　　當然，關於證券交易法第 20 條之 1 第 2 項的上述除外規定是對發行人之無過失責任立法例的實現；惟本書亦認為第 20 條之 1 第 2 項之立法構造，如第 32 條第 2 項規定，充其量是屬於一種舉證責任的轉換。理所當然的，

---

[116]　民國 77 年證券交易法部分條文修正草案，第 20 條第 4 項增訂理由，請參閱《立法院公報》第 76 卷第 96 期 39 頁。

[117]　民國 94 年證券交易法部分條文修正草案，第 20 條之 1 第 2 項增訂理由，請參閱前揭立法院關係文書[23]政 246 頁。

　　相較於民國 94 年證券交易法第 20 條之 1 第 1 項原定發行人之董事長或總經理等人亦同負絕對責任型態的明文，依民國 104 年證券交易法部分條文修正時，已刪除，就其修正第 20 條之 1 第 2 項的立法說明有三，謂「一、刪除第 2 項及第 5 項中之『發行人之董事長、總經理』。二、美國證券交易法第 18 條與日本證券交易法第 24 條之 4 及第 24 條之 5 對於財務報告之虛偽或隱匿係規定，發行人之董事長與總經理僅負推定過失責任，而非絕對賠償責任。顯見我國證券交易法第 20 條之 1 有關財報不實之規定，對於董事長與總經理之責任顯然過重，而有礙企業之用才。三、為避免過苛之賠償責任降低優秀人才出任董事長及總經理等高階職位之意願而有礙國家經濟發展，爰提案將董事長與總經理之絕對賠償責任修正為推定過失責任」，請參閱《立法院公報》第 104 卷第 54 期 87 頁。

證券交易法第20條之1第2項的無過失責任設計，對發行人而言，其效果是無關乎其故意或過失，在法律上絕對負有損害結果發生之賠償責任，但該不實的財務報告等企業資訊與投資人損害間之因果關係，其舉證？乃至於損害額之賠償範圍認定？是否為「結果責任主義」之立法設計所涵攝，在法條解釋上恐遺有不明之處，如前揭證券交易法第32條第2項規定的爭議。

2.對負責人、職員責任部分

相較於上述，對於負責人與曾在財務報告或財務業務文件上簽名或蓋章之職員，證券交易法第20條之1第2項特別規定其如能證明已盡相當注意，且有正當理由可合理確信該內容無虛偽或隱匿之情事者，免負賠償責任；惟如此的立法例，猶同增訂證券交易法第20條之1第2項之立法理由，謂「在財務報告不實之民事求償案件中，若責令投資人就第一項所規定之發行人等其故意、過失負舉證之責，無異阻斷投資人求償之途徑，爰參考本法第32條、美國證券法第11條、日本證券交易法第21條之規定，對發行人……採結果責任主義，縱無故意或過失亦應負賠償責任，至其他應負賠償責任之人，則採過失推定之立法體例，須由其負舉證之責，證明其已盡相當注意且有正當理由可合理確信其內容無虛偽或隱匿之情事，……始免負賠償責任」的說明觀之，證券交易法第20條之1第2項實為一種舉證責任轉換之法制設計，亦同屬於第32條第2項之立法思維❶❽。

當然，就不實財務報告與侵權行為之損害賠償責任法理而言，主張損害賠償請求之投資人，雖得因證券交易法第20條之1第2項之規定，無須舉證對負責人或職員之於不實財務報告等的故意或過失，但亦應負有舉證對該不實的財務報告與其投資受損的因果關係及損害額之賠償範圍，始能成立。質言之，雖相關不實財報與投資人損害賠償責任間之因果關係，在其司法上投資人是否因信賴不實財報資訊而誤信「交易」的爭議，如同本節【參之一之㈡】不實公開說明書的損害賠償與證券交易法第20條第1項間的證券詐欺規定，於我國實務上各級法院持不同見解，即最高法院輒有

---

❶❽　民國94年證券交易法部分條文修正草案，第20條之1第2項增訂理由，請參閱前揭立法院關係文書❷❸政246頁。

在訴訟程序上指摘不合法而發回更審之裁判，但亦有持不同之見解，定於一尊；然，相關美國法對詐欺市場理論因果關係的推定與證據責任之我國爭議，遲至最高法院 104 年度臺上字第 225 號民事判決，首次明確肯定美國法上的詐欺市場理論，並指摘「……依『詐欺市場理論』，不論投資人是否閱讀此不實財報均推定其信賴此財報而有交易因果關係，固無待舉證；但投資人仍須證明損害及其金額與不實財報間之因果關係」 ⑲。

就誤信不實財報等，最高法院 104 年度臺上字第 1894 號民事判決亦相繼認為：「……如提供不實資訊，使股價受到非自然力之影響，一般投資人無法由公開市場得知真相，基於保護善意投資人之原則，應認善意投資人能證明證券發行公司所為之財務報告不實足以影響股價，且其因不知財務報告不實，誤信而投資買入該公司有價證券，其後受有股價下跌之損害，即應推定二者間具有交易因果關係」之司法見解，而相對於詐欺市場理論之外，最高法院 105 年度臺上字第 49 號民事判決，就第 20 條之 1 的損害賠償規定部分，則亦明諭「……企業經營管理者，倘利用其資訊上之優勢，故意製作虛偽之財報申報或公告，……就受害之投資人交易因果關係之舉證責任，自應依民事訴訟法第 277 條但書之規定予以減輕（降低證明度），俾符合資本市場之本質，並達成發展國民經濟，保障投資之目的（證交法第 1 條……）」 ⑳，認為故意編列之不實財報部分，可推定投資人信賴的因果關係，自得依我國民事訴訟法第 277 條但書之於證券交易法與保護投資人目的規定演繹之謂。然，就此司法見解，本書認為如此混亂，應是受美國法上詐欺市場理論之於第 20 條第 1 項的「證券詐欺」，因投資人「信賴」而買賣股票等論述，與不實資訊所致生損害與第 20 條第 3 項賠償責任間（現已刪除，改定第 20 條之 1 第 1 項），法律上屬於二個不同階段之因果關係，有關；易言之，就民國 94 年證券交易法的修正，相關第 20 條第 2

---

⑲ 最高法院 104 年度臺上字第 225 號民事判決、104 年度臺上字第 1894 號民事判決，請參閱司法院法學資料全文檢索，https://law.judicial.gov.tw/。

⑳ 最高法院 105 年度臺上字第 49 號民事判決，請參閱司法院法學資料全文檢索，https://law.judicial.gov.tw/。

項企業揭露不實資訊與原第 20 條第 3 項的損害賠償請求，改移第 20 條之 1 第 1 項規定，致生目前實務對現行證券交易法第 20 條第 3 項的證券詐欺與第 20 條之 1 第 1 項不實財報間，雖已有不同規定的請求損害賠償規定，但實務上訴追過去的不實企業不時與個案求償，輒仍將第 20 條之 1 的損害賠償請求納入第 20 條第 1 項的證券詐欺體系主張，就此部分，請參閱第五章第三節【壹之一】之介紹，惟本書認為這因果舉證責任的議題，至今司法見解未能一致，與民國 94 年修法前後，恐有相當關係❶。另，關於證券交易法第 20 條第 3 項的民事求償部分，請參閱本書第五章第三節【壹之二之㈡】部分的介紹。

3.對會計師責任部分

至於簽證會計師與不實的財務報告等部分，與上述類似，但特別是在證券交易法第 20 條之 1 第 3 項之立法例，不同於現行法第 32 條簽證會計師與不實的公開說明書之推定過失責任法制，改採一般的過失責任主義，此即會計師法第 42 條第 1 項「會計師因前條情事（不得有不正當……或違反或廢弛……之義務）致指定人、委託人、受查人或利害關係人受有損害者，負賠償責任」所規定，明文會計師辦理上述財務報告或財務業務文件之簽證，如有不正當行為或違反或廢弛其業務上應盡之義務，致生投資人之損害與賠償，由請求權人負舉證之責。

從證券交易法第 20 條之 1 第 3 項與第 32 條簽證會計師責任制度之比較，第 20 條之 1 第 3 項廢棄第 32 條第 2 項簽證會計師之「過失推定」主義是顯著的不同❷；然，關於如此的差異，其關鍵當然在於簽證會計師之

---

❶ 廖大穎，〈財報不實與會計師賠償投資人損害之因果——觀察高等法院 102 年度金上字第 2 號民事判決的詐欺市場理論看法〉《裁判時報》第 56 期第 51 頁，認為民國 94 年修法後與第 20 條之 1 的不實資訊損害賠償的問題，處理上宜與第 20 條第 1 項的證券詐欺分開，無須再陷入美國法上詐欺市場理論的爭議。

❷ 證券交易法第 20 條之 1 第 3 項的簽證會計師責任立法與行政院版民國 94 年證券交易法部分條文修正草案第 20 條之 1 的原本設計，略有不同，前者係採現行會計師法第 18 條「會計師有前條（即對指定或委託事件，有不正當行為或違反或廢弛其業務上應盡之義務）情事致指定人、委託人或利害關係人受有

於不實財務報告等故意或過失的舉證責任，回歸到投資人（請求損害賠償權人）所應承擔的舉證責任分配，因而證券交易法第 20 條之 1 第 4 項特別規定「前項會計師之賠償責任，有價證券之善意取得人、出賣人或持有人得聲請法院調閱會計師工作底稿並請求閱覽或抄錄，會計師及會計師事務所不得拒絕」，以配合調整投資人負有簽證會計師對於揭露不實財務報告等之故意或過失的舉證責任。當然，請求簽證會計師損害賠償之投資人，亦應對該不實的財務報告與其投資受損的因果關係及損害額之賠償範圍，負有舉證責任[123]。

(二)損害賠償之連帶責任與比例責任

不實財務、業務文件與投資人損害賠償的另一個難題，即在現行法上，相關因過失的不實財報與比例責任制度之引進，此乃民國 94 年增訂證券交易法第 20 條之 1 的特色之一。當然，相對於證券交易法第 32 條第 1 項所明文的連帶賠償責任是一種共同責任制，謂乃為強化保障受害相對人求償效果之特別設計；易言之，就證券交易法第 32 條連帶賠償責任而言，其不啻為民法第 272 條第 1 項「數人負同一債務，明示對於債權人各負全部給付之責任者，為連帶債務」之表現，屬於典型的團體共同責任制度，惟如此的共同責任設計是否致生連帶賠償責任人間之失衡現象？尤其是在企業醜聞案的爆發，論者有謂其主事的企業經營者，例如董監事、經理人等負責人，為其企業經營負責是理所當然的，但因發行公司對外所揭露的不實公開說明書，致生投資人權益受損時，依證券交易法第 32 條的連帶責任規定，可連同律師、會計師、證券承銷商等人，訴請其在法律上金額之賠償

損害時，應負賠償責任之立法例，對該有價證券之善意取得人、出賣人或持有人，負賠償責任，而後者係採證券交易法第 32 條的立法例，針對不實財務報告等之民事賠償責任，維持「過失推定」主義，明文會計師須證明其已善盡專業上之注意義務，始得免責之規定，請參閱前揭立法院關係文書[30]政 245 頁。

[123] 惟關於簽證會計師對第三人之民事責任制度，在理論上雖可依民法或會計師法規定，請求損害賠償，但其實際上所涉及之舉證責任分配的議題，實現該民事救濟制度，恐非易事；可參閱范瑞華，〈公司法與證券交易法下之外部審計人員責任〉《萬國法律》第 124 期 58 頁。

責任，其在立法設計上是基於「深口袋 (deep pockets)」理論，這的確有滿足與確保訴請損害賠償所有之可能對象，但如此是否符合過失責任主義，損害與賠償之公平，合理的法律正義？恐又屬另一種制度上的破綻，或可稱其為盲點或矛盾之處，惟如此反而可能致生社會正義的偏斜效果⓫。

基於此，民國 94 年證券交易法部分條文修正時，所增訂第 20 條之 1 第 1 項無明訂「連帶」二字之賠償責任，且於第 5 項特別明文「第 1 項各款及第 3 項之人，除發行人、發行人之董事長、總經理外，因其過失致第 1 項損害之發生者，應依其責任比例，負賠償責任」之規定（董事長及總經理部分，民國 104 年修正時已刪除），此即一般所謂過失時的「比例」責任 (Proportion Liability)。惟證券交易法第 20 條之 1 第 5 項的特定人因過失與賠償責任比例，究其立法說明，係參考美國 1995 年證券訴訟改革法 (Private Securities Litigation Reform Act)，於將來法院在決定所應負賠償責任時，可考量導致或可斟酌歸屬於原告損失之每一違法人員的行為特性，及違法人員與原告損害間因果關係之性質與程度，就個案予以認定其損害賠償責任⓬。雖然如此，這比例責任之立法例，在實務上所遭遇的質疑與問題將不少⓭；就此，論者亦於整理我國目前財報不實個案與會計師為請

⓬ 當然，美國 1995 年證券訴訟改革法 (Private Securities Litigation Reform Act 1995) 被認為是合理推動比例責任制度的成果之一，為社會所期待的。如此的改革法案，係符合一般正義之立法。

關於證券交易法第 20 條之 1 第 5 項規定，賴英照，前揭書⓭ 519 頁，陳指其與美國法制同在減輕被告的賠償責任，但最大的差異在於：(1)適用範圍僅限於證交法第 20 條之 1，其餘部分不能適用，而美國法適用範圍較廣。(2)排除董事長，總經理的比例責任，較美國法為嚴格。(3)未如美國法對資力較差的投資人設有例外規定，對投資人較不利。

⓭ 民國 94 年證券交易法部分條文修正草案，第 20 條之 1 第 5 項（原草案第 3 項）增訂理由，請參閱前揭立法院關係文書⓬政 247 頁；另，民國 104 年證券交易法部分條文修正草案，修正第 20 條之 1 第 5 項立法理由同第 2 項之說明，請參閱《立法院公報》第 104 卷第 54 期 87 頁。

⓮ 關於美國法實務發展與證券交易法第 20 條之 1 第 5 項比例責任制度之檢討，

求對象之比例責任判決，即例如「力霸案……其責任比例為 5%（臺灣高等法院 104 年度金上字第 8 號民事判決）。雅新案……故以 25%……（臺灣高等法院 104 年度金上字第 14 號民事判決）。名鐘案……其責任比例為 8%（臺灣高等法院 106 年度金上更（一）字第 1 號民事判決）。此外，宏傳案……100% 責任（臺灣高等法院 106 年度金上更（一）字第 6 號民事判決）。合邦案……100% 的比例責任（新竹地方法院 100 年度重訴字第 131 號民事判決）。」等等，指摘賠償義務人比例責任之如何認定，法院尚無明確標準 ❷ 。

請參閱廖大穎，〈論證券市場上專業人士連帶賠償與責任區分之爭議〉《證券市場與企業法制論》（元照，2007 年）88 頁；甚至是論者質疑導入美國法上比例責任制度與會計師責任之妥當性，請參閱陳文智，〈該讓會計師享用比例責任制了嗎？——評析證券交易法引進比例責任制之正當性〉《法學新論》第 1 期 49 頁。

另，林國全，〈財報不實之民事責任〉《月旦民商法雜誌》第 48 期 17 頁，指摘本規定在實務所遭遇的重大困難，即比例責任的認定標準為何？然，就會計師的賠償責任改定部分，民國 96 年會計師法部分條文修正草案，建議第 40 條「（第 1 項）會計師因前條情事致指定人、委託人、受查人或利害關係人受有損害，負賠償責任。（第 2 項）除其他法律另有規定外，前項賠償責任之賠償金額，以該案所取得金額十倍為限。（第 3 項）……」之修正案，此即現行法第 42 條規定的原型，究其立法理由，謂「在我國會計師公費偏低的現實情況下，以有限之人力與能力查核為數極多的公司，其專業判斷容有差異空間，如稍有不慎或無法配合主管機關所設之標準，即命會計師負連帶賠償責任，不僅收取利益所負責任，顯不公平，且失之過於嚴苛。其次會計師賠償責任如無上限規定，將造成會計師脫產及無保險公司願意承辦會計師專業責任險，反不利於指定人、委託人等權益之保護。爰參考德國、奧地利、澳洲等國之立法例，增訂第 2 項賠償上限規定」，請參閱立法院第 6 屆第 3 會期第 8 次會議案關係文書・院總第 492 號（委員提案第 6840 號）委 27 頁。

❷ 賴英照，《最新證券交易法解析》（自版，2020 年）709 頁。

第四節　公開發行公司之私募有價證券

民國 91 年 1 月 15 日立法院三讀通過證券交易法部分條文修正，增訂第二章第三節有價證券之私募及買賣，就此本書簡稱為私募制度。按證券交易法增訂私募制度之緣由，乃基於先前政府所召開經濟發展諮詢委員會議（經發會產業組）的共識，就「修改公司經營相關法規，便利企業併購與籌資」之議題，建議政府應秉持簡化手續、排除障礙及提供適當獎勵之原則，期以積極建立完善的企業併購與籌資法制程序[128]；另，關於私募與企業併購的議題，則請參閱第六章第三節的介紹。

壹、不公開發行之私下募集

如本章第一節所論，公開發行有價證券的概念，比方是公司法第 133 條第 1 項發起人公開招募股份、公司法第 248 條第 1 項股份有限公司發行公司債及公司法第 268 條第 1 項公開發行新股時，公司得藉由公開發行有價證券之方式，對證券市場上非特定之投資人，籌措企業資金之謂；惟如此公開發行有價證券的行為，該當於證券交易法第 7 條第 1 項所稱之募集概念，當然適用證券交易法的規範（證券交易法第 2 條）。

相對於上述公開發行有價證券的方式，例如公司法第 267 條第 3 項後段亦明文公司發行新股時，得洽由特定人認購股份，承認企業私下募集資金而無須公開發行有價證券。所謂有價證券之私募 (private placements)，一般泛指發行公司所發行的有價證券，其非以證券市場上不特定之人為募集對象，而是藉由私人洽購的方式，將所發行的有價證券出售給特定人士，比方是銀行、保險公司等機構投資人，亦得以滿足該企業籌措資金的需求；因此，就發行公司而言，論者有謂私下募集有價證券的便利性，當在於降低企業發行有價證券之成本與減少證券管理之行政程序，自屬於企業金融

---

[128]　立法院第 4 屆第 6 會期第 5 次會議議案關係文書院・總第 618 號（政府提案第 8111 號）參照，https://npl.ly.gov.tw/ 立法院法律提案系統。

的最佳選擇之一⑫。

貳、證券交易法上的私募制度

一、公開發行公司之私下募集有價證券與限制

　　論企業資金的籌措管道，原則上應屬於企業自治事項的範疇，其是否藉由證券市場的機制籌措資金？抑或是洽由特定人認購的私募制度？應尊重企業的決定。

　　惟就修正前的規制觀之，公開發行公司發行新股時，縱依公司法第268條第1項明文，理論上雖可不公開發行而私下洽由特定人認購之，但仍受當時證券交易法第22條第2項的限制，即「已依本法發行股票之公司，於公司法之規定，發行新股而可不公開公司發行者，仍應依前項之規定辦理」；易言之，依證交法第22條第1項該公開發行公司發行新股時，在程序上均應申請主管機關核准或向主管機關申報生效後，始得為之⑬。甚至是證券交易法第28條之1亦規定公開發行股票公司，應提撥發行新股之一定比例，強制對外公開發行。相對於此，公司發行公司債時，民國90年修正前公司法第248條第1項亦明文規定「公司募集公司債時，應將左列事項，申請證券管理機關審核之」，即謂公司募集公司債，亦均應申請證券管理機關的審核程序，始得為之；雖相關發行公司債的規定，證券交易法並無如以上「強制公開發行新股」之特別明文，惟依證券交易法第22條第1項後段授權主管機關頒布「發行人募集與發行有價證券處理準則」觀之，其限制公開發行公司始能發行公司債且亦以公開發行為前提，即應向

---

⑫　廖大穎，〈調整公開收購與公開發行公司之私募制度──解析證券交易法之部分新修正〉《公司制度與企業金融之法理》（元照，2003年）313頁。

⑬　林麗香，〈證券發行市場規制之加強〉《財經法論集》（三民書局，1997年）252頁；劉連煜，〈證券私募制度之法律問題研究〉《財經法論集》（三民書局，1997年）41頁；王文宇，〈我國證券私募制度之研究〉《金融法》（元照，2001年）345頁。

主管機關申請核准或申報生效之（同準則第 22 條、第 28 條、第 40 條） ⑬ 。

職是，就我國修正前證券交易法的規範而言，是否因標榜「資本證券化、證券大眾化」，期待股份有限公司崇向公開發行的立法政策所使然？正如證券交易法第 22 條修正前內容所顯示的──縱使不公開發行，但仍須踐履公開發行的程序，其結果不僅扭曲有價證券之私下募集制度，亦產生法制上限縮企業利用私募制度的機能。

二、公司法與證券交易法的私募規定

從上述簡析，政府有鑑於「為使我國企業籌募資金方式更具有彈性，……參酌美國、日本對於私募之法例，引進私募制度」，增訂證券交易法第 7 條第 2 項明文「本法所稱私募，謂已依本法發行股票之公司依第 43 條之 6 第 1 項及第 2 項規定對特定人招募有價證券之行為」，以明確規範資本市場上籌集資金的私募行為，乃為我國建立公開發行公司私募有價證券之肇始 ⑬ 。

就證券交易法第 7 條第 2 項所規範的私募制度，其是以公開發行股票之公司為對象，而相較於公司法所規範者，並無區分公開發行股票與否，一律適用所有的公司。雖公司法第 268 條第 1 項規定觀之，凡屬不公開發行新股者，即無須申請證券管理機關核准，當然亦可能成為私募的態樣之一，但因證券交易法第 22 條第 2 項的規定，致生公開發行股票之公司無法利用私募制度，尤其是在企業的策略性融資時，如此的行政程序，有時反而成為企業籌措資金的障礙。因此，本次新修正證券交易法第 22 條第 2 項特別排除舊有的限制，明文「已依本法發行股票之公司，於依公司法之規定發行新股時，除依第 43 條之 6 第 1 項及第 2 項規定辦理者外，仍應依前項之規定辦理」，調整公開發行股票公司可選擇依證券交易法的私募新制

---

⑬　廖大穎，〈論公司債制度〉《成大法學》第 1 期 90 頁。

⑬　民國 90 年證券交易法第 2 次部分條文修正草案總說明，請參閱《立法院公報》第 91 卷第 10 期 401 頁。

度，不對外公開發行新股時，即無須再依第 22 條申請主管機關核准或申報
生效之程序，以彈性企業籌措資金❸。至於發行公司債部分，民國 90 年修
正前公司法第 248 條第 1 項明文「申請證券管理機關審核」之原有規定，業
已刪除，同時增訂第 2 項私募公司債「事後報備」的新規定；不僅如此，公
司法亦特別明文私募公司債時，得排除公司法第 249 條及第 250 條的發行限
制❹，並規定私募公司債的公司，不以公開發行股票之公司為限❺。惟公開
發行股票之公司私募公司債時，亦應依證券交易法第 43 條之 6 的規定為之。

　　關於證券交易法第 43 條之 6 的規定，謂公開發行股票之公司，得以有
代表已發行股份總數過半數股東之出席，出席股東表決權三分之二以上之
同意，對下列之人進行有價證券之私募，不受證券交易法第 28 條之 1、第
139 條第 2 項及公司法第 267 條第 1 項至第 3 項規定之限制：㈠銀行業、
票券業、信託業、保險業、證券業或其他經主管機關核准之法人或機構。
㈡符合主管機關所定條件之自然人、法人或基金。㈢該公司或其關係企業
之董事、監察人及經理人。然，上述規定與公司法的私募制度相較，其明
顯有如下的差異：

㈠股東會決議

　　依公司法第 266 條第 2 項及第 246 條第 1 項規定，發行新股與發行公
司債的權限是授與董事會決議行之，但公開發行公司私募有價證券時，依
證券交易法第 43 條之 6 第 1 項所明文係回歸到股東會的決議機制，始得為
之。問題在於因公司私募新股，所致生公司已發行股份總數之膨脹，反而
稀釋原有股東權益的效果，一般認為私募者，應經股東會之特別決議，且
如此的證券交易法第 43 條之 6 私募制度，得以排除公司法第 267 條股東優
先認購股份的強制規定（但員工部分？）❻。

---

❸　民國 90 年證券交易法第 2 次部分條文修正草案，第 22 條修正理由說明，請參
閱《立法院公報》第 91 卷第 10 期 406 頁。

❹　廖大穎，前揭論文❶ 91 頁。

❺　經濟部商業司 90 年 12 月公司法第 11 次修正案——公司法修正條文對照表
184 頁，第 248 條修正理由說明參照，http://www.moea.gov.tw/經濟部商業司。

　　然，就公司債的部分？是否適用證券交易法第 43 條之 6 第 1 項的規定，
頗生疑義，但若就文義觀之，應是肯定的。惟發行公司債似乎是企業經營的
決策項次之一，自宜屬董事會之固有職權，且私募公司債與第 43 條之 6 第
1 項排除第 28 條之 1、公司法第 267 條規定之理念不甚契合，雖證券交易法
第 43 條之 6 第 3 項規定「普通公司債之私募，……。並得於董事會決議之
日起……」，但未若行政院版證交法第 43 條之 6 第 3 項之修正草案條文「公
司債之私募，得不適用第 1 項應經股東會決議之規定」明確；因此，綜合第
43 條之 6 第 1 項與第 2 項的文義，似乎亦得解釋為私募普通公司債的部分，
應由董事會決議辦理之，與原有公司法的基本態度是相同的❸。

　　至於股東會決議私募之有價證券，證券交易法第 43 條之 6 第 6 項特別
規定其召集程序，謂其應在股東會召集事由中列舉並說明下列事項，不得
以臨時動議提出：⑴價格訂定之依據及合理性，⑵特定人選擇之方式，其
已洽定應募人者，並說明應募人與公司之關係，⑶辦理私募之必要理
由；而第 43 條之 6 第 7 項亦特別明文私募得分次辦理，以考量受制於股東
會召開不易，並顧及股東成員每年變動大，容許該私募決議得分次進行的
特例，但限制分次辦理者，應於該股東會決議之日起一年內，始得為之❸。

㈡排除適用強制公開發行的規定與事後報備

　　關於公開發行股票公司之不公開發行新股時，證券交易法第 22 條第 2 項
放寬相關「應依公開發行程序」的舊有規定，以符合私募制度的精神，但證
券交易法第 43 條之 6 第 5 項亦特別明定私募有價證券之公開發行公司，應於

---

❸　民國 90 年證券交易法第 2 次部分條文修正草案，第 43 條之 6 第 1 項新增理由
　　說明，認為本條明文排除適用公司法第 267 條員工與原有股東優先認購的規
　　定，實質影響到股東權益，應經股東會同意，請參閱《立法院公報》第 91 卷
　　第 10 期 415 頁。

❸　民國 90 年證券交易法第 2 次部分條文修正草案，第 43 條之 6 第 3 項新增理由
　　說明，謂發行公司債者，並無員工與原股東優先認購的問題，經董事會決議通
　　過即可，請參閱《立法院公報》第 91 卷第 10 期 417 頁。

❸　民國 90 年證券交易法第 2 次部分條文修正草案，第 43 條之 6 第 7 項新增理由
　　說明，請參閱《立法院公報》第 91 卷第 10 期 419 頁。

該股款或債款等繳納完畢後，報請主管機關備查，以落實證券管理體系。

　　當然，為發揮私募制度的效益，證券交易法第 43 條之 6 第 1 項亦規定公開發行公司之私募有價證券，排除證券交易法第 28 條之 1 強制股權分散與第 139 條第 2 項強制上市公司發行新股上市買賣之限制，減少私募有價證券時不必要的困擾。

㈢明確特定人的私募對象

　　證券交易法第 43 條之 6 第 1 項規定公開發行公司私募的要件，即「對左列之人進行有價證券之私募」，明文該項各款所列的特定人範圍：⑴銀行業、票券業、信託業、保險業、證券業或其他經主管機關核准之法人或機構，即所謂專業的投資機構法人，其具有相當程度之分析能力及判斷能力。⑵符合主管機關所定條件之自然人、法人或基金，即依主管機關在證券交易法施行細則明定其條件，規定一定的年收入或資產規模以上、或具有相當資力及金融知識與經驗之自然人、法人或基金。⑶該公司或其關係企業之董事、監察人及經理人，謂其係參考美國證管會於 1982 年所頒布 Regulation D，對於「合格投資人 (accredited investor)」為對象的招募，包括發行公司之董事、高階主管 (executive officers) 及一般合夥人 (general partners) 等該發行公司之內部人[139]。惟證券交易法第 43 條之 6 第 2 項亦參酌美國的立法例（Regulation D 第 501 號規則），明文第 1 項第 2 款及第 3 款之應募人總數，不得超過 35 人的限制，始納入私募的範圍[140]。

㈣公司債發行限額之特別規定

　　公司法第 247 條第 1 項原明文限制公司債之發行總額，不得超過公司

[139]　民國 90 年證券交易法第 2 次部分條文修正草案，第 43 條之 6 第 1 項新增理由說明，請參閱《立法院公報》第 91 卷第 10 期 416 頁。至於有價證券私募之對象，依主管機關證期會是預定將之明訂於證交法施行細則，且該私募的對象是符合證交法第 43 條之 6 第 1 項各款的規定，限定其有相當知識、能力與財力之條件，並採正面表列的方式為之，請參照立法院第 4 屆第 6 會期財政委員會第 6 次全體委員會議前揭記錄[128] 28 頁（朱兆銓發言，陳冲發言）。

[140]　民國 90 年證券交易法第 2 次部分條文修正草案，第 43 條之 6 第 2 項新增理由說明，請參閱《立法院公報》第 91 卷第 10 期 417 頁。

現有全部資產減去全部負債及無形資產後之餘額，以防止公司藉由發行有價證券之方式，濫行舉債之規定；惟如此的立法，雖立意良好，但其實益性頗受爭議，謂該發行限額的規定，實有再商榷之必要⓭。關於此，證券交易法第 43 條之 6 第 3 項亦特別規定公開發行股票之公司私募普通公司債時，其發行總額，除經主管機關徵詢目的事業中央主管機關同意者外，不得逾全部資產減去全部負債餘額之百分之四百，不受公司法第 247 條之限制；質言之，證券交易法第 43 條之 6 第 3 項的規定，雖仍保有公司債發行限額的制約，但已大幅放寬公開發行公司私募的起債額度。

三、私募與企業資訊之揭露

如上所述，私募制度係調整有價證券公開發行程序的一種概念，亦即私募有價證券的經濟效益，表現於豁免證券交易法上相對於公開發行程序法制之適用，比方是在企業對投資人資訊公開的法定義務上，是以減輕發行公司私募有價證券的成本與不必要的行政干預；換言之，私募的對象，其範圍係限縮於機關法人等投資家，並非泛指市場上一般的投資人，即證券交易法第 43 條之 6 第 1 項各款之人⓮。因此，一般認為證券交易法之私募制度，實為確立公開發行公司彈性籌措資金的作法，值得肯定。

惟證券交易法第 43 條之 6 第 4 項亦特別例外明文「該公司應第 1 項第 2 款之人之合理請求，於私募完成前負有提供與本次有價證券私募有關之公司財務、業務或其他資訊之義務」的規定，雖謂證券交易法第 43 條之 6 第 1 項第 1 款專業投資機構及第 3 款公司內部人者，具有一定地位，自足

⓭　關於公司債發行規制的檢討，請參閱廖大穎，《公司債法理之研究》（正典，2003 年）107 頁。

⓮　立法院第 4 屆第 6 會期財政委員會，前揭會議記錄⓰ 19 頁，陳冲次長闡述「各國容許私募的原因，最重要的是由於私募對象的關係，通常包括：第一、機構投資人，也就是對於問題很瞭解的人，第二、董監事，對公司很瞭解的人，第三、是有錢人。……證券交易法的目的則是要保障那些不瞭解市場的投資人，所以一定要公開發行，予以很多嚴格規定。而私募的話，因為對象特殊，所以容許將程序簡化，做一些較方便的規定」。

與發行公司進行對等協商，取得決定是否認購私募有價證券所需之資訊，並足以保護自身的利益，甚或基於「武器平等原則」，毋須再行強制發行公司相關的資訊揭露規定，予以保護之，但參酌美國與日本立法例，對於第2款符合條件之自然人或法人的合理請求，於發行公司私募完成前，例外負有資訊提供的義務⑭。

參、策略性的私募證券

相關策略性的私募有價證券部分，即私募制度與企業併購的議題，例如我國第二次金融改革相關新近新聞媒體的具體焦點之一，就台新金控入股彰化銀行，與財政部間的官司，其爭議乃是源於前政府時期的金融改革，針對原省屬三商銀的彰化銀行，引進策略性投資人間與彰銀經營權之合意，事後產生的爭議⑭。然，本小節的企業併購議題，將置於本書第六章第三節處，再介紹。

肆、私募證券與市場秩序之維護

從企業資金調度的方法而言，私募制度是一種富於彈性且合於時效的方式，亦即私下募集資金不必經過證券管理機關之事前審核或辦理申報生效的手續，而直接洽由特定的第三人，節省公開發行有價證券之行政程序與承銷費用，實不可否認私募制度之於企業籌資的便利性。然，就創設私募法制言之，其第一要務雖在於方便企業發行有價證券作為籌措資金的管

---

⑭　民國 90 年證券交易法第 2 次部分條文修正草案第 43 條之 6 第 4 項新增理由說明，請參閱《立法院公報》第 91 卷第 10 期 417 頁。

⑭　關於台新金控入主彰化銀行與財政部間之爭議與司法判決，請參閱臺北地院 103 年度金字第 104 號判決、高等法院 105 年度金上字第 621 號判決、最高法院 106 年度臺上字第 2329 號判決；另，相關本案學術研討與資料，請參閱台灣法學會國際法、民事法委員會《投資保障與臺灣未來——從彰銀經營權爭議談起》（台灣法學會，2017 年）所彙整，廖大穎〈與股東約定的「持有股份之表決權」分離——簡評最高法院 106 年度臺上字第 2329 號民事判決〉《裁判時報》第 87 期 35 頁。

道,相對於公開發行方式,其私募制度亦屬於證券市場運作的一環。然私募,因其不公開發行有價證券之本質,寓有活化企業資金調度的機能,但私募行為的目的乃在於迴避有價證券公開發行之規範,以掩飾企業從證券市場攫取資金的意圖,是否可致生企業假借私募的程序,刻意迴避證券交易法的脫法行為?亦即,是否有所謂「變相的公開發行」之疑慮⑭⑤。因此,證券交易法特別明文如下的規定:

一、私募有價證券之不宜公開募集行為

關於公開發行公司私募其有價證券時,雖得以不再適用公開發行程序的規範,彈性企業資金的籌措,但為避免私募行為的變相迂迴證券市場法制之行為,證券交易法第 43 條之 7 第 1 項特別限制「有價證券之私募及再行賣出,不得為一般性廣告或公開勸誘的行為」,而第 2 項亦明文「違反前項規定者,視為對非特定人公開招募之行為」。

惟何謂一般性廣告或公開勸誘之行為?證券交易法施行細則第 8 條之 1 特別定義其係指以公告、廣告、廣播、電傳視訊、網際網路、信函、電話、拜訪、詢問、發表會、說明會或其他方式,向證券交易法第 43 條之 6 第 1 項以外之非特定人為要約或勸誘之行為。

二、私募有價證券轉售之限制

證券交易法第 43 條之 8 第 1 項本文特別限制私募之應募人或購買人,不得再行賣出該有價證券,且第 2 項亦明文私募有價證券者,應於公司股票(公司債券等?)以明顯文字註記相關私募有價證券轉讓之限制,並於交付應募人或購買人的相關書面文件中載明,使投資人瞭解私募有價證券轉讓之限制,依法應告知其限制私募有價證券再行轉讓之資訊。

至於私募有價證券之禁止再行轉售,事關有價證券之流通性本質,原則上雖被限制,但依證券交易法第 43 條之 8 第 1 項的除外規定,得例外於

---

⑭⑤　林麗香,前揭論文⑬⑩ 23 頁;劉連煜,前揭論文⑬⑩ 66 頁;王文宇,前揭論文⑬⑩ 354 頁。

如下的條件，再行賣出：㈠第 43 條之 6 第 1 項第 1 款之人持有私募有價證券，該私募有價證券無同種類之有價證券於證券集中交易市場或證券商營業處所買賣，而轉讓予具相同資格者；㈡自該私募有價證券交付日起滿一年以上，且自交付日起第三年期間內，依主管機關所定持有期間及交易數量之限制，轉讓予符合第 43 條之 6 第 1 項第 1 款及第 2 款之人；㈢自該私募有價證券交付日起滿三年；㈣基於法律所生效力之移轉，例如繼承等；㈤私人間之直接讓受，其數量不超過該證券一個交易單位，前後二次之讓受行為，相隔不少於三個月；㈥其他經主管機關核准者❶❹❻。

　　問題在於違反證券交易法第 43 條之 8 不得再行賣出私募有價證券之規定，其法律效果為何？因法無明文，致生違法轉售私募證券之效果，在解釋上存在爭議，例如臺北地院 96 年度重訴字第 565 號民事判決，認為該條之立法理由乃在於：⑴因私募，主要是針對公司營運狀況瞭解之人或有能力獲取相當資訊之人，⑵避免應募人利用私募套利，以及⑶避免公司利用私募逃避公開發行程序等，再參諸例外情形之再行賣出，足見證券交易法第 43 條之 8 對於私募有價證券轉售之限制，應僅為主管機關為管理證券市場公平秩序之行政規範，非轉售之法律行為價值本身，應受非難，該禁止非效力規定，而屬取締規定之謂；然，承審本案的高院則有不同見解，認為法解釋時，應以合目的性之觀點為優先考量，相關本條禁止轉售規定之立法目的，乃在於防免利用私募制度，迂迴至公開發行相同之效果，而就法益衡量言之，此制度雖因此導致證券持有人對財產處分權受到限制，但相對的貫徹「投資人保障」之目的，故證券交易法第 43 條之 8 限制轉售規範，應為禁止規定中之效力規定。惟在本案爭議，最高法院最終肯定地院的見解，認為證券交易法第 43 條之 8 第 1 項對於私募有價證券轉售之限制，乃取締規定，非效力規定，無民法第 71 條之適用，而該行為人應負證券交易法第 177 條第 1 款所定之刑事責任，非謂其買賣行為概為無效❶❹❼；

---

❶❹❻　民國 90 年證券交易法第 2 次部分條文修正草案，第 43 條之 8 第 1 項新增理由說明，本項係參酌美國法的規定，建立私募有價證券之轉售制度，請參閱《立法院公報》第 91 卷第 10 期 421 頁。

就此,本書肯定、支持最高法院的論述。惟就此司法見解,論者亦指摘最高法院所持取締規定見解,恐不僅使現行證券交易法上的私募制度扭曲變形,且破壞整體立法設計外,違法的轉售行為是有效的,當轉售所獲得利益,大於所受處罰之不利益時,規避法律規定之風險,是否易淪為轉嫁損益之投機操作❽?是的,但這應屬刑事立法政策上的議題,足供立法機關就此規定的處罰部分,再檢討之。

三、反詐欺條款之適用

為保障投資人的權益,證券交易法第 20 條第 1 項明文禁止任何詐欺性的相關行為,本次修正證券交易法增訂私募制度時,亦將有價證券之私募行為納入規範,即「不得有虛偽、詐欺或其他足致他人誤信之行為」,而第 20 條第 2 項相關虛偽或隱匿不實情事之財務報告或其他有關業務文件內容的規定,乃至於第 20 條第 3 項民事損害賠償制度的規定,於私募有價證券時,亦有適用之餘地。

❽ 臺北地院民國 96 年度重訴字第 565 號民事判決、臺灣高院民國 97 年度重上字第 191 號民事判決、最高法院民國 97 年度臺上字第 2729 號民事判決,請參閱司法院法學資料檢索,https://law.judicial.gov.tw/。

❽ 例如林國彬,〈論私募有價證券違法轉售之法律效果──兼評臺北地方法院 96 年重訴字第 565 號判決〉《台灣法學雜誌》第 109 期 25 頁;劉連煜,《證券交易法實例演習》(元照,2010 年) 218 頁;郭大維,〈私募有價證券轉讓之限制──評最高法院 97 年臺上字第 2729 號民事判決〉《裁判時報》第 9 期 69 頁。

第四章　公開發行公司法制

綱要導讀

第一節　公司法與公開發行公司的特別規制
- 壹、募股設立程序
- 貳、資金籌措與公開發行程序
- 參、企業組織運作之調整
- 肆、公司重整與關係企業之資訊揭露

第二節　證券交易法與公開發行公司的特別規制
- 壹、公司內部人持股管理
- 貳、企業組織之管理與再調整
- 參、公司財務、業務管理之特別規定
- 肆、企業金融與庫藏股新制
- 伍、強制公開發行與私募有價證券

第一節　公司法與公開發行公司的特別規制

壹、募股設立程序

所謂募股設立，即依公司法第 132 條第 1 項所明文「發起人不認足第一次發行之股份時，應募足之」的程序，於公司設立時，針對第一次所發行股份總數，發起人不認足之餘額部分，應對外公開招募股份的設立方式，其與公司法第 131 條發起設立的方式不同。論者有謂在股份有限公司的設立程序中，尤其是募股設立，確立股東之方式較為繁雜，係分階段完成的。有鑑於公開招募股份作業，為發起人認股在先，其次再由一般投資人認購股份繳納股款的順序在後，通常為規模較大，股東人數較多的企業所採❶；比方是證券交易法第 28 條第 1 項所規定「公司經營之事業，以由公眾投資為適當者，得由財政部事先以命令規定發起人認足股份數額之一定限度。其在限定以外之股份，應先行公開招募」（已刪除），原則上屬於適宜公眾投資而需向社會大眾籌措資金的公司之謂。

關於股份有限公司之募股設立程序，依法對外公開招募股份，因涉及證券市場上投資人保護的課題，公司法第 133 條第 1 項特別規定發起人公開招募股份，應事前經過證券管理機關之審核，始得辦理外，同時公司法亦對相關招募股份與公司設立程序，特別明文其作業管理❷：

㈠發起人募股與申請核准

依募股設立之規定，謂發起人得不認足第一次發行股份之數額而對外公開招募之，但公司法第 133 條第 2 項亦特別明文發起人所認之股份數，

---

❶　林咏榮，《商事法新詮（上）》（五南圖書，1990 年）253 頁；柯芳枝，《公司法論》（三民書局，1997 年）164 頁；梁宇賢，《公司法論》（三民書局，1993 年）277 頁；施智謀，《公司法》（自版，1991 年）103 頁；廖大穎，《公司法原論》（三民書局，2002 年）71 頁；王文宇，《公司法論》（元照，2003 年）230 頁。

❷　施智謀，前揭書❶ 106 頁；廖大穎，前揭書❶ 72 頁。

不得少於第一次發行股份總額的四分之一,其餘的部分始得對外募足之限制。至於對外公開招募股份時,發起人應依公司法第 137 條訂定招股章程,再依公司法第 133 條第 1 項,備妥相關書類,申請證券管理機關審核,始得公開招募股份的程序;當然,依證券交易法第 30 條第 1 項之規定,申請審核公開招募股份時,應另行加具公開說明書。當證券管理機關的核准通知到達時,發起人依公司法第 133 條第 3 項,應於通知到達日起三十日內,將第一項各款事項,並加記核准文號及年月日,公告招募股份。

惟公司法第 135 條第 1 項亦規定申請公開招募股份時,如有下列情形之一:⑴申請事項有違反法令或虛偽者;⑵申請事項有變更,經限期補正而未補正者,證券管理機關得不予核准或撤銷其核准,以確保投資大眾之權益❸。

㈡認股人認股與繳納股款

招募股份時,發起人應依公司法第 138 條第 1 項備認股書,由認股人簽名或蓋章,填寫所認之股數、金額及其住所或居所,完成認股之要式行為❹;而公司法第 139 條亦明文認股人認購股份時,有依照其所填的認股書繳納股款之義務,且公司於第一次發行股份總數募足時,發起人亦應向各認股人催繳股款(公司法第 141 條前段)。

相較於此,證券交易法第 33 條第 1 項特別規定認股人繳納股款時,應將款項連同認股書向代收款項機構繳納之,而代收機構於收款後,應向各該繳款人交付經由發行人簽章之股款繳納憑證,該繳納憑證及其存根,依證券交易法第 33 條第 2 項應由代收機構簽章,並將存根交還發行人;然已依證券交易法發行有價證券之公司,其發行新股時,證券交易法第 33 條第 3 項亦特別明文「如依公司法第 273 條公告之股款繳納期限在一個月以上者」,認股人逾期不繳納股款,立即喪失其權利,不適用公司法第 266 條第 3 項準用同法第 142 條催告繳納之相關規定,須予注意。

---

❸　武憶舟,《公司法論》(自版,1998 年) 246 頁;廖大穎,前揭書❶ 73 頁。

❹　武憶舟,前揭書❸ 247 頁;柯芳枝,前揭書❶ 181 頁;施智謀,前揭書❶ 108 頁。

㈢召開創立會

公司法第 143 條規定發起人，於第一次發行股份之股款繳足後，應在二個月內召開創立會的義務；所謂創立會，即募股設立程序中，由發起人召集認股人共同參與公司設立事宜之會議，一般認為該創立會係公司成立前的議決機關，即相當於股東會之前身，或亦有稱為設立中公司之意思決定機關❺。

至於公司法第 152 條亦特別規定第一次發行股份募足後，股款已繳納完畢時，發起人不於二個月內召集創立會者，認股人得撤回其所認之股份；論者有謂公司法明文發起人召集創立會之立法目的，乃在於賦予認股人參與創立會之機會，得以聽取發起人之公司設立經過報告與董事、監察人之調查報告，同時選任董事及監察人，修改章程或決議廢止公司設立等之重要事項，實為保護認股人權益而特別設計的一種制度❻。

貳、資金籌措與公開發行程序

一、證券市場與公開發行新股、公司債

證券市場是滿足企業籌措資金的重要場所之一，證券市場之主要功能乃在於有效的匯集社會大眾之儲蓄資金，而將其資源有效挹注於生產事業。因此，一般認為建立證券市場者，其基本目的是在於有效促進企業資本的形成；當然，證券市場之於公司法制的意義，即股份有限公司亦得藉由證券市場公開發行新股或公司債等有價證券，以完成企業所需的資金籌措❼。

---

❺　武憶舟，前揭書❸ 250 頁；林咏榮，前揭書❶ 257 頁；柯芳枝，前揭書❶ 184 頁；梁宇賢，前揭書❶ 286 頁；施智謀，前揭書❶ 109 頁；廖大穎，前揭書❶ 75 頁；王文宇，前揭書❶ 234 頁。

❻　柯芳枝，前揭書❶ 185 頁；廖大穎，前揭書❶ 75 頁。

❼　財團法人中華民國證券暨期貨發展基金會，《中華民國證券暨期貨市場（民國 90 年版）》（同基金會，2001 年）4 頁；廖大穎，前揭書❶ 282 頁。

(一)公開發行新股之條件與限制

公司發行新股時，相較於洽由特定人認購新股的方式，公司亦得依規定公開發行於證券市場，即對社會上不特定公眾募集，認購新股，此乃謂公開發行新股（公司法第 267 條第 3 項後段）❽。關於公開發行新股，係對證券市場上不特定人公開招募股份的方式，向社會大眾募集資金的型態；對於公開發行新股，公司法設有如下的特別規範：

1.證券主管機關之核准

公司法第 268 條第 1 項規定「公司發行新股時，除由原有股東及員工全部認足或由特定人協議認購而不公開發行新股者外，應……申請證券主管機關核准，公開發行」，明文對外公開發行新股，公司應事先取得證券主管機關之核准，始得為之。至於公開發行新股之申請核准後，公司法第 273 條亦特別明文發行公司應備置認股書，加記證券主管機關核准文號及年月日，並應於該核准通知到達三十日內，依規定公告發行之；惟證券交易法已於民國 95 年部分條文修正時，公開發行改採申報生效制，廢除申請主管機關核准制度（證券交易法第 22 條第 1 項）。當然，依證券交易法第 30 條第 1 項規定，申請公開發行新股時，亦應另行加具向公眾提出之公開說明書。

2.公開發行新股之限制

為確保投資大眾之權益，公司法特別限制獲利能力低而償債能力差之企業，不得藉由公開發行新股的方式，籌措企業所需之資金❾。申言之，一是公司法第 270 條明文禁止公開發行新股，即公司有下列之情形之一：(1)最近連續二年有虧損者（但依其事業性質，須有較長準備期間或具有健全之營業計畫，確能改善營利能力者，不在此限），(2)資產不足抵償債務者，不得公開發行新股；論者有謂公司連續二年有虧損，足見企業經營能力至為薄弱，至於因公司資產不足抵償債務，如此不能清償債務乃屬破產

---

❽ 關於公開發行的概念，可參閱賴英照，〈公開發行的法律性質〉《公司法論文集》（證券暨期貨市場發展基金會，1994 年）266 頁。

❾ 施智謀，前揭書❶ 213 頁；廖大穎，前揭書❶ 295 頁；王文宇，前揭書❶ 473 頁。

宣告之原因（破產法第 57 條），實不宜核准該公司對不特定投資大眾籌措資金之申請，特別明文限制之。其次是公司雖無上述經營能力薄弱達連續二年虧損、或是資產不足抵償債務之現象，但因公司之營利能力或其債信欠佳，該當於下列情形之一：⑴最近三年或開業不及三年之開業年度課稅後之平均淨利，不足支付已發行及擬發行之特別股股息者⑵對於已發行之特別股約定股息，未能按期支付者，應禁止其公開發行具有優先權利之特別股；易言之，公司法第 269 條亦特別限制無法支付約定股息與營利能力薄弱之企業，不得公開發行具有優先權利之特別股❿。

其次，就發行限制員工權利新股部分，民國 100 年公司法部分條文修正第 267 條，增訂第 8 項與第 9 項（民國 107 年改訂為第 9 項、第 10 項），規定「公司發行限制員工權利新股者，不適用第一項至第六項之規定，應有代表已發行股份總數三分之二以上股東出席之股東會，以出席股東表決權過半數之同意行之」及「出席股東之股份總數不足前項定額者，得以有代表已發行股份總數過半數股東之出席，出席股東表決權三分之二以上同意行之」；另，公司法第 267 條第 10 項（現行法改訂為第 12 項）亦特別規定「公開發行股票之公司依前二項規定發行新股者，其發行數量、發行條件及其他應遵行事項，由證券主管機關定之」。

3.現金出資與折價發行

公司法第 272 條特別明文公司公開發行新股時，應以現金繳納股款，基本上係排除股東現物出資的方式，論者有謂其乃在於防止實務上「以債作股」的弊端，侵蝕股份有限公司之資本充實原則，影響公司債權人的基本權益⓫。惟民國 90 年、107 年修正公司法部分條文時，調整與修正股東出資之文字規定，即公司法第 156 條第 5 項特別明文股東之出資，除現金外，得以對公司所有之貨幣債權，或公司事業所需之財產或技術抵充之，不受第 272 條之限制，以緩和公開發行新股時股東現金出資之原則，但其

---

❿　柯芳枝，前揭書❶ 471 頁；施智謀，前揭書❶ 213 頁；廖大穎，前揭書❶ 296 頁。

⓫　武憶舟，前揭書❸ 461 頁；賴英照，〈以債作股之法律問題〉《公司法論文集》（證券暨期貨市場發展基金會，1994 年）260 頁。

抵充之數額，需經董事會通過。

其次，公司法第 140 條第 1 項本文特別規定「股票之發行價格，不得低於票面金額」，一般認為是基於資本維持原則，消極限制公司折價發行股票之謂 **⓬**。在實務上，證券管理機關本於證券交易法第 22 條之 1 第 2 項之授權，頒布「公開發行股票公司股務處理準則」，該準則第 14 條曾明文「股票每股金額均為新臺幣壹拾元」之制式票面金額（現已廢除強制每股十元制，原文刪除）。惟近年經濟環境丕變，致生公開發行公司的股票市價跌破其票面金額者亦不在少數，為實務所戲稱之「水餃股」、「雞蛋股」；因此，民國 90 年公司法修正上述第 140 條規制，認為其規定恐致使股價低於票面金額的公開發行公司，深陷資金籌措之惡性循環，或謂「為開創企業良好經營環境，俾利企業發行新股，籌措資金」，爰以增訂但書規定，亦即「公開發行股票之公司，證券主管機關另有規定者，不在此限」，例外允許公開發行公司得折價發行股票 **⓭**。至於所謂證券管理機關另有規定，例如證券主管機關於「發行人募集與發行有價證券處理準則」規定中，特別明文發行公司於現金發行新股、合併發行新股、受讓他公司股份發行新股、依規定進行收購或分割發行新股時，發行人不受公司法第 140 條的限制（準則第 19 條），而發行公司於發行可轉換公司債、附認股權公司債或員工認股權憑證時，依規定請求轉換或認購股份者，發行人亦不受公司法第 140 條的限制，核給股份（準則第 33 條、第 46 條與第 58 條）。

4. 強制股權分散

證券交易法第 22 條之 1 第 1 項明文授權主管機關，得規定公開發行股票公司增資發行新股時，其股權分散的標準。具體而言，依現行法第 28 條之 1 所規定，若屬股票已於證券交易所或證券商營業處所買賣者之上市或上櫃公司，於現金發行新股時，主管機關得規定提撥發行新股總額之一定

⓬　廖大穎，前揭書**❶** 105 頁；王文宇，前揭書**❶** 247 頁。

⓭　經濟部商業司，「公司法及修正條文對照表」（民國 91 年 1 月）69 頁；惟公司法第 140 條修正背景，可參閱賴源河等 13 人，《新修正公司法解析》（元照，2002 年）168 頁（王仁宏、王文宇執筆）。

比率，以時價向外公開發行之，不受公司法第 267 條第 3 項關於原有股東儘先分認的限制（證交法第 28 條之 1 第 2 項）；若是股票未於證券交易所或未於證券商營業處所買賣的上市或上櫃公司，其股權分散未達主管機關所定的標準者，於現金發行新股時，除主管機關認為無須或不適宜對外公開發行者外，亦應提撥發行新股總額之一定比率，對外公開發行之，不受公司法第 267 條第 3 項關於原有股東儘先分認的限制（證交法第 28 條之 1 第 1 項）。惟如上強制公開發行股票公司應提撥一定比例，向外公開發行新股者，證券交易法第 28 條之 1 第 3 項亦明文其比例為發行新股總額之百分之十，但股東會如有較高比率之決議者，從其決議。

㈡公開發行公司債之條件與限制

關於發行公司債的方式，當然包括民國 90 年增訂公司法第 248 條第 2 項之私募，以及證券交易法第 7 條對非特定人公開招募之行為；惟一般認為公司債之募集，除非該當於公司債之私募行為外，係指公司依公開發行的方式，向公眾借款而籌集資金之企業行為。

1.證券主管機關之核准

原公司法第 248 條第 1 項明文公司募集公司債時，應申請證券主管機關審核之條件，亦即乃藉由證券主管機關實質審核公司債之公開發行，准予公司向不特定的社會大眾籌措長期資金之行為，其與公開發行新股之規制，思維相同。雖於民國 90 年、107 年公司法部分條文修正時，調整公司法第 248 條第 1 項文字為「……發行公司債時，……向證券主管機關辦理」，但證券主管機關之原有行政管理——藉由公司債發行的事前規制，以確保證券市場上公司債應募人之權益，其設計並無大幅改變❶。

至於公司債之公開發行，經證券主管機關核准後，發行公司於核准通知到達之日起三十日內，應備具應募書，加記核准文號及年月日，同時公告，並開始募集（公司法第 252 條第 1 項）；惟民國 95 年證券交易法部分條文修正，公開發行已改採申報生效，而廢除申請核准制（證券交易法第

---

❶ 武憶舟，前揭書❸ 436 頁；林咏榮，前揭書❶ 321 頁；柯芳枝，前揭書❶ 432 頁；施智謀，前揭書❶ 193 頁；廖大穎，前揭書❶ 315 頁。

22 條第 1 項）。當然，依證券交易法第 30 條第 1 項規定，申請募集公司債時，亦應另行加具公開說明書。

2.公開發行公司債之限制

關於公開發行公司債的規定，原公司法乃藉證券管理機關的審核，針對上市、上櫃或公開發行股票公司，在證券市場上發行公司債的申請，予以控管之，如上所述；因此，假設公開發行公司如喪失債信或無償債能力者，原則上係禁止其發行公司債之舉債行為。申言之，公司法第 250 條特別明文公司如有下列情形之一者，即不得發行公司債：⑴對於前已發行之公司債或其他債務，有違約或延遲支付本息之事實，尚在繼續中；⑵最近三年或開業不及三年之開業年度課稅後之平均淨利，未達原定發行之公司債應負擔年息總額百分之一百者，但經銀行保證發行之公司債，則不受限制。

然，公司法第 249 條亦明文限制發行特定的公司債，即謂公司如有下列情形之一者，不得發行無擔保公司債：⑴對於前已發行之公司債或其他債務，曾有違約或延遲支付本息之事實，自了結之日起三年內；⑵最近三年或開業不及三年之開業年度課稅後平均淨利，未達原定發行之公司債，應負擔年息總額之百分之一百五十者。析言之，雖無公司法第 250 條各款，例如公司喪失債信或無營利能力，依法禁止發行公司債的規定，惟因債信與營利狀況，將影響公司債能力的問題，公司法第 249 條亦特別限制該公司發行無擔保的公司債，但仍可發行有擔保的公司債❶❺。

㈢停止公開發行

民國 100 年公司法部分條文修正，針對停止公開發行程序，特別於公司法第 156 條第 3 項後段（民國 107 年改訂為第 156 條之 2 第 1 項）明文「申請停止公開發行者，應有代表已發行股份總數三分之二以上股東出席之股東會，以出席股東表決權過半數之同意行之」的規定。當然，就以上的可決門檻，公司法同條第 4 項（現行法第 156 條之 2 第 2 項）亦明文「（公開發行股票公司）出席股東之股份總數不足前項定額者，得以有代表

---

❶❺　武憶舟，前揭書❸ 437 頁；施智謀，前揭書❶ 195 頁；廖大穎，前揭書❶ 317 頁。

已發行股份總數過半數股東之出席，出席股東表決權三分之二以上之同意
行之」，且於同條第 5 項（現行法第 156 條之 2 第 2 項）規定「公開發行股
票之公司已解散、他遷或因不可歸責於公司之事由，致無法履行證券交易
法規定有關公開發行股票公司之義務時，證券主管機關得停止其公開發
行」。

二、公開發行公司股務之特殊規定

㈠發行股票、公司債券與簽證

　　一般而言，股票係表彰股東權之證權證券，原則上因股東之出資認股，
公司依法負有發行股票的義務❻；因此，如公司法第 162 條所明文，所謂
發行股票的概念乃公司依法製作股票，並將之交付於股東的行為。

　　關於股票的發行，為防止公司利用發行股票，設局詐騙起見，一方面
明文禁止登記前發行股票之行為，另一方面亦強制公司於一定期間內，發
行股票之義務，不僅公司法第 161 條第 1 項限制公司非設立登記或發行新
股變更登記後，不得發行股票，而民國 107 年公司法修正第 161 條之 1 第
1 項前段改訂為「公開發行股票之公司，應於設立登記或發行新股變更登
記後三個月內發行股票」，明定強制發行股票者，以公開發行股票之公司為
限❼。相較於此，證券交易法第 34 條第 1 項亦特別規定公開發行公司之發

---

❻　例如民國 90 年公司法修正前，原第 161 條之 1 第 1 項規定「公司應於設立登
　　記或發行新股變更登記後，三個月發行股票」；惟考量我國中小企業之閉鎖性
　　小規模組織，縱屬股份有限公司之型態，然因資本額有限，股東人數不多，公
　　司本身發行股票的意願不高，且因發行股票，雖方便其持股轉讓之流通，但極
　　易產生股票發行不實的情形，影響交易安全起見，現行公司法第 161 條之 1 第
　　1 項強制發行股票的規定，僅限於「公司資本額達中央主管機關所定一定數額
　　以上者」，請參閱經濟部，前揭書❸ 77 頁。
　　關於公司法第 161 條之 1 的法制演變，可參閱賴源河等 13 人，前揭書❸ 193
　　頁（王仁宏、王文宇執筆）。

❼　民國 90 年公司法部分條文修正，第 161 條第 1 項但書增訂立法理由，謂允許
　　公開發行股票公司發行可轉換公司債時，公司得逕行交付股票，事後再行補辦

行股票期限，謂「發行人應於公司法得發行股票之……之日起三十日內，對認股人……，交付股票……」，至於「得發行股票之日」？原則上係指核准公司設立或發行新股變更登記執照送達公司之日（證券交易法施行細則第 3 條），但目前公司法第 6 條改採登記主義，廢除執照制度。

惟公司債券之發行，公司法亦無特別規定，原則上宜與發行股票程序，作相同的解釋；就證券交易法第 34 條第 1 項的發行時期，亦包括發行公司債券，參照上述，一般認為公開發行公司於完成募集公司債登記之日起，三十日內應交付公司債券**⓲**。

其次是股票與公司債券之簽證，關於公開發行公司發行股票與發行公司債券之簽證，證券交易法第 35 條特別明文公開發行公司發行股票或公司債應經簽證，其簽證規則，由主管機關定之；即目前依「公開發行公司發行股票及公司債券簽證規則」為之**⓳**。

㈡無實體交易與無實體發行

為落實有價證券集中保管功能，簡化現行法上股票發行成本及交付作業，民國 90 年公司法部分條文修正時，特別導入股票暨公司債券之無實體交易（民國 107 年已刪除）與無實體發行制度。

所謂無實體交易，即原公司法第 162 條之 1 與原公司法第 257 條之 1 所明文公開發行股票之公司，於發行新股或公司債時，其股票或公司債券得就該次發行總數或總額，合併印製成大額單張股票或公司債券，惟該大額單張的有價證券，依規定應存放於證券集中保管事業機構保管之，由證券集中保管事業機構發給認購股份之認股人或公司債之應募人，有價證券存摺的方式，進行股票或債券交易的階段性任務，在民國 107 年公司法修

變更登記之方式，請參閱經濟部，前揭書**⓭** 76 頁。

另，民國 107 年公司法部份條文修正草案，修正第 161 條之 1 的立法說明，請參閱《立法院公報》第 107 卷第 75 期第 3 冊 63 頁。

⓲ 賴英照，《證券交易法逐條釋義(2)》（自版，1992 年）261 頁。

⓳ 民國 89 年 12 月 30 日臺財證㈠字第 92314 號函修正名稱（原名稱：公司發行股票及公司債券簽證規則）。

正時，功成身退❷。相較於上述有價證券之無實體交易，公司法第162條之2（民國107年改定第161條之2）第1項與第257條之2第1項亦特別明文所有公司，其發行之股份或公司債均得免印製股票或債票（券），此即所謂有價證券之無實體發行制度；惟公司依該項規定發行無實體之股份或公司債者，亦應洽證券集中保管機構登錄，由該集中保管機構發給認購股份之認股人或公司債之應募人，有價證券存摺的方式，以解決目前股票或公司債券之無實體發行所生之作業實務。

(三)股東名簿過戶之閉鎖期間

按股東名簿制度，不僅因其登載股東的資料，以便於公司將有關事項通知各股東，而且股東名簿為公司必備的法定簿冊（公司法第169條），具有一定的法律效果，例如股東名簿之記載亦是股東行使股東權的重要依據所在。

關於股東名簿過戶的閉鎖期間，公司法第165條第2項明文限制股東名簿記載之變更，於股東常會開會前三十日內，股東臨時會開會前十五日內，或公司決定分派股息及紅利或其他利益之基準日前五日內，不得為之；論者認為其乃股票過戶期間的一般規定。至於公開發行股票之公司，其過戶的閉鎖期間，依公司法第165條第3項特別明文於股東常會開會前六十日內，股東臨時會開會前三十日內，不得為之；究其原委，謂該增修理由，乃「鑑於公開發行股票公司之股東眾多且其結構複雜，邇來公司股東會委託書之使用出現脫序現象，為正本清源，建立委託書徵求資訊之公開制度，以導引委託書之正面功能，即由公司隨同開會通知附寄委託書徵求資料予股東，俾股東得有完整資訊，以評估是否授與徵求人委託書。惟因現行規定停止過戶日為股東常會開會前一個月內，股東臨時會開會前十五日內，公司如配合前揭作業，則因日期過短，勢所不能。故基於實務作業考量及管理必要性，爰增訂第3項……」❷❶。

---

❷　民國107年公司法部份條文修正草案，刪除第162條之1與第257條之1的立法說明，請參閱《立法院公報》第107卷第75期第3冊63頁、91頁。

❷❶　民國90年公司法部分條文修正，第165條第3項增訂立法理由說明，請參閱

參、企業組織運作之調整

一、股東與股東會部分

關於股東會制度之運作，公司法特別針對公開發行股票之公司，明文如下不同的規制：

㈠股東會之召集程序與視訊會議

就召集股東會而言，公司法第 172 條第 3 項特別規定公開發行股票公司的召集程序：一是召集股東常會時，公司應於三十日前通知各股東，不同於第 172 條第 1 項之規定，二是召集股東臨時會時，公司應於十五日前通知各股東，若對於持有無記名股票之股東，應於三十日前公告之，亦不同於第 172 條第 2 項之規定；依其立法理由，謂爰以配合公司法增訂第 165 條第 3 項提前公開發行股票公司召開股東會停止過戶日之修正，將股東會召集通知時間，酌予調整之❷。

至於股東會召集通知，依法應載明召集事由（公司法第 172 條第 4 項），民國 107 年公司法修正第 172 條第 5 項之法定列舉事由，與證券交易法第 26 條之 1 所規定已依本法發行有價證券之公司召集股東會時，相關公司法第 209 條第 1 項許可董事競業行為、公司法第 240 條第 1 項盈餘轉撥資本及公司法第 240 條第 1 項公積撥充資本等決議事項一致，均應在召集事由中列舉，並說明其主要內容，不得以臨時動議提出之限制❷。惟上述

經濟部，前揭書❸ 82 頁。

❷ 民國 90 年公司法部分條文修正，第 172 條第 3 項增訂立法說明，請參閱經濟部，前揭書❸ 91 頁。

❷ 民國 77 年證券交易法部分條文修正草案，第 26 條之 1 立法理由，認為上揭所定應經股東會議決之事項，皆屬公司經營之重大事項，為防止公司取巧，以臨時動議提出，影響股東權益計，爰以限制之，請參閱《立法院公報》第 76 卷第 96 期 46 頁。

民國 107 年公司法部分條文修正，第 172 條修正的立法理由，請參閱《立法院公報》第 107 卷第 75 期第 2 冊 135 頁。

針對盈餘轉撥資本及公積撥充資本的規定，不僅公司法第 240 條第 5 項特別明文公開發行股票之公司，得以章程授權董事會特別決議辦理，將應分派股息及紅利之全部或一部，以發行新股的方式為之，並報告股東會，而公司法第 241 條第 2 項亦明文第 240 條第 4 項及第 5 項之規定，於公積撥充資本時，準用之；因此，從公司法特別明文公開公司得由章程授權董事會決議觀之，論者亦謂證券交易法第 26 條之 1 所特別列舉的理由，似乎不夠堅強❷。誠然如此落實企業自治，但問題在於公司法第 240 條第 5 項與第 241 條第 2 項之規定係將處分股東權益的行為，公開發行公司得藉由章程訂明之形式，實質授權給董事會為之？不無再斟酌之處。

　　至於視訊會議部分，民國 107 年公司法部分條文修正，增訂第 172 條之 2「公司章程得訂明股東會開會時，以視訊會議或其他經中央主管機關公告之方式為之」，但排除公開發行公司，直至 covid-19 疫情爆發，於民國 110 年立委臨時提案審議與政黨協商附帶決議相關部分條文，修正公司法第 172 條之 2，增訂第 1 項但書「但因天災、事變或其他不可抗力情事，中央主管機關得公告公司於一定期間內，得不經章程訂明，以視訊會議或其公告之方式開會」、改定第 3 項為「前二項規定，於公開發行股票之公司應符合之條件、作業程序及其他應遵行事項，證券主管機關另有規定者，從其規定」❷；因此，相關公開發行股票之公司與召開股東會視訊會議部分，依公司法第 172 條之 2 第 3 項則另由證券主管機關明定規定從之，於本書本章第二節【貳之一】介紹。

(二)股東會議事手冊

　　一般公司之股東會的召集，如公司法第 172 條所規定之應遵行程序，例如召集通知之事前通知股東，及其召集事由之載明等皆是。惟公司法第

---

❷　賴英照，《證券交易法逐條釋義(4)》（自版，1992 年）190 頁。

❷　民國 107 年公司法部分條文修正草案，增訂第 172 條之 2 的立法理由，請參閱《立法院公報》第 107 卷第 75 期第 2 冊 187 頁；民國 110 年公司法部分條文修正草案，修正第 172 條之 2 的資料與立法理由，請參閱《立法院公報》第 111 卷第 11 期 542、580 頁。

177 條之 3 第 1 項，特別針對公開發行股票之公司於召集股東會的程序上，明定該公司召開股東會時，應編製股東會議事手冊，並應於股東會開會前，將議事手冊及其他會議相關資料公告之；或謂使公司股東瞭解股東會議事程序及內容，以便股東行使其權利❷❻。至於上述相關股東會議資料公告之時間、方式、議事手冊應記載之主要事項及其他應遵行事項之辦法，公司法第 177 條之 3 第 2 項亦授權證券管理機關定之。

(三)股東會議決與電子方式行使表決權

1.對公開發行股票公司的特別規定

公司法第 174 條明文股東會普通決議之原則；相對於此，公司法第 13 條第 2 項、第 159 條第 1 項、第 185 條第 1 項、第 199 條第 2 項、第 209 條第 2 項、第 227 條準用第 199 條、第 240 條第 1 項、第 241 條第 1 項、第 277 條第 2 項及第 316 條第 1 項亦規定股東會之特別決議制度，其不同於公司法第 174 條「應有代表已發行股份總數過半數股東出席，以出席股東表決權過半數之同意行之」的議決方式，一般認為是針對特定事項之議決，依規定該股東會決議「應有代表已發行股份總數三分之二以上股東出席，出席股東表決權過半數之同意行之」。然，就上述公司法特別決議事項的規定，公開發行股票之公司亦得以「有代表已發行股份總數過半數」之股東出席股東會，「以出席股東表決權三分之二以上同意」行之；易言之，針對該特別決議事項，公開發行公司的「特例」決議方式，實有不同於一般公司❷❼。

2.證券主管機關的特別強制規定

民國 100 年公司法增訂第 177 條之 1 第 1 項但書，再經民國 107 年修正文字，明定「公開發行股票之公司，符合證券主管機關依公司規模、股東人數與結構及其他必要情況所定之條件者，應將電子方式列為表決權行

---

❷❻ 民國 94 年公司法部分條文修正草案，第 177 條之 3 增訂理由，請參閱《立法院公報》第 94 卷 40 期 226 頁。

❷❼ 雖在「三分之二出席、過半數同意」與「過半數出席、三分之二同意」之權值計算上相當，但在法制實踐上，兩者之間，恐流於技巧性操作之虞。

使方式之一」，採授權證券主管機關依規定的強制通訊投票制度；因此，主管機關金管會則於民國 102 年頒布上市、上櫃公司之強制採用電子投票制度，明定「⋯⋯實收資本額新臺幣五十億元以上，且前次停止過戶日股東名簿人數達一萬人以上之上市（櫃）公司召集股東會時，應將電子方式列為表決權行使管道之一」，期以改善近年來上市、上櫃公司之年度股東會日期，有過度集中現象，致股東無法一一出席股東會行使其表決權，影響股東權益的現象❷❽。

(四)零股股東

所謂零股股東，其概念係衍生自例如證券交易法第 138 條第 1 項授權證券交易所訂定買賣單位，即對於上市股票之買賣係以每股金額十元，一千股為一成交單位或其倍數為原則；因此，買賣股數不足該交易市場所規定之一成交單位者，稱為零股，比方是依臺灣證券交易所股份有限公司上市股票零股交易辦法特別規範之交易型態為零股交易，其股東即稱為零股股東。

依公司法股東平等原則言之，凡股東，其在法律上的權義關係應屬相同，惟在證券市場所呈現的股權結構，零股股東的特色是人數眾多，但若合計加總零股股東的持股，僅佔各該公司所發行的股份總數比例甚微。關於此，雖然公司法並無特別規範對零股股東之便宜設計，但在實務上，論者有謂是公司依法以掛號寄發各股東之開會通知義務似乎已成為大眾化之股票發行公司人力、物力的一大負擔；因此，雖然公司法第 172 條第 1 項與第 2 項明文股東會之召集，公司應通知各股東，但證券交易法第 26 條之 2 亦特別規定「已依本法發行股票之公司，對於持有記名股票未滿一千股股東，其股東常會之召集通知得於開會三十日前；股東臨時會之召集通知

---

❷❽　民國 100 年公司法第四次部分條文修正草案，增訂第 177 條之 1 第 1 項但書之立法理由，請參閱《立法院公報》第 100 卷第 49 期 414 頁；另，民國 107 年公司法部分條文修正草案，修正第 177 條之 1 的立法理由，請參閱《立法院公報》第 107 卷第 75 期第 2 冊 218 頁。

　　民國 102 年 11 月 8 日金管證交字第 1020044212 號令，請參照。

得於開會十五日前，以公告方式為之」的替代性措施❷。至於民國 90 年公司法部分條文修正時，為簡化公開發行股票公司分發股東會議事錄及分發財務報表之程序，公司法第 183 條第 2 項及第 230 條第 2 項亦特別規定公開發行股票之公司，對於持有記名股票未滿一千股之股東，得以公告之方式，替代法定之分發義務，爰予增訂，符合彈性處理之需求❸；惟上述公司法之於零散股東的特別規定部分，民國 100 年公司法部分條文修正第 183 條第 3 項與第 230 條第 2 項，改訂「第一項議事錄之製作及分發，公開發行股票之公司，得以公告方式為之」與「前項財務報表及盈餘分派或虧損撥補決議之分發，公開發行股票之公司，得以公告方式為之」。

二、董事與董事會部分

關於公開發行股票公司之董事制度，公司法亦有其特別規制：

㈠董事候選人提名制度

公司法第 192 條之 1 特別針對公開發行股票公司之董事選舉，採候選人提名制度，謂因公開發行股票之公司，股東人數眾多，為健全公司發展及保障股東權益，宜建立董事候選人提名制度，進行董事之選任，以逐步推動與落實公司治理的工作，而民國 107 年公司法再修正第 192 條之 1，改訂所有公司均得採之，且明定公開發行公司符合主管機關所訂條件者，均強制採行董事候選人提名制度❸。因此，上述的董事候選人提名制度，

---

❷ 民國 77 年證券交易法部分條文修正草案，第 26 條之 2 立法理由，謂「股票公開發行公司因歷年不斷增資配股，有甚多零股存在，……致使持有零股股東人數眾多，幾達各該公司股東總人數百分之四十以上，但其總持股數僅為各該公司發行股數百分之一以下」，請參閱《立法院公報》第 76 卷第 96 期 47 頁。

❸ 民國 90 年公司法部分條文修正，第 183 條第 2 項與第 230 條第 2 項增訂立法說明，請參閱經濟部，前揭書❸ 98、128 頁。

❸ 民國 94 年公司法部分條文修正草案，第 192 條之 1 增訂理由，請參閱《立法院公報》第 94 卷 40 期 230 頁。

關於公司法第 192 條之 1 的董事候選人提名制度，例如王文宇，《公司法論》（元照，2005 年）282 頁質疑如此立法，恐過於粗糙，認為其雖有督促「萬年

係公司法第 192 條之 1 第 1 項明文授權公司章程載明的企業自治事項之一，再經民國 107 年修正，由股東依該董事候選人名單中選任之規定，依如下的作業程序：

1.受理提名的先置程序

受理董事候選人之提名作業程序是公司應先於召開該次股東會之停止股票過戶日前，公告受理該次董事候選人提名之作業期間、董事應選出的名額、其受理處所及其他必要事項等，且該受理期間不得少於十日（公司法第 192 條之 1 第 2 項）。

2.董事候選人之提名程序

公司法第 192 條之 1 第 3 項分別賦予股東及董事會之候選人提名權，當然應依書面向公司提名之，且該董事候選人的提名人數自不宜超過董事應選之名額；惟如股東提名時，亦限制於持有已發行股份總數百分之一以上股份之股東，且應依公司法第 192 條之 1 第 4 項的規定，敘明被提名人之相關資料。

3.改採負面表列的形式審查

民國 107 年公司法修正第 192 條之 1 第 5 項，改採董事會或其他股東會召集權人對於董事被提名人之形式審查，明文其於法定排除事由外，應列入董事候選人名單之義務。

4.股東會前的資訊公開與通知

公司應於股東常會開會二十五日前或股東臨時會開會十五日前，將董事候選人名單及其被提名候選人之相關資料公告，而對於提名人選未列入董事候選人名單者，並應敘明其理由（公司法第 192 條之 2 第 6 項）。

(二)董事持股轉讓之當然解任

公司法第 197 條明文董事經選任後，應向主管機關申報，其選任當時

執政」經營者的輪替壓力，但如考量到企業經營的延續性與專業性，恐會讓人憂心如此的企業民主設計，是否真為公司與小股東之福？

另，民國 107 年公司法部分條文修正草案，修正第 192 條之 1 的立法理由，請參閱《立法院公報》第 107 卷第 75 期第 2 冊 249 頁。

所持有之股份數額與董事在任期中持股數額之增減；惟公司法第 192 條第 3 項亦特別規定公開發行股票所選任之董事，其全體董事合計持股比例，證券管理機關另有規定者，從其規定，例如證券交易法第 26 條第 1 項所特別限制公開發行公司之全體董事及監察人所持有記名股票的股份總額，其不得少於公司已發行股份總額的一定成數。至於相關董事與監察人的股權成數及查核實施規則，明文授權主管機關以命令定之（證券交易法第 26 條第 2 項）❷。

針對董事持股之轉讓，公司法第 197 條第 1 項後段特別規定公開發行公司之董事，轉讓持股超過當選時的二分之一時，致生該董事當然解任之法律效果。雖如上所述，論者或謂本條係以強化董事對公司的向心力，限制董事持股之大量轉讓，為防止股東藉多數股份取得董事職位後，於大量拋出股份後，仍得保有其董事席次；同時，公司法第 197 條第 3 項亦特別明文公開發行股票之公司董事當選後，於就任前轉讓超過選任時所持有之公司股份數額二分之一時，或於股東會召開前之停止股票過戶期間內，轉讓持股超過二分之一時，其當選失其效力。另，民國 104 年增訂公司法第 197 條之 1 第 2 項，明定公開發行股票公司之董事持股設質，超過選任當時持股數額的二分之一時，雖不同於公司法第 197 條的規定，但致生其超過的股份，不得行使表決權的法律效果❸。

---

❷ 民國 63 年 8 月 28 日經濟部 (63) 證管四字第 1420 號函訂定發布「公開發行公司董事、監察人股權成數及查核實施規則」參照。

關於證券交易法第 26 條董監持股規制之緣由與批評，請參閱賴英照，前揭書 ❶ 167 頁；惟如此的規定是否妥當，恐有正反意見之不同看法，例如民國 90 年公司法部分條文修正，第 192 條第 1 項排除股東充任董事之原有限制，認為其有違企業所有與經營分離之潮流，不相契合，且公司獲利與公司董事是否由股東選任，無特殊關聯性之謂。

❸ 民國 100 年公司法第 2 次部分條文修正草案，增訂第 197 條之 1 第 2 項的立法理由，請參閱《立法院公報》第 100 卷第 63 期 134 頁。

另，針對公司法第 197 條之 1 第 2 項的檢討，請參閱張心悌，〈法力無邊？董事任期前股份設質於表全權行使之限制——最高法院 103 年度臺上字第 1732

㈢董事之補選

　　公司法第 201 條本文特別規定董事缺額達三分之一時，依法應於三十日內，召開股東臨時會補選董事；然，為配合公開發行股票公司之股務作業，例如公司法第 172 條第 3 項的規定，亦爰以增訂公司法第 201 條但書明文公開發行股票之公司，董事會應於六十日內召開股東臨時會，補選董事，以免拖延時日，影響公司正常經營❸❹。

三、監察人部分

㈠監察人候選人提名制度

　　關於監察人之選任，公司法第 216 條之 1 亦特別明文公司監察人之選舉，依章程採候選人提名制度者，準用第 192 條之 1「董事」的候選人提名制度規定，賦予股東與董事會於一定的受理期間內，得提名監察人候選人，供股東會就該候選人名單中選任監察人。因準用公司法第 192 條之 1 規定的結果，即「提名董事候選人」上述受理作業之先置程序、提名程序、形式審查、資訊公開與通知程序，於提名監察人候選人制度亦受有同樣的規範❸❺。

㈡監察人持股轉讓之當然解任

　　觀公司法第 216 條第 2 項的監察人規定，其與公司法第 192 條第 3 項所明文之意旨類同；即關於監察人全體持股比例限制，亦適用證券交易法第 26 條之規定，如前所述。

　　號民事判決〉《月旦法學雜誌》第 250 期 196 頁；廖大穎，〈董監辭任與公司法第 197 條之 1 質押股票規範——評最高法院 103 年度臺上字第 1732 號民事判決〉《台灣法學雜誌》第 310 期 55 頁。

❸❹　民國 90 年公司法部分條文修正，第 201 條但書增訂立法說明，請參閱經濟部，前揭書❸ 110 頁。

❸❺　民國 94 年公司法部分條文修正草案，第 216 條之 1 增訂理由，亦謂有鑑於上市、上櫃等公開發行股票之公司，股東人數眾多，為健全公司經營體質，保護投資大眾權益，建立監察人候選人的提名制度，將有助於公司治理之推動，請參閱《立法院公報》第 94 卷 40 期 233 頁。

當然，公司法第 227 條準用第 197 條的結果：一是監察人亦應依法向主管機關申報，其選任時的持股數額與在任期中持股數額的增減；惟其若屬公開發行股票之公司，該監察人因其持股轉讓超過監察人選任當時所申報持股數額的二分之一時，亦致生當然解任之效果。二是公開發行股票之公司監察人當選後，如於就任前轉讓超過選任時所持有公司股份數額二分之一時，或於股東召開前之停止股票過戶期間內，轉讓持股超過二分之一時，其當選亦失其效力。

㈢會計監察與會計師之查核簽證制度

關於公司的會計監察制度，係源自於公司法第 219 條第 1 項所規定，屬於監察人的法定職權之一；因此，監察人對於董事會依第 228 條第 1 項所編造提出於股東會之各種表冊，應予查核，並報告意見於股東會，惟關於監察人查核會計表冊的報告，依法應作成報告書，在股東常會開會前得隨時供查閱之（公司法第 229 條）。針對上述監察人依法執行公司法第 218 條第 1 項與第 219 條第 1 項的職務時，亦得委託律師或會計師審核之（公司法第 218 條第 2 項、第 219 條第 2 項）。論者亦謂監察人的審查報告，其意見關係著股東會是否承認公司會計決算之一項重要參考資訊，若監察人違反規定而為虛偽之報告時，依公司法第 219 條第 3 項得科以刑事責任❸❻。

至於強制會計師查核簽證之規定，依公司法第 20 條第 2 項本文前段所明文，「公司資本額達中央主管機關所定一定數額以上或未達一定數額而達一定規模者，其財務報表，應先經會計師查核簽證」即是；然，證券交易法第 36 條第 1 項特別規定公開發行有價證券之公司，均應依規定編製「經會計師查核簽證」或「經會計師核閱」之財務報告，且證券交易法第 37 條第 2 項亦明文會計師辦理前述之查核簽證，除會計師法及其他法律另有規定者外，應依主管機關所定之查核簽證規則辦理。因此，關於公司法第 20 條第 2 項與會計師查核簽證規則，原則上係授權中央主管機關經濟部定之，但公開發行股票之公司，證券主管機關如另有規定者，則不適用之，例如

---

❸❻　廖大穎，前揭書❶ 223 頁。

證期會（現改稱證券期貨局）依會計師法第 8 條第 2 項與證券交易法第 37 條第 1 項的規定，亦頒布會計師查核簽證財務報表規則及會計師辦理公開發行公司財務報告查核簽證核准準則 ❸ 。

肆、公司重整與關係企業之資訊揭露

一、公司重整制度

　　公司法第 282 條第 1 項「公開發行股票或公司債之公司，因財務困難，暫停營業或停業之虞，而有重建更生之可能者，得……向法院聲請重整」之規定，對於陷入財務困境而有重建可能之股份有限公司，得藉由法院之重整裁定，期待公司能繼續營運的企業再生，例外容許調整公司與公司債權人間、公司與股東間及其他利害關係人間的權利義務機制，即所謂公司重整制度 ❸ 。一般認為公司組織之清算解體，其對社會的衝擊不小，而論者亦謂於現今社會，企業高度發展，各行各業經緯交織，相互關連，若其中一公司組織發生經營上的破綻，則亦可能影響其他相關事業的經濟活動；尤其是事業規模大的企業組織，比方是集合社會資本的公開發行股票或公司債公司，其所扮演的角色，地位殊重，實非等同於獨資經營的個人企業。申言之，倘若其因經營上之財務失敗，立即直接進行公司清算的破產程序者，非僅該公司之股東及債權人蒙受其害，即使是國家亦因勞工失業的社會成本與市場經濟之失序，可能牽連受累；因此，在公司法制之設計上，如能對一時財務破綻的公開發行公司，予以適當之救濟，使該企業尚有重

---

❸ 民國 71 年 11 月 25 日臺財融字第 25709 號令、(71) 經商字第 43663 號令會銜訂定「會計師查核簽證財務報表規則」（惟於民國 92 年 1 月 13 日廢止，民國 91 年 11 月 8 日重新訂定發布施行）、民國 83 年 9 月 27 日臺財證㈥字第 01876 號函「會計師辦理公開發行公司財務報告查核簽證核准準則」參照。

❸ 林咏榮，前揭書❶ 342 頁；柯芳枝，前揭書❶ 502 頁；梁宇賢，前揭書❶ 483 頁；施智謀，前揭書❶ 227 頁；廖大穎，前揭書❶ 332 頁；王文宇，前揭書❶ 491 頁。

建再生的機會,其於企業個人或於國家社會,當屬有益❸❾。

職是,公司重整制度之於維持企業重建,論者有謂其意義並不僅在於挽救財務窘困之公司,提供企業再生之直接目的,其亦透過公司重整的法定程序,防止企業破產的機能,間接確保公司債權人及投資大眾的權益,以達成維護社會上經濟秩序安定之目的❹❶。

二、關係企業的資訊揭露制度

關係企業,依公司法第 369 條之 1 本文第 1 款所定義之企業支配構造,屬於存有控制與從屬關係之公司集團等;因此,為明瞭控制公司與從屬公司間之法律關係,比方是業務上交易行為或不動產買賣等行為,公司間之資金往來及損益狀況,公司法第 369 條之 12 第 1 項特別規定從屬公司為公開發行股票之公司者,應於每會計年度終了時,造具其與控制公司間之關係報告書,載明相互間之法律行為、資金往來及損益情形,而第 2 項特別明文控制公司為公開發行股票之公司者,應於每會計年度終了時,編製關係企業合併營業報告書及合併財務報表,明文關係企業資訊揭露之義務,以確定控制公司對從屬公司之責任,方便主管機關之管理,並保障公司股東及債權人之權益❹❶。惟現行關係企業專章之立法,論者認為尚屬初創,針對公司法第 369 條之 12 第 1 項與第 2 項明文三書表之編製適用對象,目

---

❸❾ 林咏榮,前揭書❶ 342 頁;柯芳枝,前揭書❶ 502 頁;梁宇賢,前揭書❶ 484 頁;施智謀,前揭書❶ 227 頁;廖大穎,前揭書❶ 331 頁。
   惟王文宇,前揭書❶ 249 頁,亦陳指我國公司重整法制之良法美意,似已遭到濫用,不僅是多被利用於迫使債權人談判妥協之手段,亦有多藉由重整制度,達到脫產逃債之變相目的。

❹❶ 武憶舟,前揭書❸ 481 頁;廖大穎,前揭書❶ 332 頁。
   關於公司重整之議題,可參閱王文宇,〈我國公司重整法制之檢討與建議〉《公司與企業法制》(元照,2000 年) 211 頁,謝易宏,〈從倫敦模式探討我國企業重整法律之佈局〉《月旦法學雜誌》第 106 期 56 頁。

❹❶ 武憶舟,前揭書❸ 604 之 42 頁;柯芳枝,前揭書❶ 676 頁;廖大穎,前揭書❶ 428 頁;洪貴參《關係企業法》(元照,1999 年) 278 頁。

前宜限於公開發行股票公司，而不適用於非公開公司，或謂以降低中小企業帳務處理成本❹。

　　至於關係企業三書表之編製，依公司法第 369 條之 12 第 3 項明文授權證券管理機關，頒布「關係企業合併營業報告書、關係企業合併財務報表及關係報告書編製準則」規範之❹。

第二節　證券交易法與公開發行公司的特別規制

壹、公司內部人持股管理

一、董事、監察人、經理人及大股東之股權申報義務

　　相較於公司法上董事、監察人持股申報之規定，證券交易法第 25 條第 1 項特別規定公開發行股票之公司於登記後，應即將董事、監察人、經理人及持有股份超過股份總額百分之十之股東（即一般所謂「大股東」），其所持有該公司股票之種類及股數，向主管機關申報並公告之，且第 2 項規定該股票持有人，亦應於每月五日以前，將上月份持有股數變動之情形，向公司申報，公司應於每月十五日以前，彙總向主管機關申報，於必要時，主管機關得命其公告之。證券交易法第 25 條之規定，一般稱為公司「內部

---

❹　例如高靜遠，〈公司法關係企業專章立法沿革及條文說明〉《會計研究月刊》第 141 期 18 頁，指陳公司法第 369 條之 12 係經立法院朝野協商，形成所謂立法政策上之階段性目的。惟如此的立法政策，從強化關係企業的資訊揭露與公司法制的應有設計言之，恐令人質疑其規範，請參閱廖大穎，〈論關係企業的內部監控與股東權之保護〉《經社法制論叢》第 31 期 41 頁。

　　另，民國 107 年公司法部分條文修正草案，修正第 369 條之 12 的立法理由，請參閱《立法院公報》第 107 卷第 75 期第 3 冊 191 頁。

❹　民國 88 年 3 月 31 日 (88) 臺財證㈥第 01395 號「關係企業合併營業報告書、關係企業合併財務報表及關係報告書編製準則」參照。

人」持股變動之申報義務，亦屬於廣義的企業內容公開制度之一環❹。

關於上述公司內部人持股變動之申報制度，究其立法意旨，證券交易法第 25 條與下列規定關係密切，即一是證券交易法第 26 條董事、監察人持股管理規定，二是證券交易法第 22 條之 2 公司內部人持股轉讓之規定，三是證券交易法第 157 條與第 157 條之 1 公司內部人從事短線交易、內線交易之禁止規定；然就此部分，將在本節【壹之二、三、四】再說明。

惟相關證券交易法第 25 條內部人之持股申報，論其內部人的範圍，雖有公司董事、監察人、經理人及大股東之定義性設限，但其持有股數申報之計算，依證券交易法第 25 條第 3 項明文準用第 22 條之 2 第 3 項之規定，謂該內部人所申報之持股，應包括其配偶、未成年子女及利用他人名義持有之股份；然，所謂證券交易法第 22 條之 2 第 3 項「利用他人名義持有者」之概念，按其立法說明係認為「不外乎基於資金來源、控制關係、利益或損失之歸屬等情節」❺，因而於證券交易法施行細則第 2 條特別規定「利用他人名義持有股票」者，乃指具備下列要件：㈠直接或間接提供股票與他人或提供資金與他人購買股票，㈡對該他人所持有之股票，具有管

---

❹　例如民國 56 年 4 月 13 日立法院經濟‧財政‧司法三委員會第 6 次聯席會議記錄，當時證券管理委員會主任委員陳指「……發行公司公開發行有價證券，為使一般投資人明瞭公司營運情形，其財務業務狀況，應儘量予以公開，以便投資人有所選擇。……本法第 25 條第 1 項規定……，其目的在使……。第 2 項規定公司將董事、監察人、經理人及大股東持有股票之變動情形，於每月十五日前申報一次，期使一般小股東明瞭公司負責人及大股東之動向，以免受其欺騙。……」（汪彝定發言），請參閱立法院秘書處，《證券交易法案（上冊）》（立法院公報法律案專輯，1968 年）177 頁。

賴英照，前揭書❶❽ 63 頁；黃川口，《證券交易法要論》（自版，1997 年）160頁；李開遠，《證券管理法規新論》（五南圖書，2001 年）72 頁；陳春山，《證券交易法論》（五南圖書，2001 年）74 頁；曾宛如，《證券交易法原理》（自版，2000 年）168 頁。

❺　民國 77 年證券交易法部分條文修正草案，第 22 條之 2 第 3 項立法說明，請參閱《立法院公報》第 76 卷第 96 期 44 頁。

理、使用或處分之權益，㈢該他人所持有股票之利益或損失全部或一部歸屬於本人。

至於公司內部人持股設質的問題，雖公司法第197條之1第1項明文董事之股份設定或解除質權者，應即通知公司，公司應於質權設定或解除後十五日內，將其質權變動情形，向主管機關申報並公告之，且監察人部分，於公司法第227條亦有明文準用，依法應予以揭露❹❻；惟證券交易法第25條第4項特別規定公開發行公司之董事、監察人、經理人及大股東之股票經設定質權者，出質人應即通知公司，而公司亦應於其質權設定後五日內，將其出質情形，向主管機關申報並公告之。然，關於內部人持股設質之解除等變動情形？法無明文，原則上本於企業內容之公開，亦應如上述解釋行之。

二、全體董監持股比例

關於證券交易法第26條明定限制董事、監察人持股總數，不得少於一定比例之成數，即這證券交易法第25條之申報義務係有助於確認全體董監事，是否符合第26條董監股權成數查核之實施與管理❹❼。

證券交易法第26條第1項規定「凡依本法公開募集及發行有價證券之公司，其全體董事及監察人二者所持有記名股票之股份總額，各不得少於

---

❹❻　民國90年公司法部分條文修正，第197條之1增訂理由，請參閱經濟部，前揭書❶❸ 107頁。

惟董事持股設質之問題，賴源河等13人，前揭書❶❸ 267頁，曾陳指民國87年起所發生之一連串「地雷股」事件中，公司內部人除掏空公司資產，炒作公司股票外，並將取得股票作質，再以借得款項，購買股票，在股票崩盤後，造成投資人及貸款機構重大損失，期藉由企業資訊之揭露，將有預警的作用（余雪明執筆）；民國100年公司法部分條文修正，增訂第197條之1第2項，明文規定「公開發行股票之公司董事以股份設定質權超過選任當時所持有之公司股份數額二分之一時，超過之股份不得行使表決權，不算入已出席股東之表決權數」，相關增訂之立法理由，請參閱《立法院公報》第100卷第63期134頁。

❹❼　黃川口，前揭書❹❹ 163頁；陳春山，前揭書❹❹ 74頁；曾宛如，前揭書❹❹ 169頁。

公司已發行股份總數一定之成數」，論者有謂該規定之原委，其目的乃在於
使公司董監持有一定成數之股份，強化董事、監察人對發行公司產生休戚
相關、利害與共之效，以增強其企業經營信念，健全公司資本結構，並防
止董監對該發行公司股票作投機性買賣，致而影響證券交易及投資人之利
益❹。基於此，證券交易法第 26 條第 2 項乃特別授權主管機關，頒布「公
開發行公司董事、監察人股權成數及查核實施規則」，資以規範❹；同時證

---

❹ 民國 55 年證券交易法草案總說明，請參閱立法院秘書處，前揭書❹ 32 頁。
賴源河，《證券交易法規》（自版，2000 年）107 頁；賴英照，前揭書❶ 167
頁；余雪明，《證券交易法》（證券暨期貨市場發展基金會，2000 年）53 頁；
黃川口，前揭書❹ 150 頁；陳春山，前揭書❹ 69 頁。

❹ 民國 63 年證管會函訂定發布，最新修正版是民國 97 年 5 月 20 日金管證三字
第 0970022995 號令。
依公開發行公司董事、監察人股權成數及查核實施規則第 2 條所示，「公開發
行公司依其實收資本額分為下列級距，其全體董事及監察人所持有記名股票之
股份總額，各不得少於公司已發行股份總額之下列成數。但依第二款至第八款
計算之全體董事或監察人所持有股份總額低於前一款最高股份總額者，應按前
一款之最高股份總額計之：
一、公司實收資本額在新臺幣三億元以下者，全體董事所持有記名股票之股份
　　總額不得少於公司已發行股份總額百分之十五，全體監察人不得少於百分
　　之一‧五。
二、公司實收資本額超過新臺幣三億元在十億元以下者，其全體董事所持有記
　　名股票之股份總額不得少於百分之十，全體監察人不得少於百分之一。
三、公司實收資本額超過新臺幣十億元在二十億元以下者，其全體董事持有記
　　名股票之股份總額不得少於百分之七‧五，全體監察人不得少於百分之
　　〇‧七五。
四、公司實收資本額超過新臺幣二十億元在四十億元以下者，全體董事持有記
　　名股票之股份總額不得少於百分之五，全體監察人不得少於百分之〇‧五。
五、公司實收資本額超過新臺幣四十億元在一百億元以下者，其全體董事持有
　　記名股票之股份總額不得少於百分之四，全體監察人不得少於百分之〇‧
　　四。
六、公司實收資本額超過新臺幣一百億元在五百億元以下者，其全體董事持有

券交易法第 178 條亦明文行政罰鍰，並責令限期辦理，屆期仍不辦理者，得繼續限期令其辦理，並按次連續各處一定之罰鍰，至辦理為止。

關於上述的立法政策，或有不同見解，質疑證券交易法第 26 條強制企業所有與經營合一的妥當性❺。惟就現行法之立法原意，其設計實與第 25 條董監持股變動申報制度互為表裡，謂「使公司負責人不能任意拋售所持本公司之股票，以作投機圖利，並藉以加強公司負責人與公司間之利害關係」，從而「為期證券市場健全發展，站在證管會立場，不希望發行公司主要人所持有之股份，時常變動，更不希望其以持有之股票作投機買賣」云云，為防範過去證券市場，曾發生公司之董監事拋售股票圖利，置公司利益於不顧之醜聞；是故，證券交易法特別明文連帶制定第 25 條與第 26 條

　　　記名股票之股份總額不得少於百分之三，全體監察人不得少於百分之〇·三。

七、公司實收資本額超過新臺幣五百億元在一千億元以下者，其全體董事持有記名股票之股份總額不得少於百分之二，全體監察人不得少於百分之〇·二。

八、公司實收資本額超過新臺幣一千億元者，全體董事持有記名股票之股份總額不得少於百分之一，全體監察人不得少於百分之〇·一。

公開發行公司選任之獨立董事，其持股不計入前項總額；選任獨立董事二人以上者，獨立董事外之全體董事、監察人依前項比率計算之持股成數降為百分之八十。

公開發行公司已依本法設置審計委員會者，不適用前二項有關監察人持有股數不得少於一定比率之規定。

除金融控股公司、銀行法所規範之銀行及保險法所規範之保險公司外，公開發行公司選任之獨立董事超過全體董事席次二分之一，且已依本法設置審計委員會者，不適用第一項及第二項有關全體董事及監察人持有股數各不得少於一定比率之規定。」

❺　例如賴英照，前揭書❶ 187 頁，余雪明，前揭書❹ 53 頁與陳春山，前揭書❹ 71 頁，不僅認為證券交易法第 26 條與政府「資本證券化、證券大眾化」之既定政策相違，且第 26 條董監持股比例之限制與公司的經營績效，似無法證實其絕對關聯性，反因董監最低持股成數的規定，造成董監濫權，永保權位而有損於小股東權益之虞。

之立法設計，如上所指摘，謂其一是落實公開其企業內容，二則限制董監持股不得低於一定比例成數，以收增強董監事之企業經營信念，並健全公司之資本結構❺。

三、董事、監察人、經理人及大股東持股轉讓之限制

一般認為公司法第 163 條本文確立股份自由轉讓之原則；雖然如此，公司法亦不乏另有規定，特別明文股份自由轉讓之各種限制，例如公司設立登記前之股份（公司法第 163 條但書）、發起人之股份（原公司法第 163 條第 2 項，民國 107 年已刪除）、保留員工承購之股份（公司法第 267 條第 6 項），甚至是限制轉讓的特別股（公司法第 157 條）等等，在一定條件下，不得轉讓之。

相對於此，證券交易法第 22 條之 2 第 1 項亦規定公開發行公司之董事、監察人、經理人及持有公司股份超過股份總額百分之十之股東，其股票之轉讓，應依下列方式之一：㈠經主管機關核准或自申報主管機關生效日後，向非特定人為之。㈡依主管機關所定持有期間及每一交易日得轉讓數量比例，於向主管機關申報之日起三日後，在集中交易市場或證券商營業處所為之。但每一交易日轉讓股數未超過一萬股者，免予申報。㈢同上述㈡所定期間與比例，於向主管機關申報之日起三日內，向符合主管機關所定條件之特定人為之。關於證券交易法第 22 條之 2，究其立法理由，論者或謂證券交易最令人所詬病的，不外是發行公司董事、監察人、經理人或大股東等內部人，以個人身分參與股票之買賣或藉上市轉讓其股權之行為，不但會影響公司經營，且恐亦有損害投資人權益，並有破壞市場穩定之虞，例如證券交易法第 157 條內部人之短線交易、第 157 條之 1 的內線交易行為，乃至於證券交易法第 155 條人為操縱市場行為之疑惑，堪為典型；職是，為健全證券市場發展，維持市場秩序，對於公司內部人之持股轉讓，爰參酌美國法之規定，嚴加管理❺。

---

❺ 民國 56 年 4 月 13 日立法院經濟・財政・司法三委員會第 6 次聯席會議記錄，請參閱立法院秘書處，前揭書❹ 177、182 頁（汪彝定發言）。

　　一般實務上較常見為第 22 條之 2 第 1 項第 2 款所定在證券交易所或櫃檯買賣中心市場交易之方式。主管機關在本款授權下所定的「持有期間」，為「各該人員取得身分起六個月，期間屆滿後始得轉讓」，每一交易日得轉讓數量比例為依下列兩方式擇一計算，一為以發行股數為基準，公司發行股份總數在三千萬股以下者，公司內部人每一交易日得轉讓數量為發行股份總數千分之二以下，公司已發行股份總數超過三千萬股者，超過部分為千分之一以下；另一為交易量基準，即公司內部人每一交易日得轉讓數量不得超過申報日前十個營業日該股票在集中交易市場平均每日交易量之百分之五。當然，每次申報轉讓的有效期間，為申報之日起三日後至一個月內，如果轉讓期間屆滿，仍未將申報轉讓股數全部轉讓完畢，而仍欲繼續轉讓者，應重行申報；再者，若內部人每一交易日轉讓股數未超過一萬股，因為交易量小，對市場影響不大，所以免除轉讓前申報義務。

　　至於上述內部人持股轉讓之規定，證券交易法第 22 條之 2 第 3 項亦特別規定「第 1 項之人持有之股票，包括其配偶、未成年子女及利用他人名義持有者」，以防止第 1 項股票持有人假借名義持有股票，有效規避本條之限制❸；另，所謂利用他人名義持有股票者，例如證券交易法施行細則第 8 條（已刪除）所指，計有：㈠直接或間接提供股票與他人，或提供資金與他人購買股票，㈡對該他人所持有之股票，具有管理、使用或處分之權益，㈢該他人所持有股票之利益或損失，全部或一部歸屬於本人等情事。再者，關於公司內部人的持股轉讓，如係依證券交易法第 22 條之 2 第 1 項第 3 款的規定，讓與給符合條件之特定人時，第 22 條之 2 第 2 項亦特別規

---

❷　民國 77 年證券交易法部分條文修正草案，第 22 條之 2 立法說明，指陳本條之增訂乃參考美國證券法第 2 條第 11 款、第 4 條第 1 項、第 2 項及美國證券管理委員會所訂頒第 144 規則、章則 D，限制公司內部人持股轉讓之方式，請參閱《立法院公報》第 76 卷第 96 期 42 頁。

　　關於證券交易法第 22 條之 2 的分析，請參閱張心悌〈公司內部人股權轉讓限制規定之研究〉《政大法學評論》第 79 期 221 頁。

❸　民國 77 年證券交易法部分條文修正草案，第 22 條之 2 第 3 項立法說明，請參閱《立法院公報》第 76 卷第 96 期 44 頁。

定該受讓人，在一年內欲轉讓其股票，仍須依上述第 1 項各款所列方式為之；因此，論者有謂其乃為防止該特定受讓人於受讓股票後，再行轉讓，發生上述相同流弊起見，特別明文限制其在一年內持股轉讓之方式，以杜公司內部人持股管理之可能漏洞❺❹。

四、董事、監察人、經理人及大股東等買賣股票之禁止

承上所述，相關內部人持股管理、轉讓限制的規定，與證券交易法第 157 條、第 157 條之 1 禁止公司內部人從事短線交易與消息公開前交易（即一般所稱「內線交易」）之規定，有關；質言之，論者指出證券交易法第 25 條之申報義務，其不僅有助於掌握公司內部人是否進行短線交易的實情與促使公司行使歸入權之效益，亦有偵測內線交易弊案發生之期待❺❺。

相較於上述內部人持股管理部分，證券交易法第 157 條之 1 第 1 項特別明定該公司董事、監察人、經理人及持有該公司股份超過百分之十之股東，實際知悉發行股票公司有重大影響其股票價格之消息時，在該消息明確後，未公開前或公開後十八小時內，不得對該公司之上市或在證券商營業處所買賣之股票或其他具有股權性質之有價證券，自行或以他人名義買入或賣出，此即一般俗稱「內線交易」禁止。至於證券交易法第 157 條第 1 項所明文，發行股票公司董事、監察人、經理人及持有該公司股份超過百分之十之股東，對公司之上市股票，於取得後六個月內再行賣出，或於賣出後六個月內再行買進，因而獲得利益者，公司應請求將其利益歸於公司之規定，雖未直接禁止買賣，但將其利益強制歸入於公司，不允許內部人享有買賣股票所獲之經濟利益而間接致生禁止的法律效果，此即俗稱「短線交易」之禁止。惟針對內部人之內線交易與短線交易，本書將於第五章

---

❺❹ 民國 77 年證券交易法部分條文修正草案，第 22 條之 2 第 2 項立法說明謂「參酌公司法第 163 條第 2 項所定發起人之股份非於公司設立登記一年後，不得轉讓之立法例」，請參閱《立法院公報》第 76 卷第 96 期 43 頁。

❺❺ 賴英照，前揭書❶❽ 63 頁；黃川口，前揭書❹❹ 163 頁；陳春山，前揭書❹❹ 74 頁；曾宛如，前揭書❹❹ 169 頁。

第三節【參】的部分，再介紹。

貳、企業組織之管理與再調整

一、公開發行股票公司之股東會制度

關於公開發行公司之股東會制度，於本章第一節【參之一】部分，針對股東會之召集程序、議事手冊及議決要件，乃至於對零股股東，依公司法與證券交易法所特別規定之處，前揭已有簡單說明，茲不再贅述。

㈠股東會召開期限

公司法第 170 條第 2 項明定股東常會之召集，應於每會計年度終了後六個月內召開，如有正當事由，可報請主管機關經濟部核准者，不在此限，否則處予行政罰鍰；惟民國 99 年證券交易法部分條文修正，增訂第 36 條第 6 項（現行法第 7 項），特別規定股票已在證券交易所上市或於證券商營業處所買賣之公司，其股東常會應於每會計年度終了後六個月內召開，不適用上述公司法第 170 條第 2 項但書，報請公司法主管機關經濟部之核准，得例外延期召開的情形。

因此，股票已在證券交易所上市或於證券商營業處所買賣之公司董事及監察人，於任期屆滿之年，如董事會未依前項規定，召開股東常會改選董事、監察人者，證券主管機關得依職權，限期召開；屆期仍不召開者，自限期屆滿時，全體董事及監察人當然解任（證券交易法第 36 條第 7 項）。

㈡視訊會議

民國 110 年公司法部分條文因應 covid-19 疫情及時修正第 172 條之 2 規定，刪除公開發行公司之不適用視訊會議的原有規定，改訂公司股東會與視訊會議方式「於公開發行股票之公司應符合之條件、作業程序及其他應遵行事項，證券主管機關另有規定者，從其規定」外，並依民國 111 年證券交易法部分條文修正第 22 條之 1，明文授權於第 2 項「公開發行股票公司召開股東會、股東會視訊會議、書面或電子方式行使股東會表決權、股東或股票之股務事務、股務自辦或股務委外辦理、股務評鑑及其他相關

股務事務，其應符合之條件、作業程序及其他應遵行事項之準則，由主管機關定之」❺❻；因此，證券主管機關旋即修正「公開發行股票公司股務處理準則」，增訂第二章之二「股東會視訊會議」及第44條之9至第44條之23相關規定，區分股東會視訊會議之類別：一是視訊輔助股東會，即公司召開實體股東會並以視訊輔助，股東得選擇以實體或以視訊方式參與股東會；二是視訊股東會，指公司不召開實體股東會，僅以視訊方式召開，股東僅得以視訊方式參與股東會，就相關作業方式、程序，明定依循遵行之事項❺❼。

㈢代理出席股東會之委託書

相關出席股東會之委託書制度，係源自於公司法第177條代理股東出席股東會之設計，惟證券交易法第25條之1前段特別明文公開發行股票公司出席股東會所使用之委託書，應予限制、取締或管理。一般認為出席股東會是股東參與公司營運的基本權利之一，無股東資格者，當然不能出席股東會，但在實務上，恐亦無法期待公司所有的股東出席股東會，或因地理上、或在時間上或者是於意願上所使然❺❽。尤其是公司組織規模變大以後，例如公開發行股票之公司，論者有謂股東親自參與股東會的誘因，將不再復見，除前揭所述外，尚或許是受到股權分散所致，不僅股東親自出席股東會遠不及於藉由委託書代理出席制度，具經濟方便之效，且使用委託書亦滿足股東出席「開會法定成數」的要件；職是，就公開發行公司之召集股東會，係由傳統上股東親自出席的股東會型態，反而逐漸轉化為委託書代理股東出席之形式，造成現代大眾化公司股東會運作之實質改變❺❾。

就此言之，論者亦認為公司法第177條所創設的委託書制度，雖是維

---

❺❻ 民國111年證券交易法部分條文修正草案，賴士葆等16人提案修正第22條之2立法說明，請參閱《立法院公報》第111卷第101期294頁。

❺❼ 民國77年11月24日財政部證券管理委員會(77)臺財證㈡字第09471號令訂定發布。

❺❽ 廖大穎，前揭書❶176頁。

❺❾ 賴英照，前揭書❶❽74頁。

護未能親自出席股東之基本權益，反映其意見於股東會，並解決股東會開會不足法定人數之困擾，以兼顧公司整體的利益，但相關委託書所代理股東權利之行使，在實務上因無法期待股東之積極授權，往往是有心人士以徵求委託書之方式，實質控制股東會的一種手段，不僅使公司法第 177 條股東委託代理人出席股東會之原意喪失，反而是藉由委託書代理行使表決權之機制，形成公司企業經營權之爭奪戰❻。爰此，證券交易法第 25 條之 1 後段有鑑於公開發行公司與委託書制度管理上之必要，針對委託書之徵求人、受託代理人與代為處理徵求事務者之資格條件、委託書之格式、取得、徵求與受託方式、代理之股數、統計驗證、使用委託書代理表決權不予計算之情事、應申報與備置之文件、資料提供及其他應遵行事項等，明文授權主管機關頒布「公開發行股票公司出席股東會使用委託書規則」，期以有效管理❻。惟關於公開發行股票公司之委託書制度，將於本書第六章第四節部分介紹。

二、公開發行股票公司之董事會制度

㈠董事會議事規範

　　民國 94 年證券交易法部分條文修正時，增訂第 26 條之 3 第 8 項規定，於前段明文「公司應訂定董事會議事規範」，試圖藉由董事會議事制度之運作，落實董事會之職能所在❻；惟就董事會議事規範相關之主要議事內容、作業程序、議事錄應載明事項、公告及其他應遵行事項之辦法，證券交易法第 26 條之 3 後段亦特別授權由主管機關訂定之。

---

❻　賴源河，前揭書❹ 122 頁；余雪明，《證券交易法》（證券暨期貨市場發展基金會，2000 年）55 頁；賴英照，前揭書❶ 89 頁；黃川口，前揭書❹ 195 頁；李開遠，前揭書❹ 96 頁；陳春山，前揭書❹ 94 頁；曾宛如，前揭書❹ 136 頁。

❻　民國 71 年 6 月 10 日 (71) 證管四字第 0889 號令訂定發布。

❻　民國 94 年證券交易法部分條文修正草案，第 26 條之 3 第 8 項增訂理由，請參閱立法院第 6 屆第 2 會期第 1 次會議議案關係文書・院總第 727 號（政府提案第 10191 號）政 250 頁，https://lis.ly.gov.tw/lglawc/lglawkm 立法院法律系統。

公開發行公司董事會議事辦法

（民國 109 年 1 月 15 日最新修正）

第 1 條

本辦法依證券交易法（以下簡稱本法）第二十六條之三第八項規定訂定之。

第 2 條

公開發行公司應訂定董事會議事規範；其主要議事內容、作業程序、議事錄應載明事項、公告及其他應遵行事項，應依本辦法規定辦理。

第 3 條

董事會應至少每季召開一次，並於議事規範明定之。

董事會之召集，應載明召集事由，於七日前通知各董事及監察人。但有緊急情事時，得隨時召集之。

前項召集之通知，經相對人同意者，得以電子方式為之。

第七條第一項各款之事項，除有突發緊急情事或正當理由外，應在召集事由中列舉，不得以臨時動議提出。

第 4 條

董事會召開之地點與時間，應於公司所在地及辦公時間或便於董事出席且適合董事會召開之地點及時間為之。

第 5 條

公司董事會應指定辦理議事事務單位，並於議事規範明定之。

議事單位應擬訂董事會議事內容，並提供充分之會議資料，於召集通知時一併寄送。

董事如認為會議資料不充分，得向議事事務單位請求補足。董事如認為議案資料不充足，得經董事會決議後延期審議之。

第 6 條

定期性董事會之議事內容，至少包括下列事項：

一、報告事項：

　　㈠上次會議紀錄及執行情形。

　　㈡重要財務業務報告。

　　㈢內部稽核業務報告。

　　㈣其他重要報告事項。

二、討論事項：

　　㈠上次會議保留之討論事項。

　　㈡本次會議討論事項。

三、臨時動議。

第 7 條

公司對於下列事項應提董事會討論：

一、公司之營運計畫。

二、年度財務報告及半年度財務報告。但半年度財務報告依法令規定無須經會計師查核簽證者，不在此限。

三、依本法第十四條之一規定訂定或修正內部控制制度，及內部控制制度有效性之考核。

四、依本法第三十六條之一規定訂定或修正取得或處分資產、從事衍生性商品交易、資金貸與他人、為他人背書或提供保證之重大財務業務行為之處理程序。

五、募集、發行或私募具有股權性質之有價證券。

六、財務、會計或內部稽核主管之任免。

七、對關係人之捐贈或對非關係人之重大捐贈。但因重大天然災害所為急難救助之公益性質捐贈，得提下次董事會追認。

八、依本法第十四條之三、其他依法令或章程規定應由股東會決議或董事會決議事項或主管機關規定之重大事項。

前項第七款所稱關係人，指證券發行人財務報告編製準則所規範之關係人；所稱對非關係人之重大捐贈，指每筆捐贈金額或一年內累積對同一對象捐贈金額達新臺幣一億元以上，或達最近年度經會計師簽證之財務報告營業收入淨額百分之一或實收資本額百分之五以上者。

前項所稱一年內，係以本次董事會召開日期為基準，往前追溯推算一年，已提董事會決議通過部分免再計入。

外國公司股票無面額或每股面額非屬新臺幣十元者，第二項有關實收資本額百分之五之金額，以股東權益百分之二點五計算之。

公司設有獨立董事者，應有至少一席獨立董事親自出席董事會；對於第一項應提董事會決議事項，應有全體獨立董事出席董事會，獨立董事如無法親自出席，應委由其他獨立董事代理出席。獨立董事如有反對或保留意見，應於董事會議事錄載明；如獨立董事不能親自出席董事會表達反對或保留意見者，除有正當理由外，應事先出具書面意見，並載明於董事會議事錄。

第 8 條

除前條第一項應提董事會討論事項外，董事會依法令或公司章程規定，授權執行之層級、內容等事項，應具體明確。

第 9 條

召開董事會時，應設簽名簿供出席董事簽到，並供查考。

董事應親自出席董事會，如不能親自出席，得依公司章程規定委託其他董事代理出席；如以視訊參與會議者，視為親自出席。

董事委託其他董事代理出席董事會時，應於每次出具委託書，並列舉召集事由之授權範圍。

第二項代理人，以受一人之委託為限。

第 10 條

董事會由董事長召集者，由董事長擔任主席。但每屆第一次董事會，由股東會所得選票代表選舉權最多之董事召集者，會議主席由該召集權人擔任之，召集權人有二人以上時，應互推一人擔任之。

依公司法第二百零三條第四項或第二百零三條之一第三項規定董事會由過半數之董事自行召集者，由董事互推一人擔任主席。

董事長請假或因故不能行使職權時，由副董事長代理之，無副董事長或副董事長亦請假或因故不能行使職權時，由董事長指定常務董事一人代理之；其未設常務董事者，指定董事一人代理之，董事長未指定代理人者，由常務董事或董事互推一人代理之。

第 11 條

公司召開董事會，得視議案內容通知相關部門或子公司之人員列席。

必要時，亦得邀請會計師、律師或其他專業人士列席會議及說明。但討論及表決時應離席。

第 12 條

已屆開會時間，如全體董事有半數未出席時，主席得宣布延後開會，其延後次數以二次為限。延後二次仍不足額者，主席得依第三條第二項規定之程序重行召集。

前項及第十七條第二項第二款所稱全體董事，以實際在任者計算之。

第 13 條

董事會應依會議通知所排定之議事程序進行。但經出席董事過半數同意者,得變更之。

非經出席董事過半數同意者,主席不得逕行宣布散會。

董事會議事進行中,若在席董事未達出席董事過半數者,經在席董事提議,主席應宣布暫停開會,並準用前條第一項規定。

第 14 條

主席對於董事會議案之討論,認為已達可付表決之程度時,得宣布停止討論,提付表決。

董事會議案表決時,經主席徵詢出席董事全體無異議者,視為通過。

董事會議案之表決方式應於議事規範明定之。除徵詢出席董事全體無異議通過者外,其監票及計票方式應併予載明。

前二項所稱出席董事全體不包括依第十六條第一項規定不得行使表決權之董事。

第 15 條

董事會議案之決議,除本法及公司法另有規定外,應有過半數董事之出席,出席董事過半數之同意行之。

第 16 條

董事對於會議事項,與其自身或其代表之法人有利害關係者,應於當次董事會說明其利害關係之重要內容,如有害於公司利益之虞時,不得加入討論及表決,且討論及表決時應予迴避,並不得代理其他董事行使其表決權。

董事之配偶、二親等內血親,或與董事具有控制從屬關係之公司,就前項會議之事項有利害關係者,視為董事就該事項有自身利害關係。

董事會之決議,對依前二項規定不得行使表決權之董事,依公司法第二百零六條第四項準用第一百八十條第二項規定辦理。

第 17 條

董事會之議事,應作成議事錄,議事錄應詳實記載下列事項:

一、會議屆次(或年次)及時間地點。

二、主席之姓名。

三、董事出席狀況,包括出席、請假及缺席者之姓名與人數。

四、列席者之姓名及職稱。

五、紀錄之姓名。

六、報告事項。

七、討論事項:各議案之決議方法與結果、董事、監察人、專家及其他人員發言摘要、依前條第一項規定涉及利害關係之董事姓名、利害關係重要內容之說明、其應迴避或不迴避理由、迴避情形、反對或保留意見且有紀錄或書面聲明及獨立董事依第七條第五項規定出具之書面意見。

八、臨時動議:提案人姓名、議案之決議方法與結果、董事、監察人、專家及其他人員發言摘要、依前條第一項規定涉及利害關係之董事姓名、利害關係重要內容之說明、其應迴避或不迴避理由、迴避情形及反對或保留意見且有紀錄或書面聲明。

九、其他應記載事項。

董事會之議決事項,如有下列情事之一者,除應於議事錄載明外,並應於董事會之日起二日內於主管機關指定之資訊申報網站辦理公告申報:

一、獨立董事有反對或保留意見且有紀錄或書面聲明。

二、設置審計委員會之公司,未經審計委員會通過,而經全體董事三分之二以上同意通過。

董事會簽到簿為議事錄之一部分，應於公司存續期間妥善保存。

議事錄須由會議主席及記錄人員簽名或蓋章，於會後二十日內分送各董事及監察人，並應列入公司重要檔案，於公司存續期間妥善保存。

第一項議事錄之製作及分發，得以電子方式為之。

第 18 條

公司應將董事會之開會過程全程錄音或錄影存證，並至少保存五年，其保存得以電子方式為之。

前項保存期限未屆滿前，發生關於董事會相關議決事項之訴訟時，相關錄音或錄影存證資料應續予保存至訴訟終結止。

以視訊會議召開董事會者，其視訊影音資料為議事錄之一部分，應於公司存續期間妥善保存。

第 19 條

董事會設有常務董事者，其常務董事會議事準用第二條、第三條第二項、第四條至第六條、第九條及第十一條至第十八條規定。但常務董事會屬七日內定期召集者，得於二日前通知各常務董事。

第 20 條

本辦法自發布日施行。

(二)董事之選任與資格限制

1.董事席次

相較於公司法第 192 條第 1 項前段「公司董事會，設置董事不得少於三人」之規定，證券交易法為強化公開發行公司董事會之結構，期以協助企業之經營發展，並衡酌我國實務上之運作，於第 26 條之 3 特別明文「已依本法發行股票之公司董事會，設置董事不得少於五人」，藉以適度調整公開發行股票公司董事人數之席次[63]。

2.董事資格的消極限制

(1)增訂證券交易法第 26 條之 3 規定

公開發行股票之公司相關董事消極資格的限制，目前除公司法第 192 條第 6 項明文準用公司法第 30 條不得充任經理人之資格條件外，於民國 94 年證券交易法修正時，亦考量公開發行公司之董事，如均由同一家族擔任，該董事會之執行決策恐有失客觀之虞，爰予增訂第 26 條之 3 第 3 項特別規定「公司除經主管機關核准者外，董事間應有超過半數之席次，不得具有下列關係之一：一、配偶。二、二親等以內之親屬」之限制，且於第

---

[63]　民國 94 年證券交易法部分條文修正草案，第 26 條之 3 第 1 項增訂理由，請參閱前揭立法院關係文書[62]政 249 頁。

4 項亦特別明文「公司除經主管機關核准者外，……監察人與董事間，應
至少一席以上，不得具有前項各款關係之一」，禁止董事彼此間、董事與監
察人間之特定比例，不得具有一定的親屬關係❻。倘若該公司召開股東會
選任董事，原當選人不符上述規定時，證券交易法第 26 條之 3 第 5 項第 1
款明文董事間不符第 3 項規定之董事中，所得選票代表選舉權較低者，而
同項第 3 款明文監察人與董事間不符第 4 項規定，監察人中代表選舉權較
低者，其當選失其效力，且於第 26 條之 3 第 6 項亦特別規定該已充任之董
事或監察人，違反第 3 項、第 4 項規定者，準用前項（第 5 項）規定，致
生當然解任之效果，以解決不符規定董事的選任效力與當選席次之如何決
定❻。

　　至於證券交易法第 26 條之 3 第 7 項亦為董事因故解任，致人數不足規
定時，恐有影響公司之經營運作，爰規定該董事不足五人者，公司應於最
近一次股東會補選之，但董事缺額達章程所定席次三分之一者，公司應自
事實發生之日起六十日內，召開股東臨時會補選之。

　　(2)增訂證券投資人及期貨交易人保護法（以下稱投資人保護法）第 10
條之 1 第 7 項規定

　　民國 109 年投資人保護法部分條文修正，增加上市、上櫃及興櫃公司
之董事或監察人的消極資格，即有重大違反市場交易秩序、損及公司或違
反法令章程之重大事項，經訴請裁判解任者，依投資人保護法第 10 條之 1
第 7 項規定，自裁判確定日起，三年內不得充任上市、上櫃或興櫃公司之
董事、監察人及依公司法第 27 條第 1 項規定受指定代表行使職務之自然
人，其已充任者，當然解任；惟相關介紹，請參閱第十章第三節【肆】保
護機構的股東代表訴訟與裁判解任之訴部分。

---

❻　民國 94 年證券交易法部分條文修正草案，第 26 條之 3 第 3 項增訂理由，請參
　　閱前揭立法院關係文書❻政 249 頁。

❻　民國 94 年證券交易法部分條文修正草案，第 26 條之 3 第 5 項、第 6 項增訂理
　　由，請參閱前揭立法院關係文書❻政 249 頁。

3. 法人董事

最後是法人董事部分，未增訂但書之當時之公司法第 27 條第 2 項雖明文規定「政府或法人為股東時，亦得由其代表人當選為董事或監察人」，惟如該法人股東指派數代表人同時分別擔任董事及監察人時，輒被質疑如此代表同一法人股東選任之董事與監察人，實為公司法第 222 條禁止董監兼任規定之盲點所在，亦是破壞公司內部監控的一種不當設計❻。職是，證券交易法第 26 條之 3 第 2 項特別規定「政府或法人為公開發行公司之股東時，除經主管機關核准者外，不得由其代表人同時當選或擔任公司之董事及監察人，不適用公司法第 27 條第 2 項規定」，藉由限制法人代表人董事之合理設計，圖以強化監察人功能❼；惟公司法第 27 條第 2 項規定，雖遲於民國 100 年公司法部分條文修正時已調整，但相較於公開發行公司部分，則證券交易法第 26 條之 3 第 2 項亦仍保有證券主管機關核准之例外。

至於母公司與子公司間，分別擔任董、監事部分，是否有違證券交易法第 26 條之 3 第 2 項的規定？這是個有趣的問題。最高法院 104 年度臺上字第 35 號民事判決於個案中，肯定並明諭「……因考量公司董事或監察人如均由同一家族擔任，董事會執行決策或監察人監督時恐失卻客觀性，於第 26 條之 3 第 3 項及第 4 項規定董事間、監察人間、董事及監察人間應超過一定比例或人數，彼此間不得具有一定親屬之關係；復因董事、監察人選任時若有違反第 3 項及第 4 項之情事，則實務上董事、監察人之當選席次如何決定，應有適當之規範，而於第 5 項第 3 款規定『監察人與董事間不符規定者，不符規定之監察人中所得選票代表選舉權較低者，其當選失其效力』。公司法所定（乃同一法人股東數代表人）不得同時當選或擔任董

---

❻ 林國全，〈法人代表人董監事〉《月旦法學雜誌》第 49 期 17 頁；廖大穎，〈評公司法第 27 條法人董事制度——從臺灣高等法院 91 年度上字第 870 號與板橋地方法院 91 年度訴字第 218 號二則民事判決的啟發〉《月旦法學雜誌》第 112 期 197 頁。

❼ 民國 94 年證券交易法部分條文修正草案，第 26 條之 3 第 2 項增訂理由，請參閱前揭立法院關係文書❷政 249 頁。

事及監察人之情形，其立法目的及所生當選席次如何決定之問題，與該證券交易法規定大致相同，自得類推適用該規定，認違反時，監察人之當選失其效力。○○等二人、○○等二人分別當選開發公司之董事、監察人，雖違反公司法第 27 條第 2 項之規定，惟依上說明，其當選非均無效，而應類推適用證券交易法第 26 條之 3 第 5 項規定，認○○等二人當選監察人失其效力」的司法見解[68]；質言之，從立法目的，限制關係企業利用公司獨立法人格的脫法行為，如此司法解釋殊值肯認。

㈢獨立董事制度

民國 94 年證券交易法部分條文修正，增訂第 14 條之 2 獨立董事制度，即已依本法公開發行股票之公司得依章程規定，設置「獨立董事」。其實，有關證券交易法與獨立董事制度的引進，早在實務上，例如臺灣證券交易所有價證券上市審查準則第 9 條第 1 項所列之「不宜上市」條款中，即有特別臚列申請股票上市公司若無設置「獨立董事」等，證券交易所得將其列為不宜上市之對象，而拒絕該公司的上市申請案；因此，針對上述「門檻」的申請上市限制，因而一般新申請上市公司多有設置獨立董事制度，以符合臺灣證券交易所的形式規定[69]。

---

[68] 最高法院 104 年度臺上字第 35 號民事判決，請參閱司法院法學資料全文檢索，https://law.judicial.gov.tw/。另，相關母子公司代表同時當選公司之董事及監察人的議題，請參閱洪令家，〈必要之惡？論我國法人董監事制度與實務〉《法學的實踐與創新》（承法數位文化，2013 年）551 頁；周振鋒，〈論法人股東代表人同時當選公司董監事之法律效果〉《全國律師月刊》2013 年 2 月號 26 頁；廖大穎，〈關係企業擔任法人董監的爭議——評高等法院高雄分院 102 年度上字第 326 號民事判決〉《裁判時報》第 37 期 13 頁。

[69] 不僅臺灣證券交易所申請有價證券上市審查準則之規定，且依證券交易所與櫃檯買賣中心所共同制定的「上市上櫃公司治理實務守則」，第 20 條亦強調獨立董事之於公司治理的機能，期以協助上市上櫃公司建立完善的監控制度。

【獨立董事】

　　獨立董事 (Independent Directors)，或可謂是一般所稱的外部董事 (Outside Directors)；其概念係源自於英美法系的公開發行公司制度的設計，即在一般美國上市上櫃的公開發行股票公司，董事會大致上是由負責執行公司業務的一般董事，或稱為內部董事 (Inside Directors)，與實際上並不負責公司業務執行權限的外部董事所組成。當然，相較於內部董事之於公司本身的企業經營，外部董事多半是由投資銀行、律師或其他提供企業經營上或財務上諮詢服務等，所委聘的專業人士為主。然，論者亦有獨立董事之於美國企業經營的相關實證研究，表示無數據顯示董事會之獨立性愈高，必然是導致公司經營績效之改善，反而是數據暗示愈高的獨立性，會傷害績效之謂**❼⓿**。

　　惟如此獨立董事制度之建立與否，其重要的關鍵在於歐陸法系與英美法系對於公司組織設計之不同，以我國公司法的企業組織架構而言，公司的業務執行權是專屬於董事會（公司法第 193 條、第 202 條），其業務執行之監督則委由監察人（公司法第 218 條、第 219 條），屬二元體系（two tier system，或稱雙軌制）；然，相較於美國的公司法制，採一元體系（one tier system，或稱為單軌制），並無所謂監察人的設計，有關公司業務執行的監督與掌控，則委由外部董事所組成的各種委員會擔綱。因此，在我國既有的法制架構下，有無引進美國法上的外部董事制度，實為頗具爭議性之立法政策**❼❶**。

---

❼⓿　易明秋，《公司治理法制論》（五南圖書，2007 年）51 頁。

❼❶　例如王志誠〈我國公司治理之實務發展及檢討〉《現代公司法制之新課題》（元照，2005 年）373 頁所指摘，為強化我國公司治理的議題，針對是否引進美國法制上的外部董事制度？甚至是引進日本法制上的外部監察人制度？關於獨立董事之子題研議部分，所整理出國內四種改革方向之可能模式，以有效監控企業經營之道德風險及逆向選擇問題：(1)宜強化我國既有監察人之監督功能及獨立性，應設置外部監察人制度與監察人會組織，(2)宜強化現行董事會之自我監督功能，應廢除我國法上的監察人制度，引進英美法系國家的獨立董事，並建構各委員會制度之董事會組織，(3)當然，亦有兼從強化董事會與監察人兩者之監督功能，宜同時建立外部董事與外部監察人制度，或是宜建立外部董事，但同時亦應改善傳統監察人制度等，各種立論。

1.自由採擇設置與例外強制之獨立董事

證券交易法第 14 條之 2 第 1 項明文「已依本法發行股票之公司，得依章程規定設置獨立董事。但主管機關應視公司規模、股東結構、業務性質及其他必要情況，要求其設置獨立董事，人數不得少於二人，且不得少於董事席次五分之一」，雖原則上尊重公司自我意志之選擇，是否設置獨立董事制度，但主管機關得基於證券市場的考量，即視公司規模、股東結構、業務性質及其他因素之必要情況，例外強制公開發行公司設置獨立董事之謂❼❷。就此，例如民國 102 年主管機關頒布特定上市、上櫃公司強制設置獨立董事的行政命令，即依證券交易法第 14 條之 2 的規定，已依本法發行股票之金融控股公司、銀行、票券公司、保險公司、證券投資信託事業、綜合證券商及上市（櫃）期貨商，及非屬金融業之所有上市（櫃）公司，應於章程規定設置獨立董事；另，主管機關亦頒布特定上市、上櫃公司強制設置審計委員會的行政命令，即除上述的金融業外，實收資本額達一定以上的非屬金融業上市（櫃）公司，應設置審計委員會，因而依第 14 條之 4 第 2 項前段「審計委員會應由全體獨立董事組成」的明文，在效果上亦幾乎等同於強制所有上市、上櫃公司，依命令設置獨立董事❼❸。

至於我國獨立董事制度實施後的成效，目前為止的效益分析，可參閱劉連煜，〈獨立董事是少數股東之守護神？臺灣上市上櫃公司獨立董事制度之檢討與建議〉《月旦民商法雜誌》第 26 期 23 頁。

❼❷ 惟行政院版民國 94 年證券交易法部分條文修正原草案第 14 條之 2 係採除主管機關核准者外，強制所有公開發行股票公司設置獨立董事之立法政策，於立法院三讀過程中，調整為目前原則自由、例外強制的獨立董事制度。

關於證券交易法第 14 條之 2 增訂獨立董事制度，賴英照，《最新證券交易法解析》（自版，2006 年）130 頁，亦認為其如為提供企業選擇，固屬無可厚非，且方便我國企業在英、美等國為主的資本市場募集資金，單軌制的選擇是容有必要，但賦予主管機關強制特定公司改採單軌制的設計，無疑的是須有更堅強的理由才是。

❼❸ 民國 102 年 12 月 31 日金管證發字第 1020053112 號令（關於強制設置獨立董事）、金管證發字第 10200531121 號令（關於強制設置審計委員會），請參照。

　　至於何謂獨立董事？證券交易法並無明文定義之，惟於第 14 條之 2 第 2 項明定獨立董事之基本條件，即「獨立董事應具備專業知識，其持股及兼職應予限制，且於執行業務範圍內應保持獨立性，不得與公司有直接或間接之利害關係」之規定，並授權主管機關頒布相關獨立董事設置事項之管理辦法，或可值得參酌。

2.擔任獨立董事之資格、限制與選任

⑴積極資格與消極限制

　　相關獨立董事之選任，其關鍵在於民國 90 年公司法部分條文修正時，公司法第 192 條第 1 項廢除董事之股東身分設限，遂得以期待選任非股東，但具專業知識及獨立執行職務之「外部」董事；職是，證券交易法第 14 條之 2 第 2 項前段明文獨立董事的積極資格，係應具備專業知識，而其持股及兼職應予限制，且於執行業務範圍內應保持獨立性，不得與公司有直接或間接利害關係之人，但如此是否充分，似有想像的空間❼。惟相關獨立董事之專業資格、持股與兼職限制、獨立性之認定、提名方式及其他應遵行事項，如前所述，證券交易法第 14 條之 2 第 2 項後段亦特別明文授權主管機關訂定之。

　　至於獨立董事之消極資格，證券交易法第 14 條之 2 第 4 項有特別規定，即「有下列情事之一者，不得充任獨立董事……：一、有公司法第 30 條各款（經理人消極資格）情事之一。二、依公司法第 27 條規定以政府、法人或其代表人當選。三、違反依第 2 項所定獨立董事之資格」，而如其已充任者，亦致生當然解任之法律效果；然，又有鑑於獨立董事之持有公司股份偏低或不持有公司股份之可能，因而證券交易法第 14 條之 2 第 5 項亦明文獨立董事之持股轉讓，不適用公司法第 197 條第 1 項後段董事持股轉讓發生當然解任之效果，亦不適用當選董事就任前持股轉讓發生當選失效

---

❼　所謂保持獨立性，民國 94 年證券交易法部分條文修正草案第 14 條之 2 第 2 項（原草案第 3 項）之增訂理由，列舉本人及與其具一定親屬關係之人不得為公司或關係企業之董事、監察人、主要股東或受僱人，或提供經常性服務，請參閱前揭立法院關係文書❻政 238 頁。

之規定，爰特予排除。

(2)選　任

在人事的選任，現行法上獨立董事與董事無異，僅獨立董事的資格限制不同。惟證券交易法第 14 條之 2 第 1 項但書後段亦明文「……主管機關……要求設置獨立董事，人數不得少於 2 人，且不得少於董事席次的 5 分之 1」的強制性規定外，上述之獨立董事，如因故解任，致生人數不足第 14 條之 2 第 1 項或依章程所規定者，證券交易法第 14 條之 2 第 6 項前段亦特別規定補救之道，其應於最近一次股東會補選之；當然，若所有的獨立董事均解任時，第 14 條之 2 第 6 項後段亦規定該公司應自事實發生之日起六十日內，召開股東臨時會補選之❼❺。

3.設置獨立董事之參與董事會運作──無設置功能性委員會

公司法第 193 條明定董事會之業務執行機關，但這與「不參與業務執行」的獨立董事模式是不同的，惟我國證券交易法第 14 條之 3 係為強化董事會及獨立董事之職權與公司治理的功能，對於公司財務、業務有重大影響之事項，明定應提經董事會決議，並藉由董事會議事錄應載明獨立董事之反對或保留意見制度，謂以強化董事之職權行使，保障股東之權益❼❻。

承上，證券交易法第 14 條之 3 明文規定已依第 14 條之 2 第 1 項選任獨立董事之公司，除經主管機關核准者外，下列事項應提請董事會決議通過，且獨立董事如有反對意見或保留意見，應於董事會議事錄載明之：㈠依第 14 條之 1 規定，訂定或修正內部控制制度，㈡依第 36 條之 1 規定，訂定或修正取得或處分資產、從事衍生性商品交易、資金貸與他人、為他人背書或提供保證之重大財務業務行為之處理程序，㈢涉及董事或監察人自身利害關係之事項，㈣重大之資產或衍生性商品交易，㈤重大之資金貸

---

❼❺　民國 94 年證券交易法部分條文修正草案，第 14 條之 2 第 5 項（原草案第 6 項）增訂理由，謂如獨立董事全體均解任時，因本法有規範特定職權應由獨立董事為之，為避免致生公司營運上造成影響之故，爰予規定，請參閱前揭立法院關係文書❻❷政 239 頁。

❼❻　民國 94 年證券交易法部分條文修正草案，第 14 條之 3 增訂理由，請參閱前揭立法院關係文書❻❷政 239 頁。

與、背書或提供保證，㈥募集、發行或私募具有股權性質之有價證券，㈦
簽證會計師之委任、解任或報酬，㈧財務、會計或內部稽核主管之任免，
㈨其他經主管機關規定之重大事項。然，問題在於公司設有獨立董事，例
如依民國 102 年的行政命令，但又維持監察人體系，即不主動設置第 14 條
之 4 的審計委員會制度（非屬民國 102 年行政命令強制設置審計委員會的
上市櫃公司），這在民國 108 年以前，確屬我國公開公司的主流（民國 109
年起，則再強制資本額二十億元以上公司設置審計委員會），但就獨立董事
與監察人的職能配置而言，恐值得深入再研議❼。

　　至於獨立董事制度之相關配套，該獨立董事如有反對意見或保留意見
時，依上述第 14 條之 3 規定，應載明於董事會議事錄外，亦依前揭證券交
易法第 26 條之 3 第 8 項所明文，授權主管機關訂定的董事會議事辦法，如
本節【貳之二之㈠】所介紹，將董事會議相關資訊，配合現行上市上櫃公
司資訊的公開機制，予適度揭露，藉以強化企業資訊之透明度❽。

4. 提升獨立董事職務之配套措施

　　民國 107 年證券交易法部分條文第 1 次修正，增訂第 14 條之 2 第 3 項
「公司不得妨礙、拒絕或規避獨立董事執行業務。獨立董事執行業務認有
必要時，得要求董事會指派相關人員或自行聘請專家協助辦理，相關必要
費用，由公司負擔之」，提案立委說明其緣由，謂「……獨立董事應具
備……，然獨立董事之知識畢竟有其侷限，難期全面兼具會計、法律及公
司治理專業。……獨立董事若要善盡公司治理之責，對公司事務做出獨立、
客觀之判斷，宜另有其他專業評估意見供其審酌，俾厚實其見解，有效監督
公司的運作和保護股東權益。……」❾；就此，主管機關特別回應「獨立

---

❼　劉連煜、杜怡靜、林郁馨、陳肇鴻，《選任獨立董事與公司治理》（元照，2013
　　年）174 頁，指摘我國獨立董事倘能配合強制設置審計委員會，始能釐清獨立
　　董事及監察人之權責。

❽　民國 94 年證券交易法部分條文修正草案，增訂第 14 條之 3 與第 26 條之 3 第
　　8 項配合之立法說明，請參閱前揭立法院關係文書❻政 239 頁。

❾　民國 107 年證券交易法部分條文第 1 次修正草案，立委提案增訂第 14 條之 2 第
　　3 項及修正第 178 條的立法理由，請參閱《立法院公報》第 107 卷第 28 期 45 頁。

董事亦為董事，其與一般董事相同，執行業務應依公司法及證券交易法相關規範辦理，查現行公司法第 218 條規定……，董事（含獨立董事）則無相關規範，爰為強化獨立董事職權之行使，增訂……，本會敬表同意」**❽**。

公開發行公司獨立董事設置及應遵循事項辦法
（民國 109 年 1 月 15 日最新修正）

第 1 條

本辦法依證券交易法（以下簡稱本法）第十四條之二第二項規定訂定之。

第 2 條

公開發行公司之獨立董事，應取得下列專業資格條件之一，並具備五年以上工作經驗：

一、商務、法務、財務、會計或公司業務所需相關科系之公私立大專院校講師以上。

二、法官、檢察官、律師、會計師或其他與公司業務所需之國家考試及格領有證書之專門職業及技術人員。

三、具有商務、法務、財務、會計或公司業務所需之工作經驗。

有下列情事之一者，不得充任獨立董事，其已充任者，當然解任：

一、有公司法第三十條各款情事之一。

二、依公司法第二十七條規定以政府、法人或其代表人當選。

三、違反本辦法所定獨立董事之資格。

第 3 條

公開發行公司之獨立董事於執行業務範圍內應保持其獨立性，不得與公司有直接或間接之利害關係，應於選任前二年及任職期間無下列情事之一：

一、公司或其關係企業之受僱人。

二、公司或其關係企業之董事、監察人。

三、本人及其配偶、未成年子女或以他人名義持有公司已發行股份總數百分之一以上或持股前十名之自然人股東。

四、第一款之經理人或前二款所列人員之配偶、二親等以內親屬或三親等以內直系血親親屬。

五、直接持有公司已發行股份總數百分之五以上、持股前五名或依公司法第二十七條第一項或第二項指派代表人擔任公司董事或監察人之法人股東之董事、監察人或受僱人。

六、公司與他公司之董事席次或有表決權之股份超過半數係由同一人控制，他公司之董事、監察人或受僱人。

七、公司與他公司或機構之董事長、總經理或相當職務者互為同一人或配偶，他公司或機構之董事（理事）、監察人（監事）或受僱人。

八、與公司有財務或業務往來之特定公司或機構之董事（理事）、監察人（監事）、經理人或持股百分之五以上股東。

九、為公司或關係企業提供審計或最近二年取得報酬累計金額逾新臺幣五十萬元之商務、法務、財務、會計等相關服務之專業人士、獨資、合夥、公司或機構之企業主、合夥人、董事（理

---

❽ 民國 107 年證券交易法部分條文第 1 次修正草案，立委提案增訂第 14 條之 2 第 3 項與金管會回應提案，請參閱《立法院公報》第 107 卷第 28 期 44 頁（顧立雄說明）。

事）、監察人（監事）、經理人及其配偶。但依本法或企業併購法相關法令履行職權之薪資報酬委員會、公開收購審議委員會或併購特別委員會成員，不在此限。

公開發行公司與其母公司、子公司或屬同一母公司之子公司依本法或當地國法令設置之獨立董事相互兼任者，不適用前項第二款、第五款至第七款及第四項第一款規定。

公開發行公司之獨立董事曾任第一項第二款或第八款之公司或其關係企業或與公司有財務或業務往來之特定公司或機構之獨立董事而現已解任者，不適用第一項於選任前二年之規定。

第一項第八款所稱特定公司或機構，係指與公司具有下列情形之一者：

一、持有公司已發行股份總數百分之二十以上，未超過百分之五十。

二、他公司及其董事、監察人及持有股份超過股份總數百分之十之股東總計持有該公司已發行股份總數百分之三十以上，且雙方曾有財務或業務上之往來紀錄。前述人員持有之股票，包括其配偶、未成年子女及利用他人名義持有者在內。

三、公司之營業收入來自他公司及其集團公司達百分之三十以上。

四、公司之主要產品原料（指占總進貨金額百分之三十以上者，且為製造產品所不可缺乏關鍵性原料）或主要商品（指占總營業收入百分之三十以上者），其數量或總進貨金額來自他公司及其集團公司達百分之五十以上。

第一項、第二項及前項所稱母公司、子公司及集團，應依國際財務報導準則第十號之規定認定之。

第一項及第三項所稱關係企業，為公司法第六章之一之關係企業，或依關係企業合併營業報告書關係企業合併財務報表及關係報告書編製準則、國際財務報導準則第十號規定應編製合併財務報告之公司。

第 4 條

公開發行公司之獨立董事兼任其他公開發行公司獨立董事不得逾三家。

金融控股公司或上市上櫃投資控股公司之獨立董事兼任該公司百分之百持有之公開發行子公司獨立董事，兼任超過一家者，其超過之家數計入前項兼任家數。

第 5 條

公開發行公司獨立董事選舉，應依公司法第一百九十二條之一規定採候選人提名制度，並載明於章程，股東應就獨立董事候選人名單中選任之。

公開發行公司應於股東會召開前之停止股票過戶日前，公告受理獨立董事候選人提名之期間、獨立董事應選名額、其受理處所及其他必要事項，受理期間不得少於十日。

公開發行公司得以下列方式提出獨立董事候選人名單，經董事會評估其符合獨立董事所應具備條件後，送請股東會選任之：

一、持有已發行股份總數百分之一以上股份之股東，得以書面向公司提出獨立董事候選人名單，提名人數不得超過獨立董事應選名額。

二、由董事會提出獨立董事候選人名單，提名人數不得超過獨立董事應選名額。

三、其他經主管機關規定之方式。

股東或董事會依前項提供推薦名單時，應敘明被提名人姓名、學歷及經歷，並檢附被提名人符合第二條第一項、前二條之文件及其他證明文件。

董事會或其他召集權人召集股東會者，對獨立董事被提名人應予審查，除有下列情事之一者外，應將其列入獨立董事候選人名單：

一、提名股東於公告受理期間外提出。

二、提名股東於公司依公司法第一百六十五條第二項或第三項停止股票過戶時，持股未達百分之一。

三、提名人數超過獨立董事應選名額。

四、未檢附前項規定之相關證明文件。

公開發行公司依前項規定列入之獨立董事候選人，其已連續擔任該公司獨立董事任期達三屆者，公司應於公告前項審查結果時併同公告繼續提名其擔任獨立董事之理由，並於股東會選任時向股東說明前開理由。

公開發行公司之董事選舉，應依公司法第一百九十八條規定辦理，獨立董事與非獨立董事應一併進行選舉，分別計算當選名額。依本法設置審計委員會之公開發行公司，其獨立董事至少一人應具備會計或財務專長。

第 6 條

經股東會選任或依第七條由金融控股公司、政府或法人股東指派為獨立董事者，於任期中如有違反第二條或第三條之情形致當然解任時，不得變更其身分為非獨立董事。經股東會選任或依第七條由金融控股公司、政府或法人股東指派為非獨立董事者，於任期中亦不得逕行轉任為獨立董事。

第 7 條

金融控股公司持有發行全部股份之子公司、政府或法人股東一人所組織之公開發行公司，其獨立董事得由金融控股公司、政府或法人股東指派之，不適用第五條之規定，餘仍應依本辦法規定辦理。

第 8 條

依本法設置獨立董事之公司，董事會設有常務董事者，常務董事中獨立董事人數不得少於一人，且不得少於常務董事席次五分之一。

第 9 條

公開發行公司依本法設置獨立董事者，得自現任董事任期屆滿時，始適用之。本辦法於中華民國一百零九年一月十五日修正發布時，獨立董事係第三條第一項第五款所稱指派代表人擔任公司董事或監察人之法人股東之董事、監察人或受僱人，或有第六款或第七款之情形者，得繼續擔任至其任期屆滿。

第 10 條

本辦法自發布日施行。

㈣董事會設置審計委員會之選項政策

民國 94 年證券交易法部分條文修正時，增訂第 14 條之 4 第 1 項本文，規定「已依本法發行股票之公司，應擇一設置審計委員會或監察人」，究其二擇一的法制政策，立法原委乃謂目前國際證券市場上，各國所推廣之公司治理制度，甚重視董事會之專業能力，考量董事會內部設置審計委員會等功能性委員會之是否必要，乃藉由專業之分工及獨立超然的立場，協助董事會決策之緣故。然，有鑑於國際間獨立董事是「不參與」企業決策的，且我國公司法制係採董事會及監察人二元體系之雙軌制，為擷取國外公司治理制度之優點，爰規定公司得擇一採行目前董事會與監察人並存的雙軌

制，即設置監察人，維持現行公司法上的機關設計，或改採單軌制，即設置審計委員會者，得不再依公司法規定，選任監察人之新制，由公司自行決定之❽。

　　惟值得注意的，即證券交易法第 14 條之 4 第 1 項但書之規定，其亦明文主管機關得視公司規模、業務性質及其他必要情況，命令設置審計委員會替代監察人之例外強制政策，與證券交易法第 14 條之 2 第 1 項但書之例外強制設置獨立董事的立法，同一屬性；當然，其相關辦法亦明文授權主管機關定之。申言之，例如主管機關為擴大強制設置審計委員會之適用範圍，於民國 102 年頒布行政命令，謂「依據證券交易法第 14 條之 4 規定，已依本法發行股票之金融控股公司、銀行、票券公司、保險公司、證券投資信託事業、綜合證券商及上市（櫃）期貨商，及實收資本額達新臺幣一百億元以上非屬金融業之上市（櫃）公司，應自（時間）……；實收資本額新臺幣二十億元以上未滿新臺幣一百億元之非屬金融業之上市（櫃）公司，應自（時間）……設置審計委員會替代監察人」❽。

1.獨立董事與審計委員會的組成

　　依證券交易法第 14 條之 4 第 2 項之規定，審計委員會係由全體獨立董事所組成的，其人數不得少於三人，而其中一人為召集人，且至少一人應具備會計或財務專長；究其立法說明，則謂如此設計，乃有鑑於審計委員會職權之獨立性與專業性功能的考量，宜特別規範審計委員會之成員構造❽。因此，在立法政策上，採董事會設置審計委員會之公司，不僅無須再依公司法規定選任監察人，且在制度選擇的邏輯上，設置獨立董事在之公司，始有審計委員會之可能。

---

❽　民國 94 年證券交易法部分條文修正草案，第 14 條之 4 第 1 項增訂理由，請參閱前揭立法院關係文書❻政 240 頁。

❽　民國 102 年 12 月 31 日金管證發字第 10200531121 號令（關於強制設置審計委員會），請參照。

❽　民國 94 年證券交易法部分條文修正草案，第 14 條之 4 第 2 項增訂理由，請參閱前揭立法院關係文書❻政 241 頁。

2.審計委員會的法定職權

(1)取代監察人與準用監察人規定

從股份有限公司的機關設計觀之，證券交易法第 14 條之 4 第 1 項本文「擇一設置審計委員會或監察人」之立法例，選擇「審計委員會」的法律效果，即不設置或廢除公司法上「監察人」之法定機關；再言之，例如第 14 條之 4 第 3 項亦明定「公司設置審計委員會者，本法、公司法及其他法律對於監察人之規定，於審計委員會準用之」，即在立法上是以「審計委員會」的制度，擬取代「監察人」的政策，乃不言自明。

承上，依證券交易法第 14 條之 4 第 1 項與設置審計委員會之法制效益，乃是取代公司組織上設置監察人的原有設計，因而有關監察人部分的法律規定，將勢必有所因應與調整，即依現行證券交易法的規定：

一是公司設置審計委員會者，不再適用第 36 條第 1 項財務報告經監察人承認之規定（證券交易法第 14 條之 5 第 4 項）。

二是公司設置獨立董事組成審計委員會者，本法、公司法及其他法律對於監察人之相關規定，於審計委員會準用之（證券交易法第 14 條之 4 第 3 項）。

三再者是公司法第 200 條、第 216 條第 1 項、第 3 項、第 4 項、第 218 條第 1 項、第 2 項、第 218 條之 1、第 218 條之 2 第 2 項、第 224 條至第 226 條及第 245 條第 2 項的規定，對於審計委員會之獨立董事成員，亦明文準用之（證券交易法第 14 條之 4 第 4 項）；就此規定的立法說明與黨團協商結果，即謂「公司法對於原屬監察人之規定，涉及監察人之行為或公司代表者，於第四項明定於監察人之獨立董事成員準用之」，但如前所指摘，監察人與董事在公司法分別肩負企業督核和企業經營之不同職守，證券交易法之獨立董事亦屬董事的立法設計，恐致生法律上的混亂。當然，就監察人法制規範部分之準用於審計委員會及其獨立董事成員，對於其所定職權之行使及相關事項之辦法，證券交易法第 14 條之 4 第 5 項特別明文授權由主管機關定之[84]。惟於主管機關之行政指導與上市（櫃）公司設置審計委員會、獨立董事的實務發展，未料發生獨立董事準用監察人規定上

的爭議，因而民國 112 年證券交易法部分修正與立法委員提案，特別針對「獨立董事個別成員濫權致影響公司正常營運」之疑慮，修正第 14 條之 4 第 4 項準用規定，即刪除相關公司法第 213 條監察人依法代表公司對董事訴訟、第 214 條與第 215 條監察人與公司對董事訴訟、第 220 條監察人為公司召集股東會，及第 223 條監察人為公司之代表等準用獨立董事成員之規定，而上述監察人權限，回歸到證券交易法第 14 條之 4 第 3 項準用審計委員會的合議機制，始得行使之[85]。

(2)證交法上的法定職權

關於此，證券交易法第 14 條之 5 第 1 項特別考量到審計委員會之應有功能，明文前揭第 14 條之 3 原屬獨立董事之職權項目外，並增加考核公司內部控制制度之職權與替代監察人承認財務報告之職權等事項，規定其應經審計委員會之同意，並提請董事會決議之，而排除第 14 條之 3 如前所述的適用[86]；易言之，依證券交易法第 14 條之 5 第 1 項所明文審計委員會之職權設計，乃藉由其獨立董事之組成，同意如下之事項：㈠依第 14 條之 1 規定，訂定或修正內部控制制度，㈡內部控制制度有效性之考核，㈢依第 36 條之 1 規定，訂定或修正取得或處分資產、從事衍生性商品交易、資金

---

[84] 民國 94 年證券交易法部分條文修正草案，增訂第 14 條之 4 第 3 項與第 4 項之理由，前者指摘「參酌日本、韓國推動設置審計委員會即不設監察人，且監察人之職權係由審計委員會行使之規範方式」與後者另涉及監察人之行為等的立法說明，請參閱前揭立法院關係文書[62]政 241 頁。就此，例如賴英照，〈法制的移植——從公司律到獨立董事〉《北大法學論叢》第 84 期 35 頁，指摘證券交易法第 14 條之 2 到之 5 的當時設計，選擇獨立董事與審計委員會制度，其實是誤解 OECD 所陳述 Board，應指「監事會」而非「董事會」之謂；如此誤解，反而形成英美法制移植我國後的諸多「怪」象。

[85] 民國 112 年證券交易法部分條文修正草案，修正第 14 條之 4 第 4 項之立法理由，請參閱立法院第 10 屆第 7 會期第 2 次會議議案關係文書院總第 20 號，委員提案第 10031165 號委 420 頁。

[86] 民國 94 年證券交易法部分條文修正草案，第 14 條之 5 第 1 項增訂理由，請參閱前揭立法院關係文書[62]政 242 頁。

貸與他人、為他人背書或提供保證之重大財務、業務行為之處理程序，四涉及董事自身利害關係之事項，伍重大之資產或衍生性商品交易，六重大之資金貸與、背書或提供保證，七募集、發行或私募具有股權性質之有價證券，八簽證會計師之委任、解任或報酬，九財務、會計或內部稽核主管之任免，十由董事長、經理人及會計主管簽名或蓋章之年度財務報告及須經會計師查核簽證之第二季財務報告❽，土其他公司或主管機關規定之重大事項等。

3.審計委員會運作與董事會的先行程序

就相關上述審計委員會之職權設計，如證券交易法第 14 條之 5 第 1 項之所定事項特別規定其應經審計委員會全體成員二分之一以上同意，再提請董事會決議之程序，同時第 14 條之 5 第 2 項亦明文「前項各款事項除第 10 款外，如未經審計委員會全體成員二分之一以上同意者，得由全體董事三分之二以上同意行之，不受前項規定之限制，並應於董事會議事錄載明審計委員會之決議」；惟如此立法設計，是否妥適？恐存有相當大的爭議❽。

其次，在實務運作上，相關審計委員會之獨立董事因故離職，解任僅剩一席獨立董事，或不可抗力等事由發生時，致生審計委員會無法召開，因而民國 112 年證券交易法部分條文修正，增訂第 14 條之 5 第 2 項「如未經審計委員會全體成員二分之一以上同意者，得由全體董事三分之二以上同意行之」的替代規定，以免影響公司正常運作，但第 1 項第 10 款即審計

---

❽ 民國 108 年證券交易法部分條文第 2 次修正草案，修正第 14 條之 5 的立法理由，請參閱《立法院公報》第 108 卷第 60 期 407 頁。

❽ 民國 94 年證券交易法部分條文修正草案，第 14 條之 5 第 2 項增訂理由，謂基於企業界實務運作之考量，為避免因審計委員會制度之推動而影響公司營運之效率，爰於彈性明文其因應規定，請參閱前揭立法院關係文書❻政 242 頁。例如曾宛如，〈半套公司治理移植經驗——以審計委員會與特別委員會為例〉《月旦民商法雜誌》第 43 期 33 頁，指摘審計委員會部分，證交法賦予較英美審計委員會更多權限，卻又允許董事會以絕對多數推翻，而其準用監察人制度之規定，也是矛盾叢生的批評。

委員會同意財務報表事項，仍應由獨立董事成員出具是否同意之意見❽。至於所稱審計委員會全體成員及所稱全體董事，其計算則依證券交易法第14條之5第5項規定，以實際在任者為之。

公開發行公司審計委員會行使職權辦法❾

（民國 109 年 1 月 15 日最新修正）

第 1 條

本辦法依證券交易法（以下簡稱本法）第十四條之四第五項規定訂定之。

第 2 條

公開發行公司設置審計委員會者，應依本法及本辦法規定辦理。但其他法律另有規定者，從其規定。

第 3 條

公開發行公司依本法設置審計委員會者，應訂定審計委員會組織規程，其內容應至少記載下列事項：

一、審計委員會之人數、任期。

二、審計委員會之職權事項。

三、審計委員會之議事規則。

四、審計委員會行使職權時公司應提供之資源。

前項組織規程之訂定應經董事會決議通過，修正時亦同。

第 4 條

審計委員會應由全體獨立董事組成，其人數不得少於三人，其中一人為召集人，且至少一人應具備會計或財務專長。

第 5 條

本法、公司法及其他法律規定應由監察人行使之職權事項，除本法第十四條之四第四項之職權事項外，由審計委員會行之，其決議應有審計委員會全體成員二分之一以上之同意；審計委員會之召集人對外代表審計委員會。

本法第十四條之四第四項關於公司法涉及監察人之行為或為公司代表之規定，於審計委員會之獨立董事成員準用之。

本辦法所稱全體成員，以實際在任者計算之。

第 6 條

本法第十四條之五第一項各款事項應經審計委員會全體成員二分之一以上同意，並提董事會決議。

本法第十四條之五第一項各款事項除第十款外，如未經審計委員會全體成員二分之一以上同意

---

❽ 民國 112 年證券交易法部分條文修正草案，修正第 14 條之 5 第 2 項之立法理由，請參閱立法院第 10 屆第 7 會期第 2 次會議議案關係文書院總第 20 號，委員提案第 10031165 號委 423 頁。

❾ 民國 95 年 3 月 28 日金融監督管理委員會金管證一字第 0950001615 號令訂定發布「公開發行公司審計委員會行使職權辦法」。

者，得由全體董事三分之二以上同意行之。

第 7 條

審計委員會應至少每季召開一次，並於審計委員會組織規程中明定之。

審計委員會之召集，應載明召集事由，於七日前通知委員會各獨立董事成員。但有緊急情事者，不在此限。

審計委員會應由全體成員互推一人擔任召集人及會議主席，召集人請假或因故不能召集會議時，由其指定其他獨立董事成員一人代理之；召集人未指定代理人者，由委員會之獨立董事成員互推一人代理之。

審計委員會得決議請公司相關部門經理人員、內部稽核人員、會計師、法律顧問或其他人員列席會議及提供相關必要之資訊。但討論及表決時應離席。

第 8 條

召開審計委員會時，公司應設簽名簿供出席獨立董事成員簽到，並供查考。

審計委員會之獨立董事成員應親自出席審計委員會，如不能親自出席，得委託其他獨立董事成員代理出席；如以視訊參與會議者，視為親自出席。

審計委員會成員委託其他獨立董事成員代理出席審計委員會時，應於每次出具委託書，且列舉召集事由之授權範圍。

審計委員會之決議，應有全體成員二分之一以上之同意。表決之結果，應當場報告，並作成紀錄。

如有正當理由致審計委員會無法召開時，應以董事會全體董事三分之二以上同意行之。但本法第十四條之五第一項第十款之事項仍應由獨立董事成員出具是否同意之意見。

第二項代理人，以受一人之委託為限。

第 9 條

審計委員會之獨立董事成員對於會議事項，與其自身有利害關係者，應說明其利害關係之重要內容，如有害於公司利益之虞時，不得加入討論及表決，且討論及表決時應予迴避，並不得代理其他獨立董事成員行使其表決權。

獨立董事之配偶或二親等內血親，就前項會議之事項有利害關係者，視為獨立董事就該事項有自身利害關係。

因第一項規定，致委員會無法決議者，應向董事會報告，由董事會為決議。

第 10 條

審計委員會之議事，應作成議事錄，議事錄應詳實記載下列事項：

一、會議屆次及時間地點。

二、主席之姓名。

三、獨立董事成員出席狀況，包括出席、請假及缺席者之姓名與人數。

四、列席者之姓名及職稱。

五、紀錄之姓名。

六、報告事項。

七、討論事項：各議案之決議方法與結果、委員會之獨立董事成員、專家及其他人員發言摘要、依前條第一項規定涉及利害關係之獨立董事成員姓名、利害關係重要內容之說明、其應迴避或不迴避理由、迴避情形、反對或保留意見。

八、臨時動議：提案人姓名、議案之決議方法與結果、委員會之獨立董事成員、專家及其他人員發言摘要、依前條第一項規定涉及利害關係之獨立董事成員姓名、利害關係重要內容之說明、其應迴避或不迴避理由、迴避情形、反對或保留意見。

九、其他應記載事項。

審計委員會簽到簿為議事錄之一部分，應於公司存續期間妥善保存。

議事錄須由會議主席及記錄人員簽名或蓋章，於會後二十日內分送委員會各獨立董事成員，並應列入公司重要檔案，於公司存續期間妥善保存。

第一項議事錄之製作及分發，得以電子方式為之。

第 10-1 條

公司應將審計委員會之開會過程全程錄音或錄影存證，並至少保存五年，其保存得以電子方式為之。

前項保存期限未屆滿前，發生關於審計委員會相關議決事項之訴訟時，相關錄音或錄影存證資料應續予保存至訴訟終結止。

以視訊會議召開審計委員會者，其視訊影音資料為議事錄之一部分，應於公司存續期間妥善保存。

第 11 條

審計委員會或其獨立董事成員得代表公司委任律師、會計師或其他專業人員，就行使職權有關之事項為必要之查核或提供諮詢，其費用由公司負擔之。

第 12 條

公開發行公司依本法設置審計委員會者，得自現任董事或監察人任期屆滿時，始適用之。

第 13 條

本辦法自中華民國九十六年一月一日施行。

本辦法修正條文，自發布日施行。

㈤董事會設置薪酬委員會之強制政策

民國 99 年證券交易法部分條文第二次修正時，增訂第 14 條之 6 規定，即第 1 項前段明定「股票已在證券交易所上市或於證券商營業處所買賣之公司應設置薪資報酬委員會」，不同於證券交易法第 14 條之 4 第 1 項的自由選擇設置審計委員會規定，這是強制所有的上市或上櫃公司，應設置薪資報酬委員會。惟究其立法理由，此謂「我國證券交易所為強化上市公司董監酬金資訊揭露，……（4 月 1 日）於公開資訊觀測站『公司治理專區』項下，公布公司 2 年度稅後虧損，……董監事酬金總額或平均每位董監事酬金卻增加的上市公司（多達 41 家）……。不過，相關公布仍無法阻止當公司連續虧損時，董監事酬金總額仍大幅度地增加之弊端。因此，實應強制董事會設置薪資報酬委員會，方得更有效地消除此類弊端」之說明；就此，本次的立委提案修正，認為「目前我國證券交易法已明確規範……設置審計委員會。為保障投資人權益，亦應設置薪資報酬委員會」❾❶。

至於相關薪酬委員會的組成、職權及其運作，證券交易法並無明文規定，僅於第 14 條之 6 第 1 項後段「其成員專業資格、所定職權之行使及相關事項之辦法，由主管機關定之」，因而主管機關頒布「股票上市或於證券商營業處所買賣公司薪資報酬委員會設置及行使職權辦法」❷；又所謂「薪資報酬」，證券交易法第 14 條之 6 第 2 項特別規定「……應包括董事、監察人及經理人之薪資、股票選擇權與其他具有實質獎勵之措施」，皆屬之。當然，這如提案說明般，謂美國大部分公司董事會設置各類功能性的專門委員會，包括審計委員會、提名委員會、薪酬委員會、財務委員會等，分工組成不同各類委員會，明確劃分個別委員會的權責，發揮其應有之設置功能，期許第 14 條之 6 所增訂的薪酬委員會，能合理訂定出酬金，以符董事、監察人及經理人之於公司的付出與所得❸。然，就此法制上的議題，姑且不論美國法制之於防制肥貓的成效如何？相關美國董事會所設置的各種功能性委員會制度，其前提是建立於獨立董事制度，如我國證券交易法第 14 條之 4 第 2 項，審計委員會「應由全體獨立之董事」所組成，以發揮其功能；因此，這在本次修法時，似未能顧慮到證券交易法第 14 條之 2 第 1 項獨立董事制度，我國所採係「得依章程規定設置」之非強制性規定，原則上賦予公司決定是否採擇委員會制董事會的彈性，例如設置審計委員會，即公司依其自己的適性需求與規則，自行選擇之（證券交易法第 14 條之 4 第 1 項），因而法制上所有公開發行股票公司，不當然有所謂的獨立董

---

❶ 民國 99 年證券交易法部分條文第 2 次修正草案，增訂第 14 條之 6 第 1 項的立法理由，請參閱立法院第 7 屆第 5 會期第 12 次會議議案關係文書‧院總第 727 號（委員提案第 9718 號）委 3 頁。

❷ 民國 100 年 3 月 18 日金融監督管理委員會金管證發字第 1000009747 號令訂定發布。

❸ 相關美國的薪資報酬委員會制度，可參閱謝易宏，〈薪甘勤願——簡介美國「薪資報酬委員會」〉《月旦民商法雜誌》第 26 期 144 頁；蔡昌憲，〈評我國強制設薪酬委員會之立法政策——從經濟分析及美國金融改革法談起〉《中研院法學期刊》第 11 期 249 頁；陳俊仁，〈公司治理與董監事暨經理人薪資報酬決定權——薪資報酬委員會制度規範之商榷〉《月旦法學雜誌》第 207 期 38 頁。

事（證券交易法第 14 條之 2 第 1 項），亦非全部採行委員會制的董事會制度，但實務上因但書授權主管機關頒布行政命令，強制符合一定條件之上市櫃公司設置獨立董事、審計委員會，故我國上市櫃公開發行股票公司均設之，如前揭【貳之二之（四）】所說明。簡言之，上述如此規定，均與本次增訂第 14 條之 6 強制設置薪酬委員會之立法例，有所違異。

惟自民國 99 年證券交易法修正，引進薪酬委員會制度以來，論者指出其立法政策上，乃在於面對公司法第 196 條機能不彰，且實務上董事慣性迂迴的自己決定，早已是不爭的事實，這薪酬委員會之強制設置後，在我國公開發行公司的薪酬的合理性，逐年獲得改善，配合資訊揭露制度的牽引作用，援引商管學院的實證論文均多肯定如此的正面效果，但論者亦認為公司董事薪酬的利害衝突，仍然存在，除了獨立性、專業性備受質疑外，我國法仿美制的薪酬委員會制度，若無 say-on-pay 的配套措施，則相關董事薪酬與公司績效連動，消除肥貓的命題，似難一步到位❹。然，相關 say-on-pay 制度乃股東會就公司經營報酬表示贊成與否之意向設計，亦有論者持保留態度，除去公司法第 196 條規定，再次疊床架屋外，在目前我國法制之不同與現有商業環境下，恐無法發揮其美式公司治理的應有效能❺。

股票上市或於證券商營業處所買賣公司薪資報酬委員會設置及行使職權辦法

（民國 109 年 1 月 15 日最新修正）

第 1 條

本辦法依證券交易法（以下簡稱本法）第十四條之六第一項規定訂定之。

第 2 條

股票已在證券交易所上市或於證券商營業處所買賣之公司，應依本法及本辦法規定設置薪資報酬委員會。但其他法律另有規定者，從其規定。

第 3 條

股票已在證券交易所上市或於證券商營業處所買賣之公司依本法設置薪資報酬委員會者，應訂定薪資報酬委員會組織規程，其內容應至少記載下列事項：

---

❹ 洪令家，〈改革董事薪酬制度的規定〉《財經法論文輯（卷一）》（新學林，2017 年）280 頁。

❺ 周振鋒，〈美國 say-on-pay 制度介紹與引進可行性之分析〉《政大法學評論》第 137 期 217 頁。

一、薪資報酬委員會之成員組成、人數及任期。

二、薪資報酬委員會之職權。

三、薪資報酬委員會之議事規則。

四、薪資報酬委員會行使職權時,公司應提供之資源。

前項組織規程之訂定,應經董事會決議通過;修正時,亦同。

第 4 條

薪資報酬委員會成員由董事會決議委任之,其人數不得少於三人,其中一人為召集人。

薪資報酬委員會成員之任期與委任之董事會屆期相同。

薪資報酬委員會之成員因故解任,致人數不足三人者,應自事實發生之即日起算三個月內召開董事會補行委任。

薪資報酬委員會之成員於委任及異動時,公司應於事實發生之即日起算二日內於主管機關指定之資訊申報網站辦理公告申報。

第 5 條

薪資報酬委員會之成員,應取得下列專業資格條件之一,並具備五年以上工作經驗:

一、商務、法務、財務、會計或公司業務所需相關科系之公私立大專院校講師以上。

二、法官、檢察官、律師、會計師或其他與公司業務所需之國家考試及格領有證書之專門職業及技術人員。

三、具有商務、法務、財務、會計或公司業務所需之工作經驗。

有下列情事之一者,不得充任薪資報酬委員會成員;其已充任者,解任之:

一、有公司法第三十條各款情事之一。

二、違反本辦法所定薪資報酬委員會成員之資格。

第 6 條

薪資報酬委員會之成員於執行業務範圍內應保持其獨立性,不得與公司有直接或間接之利害關係,應於委任前二年及任職期間無下列情事之一:

一、公司或其關係企業之受僱人。

二、公司或其關係企業之董事、監察人。

三、本人及其配偶、未成年子女或以他人名義持有公司已發行股份總數百分之一以上或持股前十名之自然人股東。

四、第一款之經理人或前二款所列人員之配偶、二親等以內親屬或三親等以內直系血親親屬。

五、直接持有公司已發行股份總數百分之五以上、持股前五名或依公司法第二十七條第一項或第二項指派代表人擔任公司董事或監察人之法人股東之董事、監察人或受僱人。

六、公司與他公司之董事席次或有表決權之股份超過半數係由同一人控制,他公司之董事、監察人或受僱人。

七、公司與他公司或機構之董事長、總經理或相當職務者互為同一人或配偶,他公司或機構之董事(理事)、監察人(監事)或受僱人。

八、與公司有財務或業務往來之特定公司或機構之董事(理事)、監察人(監事)、經理人或持股百分之五以上股東。

九、為公司或關係企業提供審計或最近二年取得報酬累計金額逾新臺幣五十萬元之商務、法務、財務、會計等相關服務之專業人士、獨資、合夥、公司或機構之企業主、合夥人、董事(理事)、監察人(監事)、經理人及其配偶。但依本法或企業併購法相關法令履行職權之薪資報酬委員會、公開收購審議委員會或併購特別委員會成員,不在此限。

公開發行公司與其母公司、子公司或屬同一母公司之子公司依本法或當地國法令設置之獨立董

事相互兼任者，不適用前項第二款、第五款至第七款及第四項第一款規定。

薪資報酬委員會之成員曾任第一項第二款或第八款之公司或其關係企業或與公司有財務或業務往來之特定公司或機構之獨立董事而現已解任者，不適用第一項於委任前二年之規定。

第一項第八款所稱特定公司或機構，係指與公司具有下列情形之一者：

一、持有公司已發行股份總數百分之二十以上，未超過百分之五十。

二、他公司及其董事、監察人及持有股份超過股份總數百分之十之股東總計持有該公司已發行股份總數百分之三十以上，且雙方曾有財務或業務上之往來紀錄。前述人員持有之股票，包括其配偶、未成年子女及利用他人名義持有者在內。

三、公司之營業收入來自他公司及其集團公司達百分之三十以上。

四、公司之主要產品原料（指占總進貨金額百分之三十以上者，且為製造產品所不可缺乏關鍵性原料）或主要商品（指占總營業收入百分之三十以上者），其數量或總進貨金額來自他公司及其集團公司達百分之五十以上。

第一項、第二項及前項所稱母公司、子公司及集團，應依國際財務報導準則第十號之規定認定之。

第一項及第三項所稱關係企業，為公司法第六章之一之關係企業，或依關係企業合併營業報告書關係企業合併財務報表及關係報告書編製準則、國際財務報導準則第十號規定應編製合併財務報告之公司。

第 7 條

薪資報酬委員會應以善良管理人之注意，忠實履行下列職權，並將所提建議提交董事會討論。但有關監察人薪資報酬建議提交董事會討論，以監察人薪資報酬經公司章程訂明或股東會決議授權董事會辦理者為限：

一、訂定並定期檢討董事、監察人及經理人績效評估與薪資報酬之政策、制度、標準與結構。

二、定期評估並訂定董事、監察人及經理人之薪資報酬。

薪資報酬委員會履行前項職權時，應依下列原則為之：

一、董事、監察人及經理人之績效評估及薪資報酬應參考同業通常水準支給情形，並考量與個人表現、公司經營績效及未來風險之關連合理性。

二、不應引導董事及經理人為追求薪資報酬而從事逾越公司風險胃納之行為。

三、針對董事及高階經理人短期績效發放紅利之比例及部分變動薪資報酬支付時間應考量行業特性及公司業務性質予以決定。

前二項所稱之薪資報酬，包括現金報酬、認股權、分紅入股、退休福利或離職給付、各項津貼及其他具有實質獎勵之措施；其範疇應與公開發行公司年報應行記載事項準則中有關董事、監察人及經理人酬金一致。

董事會討論薪資報酬委員會之建議時，應綜合考量薪資報酬之數額、支付方式及公司未來風險等事項。

董事會不採納或修正薪資報酬委員會之建議，應由全體董事三分之二以上出席，及出席董事過半數之同意行之，並於決議中依前項綜合考量及具體說明通過之薪資報酬有無優於薪資報酬委員會之建議。

董事會通過之薪資報酬如優於薪資報酬委員會之建議，除應就差異情形及原因於董事會議事錄載明外，並應於董事會通過之即日起算二日內於主管機關指定之資訊申報網站辦理公告申報。

子公司之董事及經理人薪資報酬事項如依子公司分層負責決行事項須經母公司董事會核定者，應先請母公司之薪資報酬委員會提出建議後，再提交董事會討論。

第 8 條

薪資報酬委員會應至少每年召開二次，並於薪資報酬委員會組織規程中訂明之。

薪資報酬委員會之召集，應載明召集事由，於七日前通知委員會成員。但有緊急情事者，不在此限。

已依本法規定設置獨立董事者，薪資報酬委員會至少應有獨立董事一人參與，並由全體成員推舉獨立董事擔任召集人及會議主席，無獨立董事者，由全體成員互推一人擔任召集人及會議主席；召集人請假或因故不能召集會議，由其指定委員會之其他獨立董事代理之；委員會無其他獨立董事時，由召集人指定委員會之其他成員代理之；該召集人未指定代理人者，由委員會之其他成員推舉一人代理之。

薪資報酬委員會得請董事、公司相關部門經理人員、內部稽核人員、會計師、法律顧問或其他人員列席會議並提供相關必要之資訊。但討論及表決時應離席。

第 9 條

薪資報酬委員會會議議程由召集人訂定，其他成員亦得提供議案供委員會討論。會議議程應事先提供予委員會成員。

召開薪資報酬委員會時，公司應設簽名簿供出席成員簽到，並供查考。

薪資報酬委員會之成員應親自出席委員會，如不能親自出席，得委託其他成員代理出席；如以視訊參與會議者，視為親自出席。

薪資報酬委員會成員委託其他成員代理出席委員會時，應於每次出具委託書，且列舉召集事由之授權範圍。

薪資報酬委員會為決議時，應有全體成員二分之一以上同意。表決時如經委員會主席徵詢無異議者，視為通過，其效力與投票表決同。表決之結果，應當場報告，並作成紀錄。

第三項代理人，以受一人之委託為限。

第 9-1 條

薪資報酬委員會對於會議討論其成員之薪資報酬事項，應於當次會議說明，如有害於公司利益之虞時，該成員不得加入討論及表決，且討論及表決時應予迴避，並不得代理其他薪資報酬委員會成員行使其表決權。

第 10 條

薪資報酬委員會之議事，應作成議事錄，議事錄應詳實記載下列事項：

一、會議屆次及時間地點。

二、主席之姓名。

三、成員出席狀況，包括出席、請假及缺席者之姓名與人數。

四、列席者之姓名及職稱。

五、紀錄之姓名。

六、報告事項。

七、討論事項：各議案之決議方法與結果、依前條規定涉及自身薪資報酬事項之成員姓名及其薪資報酬內容、迴避情形、成員之反對或保留意見。

八、臨時動議：提案人姓名、議案之決議方法與結果、成員、專家及其他人員發言摘要、依前條規定涉及自身薪資報酬事項之成員姓名及其薪資報酬內容、迴避情形、成員之反對或保留意見。

九、其他應記載事項。

薪資報酬委員會之議決事項，如成員有反對或保留意見且有紀錄或書面聲明者，除應於議事錄載明外，並應於事實發生之即日起算二日內於主管機關指定之資訊申報網站辦理公告申報。

薪資報酬委員會簽到簿為議事錄之一部分。

議事錄須由會議主席及記錄人員簽名或蓋章，於會後二十日內分送委員會成員，並應呈報董事會及列入公司重要檔案，且應保存五年。

前項保存期限未屆滿前，發生關於薪資報酬委員會相關事項之訴訟時，應保存至訴訟終止為止。

第一項議事錄之製作及分發，得以電子方式為之。

以視訊會議召開薪資報酬委員會者，其視訊影音資料為議事錄之一部分。

第 11 條

薪資報酬委員會得經決議，委任律師、會計師或其他專業人員，就行使職權有關之事項為必要之查核或提供諮詢，其費用由公司負擔。

第 12 條

經薪資報酬委員會決議之事項，其相關執行工作，得授權召集人或委員會其他成員續行辦理，並於執行期間向委員會為書面報告，必要時應於下一次會議提報委員會追認或報告。

第 13 條

（刪除）

第 13-1 條

本辦法於中華民國一百零九年一月十五日修正發布時，薪資報酬委員會成員係第六條第一項第五款所稱指派代表人擔任公司董事或監察人之法人股東之董事、監察人或受僱人，或有第六款或第七款之情形者，得繼續擔任至其任期屆滿。

第 14 條

本辦法自發布日施行。

三、公開發行股票公司之監察人制度

㈠監察人之資格、限制與選任

1.監察人之積極資格與消極限制

　　相較於選任董事部份，關於選任監察人的規定，公司法第 216 條第 4 項與第 222 條特別明文準用公司法第 30 條不得充任經理人的資格限制與禁止監察人不得兼任公司董事、經理人或其他職員之兼職限制。

　　除此之外，民國 94 年證券交易法部分條文修正時，增訂第 26 條之 3 第 4 項，明文規定公開發行股票之公司，除經主管機關核准者外，監察人間，甚至是監察人與董事間，應至少一席以上，不得具有配偶或二親等以內之親屬關係的限制；究其立法緣由，乃有鑑於公司監察人或董事如均由同一家族擔任，監察人監督時，恐將失卻應有的客觀性，爰於特別限制其監察人間、監察人與董事彼此間不宜具有一定親屬之關係[96]。惟該公司召

---

[96]　民國 94 年證券交易法部分條文修正草案，第 26 條之 3 第 4 項增訂理由，請參

開股東會所選任之監察人，若違反上述禁止一定親屬關係之規定時，證券交易法第 26 條之 3 第 5 項亦特別明文其應依如下規定，決定當選之監察人：㈠監察人間不符規定者，不符規定之監察人中所得選票代表選舉權較低者，其當選失其效力；㈡監察人與董事間不符規定者，不符規定之監察人中所得選票代表選舉權較低者，其當選失其效力。至於針對已充任監察人，如違反第 26 條之 3 第 4 項上述規定者，證券交易法第 26 條之 3 第 6 項亦特別明文準用第 5 項規定，當然解任。

另，關於投資人保護法第 10 條之 1 第 7 項與充任監察人資格之消極限制與董事同，請參閱本書第十章第三節【肆】有關限制被訴董事、監察人裁判解任判決確定後，不得再擔任監察人之介紹。

2.法人監察人

相較於法人監察人部分，如前所指摘，未增訂但書之當時之公司法第 27 條第 2 項所明文，法人董監事規定是允許法人股東同時指派多數代表，分別擔任董事或監察人之職務，但並無明文限制代表同一法人股東同時擔任董事及監察人之弊端；因此，民國 94 年證券交易法部分條文修正時，亦增訂第 26 條之 3 第 2 項「政府或法人為公開發行公司之股東時，除經主管機關核准者外，不得由其代表人同時當選或擔任公司之董事及監察人，不適用公司法第 27 條第 2 項規定」，以恪守公司法第 222 條禁止監察人兼任董事所致生可能的問題❾❼。當然，民國 100 年公司法第 4 次修正時，已調整第 27 條規定，增訂第 2 項後段但書，即政府或法人為股東時，亦得由其代表人當選為董事或監察人，代表人有數人時，得分別當選，但明定「不得同時當選或擔任董事及監察人」的限制，與證券交易法第 26 條之 3 第 2

閱前揭立法院關係文書❻❷政 249 頁。

❾❼ 民國 94 年證券交易法部分條文修正草案，第 26 條之 3 第 2 項增訂理由，謂有鑑於我國公司法第 27 條允許法人股東同時指派代表人擔任董事、監察人職務，且國內企業多為家族企業，公司董事及監察人彼此多為關係人或為同一法人所指派，導致監察人缺乏獨立性且其職權不易有效發揮，故訂定第 2 項，以強化監察人之獨立性，請參閱前揭立法院關係文書❻❷政 249 頁。

項的規定同步。

　　至於關係企業內部，例如轉投資的母子公司，利用不同公司法人格，分別指派代表當選公司之董事及監事的爭議？無疑問的，這又是一種公司法人格濫用的型態，最高法院 104 年度臺上字第 35 號民事判決所示，如本節【貳之二之㈡之 3】部分的介紹，請參閱。惟問題的癥結所在仍是公司法第 27 條的現有規定。因此，就本案爭點而言，本書支持高雄地院的見解認為母子公司的數人代表同時當選為公司董事及監察人，宜解釋為違反民法第 71 條規定，以維持當前公司治理的監控設計為當。

㈡取代監察人制度之審計委員會

　　如前揭【貳之二之㈣】所示，證券交易法第 14 條之 4 第 1 項明文已依本法發行股票之公司，應擇一設置審計委員會或監察人，甚至是主管機關得頒布相關辦法，視公司規模、業務性質及其他必要情況，命令公司於董事會內部強制設置審計委員會，替代公司法監察人制度之既定政策，以符合國際證券市場上發展的趨勢，乃我國證券交易法制近年修法的核心方向。

　　惟相關取代監察人職權設計之審計委員會制度，請參酌本節【貳之二之㈣】公開發行股票公司之董事會制度部分，茲不再贅述。

參、公司財務、業務管理之特別規定

一、公開發行公司之轉投資限額及公積制度

㈠轉投資部分

　　相關公司轉投資限額規定，民國 107 年公司法部分條文修正第 13 條，廢除公司轉投資限額，即其投資總額不得超過實收股本百分之四十的規定；惟相關公開發行股票公司部分，仍予以維持，此即「公開發行股票之公司為他公司有限責任股東時，其所有投資總額，除以投資為專業或公司章程另有規定或經代表已發行股份總數三分之二以上股東出席，以出席股東表決權過半數同意之股東會決議者外，不得超過本公司實收股本百分之四十」（公司法第 13 條第 2 項），究其立法理由，謂「此次予以鬆綁，讓無限公

司、有限公司、兩合公司或非公開發行股票之公司，不再受限；另考量公開發行股票之公司為多角化而轉投資，屬公司重大財務業務行為，涉及投資人之權益，為健全公開發行股票公司之財務業務管理，避免因不當投資而使公司承擔過高之風險，致影響公司業務經營及損及股東權益，針對公開發行股票之公司，仍有加以規範之必要，爰……，並明定本項適用主體為公開發行股票之公司」❾❽。

(二)公積部分

關於企業會計上盈餘公積與資本公積制度，依商業會計法第 13 條授權主管機關所頒布的「商業會計處理準則」第 25 條與第 26 條，分別其會計科目規定之。基本上，兩者間的關鍵在於自營業結果所產生之盈餘中，所提撥的是法定盈餘公積與特別盈餘公積，相對於自非營業結果者，而係從特定財源所累積的，其屬於資本公積。

雖公司法第 237 條第 1 項規定公司於完納一切稅捐後，分配盈餘時，應先提出百分之十為法定盈餘公積，屬強制提列的公積之一，而第 2 項亦規定「除前項法定盈餘公積外，公司得以章程訂定或股東會決議，另提特別盈餘公積」，相較之下，特別盈餘公積自屬一種任意提列的公積❾❾。至於證券交易法第 41 條第 1 項明文主管機關認為有必要時，對於已依本法發行有價證券之公司，得以命令規定其於分派盈餘時，除依法提出法定盈餘公積外，並應另提一定比率之特別盈餘公積，惟如此的特別盈餘公積係依主管機關之命令，所強制提存之公積制度，實與公司法的規定不同；或謂其立法緣由，乃賦予主管機關得對發行公司分派股息紅利時，以命令規定提撥一定之特別盈餘公積，調節盈餘分配，使發行公司逐漸確立股利政策而有助於股票價格之長期穩定❿。然，如此的立法例是否妥當？不無疑義。

---

❾❽ 民國 107 年公司法部分條文修正草案，相關第 13 條的修正說明，請參閱《立法院公報》第 107 卷第 75 期 158 頁。

❾❾ 林咏榮，前揭書❶ 311 頁；武憶舟，前揭書❸ 391 頁；賴英照，前揭書❿ 313 頁；陳春山，前揭書❹❹ 66 頁；廖大穎，前揭書❶ 268 頁。

❿ 民國 55 年證券交易法草案總說明，請參閱立法院秘書處，前揭書❹❹ 32 頁。

　　其次是公積使用的限制，公司法第 239 條定有明文；惟公司法第 241 條第 1 項亦規定公司無虧損者，始得將公積撥充資本，而證券交易法第 41 條第 2 項前段亦重申公積彌補虧損之原則，謂「以依本法發行有價證券之公司，申請以法定盈餘公積或資本公積撥充資本時，應先填補虧損」，以健全發行公司之資本結構與確保資本維持原則。然，相關公積撥充資本時，公司法第 241 條第 3 項特別限制以法定盈餘公積撥充資本之條件與比例，但對資本公積撥充的規定？僅公司法第 241 條第 1 項明文限制超過票面金額發行股票所得之溢額部分與受領贈與之所得部分，始得為之，即公司法並無類似上述盈餘公積撥充之條件與比例的設定❶；相對於此，證券交易法第 41 條第 2 項特別規定公開發行公司，其以資本公積撥充資本時，應以其一定的比例為限，例如證券交易法施行細則第 8 條第 1 項原明文「本法第 41 條第 2 項所定以資本公積撥充資本之比率，其以公司法第 241 條第 1 項第 1 款及第 2 款規定之資本公積撥充資本者，每年撥充之合計金額，不得超過實收資本額百分之十」之限制❷。惟證券交易法施行細則第 8 條之上述相關限制，業已刪除。

二、財務報告之查核簽證與定期揭露

　　關於公開發行公司之財務報告（證券交易法第 14 條第 1 項），相對於公司法第 20 條及第 228 條之定期編製會計表冊等，證券交易法第 36 條第 1 項亦特別規定公司應定期公告並向主管機關申報，經會計師查核簽證或核閱之財務報告；針對此一部分，業於本書第三章第二節【參之一】介紹，請參閱。

---

❶　公司法第 241 條第 3 項規定法定盈餘公積撥充資本者，以該項公積已達實收資本百分之五十，並以撥充其半數為限。

❷　惟須注意者，證券交易法施行細則第 8 條第 2 項亦明文公開發行公司，依公司法第 241 條第 1 項第 1 款規定轉入之資本公積，應俟增資或其他事由所產生該次資本公積，經公司登記主管機關核准登記後之次一年度，始得將該次轉入之資本公積撥充資本。

　　民國 94 年證券交易法部分條文修正，增訂第 14 條第 3 項明文規定上述的財務報告，應經該公司董事長、經理人及會計主管簽名或蓋章外，並應出具財務報告內容無虛偽或隱匿的聲明；然，增訂如此條文之立法理由，謂明確規範虛偽或隱匿財務報告內容之相關人員責任範圍，例如證券交易法第 20 條之 1 不實財務報告的民事責任，於公司董事長、經理人及會計主管簽名或蓋章之外，亦參酌美國沙氏法案之規定，明定前揭人員應出具財務報告內容無虛偽或隱匿之聲明，藉以強化財務報告之正確性❿。至於民國 100 年證券交易法部分條文修正草案，修正第 14 條第 2 項，謂「為增加我國企業財務報告與國際之比較性，提升我國資本市場之國際競爭力，並使國內企業赴海外籌資，毋須重新依當地國會計準則重編財務報告，以適度降低會計處理成本」，並指摘現行商業會計法第四章、第六章、第七章對於會計處理之規範，與國際會計準則 (IFRSs) 有所不同，致近年來我國會計準則與國際會計準則接軌過程，有所扞格，明定授權主管機關所頒布之發行人財務報告編製準則，排除商業會計法第四章、第六章及第七章規定之適用❿。

　　另，民國 107 年、109 年證券交易法二次修正第 14 條，增訂第 5 項並微調之，即「股票已在證券交易所上市或於證券櫃檯買賣中心上櫃買賣之公司，依第 2 項規定編製年度財務報表時，應另依主管機關規定揭露公司薪資報酬政策、全體員工平均薪資及調整情形、董事及監察人之酬金等相關資訊」，謂要求上市櫃公司，提報財務報告時，須揭露薪酬制度、當年度內董監酬金與全體員工薪資、調整等資訊，以利公司治理之公平合理，符

---

❿　民國 94 年證券交易法部分條文修正草案，第 14 條第 3 項之增訂理由，請參閱前揭立法院關係文書❷政 236 頁。

關於美國沙氏法案之國內文獻介紹，可參閱范曉玲，〈公司治理及財務審計之新紀元──2002 年美國證券交易 Sarbanes-Oxley 法案簡介〉《月旦法學雜誌》第 89 期 267 頁；何曜琛，〈談美國沙賓法案之重要規範〉《現代公司法制之新課題》（元照，2005 年）645 頁。

❿　民國 100 年證券交易法部分條文修正草案，修正第 14 條第 2 項之立法理由，請參閱《立法院公報》第 99 卷第 84 期 105 頁。

合企業社會之公義，並查核獲利之企業是否合理提供員工應得薪資，改進目前社會普遍低薪現象；惟於編製年度財務報告外之另行規範，應揭露相關資訊，以茲明確**⑩**。

三、重大財務、業務行為與公司內部控制

㈠公司重大財務、業務行為與處理準則

證券交易法第 36 條之 1 特別明文公開發行公司取得或處分資產、從事衍生性商品交易、資金貸與他人、為他人背書或提供保證及揭露財務預測等重大財務業務行為，其適用範圍、作業程序、應公告申報及其他應遵行事項處理準則，授權由主管機關定之。

1.公開發行公司取得或處分資產處理準則**⑩**

依金融監督管理委員會所頒布「公開發行公司取得或處分資產處理準則」第 2 條之原則，凡屬公開發行公司取得或處分如下資產：㈠股票、公債、公司債、金融債券、國內受益憑證、海外共同基金、存託憑證、認購（售）權證、受益證券及資產基礎證券等長、短期投資，㈡不動產及其他固定資產，㈢會員證，㈣專利權、著作權、商標權、特許權等無形資產，㈤使用權資產，㈥金融機構之債權，㈦衍生性商品，㈧依法律合併、分割、收購或股份受讓而取得或處分之資產，㈨其他重要資產（同準則第 3 條），除其他法律另有規定者，應依該準則規定辦理之。

相關上述公開發行公司取得或處分資產的行為，本準則係強制公司應訂定取得或處分資產之處理程序、專業估價報告或意見書程序外，並依規定，公司應於事實發生之日起二日內，將相關資訊公告申報。至於針對公開發行公司向關係人取得不動產、從事衍生性商品交易與辦理合併、分割、

---

⑩ 民國 107 年證券交易法部分條文第 2 次修正草案，修訂第 14 條之立法說明，請參閱《立法院公報》第 107 卷第 103 期 241 頁；民國 109 年證券交易法部分條文修正草案，修正第 14 條第 5 項之立法理由（曾銘宗提案），請參閱《立法院公報》第 109 卷第 32 期 116 頁。

⑩ 民國 107 年 11 月 26 日金融監督管理委員會金管證發字第 1070341072 號令。

收購及股份受讓之特殊事項,本準則亦將之納入,以強化其監督與有效
管理。

2.公開發行公司資金貸與及背書保證處理準則 ⑩

關於公司法第 15 條資金貸與及第 16 條保證之規定,證券交易法第 36
條之 1 特別授權主管機關頒布「公開發行公司資金貸與及背書保證處理準
則」,要求公司依照上述準則,辦理資金貸與他人、為他人背書或提供保證
行為之處理規定,例如公開發行公司亦應訂定資金貸與他人、背書保證作
業程序,並依規定公告申報其資金貸與餘額與背書保證餘額。

3.公開發行公司公開財務預測資訊處理準則 ⑩

關於公開發行公司揭露財務預測之行為,依主管機關所訂定的「公開
發行公司公開財務預測資訊處理準則」規定,改採自願性申報之管理政策,
明定公開發行公司編製財務預測,應依本準則辦理之(準則第 2 條),且明
文得依簡式財務預測或完整式財務預測方式,公開預測資訊(準則第 5
條),並申報之(準則第 7 條)。

㈡內部控制制度

證券交易法第 14 條之 1 第 1 項明文公開發行公司應建立財務、業務之
內部控制制度,第 2 項亦授權主管機關,訂定「公開發行公司建立內部控
制制度處理準則」 ⑩。

---

⑩ 民國 108 年 3 月 7 日金融監督管理委員會金管證審字第 1080304826 號令修正。
⑩ 民國 102 年 12 月 31 日金融監督管理委員會金管證審字第 1020053249 號令修正。
　關於現行財務預測之檢討,請參閱劉連煜,〈公司財務預測法制之研究〉《月旦
　法學雜誌》第 59 期 108 頁;林國全,〈財務預測制度之探討〉《月旦法學雜誌》
　第 97 期 267 頁。
⑩ 民國 103 年 9 月 22 日金融監督管理委員會金管證審字第 1030036318 號令修正。
　相關公司內部控制之檢討,請參閱林仁光,〈論經營者誠信、內部控制、內部稽
　核制度與公司治理〉《月旦法學雜誌》第 106 期 39 頁;殷若瑛,〈公開發行公司
　內部控制制度查核作業之檢討〉《證券暨期貨管理雜誌》第 22 卷第 3 期 51 頁;
　蔡昌憲,〈省思公司治理下的內部監督機制──以獨立資訊管道的強化為核心〉
　《政大法學評論》第 141 期 209 頁;廖大穎,〈檢析法令遵循與我國公司治理之

關於現行公開發行公司內部控制的制度設計，係以公司董事會及經理人為主軸，其目的在於促進公司的健全經營與相關法令之遵循，期以合理、有效達成公司營運之目標，並確保公司財務報告之可靠性。因此，內部控制處理準則所重視的是公司內部控制的設計與執行之有效性，強制公司內部稽核之實施，並訂定自行檢查作業程序與方法，依證券交易法第 14 條之 1 第 3 項所規定「除經主管機關核准者外，應於每會計年度終了後三個月內，向主管機關申報內部控制聲明書」，並輔以會計師專案審查制度，落實公開發行公司內部控制之成效：

一是公司「設置隸屬於董事會之內部稽核單位」義務，並由主管機關訂定「適任之專任內部稽核人員應具備條件」外（準則第 11 條第 6 項），該準則亦明訂公司內部稽核實施細則的具體要項（準則第 12 條第 1 項）、內部控制風險評估結果之稽核計畫、報告及追蹤報告（準則第 13 條第 1 項）等，公司在陳核稽核報告、追蹤報告後，不僅依規定交付、通知監察人或獨立董事外（準則第 15 條），並對內部稽核人員，明訂一定的作為及禁止義務（準則第 16 條）。

二是公司「作成內部控制制度聲明書」義務，在落實公司自行評估內部控制制度之目的下，明文公司內部控制制度訂定自行評估作業之程序及方法外，相關每年自行評估內部控制制度設計及執行的有效性，應經董事會通過並依規定格式作成的內部控制制度聲明書，如證券交易法第 14 條之 1 第 3 項規定，公告申報之（準則第 24 條）。

○○股份有限公司內部控制聲明書

日期：○○年○○月○○日

本公司民國○○年○○月○○日至○○年○○月○○日之內部控制制度，依據自行檢查的結果，謹聲明如下：

一、本公司確知建立、實施和維護內部控制制度係本公司董事會及經理人之責任，本公司業已建立此一制度。其目的係在對營運之效果及效率（含獲利、績效及保障資產安全等）、財務報導之可靠性及相關法令之遵循等目標的達成，提供合理的確保。

二、內部控制制度有其先天限制，不論設計如何完善，有效之內部控制制度亦僅能對上述三項

內部控制模式〉《國際公司治理與企業法遵》（新學林，2019 年）105 頁。

目標之達成，提供合理的確保；而且，由於環境、情況之改變，內部控制制度之有效性可能隨之改變。惟本公司之內部控制制度設有自我監督之機制，缺失一經辨認，本公司即採取更正之行動。

三、本公司係依據金融監督管理委員會證期局訂頒「公開發行公司建立內部控制制度處理準則」（以下簡稱「處理準則」）規定之內部控制有效性之判斷項目，判斷內部控制制度之設計及執行是否有效。該「處理準則」所採用之內部控制判斷項目，係為依管理控制之過程，將內部控制劃分為五個組成要素：1.控制環境，2.風險評估，3.控制作業，4.資訊與溝通，及5.監督作業。每個組成要素又包括若干項目。前述項目請參見「處理準則」之規定。

四、本公司業已採用上述內部控制判斷項目，檢查內部控制制度之設計及執行的有效性。

五、本公司基於前項檢查結果，認為本公司上開期間的內部控制制度，包括與營運之效果及效率、財務報導之可靠性及相關法令之遵循有關的內部控制等之設計及執行係屬有效，其能合理確保上述目標之達成。

六、本聲明書將成為本公司年報及公開說明書之主要內容，並對外公開。上述公開之內容如有虛偽、隱匿等不法情事，將涉及證券交易法第二十條、第三十二條、第一百七十一條及第一百七十四條等之法律責任。

七、本聲明書業經本公司民國〇〇年〇〇月〇〇日董事會通過，出席董事〇人中，有〇人持反對意見，餘均同意本聲明書之內容，併此聲明。

〇〇股份有限公司

董事長：〇〇〇　簽章

總經理：〇〇〇　簽章

　　　　至於公司內部控制之自我監控作業上，我國上述的內控處理準則亦導入外部之「會計師專案審查」機制，這即如該準則所明定接受專案審查的會計師，提出內部控制制度審查報告（準則第 32 條），甚至內部控制制度建議書（準則第 36 條）。

內部控制制度審查報告

　　後附〇〇股份有限公司民國〇〇年〇〇月〇〇日謂經評估認為其與財務報導及保障資產安全有關之內部控制制度（含取得或處分資產、從事衍生性商品交易、資金貸與他人之管理、為他人背書或提供保證之管理、關係人交易之管理、財務報表編製流程之管理及對子公司之監督與管理等之相關作業程序），於民國〇〇年〇〇月〇〇日至〇〇年〇〇月〇〇日係有效設計及執行之聲明書，業經本會計師審查竣事。維持有效之內部控制制度及評估其有效性係公司管理階層之責任，本會計師之責任則為根據審查結果對公司內部控制制度之有效性及上開公司之內部控制制度聲明書表示意見。

　　本會計師係依照「公開發行公司建立內部控制制度處理準則」及一般公認審計準則規劃並執行審查工作，以合理確信公司上述內部控制制度是否在所有重大方面維持有效性。此項審查工作包括瞭解公司內部控制制度、評估管理階層評估整體內部控制制度有效性之過程、測試及評估內部控制制度設計及執行之有效性，以及本會計師認為必要之其他審查程序。本會計師相

信此項審查工作可對所表示之意見提供合理之依據。

任何內部控制制度均有其先天上之限制，故○○股份有限公司上述內部控制制度仍可能未能預防或偵測出業已發生之錯誤或舞弊。此外，未來之環境可能變遷，遵循內部控制制度之程度亦可能降低，故在本期有效之內部控制制度，並不表示在未來亦必有效。

依本會計師意見，依照「公開發行公司建立內部控制制度處理準則」之內部控制有效性判斷項目判斷，○○股份有限公司與財務報導及保障資產安全有關之內部控制制度（含取得或處分資產、從事衍生性商品交易、資金貸與他人之管理、為他人背書或提供保證之管理、關係人交易之管理、財務報表編製流程之管理及對子公司之監督與管理等之相關作業程序），於民國○○年○○月○○日至○○年○○月○○日之設計及執行，在所有重大方面可維持有效性；○○股份有限公司於民國○○年○○月○○日所出具謂經評估為其上述與財務報導及保障資產安全有關之內部控制制度係有效設計及執行之聲明書，在所有重大方面則屬允當。

○○會計師事務所

會計師○○○　印

會計師○○○　印

中華民國○○年○○月○○日

(三)股東申請檢查制度

相較於公司法第 245 條第 1 項「繼續六個月以上，持有已發行股份總數百分之一以上之股東，得檢附理由、事證及說明其必要性，聲請法院選派檢查人，於必要範圍內，檢查公司業務帳目、財產情形、特定事項、特定交易文件及紀錄」的規定，允許股東向法院聲請檢查人的制度外，民國 100 年增訂證券交易法第 38 條之 1 第 2 項「繼續一年以上，持有股票已在證券交易所上市或於證券商營業處所買賣之公司已發行股份總數百分之三以上股份之股東，對特定事項認有重大損害公司股東權益時，得檢附理由、事證及說明其必要性，申請主管機關就發行人之特定事項或有關書表、帳冊進行檢查……」，此即證券交易法上股東申請主管機關之檢查制度。關於證券交易法第 38 條之 1 第 2 項的立法理由，謂為保護少數股東，參考公司法第 245 條規定，增訂股東得對特定事項認有重大損害公司股東權益時，申請主管機關檢查發行人之特定事項或有關書表、帳冊；惟針對股東申請檢查制度，同時亦為免少數股東濫用本項規定，干擾公司之正常營運，因而主管機關審酌認有必要時，始依證券交易法第 38 條之 1 第 1 項規定隨時指定委託相關人員，進行檢查，且檢查費用仍由被檢查人負擔，即第 38 條

之 1 第 2 項後段「主管機關認有必要時，依前項規定辦理」 ❿ 。

　　相關證券交易法第 38 條之 1 第 1 項，即主管機關認為必要時，得隨時指定會計師、律師、工程師或其他專門職業或技術人員，檢查發行人之財務、業務狀況及有關書表、帳冊，並向主管機關提出報告或表示意見的規定；就此，請參閱本書第三章第三節【壹之三】主管機關之行政檢查部分的介紹。

肆、企業金融與庫藏股新制

一、衍生性金融商品

　　政府為促進開發證券商品種類之多樣化，於民國 89 年增訂證券交易法第 28 條之 3，該條第 1 項明文公開發行公司得募集、發行認股權憑證、附認股權特別股或附認股權公司債等金融商品，以積極推動證券市場上衍生性金融商品的交易制度，完備我國金融市場的機能。

　　所謂認股權 (warrants)，係指一種得以認購股份之權利，一般而言，比方是由股票上市公司所發行一定數量、特定條件的認股權憑證，其持有人得於憑證上所約定的有效期間內，以特定價格向發行公司請求認購特定數量之普通股股票；即證券交易法第 28 條之 3 第 1 項所謂「於認股權人依公司所定認股辦法行使認股權時，有核給股份之義務」，以實現認購股份之設計。論認股權的基本性質，類屬於以現貨股票為履約標的物之選擇權 (Options)，乃本於認股權憑證持有人之意願，決定是否認購股票，或直接轉讓出售其認股權。相較於發行附認股權證特別股或公司債者，從文義上可得知係於特別股或公司債附加認股權之謂，該特別股股東及該公司債債權人，依其所約定之條件，得於認股權所定的期間內，以特定價格向發行公司認購特定數量之普通股或其他股份；因此，一般認為開發附認股權特別股及公司債的企業金融商品，是結合投資證券的安全性與認購股份的成

---

❿　民國 100 年證券交易法部分條文修正草案，增訂第 38 條之 1 第 2 項之立法說明，請參閱《立法院公報》第 99 卷第 84 期 121 頁。

長性，不僅企業得以預期股價上漲，附加認股權利，創設該特別股及公司債的商品投資魅力，降低資金成本，有效調節企業在證券市場資金調度的需求，同時亦提供投資人多樣化的金融商品，滿足其需求⓫。如此的衍生性金融商品，對資本市場而言，或可藉由附認股權的設計，活絡整個證券市場，擴大市場規模之效益，且對發行公司而言，亦可藉認股權的促銷角色，發行附認股權之金融商品，籌措資金，降低成本，改善公司財務結構之外，尚可將該認股權充作員工酬庸之獎勵政策⓬。

　　惟在程序面上，為順利推動附認股權之相關證券商品，提高企業發行意願與投資人投資的興趣，採隨時認購的方式，首先應解決公司法第 161 條第 1 項「非經設立登記或發行新股變更登記後，不得發行股票」的規定，例如謂以配合新金融商品之發行，增訂公司法第 161 條第 1 項但書「公開發行股票之公司，證券管理機關另有規定者，不在此限」，得以排除第 1 項本文之限制，實現證券交易法第 28 條之 3 第 1 項本文授權公司制定認股辦法，有核給股份的義務，得隨時因應認股權人申請認購公司股份的實際需要。其次是證券交易法第 28 條之 3 亦特別明文「不受公司法第 156 條第 7 項（現改為第 4 項後段）價格應歸於一律與第 267 條第 1 項、第 2 項及第 3 項員工、原股東儘先分認規定之限制」，即排除公司法第 156 條第 7 項（現改為第 4 項後段）「同次發行之股份，其發行條件相同者，價格應歸於一律」之規定⓭，亦排除公司法第 267 條第 1 項、第 2 項「保留員工承購」及第 3 項「原有股東，按照原有股份比例儘先認購」的規定。

⓫　廖大穎，〈開發新金融商品與修正證券交易法〉《證券市場與股份制度論》（元照，1999 年）151 頁。
　　關於衍生性金融商品之介紹，請參閱王文宇，〈衍生性金融商品法律問題之探討〉《金融法》（元照，2001 年）259 頁。

⓬　民國 89 年證券交易法部分條文修正草案，第 28 條之 3 增訂立法理由，請參閱《立法院公報》第 89 卷第 39 期 271 頁。

⓭　公司法第 156 條第 6 項規定，於民國 90 年公司法部分條文修正時，將項次移到第 7 項。

二、公司債發行限額之放寬

關於公司債制度，政府亦為擴大我國證券市場規模，方便企業藉由發行公司債籌措中長期資金之需求，乃參酌業界建議與日本相關規定，於民國 89 年增訂證券交易法第 28 條之 4「已依本法發行股票之公司，募集與發行有擔保公司債，轉換公司債或附認股權公司債，其發行總額，除經主管機關徵詢目的事業中央主管機關同意者外，不得逾全部資產減去全部負債餘額之百分之二百，不受公司法第 247 條規定之限制」；至於民國 105 年證券交易法部分條文修正，調整第 28 條之 4 規定為「已依本法發行股票之公司，募集與發行公司債，其發行總額，除經主管機關徵詢目的事業中央主管機關同意者外，依下列規定辦理，不受公司法第 247 條規定之限制：㈠有擔保公司債、轉換公司債或附認股權公司債，其發行總額，不得逾全部資產減去全部負債餘額之百分之二百。㈡前款以外之無擔保公司債，其發行總額，不得逾全部資產減去全部負債餘額之二分之一」。雖民國 107 年公司法修正，放寬公司債發行限額規定，但公開發行股票之公司，其發行公司債總額，仍有限制。

公司法第 247 條明文限制企業發行公司債總額的規定，按其立法目的在於避免發生公司資產不足清償債務的情事，即一般認為股份有限公司在股東有限責任原則下，公司財產係全體債權人之總擔保，為保護公司債債權人起見，宜適度限制公司發行公司債之舉債行為，即限制發行公司債限額不得逾越公司全部資產減去全部負債的淨值，期使發行公司有穩定的財產基礎⑭。然，如此限制公司債之發行限額，恐無法滿足企業資金調度的需求與適應社會經濟發展的趨勢；爰此，論者亦從證券市場發行公司債券的實證資料，發現公司法第 247 條的原有限制確實過嚴，反而有妨礙公司

---

⑭ 傳統的見解，例如武憶舟，前揭書❸ 437 頁；林咏榮，前揭書❶ 322 頁；柯芳枝，前揭書❶ 433 頁。

惟關於公司法第 247 條公司債發行限額的質疑，請參閱廖大穎，《公司債法理之研究》（正典，2003 年）115 頁。

發行公司債融資，不利企業經營之虞，有予放寬公司債發行限額的必要。針對上述所指摘，公司法已放寬公司債發行限額，但就公開發行公司，仍保留原有發行額限制❶❺。惟在證券交易法第 28 條之 4 則另特別明文放寬公司債券發行限額的規定，因此公開發行公司募集與發行有擔保公司債、可轉換公司債或附認股權公司債，其發行總額，雖不受公司法第 247 條的限制，但不得超過公司現存純資產（淨值）總額之二倍；惟因應特殊行業，比方是電力公司，因大量發行公司債之需要，依證券交易法第 28 條之 4 的除外規定——經主管機關徵詢目的事業中央主管機關同意者，例如參酌日本的立法例，可放寬至該電力公司現存純資產總額（淨值）的六倍，亦得再排除證券交易法上述之限制，以方便特殊企業發行公司債券，籌備中長期資金的需要。至於在公開發行股票公司之私募公司債部分，證券交易法第 43 條之 6 第 3 項亦明文公開發行股票公司之私募普通公司債，其發行總額，除經主管機關徵詢目的事業中央主管機關同意者外，不得逾全部資產減去全部負債餘額之百分之四百，不受公司法第 247 條之限制，至少可放寬到公司現存純資產總額（淨值）之四倍❶❻。

　　然，民國 105 年證券交易法部分條文修正，亦調整第 28 條之 4 上述規定的立法理由，謂以「我國於民國 89 年……修正本法第 28 條之 4 規定，係參考日本……規定，放寬公開發行股份有限公司與非公開發行股份有限公司募集與發行有擔保公司債之額度，然對於公開發行公司募集與發行無擔保公司債部分，仍回歸適用公司法第 247 條第 2 項規定，考量下列因素，應放寬無擔保公司債之發行額度限制：㈠考量於民國 55 年無形資產之概念

---

❶❺　民國 107 年公司法部分條文修正草案，刪除第 247 條發債限額與保留適用公開發行股票公司之立法理由，請參閱《立法院公報》第 107 卷第 75 期第 3 冊 55 頁。

❶❻　民國 89 年證券交易法部分條文修正草案，第 28 條之 4 增訂立法說明，請參閱《立法院公報》第 89 卷第 39 期 273 頁。

　　民國 90 年證券交易法第 2 次部分條文修正草案，第 43 條之 6 第 3 項增訂立法理由，請參閱《立法院公報》第 91 卷第 10 期 417 頁，惟立法理由並無說明放寬舉債限額之緣由。

屬無具體、非公開、未有明確價值之性質，為保障債權人權益，增訂公司法第 247 條第 2 項規定……。㈡然現行公開發行公司之財務報告有較嚴謹規範，且無形資產趨向多樣性、新穎化，如文創或生技產業之專利權、電信業之特許執照為企業重要營運資產部分，其價值須依據國際會計準則第 36 號，應定期評估並進行減損測試，用以確認該無形資產之未來經濟效益，故公開發行公司之無形資產價值認定方式，與民國 55 年立法當時認定無形資產之性質與會計處理方式已有所不同。㈢參酌現今美、英、日、星等國家募集與發行公司債之規定均未有公司債之發行額度限制。另日本於平成 5 年大幅修正公司債之制度，全面刪除公司債發行限額規定，並強制採行應委託公司債管理公司之制度，期引導公司債發行制度應回歸證券市場供需平衡法則，以充分發揮企業資金調度效率化以及投資人資金運用多樣化功能」；因此，為協助我國公開發行公司之產業競爭力及籌措中長期資金，並擴大債券市場規模，爰修正本條文字❼。

三、公司買回自己股份之程序與限制

一般所謂庫藏股票 (Treasure Stock) 的概念，指股票發行之後，若公司買回而不逕予銷除，其所持有之自家股票，基本上即屬公司法第 167 條第 1 項「公司……自將股份收回、收買或收為質物」的股票而言。關於公司自己股份制度，在企業組織的傳統法理上，公司法人是不能因取得自己股份而成為公司的股東，若公司成為公司自己的組織構成員，在法人理論上是矛盾的；同時，如允許公司持有自己股份的庫藏股制度，將可能造成公司資本實質上的減少，其結果將危及公司之財產基礎，影響企業結構之安全。爰以，公司法第 167 條第 1 項特別明文禁止庫藏股制度，即除例外容許之規定外，原則上公司法人不得收回、收買自家股票，亦不得認購自己股份❽。然，從表彰股份的有價證券法理，於公司法第 163 條股份自由轉

---

❼ 民國 105 年證券交易法部分條文修正草案，修正第 28 條之 4 的立法說明，請參閱《立法院公報》第 105 卷第 87 期 99 頁（委員曾銘宗等 16 人提案）。

❽ 柯芳枝，前揭書❶ 222 頁；廖大穎，前揭書❶ 141 頁。

讓的前提下，公司法人取得自家的股票，在理論上言之，並非是不可能的；尤其是就企業經營的實務面觀察，論者有謂庫藏股制度的經濟機能，不問是公司構造的調整、企業資產的確保與資金之調度、公司財務管理與資金的運用，抑或是企業購併之攻防策略，乃至於公司獎勵員工持股政策的推行而言，公司持有自家股票被認為是企業經營上的一大助力❶。

　　相較於公司法第 167 條的規定，證券交易法第 28 條之 2 乃再放寬上市、上櫃公司取得自己股份之事由，亦即是針對股票已在證券交易所上市或於證券商營業處所買賣之公司，期以發揮庫藏股之於企業經營上的經濟機能；依該條規定，將公司取得庫藏股的事由區分為下列三類，分別明文之：㈠「激勵優秀員工」庫藏股：明定公司得於不超過公司實收股本一定比率的範圍內，收買自家股份轉讓於其員工，謂配合高科技產業延攬及培植優秀的領導人才，為激勵員工對公司產生向心力，藉由庫藏股制度，讓公司得以合法買回自家股票，以分配給員工。㈡「發行新金融商品」庫藏股：為方便公司發行可轉換公司債、附認股權公司債、附認股權特別股及認股權憑證之持有人申請轉換或認購股份，明定得在一定比率的限額內，買回公司自家股份，作為股權轉換之用；一般認為如此規定，乃為配合發展新金融商品制度的規劃，增列庫藏股，以利轉換及認購股份之作業，期待有效改善目前可轉換公司債等，在次級市場上之流通性不佳的問題。㈢「調節股價」庫藏股：例外容許公司為維護公司信用及股東權益，比方是在調節股價及股息分配等特殊目的考量下，公司得購入一定比率的自家股份，但須依法辦理股份銷除之程序❷。

　　關於公司買回自己股份之程序與限制，乃至於自己股份所表彰的股東權，證券交易法第 28 條之 2 亦特別明文如下的規範：

---

❶　關於企業經營與自己股份法制上之分析，請參閱柯菊，〈禁止公司取得自己股份緩和論之研究〉《公司法論集》（自版，1996 年）205 頁。

❷　民國 89 年證券交易法部分條文修正草案，第 28 條之 2 第 1 項立法說明，請參閱《立法院公報》第 89 卷第 39 期 234 頁。

(一)買回自己股份之法制設計

1.董事會之特別決議

證券交易法第 28 條之 2 第 1 項明文買回自己股份之決策機制在於董事會之特別決議,即以董事會三分之二以上董事之出席及出席董事超過二分之一同意者為其要件❶;惟關於上述董事會決議及執行買回自己股份之情形,應報告於最近一次之股東會,且若其因故未買回自己股份者,亦應報告之(證券交易法第 28 條之 2 第 7 項)。

2.實施庫藏股制度與市場秩序之維持

就證券交易法第 28 條之 2 第 1 項例外允許企業買回庫藏股票,其主要適用的對象僅限於股票已於證券交易所之上市公司或於證券商營業處所買賣之上櫃公司,始得於有價證券集中交易市場或證券商營業處所或依第 43 條之 1 第 2 項公開收購的規定,買回其股份。

然,相關上述公司之買回自家股票與證券交易法所保護的課題,不外乎是如何確保企業取得自己股份與其股東間機會平等的公平性;質言之,其乃涉及如何維護證券市場上交易秩序的根本議題。針對公司買回自己股份與確保股東機會平等的問題,正如證券交易法第 28 條之 2 第 3 項的立法說明,謂為防範公司買回自己股份,發生內線交易或操縱股價的疑慮,證券交易法基於市場管理上之需要,有關公司買回自己股份之公司決議程序、價格、方式、轉讓方法及應申報公告之事項,特別授權由主管機關定之❷;析言之,關於主管機關之於取得自己股份的規範,其在證券市場上,重點置於買回自家股票決議內容的資訊公開,以落實機會平等的原則,而相對

---

❶ 惟黃銘傑,〈買回自己股份與公司法〉《公開發行公司法制與公司監控》(元照,2002 年)159 頁,從動用保留盈餘與資本公積的會計科目,質疑證券交易法第 28 條之 2 第 1 項董事會決定買回自己股份之設計。

❷ 民國 89 年證券交易法部分條文修正草案,第 28 條之 2 第 3 項立法說明,請參閱《立法院公報》第 89 卷第 39 期 236 頁。

民國 89 年 8 月 7 日 (89) 臺財證(法)字第 2723 號函,頒布「上市上櫃公司買回本公司股份辦法」,請參照。

於在證券市場外買回，亦應考慮是否適用證券交易法第 43 條之 1「對非特定人公開收購公開發行公司之有價證券」的資訊公開，以確保股東平等的原則。

　　其次，從證券交易法的觀點，審視「庫藏股」制度之建立，尤其是證券市場受非經濟因素影響時之「調整股價」庫藏股或其他目的，如此的買回自己股份機制，是否容有讓有心人士藉機操作股價或是爆發內線交易，戕害證券市場秩序，損及投資大眾權益之行為？亦是令人憂心的課題[123]。爰此，證券交易法第 28 條之 2 第 3 項明文授權主管機關，頒布買回自己股份相關辦法外，第 6 項亦特別規定公司於有價證券集中交易市場或證券商營業處所買回其股份者，該公司其依公司法第 369 條之 1 規定之關係企業或董事、監察人、經理人及持有該公司股份超過股份總額百分之十之股東所持有之股份，於上開買回期間不得賣出之，且相較於第 22 條之 2 第 3 項內部人持股管理規定，民國 108 年另增訂證券交易法第 28 條之 2 第 8 項「第 6 項所定不得賣出之人」，其所持股份之對象，尚包括其配偶、未成年子女或利用他人名義持有者，於該公司買回之期間內，亦不得賣出[124]。

　　3.買回自己股份之資金與數量

　　證券交易法第 28 條之 2 第 2 項規定「前項公司買回股份之數量比例，不得超過該公司已發行股份總數百分之十；收買股份之總金額，不得逾保留盈餘加發行股份溢價及已實現之資本公積之金額」，謂如此規定係涉及公司資本維持的問題，為避免公司買回自己股份之數量及所運用之資金，漫無限制，否則將損及公司債權人與股東權益，扭曲放寬庫藏股制度之美意，爰以明定限制之[125]。

---

[123]　廖大穎，〈庫藏股制度與證券交易秩序〉《證券市場與股份制度論》（元照，1999 年）48 頁。

[124]　民國 108 年證券交易法部分條文第 1 次修正草案，修正第 28 條之 2 第 6 項、增訂第 28 條之 2 第 8 項之立法理由，請參閱《立法院公報》第 108 卷第 26 期 227 頁。

[125]　民國 89 年證券交易法部分條文修正草案，增訂第 28 條之 2 第 2 項立法說明，

4.買回自己股份之處理

公司法第 167 條第 2 項明文公司取得自己股份之處理，原則上係應於六個月內，按市價將其出售，如屆期未經出售者，視為公司未發行股份，並為變更登記之。依公司法上之現行規定，論者有謂原則上乃不得保有自己股份，然依法容許取得自己股份者，亦應於短期內處分之[126]。

相較於此，證券交易法第 28 條之 2 第 4 項特別規定「公司依第 1 項規定買回之股份，除第 3 款部分應於買回之日起六個月內辦理變更登記外，應於買回之日起五年內將其轉讓[127]；逾期未轉讓者，視為公司未發行股份，並應辦理變更登記」，其雖與上述公司法第 167 條第 2 項的立法精神相同，但其內容則大異其趣；換言之，除依第 1 項第 3 款為維護公司信用與股東權益所必要而買回自己股份，應於六個月內銷除，並辦理變更登記外，第 1 款為轉讓股份予員工或第 2 款為股權轉換之用，而買回之自己股份，公司應於五年內處理之義務，已實質調整公司不得持有自己股份的原有法律設計，且與公司法第 167 條之 1 的處分員工庫藏股三年期限，有異。

㈡自己股份之股東權

如上所指摘，關於公司取得自己股份，若未直接予以銷除時，該股份並非當然消滅，或在為處分轉讓其股份之前，公司持有自己股份亦是繼續存在的事實，例如證券交易法第 28 條之 2 第 4 項允許公司持有自己股份的期限係五年內將其轉讓之設計，使得公司持有自己股份將不再是一種暫時的現象。然，問題在於自己股份所表彰的股東權，是否因公司持有而影響

請參閱《立法院公報》第 89 卷第 39 期 235 頁。

惟廖大穎，〈舉債買回庫藏股〉《月旦法學教室》第 17 期 34 頁，影射如此的規定恐無法發揮其實益，達致法律規範之有效性。

[126] 柯芳枝，前揭書❶ 227 頁；廖大穎，前揭書❶ 145 頁。

惟公司法第 167 條之 1 第 2 項員工庫藏股三年內轉讓的限制，實寓有否定公司法第 167 條第 2 項公司不得長期持有自己股份之立法思維。

[127] 民國 108 年證券交易法部分條文第 1 次修正草案，修正第 28 條之 2 第 4 項的立法理由，謂「為使上市上櫃公司……有較大彈性，及妥善運用各種員工獎酬工具」等，請參閱《立法院公報》第 108 卷第 26 期 227 頁。

其權利之行使？公司法對自己股份之法律地位，並無明文的直接規定；雖然在立法政策上，公司法與證券交易法例外允許公司取得自己股份，但原則上不容公司保有之，例如前述公司依法有短期內處分該股份的義務（公司法第167條第2項、證券交易法第28條之2第4項除外規定），且公司法第179條第2項第1款亦例示規定「公司依法持有自己之股份，無表決權」。因此，一般認為現行法上自己股份之權利行使應係屬採休止說，即謂股東權雖存續，但處於休止或停止之狀態；換言之，當公司將自己股份轉讓第三人時，其股東權所受之限制，即告解除，而受讓人得繼受取得該股份，亦得行使其所表彰之股東權❶。當然，在如此的法條解釋下，證券交易法第28條之2第5項特別明文「公司依第一項規定買回之股份，不得質押；於為轉讓前，不得享有股東權利」。

惟須注意的是相關公司買回自己股份之地位與其股東權行使之問題。雖然公司法第179條第2項第1款明文限制公司取得自己股份之行使表決權，但是否存在著假借公司買回自己股份之名義，利用無表決權之股份數不予計算之規定（公司法第180條第1項），即在技術上藉由已發行有表決權股份總數相對減少的機會，反而有效支配公司之企業目的？如果是，則將扭曲原本法律的設計。職是之故，論公司法制明文股份回籠禁止之立法目的，其不僅是在於防制公司資產恣意使用於目的事業外之行為，亦不僅在於防制公司違反股東平等原則之脫序行為；其同時，在法理上亦寓有防制公司濫用其自己股份之股東權，掌控股東會決議的弊端，間接影響企業秩序之虞❷。

上市上櫃公司買回本公司股份辦法

（民國101年8月22日最新修正）

第1條
本辦法依證券交易法（以下簡稱本法）第二十八條之二第三項規定訂定之。
第2條
公司於有價證券集中交易市場或證券商營業處所買回其股份者，應於董事會決議之即日起算二

---

❶ 柯芳枝，前揭書❶226頁；廖大穎，前揭書❶148頁。
❷ 柯芳枝，前揭書❶227頁；廖大穎，前揭書❶149頁。

日內，公告並向金融監督管理委員會（以下簡稱本會）申報下列事項：

一、買回股份之目的。

二、買回股份之種類。

三、買回股份之總金額上限。

四、預定買回之期間與數量。

五、買回之區間價格。

六、買回之方式。

七、申報時已持有本公司股份之數量。

八、申報前三年內買回本公司股份之情形。

九、已申報買回但未執行完畢之情形。

十、董事會決議買回股份之會議紀錄。

十一、本辦法第十條規定之轉讓辦法。

十二、本辦法第十一條規定之轉換或認股辦法。

十三、董事會已考慮公司財務狀況，不影響公司資本維持之聲明。

十四、會計師或證券承銷商對買回股份價格之合理性評估意見。

十五、其他本會所規定之事項。

公司於申報預定買回本公司股份期間屆滿之即日起算二個月內，得經董事會三分之二以上董事之出席及出席董事超過二分之一同意，向本會申報變更原買回股份之目的。

依本辦法提出之申報文件，應依本會規定之格式製作並裝訂成冊，其補正時亦同。

第 2 條之 1

公司應依前條所申報之買回數量與價格，確實執行買回本公司股份。

第 3 條

公司非依第二條規定辦理公告及申報後，不得於有價證券集中交易市場或證券商營業處所買回股份。其買回股份之數量每累積達公司已發行股份總數百分之二或金額達新臺幣三億元以上者，應於事實發生之即日起算二日內將買回之日期、數量、種類及價格公告。

第 4 條

公司依本法第四十三條之一第二項規定之方式買回股份者，應依公開收購公開發行公司有價證券管理辦法向本會申報並公告。

第 5 條

公司買回股份，應於依第二條申報之即日起算二個月內執行完畢，並應於上述期間屆滿或執行完畢後之即日起算五日內向本會申報並公告執行情形；逾期未執行完畢者，如須再行買回，應重行提經董事會決議。

第 6 條

公司買回股份，應將第二條、第三條及前條規定之訊息內容，輸入公開資訊觀測站資訊系統。

公司買回股份，已依前項規定將訊息輸入公開資訊觀測站資訊系統者，第二條第一項、第三條及前條之公告得免登載於報紙。

第 7 條

公司買回股份，除依本法第四十三條之一第二項規定買回者外，其每日買回股份之數量，不得超過計畫買回總數量之三分之一且不得於交易時間開始前報價，並應委任二家以下證券經紀商辦理。

公司每日買回股份之數量不超過二十萬股者，得不受前項有關買回數量之限制。

第 8 條

公司依本法第二十八條之二第一項第一款至第三款之事由買回其股份之總金額，不得超過保留盈餘及下列已實現之資本公積之金額：

一、尚未轉列為保留盈餘之處分資產之溢價收入。

二、公司法第二百四十一條所列之超過票面金額發行股票所得之溢額及受領贈與之所得。但受領者為本公司股票，於未再出售前不予計入。

前項保留盈餘包括法定盈餘公積、特別盈餘公積及未分配盈餘。但應減除下列項目：

一、公司董事會或股東會已決議分派之盈餘。

二、公司依本法第四十一條第一項規定提列之特別盈餘公積。但證券商依證券商管理規則第十四條第一項規定提列者，不在此限。

公司得買回股份之金額，其計算以董事會決議前最近期依法公開經會計師查核或核閱之財務報告為準；該財務報告應經會計師出具無保留意見或修正式無保留意見之查核或核閱報告。但期中財務報告因採用權益法之投資及其採用權益法認列之關聯企業及合資損益之份額係依被投資公司未經會計師查核或核閱之財務報告核算，而經會計師出具保留意見者，不在此限。

第 9 條

公司買回股份，除本辦法另有規定外，應經由證券集中交易市場電腦自動交易系統或櫃檯買賣等價成交系統為之，並不得以鉅額交易、零股交易、標購、參與拍賣、盤後定價交易或證券商營業處所進行議價交易之方式買回其股份。

第 10 條

公司依本法第二十八條之二第一項第一款情事買回股份轉讓予員工者，應事先訂定轉讓辦法。

前項轉讓辦法至少應載明下列事項：

一、轉讓股份之種類、權利內容及權利受限情形。

二、轉讓期間。

三、受讓人之資格。

四、轉讓之程序。

五、約定之每股轉讓價格。除轉讓前，遇公司已發行普通股股份增加得按發行股份增加比率調整者，或符合第十條之一規定得低於實際買回股份之平均價格轉讓予員工者外，其價格不得低於實際買回股份之平均價格。

六、轉讓後之權利義務。

七、其他有關公司與員工權利義務事項。

第 10 條之 1

公司以低於實際買回股份之平均價格轉讓予員工，應經最近一次股東會有代表已發行股份總數過半數股東之出席，出席股東表決權三分之二以上之同意，並應於該次股東會召集事由中列舉並說明下列事項，不得以臨時動議提出：

一、所定轉讓價格、折價比率、計算依據及合理性。

二、轉讓股數、目的及合理性。

三、認股員工之資格條件及得認購之股數。

四、對股東權益影響事項：

　　㈠可能費用化之金額及對公司每股盈餘稀釋情形。

　　㈡說明低於實際買回股份之平均價格轉讓予員工對公司造成之財務負擔。

經前項歷次股東會通過且已轉讓予員工之股數，累計不得超過公司已發行股份總數之百分之五，且單一認股員工其認購股數累計不得超過公司已發行股份總數之千分之五。

公司依第一項規定提請股東會決議之事項,應於章程中定之。

第 11 條

公司依本法第二十八條之二第一項第二款情事買回股份,作為股權轉換之用者,應於轉換或認股辦法中明定之。

第 11 條之 1

外國發行人募集與發行有價證券處理準則第三條第二款所稱第一上市(櫃)公司準用本辦法。

第八條第一項第二款有關發行股份溢價及受領贈與之所得規定,第一上市(櫃)公司依註冊地國法令規定。

第一上市(櫃)公司買回股份,應依華僑及外國人投資證券管理辦法及證券交易所業務規章之規定向證券交易所申請辦理登記。

第一上市(櫃)公司買回股份辦理變更登記,除註冊地國法律有強制規定者外,應依本法第二十八條之二第四項規定辦理註銷股份之變更登記,並於註銷作業完成之即日起算十日內,向證券交易所或證券櫃檯買賣中心申請辦理變更事宜。

第 12 條

(刪除)

第 13 條

本辦法自發布日施行。

本辦法修正條文,除中華民國九十六年三月十六日修正發布之第十條之一自九十七年一月一日施行,一百零一年八月二十二日修正之第八條第三項但書自一百零二會計年度施行外,自發布日施行。

伍、強制公開發行與私募有價證券

　　證券交易法第 22 條第 2 項明文「已依本法發行股票之公司,於公司法之規定發行新股時,……仍應依前項之規定辦理」,一般認為其乃強制公開發行公司公開發行新股制度的依據;為使公開發行公司股權分散發生實質之效益,達成政府「資本證券化,證券大眾化」的既定目標,關鍵乃在於證券交易法第 22 條之 1 與第 28 條之 1 的強制股權分散規定❸⓪。關於強制公開發行制度,請參照本書第三章第一節【參之一】部分。

　　然,就上述強制公開發行政策所衍生的效果而論,其乃是相對「扼止」公開發行公司私下募集資金的管道,至為明顯;換言之,證券交易法第 22

---

❸⓪　相關立法政策上之質疑,請參閱賴英照,前揭書❸⑱ 212 頁;陳春山,前揭書❹⓸
　　52 頁;劉連煜,〈強制公開發行股份之政策與公開發行公司之界定〉《公司法理論與制度研究㈡》(自版,1998 年) 94 頁。

條第 2 項強制公開發行新股的立法例，在企業金融的法制設計上，不僅是限縮發行有價證券私募制度的空間，在效果上亦扭曲公開發行公司利用私募有價證券，豁免因公開發行制度之繁瑣程序，減少行政干預，彈性籌措資金的一種選擇之謂❸。職是，民國 91 年證券交易法部分條文修正時，增列第 2 章第 3 節「有價證券之私募及買賣」，同時亦調整修正證券交易法第 22 條第 2 項，增訂「除依第 43 條之 6 第 1 項及第 2 項規定辦理者外」之除外規定，以資配合；至於相關公開發行公司的私募有價證券制度，亦請參照本書第三章第四節、第六章第三節部分。

　　相較於公開發行公司發行公司債部分，針對民國 90 年修正前公司法第 248 條第 1 項的原有設計乃以對證券市場公開發行為前提，即公司募集公司債時，應申請證券管理機關審核之程序；在民國 90 年公司法部分條文修正時，公司法第 248 條第 1 項亦調整文字「向證券管理機關辦理」，而第 2 項特別明文「公司債之私募……」，允許不公開發行之私募公司債。惟就公開發行公司而言，民國 91 年證券交易法部分條文修正增訂上述「有價證券之私募及買賣」專節，當然亦包括公司債部分，自有適用之餘地。

---

❸　請參閱劉連煜，〈證券私募制度之法律問題研究〉《公司法理論與判決研究㈡》（自版，1998 年）127 頁；王文宇，〈我國證券私募法制之研究〉《金融法》（元照，2001 年）327 頁。

第五章 流通市場（次級市場）

綱要導讀

第一節　有價證券集中交易市場
- 壹、證券交易所之集中交易
- 貳、有價證券之上市制度
- 參、買賣有價證券之委託與受託

第二節　有價證券店頭交易市場
- 壹、證券商營業處所櫃檯買賣
- 貳、有價證券之上櫃制度
- 參、興櫃股票

第三節　證券市場與不法行為規範
- 壹、虛偽、詐欺行為之禁止
- 貳、人為操縱市場行為之禁止
- 參、內線交易之疑雲與立法規範

第四節　外國企業來臺上市上櫃之補充規定
- 壹、開放外國有價證券上市、上櫃
- 貳、第一上市櫃外國公司之準用規定
- 參、第二上市櫃外國公司之準用規定

第一節　有價證券集中交易市場

壹、證券交易所之集中交易

一、證券交易所

　　一般認為證券市場有發行市場與交易市場，如本書第一章第二節【壹之二】所介紹的；惟兩者相較，證券發行市場係指發行公司依法募集發行有價證券，籌措企業資金的管道，而所謂交易市場，即為流通市場，乃著眼於創設投資人得以隨時將其有價證券轉讓變現的交易機制，比方是臺灣證券交易所等。論者有謂證券交易是實現股份自由流通之原動力，建立流通市場乃是公司法第 163 條第 1 項股份自由轉讓原則的具體表現之一；因此，對於公開發行有價證券之公司而言，一個真正能發揮流動功能的證券市場，將實質影響與企業發行有價證券之行動意願❶。

　　就發行市場與流通市場而言，其關係十分密切：

　　㈠無發行市場，即無流通市場。發行市場乃發行人透過有價證券之發行，藉以籌措長期資金的市場，如無發行市場，當然就不會有流通市場之發生；惟證券的發行量，應有足夠形成流通市場的數量，並分散於多數投資人，否則勢必難以建立順暢的流通市場。

　　㈡無流通市場，恐亦無發行市場。縱有發行市場，如無流通市場，投資者將無法以公平價格，買賣有價證券，然如此勢必造成有價證券變現困難，將不僅嚴重影響資金與有價證券之流通，且亦影響投資人是否再認購發行有價證券的意願，反而間接導致發行市場萎縮❷。

---

❶　財團法人證券暨期貨市場發展基金會，《中華民國證券暨期貨市場（民國 88 年版）》（同基金會，1999 年）197 頁；賴英照，《證券交易法逐條釋義⑴》（自版，1992 年）129 頁；曾宛如，《證券交易法原理》（自版，2000 年）71 頁。

❷　黃川口，《證券交易法要論》（自版，1997 年）59 頁；李開遠，《證券管理法規

相關發行市場的部分，請參照本書第三章發行市場規制，至於流通市場部分？其將是本章介紹的重點所在。一般認為證券交易法第 11 條明文所稱的「證券交易所」，為依法設置場所及設備，以供給有價證券集中交易市場為目的之法人。關於證券交易所的組織設計，本書將於第七章第二節專題介紹之；惟證券交易所係證券市場的核心機構之一，其設立目的如上所述，乃在設置一定之場所及設備，以實現有價證券集中交易市場。因此，臺灣證券交易所是我國目前唯一，依規定設置之有價證券集中交易市場。論證券交易所的機能，除上述提供有價證券集中交易之場所外，交易所亦提供交易所集中交易資訊，以利公正價格之形成，維護市場秩序；當然，臺灣證券交易所為維護證券交易秩序起見，特別成立市場監視部，執行交易市場之監視作業，防範不法炒作及內線交易，並即時對市場公布異常交易情形，提醒投資人注意，尤其是自民國 77 年起，所有上市的有價證券買賣全面陸續改採電腦輔助撮合交易方法，以健全證券市場運作與保障投資人之權益❸。

至於相關證券交易所之集中交易制度，證券交易法第 138 條第 1 項明文證券交易所應於業務規則或營業細則中，將有價證券集中交易市場之使用、市場集會之開閉與停止、證券商進行買賣有價證券之程序及買賣契約成立之方法等事項，詳細規定之❹。

二、有價證券集中交易義務

證券交易法第 12 條規定有價證券集中交易市場，乃謂證券交易所為提供有價證券之競價買賣，所開設之市場；例如臺灣證券交易所股份有限公司，其章程第 6 條即明文該交易所之營業範圍，主要係「設置場所及設備，以供給與特定證券經紀商、證券自營商為證券交易法所稱有價證券之集中

新論》（五南圖書，2001 年）19 頁。

❸　財團法人中華民國證券暨期貨市場發展基金會，前揭書❶ 130 頁。

❹　民國 81 年 11 月 13 日 (81) 臺財證㈡字第 76124 號函，核准「臺灣證券交易所股份有限公司營業規則」，請參照。

買賣與結算交割等有關業務」，完備有價證券之集中市場交易。

(一)集中交易與競價買賣

原則上，依證券交易法第 150 條本文所規定「上市有價證券之買賣，應於證券交易所開設之有價證券集中交易市場為之」，惟該條但書亦明文下列情況不在此限：(一)政府所發行之債券。(二)基於法律規定所生之效力，不能經由有價證券集中交易市場之買賣而取得或喪失證券所有權者，例如繼承者等。(三)私人間之直接讓售，其數量不超過證券一個成交單位，例如零股交易；或私人間之讓受行為，前後兩次相隔不少於三個月者。(四)其他符合主管機關所定事項者，得例外不必於集中交易市場為之。

所謂「競價買賣」，乃證券交易所集中市場採行的買賣方式，依臺灣證券交易所的市場交易作業，係由參加買賣證券商受託買賣之有價證券代號、交易種類（普通、鉅額、零股）、單價、數量及買賣別，經證券交易所電腦主機接受後，列印買賣回報，撮合成交時，按買賣申報「價格優先」、「時間優先」之原則，依序成交，如第一章第三節【壹】所介紹。目前所採之集合交易競價買賣有價證券，成交價格決定的原則，其程序關鍵在於：(1)滿足最大成交量成交，高於決定價格之買進申報與低於決定價格之賣出申報，須全部滿足，(2)決定價格之買進申報與賣出申報，至少一方需全部滿足，(3)若合乎前兩款原則之價位有二個以上時，採接近前一日收盤價格之價位❺。

(二)集中交易制度的功能

論者有謂，證券交易所的集中交易制度，一般認為其市場具有如下的功能❻：

1.提供公開發行有價證券之交易場所

集中交易市場乃證券交易所設置場所及設備，供證券經紀商及證券自營商集中於交易所，為其客戶或為自己計算，競價買賣有價證券，使政府

---

❺　關於上市股票交易之集中交易與競價買賣規則，請參閱臺灣證券交易所股份有限公司網站資訊，https://www.twse.com.tw/。

❻　賴英照，前揭書❶ 133 頁；黃川口，前揭書❷ 48 頁。

債券或已上市之有價證券繼續流通轉讓，方便證券持有人隨時轉讓其持有之證券，收回投資，或因投資人購買其所需要之證券，參與企業投資，創造交易活絡的證券市場。

2.競價買賣，形成公平交易機制

集中交易市場集合所有證券自營商之自行買賣及證券經紀商受託買賣，匯集一處，以競價的方式進行，交易所將價格及數量相當之委託或自行買賣，撮合成交；因此，相關證券交易價格的決定，乃維繫於集中交易市場之供需關係，排除人為的操縱，進而形成公平的交易價格。

3.創造證券市場之流通性，協助企業募集資金

發行人藉發行有價證券，透過發行市場管道，籌措企業所需要之資金，交易所提供的集中市場，則創造證券市場之流通能力，使上市的有價證券，自由流通轉讓；假設無自由流通的交易市場，如前所述，恐發行市場之功能亦將萎縮，勢必影響工商企業發行有價證券籌集所需資金。

4.預測景氣之功能

一般認為股價循環常先於商業循環，而股價之變動，亦率先反映於經濟情況的變動。有謂是證券市場乃一國經濟之櫥窗，證券市場或可預測整個經濟情況之良窳，從經濟景氣之指標、股價變動，亦可測知資金市場之鬆緊；因此，政府調整金融政策，證券市場即先行反映金融政策之變動。

5.公開企業內容與市場交易的資訊

依規定，上市公司應定期或立即公告並申報該公司之財務報告，並以抄本送證券交易所（證券交易法第 36 條），又依證券交易所營業細則之規定，上市公司應定時檢送有關資料；因此，上市公司所申報或公告之財務報表及其他文件，投資人可藉此取得所需資料，而證券交易所亦隨時公布上市證券之成交量值，供投資人參考，使投資人能取得充分的資料，作為選擇投資判斷之依據。

貳、有價證券之上市制度

　　所謂上市，其概念乃證券交易法第 139 條第 1 項所規定，指發行人依法公開發行之有價證券，得向證券交易所申請上市；如未依規定向證券交易所申請上市之有價證券，理所當然，其不得於該有價證券集中交易市場為買賣（證券交易法第 142 條）。申請有價證券上市之公司，一般稱為上市公司，相較於未申請有價證券上市之一般（非上市）公司，論者有謂上市公司的優勢是在於藉由證券市場機制，不僅有助於該企業資金之籌措，擴大企業規模，以收加速資本形成之效，而且上市股票等有價證券的流通性高，為投資人所樂於接受之一種投資標的；因此，申請上市需具備一定之條件外，同時該上市公司亦受制於證券交易法等相關規範，使公司財務、業務的資訊透明化，比方是依法對投資人定期揭露，無形間容易提升該上市公司的社會信譽與評價，有利於企業的經濟活動，例如企業產品之行銷，企業資金之融通等，甚至是有利於企業對外招募優秀的員工及人才等，皆屬之❼。

　　雖有價證券之申請上市與否，端視發行人之意願而定，但論者亦有謂上市條件之門檻，例如上市審查準則的設立年限、資本額、獲利能力、股權分散等標準，非僅是讓一般的家族企業，難以符合，其亦因一旦申請上市，股權分散的結果是致生股東組成複雜化，意見眾多，勢將難以應付，且流通在外的有價證券是否亦受市場交易之掌控，產生股價被炒作，甚至是影響企業經營權安定之疑慮等，均是左右發行公司申請上市之意願❽。至於申請有價證券上市，如上所述，但對投資人而言，其不僅因有價證券之流通性佳、變現性強，滿足投資人的理財需求，而且集中於證券交易所進行之買賣，與未上市之有價證券相比較，有關投資人的權益，自可獲法令上較周全之保障；當然，上市公司依法公開企業內容之資訊，不啻是提

---

❼　李開遠，前揭書❷ 165 頁；吳光明，《證券交易法論》（三民書局，2002 年）216 頁；陳春山，《證券交易法論》（五南圖書，2000 年）281 頁。

❽　黃川口，前揭書❷ 379 頁。

供投資人適時瞭解公司財務、業務狀況，檢測理財投資的重要機制之一❾。

一、申請上市

關於有價證券之申請上市程序，證券交易法第 141 條特別明文「證券交易所應與上市有價證券之公司訂立之有價證券上市契約，其內容不得抵觸上市契約準則之規定，並應報請主管機關備查」；換言之，民國 100 年證券交易法部分條文修正前，係「申報主管機關核准」，此即有價證券之申請上市，雖是發行公司與證券交易所間所締結之上市契約關係，但依修法前之原有規定，該申請有價證券上市准否，具有某種程度的公權力介入，帶有相當強烈的行政色彩，惟於民國 100 年證交法修正時，認為「目前發行人申請……上市，係由證券交易所實質審核，故將……申報主管機關『核准』之規定，修正為報請主管機關『備查』，以符合實際狀況」❿。

至於有價證券的上市契約準則，其係依證券交易法第 140 條所規定者，例如授權臺灣證券交易所頒布「臺灣證券交易所股份有限公司有價證券上市契約準則」，為發行公司與證券交易所間申請締結有價證券上市契約所依循遵守，並限制其內容不得牴觸該上市契約準則之規定（證券交易法第 141 條前段）；惟該上市契約準則，依法應申請主管機關核定之⓫。

---

❾　李開遠，前揭書❷ 166 頁。

❿　賴英照，《證券交易法逐條釋義(3)》（自版，1992 年）314 頁。惟陳春山，前揭書❼ 281 頁，認為申請上市之公權力介入是維繫證券市場上買賣交易之品質，進而間接影響證券市場的公正性與對公眾之信賴力。
　　民國 100 年證券交易法部分條文修正草案，修正第 141 條之立法說明，請參閱《立法院公報》第 99 卷第 84 期 122 頁。

⓫　民國 79 年 2 月 14 日 (79) 臺財證㈠字第 00240 號函核准。
　　賴英照，前揭書❿ 315 頁，認為上市契約準則所型塑的範例，實為一種定型化契約，當事人實無選擇之契約自由，復依第 141 條後段申報主管機關核准之規定，或謂簽訂上市契約，其性質上乃有背向當事人的自由合意，反較接近於遵守法的強制規範。

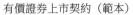

有價證券上市契約（範本）

　　○○股份有限公司（以下簡稱發行公司）依證券交易法第139條規定，向臺灣證券交易所股份有限公司（以下簡稱證券交易所）為其奉准公開發行之有價證券申請在證券交易所上市，依同法第141條之規定，按證券交易所有價證券上市契約準則所定事項，經雙方同意訂立本契約，茲將雙方應行遵守之事項開列如左：

第1條　發行公司依本契約初次申請上市之有價證券計有：

證券種類	發行日期	發行股數(股)	每股金額(元)	發行總額(元)	備　考
1.普通股					
2.					
3.					
合計					

　　　　　發行公司嗣後上市有價證券如有增減或內容變更，其經證券交易所同意後之有價證券上市申請（報）書、上市有價證券內容變更申請書或上市有價證券轉換申報書所載之上市有價證券增減或內容變更事項，作為本有價證券上市契約之一部分。

第2條　證券相關法令及證券交易所章則暨公告事項規定均為有價證券上市契約之一部分，發行公司及證券交易所皆應遵守之。

第3條　發行公司應於向證券交易所函洽上市買賣日期前，提供函洽日（含）以前五年之董事、監察人、經理人及持有公司股份超過已發行股份總額百分之十之股東持股異動資料。
　　　　前項人員持股異動者，包括其配偶、未成年子女、利用他人名義持有者及法人代表人。

第4條　發行公司於本契約奉主管機關核准後，應依證券交易所訂定之「有價證券上市費率表」所列有價證券上市費標準，於初次上市時及以後每年開始一個月內，向證券交易所繳付有價證券上市費。
　　　　前項有價證券上市費率表應作為本契約之一部分，日後如有修正，依修正後之費率表辦理。

第5條　證券交易所依據有關法令、證券交易所章則規定或基於其他原因認為有必要時，得對上市之有價證券變更原有交易方法為全額交割，並應於執行後一個月內報請主管機關備查；或於報請主管機關核准後，得對上市之有價證券予以停止買賣或終止上市。

第6條　本契約一式五份，除一份檢送主管機關外，餘分由發行公司及證券交易所存執。

第7條　本契約於報請主管機關核准後生效。

	立約人：
本契約經報奉行政院金融監督管理委員會○○字第○○號函核准生效	法定代理人： 　地址： 臺灣證券交易所股份有限公司 　法定代理人： 　地址：

　　中　華　民　國　　　○○年　　　○○月　　　○○日

(一)一般公司，申請有價證券上市

證券交易法第 139 條第 1 項明文依本法公開發行之有價證券，得由該發行人向證券交易所申請上市；至於未依法公開發行之有價證券，是否亦得申請上市？原則上，依證券交易法第 42 條第 1 項特別規定，對於公司未依本法公開發行之股票，其擬在證券交易所上市者，應先向主管機關補辦本法規定之有關發行程序，亦即應先補辦公開發行程序，始得向證券交易所申請上市。

雖有價證券上市的法律關係是建立於發行公司與證券交易所間之上市契約，但其重點在於該上市契約。雖民國 100 年證交法修正前，第 141 條明定上市契約應報經主管機關核准，就此規定，論者有謂該上市契約於簽訂後，並尚未生效，須經主管機關核准後，始生效力之濃厚行政管理色彩 ❷，但已於民國 100 年修正時，第 141 條改訂「……有價證券上市契約，……應報請主管機關備查」；然，就此一般仍認為其關鍵乃在於證券交易所依法所訂定的有價證券上市審查準則 ❸，亦即該上市審查準則依法經主管機關核定（證券交易法第 140 條），且就上市審查準則的內容而言，其亦正是反映主管機關的既定政策與管理態度。因此，就證券交易法第 142 條所明文「發行人所公開發行之有價證券於發行人與證券交易所訂立有價證券上市契約後，始得於證券交易所之集中交易市場為買賣」的限制，實亦賦予主管機關對申請上市的有價證券，在法制設計上握有相當的控制權之謂 ❹。

至於有價證券之申請上市，證券交易所得依上市契約之規定，徵繳上

---

❷　賴英照，前揭書❿ 316 頁。

❸　民國 79 年 2 月 28 日 (79) 臺財證㈠字第 00318 號函核定「臺灣證券交易所股份有限公司有價證券上市審查準則」。

❹　賴英照，前揭書❿ 318 頁。至於黃川口，前揭書❷ 394 頁；吳光明，前揭書❼ 220 頁，認為主管機關之最後核准權，相對於證券交易所之上市審查係一種受託審查權。

　　民國 100 年證券交易法部分條文修正草案，修正第 142 條之立法說明，請參閱《立法院公報》第 99 卷第 84 期 123 頁。

市費用，惟該費率，由證券交易所申報主管機關核定之（證券交易法第
143 條）。

㈡股票已上市之公司，強制股票上市

關於證券交易法第 139 條第 2 項特別明文股票已上市之公司，再發行
新股者，該新股股票於向股東支付之日起上市買賣的規定，其明顯不同於
前項「由發起人……申請上市」程序的任意上市制度，即針對股票已上市
之公司，如再發行已上市股票同種類之新股時，強制上市買賣❺；惟證券
交易法第 139 條第 2 項但書亦規定該公司，如有證券交易法第 156 條第 1
項各款情事之一時，亦即㈠發行該有價證券之公司遇有訴訟事件或非訟事
件，其結果足使公司解散或變動其組織、資本、業務計畫、財務狀況或停
頓生產，而有影響市場秩序或損害公益之虞者，㈡發行該有價證券之公司，
遇有重大災害，簽訂重要契約，發生特殊事故，改變業務計畫之重要內容
或退票，其結果足使公司之財務狀況有顯著重大之變更，而有影響市場秩
序或損害公益之虞者，㈢發行該有價證券公司之行為，有虛偽不實或違法
情事，足以影響其證券價格，而及於市場秩序或損害公益之虞者，㈣該有
價證券之市場價格，發生連續暴漲或暴跌之情事，並使他種有價證券隨同
為非正常之漲跌，而有影響市場秩序或損害公益之虞者，㈤發行該有價證
券之公司發生重大公害或食品藥物安全事件，而有影響市場秩序或損害公
益之虞者，㈥其他重大情事有影響市場秩序或損害公益之虞者，主管機關
得限制其上市買賣。至於股票已上市公司，如依證券交易法第 43 條之 6 的
私募規定，再發行新股時，該新股股票亦不受上述第 139 條第 2 項強制上
市買賣之限制。

相關強制上市股票之規定，證券交易法第 139 條第 3 項亦明文前項新
股上市買賣之公司，應於新股上市後十日內，將有關文件送達證券交易所
之義務，以完全手續之謂❻。

---

❺　賴英照，前揭書❿ 288 頁；賴英照，《證券交易法逐條釋義(4)》（自版，1992
年）484 頁。

惟黃川口，前揭書❷ 393 頁與吳光明，前揭書❼ 218 頁；稱為命令上市。

(三)政府債券，依命令上市

證券交易法第 149 條明文政府發行之債券，其上市由主管機關以命令行之，而不適用本法有關上市之規定。目前實務上，一般認為政府發行債券時，由財政部通知主管機關表示其上市之意願，即由主管機關通知證券交易所公告政府債券之上市買賣，手續十分簡便❶。

二、終止上市

終止有價證券上市，其概念即一般所稱之「下市」，係將上市的有價證券，自證券交易所集中交易市場中排除買賣之謂，例如因上市的有價證券喪失上市條件，不適宜在集中交易市場進行競價買賣等❸。關於現行證券交易法上明文終止有價證券之上市，其態樣與程序如下：

(一)上市契約之終止

證券交易法第 145 條第 1 項規定「於證券交易所上市之有價證券，其發行人得依上市契約申請終止上市」，而證券交易法第 144 條亦規定「證券交易所得依……上市契約之規定，……終止有價證券上市」，以上兩者屬上市契約的當事人之一方，不論是其發行人或證券交易所，得行使的契約終止權。惟注意的是，民國 100 年證交法修正前，不僅發行人申請終止上市時，對於該申請，證券交易所應經主管機關核准（原證券交易法第 145 條第 2 項）❾，相對於證券交易所依法或上市契約之規定，終止有價證券上市者，亦應報主管機關之核准（原證券交易法第 144 條），而於修正後，不論依發行人或交易所之終止上市契約，均報請主管機關備查之（證券交易

---

❶ 賴英照，前揭書❶ 484 頁。

❶ 賴英照，前揭書❶ 345 頁；黃川口，前揭書❷ 393 頁。

❸ 賴英照，前揭書❶ 324 頁；黃川口，前揭書❷ 402 頁；李開遠，前揭書❷ 179 頁；吳光明，前揭書❼ 221 頁。

❾ 賴英照，前揭書❶ 328 頁，認為上市公司申請終止上市時，無論證券交易所是否同意，均應報請主管機關核准。
    惟主管機關依證券交易法第 146 條，核准上市公司之申請終止有價證券上市時，應指定生效期，並視為終止上市契約之日期。

法第 144 條、第 145 條第 1 項），且就此終止上市契約，證券交易法第 145 條第 2 項特別規定「證券交易所應擬訂申請終止上市之處理程序，報請主管機關核定（修正時，亦同）」。

　　申請有價證券下市與上市程序，相當類似，我國現行法仍留有某種程度的行政權介入上市契約之色彩。質言之，一是在民國 100 年修法前，無論係由發行公司主動申請或證券交易所依職權終止上市，有價證券之下市與投資大眾深具利害關係，主管機關基於行政監督之審核考慮，是否核准，將是重要的關鍵；二是在民國 100 年修法後，有鑑於證券交易所是否同意有價證券之上市，屬其私權行使之範疇，故在立法上證券交易所終止其有價證券上市，應回歸其私權行使，修正為報請主管機關「備查」，以符合實際情況❷。

　　㈡主管機關之命令終止上市

　　證券交易法第 148 條特別明文「於證券交易所上市有價證券之公司，有違反本法或依本法發布之命令時，主管機關為保護公益或投資人利益，得命令該證券交易所……終止上市」，即屬於第 144 條證券交易所依法令之規定，終止有價證券的態樣之一；惟其終止上市，賦予主管機關依法命令終止之前提，乃以「為保護公益或投資人利益」之必要，對於本條之適用，其態度亦應謹慎為之。因此，論者亦有謂在程序上，除主管機關應經過審慎之調查，考量命令終止上市與該公司違反證券交易法或依法所發布命令之行為，情節輕重，使得處分符合比例原則外，亦應提供該公司陳述意見之機會，以符行政程序法之精神❸。

三、停止上市買賣

　　相對於前述終止上市有價證券之「下市」概念，所謂「停止上市」係一時性暫停該上市有價證券，在證券交易所集中交易市場之買賣。惟停止

---

❷　民國 100 年證券交易法部分條文修正草案，修正第 144 條、第 145 條之立法說明，請參閱《立法院公報》第 99 卷第 84 期 124 頁、125 頁。

❸　例如賴英照，前揭書❿ 340 頁。

上市有價證券之買賣，其與終止上市有價證券之情形相若，其亦將嚴重影響該有價證券在外的流通；因此，證券交易法第 148 條明文「將證券交易所上市有價證券之公司，有違反本法或依本法發布之命令時，主管機關為保護公益或投資人利益，得命令該證券交易所停止該有價證券之買賣……」，賦予主管機關命令停止有價證券上市買賣之權限。

相關國內案例，早期比方是民國 53 年停止台糖、台電股票上市案，或謂政府運用國家總動員法而處分之；甚至是在民國 102 年大統黑心油事件，頂新國際集團所屬的味全公司因隱瞞而未即時公開、下架「頂新製油涉嫌以低價添購大統黑心原料油，摻入替味全代工的 21 款油品中，再重新包裝成味全產品販售」之不當商業行為，乃嚴重扭曲企業對社會責任之期待，足認為影響市場秩序及損害公益之情事，證券主管機關認為除強化上市公司的社會責任報告書之約束力外，亦增訂發生重大公害或食安事件之公司，應停止其有價證券一部或全部買賣之食安藥害條款❷。因此，證券交易法第 156 條所規定者，謂主管機關對於已在證券交易所上市之有價證券，有發生下列各款情事之一，而足以影響市場秩序或損害公益之虞者，得命令停止其一部或全部之買賣，或對證券自營商，證券經營商之買賣數量加以限制：「一、發行該有價證券之公司遇有訴訟事件或非訟事件，其結果足使公司解散或變動其組織、資本、業務計畫、財務狀況或停頓生產。二、發行該有價證券之公司，遇有重大災害，簽訂重要契約，發生特殊事故，改變業務計畫之重要內容或退票，其結果足使公司之財務狀況有顯著重大之變更。三、發行該有價證券公司之行為，有虛偽不實或違法情事，足以影響其證券價格。四、該有價證券之市場價格，發生連續暴漲或暴跌情事，並使他種有價證券隨同為非正常之漲跌。五、發行該有價證券之公司發生重大公害或食品藥物安全事件。六、其他重大情事」，即屬之；再者，該第

---

❷ 民國 56 年 7 月 22 日立法院第 24 次聯席會議記錄，請參閱立法院秘書處，《證券交易法案（上冊）》（立法院公報法律案專輯，1968 年）407 頁（駱啟蓮發言）。民國 104 年證券交易法部分條文修正草案，增訂第 156 條本文第 5 款之立法說明，請參閱《立法院公報》第 104 卷第 54 期 103 頁。

6 款之其他概括性規定，又例如原證券交易法第 156 條第 2 項於刪除前的舊有規定：「已上市之有價證券，發生前項各款之外之情事，顯足影響市場秩序或損害公益者，主管機關經報財政部核准後，準用前項之規定辦理」，明文授權主管機關得依命令停止上市買賣之處置，可供參考❷❸。

　　至於證券交易法第 147 條亦特別明文證券交易所，依法令或上市契約之規定或為保護公眾之利益，得就上市有價證券停止其買賣；就此，停止買賣基於法令、契約、保護公益或投資人利益之規定或必要，於民國 100 年證券交易法修正前，應申報主管機關核准，以免影響發行公司之權益❷❹，而於修正後，改報請主管機關備查之。當然，問題在於「為保護公眾之利益」，授權證券交易所得以停止上市買賣之規定，雖實務運作上得以理解，但在法理上是否妥當，恐遺有討論之空間。

　　相對於停止上市買賣後，有價證券之回復上市買賣，證券交易法第 147 條亦明文證券交易所，依法令或上市契約之規定或為保護公眾之利益，就上市有價證券回復其買賣時，應報請主管機關備查。

參、買賣有價證券之委託與受託

一、市場集中買賣有價證券與交易資格之限制

　　相關證券交易法第 150 條特別明文限制上市之有價證券，其買賣應於證券交易所開設的有價證券集中交易市場為之，而一般稱為有價證券之市

---

❷❸　賴英照，前揭書❿ 426 頁，認為證券交易法第 156 條之立法目的，在於授權主管機關於證券市場發生特殊情況時，得藉停止上市有價證券買賣或限制買賣數量之方法，以維持證券市場秩序。

❷❹　民國 55 年證券交易法立法草案總說明，請參閱立法院秘書處，《證券交易法草案（上冊）》（立法院公報法律專輯，1968 年）33 頁。
　　關於博達科技公司股票停止上市案，請參閱廖大穎，〈全額交割股票與停止上市買賣〉《月旦法學教室》第 25 期 26 頁。
　　民國 100 年證券交易法部分條文修正草案，修正第 147 條之立法說明，請參閱《立法院公報》第 99 卷第 84 期 126 頁。

場集中義務，如本章第一節【壹之二】所述；從上市有價證券集中交易市場買賣之規定而言，論者有謂證券交易法第 150 條之立法目的係宣示上市有價證券之場外交易禁止原則，明文限制上市有價證券之買賣，不得在證券交易所以外進行之一種證券管理❷。

惟關於上市有價證券的集中交易制度，論者亦謂其目的在於實現證券交易所為提供有價證券競價買賣場所之開設，藉由集中買賣有價證券的制度設計，提供任何人參與證券投資理財的機會，亦藉由證券交易所的管理，提供正確、公開、透明的交易資訊，形成公平、合理的市場機制。問題是違反證券交易法第 150 條之場外交易，其效力如何？早期的見解認為證券交易法第 150 條明文限制上市有價證券之集中買賣義務，屬於強制的禁止規定，依民法第 71 條所明文「法律行為，違反強制或禁止之規定者，無效」，違法的場外交易為無效之法律行為❷；至於晚近的看法，係認為禁止場外交易之管理制度，其所維護的是證券交易所與證券商之利益，就證券交易法第 150 條之法規性質，是否宜解釋為效力規定？頗受質疑❷。再者，試從證券市場的國際潮流趨勢觀之，證券交易法第 150 條禁止場外交易的規制是否妥適？恐有不同的詮釋❷。

---

❷ 民國 55 年證券交易法草案總說明，謂有價證券之買賣場所，如已上市之有價證券者，原則上僅能在交易所為買賣之限制，請參閱立法院秘書處，前揭書❷ 34 頁，惟民國 56 年 7 月 17 日立法院第 39 會期第 23 次聯席會議紀錄，第 145 條（即現行法第 150 條）之立法精神在於防止場外交易行為，請參閱立法院秘書處，前揭書❷ 400 頁（汪彝定發言）。
　至於場外交易所可能衍生之疑慮，李開遠，前揭書❷ 237 頁陳指場外交易之不透明性，將是交易不公平，致生投資人權益欠缺保障，例如無法過戶享受股東應有權益，亦可能買到掛失股票和假股票的風險，同時亦不能利用融資融券交易，不能享受證券集中保管之服務等。

❷ 例如黃川口，前揭書❷ 424 頁。

❷ 例如賴英照，前揭書❿ 351 頁，陳指違反上市有價證券集中交易行為，如以重視保護交易安全的立場觀之，該行為並非無效之謂，似以有效說為妥。

❷ 賴英照，前揭書❿ 353 頁；李開遠，前揭書❷ 235 頁；陳春山，前揭書❼ 287

至於證券交易法第 150 條但書亦例外規定上市有價證券之場外交易，
扼要說明如下：

㈠政府所發行債券之買賣

　　證券交易法第 149 條特別明文政府債券，不適用本法有關上市之規定，
而依主管機關所頒布的命令為之；在實務運作上，政府所發行之債券，依
主管機關之命令，其不僅得於集中交易市場進行債券買賣，不受第 150 條
禁止場外交易之限制，亦得於店頭市場進行交易。

㈡基於法律規定所生之效力，不能經由有價證券集中交易市場之買賣而取得或喪失證券所有權者

　　一般而言，若論其非經由買賣的交易型態，致生所有權得喪變更之法
律效果，例如民法上互易（民法第 398 條）、贈與（民法第 406 條），甚至
是因遺產的繼承（民法第 1148 條）、權利質權或留置權之實行（民法第
901 條準用第 895 條規定、民法第 936 條），乃至於法院的確定判決（民事
訴訟法第 398 條）等，皆屬之；當然，又比方是公司法第 167 條所例外容
許公司取得自己股份、公司法第 168 條銷除股份及公司法第 186 條、第
317 條股東之股份收買請求等，甚至是證券交易法第 22 條之 2 內部人持股
轉讓於特定人、證券交易法第 43 條之 2 公開收購股權制度等情形，均亦屬
非經由集中交易市場之買賣，致生取得或喪失證券所有權的例外❷。

㈢私人間之直接讓受，其數量不超過該證券一個成交單位；前後兩次之讓受行為，相隔不少於三個月者

　　依現行臺灣證券交易所股份有限公司營業細則第 60 條第 1 項所規定，
股票雖不再以每股面額十元定之，但商業習慣上仍是股票面額十元一千股

頁；曾宛如，前揭書❶ 90 頁，認為證券交易法第 150 條的規定，早已不合時
宜，應儘速廢除。

❷　賴英照，前揭書❿ 349 頁；黃川口，前揭書❷ 423 頁。
惟曾宛如，前揭書❶ 91 頁，認為證券交易法第 150 條第 2 款「基於法律規定
所生之效力」的解釋上，恐生疑問，針對公司法第 167 條股東請求公司收購自
己股份等，乃增列第 4 款「符合主管機關所定事項者」，以資救濟。

為一交易單位，公債及公司債以面額十萬元為一交易單位；因此，相對於
上述的交易單位，例如實務上所謂「零股交易」，買賣股票不足一千股者，
即為一適例。惟證券交易法第 150 條第 3 款所明文的未滿該證券一個成交
單位之交易係限於私人間之直接讓受，且其前後兩次之讓受行為，相隔不
得少於三個月者❸⓪，證券交易法施行細則第 10 條特別規定該讓受行為之計
算：㈠私人間之直接出讓與受讓之行為，應各算一次，㈡讓受行為之起算，
應以讓受行為之日為準（如無法證明時，以受讓人向公司申請變更股東名
簿記載之日為準）。

㈣其他符合主管機關所定事項者

雖證券交易法第 150 條強制規定上市有價證券之集中交易市場買賣，
但政府債券之買賣及所列舉之第 2 款、第 3 款非屬常業性之私人間讓受行
為，不在此限。然，以非屬常業性之私人間讓受行為，各有不同情況，惟
該二款規定似不足以涵蓋，例如上市公司股東基於公司法第 317 條等有關
規定，請求公司收購其所持有之股份，又例如華僑或外國人奉准投資於股
票上市公司，其股票經經濟部投審會依外國人投資條例第 11 條第 2 項核准
讓受他人時，是否屬上述第 2 款之範圍等，常有爭議；乃為因應市場之不
同情況，爰以增訂證券交易法第 150 條第 4 款授權主管機關得衡酌規定，
以資彈性應對❸⓵。

至於集中交易市場上買賣有價證券的交易當事人，依我國證券交易法
第 151 條明文限制有價證券之買賣主體，亦即於集中市場買賣有價證券的
資格，在會員制證券交易所限於會員，而在公司制證券交易所限於訂有使
用有價證券集中交易市場契約之證券自營商或證券經紀商；換言之，相關

---

❸⓪ 例如自然人間未經兜攬而直接出讓自己所有或為自己受讓股票之行為，專為小
　　額投資人方便其讓受有價證券之謂，請參閱立法院秘書處，前揭書❷⓸ 408 頁
　　（汪彝定說明）。

❸⓵ 民國 77 年證券交易法部分條文修正草案，增訂第 150 條第 4 款立法說明，請
　　參閱《立法院公報》第 76 卷第 96 期 71 頁。
　　惟賴英照，前揭書❿ 354 頁，認為上述修正重點，在於解決現存法制上的技術
　　性問題，但未能前瞻性的配合證券市場的未來發展。

證券市場上的投資人，其買賣須透過證券交易所之會員或簽約證券商，始能進行之交易型態。惟如此受託買賣有價證券的制度，論者有謂是源自於傳統證券市場的產物，並非證券交易本質上之必然，但其與證券交易法第150條強制集中交易規定，關係密切，一方面係在於有效維持證券交易所的交易秩序，而另一方面亦在於維護證券交易所與證券商之利益❸。

二、有價證券之受託買賣

如上所述，因證券交易法第151條明文限制於集中交易市場買賣有價證券之資格，亦即除證券商自營買賣，即經營有價證券之自行買賣業務（證券交易法第16條第2款）外，一般證券市場的投資人從事有價證券之理財投資，若非委託證券經紀商進行買賣有價證券，否則無法完成有價證券之交易；因此，一般認為買賣有價證券之受託係集中交易市場之常態❸。

㈠受託買賣與當事人之基本關係

論買賣有價證券之受託，如民法第528條所明文「稱委任者，謂當事人約定，一方委託他方處理事務，他方允為處理之契約」，即屬一般所謂的委任關係；然，就投資人於交易所集中市場買賣有價證券之委託，其正是證券經紀商所從事的一種營業行為，即民法第576條所稱行紀者，謂「以自己之名義，為他人之計算，為動產之買賣或其他商業上之交易，而受報酬之營業」，屬於行紀的契約關係。雖然如此，但民法第577條亦明文行紀的契約關係，除本節（民法債編第二章各種之債，第十三節行紀）另有規定者外，原則上係適用關於委任之規定；因此，就廣義言之，投資人與證券商間自屬買賣有價證券之委託與受託關係。

職是，相關民法上之委任關係，乃至於行紀關係，主要有如下的規定：

---

❸　賴英照，前揭書❿356頁。

　　惟陳春山，前揭書❼285頁，認為此等限制應就秩序、手續合理化的部分為之，不宜成為保護經濟獨占利益之手段。

❸　例如吳光明，前揭書❼234頁，認為一般投資人與證券經紀商之法律關係，屬於行紀或委任契約關係。

1.受託人之遵守指示義務與注意義務

民法第 535 條前段規定受任人處理委任事務，應依委任人之指示，而民法第 535 條後段亦特別明文其受有報酬者，應以善良管理人之注意為之；問題是受任人是否得變更其指示？原則上，民法第 536 條特別規定「受任人非有急迫之情事，並可推定委任人若知有此情事亦允許變更其指示者，不得變更委任人之指示」，否則受任人因處理委任事務有過失，或因逾越權限之行為所生之損害，對於委任人應負賠償之責（民法第 544 條）。至於行紀的法律關係部分，民法第 580 條與第 581 條亦特別明文未依指示之行紀行為，其處理方式：一為行紀人以低於委託人所指定之價額賣出或以高於委託人所指定之價額買入者，應補償其差額，二為行紀人以高於委託人所指定之價額賣出或以低於委託人所指定之價額買入者，其利益歸於委託人。

2.受託人之報告義務

民法第 540 條規定受任人應將委任事務進行之狀況，報告委任人，而委任關係終止時，應明確報告其顛末之義務；相較於證券交易法第 86 條第 1 項特別明文證券經紀商之受託買賣有價證券，應於成交時，作成買賣報告書交付委託人，並應於每月底編製對帳單分送各委託人。關於有價證券買賣報告書及對帳單之記載事項，證券交易法第 86 條第 2 項亦授權主管機關，以命令定之❸❹。

3.受託人之交付及移轉權利之義務

民法第 541 條第 1 項規定受任人因處理委任事務，所收取之金錢、物品及孳息，應交付於委任人，而民法第 541 條第 2 項亦明文受任人以自己之名義，為委任人取得之權利，應移轉於委任人；至於行紀關係，雖民法第 578 條明文行紀人為委託人之計算所為之交易，對於交易之相對人，自得權利並自負義務之規定，但為委託人計算之行紀行為，行紀人亦誠如民法第 541 條所規範者，負有交付及移轉權利之義務。

---

❸❹ 民國 70 年 7 月 7 日 (70) 臺財證㈡字第 0026 號「證券經紀商受託買賣有價證券製作委託書、買賣報告書及對帳單應行記載事項準則」參照。

㈡受託買賣之特別規制

關於買賣有價證券之受託，證券交易法亦特別明文下列的規制：

1.遵守有價證券買賣之受託契約準則

雖然買賣有價證券之受託契約，在法理上亦屬契約自由原則，應委由雙方當事人決定之，但證券交易法第 158 條第 1 項規定證券商接受於有價證券集中交易市場為買賣之受託契約，應依證券交易所所訂的受託契約準則訂定之❸，而該法第 158 條第 2 項亦特別明文前項受託契約準則之主要內容，由主管機關以命令定之❸；惟如此的立法，不難推測證券交易法第 158 條授權主管機關，頒布受託契約準則主要內容之行政權介入，以明確買賣有價證券之受託關係，落實投資人之保護。

2.買賣有價證券全權委託之禁止

證券交易法第 159 條規定證券經紀商不得接受對有價證券買賣代為決定種類、數量、價格或買入、賣出之全權委託，此即實務上俗稱的「代客操盤」。關於證券商之全權委託買賣有價證券，論者有謂全權委託之禁止，其理由在於防止證券經紀商，恐藉全權委託，侵害投資人權益之虞，並亦有認為全權委託將使證券經紀商之業務，實質轉化為證券投資信託之性質，而逾越證券經紀商的法定業務範圍之嫌❸。從投資人自己責任原則的觀點，審視證券經紀商接受買賣有價證券全權委託所衍生之紛爭與弊害❸，亦不難理解證券交易法第 159 條禁止全權委託之立法緣由，屬於民法第 532 條概括委任之一種特別限制❸。雖證券商依法不得接受買賣有價證券之全權

---

❸　民國 76 年 6 月 20 日 (76) 臺證交字第 1195 號「臺灣證券交易所股份有限公司證券經紀商受託契約準則」，民國 76 年 6 月 12 日 (76) 臺財證㈡字第 3349 號函准予備查。

❸　民國 76 年 1 月 9 日 (76) 臺財證㈡字第 00012 號函「證券經紀商受託契約主要內容」。

❸　賴英照，前揭書❿ 488 頁。

❸　例如防止證券商之操縱市場，亦為本條立法之用意所在，請參閱立法院秘書處，前揭書㉔ 442 頁（汪彝定發言）。

❸　廖大穎，〈論證券市場與投資人自己責任制度〉《公司制度與企業金融之法理》（元照，2003 年）196 頁。

委託，但我國實務上仍有所謂「代客操盤」的業務；其實，這非證券商代
客操盤的全權委託，係證券投資信託或顧問事業，對客戶所交付或信託移
轉之委託投資資產，就有價證券、證券相關商品或其他經主管機關核准項
目之投資或交易，為價值分析、投資判斷，並基於該投資判斷，為客戶執
行投資或交易之業務，此乃全權委託證券投資，自屬於廣義的證券投資範
疇之一❹。關於此，請參閱本書第八章第三節【貳之二】部分之介紹。

3. 場外受託之禁止

證券交易法第 160 條規定證券經紀商不得於其本公司或分支機構以外
之場所，接受有價證券買賣之委託；或謂其立法係為貫徹證券經紀商及其
設立分支機構之許可主義，並防止分支機構之變相設立，以配合規定❹。

4. 手續費與費率之核定

證券經紀商乃典型的行紀人，為委託人之計算，買賣有價證券而受有
報酬之一種商業行為（民法第 576 條）；惟證券交易法第 85 條第 1 項特別
規定證券經紀商，受託於證券集中交易市場買賣有價證券，其向委託人收
取手續費之費率，由證券交易所申報主管機關核定之❹。

---

❹ 廖大穎，〈論全權委託證券投資制度〉《公司制度與企業金融之法理》（元照，
2003 年）239 頁。

❹ 賴英照，前揭書❿ 490 頁。

❹ 民國 85 年 7 月 17 日 (85) 臺證交字第 14457 號函說明，證券集中交易市場證
券交易手續費率，按下列分級費率計算手續費：
㈠公債、公司債、可轉換公司債及以新臺幣計價之外國債券：1. 每日每戶成交
金額在新臺幣（以下同）五佰萬元（含）以下者，按千分之一收取。2. 每日每
戶成交金額超過五佰萬元至五仟萬元者，就其超過部分，按千分之〇‧七五收
取。3. 每日每戶成交金額超過五仟萬元以上者，就其超過部分，按千分之〇‧
五收取。
㈡以美元計價之外國債券：1. 每日每戶成交金額在美元（以下同）二十萬元
（含）以下者，按千分之一收取。2. 每日每戶成交金額超過美元二十萬元至二
佰萬元者，就其超過部分，按千分之〇‧七五收取。3. 每日每戶成交金額超過
美元二佰萬元以上者，就其超過部分，按千分之〇‧五收取。
㈢以日圓計價之外國債券：1. 每日每戶成交金額在日圓（以下同）二仟五佰萬

　　相較於證券交易法第 19 條所明文「凡依本法所訂立之契約，均應以書面為之」，惟何謂「依本法所訂立之契約」？其認定恐因而有所不同，但證券交易法第 87 條第 1 項特別規定證券經紀商應備置有價證券購買及出售之委託書，以供委託人使用之義務；論者有謂如此貫徹書面契約的規定，或在於要求當事人締約態度之慎重，並藉由書面形式，明確當事人間權利義務之關係❸。然，該委託書之記載內容，證券交易法第 87 條第 2 項明文授權主管機關，以命令定之❹，且相關上述委託書、乃至於買賣報告書及對帳單等書件，證券交易法第 88 條亦規定應保存於證券經紀商之營業處所。

元（含）以下者，按千分之一收取。2.每日每戶成交金額超過日圓二仟五佰萬元至二億五仟萬元者，就其超過部分，按千分之〇・七五收取。3.每日每戶成交金額超過日圓二億五仟萬元以上者，就其超過部分，按千分之〇・五收取。㈣除公債、公司債、可轉換公司債、外國債券外，其他有價證券：1.每日每戶成交金額在新臺幣（以下同）一仟萬元（含）以下者，按千分之一・四二五收取。2.每日每戶成交金額超過一仟萬元至五仟萬元者，就其超過部分，按千分之一・三二五收取。3.每日每戶成交金額超過五仟萬元至一億元者，就其超過部分，按千分之一・二收取。4.每日每戶成交金額超過一億元至一億五仟萬元者，就其超過部分，按千分之一・一收取。5.每日每戶成交金額超過一億五仟萬元以上者，就其超過部分，按千分之一收取。依上述費率計算手續費未二十元者，按二十元計收。

至於店頭市場，證券交易法第 85 條第 2 項明文證券經紀商非於證券集中交易市場，受託買賣有價證券者，其手續費費率，由證券商同業公會申報主管機關核定；惟依民國 77 年 4 月 29 日臺財證㈢第 1350 號函「證券商營業處所受託買賣股票手續費費率」與民國 73 年 4 月 17 日臺財證㈡第 0939 號函「證券商營業處所受託買賣政府債券、金融債券及公司債手續費費率」，規定向委託人收取手續費之費率，股票按成交金額千分之一・四二五計收，債券部分暫比照債券公會現行費率徵收（臺北市政府債券經紀人商業同業公會現行手續費費率，按成交金額一千萬元以內者，為千分之一計收，成交金額超過一千萬元者，其超過部分減為千分之〇・七五計收）。

❸　賴英照，前揭書❶ 323 頁。

❹　民國 70 年 7 月 7 日 (70) 臺財證㈡字第 0021 號「證券經紀商受託買賣有價證券製作委託書、買賣報告書及對帳單應行記載事項準則」參照。

三、成交與結算交割

(一)現款現貨交易原則

所謂交割,一般係指交付購買或出售有價證券之款項或證券而言;原則上,投資人委託證券經紀商買賣有價證券,例如透過集中市場之競價交易機制,一旦成交,即須辦理交割作業❹。關於此,證券交易法第 43 條第 1 項前段特別明文規定在證券交易所上市或證券商營業處所買賣之有價證券,其給付或交割應以現款、現貨為之,即所謂「現款現貨交易原則」;換言之,買賣上市、上櫃公司之有價證券係透過證券市場之證券商完成交易,限制雙方不得以私下約定方式來進行,唯有藉由證券商的交易機制,進行有價證券之現款、現貨給付及交割,以維持證券市場之交易秩序。至於買賣非屬上市、上櫃公司之有價證券?因彼此間之買賣純屬個人間交易,不致影響公眾市場的機制,且亦不致損及任何第三人,原則上應不受現款、現貨交易之約束,僅依雙方所達成的協議即可❻。

惟進而言之,論者亦有認為證券交易法第 43 條第 1 項之現款現貨交易原則,該法制的意義係禁止任何人買賣上市或上櫃有價證券,不得於無現款或現貨的情況下,進行有價證券之交易行為,或謂其規範的頒布乃在於防止無券、無款證券交易之當日沖銷,所衍生的後遺症;質言之,投資人委託證券經紀商買進或賣出有價證券時,除依融資融券管理辦法買賣有價證券外,應逐筆將賣出之有價證券與買進之價款交付證券經紀商,完成交割,不得以當日買進或賣出之同種類有價證券或相當款項抵充之❼。因此,如此的現款現貨交易,亦稱為「現貨交割」,係於成交當日買賣雙方相互給付證券與價金,或於成交後次一營業日為之者❽,後者為我國現行實務所採,即通稱的「餘額交割」作業,如下圖所示供參。

---

❹ 例如余雪明,《證券交易法》(財團法人中華民國證券暨期貨市場發展基金會,2000 年) 472 頁;黃川口,前揭書❷ 425 頁;吳光明,前揭書❼ 243 頁。

❻ 民國 90 年 10 月 31 日證券交易法部分條文修正草案,第 43 條第 1 項修正立法說明,請參閱《立法院公報》第 90 卷第 53 期 89 頁。

❼ 黃川口,前揭書❷ 426 頁。

證券交易流程圖

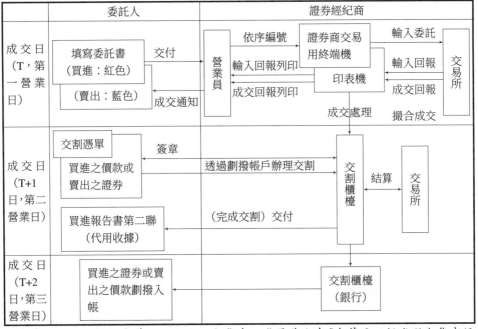

資料來源：財團法人中華民國證券暨期貨市場發展基金會《中華民國證券暨期貨市場
　　　　　（民國90年版）》（同基金會，2001年）135頁。

　　雖然證券交易法第43條第1項前段規定上市、上櫃有價證券之現款現
貨交易原則，但公司法第161條之2與第257條之2亦分別就股票暨公司
債券，導入無實體發行制度，得以配合有價證券集中保管事業之帳簿劃撥
方式。就無實體交易與無實體發行有價證券制度之施行，其將使今後買賣
有價證券，並無需如傳統觀念上依現款或現貨之給付或交割型態，例如證
券交易法第43條第2項所規定「證券集中保管事業保管之有價證券，其買
賣之交割，得以帳簿劃撥方式為之」；惟關於有價證券集中保管事業部分與
帳簿劃撥制度，將於本書第八章第二節介紹之。

　　至於證券交易法第43條第1項後段所明文「其交割期間及預繳買賣證
據金數額，得由主管機關以命令定之」，有謂是該規定亦預留買賣有價證券
之非現款現貨交易，即所謂「例行交割」方式的伏筆❹。何謂例行交割？

❽　賴英照，《證券交易法逐條釋義(2)》（自版，1992年）331頁。

其相較於現款現貨交易原則，一般認為買賣有價證券之「例行交割」乃指成交後，有價證券與價金之給付或交割，於交易後數日內為之，而得於交易時，依規定繳付一定數額的證據金；惟如此的「例行交割」，實質上係買賣雙方在一定期間內，相互給予信用的交易方式之一❺。因此，就例行交割方式而言，實為廣義的信用交易之一種；當然，關於有價證券信用交易部分，則將於本書第八章第一節，再介紹之。

㈡債務不履行——違約不交割

關於買賣有價證券之受託，於成交後，是否發生債務不履行？雖依民法第 579 條之規定，原則上「行紀人為委託人之計算所訂立之契約，其契約之他方當事人不履行債務時，對於委託人，應由行紀人負直接履行契約之義務」，而其但書亦明文「契約另有訂定或另有習慣者，不在此限」之例外規定；另外，關於證券市場上買賣成交與債務不履行之問題，證券交易法第 153 條本文前段亦明文規定證券交易所之會員、證券經紀商或證券自營商在證券交易所市場買賣證券，買賣一方不履行交付義務時，證券交易所應指定其他會員或證券經紀商或證券自營商代為交付之。惟就債務不履行之違約（不）交割行為，形式上即該當於證券交易法第 155 條第 1 項第 1 款「在集中交易市場（投資人）委託買賣或（證券商）申報買賣，業經成交而不履行交割」之行為，但依證券交易法第 171 條第 1 項的規定是究以刑事責任，此乃為我國法上的特有規定之一。

至於上述所指定代為交付的制度，在法律效果上，雖寓有消除民法第 579 條證券經紀商自己直接履行的責任，但證券交易法第 153 條本文後段亦規定其因此所生價金差額及一切費用，證券交易所應先動用交割結算基金代償之，如有不足，再由證券交易所代為支付；理所當然，代為交付的價金差額及一切費用，均得向不履行交割之一方追償之❺。

---

❹ 民國 57 年 4 月 12 日立法院第 41 會期第 13 次及第 14 次院會紀錄（證券交易法三讀案），請參閱立法院秘書處，《證券交易法案（下冊）》（立法院公報法律案專輯，1968 年）848 頁（方冀達發言）。

❺ 賴英照，前揭書❹ 332 頁。

⊜交割結算基金與賠償準備金

　　所謂交割結算基金，係證券交易法第 108 條會員制證券交易所之會員，依章程規定向證券交易所繳存一定金額之交割結算基金，或證券交易法第 132 條公司制證券交易所於其供給使用有價證券集中交易市場之契約內，依主管機關所定之標準，由證券自營商或證券經紀商，向證券交易所繳存一定金額之交割結算基金。

　　關於證券交易所的交割結算基金，其基本設計乃源自於證券交易法第 153 條所明文「證券交易所之會員或證券經紀商、證券自營商在證券交易所市場買賣證券，買賣一方不直接履行交付義務時，證券交易所應指定其他會員或證券經紀商或證券自營商代為交付。其因此所生價金差額及一切費用，證券交易所應先動用交割結算基金代償之」的規定，一般認為交割結算基金係為防範證券商在證券交易所買賣有價證券不履行交付義務時的代償機制，以維護證券市場信用及保障投資人權益為其目的，由會員或證券自營商、證券經紀商向證券交易所繳付一定之交割結算基金金額，證券交易所依法保管運用之[52][53]。如上所述，證券交易所之交割結算基金制度

---

[51]　賴英照，前揭書[10] 365 頁，認為依證券交易法第 153 條後段所規定之追償請求權人，應由證券交易所負責追償之。

[52]　賴英照，前揭書[1] 74 頁；黃川口，前揭書[2] 324 頁；李開遠，前揭書[2] 162 頁；吳光明，前揭書[7] 206 頁；惟論者有謂證券交易法明文會員或證券自營商、證券經紀商繳存交割結算基金之用意有二：

　　㈠預防集中交易市場，因證券商買賣一方不履行交付義務，由證券交易所指定之會員或證券經紀商、證券自營商代為履行時，用於填補因該項代為履行交付義務所生之價金差額及一切費用，期使代為履行交付之會員或證券自營商、證券經紀商不致因此遭受損失。

　　㈡證券交易所遇有證券商發生倒閉或財務危機，得緊急動用支應，藉以維護集中交易市場之信用，避免某一證券商財務危機，破壞證券市場之形象，影響證券交易市場交易秩序，保護投資大眾之權益。

[53]　例如證券商管理規則第 10 條分別就證券商，在集中交易市場受託買賣或自行買賣有價證券業務者之繳存交割結算基金制度。

是在於證券商買賣證券之結算交割時，若致生債務不履行的暫時性代償設計；因此，證券交易法為確保結算基金不被濫用，特別明文限制證券交易所，除非係用於政府債券之買進，銀行存款或郵政儲蓄等安全性高、變現性強的金融商品（證券交易法第 119 條、第 137 條準用第 119 條），否則非經主管機關核准，不得以任何方式運用交割結算基金，防杜基金之不當使用，期以屆時發揮交割結算基金之功能❺❹。

依證券交易法第 153 條規定，謂證券交易所市場遇有買賣證券之一方，不履行交付義務時，證券交易所應指定會員或證券商代為交付之，此時所生之價金差額及一切費用，由證券交易所動用交割結算基金代償，作為負擔被指定證券商「代為交付」之一切費用與價金差額之填補。惟如有不足者，再由證券交易所代為支付之，此時證券交易所代為交付的財源，何在？證券交易法第 154 條第 1 項前段明文「證券交易所得就其證券經手費提存賠償準備金，備供前條規定之支付」，即源於證券交易法第 108 條、第 132 條繳付的證券交易經手費。針對證券交易所提存之賠償準備金，其攤提方法、攤提比率、停止提存之條件及其保管、運用方法，證券交易法亦授權由主管機關，以命令定之（證券交易法第 154 條第 1 項後段）❺❺。

至於證券交易所動用交割結算基金之代償制度，證券交易法第 154 條第 2 項亦特別規定因有價證券集中交易市場買賣所產生之債權，就第 108 條及第 132 條之交割結算基金有優先受償之權，明文其順序如下：㈠證券

---

❺❹　賴英照，前揭書❿ 75 頁；黃川口，前揭書❷ 327 頁。

　　惟吳光明，前揭書❼ 208 頁，亦認為證券交易法第 119 條授權主管機關妥為運用係為增加基金之收益及運用之彈性。

❺❺　余雪明，前揭書❹❺ 482 頁，陳指我國實務上處理違約交割時，第一順位係證券交易所動用「交割結算基金」墊付，如不足時，以證券交易所提存之「賠償準備金」為第二順位之財源，其次則是證券商向政府提存之「營業保證基金」；然，因過去我國每隔若干年即有重大的違約交割案發生，造成證券交易所數以億計的損失。

　　關於具體事例之探討，請參閱莊月清、陳世寬、游晴惠，〈從洪福事件檢討我國交割結算基金制度〉《月旦法學雜誌》第 0 期試刊號 85 頁。

交易所，㈡委託人，㈢證券經紀商、證券自營商❺❻；惟交割結算基金不敷清償時，其未受清償之部分，證券交易法第 154 條第 3 項規定得依本法第 55 條第 2 項，即證券商所提存之營業保證金部分，受清償。

第二節　有價證券店頭交易市場

壹、證券商營業處所櫃檯買賣

相較於上述證券交易所集中市場的交易制度，論者亦謂有價證券如不在集中市場上市，以競價方式買賣交易，而在證券商處所的營業櫃檯上，以議價方式，所進行的證券交易，稱為櫃檯買賣；因此，由店頭櫃檯買賣所形成的市場，稱為櫃檯買賣市場，即一般所謂的店頭交易市場。

店頭市場（Over the Counter Market，簡稱 OTC），於我國證券交易法中的正式名稱為「證券商營業處所買賣有價證券」，依證券交易法第 62 條第 1 項所明文，其係泛指證券經紀商或證券自營商在營業處所受託或自行買賣有價證券之謂❺❼。因店頭市場的交易機制是在證券商營業處所專設的櫃檯，進行有價證券議價買賣之交易，一般或謂店頭市場係證券商於證券交易所以外，所創設的交易市場，與集中交易制度的殊異之處，乃是散布於各地且為數眾多的證券商，在其營業處所與投資人進行櫃檯買賣有價證券之交易行為，故亦稱為場外交易市場❺❽。原則上，櫃檯買賣之有價證券係依法公開發行，但未於集中市場買賣之有價證券，例如中型企業或新興事業所公開發行之股票等，即一般所稱未上市有價證券為交易對象，於交

---

❺❻　賴英照，前揭書❿ 75 頁，認為證券交易法第 154 條第 2 項「因有價證券集中交易市場買賣所生之債權」應限縮其範圍，當只第 153 條買賣一方違約不履行所生之損害賠償。

❺❼　財團法人中華民國證券櫃檯買賣中心，https://www.tpex.org.tw。
　　例如證券商營業處所買賣有價證券管理辦法第 2 條所明文定義櫃檯買賣概念。

❺❽　黃川口，前揭書❷ 50 頁。

易所以外買賣有價證券的交易機制；惟依證券交易法第 62 條第 1 項特別規定「證券經紀商或證券自營商在其營業處所，受託或自行買賣有價證券者，非經主管機關核准不得為之」，而第 2 項亦明文授權「前項買賣之管理辦法，由主管機關定之」，或如論者所指摘，為我國如此立法係採較嚴格之政策限制，即經主管機關核准之程序，在櫃檯買賣公開發行但未上市公司的有價證券，期以強化證券市場管理之謂❺❾。

一般認為證券商營業處所之櫃檯買賣制度，與證券交易所之集中市場的設置，同屬證券市場上不可或缺的管道；惟論者亦有謂店頭交易市場之建立，其目的在於：(1)對於未在證券交易所上市的有價證券，係提供次級交易的流通市場，增加該有價證券之變現性，並擴大流通市場之規模。(2)對於抱有經營理想而缺乏資金的中型企業，可在適當時機辦理時價發行有價證券，取得創業或擴大營業所所需資金，便利新科技及中型企業籌措資金，具有正面推展之功能，並協助中型企業實現股權分散，促進產業升級。(3)店頭市場與集中市場有互補互競之功能，不僅可擴大證券市場之規模，亦有助於證券業務之發展，引導社會游資投入生產企業，發展國民經濟❻⓿。

一、財團法人中華民國證券櫃檯買賣中心

政府為健全資本市場，提升店頭市場之功能，於民國 83 年 7 月，由財政部證券管理委員會著手規劃，籌設一個以公益性為主軸的櫃檯買賣法人組織，將原隸屬於「臺北市證券商業同業公會」之「櫃檯買賣服務中心」，改以財團法人的方式，再另行重組設置，推動我國店頭市場的發展❻❶。

財團法人中華民國證券櫃檯買賣中心（以下簡稱櫃檯買賣中心）乃如

---

❺❾ 賴英照，前揭書❹❽ 477 頁，認為證券交易法第 62 條所規定之櫃檯買賣制度，其概念與美國法上 OTC 市場買賣之範圍不同。

❻⓿ 賴源河，《證券管理法規》（自版，2000 年）226 頁；賴英照，前揭書❹❽ 474 頁；黃川口，前揭書❷ 53 頁；李開遠，前揭書❷ 204 頁；陳春山，前揭書❼ 301 頁。

❻❶ 財團法人中華民國證券暨期貨市場發展基金會，《中華民國證券暨期貨市場(民國 90 年版)》（同基金會，2001 年）142 頁。

上所述者，為承作現行的證券櫃檯買賣業務，屬於一種公益性組織❻②；相關證券櫃檯買賣中心的業務組織配置，設有七部一室，分別是上櫃審查部、上櫃監理部、交易部、資訊部、稽核室、管理部及企劃部，另有直屬董事會，負責本中心內部稽核、內部控制事宜的內部稽核小組。相關其組織架構上與職務，簡單分述如下：

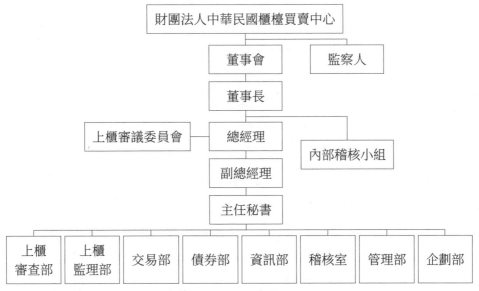

資料來源：財團法人中華民國櫃檯買賣中心，https://www.tpex.org.tw

㈠上櫃審查部、監理部，其業務範圍在於股票及其衍生商品上櫃申請之審查與申請登錄興櫃事宜、股票發行人之監理管理事宜、有價證券上櫃之宣導及相關上櫃公司資料之蒐集、公告，乃至於相關證券上櫃審查監理法令之制定、研究與宣導。

㈡交易部，負責有價證券櫃檯買賣之交易、給付結算作業之管理、店頭市場監理制度之建立與管理、監視制度之實施、櫃檯買賣相關事項之公

---

❻② 財團法人中華民國證券櫃檯買賣中心以董事會為最高決策機構，該中心的捐助章程，明訂董事與監察人為若干名，其人選的產生，亦特別參酌證券交易法第126條之規定，明訂其董事、監察人三分之二的名額，由主管機關指派專家、學者擔任，而另三分之一，由捐助章程就捐助人、專家學者及證券業者中，遴聘之。

告、櫃檯買賣從業人員、投資人之教育宣導以及櫃檯買賣交易相關法令之制定、研究與宣導。

㈢債券部，其業務範圍在於債券及其衍生性商品之上櫃申請、債券發行人之監督管理事宜，並負責債券及其衍生性商品之交易及給付結算作業、櫃檯買賣債券自營商之管理事項，乃至於相關債券上櫃規定之制定、研究與宣導。

㈣資訊部，負責有價證券櫃檯買賣電腦作業及資訊管理，例如櫃檯買賣資訊、投資參考資訊、統計資料之製作、電腦系統之規劃、程式軟體之開發與設計、櫃檯買賣交易資料與檔案管理、電腦機房管理、傳輸線路維護、電腦操作作業教育宣導等相關事項，皆屬之。

㈤稽核室，其所負責的業務範圍係著重櫃檯買賣證券經紀商與自營商之財務、業務查察及櫃檯買賣中心內部財務、業務之稽核。

㈥管理部，乃負責相關證券櫃檯買賣中心議事、秘書、文書、印信、檔案管理，乃至於財產之保管、維護與採購及其庶務事項，均屬之；相關會計、財務、出納、年度收支之預算與決算編列、基金收入與保管運用之執行、公共關係之推展、內部組織制定與管理之執行、研究發展，甚至是人員晉升、敘薪、待遇、福利、考勤、升遷、訓練、退休、資遣、撫卹等人事業務管理事項，亦屬之❸。

㈦企劃部，乃負責市場宣導、研究發展及專案規劃事項，擴及與國際證券相關機構之聯繫與交流，包括國際性會議之主辦、協辦及參與等工作。

二、櫃檯買賣中心之交易制度

㈠櫃檯買賣之股票交易

論櫃檯買賣中心之股票交易，有謂其交易制度的特色，除保留原有證券自營商於營業處所之議價方式外，證券自營商或證券經紀商接受客戶委

---

❸　財團法人中華民國證券暨期貨市場發展基金會，《中華民國證券暨期貨市場（90年版）》（同基金會，2001年）149頁，財團法人中華民國證券櫃檯買賣中心，https://www.tpex.org.tw。

託時，皆可使用櫃檯買賣中心之股票電腦自動成交系統，買賣上櫃股票制度；申言之，現行櫃檯買賣中心之電腦自動成交系統，包括有價證券之自營及經紀買賣，均採用電腦撮合之，惟成交單位為千股，且每筆委託量在五十萬股以下，而論者亦認為其使用電腦等價自動成交系統，如同證券交易所之集中市場下單方式，委託證券商輸入買賣股票之數量與價格，由該中心以電腦撮合成交，成交機率極高❻❹。至於所保留傳統的議價方式，其目前交易範圍或僅限於：(1)證券自營商間之買賣，(2)證券自營商與客戶一次交易在十萬股以上之買賣，或(3)證券經紀商利用錯帳或違約處理專戶，向證券自營商買進股票等情形❻❺。

集中市場與店頭市場股票買賣制度比較

項　目	集中市場	店頭市場
交易方式	電腦輔助交易	等價系統：電腦輔助交易 議價方式：自營商營業處所議價
款券劃撥	強制	等價系統：強制 議價方式：自行決定
共同責任制 給付結算基金	已成立	已成立
漲跌幅度	7%	7%
撮合原則	集中競價	逐筆最合理價格（接近交易所方式）或議價
近一價委託數量揭示	有	有
盤中價格穩定措施	有	無
信用交易	有	有
當日資券相抵	有	無
融資比率	六成	五成
融券保證金成數	九成	九成
交割時間	次日交割	次日交割
監視制度	已建立	已建立

資料來源：財團法人中華民國證券櫃檯買賣中心，https://www.tpex.org.tw。

❻❹　所謂「等價自動成交」，係指股票櫃檯買賣作業，依價格相同、時間優先之議價為原則，允許所有證券自營商、經紀商將投資人之買賣單，輸入電腦，透過連線作業，證券商公會的電腦會自動將買賣價位相等者撮合成交，並通知買賣雙方；若價格不相同而無法成交，證券商公會服務中心將通知受託證券商是否要改變價格，增加交易機會。請參閱李開遠，前揭書❷ 229 頁。

❻❺　財團法人中華民國證券櫃檯買賣中心，https://www.tpex.org.tw。

(二)櫃檯買賣之債券交易

店頭市場之債券交易制度，其與股票交易類同，一般認為係採傳統議價及電腦等殖自動成交系統的方式，進行買賣；雖然民國 85 年櫃檯買賣中心決定推動債券等殖成交系統，全面以電腦撮合成交方式交易，但人工電話議價的方式，仍然保留❻。惟目前櫃檯買賣中心之債券交易方式，其特殊之處在於議價買斷、賣斷交易或議價附條件交易型態；前者所謂債券之買斷、賣斷交易，係指所有權隨著交易的發生，在完成交割手續後，即永久移轉，債息自交割日起，即歸於買方所有，而後者所謂債券之附條件交易，則可將其視為短期之信用擴張，具有融資性質，即買賣雙方於成交日約定交易之金額、利率、承作期間，到期後買方須將該債券賣回，而賣方有義務買回原售出之債券，並按當初之約定，支付利息❼。

集中市場與店頭市場債券買賣制度比較

項目	集中市場	店頭市場
交易方式	競價交易、定價交易 （＊轉換公司債為競價交易）	營業處所議價、等殖成交系統 （＊轉換公司債：營業處所議價、等價成交系統）
開戶手續	應開立有價證券受託買賣帳戶、集中保管帳戶及款項劃撥帳戶	免開戶 （＊轉換公司債同左）
附條件交易	不可以	可以
信用交易	無	無
成交價計算	除息交易	除息交易
交易單位	競價交易：以面額十萬元為一交易單位 定價交易：以其他面額為一交易單位 （＊轉換公司債：面額十萬元）	營業處所：面額一萬元 等殖系統：面額五千萬元 （＊轉換公司債：面額十萬元）
報價升降單位	五分	1b.p. (0.01%)
漲跌幅度	5% （＊轉換公司債為7%）	無 （＊轉換公司債為7%）

資料來源：財團法人中華民國證券櫃檯買賣中心，https://www.tpex.org.tw。

---

❻ 財團法人中華民國證券暨期貨市場發展基金會，前揭書❶ 137 頁。

❼ 財團法人中華民國證券櫃檯買賣中心，https://www.tpex.org.tw。

貳、有價證券之上櫃制度

民國 71 年主管機關依證券交易法第 62 條第 2 項之授權，頒布「證券商營業處所買賣有價證券管理辦法（以下簡稱管理辦法）」，以落實櫃檯買賣有價證券之管理❻❽。

關於有價證券之上櫃制度，該管理辦法第 5 條特別明文原則性的規定，即「有價證券在櫃檯買賣，除政府發行之債券或其他經本會指定之有價證券，由本會依職權辦理外，其餘由發行人向財團法人中華民國證券櫃檯買賣中心申請上櫃或登錄」之，而該管理辦法第 8 條亦明文規定證券櫃檯買賣中心應訂定證券商營業處所買賣有價證券審查準則，並報請主管機關核定之；因此，櫃檯買賣中心依上述規定，頒布「財團法人中華民國證券櫃檯買賣中心證券商營業處所買賣有價證券審查基準」，以完備有價證券申請上櫃之制度❻❾。

一、申請上櫃

依證券商營業處所買賣有價證券管理辦法第 9 條所明文，證券櫃檯買賣中心認為有價證券合於櫃檯買賣者，應與其發行人訂立證券商營業處所買賣有價證券契約外，並報經本會備查之，始得許可為櫃檯買賣之有價證券。因此，觀諸申請上櫃的相關規定，其與證券交易法第 141 條之立法例相當，一是有價證券之申請上櫃，其概念係發行公司與櫃檯買賣中心間，締結證券商營業處所買賣有價證券契約，亦即有價證券「上櫃」契約的法律關係，二是配合上市有價證券之申請備查程序，報經主管機關核准之櫃檯買賣制度，亦改採報經本會備查之❼❿。

---

❻❽　民國 71 年 8 月 31 日 (71) 臺財證㈢字第 1429 號令訂定「證券商營業處所買賣有價證券管理辦法」。

❻❾　民國 83 年 10 月 20 日 (83) 臺財證㈠字第 42405 號函准予備查。

❼❿　關於上市申報主管機關核准與報請備查之制度異動，請參閱本書第五章第一節【貳之一】部分所介紹。

有價證券櫃檯買賣契約（範本）

　　股份有限公司（以下簡稱發行公司）依據證券商營業處所買賣有價證券管理辦法（以下簡稱管理辦法）第5條規定，向財團法人中華民國證券櫃檯買賣中心（以下簡稱櫃檯中心）為其奉准公開發行之有價證券申請在櫃檯買賣，依管理辦法第9條之規定，經雙方同意訂立本契約，茲將雙方應行遵守之事項開列如下：

第1條　發行公司依契約初次申請櫃檯買賣之有價證券，詳如附件所載。（附件略）

　　　　發行公司嗣後櫃檯買賣之有價證券如有增減或內容變更，其經櫃檯中心同意後之有價證券櫃檯買賣申請（報）書、有價證券轉換申報書、有價證券內容變更申請書所載之櫃檯買賣有價證券增減或內容變更事項，作為本有價證券櫃檯買賣契約之一部分。

第2條　證券相關法令及櫃檯中心章則暨公告事項規定均為有價證券櫃檯買賣契約之一部分，發行公司及櫃檯中心皆應遵守之。

第3條　發行公司於本契約奉主管機關核准後，應依櫃檯中心訂定之「有價證券上櫃費費率標準」所列有價證券櫃檯買賣收費標準，於初次櫃檯買賣時及以後每年開始一個月內，向櫃檯中心繳付有價證券櫃檯買賣費用。

　　　　前項有價證券櫃檯買賣年費費率應作為本契約之一部分，日後如有修正，依修正後之費率辦理。

第4條　櫃檯中心依據有關法令、櫃檯中心章則規定或基於其他原因認為有必要者，得對櫃檯買賣之有價證券予以變更交易方式、停止或終止其櫃檯買賣。

第5條　因本契約所生之紛爭，發行公司與櫃檯中心雙方同意以臺北地方法院為訴訟管轄法院。

第6條　本契約一式五份，除一份檢送主管機關外，餘分由發行公司及櫃檯中心存執。

第7條　本契約於發行公司及櫃檯中心雙方用印後生效。

　　　　　　　　立約人：
　　　　　　　　法定代理人：
　　　　　　　　地址：
　　　　　　　　財團法人中華民國證券櫃檯買賣中心
　　　　　　　　法定代理人：董事長〇〇〇
　　　　　　　　地址：

　　中　華　民　國　　　　〇〇年　　　　〇〇月　　　　〇〇日

　　一般而言，依管理辦法第5條第1項規定有價證券之上櫃買賣，原則上乃由發行人向櫃檯買賣中心申請，惟該公司之股票或債券已在櫃檯買賣者，同管理辦法第5條第2項亦規定其發行新股或再發行債券時，除依有關法令規定辦理外，並應於發行三十日內向證券櫃檯買賣中心申報；論其規定意旨，或與證券交易法第139條的立法例相仿。至於申請上櫃之公司股票，若未依法公開發行時，證券交易法第42條第1項特別規定該發行公司應先向主管機關申請補辦本法所明文之有關發行審核程序，始得申請上櫃，

否則未依第 42 條第 1 項規定補辦發行審核程序之公司股票，不得為本法之買賣，或為買賣該種股票之公開徵求或居間（證券交易法第 42 條第 2 項）。

二、終止上櫃

終止有價證券上櫃，係將在櫃檯買賣中心掛牌買賣之有價證券，予以排除，即一般所謂之「下櫃」；換言之，其概念自與有價證券之「下市」相當。

從發行人申請有價證券上櫃，締結所謂「證券商營業處所買賣有價證券契約」的法律關係，在法理上契約雙方當事人自有終止契約之權限，例如上市契約之終止權，比方是證券交易法第 144 條與第 145 條所明文證券交易所與上市公司終止有價證券上市之情形；然相對於此，依證券商營業處所買賣有價證券管理辦法第 10 條亦規定「有價證券櫃檯買賣之終止，除本會另有規定外，應由證券櫃檯買賣中心依有關法令或前條所定契約之規定報請本會備查」，維持與證券交易法第 144 條證券交易所終止有價證券之立法規定相同 **❼**。至於櫃檯買賣有價證券之發行人，如有違反證券交易法或依該法所發布之命令時，上述管理辦法第 12 條亦特別規定主管機關為保護公眾利益，得終止該有價證券之買賣，則與證券交易法第 148 條的規定相若。

三、停止櫃檯買賣

針對上述櫃檯買賣有價證券之發行人，如有違反證券交易法或依該法所發布之命令時，主管機關為保護公眾之利益，得終止該有價證券之買賣外，亦得以命證券櫃檯買賣中心停止該有價證券之買賣（同管理辦法第 12 條）。

所謂停止櫃檯買賣，與停止上市買賣概念同，係一時暫停上櫃之有價

---

❼　配合民國 100 年證券交易法修正第 141 條上市契約改定報請主管機關備查，民國 101 年 7 月 10 日金管會證券字第 1010030243 號令證券商營業處所買賣有價證券管理辦法第 10 條，改訂備查制度。

證券，在櫃檯買賣中心掛牌交易；惟證券交易法第 62 條第 3 項亦特別明文
「第 156 條……之規定，於第 1 項（證券商營業處所買賣有價證券）之買
賣準用之」，謂其準用第 156 條，即主管機關對於已申請在櫃檯買賣中心上
櫃買賣之有價證券，發生下列各款情事之一，而有影響市場秩序或損害公
益之虞者，得命其停止其一部或全部之買賣，或對證券自營商、證券經紀
商之買賣數量加以限制：「㈠發行該有價證券之公司遇有訴訟事件或非訟事
件，其結果足使公司解散或變動其組織、資本、業務計畫、財務狀況或停
頓生產。㈡發行該有價證券之公司，遇有重大災害，簽訂重要契約，發生
特殊事故，改變業務計畫之重要內容或退票，其結果足使公司之財務狀況
有顯著重大之變更。㈢發行該有價證券公司之行為，有虛偽不實或違法情
事，足以影響其證券價格。㈣該有價證券之市場價格，發生連續暴漲或暴
跌情事，並使他種有價證券隨同為非正常之漲跌。㈤發行該有價證券之公
司發生重大公害或食品藥物安全事件。㈥其他重要情事」。當然，如準用該
條第 5 款之結果，主管機關亦得對已上櫃之有價證券，發生上述各款以外
之情事，顯足以影響市場秩序或損害公益之虞者，命令停止其一部或全部
之買賣，或對證券自營商、經紀商買賣數量加以限制之。

　　至於管理辦法第 11 條亦規定證券櫃檯買賣中心，依有關法令、櫃檯買
賣契約之規定或為保護公眾之利益，就櫃檯買賣之有價證券停止其買賣時，
應報請主管機關備查之；然，櫃檯買賣中心回復其買賣時，亦同。

參、興櫃股票

　　所謂興櫃股票，係非屬申請上櫃買賣之股票，亦非屬申請上市交易之
股票，惟依財團法人中華民國證券櫃檯買賣中心興櫃股票買賣辦法第 3 條
第 1 項的定義，興櫃股票是發行人依櫃檯買賣中心證券商營業處所興櫃股
票審查準則規定申請登錄買賣之普通股票；易言之，依該審查準則第 3 條
所稱的興櫃股票，係指公開發行公司申請其已發行之普通股股票，在證券
商營業處所登錄買賣者[72]。

一、未上市未上櫃股票交易盤商

　　未上市未上櫃股票交易之興起，一般論其歷史發展的關鍵，認為可追溯自民國 70 年代後期，即我國股市狂飆時期，買賣未上市未上櫃股票係因當時民間充沛游資，所醞釀成形的未上市未上櫃股票市場；從公司法第163 條股份自由轉讓的觀點而言，買賣未上市、未上櫃股票與交易市場之形成，實不足為奇。然，問題的關鍵在於上市、上櫃股票制度，相較於申請上市、上櫃股票的現行制上係提供投資人於證券交易所或證券商營業處所買賣的市場設計，但對於未申請上市或上櫃的股票？雖法律保障股份自由轉讓的機制，即在實務上除透過原有的股東之私人轉讓外，一般投資人買賣未上市未上櫃之股票，仍有相當程度的困難❼❸。因此，買賣未上市未上櫃股票之專業中介角色——盤商，乃在市場的需求下，孕育而生。

　　從法制面而言，所謂「盤商」，其並無證券交易法第 44 條第 1 項前段之資格，非屬「證券商」，原則上係不得從事第 15 條相關有價證券承銷、自行買賣或代客買賣之業務，但如此之盤商，實際上所從事的未上市未上櫃股票交易相關業務，即一般所稱的地下證券業者。雖然如此，但在實務上只要有足夠的資金與投資人之委託，任何人皆可，從事上述盤商之仲介行為，惟盤商大多需要其他盤商間相互支援，亦即並不是所有的盤商均能自行撮合，滿足投資人之委託買賣，完成交易；因此，不同的盤商

---

❼❷　民國 90 年 9 月 28 日 (90) 臺財證㈠字第 005479 號函、同 (90) 臺財證㈡字第 005477 號函、同 (90) 臺財證㈢字第 005464 號函准予備查「財團法人中華民國證券櫃檯買賣中心與櫃股票買賣辦法」、「財團法人中華民國櫃檯買賣中心證券商營業處所買賣與櫃股票審查標準」。

❼❸　在實務上，觀察未上市（櫃）股票市場之交易情形，多會隨著集中市場行情之波動而起伏，當集中市場多頭時，未上市（櫃）股票交易市場會因而熱絡，盤商亦隨之大量興起；反之，當集中市場步入空頭時，規模較小之盤商集會因交易清淡而退出市場。然，以盤商之經營規模而言，有小至一、二人以家庭方式經營，亦有多至數十人以企管顧問公司或投資顧問公司名義經營，其中以家庭方式經營者佔大多數。

間，為了協調交易事宜，彼此關係密切，存在著高度的依附性與信用基礎，以利未上市未上櫃股票之交易進行，從而逐漸形成有系統、有組織的運作❼❹。

　　不論是投資人親臨盤商的營業處所當面洽購或依電話委託下單的方式，向盤商詢問欲買賣股票之報價，盤商則依投資人為買方或賣方分別回報，當時之賣盤價格及買盤價格，若投資人同意盤商回報之價格，即可委託盤商買進或賣出。理所當然的，對於投資人委託買單或賣單，若受託盤商有足夠數量的買賣單可以支應，則可進行成交，但若盤商所受託之買賣單，並不足以支應應買或應賣需要時，則盤商會將委託資料鍵入其專屬報價系統向其他盤商受託之買賣單進行撮合。尤其是隨著資訊科技之進步與網際網路之普及，亦改變盤商之交易模式，例如部分盤商可透過網站之設置，提供未上市（櫃）股票買賣交易資訊給資訊廠商，並連結於所設網路上，使投資人可藉由未上市（櫃）股票財經資訊網站，獲得相關股票的即時報價資訊，除揭示買價與賣價之參考價格、公司基本資料與申請上市（櫃）進度等訊息外，部分盤商亦提供網路下單之功能；若投資人進行網路下單，在網站中填寫委買單或委賣單，盤商在收到該等委託後，亦會將未上市未上櫃股票交易結果回報客戶❼❺。

二、興櫃股票制度之建立

　　股票上市或上櫃，其前提是發行公司必須符合申請上市、上櫃的審查基準，始能如願；惟我國產業向以中小企業為主，由於許多中小企業並不符合上市、上櫃標準，自無法順利地從資本市場籌集資本，以擴大生產規模並提高產業競爭力。

---

❼❹　王文宇，〈未上市（櫃）股票買賣衍生之法律問題〉《金融法》（元照，2001年）170頁。

❼❺　至於早期盤商或僅單純從事股票交易之仲介；惟近年來部分盤商經營業務亦漸具規模，除了傳統之經紀業務外，亦涉及自營業務，甚或有少數盤商經營融資融券等信用交易業務。

　　從資本市場與中小企業的斷層設計，論證券市場的資金分配機能，的確是有間接阻礙中小企業發展之消極效果，但不可否認的是許多未上市未上櫃的公開發行公司中，實不乏深具發展潛力之企業，自然會吸引許多投資人，從未上市未上櫃的股票尋找投資標的；然，卻苦無公開合法之交易管道，終使該發行公司與投資人均有交易之需求下，遊走於法律邊緣，當然使仲介未上市未上櫃股票之盤商，乃應運而生，如本節【參之一】所述。雖然如此，但因盤商畢竟未受到證券交易法之規範，業者間良莠不齊，不僅相關發行公司的資訊揭露，恐有不完全、不真實之疑慮，且盤商的交易過程，亦有不透明之嫌；從法制面言之，如有萬一，恐足使投資人無法獲得完整保障之謂❼。

　　為消弭前述證券管理上的死角，因應未上市未上櫃公司籌資的需要及提供合法交易管道，以落實「將未上市（櫃）股票盤商交易法制化」之目標，主管機關自民國 89 年 11 月起，開始規劃，邀集證券櫃檯買賣中心、證券集中保管公司等證券周邊單位及證券商代表共同研商，並由櫃檯買賣中心積極建置未上市未上櫃股票交易制度相關規範及配套措施，將該等股票交易納入制度化管理。關於未上市未上櫃股票交易制度，主管機關乃參考美國布告欄股票市場 (OTC Bulletin Board) 的相關制度，廣泛蒐集國內、外市場經驗及業者意見，就證券商經營興櫃股票市場之風險，如何控制？股票發行公司財務業務資訊，如何揭露？證券商的報價及交易資訊，如何提供？乃至於交割作業，如何兼顧安全及效率等問題，審慎研議，終於民國 90 年 6 月定案完成，並於民國 91 年 1 月揭開我國興櫃股票市場的序幕，正式開始交易。

---

❼　王文宇，前揭論文❼ 171 頁，分析盤商從事未上市未上櫃股票買賣與現行法制的衝突，恐有盤商涉及未獲許可而經營證券業務、未經許可而經營類似有價證券集中交易市場、未經核准（或申報生效）而出售股票的問題，乃至於發生證券市場上的詐欺買賣行為之謂。

第三節　證券市場與不法行為規範

　　針對證券交易法第 1 條所明文「為發展國民經濟，並保障投資」之立法目的，從本書第二章第一節【貳之一】相關保護投資人的闡述，吾人不難理解到證券交易與一般商品之買賣不同。

　　證券交易法之所以「保障投資」，其法制的意義並不是在於保障證券市場上投資人所購買之有價證券，必然有一定的財產價值，或者是擔保該證券投資，必然獲得利潤或保證可迴避損失的，而認為保障投資的實現，乃是以確保市場上證券交易之公平與公正為其前提；換言之，其意義乃為確保證券市場之公平性與公正性，防止投資人遭受欺騙，權利蒙受不當侵害，在法制上實有必要對保障投資予以特別之規範，惟如此的立法思維，無外乎是在於「使一般投資人能以自己之責任及判斷而公平、公正地為證券交易」之表現。問題是從法制上如何定義公平、公正的證券交易行為？就立法論而言，實屬不易；因此，相關證券市場的行為規範，我國證券交易法乃參酌美國、日本的證券管理制度，為防止證券詐欺情事及維護公平、公正之交易秩序，對於證券市場上的不正行為，予以嚴格禁止❼❼。

壹、虛偽、詐欺行為之禁止

　　證券交易法第 20 條第 1 項規定「有價證券之募集、發行、私募或買賣，不得有虛偽、詐欺或其他足致他人誤信之行為」，即一般所稱的禁止證券詐欺或詐欺買賣之行為❼❽；關於此，論者亦有謂證券交易法第 20 條第 1

---

❼❼　民國 57 年證券交易法立法草案 (第一次)，行政院針對本法草案擬定原則之報告，指出「本法固以美日立法例為參考，為究非可以為依據，增損自所當然」等，請參閱立法院秘書處，《證券交易法案 (上冊)》(立法院公報法律案專輯第 5 輯經濟(1)，1968 年) 41 頁 (李國鼎報告)。

❼❽　賴源河，前揭書❻⓪ 411 頁；賴英照，前揭書❶ 327 頁；余雪明，前揭書❹❺ 526 頁；黃川口，前揭書❷ 464 頁；李開遠，前揭書❷ 305 頁；陳春山，前揭書❼

項之立法意旨，乃在於戒絕證券交易之非法行為，期以任何人在證券市場上買賣有價證券時，應遵守誠信原則，防止證券詐欺之行為發生，破壞證券市場的交易秩序，實為保障投資人權益的不二法門[79]。

另，民國 77 年證券交易法部分條文修正時，增訂現行法第 20 條第 2 項「發行人依本法規定申報或公告之財務報告及財務業務文件，其內容不得有虛偽或隱匿之情事」的規定，同樣納入證券市場上禁止的行為規範，而違法者亦課有刑事及民事責任[80]。

一、行為規範

㈠不得有虛偽、詐欺或其他足致他人誤信之行為

證券交易法第 20 條第 1 項明文禁止有價證券之募集、發行、私募或買賣，不得有虛偽、詐欺或其他足致他人誤信之行為，就其禁止的行為，並非侷限於本章流通市場部分的範疇,係泛指證券市場相關有價證券之募集、發行、私募或買賣而言；惟論其態樣，依現行法規定：⑴虛偽行為，一般認為「虛偽」係指所陳述內容與客觀事實不符之謂，致使投資人誤以該陳述為真實者[81]；就此虛偽的文義觀之，似乎是描述行為人刻意的作為。⑵

---

337 頁。

[79]　黃川口，前揭書❷ 465 頁。

民國 57 年證券交易法立法草案（第 2 次），行政院所提第 20 條第 1 項原文「任何人不得以不正當方法募集、發行或買賣有價證券」，於審查會修正為「任何人不得以詐欺行為，虛偽表示，不正當手段或其他足致他人誤信之作為或不作為而募集、發行或買賣有價證券」，再以「募集、發行或買賣有價證券者，不得有虛偽、詐欺或其他足致他人誤信之行為」三讀立法，而於民國 77 年證券交易法部分條文修正時，刪除「者」字，俾資涵蓋第三人之謂，請參閱《立法院公報》第 76 卷第 96 期 38 頁。

[80]　民國 77 年證券交易法部分條文修正草案，增訂第 20 條第 2 項「發行人申報或公告之財務報告及其他有關業務文件，其內容不得有虛偽或隱匿之情事」規定，請參閱《立法院公報》第 76 卷第 96 期 39 頁。

[81]　賴英照，前揭書❶ 328 頁；黃川口，前揭書❷ 465 頁。

詐欺行為，所謂「詐欺」一般係參酌刑法上詐欺罪的概念，謂以詐術，使人將其本人或第三人之物交付之，或依上述方法，取得財產上不法之利益或使第三人取得之，即所稱以騙取他人財物為目的所為之欺罔行為[82]；因此，依現行刑法上似無法想像「過失」的詐欺行為。我國刑法上詐欺的財產犯罪概念，與時下美國法院判決所肯定的「詐欺」市場理論 (fraud-on-the-market theory)，相關證券「詐欺」的概念是否等價？如無法先行釐清，我國部分證券實務與學說上輒常援引美國的法理 (Rule10b-5)，恐徒生爭議。(3)其他足致他人誤信之行為，從法條文義觀之，雖非虛偽或雖未構成詐欺，但該行為足以誤導他人信以為真之效果，比方是陳述內容有遺漏、不完整或其他事由，使投資人對事實之瞭解，產生錯誤的認識或「信賴」等。依最高法院 99 年度臺上字第 1825 號刑事判決所指摘，即「……虛偽係指陳述之內容或提供之訊息與客觀事實不符；詐欺則指施用詐術與他人陷於錯誤，其他致他人誤信之行為，應指以虛偽、詐欺以外之行為，誤導他人足致他人之事實認知及意思決定，產生偏差（例如陳述內容或提供之訊息缺漏不足）」之謂；當然，這在「其他」所概括規定的部分，是否容有因過失而致他人誤信之情形，不獨是第 171 條第 1 項的刑事責任部分，尤其是違反證券交易法第 20 條之法律效果而與第 20 條第 3 項所連結之民事求償部分，遺有想像的空間[83]。

就證券交易法第 20 條第 1 項的司法判決，早期例如臺北地院 74 年度

　　例如李開遠，前揭書❷ 309 頁與陳春山，前揭書❼ 339 頁，認為發行人於發行有價證券時，宣稱認購人認購股票，將有固定之投資利益者，此與股票投資性質之不符，可謂係虛偽陳述。

[82]　賴英照，前揭書❶ 328 頁；黃川口，前揭書❷ 465 頁；李開遠，前揭書❷ 309 頁；陳春山，前揭書❼ 339 頁。

[83]　賴英照，前揭書❶ 328 頁；余雪明，前揭書❹⑤ 527 頁；李開遠，前揭書❷ 309 頁；陳春山，前揭書❼ 339 頁。

　　例如黃川口，前揭書❷ 466 頁，認為公司負責人對該公司的財務狀況或業務狀況，揚善隱惡，企圖掩飾真相之作為，不僅使股票不能真確反映其應有的價值，亦可能使投資人買賣股票，致而蒙受損失。

訴字第 15521 號民事判決，認為「……原告起訴主張被告公司前負責人……
召開記者會……，並宣稱公司營運正常財務健全，實則公司財務確有嚴重
困難，公司所有工廠停工，足見被告公司負責人……隱瞞事實公然以虛偽
詐欺之手段，欺騙投資大眾，顯然違反證券交易法第 20 條之規定」，肯定
發行公司負責人以積極的手段，使投資人原告誤信其談話內容為真，即屬
證券交易法第 20 條以詐欺致使他人誤信之行為外，晚近又如最高法院 104
年度臺上字第 1484 號民事判決，肯定原審，相關「……欲向特定人收
購……已發行股份總額達一定比例，為避免違反上開規定，以撤銷公開發
行為規避者，雖該手段合於公司法規定，惟其欲規避法律之目的既屬不法，
即係以合法手段掩飾不法目的，對因其規避行為致無法以同一條件出售股
份之股東，即屬證交法第二十條第一項之虛偽行為」的審理認定與法條適
用[84]。

(二)內容不得有虛偽或隱匿情事之財務報告及財務業務文件

民國 77 年證券交易法部分條文修正時，增訂第 20 條第 2 項的規定，
其新增立法理由特別說明「對發行人……之財務報告或其他有關業務文件，
有虛偽之記載情事者，依第 174 條僅規定刑事責任……。為保障投資，增
強發行人之職責，爰參照各國立法例（日本證券交易法第 21 條、美國證券
交易法第 18 條）增訂第 2 項」，且為配合本條第 2 項的增訂，調整第 3 項
「違反前二項」的損害賠償規定[85]。

當然，就證券交易法第 20 條第 2 項所規定，發行人依本法規定申報或
公告之財務報告及財務業務文件，其內容如有虛偽或隱匿者，論者認為這

---

[84] 關於新竹玻璃公司案，臺北地院 74 年訴字第 15521 號民事判決，請參閱賴英
照，前揭書❶ 335 頁；溫耀源，《證券交易民刑事法律問題之研究》（財團法人
中華民國證券暨期貨市場發展基金會，1991 年）211 頁。另，關於東森媒體公
司案，最高法院 104 年度臺上字第 1484 號民事判決部分，請參閱司法院法學
資料全文檢索，https://law.judicial.gov.tw。

[85] 民國 77 年證券交易法部分條文修正草案，修正第 20 條之立法說明，請參閱
《立法院公報》第 76 卷第 96 期 39 頁。

亦屬於證券詐欺的具體情事之一；惟此所謂「財務報告」，如證券交易法第
14 條第 1 項所稱，指「發行人……依法令規定，應定期編送主管機關之財
務報告」，但何謂「財務業務文件」？證券交易法無特別規定，論者認為財
務報告與業務報告文件間，似無嚴格之界限。因此，這於解釋上，即一是
除財務報告以外，發行人依法令申報或公告的文件，均屬之；二是與本條
第 1 項規定相較，第 2 項係單純的申報、公告不實資訊等情事，若因此的
募集、發行、私募或買賣有價證券而同時構成「證券詐欺」，產生所謂法條
競合之效果；三是因本條第 2 項致生民事賠償義務者，依第 20 條之 1 所定
則擴及負責人、職員及會計師等之對象 **86** 。

　　相關我國的司法見解，例如臺中高分院 89 年度上訴字第 143 號刑事判
決，認為有鑑於公司財務報告將暴露經營不善及體質不良之事實，恐導致
企業信用減縮、股價下跌，資金調度周轉不靈之疑慮，其為美化公司財務
報告之虛偽買賣有價證券行為，結果不僅係使公司的財務報告失真，且亦
違反有價證券之買賣，不得有虛偽之行為規定 **87** 。

二、法律效果——刑事制裁與民事賠償制度

(一)刑事責任

　　證券交易法第 171 條第 1 項第 1 款明文規定刑事責任，即「違反第 20
條第 1 項、第 2 項……之規定者」，處三年以上十年以下有期徒刑，得併科
新臺幣一千萬元以上二億元以下之罰金；惟從立法目的觀之，證券交易法
第 20 條第 1 項之「證券詐欺」與第 2 項之不實財務業務文件規定，二者均
屬行為犯的構成要件，但相較於刑法典的各種犯罪規定，就證券交易法第
20 條之違反，其第 171 條第 1 項的課處規定言之，乃屬相對的重刑。

86　賴英照，《最新證券交易法解析》（自版，2009 年）733 頁。

87　關於光男企業公司案，臺中地院檢察署起訴書，請參閱財團法人中華民國證券
　　暨期貨市場發展基金會，《違反證券交易法案例彙編——（壹）發行市場》（同
　　基金會，1996 年）37 頁；臺中高分院 89 年上訴字第 143 號刑事判決，請參閱
　　司法院法學資料全文檢索，https://law.judicial.gov.tw。

就此，最高法院 96 年度臺上字第 2453 號刑事判決明喻：「……證券市場首重誠信；證券交易法第 20 條第 1 項明定：『有價證券之募集、發行、私募或買賣，不得有虛偽、詐欺或其他足致他人誤信之行為』，即係為維護證券市場之誠信而設。違反證券交易法第 20 條第 1 項規定者，為證券詐欺罪，應依第 171 條第 1 項第 1 款規定論處。就有價證券之募集、發行、私募或買賣，不得有詐欺行為之要件言，與刑法詐欺取財罪相同，係指行為人意圖為自己或第三人不法之所有，以欺罔之方法騙取他人財物；但證券詐欺罪通常發生在證券市場，投資人無從自證券紙張本身判斷證券之價值，如有藉虛偽不實之資訊募集或買賣證券者，極易遂行其詐財之目的，被害人動輒萬千，妨礙證券市場健全發展，為維護公益並促進市場發展，乃設重刑以嚇止不法，故本罪不論在修正前後均為刑法詐欺取財罪之特別規定」❽，而相關行為人的主觀要件部分，早期於最高法院 83 年度臺上字第 4931 號刑事判決中，則謂「無論虛偽、詐欺或其他使人誤信等行為，均須出於行為人之故意，否則尚不為罪」❽。質言之，相關證券交易法第 20 條的證券詐欺，我國司法見解似亦承認「超個人法益」的詐欺概念，即保護證券市場的法益存在，已逾越詐欺之侵犯財產法益的概念，因而這就經濟犯罪與侵害法益的刑事法學上，似有再釐清的必要。

　　至於不實財務業務文件規定的部分，除構成證券交易法第 171 條之罪責外，另證券交易法第 174 條第 1 項各款，亦分別針對公開說明書、各種財務報告及有關業務文件等的虛偽記載，得處一年以上七年以下有期徒刑、拘役或科或併科新臺幣二千萬元以下之罰金。然，這證券交易法第 174 條是民國 93 年修正前的條文，即違反第 20 條第 2 項規定的原有懲處，但因民國 93 年的證券交易法部分條文修正，為加重其刑責，再修改第 171 條第 1 項，增列第 20 條第 2 項之違法懲處，謂「第 20 條第 2 項……，為公司

---

❽　最高法院 96 年度臺上字第 2453 號刑事判決，請參閱司法院法學資料全文檢索，https://law.judicial.gov.tw。

❽　最高法院 83 年度臺上字第 4931 號刑事判決，請參閱司法院法學資料全文檢索，https://law.judicial.gov.tw。

相關人之重大不法行為，亦屬重大證券犯罪，有處罰之必要，爰於第 1 項第 1 款增列……」**⑩**。惟相關證券交易法第 20 條第 1 項與第 2 項的罪責論述部分，請參閱本書第三篇財經刑法──證券犯罪的各章節介紹。

（二）民事責任

關於民事責任部分，違反證券交易法第 20 條第 1 項與第 2 項的行為，分別依現行法第 20 條第 3 項與第 20 條之 1 的規定，課予損害賠償責任。

證券交易法第 20 條第 3 項特別明文「違反第 1 項規定者，對於該有價證券之善意取得人或出賣人因而所受之損害，應負賠償之責」，課予違法者損害賠償之責任。相較於證券交易法第 20 條之 1 第 1 項規定，其亦明文「前條第 2 項之財務報告及財務業務文件……，其主要內容有虛偽或隱匿之情事，下列各款之人（即發行人及其負責人、發行人之職員等），對於發行人所發行有價證券之善意取得人、出賣人或持有人因而所受之損害，應負賠償責任」，而簽證會計師部分，證券交易法第 20 條之 1 第 3 項亦規定「會計師辦理第 1 項財務報告或財務業務文件之簽證，……致第 1 項之損害發生者，負賠償責任」，以落實保護投資人之立法。惟第 20 條之 1 所明定，屬企業揭露不實財報等主要的民事規範對象，就此部分，請比較並參閱第三章第三節【參之二】的介紹；因此，關於第 20 條虛偽、詐欺等行為之民事求償制度，證券交易法第 20 條第 3 項，有如下特別設計：

（1）求償對象

證券交易法第 20 條第 1 項與第 2 項的規定間，有所不同；一般認為第 1 項係「有價證券之募集、發行、私募或買賣，不得……之行為」者，理

---

⑩ 民國 93 年證券交易法部分條文修正草案，第 171 條修正理由說明，請參閱《立法院公報》第 93 卷第 2 期 193 頁。惟就企業資訊不實之虛偽、隱匿責任部分，證交法第 171 條與第 174 條適用之司法實務見解，前司法院長賴英照教授於民國 101 年 12 月 28 日臺灣大學法律學院「公司法與證券交易法立法政策暨修法方向學術研討會」的專題演講〈公開說明書的兩個世界〉，指摘我國司法實務於證券交易法第 171 條與第 174 條之適用上，見解似乎不一致；另，關於證交法第 171 條與第 174 條的問題，可參閱劉連煜，〈內部持股人未揭露屬資訊不實的刑事責任？或僅係行政責任？〉《台灣法學雜誌》第 225 期 154 頁。

應涵蓋相關證券市場上述行為之任何人，而第 2 項？不獨法條文義，明文限縮於「發行人依本法規定申報或公告之……，不得有……之情事」，在當時條文的說明上，似乎僅針對發行人的特別規定，如前揭民國 77 年證券交易法修正時之立法理由❾❶，但實務見解之於證券交易法第 20 條第 2 項部分，逐漸擴張解釋，例如士林地院 93 年度金字第 3 號民事判決，謂「凡……參與製造『發行人申報或公告之財務報告及其他有關業務文件』行為之人，包括公司負責人、在財務報告上簽章之公司職員及會計師，均屬該條規範之對象」❾❷，又例如臺灣高等法院高雄分院 94 年度金上字第 1 號民事判決，亦謂「……依（第 20 條）第 2 項規定之文義觀之，其規範之對象乃『發行人申報或公告之財務報告』，故就該財務報告之虛偽或隱匿，其應負責之人不以發行人為限，凡就財務報告應負責之人均應受該條項之規範」❾❸。

　　的確，這證券交易法第 20 條第 2 項於民國 94 年修正前，存有爭議；然，於民國 94 年修正後證券交易法已增訂第 20 條之 1，就不實的財務報告或財務業務文件，分別於第 1 項與第 3 項明文發行人、負責人及曾在財務報告或財務業務文件上簽名或蓋章之職員，甚至是辦理簽證作業的會計師，亦特別明文上述對象負有民事的損害賠償責任❾❹。

---

❾❶　相關證券交易法第 20 條第 2 項規定，係民國 77 年證券交易法部分條文修正時，所新增的條文，其立法理由亦謂「為保障投資，增強發行人之職責，爰參照各國立法例（日本證券交易法第 21 條，美國證券交易法第 18 條）增訂第 2 項」，請參閱《立法院公報》第 76 卷第 96 期 39 頁。

❾❷　士林地院 93 年度金字第 3 號民事判決，請參閱司法院法學資料全文檢索，https://law.judicial.gov.tw。

❾❸　臺灣高等法院高雄分院 94 年度金上字第 1 號民事判決，請參閱司法院法學資料全文檢索，https://law.judicial.gov.tw。

❾❹　民國 94 年證券交易法部分條文修正草案，增訂第 20 條之 1 的立法理由，謂違反證券交易法第 20 條第 2 項行為者，對於有價證券之善意取得人或出賣人因而所受之損害，本應負賠償責任。惟實務上，……（現行法）相關人員所應負擔之責任範圍，未盡明確，為杜爭議，爰參考本法第 32 條、美國沙氏法案及

⑵損害與因果關係

關於以上之違法行為，若因此致生投資人之損害者，一般而言，權益受侵害的投資人，原則上均得依民法第 184 條，即基於侵權行為之法理，向加害人請求損害賠償之救濟。本書亦認為證券交易法第 20 條第 3 項與第 20 條之 1，甚至是第 32 條的損害求償制度，其與民法上侵權行為之法理，並無相悖之處，並依民事法上侵權行為責任之設計，蒙受損害之投資人理應負有舉證其損害額、該加害人有「虛偽、詐欺或其他足致他人誤信」行為的故意，甚至是因過失而致生他人誤信的行為，相關加害人之主觀不法等均是。

一是民國 94 年證券交易法修正，改訂第 20 條第 3 項「違反第一項規定者」為限，即虛偽、詐欺與其他致人誤信的不法行為之第 20 條第 3 項民事責任部分。當然，違反證券交易法第 20 條第 1 項之不法行為，受害人依同條第 3 項規定請求，行為人負有民事賠償責任，如上所述；惟不法行為與損害賠償責任的關鍵，則在於加害行為與投資人損害間之因果關係，有因果關係的存在，法律責任始能能成立。惟民國 94 年修正前後，就不實財務、業務文件部分，尤其是依改訂第 20 條之 1 第 1 項投資人請求損害賠償規定，與修正前證券交易法第 20 條第 3 項間，因不同規定，致生司法實務見解相當混亂。關於違反企業揭露不實資訊，例如第 32 條公開說明書、第 20 條之 1 財務、業務文件部分，如本書第三章第三節【參之一之㈡之 2】與【參之二之㈠之 2】所介紹；質言之，我國晚近司法實務上亦有直接採行相關美國法制上的「詐欺市場理論 (fraud-on-the-market-theory)」，作為減輕原告舉證責任因果關係的負擔。然，就此遺留二個問題：㈠是美國法的不實資訊問題，直接適用反詐欺條款 (Rule10b-5)，與炒作股票、內線交易同屬「證券詐欺」的概念，但在我國法不是，則依證券交易法第 20 條之 1、第 32 條規定，究其不實財報、公開說明書之賠償責任。㈡是姑且不論

美國證券交易法第 18 條規定，新增本條；請參閱立法院第 6 屆第 2 會期第 1 次會議議案關係文書・院總第 727 號（政府提案第 10191 號）政 245 頁，https://lis.ly.gov.tw/lglawc/lglawkm 立法院法律系統。

對美國詐欺市場理論的質疑與否，若僅就其前提是適用於一個有效率的資本市場 (an efficient market) 假設，而臺灣的證券市場是否為如此的假設模型？在未經實證分析的情況下，採擇美國法上的詐欺市場理論作為判決的基礎，或許存有再釐清之餘地❾❺，惟於最高法院 104 年度臺上字第 225 號民事判決，始有明確指摘「……依『詐欺市場理論』，不論投資人是否閱讀此不實財報均推定其信賴此財報而有交易因果關係，固無待舉證；但投資人仍須證明損害及其金額與不實財報間之因果關係」的司法見解❾❻，而其後最高法院 104 年度臺上字第 1484 號與 105 年度臺上字第 49 號二則民事判決，亦先後再肯認投資人之所以信賴不實企業資訊而買賣有價證券，即「交易」的因果關係，在舉證責任上應予減輕，雖這兩則判決與最高法院

---

❾❺ 關於美國法上詐欺市場理論的國內文獻介紹，請參閱劉連煜，〈論證券交易法反詐欺條款之因果關係問題〉《法商學報》第 29 期 89 頁；莊永丞，〈論證券交易法第 20 條證券詐欺損害賠償責任之因果關係〉《中原財經法學》第 8 期 125 頁；郭大維，〈Analysis of the Requirement of Reliance and Causation in Securities Fraud under Article 20 of the Taiwanese Securities and Exchange Act〉《臺北大學法學論叢》第 58 期 43 頁。惟就我國法上運用，如陳春山，〈不實財務報告之民事責任法律適用爭議〉《現代公司法制之新課題》（元照，2005 年）471 頁；邵慶平，〈證券訴訟上交易因果關係與損害因果關係之認定——評析高雄地院 91 年重訴字第 447 號判決〉《台灣本土法學雜誌》第 79 期 57 頁；廖大穎，〈論企業揭露不實資訊與損害賠償之因果關係——兼評臺北地院 87 年度重訴字第 1347 號民事判決的認定基準〉《月旦法學雜誌》第 153 期 263 頁；廖大穎、陳啟垂，〈論不實企業資訊之損害賠償與因果關係的舉證責任分配——評述「詐欺市場理論」在實務上的適用〉《企業與金融法制》（元照，2009 年）625 頁；陳俊仁，〈論 Dura Pharmaceauticals, Inc. v. Broudo：美國證券詐欺因果關係要件之再建構與對我國證券法制之啟示〉《歐美研究》第 39 卷第 4 期 713 頁；戴銘昇，〈證券詐欺之交易因果關係〉《華岡法粹》第 49 期 133 頁所指摘，值得研議。另，相較於歐陸法系的證券詐欺檢討，例如葉新民，〈論資本市場因不實資訊而致投資人損害的賠償方法——以德國法為中心〉《中原財經法學》第 23 期 107 頁，請參閱。

❾❻ 最高法院 104 年度臺上字第 225 號民事判決，請參閱司法院法學資料全文檢索，https://law.judicial.gov.tw。

104 年度臺上字第 225 號民事判決所持法理基礎，不盡相同 **❾⑦**，但就損害與民事賠償請求的因果認定，仍屬訴訟請求權人之舉證責任所在，回歸民事訴訟法和基本設計 **❾⑧**。

　　二是民國 94 年修正後，關於揭露不實財務報告等的證券交易法第 20 條之 1 民事責任部分，如第三章第三節【參之二之㈡】所介紹，因該條第 2 項特別明文「前項各款之人，除發行人外，如能證明已盡相當注意，且有正當理由可合理確信其內容無虛偽或隱匿之情事者，免負賠償責任」之規定，這與證券交易法第 32 條第 2 項舉證責任倒置之立法例相同，但證券交易法第 20 條第 3 項的規定，則無。相關第 20 條之 1 第 2 項之立法，其理由謂以揭露不實財務報告等之損害賠償事件中，依法負賠償責任之發行

---

❾⑦　最高法院 104 年度臺上字第 1484 號民事判決，認為「……證交法第二十條第一項……，第二項則為貫徹證券市場資訊公開原則之規範，二者乃獨立、相異之侵權行為類型。……最終目的均在保障善意投資人權益之第二項規定亦應作相同解釋……。又公司管理階層掌握公司的營運、財務及資金，如提供不實資訊，使股價受到非自然力之影響，一般投資人無法由公開市場得知真相，基於保護善意投資人之原則，應認善意投資人能證明證券發行公司所為之財務報告不實足以影響股價，且其因不知財務報告不實，誤信而投資買入該公司有價證券，其後受有股價下跌之損害，即應推定二者間具有交易因果關係」，請參閱司法院法學資料全文檢索，https://law.judicial.gov.tw。

　　另，最高法院 105 年度臺上字第 49 號民事判決，明諭「……企業經營管理者，倘利用其資訊上之優勢，故意製作虛偽之財報申報或公告，……就受害之投資人交易因果關係之舉證責任，自應依民事訴訟法第 277 條但書之規定予以減輕（降低證明度），俾符合資本市場之本質，並達成發展國民經濟，保障投資之目的（證交法第 1 條……）」，請參閱司法院法學資料全文檢索，https://law.judicial.gov.tw。

❾⑧　廖大穎，〈財報不實與會計師賠償投資人損害之因果——觀察臺灣高等法院 102 年度金上字第 2 號民事判決的詐欺市場理論看法〉《裁判時報》第 56 期 53 頁，認為我國司法見解之所以如此歧異，不可否認的，受美國法的不實資訊究責與 Rule10b-5 詐欺市場理論之影響，這植入我國法第 20 條第 1 項與解釋投資人信賴的「證券詐欺」因果關係，但卻與我國法第 20 條之 1 第 1 項、第 32 條第 1 項不實資訊與損害賠償責任的因果舉證，在構成要件上混為一談，有關。

人等與投資人間，因在其對財務資訊之內涵及取得往往存在不對等之狀態，若依一般訴請民事求償程序之法理，令投資人就發行人等其故意、過失負舉證之責，無異是阻斷投資人求償之途徑，爰參考本法第 32 條、美國證券法第 11 條及日本證券交易法第 21 條之規定，對發行人採結果責任主義，縱無故意或過失，亦應負損害賠償責任，至於其他負賠償責任之人，則採過失推定之立法體例，須由其負舉證之責，證明其已盡相當注意且有正當理由可確信其內容無虛偽或隱匿之情事，始免負賠償責任❾❾。惟相關簽證會計師部分，證券交易法第 20 條之 1 第 3 項與第 32 條的舉證責任倒置立法例，有所不同，這反而與民國 96 年會計師法部分條文修正前第 17 條、第 18 條的規定相若，即明文「會計師辦理第 1 項財務報告或財務業務文件之簽證，有不正當行為或違反或廢弛其業務上應盡之義務，致第 1 項之損害發生者，負賠償責任」；依法條文義觀之，不實財務報告等簽證會計師之賠償責任請求，無第 20 條之 1 第 2 項「過失推定」立法之適用外，本書認為如此立法的簽證會計師責任，即第 20 條之 1 的不實財務報告與第 32 條的不實公開說明書之不同調，是否因會計師所簽證的對象不同，自宜有不同的立法政策？抑或是對目前簽證會計師責任之「不同調」，反而與第 32 條規定間，應有重新檢視之餘地？值得再深入研議❿。

---

❾❾ 民國 94 年證券交易法部分條文修正草案，第 20 條之 1 第 2 項增訂理由，請參閱前揭立法院關係文書❾❹政 246 頁；民國 104 年證券交易法部分條文修正草案，修正第 20 條之 1 第 2 項立法理由，請參閱《立法院公報》第 104 卷第 54 期 87 頁。

❿ 惟民國 94 年證券交易法部分條文修正草案，第 20 條之 1 第 1 項與第 2 項所增訂的原條文草案與第 32 條的規定相同，將簽證會計師的賠償責任部分亦納入「過失推定」之立法體例，但於立法院三讀過程，始出現目前第 20 條之 1 第 3 項的條文，請參閱前揭立法院關係文書❾❹政 245 頁。

至於會計師法規定，民國 96 年會計師法部分條文修正後，改訂為第 41 條「會計師執行業務不得有不正當行為或違反或廢弛其業務上應盡之義務」，第 42 條「（第 1 項）會計師因前條情事致……爰有損害者，負賠償責任。（第 2 項）會計師因過失致前項所生之損害責任，除辦理公開發行公司簽證業務外，以對同

其次，再針對不實財務報告等民事責任部分，證券交易法第 20 條之 1 第 5 項亦特別建立比例責任制度，這不同於第 20 條，亦不同於第 32 條之連帶責任規定，其所明文「第 1 項各款及第 3 項之人，除發行人外，因過失致第 1 項損害之發生者，應依其責任比例，負賠償責任」之規定，即於承審法院在決定所應負責任時，可考量導致或可歸屬於原告損失之每一違法人員之行為特性、違法人員與原告損害間因果關係之性質與程度，就個案予以認定其責任比例❶。

(3)請求權人

論證券交易法第 20 條第 1 項之立法目的乃在期以市場上任何人，不得有「虛偽、詐欺或其他足致……誤信之行為」，因而在市場上的任何人，肇因於證券交易法第 20 條第 1 項的不法行為而致生受有損害者，依侵權行為之法理，均得請求損害賠償。

惟現行證券交易法第 20 條第 3 項特別明定「違反第 1 項規定者，對於該有價證券之善意取得人或出賣人因而所受之損害，應負賠償責任」的規定；相較於違反本法第 20 條第 2 項依第 20 條之 1 的規定，即第 20 條之 1 第 1 項的請求權人，則依其文義，亦侷限於善意取得人、出賣人或持有人因而所受之損害者，但與證券交易法第 20 條第 3 項之善意取得人或出賣人，略有不同。另，民國 77 年證券交易法部分條文修正時，亦增訂第 20 條第 4 項明文「委託證券商以行紀名義買入或賣出之人，視為前項之取得人或出賣人」，謂證券交易乃「依本法第 15 條及第 16 條證券經紀商受託買賣有價證券可以『行紀』與『居間』方式為之，其以『行紀』受託買賣者

一指定人，委託人或受查人當年度所取得公費總額十倍為限。(第 3 項) ……」。

❶ 民國 94 年證券交易法部分條文修正草案，第 20 條之 1 第 3 項（即三讀後第 5 項）之增訂理由，謂本項係參考美國 1995 年證券訴訟改革法 (Private Securities Litigation Reform Act) 之立法，請參閱前揭立法院關係文書❾政 247 頁。另，民國 104 年證券交易法部分條文修正草案，修正第 20 條之 1 的立法說明，請參閱《立法院公報》第 104 卷第 54 期 87 頁。

（證券集中交易市場屬之），買賣直接當事人為證券經紀商，並非委託人，若買賣有虛偽、詐欺等情事而符合本條之要件時，委託人欲提出賠償之訴，並不能逕行向侵權行為人請求，……爰增訂第 4 項」❿。當然，證券交易法第 20 條之 1 第 6 項亦明文「前條第 4 項規定，於第 1 項準用之」，如上述第 20 條第 4 項之立法理由。就此，相關有價證券之受託買賣部分，請參閱本章第一節【參之二】之介紹。

至於違反證券交易法第 20 條第 2 項與現行法第 20 條之 1 第 1 項請求權人的特別規定，請參閱本書第三章第三節【參之二】之說明。

⑷短期時效

關於證券交易法上所規定之損害賠償請求權，證券交易法第 21 條特別明文「自有請求人知有得受賠償之原因時起二年間不行使而消滅；自募集、發行或買賣之日起逾五年間者亦同」，如此的短期時效，有別於民法第 125 條的一般消滅時效規定❿。

貳、人為操縱市場行為之禁止

就證券市場的機能而言，其不僅提供一般企業得藉由發行有價證券的方式，向社會大眾籌措所需求之資金，亦提供一般投資人得藉由買賣有價證券的方式，從事證券投資的理財活動；然，以企業發行有價證券為例，其是否能在市場上，如期取得該企業所需的資金？市場交易價格的高低乃是其決定的關鍵，亦即該證券的市場價格愈高，對該企業的資金籌措愈是

---

[102] 民國 77 年證券交易法部分條文修正草案，第 20 條第 4 項增訂立法說明，請參閱《立法院公報》第 76 卷第 96 期 39 頁。

[103] 證券交易法第 20 條的損害賠償請求權制度，若源於民法侵權行為之法理，證券交易法第 21 條特別明文其短期時效，不同於一般的消滅時效 15 年，惟如此的立法例是否妥當？惟民國 57 年證券交易法立法草案（第 2 次），針對本法草案第 21 條的討論，審查會召委說明「本條為行政院送來的原條文，因為證券買賣流通很快，為使買賣行為迅速確定」等，請參閱立法院秘書處，《證券交易法案（下冊）》（立法院公報法律案專輯第 5 輯經濟⑴，1968 年）724 頁（胡淳說明）。

有利。在理論上，證券市場是一個自由、公開的交易市場。論買賣有價證券之交易價格，原則係依證券市場上的供給（賣方）與需求（買方），所自然形成的市場價格；從而，基於市場供需平衡所形成的交易價格被認為是公平、公正的，因其本於證券市場上的供給與需求平衡關係，始符合自由的市場機制。

相較於此，如果是藉由人為操作之外力，干預市場的供給面或需求面，勢將間接影響證券市場的交易價格，然如此的人為方式，例如致生拉抬、鎖定或抑制某種有價證券的交易價格者，即屬之，乃一般泛稱之市場的「操縱行為」。關於人為的市場操縱行為，因其不僅是藉由人為的力量，破壞市場價格與供需平衡法則的形成關係，扭曲證券市場之原本設計，而該操縱行為是否為圖利自己或他人之目的，製造出有利之人為價格？果真如此，人為的操縱市場行為，其所創造的交易狀況與價格假象是一種有計畫性之謀略，而所反映的市場價格，亦是一種假象；論者有謂其乃在使特定人牟取豐碩的不當利益或迴避投資上的損失，但卻巧妙將相對的不利益轉嫁給市場上不知情的投資人，爰而論其本質，實為一種不公正的手法，應予非難之。當然，亦有論者甚至認為如此人為的操縱伎倆，實與構成證券交易法第 20 條第 1 項所稱「……有虛偽、詐欺或其他足致他人誤信之行為」無異❿。

因此，基於證券市場上交易秩序之維護，證券交易法第 155 條所明文禁止人為的市場操縱行為，如最高法院 98 年度臺上字第 1135 號刑事判決指摘，其目的係在使有價證券之交易價格，能在自由市場正常供需競價下產生，避免遭受特定人操縱，謂以維持證券價格之自由化，而維護投資大眾之利益❺。

---

❿ 例如余雪明，前揭書❹ 438 頁，認為市場操縱之責任為「欺詐」責任之一部分；的確，這在美國法的證券實務上，人為操縱市場行為輒以 1934 年證券交易法第 10 條 b 項與規則 10b-5 論處，屬「證券詐欺」的型態之一，而非依同法第 9 條操縱市場規定究責，原因值得深思。

❺ 賴英照，前揭書❿ 374 頁；黃川口，前揭書❷ 441 頁；李開遠，前揭書❷ 262

一、行為態樣

　　證券交易法第 155 條第 1 項規定「對於在證券交易所上市之有價證券，不得有下列各款之行為」，亦即㈠在集中交易市場委託買賣或申報買賣，業經成交而不履行交割，足以影響市場之秩序；㈡在集中交易市場交易，不移轉證券所有權而偽作買賣（已刪除）；㈢意圖抬高或壓低集中交易市場某種有價證券之交易價格，與他人通謀，以約定價格於自己出售或購買有價證券時，使約定人同時為購買或出售之相對行為；㈣意圖抬高或壓低集中交易市場某種有價證券之交易價格，自行或以他人名義，對該有價證券，連續以高價買入或以低價賣出，而有影響市場價格或市場秩序之虞；㈤意圖造成集中交易市場某種有價證券交易活絡之表象，自行或以他人名義，連續委託買賣或申報買賣而相對成交；㈥意圖影響集中交易市場有價證券交易價格，而散布流言或不實資料；㈦直接或間接從事其他影響集中交易市場有價證券交易價格之操縱行為，而第 2 項亦明文「前項規定，於證券商營業處所買賣有價證券準用之」。

　　因此，就我國法相關人為操縱市場的行為態樣，分類如下：

㈠違約（不）交割

1.在集中交易市場委託買賣或申報買賣，業經成交而不履行交割

　　證券交易法第 155 條第 1 項第 1 款所規定如上的行為態樣，即一般通稱的違約（不）交割；這禁止違約交割的條文，在歷年的修正調整後，始成為目前的規定。惟於早期，論者有謂本款規定，因民國 77 年證券交易法

　　頁；吳光明，前揭書❼303 頁；林國全，〈從日本法之規定檢視我國證交法第155 條反操縱條款〉《證券交易法之研究》（元照，2000 年）161 頁。至於余雪明，前揭書㊺528 頁，亦認為第 155 條之操縱行為，不僅在刑事責任上，與第20 條第 1 項同依第 171 條論處，且其本質亦可構成「使人誤信之行為」，依第20 條第 1 項負民事責任。

　　最高法院 98 年度臺上字第 1135 號刑事判決，請參閱司法院法學資料全文檢索，https://law.judicial.gov.tw。

部分條文修正時，刪除原有條文「無實際成交意思」之主觀犯意，恐使本款規定，成為單純處罰「違約（不）交割」行為之虞❿⑥？的確，這在法條解釋的立論上，或因修正目的在於減輕檢察官之舉證負擔，刪除主觀犯意之文字而課處「不履行交割」，以擴張本條的適用範圍，並顯示主管機關強化本條功能之政策意志，但如此違約（不）交割，是否包含因不可抗力或非因自己之故意，致生未履行交割之情形？恐無法斷言。

再者，民國 94 年證券交易法部分條文修正時的文字調整，第 155 條第1 項第 1 款之原規定「在集中交易市場報價，業經有人承諾接受而不實際成交或不履行交割，足以影響市場秩序者」，文字修正為「在集中交易市場委託買賣或申報買賣，業經成交而不履行交割，足以影響市場秩序」，謂因在實務運作上委託買賣雙方一經撮合即為成交，並無不實際成交之情形發生，爰刪除「不實際成交」之文字，並配合修正「報價」、「業經有人承諾接受」等用語，即考量交易市場的兩個「階段性」交易，包括投資人委託證券商買賣及證券商申報買賣二個階段，故其不履行交割，應包括投資人對證券商不履行交割及證券商對市場不履行交割等兩種態樣，爰以修正第1 款為「委託買賣或申報買賣」❿⑦。

2.足以影響市場之秩序

至於本款所明文「足以影響市場秩序」之違約（不）交割行為，究指何種具體程度？然，這實為一種不確定的法律概念。因此，論者有謂成立

---

❿⑥ 例如李開遠，前揭書❷ 265 頁；林國全，前揭論文❿⑤ 188 頁；曾宛如，前揭書❶ 123 頁。就此，林國彬，〈一般投資人違約不交割與證交法第 155 條第 1 項第 1 款要件之分析——最高法院 94 年臺上字第 227 號刑事判決簡評〉《台灣本土法學雜誌》第 99 期 265 頁；洪令家，〈論我國違約不交割的責任轉嫁錯誤〉《興大法學》第 12 期 30 頁，指摘其立法政策藉刑事責任之作法，反而衍生法制上的爭議。

關於民國 77 年證券交易法第 155 條之修正理由，請參閱《立法院公報》第 76 卷第 96 期 72 頁。

❿⑦ 民國 94 年證券交易法部分條文修正草案，第 155 條第 1 項第 1 款修正理由，請參閱前揭立法院關係文書❾④政 256 頁。

本款違約交割之犯罪與「足以影響市場秩序」的我國實務見解，似乎相當分歧，即少數案例有以違約金額，不足以影響市場秩序為由，判決無罪，例如臺灣高等法院高雄高分院 90 年度上訴字第 1328 號刑事判決、臺灣高等法院 94 年度上訴字第 2696 號刑事判決等，但多數案件均採寬鬆標準，認為不論金額多寡，均成立犯罪。然，相關認定「足以影響市場秩序」之構成要件，論者則進一步指摘，實務上除重大違約案件之判決，有具體說明外，通常似未加以詳細討論，不僅有「判決不備理由」之虞，而且承審法院如此認事用法，將使證券交易法第 155 條第 1 項第 1 款的規定，形同具文，有違罪刑法定主義之嫌[108]。

　就證券交易法第 155 條第 1 項第 1 款規定言之，其立意係為防範惡意投資人不履行交割義務，影響市場交易秩序，一般投資人若非屬惡意違約，且其違約金額不足以影響市場交易秩序者，當不會有本款構成要件之該當，自無本法相關刑責之處罰[109]。惟關於證券交易法第 155 條第 1 項第 1 款的違約（不）交割行為，其是否必然等同於操縱市場的行為？如此的立法例，在法理上，恐遺有不斷的爭議。雖本款對國內違約（不）交割與市場操縱行為之嚇阻作用，或有一定的正面功能存在，不得不承認；然，違約（不）交割的本質，畢竟屬於債務不履行的範疇，本款的刑事立法，實有值得再深入研議之必要[110]。

---

[108]　賴英照，《最新證券交易法解析》（自版，2009 年）641 頁。

[109]　如民國 94 年部分條文修正草案，第 155 條第 1 項第 1 款之修正說明，請參閱前揭立法院關係文書[94]政 256 頁。

[110]　至於證券交易法第 155 條第 1 項第 1 款規定是否存廢之檢討，請參閱黃川口，前揭書[2] 448 頁。

　　關於此，賴英照，〈論證券交易不履行交割之刑事責任〉《月旦法學雜誌》第 100 期 143 頁，亦認為不履行交割之處罰，應回歸維護交易秩序及確保自由市場機能，對於單純之不履行交割，不宜施加刑罰，對於假藉違約交割之手段，遂行其目的之不法行為，得於目的正當、手段必要及限制妥當之範圍內，予以刑事制裁，以健全我國證券交易制度。

(二)「意圖」影響市場交易價格等之買賣有價證券與散布流言等行為

    1.意圖抬高或壓低集中交易市場某種有價證券之交易價格，與他人通謀，以約定價格於自己出售或購買有價證券時，使約定人同時為購買或出售之相對行為

    證券交易法第 155 條第 1 項第 3 款所規定之行為態樣，即一般通稱的相對委託（或對敲）。究其特徵，乃在於與他人通謀之相對買賣行為，實現上述的不法目的；然，論者有謂其本質為一種「虛飾」之交易行為，在試圖創造某種有價證券交易熱絡的假象，使投資大眾產生誤解，以誘引盲目跟進或跟出，醞釀有利於自己的股價趨勢，再高價出脫或拋空攤壓，終而在證券市場上予取予求的一種惡劣行徑**⓫**。

    就本款的構成要件，一是意圖影響股價，二是與他人通謀之相對買賣。

(1)意圖影響股價

    所謂的「意圖」，這在刑法上是屬於行為人未來的心志趨向，即行為人擬藉此行為，達到特定之目的，惟如此經濟犯罪型態，一般係定位於危險犯的概念，但上述的不法意圖，其實是屬於行為人的內在事實，難以證明，因而在刑事立法的解釋，如後述【貳之一之 2.之(1)】處的說明，這似乎是一種刑事政策上「處罰前置化」的預防效果，將客觀的影響股價構成要件，即「抬高或壓低集中市場某種有價證券之交易價格」，移至主觀構成要件之不法意圖內，亦即行為人所從事「與他人通謀，以約定……」的行為，「足

  ⓫ 賴英照，前揭書⓾ 382 頁；黃川口，前揭書❷ 456 頁；李開遠，前揭書❷ 270 頁；吳光明，前揭書❼ 308 頁；林國全，前揭論文⓯ 172 頁；曾宛如，前揭書❶ 127 頁。

     賴源河，前揭書⓰ 397 頁，認為實務上曾發生之「保固股票」操縱案係因行為人與其配偶買賣保固股票，在外觀上所造成活絡之假象，嚴格言之，應是符合證券交易法第 155 條第 1 項第 3 款之相對委託規定，除非能舉證其妻之戶頭為夫所利用之「他人名義」者；就此，邵慶平，〈論相對委託之規範與強化——從證券操縱禁止之理論基礎出發〉《月旦民商法雜誌》第 19 期 51 頁，亦認為具有不法意圖之真實對向交易，是否宜排除於第 155 條第 1 項第 3 款，即本款限縮於「虛偽」交易而不及於真實交易之解釋？是否合理，非無疑義之謂。

「以」產生「拉抬或壓低」之影響股價效果者，應可作為認定行為人具備「意圖拉抬或壓低集中交易市場某種有價證券之交易價格」之事實基礎⓬。

(2)與他人通謀之相對買賣

至於與他人通謀，以約定價格於自己出售或購買有價證券時，使約定人同時為購買或出售之相對行為，論者認為這在實務上，係由二人以上分別在二家以上經紀商開戶，鎖定特定種類的有價證券，一方買進、另一方賣出等操作，藉此拉抬或壓低證券的交易價格；惟本款所稱「約定價格」與「同時」之構成要件，於我國集中交易市場所採電腦撮合之「價格優先、時間優先」的大原則下，約定價格無需雙方均以相同價格之必然，委託買賣，因雙方委託買賣的價格，縱有不同亦可成交，且同時亦不必於同一時刻，進行買賣之委託，因投資人的委託在同一營業日均有效，如能成交，經而達到操縱市場之目的⓭。

在司法見解上，例如臺灣高等法院 94 年度重金上更㈢字第 47 號刑事判決，指摘藉由人頭戶，以委買價格高於或等於委賣價格、既委託買進又委託賣出之方式，亦即買進委託所相對成交之賣出委託，係該人頭戶群組之某一人頭戶或群組之其他人頭戶，⋯⋯以委買價格高於或等於委賣價格、既委託買進又委託賣出之如此方式，明顯與集中交易市場一般投資人之委託方式相違（承審法院認為一般投資人若為同一營業日獲取短線差價利益，大多趁低價（成交價）買進、高價（成交價）賣出以賺取差價獲利，因此通常會採取「低價委託買進、高價委託賣出」之委託方式，如為期能優先成交，或可能以「高價委託買進」或「低價委託賣出」之方式委託下單，惟仍不應造成相對成交之情形），正因相對成交所對應之買進委託與賣出委

⓬ 關於刑事政策學上的財經犯罪與危險犯概念之合理限縮，可參閱廖大穎，〈論析證券交易法第 155 條第 1 項第 4 款的構成要件——兼評嘉義地院 92 年金訴字第 3 號刑事判決案〉《財經犯罪與證券交易法理論・實務》（新學林，2009年）70 頁所引；當然，其事實證明的關鍵在於買賣行為與股價間變動的專業統計分析，是否足以釐清影響股價，藉此誘引投資人進場意圖之判定基礎。

⓭ 賴英照，《最新證券交易法解析》（自版，2009 年）657 頁。

託之成交價格相同,並未能獲取差價利益,況且尚需支付證券商手續費及證券交易稅之成本,與其為賺取差價之目的相違;因此,承審法院認為本案被告等,於上述三個階段之相對成交,顯係存心製造該公司股票交易活絡之假象,認定成立操縱市場罪⑭。

2.意圖抬高或壓低集中交易市場某種有價證券之交易價格,自行或以他人名義,對該有價證券,連續以高價買入或以低價賣出

這是實務上最常見的操作手法,即證券交易法第 155 條第 1 項第 4 款所規定之行為態樣,一般所謂連續買賣。惟本款之連續買賣行為,與第 3 款上述之相對委託(或第 5 款的沖洗買賣)不同,在本質上非屬「虛飾」的交易行為,係屬「真實」的交易態樣,如最高法院 98 年度臺上字第 1135 號刑事判決,所稱「行為人,客觀上有對於某種有價證券連續以高價買入或低價賣出之行為,始克成立」,但論其主觀要件,即「意圖拉高或壓低集中交易市場某種有價證券之交易價格」部分,如一般所指,這是最棘手之處;易言之,「意圖」乃行為人主觀的認知,如何察知行為人具有如此意圖?實非易事⑮。

在學理上,論人為操縱市場行為之意圖,其重點在於強調行為人試圖營造某種有價證券交易熱絡的假象,誘引投資人買賣為目的之一連串買入或賣出該有價證券的行為,始具操縱市場之嫌疑,這如臺灣高等法院 88 年度上重訴字第 39 號刑事判決所指摘,謂「投資人連續買賣股票,通常極有可能帶動行情之變動,或造成市場交易活絡之現象,此種行為原非違法。必行為人係以影響市場行情,以誘使他人買賣為目的而連續買賣者,始有上述規定

---

⑭ 臺灣高等法院 94 年度重金上更㈢字第 47 號刑事判決,請參閱司法院法學資料全文檢索,https://law.judicial.gov.tw。

⑮ 賴英照,《最新證券交易法解析》(自版,2009 年)661 頁。
何曜琛,〈證券交易操作市場之認定要件——簡評最高法院 96 年度臺上字第 1044 號判決〉《台灣本土法學雜誌》第 97 期 285 頁,謂連續買賣之所以要加以處罰,並不是僅出於外觀上之連續高價買進或低價賣出之行為而已,而是處罰行為人內心之不當影響股價之意圖,連續買賣行為不過只是其手段。

之適用」⑯；申言之，禁止連續買賣之人為操縱市場行為，以抬高或壓低集中市場某種有價證券之價格，藉由連續高價買入或低價賣出行為，誘引他人買進或賣出，實現為自己或為第三人不法利益的企圖，誠為重要的關鍵，此亦為外國法之所以明定禁止人為操縱市場的構成所在⑰。

(1)意圖影響股價

承前所述，本書認為本款連續買賣，與前款之「與他人通謀等」行為，同具「意圖抬高或壓低集中交易市場某種有價證券之交易價格」的危險犯規定，即行為人擬藉此行為，達到特定之目的。惟如此的經濟犯罪型態，本書認為應參考刑法學上「處罰前置化」的立法政策，將本條文義「抬高或壓低集中交易市場某種有價證券之交易價格」的客觀影響股價事實，解釋為其係前置於主觀構成要件之不法意圖內，此即行為人所從事的連續買賣有價證券行為，「足以」產生「抬高或壓低」某種有價證券之交易價格時，乃可作為認定行為人已具本款操縱股價之「意圖」。因此，針對該有價證券，連續買入或賣出之行為，宜配合統計學上的專業分析，證明該行為與「足以」產生「抬高或壓低集中交易市場某種有價證券之交易價格」的客觀事實影響時，即可作為認定行為人已具本款操縱股價之「意圖」與「有影響市場價格或市場秩序之虞」。的確，本書亦認為本款文義上操縱行為之危險犯，並非結果犯，原不以股價因炒作發生波動為必要的構成要件。

---

⑯　臺灣高等法院 88 年上重訴字第 39 號刑事判決第 11 頁，請參閱司法院法學資料全文檢索，https://law.judicial.gov.tw。

⑰　例如美國 1934 年證券交易法與日本證券交易法（改名金融商品取引法），所明文禁止人為操縱市場的構成要件，側重於營造某種有價證券交易熱絡的假象，誘引投資人買賣為目的之行為，與我國法所明定之要件，不同；相關美國、日本法的國內文獻介紹，請參閱賴英照，《證券交易法逐條釋義(3)》（自版，1991年）373 頁；林國全，〈從日本法之規定檢視我國證交法 155 條反操縱條款〉《證券交易法研究》（元照，2000 年）180 頁；陳俊仁，〈論證券交易法操縱行為禁止理論與規範缺失〉《月旦民商法雜誌》第 19 期 57 頁。至於相關我國禁止操縱行為規範立法的批評，請參閱王志誠、邵慶平、洪秀芬、陳俊仁，《實用證券交易法》（新學林，2011 年）491 頁。

　　當然，就股價明顯變動之具體事證，司法實務上亦有法院據此推論行為人確有抬高或壓低股價之意圖，例如臺灣高等法院 88 年上更㈠字第 793 號刑事判決，認為「被告以自己或大量人頭戶高價委託買進，甚至於接近收盤前……，始以漲停板價大量掛進。……如此操作，很容易使該股之股價以漲停板價收盤。而大量之人頭帳戶更能大量融資，大量購入，對抬高股價更有助力。……此種手法即俗稱之『拉尾盤』，……如係基於正常且長期投資買賣之目的，在有○○股票利多消息下，看好該股價之未來走勢，自可於交易時間內擇低價伺機買進，合理攤平其持有成本，然卻違背常理，連續於收盤前以高於當時成交價委託買進並成交該股票，其操縱該股票價格之行為及意圖甚為明顯」⓲，又例如臺灣高等法院 96 年度重上更㈢字第 219 號刑事判決，謂「○○股票……，證券業界認其為冷門股，公司派人士認為其平穩，當然復無利多消息，在股票市場大環境交易量萎縮之情況下，則○○股票上漲空間微乎其微。姑不論被告所投入之成本，……由客觀環境觀之，欲以十三、四元或十七、八元之股價，在無利多消息激勵下，欲看漲並漲至二十七、八元，除○○○前所言，『量做大一點』，製造熱絡交易假象，集中炒作外，別無他途」⓳。然，僅以行為人之技術性操作，必然推定拉抬股價之「意圖」，或有巧妙釋免舉證行為人內在目的之困難處，但如此論證，在法理上恐仍遺有爭議之處，與前述第 3 款類同。

⓲　臺灣高等法院 88 年上更㈠字第 793 號刑事判決，請參閱司法院法學資料全文檢索，https://law.judicial.gov.tw。

　　這在林國全，前揭論文⓱ 182 頁，舉例行為人雖自認其確有拉抬股票之意圖，但並非在於引誘他人買賣有價證券，係欲藉提升其持股之評價，以增加對銀行申請貸款之額度，此種情形是否必然構成本款之違反，存有質疑；惟於陳彥良，〈禁止操縱市場條款證交法第 155 條第 1 項第 4 款主觀意圖要件暨高價買入低價賣出認定問題／最高院 99 臺上 1634〉《台灣法學雜誌》第 169 期 18 頁，謂該款法條中並無明文須以誘使他人買賣為目的，所以於主觀意圖上，不應僅限於「以誘使他人買賣目的」。

⓳　臺灣高等法院 96 年度重上更㈢字第 219 號刑事判決，請參閱司法院法學資料全文檢索，https://law.judicial.gov.tw。

(2)連續高價買入或低價賣出之行為

至於所謂「連續」，一般認為係基於概括之犯意，為二次以上之行為者，即屬連續，而本款之連續買賣該有價證券是構成人為操縱市場行為之要件，與連續犯有別[120]；實務上，例如最高法院 98 年度臺上字第 2659 號刑事判決所指「證券交易法第 155 條第 1 項第 4 款所稱……，第 6 款（現第 7 款）所稱……者，如係以交易方式達其非法操縱某一特定股一定股價之目的，……常非以單一買入或售出行為所能操縱，而須接續一段時間……，倘行為人違反第 155 條第 1 項第 4 款、第 6 款規定，其主觀上以單一操縱行為而接續以交易方式為之，則在該波段期間內之所有交易行為，皆在促成其非法操縱股價犯行之一部分，即與連續犯之各個獨立犯罪行為有別，自無修正前刑法連續犯之適用」[121]。

惟本款「以高價買入或以低價賣出」行為之認定，無疑又是判斷人為操縱市場罪的難點之一。就此，論者有謂證券交易法第 155 條第 1 項第 4 款連續買賣行為之於人為炒作股票（有價證券）的非難核心，與其在於「高價買入或低價賣出」，不如強調「以抬高或壓低有價證券之價格，誘使他人買賣，藉以影響證券市場行情」，較為精確，本書贊同；然，早期最高法院 74 年度臺上字第 5861 號刑事判決「所謂『連續以高價買入』，係指於特定期間內，逐日以高於買價，接近最高買價之價格或以最高之價格買入而言」的實務見解，界定「以高價買入（或低價賣出）」之解讀，常為各級承審法院所採，但這與晚近證交所因應電腦撮合的漲、跌停交易制度，配合「時間優先」與「價格優先」之原則下，目前股市交易的常態是輒常以高於現

---

[120] 賴源河，前揭書[60] 398 頁；賴英照，前揭書[10] 384 頁；黃川口，前揭書[2] 458 頁；吳光明，前揭書[7] 310 頁；林國全，前揭論文[105] 178 頁；劉連煜，〈連續交易與炒股〉《新證券交易法實例研習》（自版，2002 年）235 頁；曾宛如，前揭書[1] 128 頁；王志誠，〈連續交易之認定基準及實務爭議〉《月旦民商法雜誌》第 19 期 30 頁。

[121] 最高法院 98 年度臺上字第 2659 號刑事判決，請參閱司法院法學資料全文檢索，https://law.judicial.gov.tw。

價，甚或漲停價等買入，或低於現價，甚或跌停價等賣出，即一般所稱的「市價單」，作為投資人申報委託買賣有價證券，求以成交的普遍作法，又似呈現違和[122]。反之，雖在價格優先與時間優先的電腦撮合制度下，以市價單的高價買入或低價賣出，即等同於無操縱市場的意圖，亦是不恰當的，如最高法院 98 年度臺上字第 3148 號刑事判決，謂「『價格優先、時間優先』之電腦撮合交易原則，並不當然即可排除被告有影響該股票交易價格之意圖」[123]；的確如此，但如何證明行為人下單委託買賣有價證券之申報，與意圖抬高或壓低有價證券市場價格間之等價判斷？其間的連結，目前我國的司法實務見解，仍陷分歧[124]。

(3)有影響市場價格或市場秩序之虞

這是民國 104 年證券交易法修正時，所增訂的要件。從司法判決中，觀察市場股價變動與認定「意圖抬高或壓低集中交易市場某種有價證券之交易價格」的連續買賣行為，然這在我國實務上見解，似乎相當分歧，例如最高法院 97 年度臺上字第 2171 號刑事判決，特別強調本規定無「足以影響市場秩序」之要件（當時），在客觀上「因而致交易市場之該股票有急遽變化」的事實是不必要的[125]，而最高法院 96 年度臺上字第 260 號刑事判決，則認為「不必事實上達到行為人所預期之高價或低價，其犯罪即應以既遂論」[126]。

---

[122] 廖大穎，〈論析證券交易法第 155 條第 1 項第 4 款的構成要件——兼評嘉義地院 92 年金訴字第 3 號刑事判決案〉《財經犯罪與證券交易法理論‧實務》（新學林，2009 年）75 頁。

[123] 最高法院 98 年度臺上字第 3148 號刑事判決，請參閱司法院法學資料全文檢索，https://law.judicial.gov.tw。

[124] 相關國內各級法院判決之整理與分析，請參閱賴英照，《最新證券交易法解析》（自版，2009 年）669 頁。

[125] 最高法院 97 年度臺上字第 2171 號刑事判決，請參閱司法院法學資料全文檢索，https://law.judicial.gov.tw。

[126] 最高法院 96 年度臺上字第 260 號刑事判決，請參閱司法院法學資料全文檢索，https://law.judicial.gov.tw。

民國 104 年證券交易法修正，增訂第 155 條第 1 項第 4 款「而有影響市場價格或市場秩序之虞」的構成要件，惟就其立法理由，即謂「現行條文之構成要件過於抽象，而所有買賣股票之人，對於所買賣之股票本來就有所期待，未加以區別其行為態樣，則將使投資人動輒觸犯本罪，甚至國安基金進場或退場操作，亦有違反本條之虞。……四、臺灣證券交易所……訂有『臺灣證券交易所股份有限公司實施股市監視制度辦法』，訂依據該辦法第 4 條、第 5 條對於證券交易市場成交情形異常之有價證券，另制定『臺灣證券交易所股份有限公司公布或通知注意交易資訊暨處置作業要點』，其中對於有價證券之漲跌幅、成交量、周轉率、集中度、本益比、股價淨值比、券資比、溢折價百分比等交易異常之情形，有具體及數據化之規定，故爰將原條文增訂『足以影響市場正常價格』之要件，並將上開臺灣證券交易所股份有限公司所制定之交易異常而達公告處置之標準，列為炒作要件之一，使本罪之要件明確。五、原條文構成要件過於簡略，且未區分行為對於市場行為秩序是否造成影響，……爰參照本條第 1 款規定，增加足以影響市場秩序之要件，使本條之適用更明確化」，而終依立法院該次審查會結論，定案增訂第 1 項第 4 款文字，修正為「而有影響市場價格或市場秩序之虞」 ❶❷❼ 。

3.意圖造成集中交易市場某種有價證券交易活絡之表象，自行或以他人名義，連續委託買賣或申報買賣而相對成交

　　與國內學者參酌外國法例之主張，所強調行為人主觀意圖造成市場上的表象，雖本書亦認為證券交易法第 155 條第 1 項第 3 款、第 4 款禁止人為操縱市場行為的關鍵，在於行為人營造某種有價證券交易熱絡事實的假象，誘使他人盲目跟進，但囿於我國現行法條之構成要件與外國法規定不同，爭議不少；然，又如臺灣高等法院 88 年度上重訴字第 39 號刑事判決所指摘，認為投資人連續買賣股票，造成市場交易活絡之現象，原無違法，必本於行為人是基於意圖影響市場某種有價證券交易價格之行情，誘使他

---

❶❷❼　民國 104 年證券交易法部分條文修正草案，相關第 155 條第 1 項之修正說明，請參閱立法院公報第 104 卷第 54 期 461 頁。

人買賣為目的者，始足以論斷。

民國 94 年證券交易法部分條文修正時，增訂第 155 條第 1 項第 5 款「意圖造成集中交易市場某種有價證券交易活絡之表象，自行或以他人名義，連續委託買賣或申報買賣而相對成交」之禁止規定，究其立法重點：一是有謂基於操縱股價者，經常以製造某種有價證券交易活絡之表象，藉以誘使他人參與買賣，乃屬於市場操縱的手法之一，參考美、日等國之立法例，爰增訂本款的主觀意圖，將該等操縱行為之態樣，明定於法律所禁止之列，以資明確；二是新增訂第 155 條第 1 項第 5 款的行為態樣，係自行或以他人名義，連續委託或申報買賣而相對成交者。就其構成要件而言，如下：

(1)意圖造成交易活絡之表象

相關本款「意圖造成集中交易市場某種有價證券交易活絡之表象」的主觀要件，與第 3 款、第 4 款同屬證明行為人內心世界之不法意圖，除自白外，實難以克服如何舉證的問題；惟本書亦認為如參酌前揭「處罰前置化」的立法論解釋，藉由專業的統計分析，若能釋明行為人已認識到自己所從事的證券交易行為，足以可能產生「造成集中交易市場某種有價證券交易活絡之表象」者，即可作為認定行為人意圖不法操縱市場的事實基礎。

(2)連續委託買賣或申報買賣而相對成交之行為

民國 94 年證券交易法修正，增訂第 155 條第 1 項第 5 款「連續委託買賣或申報買賣而相對成交」之規定，明顯不僅止於連續委託買賣部分，而尚包括申報買賣有價證券部分，論者認為其處罰的對象係證券商，但就其規定不論是自行或以他人名義（例如利用人頭帳戶）之行為，其與民國 89 年證券交易法部分條文修正時，所刪除第 155 條第 1 項第 2 款「在集中交易市場，不移轉所有權而偽作買賣」之舊有規定類似，即一般所稱的「沖洗買賣」行為相當，而具有相同的規範功能 **⑫⑧**。

---

⑫⑧　民國 94 年證券交易法部分條文修正草案，第 155 條第 1 項第 4 款增訂理由，請參閱前揭立法院關係文書**⑭**政 256 頁。

　　賴英照，《最新證券交易法解析》（自版，2006 年）441 頁；劉連煜，〈沖洗買

承上，本款所謂以自行或以他人名義，連續委託買賣或申報買賣而相對成交之沖洗買賣，與第 3 款之通謀相對委託，可謂是同類違法行為的兩個態樣，因而在操作上亦為類似「虛飾」之交易行為，不同之處僅在於沖洗買賣，係由同一人在二家以上的證券商，分別為買賣有價證券之委託而已，就特定的某種有價證券，進行反向買賣之操作；職是，論者認為有鑑於委託買賣之行為人，同屬一人，且其買賣有價證券者，目的並非在於取得該有價證券之所有權，因而謂此乃「不移轉證券所有權而偽作買賣」之一種典型行為❷。關於此，最高法院 96 年度臺上字第 2404 號刑事判決，明諭「所謂造成某種有價證券交易熱絡之表象，通常係以不移轉證券所有權而偽作買賣，即一般所稱之沖洗買賣，因買賣雙方之委託人同屬一人，故由撮合時點觀之，實質上並無移轉證券之所有權。易言之，沖洗買賣，乃買賣之雙方係通謀虛偽意思表示，此種交易方式僅具形式要件，不具實質意義」❸。

再者，本款構成要件上，論者亦指出「……以他人名義，……委託買賣」部分，似為人頭帳戶的沖洗買賣，而「申報買賣」部分，則是以處罰證券商為其對象；因此，操縱股價之委託買賣，雖未達「相對成交」程度，但足以「造成集中交易市場某種有價證券交易活絡之表象」，誤導投資人，進而影響股價者，似宜修法，將之納入規範❸。

4. 意圖影響集中交易市場有價證券交易價格，而散布流言或不實資料

證券交易法第 155 條第 1 項第 6 款所規定者，係藉由「散布流言或不實資訊」，即公然披露或傳述不實的訊息，不論是不特定或可得特定之人，

賣行為之禁止〉《新證券交易法實例研習》（自版，2006 年）356 頁；陳俊仁，〈論證券交易法操縱行為禁止之理論基礎與規範缺失——以沖洗買賣觀察〉《月旦民商法雜誌》第 19 期 69 頁。

❷　賴英照，《最新證券交易法解析》（自版，2009 年）659 頁。

❸　最高法院 96 年度臺上字第 2404 號刑事判決，請參閱司法院法學資料全文檢索，https://law.judicial.gov.tw。

❸　賴英照，《最新證券交易法解析》（自版，2009 年）656 頁。

使其盲目配合其行動，以左右市場之交易價格之謂。惟散布流言或不實資訊，不同於證券交易法第155條第1項2至5款之規定，本款係非屬「交易」行為的操縱價格態樣，相當特殊。就此，論者亦特別陳指我國實務上，曾有部分上市上櫃公司經營者之心態可議，與某些不肖的投信、投顧業者掛鉤，比方是經營股友社推介明牌、陰陽易象卜卦，論斷股市行情等言論，製造誘引投資人附從進場等的情境，乃至於報社少數記者等報導，企圖與作手沆瀣一氣，在使操縱市場行為人如其所願之惡劣行徑❶❸❷。

⑴意圖影響股價

就本款的要件，除構成如下散布流言與不實資料之客觀事實外，主觀上有意圖影響集中交易市場有價證券之交易價格。惟這主觀要件，文義上雖有整個市場或市場上某種有價證券交易價格之爭議，但其構成與第3款、第4款「意圖抬高或壓低集中交易市場某種有價證券之交易價格」，甚至是第5款「意圖造成集中交易市場某種有價證券交易活絡之表象」，同屬行為人內心世界的證明，但如何舉證？同樣困難；另，本款性質與第3款、第4款、第5款類型不同，非行為人之實際買賣為必要，即散布流言或不實資訊的行為，本身就構成一種操縱市場的行為；因此，如此犯罪型態，在解釋上亦是一種典型的危險犯。

至於如何證明行為人有影響集中交易市場有價證券的意圖，而散布流言或不實消息？又，若論如此行為之操縱市場不法性，是否應以為自己或第三人之目的，誘使他人誤信、盲目投資之企圖？亦值得檢討。當然，依刑事法學理，本書亦認為宜解釋本款危險犯的不法意圖，於立法論上是將

---

❶❸❷ 黃川口，前揭書❷460頁；曾宛如，前揭書❶129頁。

惟關於證券交易法第155條第1項第5款（現第6款）之罪責分析，請參閱吳光明，前揭書❼312頁；林國全，〈以散布流言或不實資料方法操縱價格——臺灣高等法院92年度金上重訴字第9號判決評析〉《月旦民商法雜誌》第7期149頁；張天一，〈論證券交易法上散布流言或不實資料操縱價格罪〉《中原財經法學》第20期129頁，另可參閱莊永丞，〈論證券價格操縱行為之規範理論基礎——從行為人散布流言或不實資料之操縱行為開展〉《東吳法律學報》第20卷第1期167頁。

客觀構成「影響集中交易市場有價證券交易價格」之要件，移至主觀的不法意圖要件；因此，行為人所散布之流言或不實資料，若足以產生「拉抬」或「壓低」之影響證券市場交易價格者，即可作為認定該行為人具有「意圖」影響市場股價之事實基礎，如前揭第 3、4、5 款的實證方法。

(2)散布流言或不實資料

所謂散布流言或不實資訊的行為，一般認為該行為在使不特定之第三人，知悉該流言或不實資訊，但是否必然不特定之多數人，則似有爭議。惟何謂流言？論者認為所謂「流言」，乃意識性所傳述的內容係指未經散布人自己查證屬實與否之訊息，即當時未確定其是否為真實者，而流言所傳，可能是事實，亦可能與事實有所不符；另，何謂不實資訊？論者亦有指「不實資訊」，乃如其文義，該資訊內容係當時已確定與事實不符之謂，不僅與證券交易法第 20 條第 2 項「發行人……之財務報告及財務業務文件，其內容不得有虛偽或隱匿」相當，且甚與該條第 1 項「虛偽、詐欺或其他足致他人誤信」的資訊間，實無二致 **❸**。

司法實務上，例如臺北地方法院 86 年度訴字第 777 號刑事判決，認為被告於第四臺「戰勝股市」、「股市戰神」中，無任何根據，以誇大不實，近乎市場叫賣方式，散布不實之資料，鼓吹大眾買進「長億」、「億豐」、「名佳利」、「東鹼」等股票，造成「長億」股票從 27 元上漲至 42 元，「億豐」股票從 28 元一度漲至 50 餘元，下跌後再上拉等成果豐碩，亦曾鼓吹大眾融券放空「尖美」股票等行為，經臺灣證交所側錄之上開節目錄影帶，可資證明被告有散布不實資訊，影響集中交易市場上市股票交易價格之意圖，謂因如此的人為方法，所創造之虛偽交易狀況及價格假象，……而散布不

---

❸　吳光明，前揭書**❼** 312 頁；林國全，〈以散布流言或不實資料方法操縱價格——臺灣高等法院 92 年度金上重訴字第 9 號判決評析〉《月旦民商法雜誌》第 7 期 149 頁；張天一，〈論證券交易法上散布流言或不實資料操縱價格罪〉《中原財經法學》第 20 期 129 頁，另與證券交易法第 20 條第 1 項之分析，可參閱莊永丞，〈論證券價格操縱行為之規範理論基礎——從行為人散布流言或不實資料之操縱行為開展〉《東吳法律學報》第 20 卷第 1 期 167 頁。

實（資）料者，即係破壞股票價格自由形成之公平性，為證券交易法第 155
條第 1 項第 5 款（現行法係第 155 條第 1 項第 6 款）所明文禁止❸，但在
臺灣高等法院 89 年度上訴字第 4529 號刑事判決，就證券商營業員從同事
處得知相關企業可能發生財務危機問題之訊息，特別周知其客戶及友人該
問題只是尚未搬上檯面，將來恐有連鎖反應等，籲請應即時拋售持有或暫
勿買進，然於當日起連續二日，該企業相關股票重跌，而被依本款起訴，
承審法官指摘本款犯罪之成立，「應以行為人客觀上有無散布不實資料之行
為，及主觀上有無影響集中交易市場有價證券交易價格意圖為必要」，當時
報紙報導該集團「確持有已發生財務問題之國產汽車股票 1800 萬股而提列
8 億 5000 萬股票跌價損失」，同時證期會公布該公司「董監事持股質權設定
高達 98.05%」，縱「足認被告得悉關於……之訊息，依諸當時證券市場之客
觀情形，尚難遽行認定被告明知該訊息確屬流言或不實之資料」，且被告係
證券商，依據相關資料，「而以善意向客戶及友人陳述市場狀況，……核其
目的並非在於意圖影響市場行情，而為某種無據之錯誤分析報導，藉以扭
曲市場價格機能行為」，判定無罪❸。至於臺灣高等法院 97 年度上訴字第
3852 號刑事判決，亦認為新聞記者所撰寫的報導，若依其內容對勁碟之股
價影響及市場心理狀態，可歸類為「利多」或「利空」，然何以凡為「利多
消息」即為「不實報導」？「利空消息」即為「據實報導」？公訴人並未積極
舉證，且未就各該報導內容如何「不實」？加以舉證，是其立論自乏依據，
而被告於本件之各次新聞報導，就其消息之來源與依據，業已提出合理之
說明，再經與其他新聞媒體之內容相互比對，並無何出入，且有其他新聞

---

❸ 關於譚清連案，請參閱臺北地院 86 年訴字第 777 號刑事判決第 11 頁、第 17
頁；至於臺灣高等法院 87 年度上訴字第 3864 號刑事判決雖亦肯定之，惟第
10 頁認為本案所犯，當難認屬散布不實資料，而應認係違反證券交易法第 155
條第 1 項第 6 款直接或間接影響股票價格之人為操縱行為，請參閱司法院法學
資料全文檢索，https://law.judicial.gov.tw。

❸ 臺灣高等法院 89 年度上訴字第 4529 號刑事判決，請參閱司法院法學資料全文
檢索，https://law.judicial.gov.tw。

媒體……報導在先之情形，足證被告之報導內容並非全然無據，難謂有「散布流言或不實消息」之情形，諭知無罪**❻**。

㈢「其他」影響交易價格之操縱行為

證券交易法第 155 條第 1 項第 7 款「直接或間接從事其他影響集中交易市場有價證券交易價格之操縱行為」的規定，一般認為這是概括性條款，謂以股價操縱行為態樣萬千，若有日後推陳出新，為避免法律規範掛一漏萬起見，藉由如此的概括規定，以彌補本條前揭第 1 至第 6 款具體規定之不足。惟如此的概括規定，在法理上因適用本款而處以證券交易法第 171 條第 1 項的刑事責任時，恐遭有相當多的爭議**❼**。

就此立法例的解釋，例如最高法院 93 年度臺上字第 2886 號刑事判決，肯定證券交易法第 155 條第 1 項第 6 款（現行法第 7 款），為操縱股價的概括性補充規定，認為現行法上相對委託型、連續交易型、散布流言或不實資料型之操縱股價為列舉之特別規定，但在最高法院 97 年度臺上字第 5036 號刑事判決，則謂「證券交易法第 155 條第 1 項第 7 款之規定，旨在防止證券價格受操縱，……不得有直接或間接……之操縱行為。……又證券交易法第 155 條第 1 項第 7 款為同條項第 4 款之概括規定，若其（本案）行為合於同條項第 4 款之情形，因其本質上已將操縱股價行為之觀念包含在內，即應依同條項第 4 款之罪論」**❽**；另，相較於證券交易法第 155 條

---

❻ 臺灣高等法院 97 年度上訴字第 3852 號刑事判決，請參閱司法院法學資料全文檢索，https://law.judicial.gov.tw。

❼ 賴源河，前揭書**❻**400 頁；賴英照，前揭書**❿** 387 頁；黃川口，前揭書**❷** 461 頁；李開遠，前揭書**❷** 272 頁；吳光明，前揭書**❼** 314 頁；林國全，前揭論文**⓯** 190 頁；曾宛如，前揭書**❶** 131 頁。

民國 94 年證券交易法部分條文修正時，將原第 6 款移列為第 7 款，另有鑑於操縱行為者對於有價證券交易價格之操縱，應不只限於個股，尚包括同時影響多種股票、類股或整體市場之行為，爰刪除現行條文之「某種」二字；請參閱前揭立法院關係文書**❾**政 257 頁。

❽ 最高法院 93 年度臺上字第 2886 號刑事判決、最高法院民國 97 年度臺上字第 5036 號刑事判決，請參閱司法院法學資料檢索，https://law.judicial.gov.tw。

第 1 項第 2 至 5 款「意圖抬高或壓低集中交易市場某種有價證券之交易價格」等的文義，若非抬高或壓低，而係維持股價於一定時，是否該當？然在學理的認知，這亦是一種人為的操作行為，實有違供需平衡的自然法則；因此，最高法院 95 年度臺上字第 5487 號刑事判決，亦指摘「本條規定……，如行為人與他人通謀，以約定價格於自己出售，或購買集中交易市場某種有價證券時，使約定同時為購買或出售之相對行為，其目的係使該有價證券之股價維持於一定價位即俗稱平盤，或有其他俗稱護盤之行為，而非意圖抬高或壓低該有價證券之交易價格時，則應屬行為時證券交易法第 155 條第 1 項第 6 款（現行法第 7 款）規範之範疇，不得依同條項第 3 款或第 4 款處斷」，而最高法院 97 年度臺上字第 6546 號刑事判決，亦同 [139]。

　　實務上相關本款的案例，又例如臺灣高等法院 87 年度上訴第 3864 號刑事判決，亦認為被告於第四臺有線電視節目中，無任何根據，卻以誇大不實，鼓吹投資大眾買進或放空億豐或尖美等股票之行為，確足以影響集中交易市場有價證券之交易價格，然「證券交易市場之基本原則，在維持自由、公平與公開，……所謂自由運作，係指市場中有價證券之交易，基於投資人於證券價值的體認，形成一定之供需關係，並由供需關係決定其交易價格，對於直接、間接之人為操縱，所創造之虛偽交易狀況及價格假象，只要該當於證券交易法中禁止規定之構成要件，即應加以禁止，以免破壞股票價格自由形成之公平性，為證券交易法第 155 條第 1 項第 6 款（現行法第 7 款）即係本此意旨」 [140]。

[139]　最高法院 95 年度臺上字第 5487 號與民國 97 年度臺上字第 6546 號刑事判決，請參閱司法院法學資料全文檢索，https://law.judicial.gov.tw。

[140]　關於譚清連案，臺灣高等法院 87 年上訴字第 3864 號刑事判決第 9 頁，請參閱司法院法學資料全文檢索，https://law.judicial.gov.tw。
　　賴源河，前揭書[60] 401 頁，亦列舉實務上股友社弊案，曾有「○○股友證券週刊」及「○○股友投資快報」之發行，對經由證交所行銷特定證券全友等 15 種股票，向全國不特定人散播，聲稱「為你推薦即將發動的超強潛力股」等方法，操縱交易價格，經臺灣高等法院依本條規定處以刑責之謂。

二、法律效果──刑事制裁與民事賠償制度

㈠刑事責任

證券交易法第 171 條第 1 項第 1 款明文「違反……第 155 條第 1 項、第 2 項……之規定者」，處三年以上十年以下有期徒刑，得併科新臺幣一千萬元以上二億元以下罰金，惟就現行法第 155 條第 1 項、第 2 項所明定各款規定而言，與證券交易法第 20 條同旨，性質上均是行為犯的屬性。因此，相關證券交易法第 155 條第 1 項各款操縱行為的構成要件，僅於此簡單如下說明；至於論述現行法第 155 條之操縱市場罪責部分，請參閱本書第三篇財經刑法──證券犯罪各章節之介紹：

1. 足以影響市場秩序之違約（不）交割

如前揭【貳之一之㈠】部分的說明，就違約交割行為之刑事責任，論者亦謂證券交易法有關刑事之規定，並無特別明文排除有關刑法總則相關規定，因而依刑法第 12 條第 2 項「過失行為之處罰，以特別規定者，為限」的立法論觀之，本款違約（不）交割的刑事處罰，仍應以「故意」為其主觀要件，始稱妥當 ⑭；申言之，例如最高法院 93 年度臺上字第 202 號刑事判決，其認為「……公訴意旨所提出之證據僅能證明有違約交割之事實，尚不能證明被告有直接或間接之犯罪故意。此外，又無……。從形式上觀察，原判決此部分並無理由不備等違法情事存在。……」，即是肯定下級審高雄高分院的原有見解 ⑭，又例如臺灣高等法院 95 年上訴字第 2547 號刑事判決，謂「……證券交易法第 155 條第 1 項第 1 款所定違約交割罪，

---

⑭　例如賴源河，前揭書⑩ 396 頁；賴英照，前揭書⑮ 501 頁；黃川口，前揭書❷ 446 頁；吳光明，前揭書❼ 307 頁。

　　關於刑事責任部分，請參閱江朝聖，〈違約交割之刑事責任──檢討最高法院 82 年臺非字第 174 號判決〉《月旦法學雜誌》第 23 期 96 頁，指陳證券交易法第 155 條第 1 項第 1 款與罪刑法定原則之問題癥結。

⑭　最高法院 93 年度臺上字第 202 號刑事判決，請參閱司法院法學資料全文檢索，https://law.judicial.gov.tw。

其立法意旨係為防範惡意投資人不履行交割義務，影響市場秩序，故該不履行交割義務之行為人，必須具有犯罪之故意（包括確定故意及不確定故意），倘非屬故意不履行交割義務，自不該當該款之罪」**⑭**。

另，就證券交易法第 155 條第 1 項第 1 款規定言之，其立意係為防範惡意投資人不履行交割義務，影響市場交易秩序，一般投資人若非屬惡意違約，且其違約金額不足以影響市場交易秩序者，當不會有本款構成要件之該當，自無本法相關刑責之處罰**⑭**。惟關於證券交易法第 155 條第 1 項第 1 款的違約（不）交割行為，其是否必然等同於操縱市場的行為？如此的立法例，在法理上，恐遺有不斷的爭議。雖本款對國內違約（不）交割與市場操縱行為之嚇阻作用，或有一定的正面功能存在，不得不承認；然，違約（不）交割的本質，畢竟屬於債務不履行的範疇，本款的刑事立法，實有值得再深入研議之必要**⑭**。

2.「意圖」影響市場交易價格等之人為操縱行為

如前揭【貳之一之㈡】部分的說明，「意圖」於刑法上是屬行為人的心志趨向，即行為人擬藉由特定行為，達到目的之謂。職是，就此部分的財經犯罪型態，乃定位於危險犯的立法，但上述的不法意圖，其實是屬於行為人的內在事實，難以證明，因而在解釋危險犯的立法論上，宜認為是一種「處罰前置化」的刑事政策，其以預防犯罪發生的效果；易言之，將客

---

⑭ 臺灣高等法院 95 年度上訴字第 2547 號刑事判決，請參閱司法院法學資料全文檢索，https://law.judicial.gov.tw。

⑭ 如民國 94 年部分條文修正草案，第 155 條第 1 項第 1 款之修正說明，請參閱前揭立法院關係文書**❾**政 256 頁。

⑭ 至於證券交易法第 155 條第 1 項第 1 款規定是否存廢之檢討，請參閱黃川口，前揭書**❷** 448 頁。

關於此，賴英照，〈論證券交易不履行交割之刑事責任〉《月旦法學雜誌》第 100 期 143 頁，亦認為不履行交割之處罰，應回歸維護交易秩序及確保自由市場機能，對於單純之不履行交割，不宜施加刑罰，對於假藉違約交割之手段，遂行其目的之不法行為，得於目的正當、手段必要及限制妥當之範圍內，予以刑事制裁，以健全我國證券交易制度。

觀的影響股價、造成市場活絡表象等構成要件，即「抬高或壓低集中市場某種有價證券之交易價格」、「造成集中交易市場某種有價證券交易活絡之表象」，移至主觀構成要件之不法意圖內，亦即行為人所從事「與他人通謀，以約定……之相對行為」、「連續以高價買入或以低價賣出」、「連續委託買賣或申報買賣而相對成交」，甚至是「散布流言或不實資料」的行為，「足以」產生拉抬或壓低之影響股價效果者，應可作為認定行為人具備「意圖拉抬或壓低集中交易市場某種有價證券之交易價格」或「意圖造成集中交易市場某種有價證券交易活絡之表象」之事實基礎。

　　就此，相關操縱行為與「抬高或壓低集中市場某種有價證券之交易價格」、「造成集中交易市場某種有價證券交易活絡之表象」間，本書認為可行的方法之一，即藉統計學專業的迴歸分析，輔助司法人員的判斷；質言之，如前揭【貳之一之㈡】部分所述各款操作與證明行為人之不法意圖，吾人可針對特定的期間，依證交所的日內資料，分析該某種有價證券公司股價報酬率、大盤報酬率及買賣該公司股票成交量三者間之變動關係，作統計上的迴歸分析，這將可較客觀判斷行為人買賣該公司股票行為是否藉由提高該公司股票之投資報酬率，有效製造誘引他人買入或賣出的環境，而足以影響該公司股價的關聯性。簡而言之，這認定行為人之如此連續買賣有價證券係意圖抬高或壓低該有價證券之市場價格，也就是藉由鑑識會計的專業分析，提供司法的訴訟支援服務❶⓮⓰。職是，本書認為鑑識會計的個案分析方法，同時亦釋疑國內學者多從美日兩國的立法例，主張構成人為操縱行為的要件，應包括引誘他人買進或賣出的主觀目的，或消除部分學者認為我國構成要件文義上，範圍僅止於意圖抬高或壓低有價證券交易價格的質疑而已的爭議❶⓮⓱，即本書認為在第 155 條操縱市場罪的構成要件

❶⓮⓰　廖大穎，〈人為操縱市場爭議與鑑識會計的訴訟支援——論意圖抬高或壓低市場交易價格等的構成要件〉《月旦法學雜誌》第 202 期 38 頁。

❶⓮⓱　王志誠、邵慶平、陳俊仁、洪秀芬，《實用證券交易法》（新學林，2011 年）494 頁；方元沂，〈連續交易與炒股之刑事構成要件——最高院 104 臺上 1182 判決〉《台灣法學雜誌》第 287 期 229 頁。

與個案分析上,如採鑑識會計,就行為人買賣有價證券的事實與是否致生誘使他人盲目跟進投資的心理效果,於統計學上的迴歸分析,足以自然呈現,實無須再對此就法律上的「意圖」構成要件上——於法解釋是否應涵攝誘使他人跟進買入或賣出目的存在之爭議。

再者,就證券市場與相關危險犯之立法政策,但危險犯規範是否可能致生可罰性過度擴張之疑慮?此即證券交易法第 155 條第 1 項第 2 款至第 6 款所規範的抽象危險犯,本文亦認為這在立法論上,將一些被認為對法益具有「典型危險」的行為,描述成犯罪的構成要件,惟如抽象的危險行為,若一律加以處罰,恐誅連甚廣,因而可基於刑事立法考量,宜安排「客觀可罰條件」之設計,且主張唯有在客觀可罰條件出現時,該危險行為始具刑罰之必要性。因此,本書認為在解釋該條操縱市場罪時,應將客觀「抬高或壓低集中交易市場某種有價證券之交易價格」、「造成集中交易市場某種有價證券交易活絡之表象」等事實或現象,作為認定主觀要件之可罰條件,如前所述。然,如此足以「拉抬或壓低集中市場上該有價證券交易價格」等條件該當,似已更動證券交易法第 155 條第 1 項第 2 款至第 6 款構成要件之文義?惟這在刑事法學上,如此的解釋仍屬合理、妥適的,因刑法學上向來採嚴格解釋,故在文義範圍內做限縮性解釋是合法的。因此,如此的限縮,確可作為認定行為人具備「意圖抬高或壓低集中交易市場某種有價證券之交易價格」、「意圖造成集中交易市場某種有價證券交易活絡之表象」等事證的基礎,即「足以」抬高或壓低集中市場上該有價證券交易價格等之要件,如此並非擴張本罪的處罰範圍,反而是基於立法目的,且又有利於行為人的限縮性解釋。當然相較於此,民國 104 年證券交易法修正,所增訂第 155 條第 1 項第 4 款部分文字「而有影響市場價格或市場

至於就意圖抬高或壓低集中交易市場某種有價證券之交易價格要件,認為無及於誘使他人買進或賣出的主觀目的,例如林國全,〈從日本法之規定檢視我國證交法 155 條反操縱條款〉《證券交易法研究》(元照,2000 年) 182 頁;陳彥良,〈禁止操縱市場條款證交法第 155 條第 1 項第 4 款主觀意圖要件暨高價買入低價賣出認定問題〉《台灣法學雜誌》第 169 期 182 頁。

秩序之虞」，在文義上即客觀上足以判斷抬高或壓低集中交易市場某種有價證券交易價格是可能之行為，始為本罪規範的對象❹。

3.影響市場交易價格之「其他」概括規定

如前【貳之一之㈢】的說明，相關本款的立法政策，因概括性文義與罪刑法定主義間，或存爭議外，但就證券交易法第 155 條第 1 項第 7 款的刑責規定效果部分（證券交易法第 171 條第 1 項），這與本條第 1 項第 1 款違約交割的構成要件同樣，僅單純明定影響市場交易價格之行為而已；惟一般論者多認為證券交易法相關刑事責任之規定，並無特別排除有關刑法總則規定之適用，即仍應以「故意」為其要件，究其刑責之解釋❹。

在司法實務與本款的主觀要件上，例如最高法院 95 年度臺上字第 5487 號刑事判決，特別指摘「該款所禁止對某種有價證券交易價格（民國 89 年修正前，係『直接或間接從事其他影響集中交易市場某種有價證券交易價格』）之操縱行為，乃指：意圖以人為方式影響證券市場價格，誘使或誤導他人為交易，使某種證券之市場價格以異於正常供需方式而變動者而言」，而最高法院 97 年度臺上字第 2012 號刑事判決亦同樣態度，謂「本罪之構成，需有以人為方式影響證券市場價格之意圖，結合其誘使或誤導他人為交易之積極行為，致生集中交易市場某種有價證券之市場價格以異於正常供需方式而為變動之結果，其間並具因果關聯，始足當之」。

㈡民事責任

民國 77 年證券交易法部分條文修正時，增訂第 155 條第 3 項「違反前二項規定者，對於善意買入或賣出有價證券之人所受之損害，應負賠償責任」與第 4 項「證券交易法第 20 條第 4 項規定，於前項準用之」，謂證券交易法第 171 條所規定之刑事責任，對善意之有價證券取得人或出賣人所

---

❹　廖大穎，〈論操縱市場與證券交易法第 155 條第 1 項第 3 款、第 4 款的構成要件——觀察臺中地院 103 年度金重訴字第 1552 號刑事判決〉《月旦裁判時報》第 48 期 121 頁。

❹　例如王志誠，〈直接或間接操縱市場行為之構成要件〉《台灣法學雜誌》第 238 期 135 頁。

受損害並無實益，為有效防止證券價格受操縱，爰參照日本證券交易法之立法例，同時增訂第 3 項明定應負損害賠償之責任，同時亦增訂第 4 項關於委託證券經紀商以行紀名義買入或賣出之人，視為前項買入或賣出有價證券之人的準用前項規定❿。

　　關於操縱市場與投資人之損害賠償問題，原則上這與違反證券交易法第 20 條第 1 項、第 2 項之市場不法行為，同屬侵權行為之類型，如民法第 184 條所定，致生民事法上的損害賠償責任。當然，這部分的構成要件與違反證券交易法的不法民事規定，原則上並無二致；質言之，因操縱市場的不法，致生市場上交易人等權利受有損害，即依法負有損害賠償責任。因此，證券交易法第 155 條第 3 項如上規定，則基於同一的法理，特別明定「對於善意買入或賣出有價證券之人所受之損害」，負賠償責任之規定；至於肇因於人為市場炒作，投資人進場買賣股票等，是否該當於證券交易法第 20 條第 1 項，即因「虛偽、詐欺或其他足致他人誤信」的投資被害結果與第 3 項的民事求償，這與第 155 條第 3 項的規定，的確有再檢討的餘地。

　　惟證券市場上的損害額計算與因果關係證明，這仍是實務上損害與民事賠償的重要關鍵與難題，茲不再贅述。就目前的司法見解，例如高等法院臺中高分院 97 年度金上字第 6 號民事判決，維持第一審見解，認為當事人所引述的美國詐欺市場理論，非屬的論，若未能舉證證明因○○○等人之操縱股價行為而買賣○○○公司股票，且因而受有損害及所受損害與該操縱股價行為間有因果關係，依證券交易法第 155 條第 3 項請求連帶賠償損害是無理由的；惟最高法院 99 年度臺上字第 2244 號民事判決，特別指出原審未於判決理由項下說明其取捨之意見，徒以上訴人等未能就本件有所謂「交易因果關係」或「損害因果關係」存在之要件事實，負舉證證明之責，遽為不利之判決，自有判決不備理由之違誤，因而廢棄原判決，發回更審❿。另，最高法院 105 年度臺上字第 1904 號民事判決，則特別指出

❿　民國 77 年證券交易法部分條文修正草案，增訂第 155 條第 3 項、第 4 項之立法理由，請參閱《立法院公報》第 76 卷第 96 期 73 頁。

❿　就本案炒作股票與損害求償判決之檢討，可參閱戴銘昇，〈證券市場操縱行為

原審未於判決理由項下說明……系爭授權人（即投資人）買進○○股票時，不知該股票正受人為操縱，以遭人為扭曲之價格買進，其買進決策與操縱行為間即有因果關係等語，攸關系爭授權人是否不得依證券交易法第 155 條第 3 項，請求損害賠償等亦屬重要之攻擊方法等取捨意見，有判決不備理由之違誤，廢棄原判決，發回更審 ❶❺❷。

三、安定操作

理論上，證券交易法之所以禁止人為的市場操縱行為，其規範理由乃在於該行為係假藉人為的力量，操縱證券市場上的供需關係，不僅是破壞市場創造交易價格的機能，且亦牴觸自由、公平市場的精神，這在市場秩序上而言，應予嚴格非難之；安定股價的人為操作？雖在證券交易法第 155 條第 1 項各款所明定的構成要件是「抬高或壓低……之交易價格」，的確是要件不該當，但如前揭最高法院 95 年度臺上字第 5487 號刑事判決所指「其目的係使該有價證券之股價，維持一定價位，即俗稱平盤，或有其他俗稱護盤之行為，而非意圖抬高或壓低該有價證券之交易價格時，則應屬行為時證券交易法第 155 條第 1 項第 6 款（現行法第 7 款）規範之範疇」，或在前揭最高法院 97 年度臺上字第 5036 號刑事判決亦明確指出行為人在「……特定時期，某有價證券有下跌趨勢，而連續以高於平均買價操作買入，使該有價證券之股價維持於一定價位，而破壞正常交易市場機制之行為（即俗稱護盤），則屬同條項第 4 款所規範之意圖使該有價證券之股價維持於一定價位之罪」 ❶❺❸，本書亦認為人為的安定操作，自屬於操縱市場行為的一環。惟依完全的自由公開的市場模型，排除人為干涉的任何色

損害賠償之因果關係與舉證責任──最高法院 99 年度臺上字 2244 號民事判決之評析〉《月旦法學雜誌》第 193 期 184 頁。

❶❺❷　最高法院 105 年度臺上字第 1904 號民事判決，請參閱司法院法學資料全文檢索，https://law.judicial.gov.tw。

❶❺❸　最高法院 95 年度臺上字第 5487 號刑事判決及 97 年度臺上字第 5037 號刑事判決，請參閱司法院法學資料檢索，https://law.judicial.gov.tw。

彩，是否過於理想化而無例外？就此，或有再深入檢討之餘地。

（一）證券商之安定操作交易

關於這個問題，公開發行股票公司以時價公開發行新股時（證券交易法第 28 條之 1 第 2 項），最為明顯。原因何在？從理論上觀之，因公開發行新股的企業行為，其結果將是致生市場上該有價證券的供給量增加，但在交易市場買賣該有價證券之需求量，無明顯相對提升的情況下，依證券市場的供需平衡原則，該有價證券的交易價格理應下跌，誠屬一種自然的反應；惟股市交易價格之下滑，對企業而言是不願樂見的，尤其是從資金籌措的層面而言，其所代表的意涵等同於企業無法順利完成資金調度的遺憾。

所謂安定操作，證券交易法並無明文規範之，惟在證券商管理規則第 28 條第 4 項所明文「證券商辦理上市有價證券之承銷或再行銷售，得視必要進行安定操作交易」之規定，即屬之；易言之，安定操作於有價證券之募集與發行時，如依循主管機關的規定，為使承銷業務順利進行，得例外允許證券商在證券市場上維持證券價格穩定之行為[154]。至於臺灣證券交易所，依上述管理規則第 28 條第 3 項後段之授權，亦訂定「臺灣證券交易所股份有限公司上市有價證券安定操作交易管理辦法」，有效規範主、協辦承銷商為順利達成有價證券之募集與發行，於得進行安定操作期間，自有價證券集中交易市場，購買已發行之同一有價證券的安定操作交易[155]。然，依行政命令授權的如上方式，排除適用證券交易法第 155 條禁止人為操縱市場行為之規定，是否妥當，恐亦存有爭議。

---

[154] 賴英照，前揭書[10] 422 頁；陳春山，前揭書[7] 292 頁，陳指安定市場的操作，有時確有其必要，如行之得法，對承銷商及發行人均有益處，且對投資人及市場亦無損害之謂。

[155] 民國 84 年 9 月 8 日臺財證（一）字第 02080 號函准以備查，民國 84 年 9 月 21 日(84) 臺證交字第 22457 號公告訂定發布。

就此，林麗香，〈市場操縱之民事賠償責任──臺南地院 97 金字 1〉《台灣法學雜誌》第 166 期 212 頁，亦指陳我國法並無如美、日符合法令護盤行為之除外規定存在，證券商之安定操作是否可排除於第 155 條之適用，不無疑義之處。

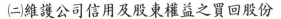

㈡維護公司信用及股東權益之買回股份

證券交易法第 28 條之 2 第 1 項特別排除公司法第 167 條第 1 項「公司……，不得自將股份收回，收買……」的限制，例外允許上市、上櫃公司得於特定目的前提下，買回其股份之規定；其中，最令人爭議的是第 3 款「為維護公司信用及股東權益所必要而買回」的自己股份。關於我國的自己股份制度，在立法上係採原則禁止、例外允許的政策（公司法第 167 條第 1 項），因而特別在公司法、證券交易法或企業併購法所明定之目的下，始得買回公司的自己股份，但證券交易法第 28 條之 2 第 1 項第 3 款「為維護公司信用及股東權益」之買回股份，在民國 89 年證券交易法部分條文修正的沿革歷史上，不難理解此乃源於民國 86 年的東南亞金融風暴，政府所提「因公司財務或業務以外因素，對股東權益有重大影響」之一種「人為調節股價」庫藏股❶56。

其實，公司買回自己股份之實證分析，在財務學的觀點，早已被肯定公司實施買回自己股份與維持公司股價間，的確存在某種程度之效果❶57；因此，如上所指摘「公司非由於本身財務或業務之因素，但因證券市場發生連續暴跌情勢，致股價非正常之下跌，為維護公司信用及股東權益所必要」之護盤式庫藏股，其之所以引發社會輿論之撻伐，即在於如此規定，效果等同於買回股份之調整股價行為合法化。惟在配合當時政經環境下，民國 89 年證券交易法部分條文修正，順利三讀通過第 28 條之 2 的增訂，

---

❶56　民國 89 年證券交易法部分條文修正草案，增訂第 28 條之 2 第 2 項立法說明，請參閱《立法院公報》第 89 卷第 39 期 234 頁。

❶57　例如陳若暉、陳志豪，〈庫藏股之實證研究——以事件法產業分析為例〉《臺灣銀行季刊》第 52 卷第 2 期 109 頁；陳達新，〈庫藏股制度對股票價格之宣告效果——臺灣上市公司之實證研究〉《商管科技季刊》第 4 卷第 4 期 377 頁；邱建良等 4 人，〈臺灣上市公司資本大小與產業別之庫藏股宣告效果〉《華岡經濟論叢》第 3 卷第 1 期 65 頁；鄭夢玉、張旭玲，〈庫藏股制度對股票價格影響之分析〉《企銀季刊》第 28 卷第 4 期 210 頁；鄭桂蕙、彭火樹，〈庫藏股購回頻率與股市反應——臺灣股票市場之實證研究〉《東吳商學經濟學報》第 51 期 71 頁等研究，請參酌。

調整為現行法上「為維護公司信用及股東權益所必要而買回,並辦理銷除股份者」之文字,但調節股價之庫藏股,其效果與證券交易法第 155 條所禁止之人為操縱市場行為無異,如此買賣有價證券之行為,是否因證券交易法第 28 條之 2 的合法化,排除證券交易法第 171 條之適用?證券交易法無明文規定。論者認為刑法第 21 條第 1 項「依法令之行為,不罰」的規定,的確為買回自己股份之維持公司股價效果,提供免於刑事處罰之一道防衛,但因「為維護公司信用及股東權益所必要」之構成要件,十分模糊,在解釋上仍有想像的空間;因此,若能明確立法於證券交易法條文,使依法令買回之自己股份,免於證券交易法第 171 條的追訴為妥之謂❿。

㈢國安基金之穩定股市護盤

相較於證券承銷商與買回自己股份的安定操作外,我國尚有國安基金穩定股市之護盤爭議,該行為是否違反證券交易法第 155 條第 1 項禁止人為操縱市場規定之質疑。

所謂國安基金,乃總統基於國家金融安定基金設置及管理條例第 1 條,謂「為因應國內、外重大事件,以維持資本市場及其他金融市場穩定,確保國家安定」之目的下,在民國 89 年 2 月 11 日正式成立新臺幣五千億元的國家金融安定基金,簡稱國安基金,並設有國家金融安定基金管理委員會(下稱國安基金委員會)的組織;究其緣由,則政府有鑑於我國資本市場投資人結構,係以自然人為主,易受國內外重大事件等突發狀況之影響,而過度反應之虞者,若其顯著影響投資人信心時,輒恐造成資本市場或其他金融市場失序,反而有損及國家安全之虞,故應建立一備而不用的基金,藉以安定市場秩序,並維護國家安定任務的危機處理機制❿。因此,國安基金委員會在該條例第 8 條第 1 項「因國內、外重大事件、國際資金大幅

---

❿　賴英照,《最新證券交易法解析》(自版,2009 年)308 頁。

❿　民國 88 年立法院第 4 屆第 2 會期第 2 次會議立法院議案關係文書‧院總第 1539 號(政府提案第 6781 號),行政院函請審議國家安定基金設置及管理條例草案總說明,請參閱《立法院公報》第 88 卷第 44 期 3044 號(上)5 頁,關係文書,https://lis.ly.gov.tw/lglawc/lglawkm 立法院法律系統。

移動，顯著影響民眾信心，致資本市場及其他金融市場有失序或有損及國家安定之虞時」的判斷下，經委員會決議，得動用基金，於證券集中交易市場或證券商營業處所買賣有價證券，以達成安定金融市場之任務。理所當然的，操作國安基金購買有價證券，其旨在穩定資本市場及其他金融市場的秩序，非以追求獲利為目的，因而在處理選股種類、數量與進退、市場的時間等，原則上均經審慎的評估，以對市場造成影響最小為考量，避免國安基金反而成為市場波動之一個不穩定的因素；然，正因國安基金維持市場秩序之護盤機能，所造成的是一個人為的交易價格，這已偏離證券市場上供需衡平的自然法則，的確有人為操縱市場之嫌，但國安基金的使命是維持市場穩定，依法買賣有價證券，達成安定證券市場之效果，理論上宜有刑法第 21 條第 1 項「依法令之行為，不罰」的適用。簡而言之，雖證券交易法無特別排除國安基金之不適用第 155 條與第 171 條人為操縱市場的刑責規定，在法理上亦應是如此解釋。

參、內線交易之疑雲與立法規範

　　內線交易是所謂 "insider trading" 的譯稱；嚴格言之，此係泛指內部人交易之行為。惟相關證券交易法上內部人交易之行為規制，其關鍵在於公司的內部人身分，比方是公司之董事、監察人、經理人或持有股份超過股份總額百分之十之股東等特定人士（參照證券交易法第 25 條第 1 項），是否得藉由影響該公司股價的內部訊息，尚未對外公開之前，伺機在證券市場上買賣該公司股票？理所當然，如此內部人交易的結果，將預料是可從中獲取利益，或迴避損失，但相較於證券市場上，不知情的一般投資人而言，如此獲利或迴損，是否合理？則引生爭議；因此，例如證券交易法第 157 條之 1 所明文的禁止內線交易規定，即屬之。的確，一般認為內線交易是違反公平交易的本質，尤其是基於有效率的證券市場理論，認為企業資訊是反映證券交易價格的重要關鍵之一，若一方知悉相關影響交易價格而未公開的重大消息，其逕行交易者，顯然是有失公平的[160]。惟法律為維護上述市場的公平性，針對內線交易，是否應予以明文禁止？這不僅在經

濟學上，頗具爭議，然就連法律學理上，我國禁止內線交易的立論基礎，不僅受到美國法之影響，且亦隨著時代的變遷，有所更迭 ❶。

【資訊不對稱與效率證券市場假說】

何謂效率市場假說 (Efficient Market Hypothesis)？依財務學的觀點，其是指市場中所有可能影響股票漲跌的因素，如都能即時的、而且完全反映在股票的漲跌上面，稱之為有效率的市場。因此，將影響股價之訊息與效率市場間的股價形成機制，依據美國商管學者研究的分類，認為大致如下：(1)弱式效率市場：在此市場的證券價格，乃立即且完全反映於所有的歷史資訊；(2)半強式效率市場：在此市場的證券價格，乃立即且完全反映於所有已公開的資訊；(3)強式效率市場：在此市場的證券價格，乃立即且完全反映於所有已公開及尚未公開的資訊。

惟承上所述，這在財務學上認為企業資訊揭露與效率市場的股價關係，可做如下的詮釋：一是在弱式的效率市場中，由於股價已立即且完全反映在所有的歷史資訊，所以根據上述利用過去股價漲跌的歷史資訊做的技術分析，恐已無發生超額報酬之可能，因而藉由技術分析的理財投資策略，理論上在

---

❶ 林國全，〈證券交易法第 157 條之 1 內部人員交易禁止規定之探討〉《政大法學評論》第 45 期 259 頁。又例如黃川口，前揭書 ❷ 492 頁；陳春山，前揭書 ❼ 349 頁，認為內線交易之禁止理由在於(1)公平交易、(2)杜絕股價操縱、(3)促進市場資訊透明化、(4)公司資產之正當利用及(5)增進公司經營決策之健全化。惟相較於美國法上規範內線交易的證券詐欺概念，其基礎是否揚棄資訊平等理論？或改採信賴關係理論？請參閱賴英照，〈內線交易的理論基礎〉《月旦法學雜誌》第 123 期 172 頁；陳俊仁，〈處罰交易或處罰未揭露——內線交易規範法理基礎之檢視與規範之解構與再建構〉《月旦民商法雜誌》第 32 期 21 頁。其實美國法上建構內線交易理論的證券詐欺概念，是否同樣契合於我國證券交易法第 157 條之 1 的規範基礎？實有再檢討之餘地。

❶ 關於美國法上內線交易規制演進之基本介紹，請參閱余雪明，前揭書 ❹ 549 頁；羅怡德，《證券交易法禁止內部人交易》(黎明文化，1991 年) 4 頁；曾宛如，前揭書 ❶ 197 頁；賴英照，《最新證券交易法解析》(自版，2009 年) 452 頁。

此弱式的效率市場中，將無用武之地；二是在半強式的效率市場中，因所有股價已立即的、完全反映於所有公開的資訊，任何影響股價的市場資訊，將是足以左右股價的因素，因而利用公司獲利前景之財務報表分析等等基本分析，正因股價已反映於所有的公開資訊，除非是掌握未公開資訊的人，將在市場上獲利外，否則學院派的基本分析，亦隨之失效；最後，至於若是連尚未公開資訊，股價都已反映在市場中，如此的強式效率市場意味著無人可獲得任何的超額報酬，這是個「烏托邦」的理想境界，但吾人極力往這個目標追求。職是之故，從這學理上的假設與演繹而言，一般商管學者認為美國證券市場是屬弱式，且接近半強式的效率市場，其代表著一般的投資人，皆可透過公司公開的財務報表，分析企業未來與評估股價，因而若擁有公司未公開資訊的人，便可藉機獲取大量利益，這是典型的資訊不對稱行為，為何美國法院肯定內線交易是符合證券詐欺所規範的內涵 (Rule 10b–5)，即「在證券市場上公開，否則戒絕交易 (disclose or abstain)」，進而認定其未公開前的內部人交易行為與詐欺無異，屬經濟犯罪之緣由所在 **⑯**。

　　關於我國禁止內線交易之立法，此乃民國 77 年證券交易法部分條文修正時，認為本法對股票發行公司內部人員參與公司股票買賣，僅有證券交易法第 157 條短線買賣利益歸入公司或如有符合詐欺等要件同一般人交易負有證券交易法第 20 條及第 171 條民刑事責任外，對於利用公司未經公開之重要消息買賣公司股票圖利，卻未明定列為禁止規定者，深感對證券市場之健全發展，將構成阻礙，並形成我國證券管理上的一項嚴重漏失，爰乃參照美國立法例（司法判決），增訂第 157 條之 1 明文禁止公司內部人利用未公開內部消息，買賣公司股票行為之立法所在 **⑯**。因此，相關我國實務上內線交易的案件，一般係依證券交易法第 157 條之 1，而非依證券交

---

⑯　關於詐欺市場理論與效率證券市場假說部分，請參閱廖大穎、陳家彬、蔡蕙芳，《財經犯罪與證券交易法之理論‧實務》（新學林，2009 年）33 頁（陳家彬執筆）。

⑯　民國 77 年證券交易法部分條文修正草案，第 157 條之 1 增訂立法說明，請參閱《立法院公報》第 76 卷第 96 期 75 頁。

易法第 20 條的證券詐欺規定，這相較於美國內線交易與 Rule10b-5 的司法作業，有所不同。

一、行為態樣

證券交易法第 157 條之 1 第 1 項特別規定「下列各款之人，實際知悉發行股票公司有重大影響其股票價格之消息時，在該消息明確後，未公開前或公開後十八小時內，不得對該公司之上市或在證券商營業處所買賣之股票或其他具有股權性質之有價證券，自行或以他人名義買入或賣出：一、該公司之董事、監察人、經理人及依公司法第 27 條第 1 項規定受指定代表行使職務之自然人。二、持有該公司股份超過百分之十之股東。三、基於職業或控制關係獲悉消息之人。四、喪失前三款身分後，未滿六個月者。五、從前四款所列之人獲悉消息之人」；相較於禁止公司內部人買賣股票之規定，民國 94 年證券交易法部分條文修正時亦增訂第 157 條之 1 第 2 項相關公司債的規定，即明文「前項各款所定之人，實際知悉發行股票公司有重大影響其支付本息能力之消息時，在該消息明確後，未公開前或公開後十八小時內，不得對該公司之上市或在證券商營業處所買賣之非股權性質之公司債，自行或以他人名義賣出」。就此，以上即為我國證券交易法所謂之內線交易禁止規定。

雖然上述內部人是否利用公司內部未公開的重要訊息，買賣該公司股票等之行為？法條文義與民國 77 年當時之立法說明，似有差異，而留下爭議；惟現行法的規制緣由，或基於禁止利用內部消息買賣公司股票等有價證券，係一種不法「圖利」之普世價值與潮流趨勢，因而明文限制公司內部人不得於未公開消息前（另，民國 94 年、99 年修法時亦再改訂「或公開後十八小時內」）之買賣股票等行為，藉以發揮防止公司內部人，從事不法內線交易的預防性立法設計❿。

---

❿　民國 94 年證券交易法部分條文修正，調整第 157 條之 1 消息未公開前之內部人交易制度，增列「消息公開後十二小時內」，謂消息公開後，應保留一段合理的期間，使投資人得以消化理解該消息，作出適當之反應，爰參酌美國（公

㈠禁止買賣之發行公司內部人

1.身分犯的內部人

配合證券交易法第 25 條第 1 項公司內部人持股管理的對象，如本書第四章第二節之【壹】部分，此即證券交易法第 157 條之 1 第 1 項所規定之公司內部人範圍，包括第 1 款該公司之董事、監察人、經理人及第 2 款持有該公司股份超過百分之十之股東等身分之人。惟我國公司法第 27 條的法人董監事及喪失內部人身分未滿半年之人，亦於【2.擴大內部人身分的範圍】處，亦納入禁止買賣之內部人範圍。

至於證券交易法第 157 條之 1 第 7 項前段特別明文「第 22 條之 2 第 3 項之規定，於第 1 項第 1 款、第 2 款準用之」，是否意謂公司內部人之配偶、未成年子女及利用他人名義持有者，亦納入規範之對象？雖於民國 77 年時所增訂條文之立法理由，但並無特別說明，但這於民國 99 年證券交易法部分條文修正時，已調整文字為「自行或以他人名義買入或賣出」，得以涵括之。惟論者有謂第 7 項所明文「第 22 條之 2 第 3 項」準用第 157 條之 1 第 1 項各款的意義，非在於使其配偶、未成年子女等，同受有證券交易法第 171 條第 1 項所課予刑事責任之犯罪主體，本書贊同，即第 157 條之 1 第 1 項之內部人違反規定時，在計算上相關內部人之配偶、未成年子女及利用他人名義持有者，於未公開內部訊息前買賣股票等有價證券，亦準用之謂；易言之，該股票等有價證券之計算，不僅應計入該廣義的內部人持股之買進賣出範圍，而且在財經犯罪與刑責的解釋上，理應針對以其配偶、未成年子女或利用他人名義者買賣股票之行為，納入制裁該內部人，否則公司內部人將可利用未成年人規避、免除刑事責任，反顯其不合理之虞。當然，就該內部人之配偶、未成年子女及利用他人名義持有之人，如從內

開後二十四小時）、日本（公開後十二小時）之規定及我國國情之考量，請參閱前揭立法院關係文書❾❹政 258 頁；相較於民國 99 年證券交易法部分條文修正，再調整第 157 條之 1，改訂為「公開後十八小時內」，認為公司若於晚間發布重大消息，投資人於隔日開盤前，可能尚未獲悉而無法為即時反應，有酌予延長之必要，請參閱《立法院公報》第 97 卷第 75 期 111 頁。

部人獲知訊息時，自屬第 5 款之消息受領人，應依法追究其刑事責任❻。

2.擴大內部人身分的範圍

⑴法人董監之代表人

民國 94 年證券交易法部分條文修正時，特別增列證券交易法第 157 條之 1 第 1 項第 1 款後段，即依公司法第 27 條第 1 項政府或法人股東當選董監事者，所指定代表行使職務之自然人，亦屬於禁止買賣之內部人範圍。就此規定，乃將內部人的範圍，擴張到我國法人董事、監察人之自然代表人❻。至於證券交易法第 157 條之 1 第 7 項前段所定，相關內部人配偶、未成年子女及利用他人名義之人，其自行或以他人名義買入或賣出部分，因準用的結果亦得以涵括之，如前揭說明。

⑵喪失董事、監事、經理人及大股東內部人身分之人

其次，於民國 94 年證券交易法部分條文修正時，因證券交易法第 157 條之 1 第 1 項第 4 款增列「喪失前三款身分後，未滿六個月者」，謂在實務上，針對內部人如於喪失上述身分後之一定期間內，該內部人通常仍對公司之財務、業務有熟悉度或影響力，尤其是上述三款的內部人士等，甚常有發生「先辭去現職後，再買進或賣出發行公司之股票」，以規避本條之規定；易言之，此乃增訂第 157 條之 1 第 1 項第 4 款「喪失前三款身分後，未滿六個月者」，將其納入禁止買賣有價證券之故，亦因此擴張內部人禁止買賣公司有價證券之範圍❼。另，相關第 22 條之 2 第 3 項所持股票之計算，包括其配偶、未成年子女及利用他人名義持有者，依證券交易法第 157 條之 1 第 7 項前段明定，於禁止內部人買賣股票等有價證券之計算，

❻ 賴源河，前揭書❻ 343 頁。

❻ 民國 94 年證券交易法部分條文修正草案，增訂第 157 條之 1 第 1 項第 1 款後段之立法說明，謂「公司法董監如依公司法第 27 條第 1 項當選之法人董監時，……惟為使法律適用更明確，爰增訂……」，請參閱前揭立法院關係文書❻政 259 頁。

❼ 民國 94 年證券交易法部分條文修正草案，第 157 條之 1 第 1 項第 4 款之增訂理由，謂參酌日本證券交易法第 166 條第 1 項後段之規定及我國國情，新增之，請參閱前揭立法院關係文書❻政 259 頁。

有準用之餘。

⑶基於職業或控制關係之人

再者，證券交易法第 157 條之 1 第 1 項第 3 款明定不得買賣該公司股票者，即基於職業或控制關係獲悉消息之人，前者例如公務員之於法令上，或銀行、證券商、律師或會計師之於職業上，對公司或與公司間關係等人士，又後者例如關係企業等之控制關係人士，因而獲悉該消息者，亦均納入上述公司內部人員而禁止買賣有價證券之對象；就此，雖非因第 25 條的身分關係，但論者或稱為「市場內部人」，而視為一種準內部人關係之謂❸。

以上第 1 款至第 3 款之內部人及第 4 款的喪失身分之人，乃我國證券交易法所規範其於公司有重大影響股票價格或公司債價格等之消息，在未公開前（或公開後十八小時內），不得買賣該公司有價證券之行為人。

3.消息受領的第三人

最後，證券交易法規範內部人的範圍，再擴張到「知悉發行股票公司有重大影響其股票價格之消息」的消息受領人部分。依現行法第 157 條之 1 第 1 項第 5 款所明定，禁止買賣公司股票等人亦包括「從前四款所列之人獲悉消息之人」，此即一般所稱之「消息受領人」，在性質上似亦屬於一種準內部人的關係，與上述基於職業或控制關係之人，理同為一種擬制的「市場內部人」。然，依我國現行規定，該消息受領人是否侷限於直接從上述前四款獲悉消息之內部人，存有爭議❹。這在命題上，即文義解釋是否限於第一手的消息受領人，而不及於第二手以下獲悉消息者為範圍？就此，論者有質疑其如嚴格依法條的文義解釋，恐生法律上之漏洞；但又如此擴張解釋不限於「從前四款所列之人」消息受領人的立論，是否妥適❺？尤

---

❸　賴源河，前揭書❻ 344 頁；黃川口，前揭書❷ 490 頁；吳光明，前揭書❼ 319 頁。

❹　賴源河，前揭書❻ 344 頁。
　　例如賴英照，前揭書❺ 540 頁；李開遠，前揭書❷ 305 頁；曾宛如，前揭書❶ 209 頁亦肯定之，認為如此解釋，始能貫徹禁止內線交易之立法目的。

❺　又例如林國全，〈日本證券交易法第 190 條之 2——內部人交易之禁止（上）〉《證券管理雜誌》第 7 卷第 8 期 32 頁；吳光明，前揭書❼ 320 頁，亦認為該

其是面臨證券交易法第157條之1與第171條的刑事責任議題，乃值得再深思研議之處。

㈡買賣公司股票、其他具有股權性質之有價證券及非股權性質之公司債

原則上，證券交易法第157條之1第1項所明文限制的客體，係該公司之上市或在證券商營業處所買賣之股票；當然，於民國91年證券交易法部分條文修正時，為因應新金融商品之開發，例如買賣可轉換公司債等具有股權性質之有價證券，均有構成內線交易之可能，爰將股票以外「其他具有股權性質之有價證券」，亦納入本條之規範，以保留彈性[171]。關於本法第157條之1第1項本文所稱具有股權性質之其他有價證券，證券交易法施行細則第11條第1項謂指可轉換公司債、附認股權公司債、認股權憑證、認購（售）權證、股款繳納憑證、新股認購權利證書、新股權利證書、債券換股權利證書、臺灣存託憑證及其他具有股權性質之有價證券。

至於民國99年證券交易法部分條文修正，增訂第2項，即公司內部人知悉有重大影響其支付本息能力之消息時，在未公開前，亦不得對該公司之非股權性質的公司債，進行賣出；關於此，究其立法說明，謂「另鑑於公司內部人等獲悉公司支付公司債本息有困難之重大消息時，如於公開前或公開後十八小時內，賣出該公司非股權性質之公司債，以避免損失者，有違市場交易之公平性」，爰將公司債納入規範之行為客體[172]。

㈢發行公司有重大影響其股票價格或其支付本息能力之消息

何謂影響股票價格或支付本息能力之消息？就此消息，亦稱為「內部訊息」。就證券交易法第157條之1的文義，所規範即發行公司有重大影響

消息若非源自公司內部之關係人，禁止買賣之規範基礎顯屬薄弱等因素，宜列入考量。

[171] 民國91年證券交易法部分條文修正草案，第157條之1第1項修正理由，請參閱《立法院公報》第91卷第10期423頁。

[172] 民國99年證券交易法部分條文修正草案，第157條之1第2項增訂理由，請參閱《立法院公報》第97卷第75期112頁。

其股票價格或其支付本息能力之消息，其構成要件在於消息與影響公司股價或影響公司償債能力的關聯性；申言之，這在商管學院的實證分析，即可明顯呈現兩者間是否存有「正相關」，但又何謂重大消息？這是證券交易法第 157 條之 1 的關鍵所在，也正是爭議所在。

至於何謂「重大」影響其股票或公司債價格之消息？在立法上，如我國證券交易法第 157 條之 1 第 5 項則明定該「重大」影響其股票價格之消息，係指涉及公司之財務、業務或該證券之市場之供求、公開收購，其具體內容對其股票價格有重大影響，或對正當投資人之投資決策有重要影響之消息；惟早期代表性的規範，例如證券交易法第 36 條第 3 項第 2 款「發生對股東權益或證券價格有重大影響」之即時申報事項，或在實務上，由臺灣證券交易所及櫃檯買賣中心所頒布之重大訊息公開處理程序的具體規定事項，均屬之（請參閱本書第三章第二節【參之二】部分）。

惟在立法政策上，認為有必要為內線交易之「重大消息」明確化，特於民國 94 年證券交易法部分條文修正增訂第 157 條之 1 第 4 項（現行法為第 5 項）後段，即所謂有重大影響之消息，其範圍及公開方式等相關事項之辦法，明文授權主管機關定之。然，究其增訂的立法理由，乃謂俾使司法機關於辦理涉嫌內線交易個案時，有所參考，並有鑑於重大消息之內容及其成立時點，所涉及刑事處罰之法律構成要件與因應證券市場未來變化之彈性，自宜由證券管理機關訂定重大消息之範圍及公開方式等相關事項；因此，主管機關乃依規定頒布「證券交易法第 157 條之 1 第 5 項及第 6 項重大消息範圍及其公開方式管理辦法」，以符合法律安定性與防制內線交易預見可能性之要求❸。依前揭授權主管機關所頒布的「證券交易法第 157 條之 1 第 5 項及第 6 項重大消息範圍及其公開方式管理辦法」，其規定如下：

---

❸　民國 94 年證券交易法部分條文修正草案，第 157 條之 1 第 4 項修正理由，請參閱前揭立法院關係文書❾政 259 頁。

　　民國 95 年 5 月 30 日金管證二字第 0950002519 號令訂定「證券交易法第 157 條之 1 第 4 項重大消息範圍及其公開方式管理辦法」。當然，於民國 99 年證券

1.涉及公司財務、業務的消息

依第 157 條之 1 第 5 項所指「涉及公司之財務、業務……，其具體內容對其股票價格有重大影響，或對正當投資人之投資決定有重要影響之消息」，所指為何？這不僅是問題所在，且如何證明其重大影響或重要影響之「重大性」，又是問題中的難題所在。承上，基於「證券交易法第 157 條之 1 第 5 項及第 6 項重大消息範圍及其公開方式管理辦法」第 2 條，特別列舉本法所稱涉及公司財務、業務，對其股票價格有重大影響，或對正當投資人之投資決定有重要影響之消息，指下列情事之一：㈠本法施行細則第 7 條所定之事項，例如發生存款不足退票、拒絕往來或其他喪失債信情事等，對股東權益或證券價格有重大影響者。㈡公司辦理重大之募集發行或私募具股權性質之有價證券、減資、合併、收購、分割、股份交換、轉換或受讓、直接或間接進行之投資計畫，或前開事項有重大變更者。㈢公司辦理重整、破產、解散、或申請股票終止上市或在證券商營業處所終止買賣，或前開事項有重大變更者。㈣公司董事受停止行使職權之假處分裁定，致董事會無法行使職權者，或公司獨立董事均解任者。㈤發生災難、集體抗議、罷工、環境污染或其他重大情事，致造成公司重大損害，或經有關機關命令停工、停業、歇業、廢止或撤銷相關許可者。㈥公司之關係人或主要債務人或其連帶保證人遭退票、聲請破產、重整或其他重大類似情事；公司背書或保證之主債務人無法償付到期之票據、貸款或其他債務者。㈦公司發生重大之內部控制舞弊、非常規交易或資產被掏空者。㈧公司與主要客戶或供應商停止部分或全部業務往來者。㈨公司財務報告有下列情形之一：1.未依本法第 36 條規定公告申報者。2.編製之財務報告發生錯誤或疏漏，有本法施行細則第 6 條規定應更正且重編者。3.會計師出具無保留意見或修正式無保留意見以外之查核或核閱報告者。4.會計師出具繼續經營假設存有重大疑慮之查核或核閱報告者。㈩公開之財務預測與實際數有

交易法部分條文修正時，增訂公司內部人禁止內線交易的公司債部分，證券交易法第 157 條之 1 第 6 項亦特別規定重大影響其支付本息能力之消息，其範圍及公開方式等相關事項之辦法，亦授權由主管機關訂之。

重大差異者或財務預測更新（正）與原預測數有重大差異者。㈡公司營業損益或稅前損益與去年同期相較有重大變動，或與前期相較有重大變動且非受季節性因素影響所致者。㈡公司有下列會計事項，不影響當期損益，致當期淨值產生重大變動者：1.辦理資產重估。2.金融商品期末評價。3.外幣換算調整。4.金融商品採避險會計處理。5.未認列為退休金成本之淨損失。㈡為償還公司債之資金籌措計畫無法達成者。㈣公司辦理買回本公司股份者。㈤進行或停止公開收購公開發行公司所發行之有價證券者。㈥公司取得或處分重大資產者。㈦公司發行海外有價證券，發生依上市地國政府法令及其證券交易市場規章之規定應即時公告或申報之重大情事者。㈧其他涉及公司之財務、業務，對公司股票價格有重大影響，或對正當投資人之投資決定有重要影響者。

2.涉及市場供求、公開收購的消息

同上，相較於「證券交易法第157條之1第5項及第6項重大消息範圍及其公開方式管理辦法」第3條，則特別明定本法所稱涉及該證券之市場供求，對其股票價格有重大影響，或對正當投資人之投資決定有重要影響之消息，指下列情事之一：㈠證券集中交易市場或證券商營業處所買賣之有價證券有被進行或停止公開收購者。㈡公司或其所從屬之控制公司股權有重大異動者。㈢在證券集中交易市場或證券商營業處所買賣之有價證券有標購、拍賣、重大違約交割、變更原有交易方法、停止買賣、限制買賣或終止買賣之情事或事由者。㈣依法執行搜索之人員至公司、其控制公司或其符合會計師查核簽證財務報表規則第2條之1第2項所定重要子公司執行搜索者。㈤其他涉及該證券之市場供求，對公司股票價格有重大影響，或對正當投資人之投資決定有重要影響者。

當然，這證券交易法第157條之1第5項所訂「涉及……該證券之市場供求」之文義，與民國77年證券交易法部分條文修正時，增訂第157條之1的立法理由，謂「對利用內部消息買賣公司股票圖利之禁止，已成為世界性之趨勢，……。為健全我國證券市場發展，爰增訂本條」之原旨❼，存有微妙的解釋空間，即是否包涵從公司外部（來）的消息，衍生內線交

易之爭議，尤其是民國 91 年證券交易法部分條文的修正，增訂「公開收購」為重大影響其股票價格之消息，明顯調整公司內部人利用內部消息買賣有價證券的規範，擴張到公司內部人利用「外部」消息買賣有價證券的規範❻；然，就此利用外部訊息買賣之內線交易制度，本書則持較保守的態度，即在法理上，證券交易法第 157 條之 1 第 1 項之所以限制公司內部人不得買賣公司有價證券，乃基於效率市場假說下的資訊不對稱，因而握有公司內部資訊的內部人士，買賣有價證券應受到「公開，否則戒絕交易 (disclose or abstain)」原則之適用，但涉及市場上供求、公開收購，對該公司股票價格有重大影響，或對正當投資人之決定有重要影響之消息，屬公司的外部訊息，該公司自無揭露此消息之能力，法律上亦無法課予該公司揭露此訊息的公開義務，邏輯上自不該當於第 157 條之 1 的內線交易行為❼。因此，本書認為證券交易法第 157 條之 1 第 5 項重大消息之於公司外部訊息與第 1 項內線交易「……未公開……不得……買入或賣出」的構成要件，理論上是有待商榷的，正因其所涉，是受證券交易法第 171 條規範的刑事責任訴追，宜再審慎檢討。

3. 支付本息能力的消息

同上，依「證券交易法第 157 條之 1 第 5 項及第 6 項重大消息範圍及其公開方式管理辦法」第 4 條，明定所稱公司有重大影響其支付本息能力之消息，指下列情形之一：㈠本法施行細則第 7 條第 1 款至第 3 款所定事項，例如發生退票、拒絕往來或其他喪失債信情形因訴訟等對公司財務或業務有重大影響者，嚴重減產或停業對公司營業有影響者。㈡本辦法第 2 條第 5 款至第 8 款、第 9 款第 4 目及第 13 款所定情事者。㈢公司辦理重

---

❼ 民國 77 年證券交易法部分條文修正草案，增訂第 157 條之 1 的立法理由，請參閱《立法院公報》第 76 卷第 96 期 75 頁。

❻ 民國 91 年證券交易法部分條文修正草案，修正第 157 條之 1 第 4 項立法說明，請參閱《立法院公報》第 91 卷第 10 期 424 頁。

❼ 廖大穎，〈企業併購的外部訊息與內線交易疑雲──兼評證券交易法第 157 條之 1 的立法論〉《台灣法學新課題㈦》（元照，2009 年）247 頁。

整、破產或解散者。㈣公司發生重大虧損，致有財務困難、暫停營業或停業之虞者。㈤公司流動資產扣除存貨及預付費用後之金額加計公司債到期前之淨現金流入，不足支應最近期將到期之本金或利息及其他之流動負債者。㈥已發行之公司債採非固定利率計息，因市場利率變動，致大幅增加利息支出，影響公司支付本息能力者。㈦其他足以影響公司支付本息能力之情事者。

㈣發行公司未公開前（或公開後十八小時內）之禁止內部人買賣

1.公開消息義務與禁止內部人交易時期

　　這是民國 77 年證券交易法修正時，增訂我國禁止內線交易規範的核心之一，發行公司負法律上的作為義務，此即美國判例法上「公開否則戒絕交易」的前提，如立法理由說明「公司內部人……利用公司未經公開之重要消息買賣公司股票……」的法制模型，如本節前揭【一之㈢】所介紹，因而發行公司依規定有公開該重大消息的義務，始生豁免公司內部人買賣股票是違法行為之效果；反之，公司內部人於公開前（或公開後十八小時內）買賣該公司的有價證券者，即屬法所不允。

　　我國證券交易法第 157 條之 1 的如上規定，民國 77 年立法時，原係本於「資訊不平等」而為維護證券市場上買賣公司股票的公平性，特別限制該發行公司內部人，於該消息公開前之交易行為，例如最高法院 91 年度臺上字第 3037 號刑事判決所揭示之理由，謂在資訊公開的原則下，所有的市場參與者應有權同時取得相同的資訊，如有任何人先行利用未公開的企業內部訊息是違反公平原則，……若於未公開該消息前，在證券市場與不知該消息之一般投資人進行對等交易，則該行為本身即已破壞證券交易制度之公平性，足以影響一般投資人對證券市場之信賴，應予非難之**⓱**。至於民國 94 年及民國 99 年證券交易法部分條文前後二次修正時，分別增訂「或公開後十二小時內」、「或公開後十八小時內」的禁止內部人買賣條件，係屬一種彈性的再限制內部人買賣有價證券之合理期間，如前所述；換言之，

⓱　關於東隆五金公司案，請參閱最高法院 91 年臺上字第 3037 號判決第 10 頁，司法院法學資料全文檢索，https://law.judicial.gov.tw。

在發行公司消息對外公開時，自宜保留一段合理期間，讓投資人理解後，再作成適當的投資決策，進而特別考量投資人於隔日開盤前尚未獲悉該重大消息，無法即時反應之公平性，爰予限制公司內部人亦不得於消息公開後十八小時內，從事有價證券之交易，以符合內線交易法制與維持市場資訊之對稱性的基本初衷❿。

2.消息成立的爭議與消息公開方式

⑴何時成立

何時構成內線交易的「重大」消息？這是依法公開義務的前提要素，然似乎又是一個爭議的關鍵。在司法實務上的判決，如臺灣高等法院 91 年度上訴字第 1399 號刑事判決，明諭「以重大消息成立為構成要件，在未正式成立前，縱有公司負責人因職務關係……買賣股票獲利」者，並不構成犯罪❿。至於構成內線交易的消息，何時成立部分？例如臺北地院 87 年度易字第 3437 號刑事判決，亦認為該內線消息有其成立時點，但因公司業務及消息性質不同，而有異其成立時點之謂❿；因此，「證券交易法第 157 條之 1 第 5 項及第 6 項重大消息範圍及其公開方式管理辦法」第 5 條特別規定該重大消息之成立時點，謂「為事實發生日、協議日、簽約日、付款日、委託日、成交日、過戶日、審計委員會或董事會決議日或其他依具體事證可得明確之日，以日期在前者為準」。

惟就此，最高法院 96 年度臺上字第 3099 號刑事判決，亦曾明確指摘「行政機關依據委任立法而訂定之法規命令，具有填補空白刑法規範之效力。……於（民國）95 年……，增訂授權主管機關訂定重大消息之範圍及

---

❿ 民國 94 年證券交易法部分條文修正草案，第 157 條之 1 第 1 項本文修正理由，請參閱前揭立法院關係文書❹政 258 頁。
民國 99 年證券交易法部分條文修正草案，第 157 條之 1 第 1 項本文修正理由，請參閱《立法院公報》第 99 卷第 75 期 111 頁。

❿ 臺灣高等法院 91 年度上訴字第 1399 號刑事判決，請參閱司法院法學資料全文檢索，https://law.judicial.gov.tw。

❿ 臺北地院 87 年度易字第 3437 號刑事判決，請參閱司法院法學資料全文檢索，https://law.judicial.gov.tw。

其公開方式等相關事項。考其修正理由……，足供司法機關審理個案時之參考」，並認為「原判決未敘明上開辯解不足採信之理由，……是否達於上開要點所定應為更新後財務預測並向外揭示之程度，自待調查審認」，撤銷原判決發回之❶。然，最高法院 94 年度臺上字第 1433 號刑事判決，承審法官則支持原審判決「……所謂『獲悉發行股票公司有重大影響股票價格之消息』，指獲悉在某特定時間內必成為事實之重大影響股票價格之消息而言，並不限於獲悉時該消息已確定成立或為確定事實」❷。就此行政命令規定，消息是成立所涉相關重大消息之認定，這如論者所援引司法院大法官釋字第 137 號解釋，謂「法官於審判案件時，對於各機關就其職掌所作有關法規釋示之行政命令，固未可逕行排斥而不用，但仍得依據法律表示其合法適當之見解」，因而行政機關與法院判決之見解，似乎尚未為完全一致❸。

(2)如何公開

至於公開的方式，依「證券交易法第 157 條之 1 第 5 項及第 6 項重大消息範圍及其公開方式管理辦法」第 6 條所規定，即相關公司財務、業務，對其股票價格有重大影響者，其消息之公開方式係指經公司，輸入公開資訊觀測站，而相關證券之市場供求，對其股票價格有重大影響者，其公開係指透過下列方式之一：㈠公司輸入公開資訊觀測站。㈡臺灣證券交易所股份有限公司基本市況報導網站中公告。㈢財團法人中華民國證券櫃檯買賣中心基本市況報導網站中公告。㈣二家以上每日於全國發行報紙之非地方性版面、全國性電視新聞或前開媒體所發行之電子報報導。當然，這就此公開之方式，在臺灣高等法院臺中分院 88 年度上易字第 2726 號刑事判決，認為原審法院函詢主管機關所公開之涵義，謂「……與刑法中『公然』

---

❶ 最高法院 96 年度臺上字第 3099 號刑事判決，請參閱司法院法學資料全文檢索，https://law.judicial.gov.tw。

❷ 最高法院 94 年度臺上字第 1433 號刑事判決支持原審判決，請參閱司法院法學資料全文檢索，https://law.judicial.gov.tw。

❸ 賴英照，《最新證券交易法解析》（自版，2009 年）539 頁。

相當……來函所詢『該消息如已於該公司股東常會中提出』……，則凡持有該公司股票之投資人對該項消息均處於可共見共聞之狀態，與『置於不特定人或特定多數人可共見共聞之狀態』符合」，謂如此一見解值得採納❽，又例如最高法院 97 年度臺上字第 1688 號刑事判決，指摘原判決撤銷第一審改判背信，固非無見，但「……將持有之萬○股票時，有無將上述不利於該公司之重要訊息公開?有無依規定將財務報表於股東會上揭露?有無送交證券交易所及證券商業同業公會供公眾閱覽?縱於民國 84 年起之財務報表即陸續登載，是否可得據此認定……重大消息已經公開？攸關違反內線交易禁止規定之認定，原判決未依職權向……查詢，及命……提出歷年之股東會議記錄，以供查證。徒以……，遽為……之認定，殊有調查職責未盡之違法」，認為司法實務的「公開」認定，與刑法上的「公然」狀態，宜彈性、合理詮釋之，撤銷發回臺南高分院❺。

證券交易法第一百五十七條之一第五項及第六項重大消息範圍及其公開方式管理辦法

（民國 99 年 12 月 22 日修正）

第 1 條

本辦法依證券交易法（以下簡稱本法）第一百五十七條之一第五項及第六項規定訂定之。

第 2 條

本法第一百五十七條之一第五項所稱涉及公司之財務、業務，對其股票價格有重大影響，或對正當投資人之投資決定有重要影響之消息，指下列消息之一：

一、本法施行細則第七條所定之事項。

二、公司辦理重大之募集發行或私募具股權性質之有價證券、減資、合併、收購、分割、股份交換、轉換或受讓、直接或間接進行之投資計畫，或前開事項有重大變更者。

三、公司辦理重整、破產、解散、或申請股票終止上市或在證券商營業處所終止買賣，或前開事項有重大變更者。

四、公司董事受停止行使職權之假處分裁定，致董事會無法行使職權者，或公司獨立董事均解任者。

五、發生災難、集體抗議、罷工、環境污染或其他重大情事，致造成公司重大損害，或經有關機關命令停工、停業、歇業、廢止或撤銷相關許可者。

六、公司之關係人或主要債務人或其連帶保證人遭退票、聲請破產、重整或其他重大類似情事；

---

❽ 臺灣高等法院臺中分院 88 年度上易字第 2726 號刑事判決，請參閱司法院法學資料全文檢索，https://law.judicial.gov.tw。

❺ 最高法院 97 年度臺上字第 1688 號刑事判決，請參閱司法院法學資料全文檢索，https://law.judicial.gov.tw。

　　公司背書或保證之主債務人無法償付到期之票據、貸款或其他債務者。

七、公司發生重大之內部控制舞弊、非常規交易或資產被掏空者。

八、公司與主要客戶或供應商停止部分或全部業務往來者。

九、公司財務報告有下列情形之一：

　　㈠未依本法第三十六條規定公告申報者。

　　㈡編製之財務報告發生錯誤或疏漏，有本法施行細則第六條規定應更正且重編者。

　　㈢會計師出具無保留意見或修正式無保留意見以外之查核或核閱報告者。但依法律規定損
　　　失得分年攤銷，或第一季、第三季及半年度財務報告若因長期股權投資金額及其損益之
　　　計算係採被投資公司未經會計師查核簽證或核閱之報表計算等情事，經其簽證會計師出
　　　具保留意見之查核或核閱報告者，不在此限。

　　㈣會計師出具繼續經營假設存有重大疑慮之查核或核閱報告者。

十、公開之財務預測與實際數有重大差異者或財務預測更新（正）與原預測數有重大差異者。

十一、公司營業損益或稅前損益與去年同期相較有重大變動，或與前期相較有重大變動且非受
　　　季節性因素影響所致者。

十二、公司有下列會計事項，不影響當期損益，致當期淨值產生重大變動者：

　　　㈠辦理資產重估。

　　　㈡金融商品期末評價。

　　　㈢外幣換算調整。

　　　㈣金融商品採避險會計處理。

　　　㈤未認列為退休金成本之淨損失。

十三、為償還公司債之資金籌措計劃無法達成。

十四、公司辦理買回本公司股份者。

十五、進行或停止公開收購公開發行公司所發行之有價證券者。

十六、公司取得或處分重大資產者。

十七、公司發行海外有價證券，發生依上市地國政府法令及其證券交易市場規章之規定應即時
　　　公告或申報之重大情事者。

十八、其他涉及公司之財務、業務，對公司股票價格有重大影響，或對正當投資人之投資決定
　　　有重要影響者。

第 3 條

本法第一百五十七條之一第五項所稱涉及該證券之市場供求，對其股票價格有重大影響，或對
正當投資人之投資決定有重要影響之消息，指下列消息之一：

一、證券集中交易市場或證券商營業處所買賣之有價證券有被進行或停止公開收購者。

二、公司或其所從屬之控制公司股權有重大異動者。

三、在證券集中交易市場或證券商營業處所買賣之有價證券有標購、拍賣、重大違約交割、變
　　更原有交易方法、停止買賣、限制買賣或終止買賣之情事或事由者。

四、依法執行搜索之人員至公司、其控制公司或其符合會計師查核簽證財務報表規則第二條之
　　一第二項所定重要子公司執行搜索者。

五、其他涉及該證券之市場供求，對公司股票價格有重大影響，或對正當投資人之投資決定有
　　重要影響者。

第 4 條

本法第一百五十七條之一第六項所稱公司有重大影響其支付本息能力之消息，指下列消息之一：

一、本法施行細則第七條第一款至第三款所定情事者。

二、第二條第五款至第八款、第九款第四目及第十三款所定情事者。

三、公司辦理重整、破產或解散者。

四、公司發生重大虧損，致有財務困難、暫停營業或停業之虞者。

五、公司流動資產扣除存貨及預付費用後之金額加計公司債到期前之淨現金流入，不足支應最近期將到期之本金或利息及其他之流動負債者。

六、已發行之公司債採非固定利率計息，因市場利率變動，致大幅增加利息支出，影響公司支付本息能力者。

七、其他足以影響公司支付本息能力之情事者。

前項規定，於公司發行經銀行保證之公司債者，不適用之。

第 5 條

前三條所定消息之成立時點，為事實發生日、協議日、簽約日、付款日、委託日、成交日、過戶日、審計委員會或董事會決議日或其他依具體事證可得明確之日，以日期在前者為準。

第 6 條

第二條及第四條消息之公開方式，係指經公司輸入公開資訊觀測站。

第三條消息之公開，係指透過下列方式之一公開：

一、公司輸入公開資訊觀測站。

二、臺灣證券交易所股份有限公司基本市況報導網站中公告。

三、財團法人中華民國證券櫃檯買賣中心基本市況報導網站中公告。

四、兩家以上每日於全國發行報紙之非地方性版面、全國性電視新聞或前開媒體所發行之電子報報導。

消息透過前項第四款之方式公開者，本法第一百五十七條之一第一項十八小時之計算係以派報或電視新聞首次播出或輸入電子網站時點在後者起算。

前項派報時間早報以上午六時起算，晚報以下午三時起算。

第 7 條

本辦法自發布日施行。

二、法律效果——刑事制裁與民事賠償制度

㈠刑事責任

證券交易法第 171 條第 1 項第 1 款明文「違反……第 157 條之 1 第 1 項之規定者」，處三年以上十年以下有期徒刑，得併科新臺幣一千萬元以上二億元以下之罰金；惟就現行法第 157 條之 1 第 1 項、第 2 項所明定的禁止內線交易行為，屬證券市場上的重大犯罪類型之一，受第 171 條課予刑事制裁且規範，其與證券交易法第 20 條、第 155 條同旨，性質上均是行為犯的屬性。因此，相關證券交易法第 157 條之 1 內線交易罪的構成要件與罪責部分，請參閱本書第三篇財經刑法——證券犯罪各章節之介紹。

㈡民事責任

相對於刑事責任，民國 77 年證券交易法部分條文修正草案，立法增訂禁止內線交易的第 157 條之 1，並於第 3 項特別規定內線交易人之損害賠償責任制度，此即「違反第 1 項或前項規定者，對……負損害賠償責任」，明定內線交易人之民事賠償責任，而證券交易法第 157 條之 1 第 7 項後段亦明文「第 20 條第 4 項規定，於第 3 項從事相反買賣之人準用之」，即關於委託證券經紀商以行紀名義買入或賣出之人，視為前項買入或賣出有價證券之人，於請求民事損害賠償時準用之明文❶⑧⑥。

1.難以想像的受害人存在

關於禁止內線交易與市場上投資人之損害賠償，這問題乃源於內線交易行為與違反證券交易法第 20 條第 1 項、第 2 項及第 155 條之市場禁止行為是本質上不同。申言之，內部人買賣有價證券與非內部人交易，二者行為本質無異，但在法律上的評價是不同，原因在於身分；因此，就證券交易法第 157 條之 1 第 1 項、第 2 項所禁止的規範乃是發行公司未公開前，具有內部人身分者不得買賣之。內線交易之所以「難以想像」受害人存在，其立論乃在於證券市場上的買賣交易，即是依市場所形成之價格機能，讓買賣雙方當事人成交，而內線交易之所以不同於人為炒作之緣由，乃正是其禁止，僅源自於證券市場的資訊不對稱，亦即在資訊與有效率市場的假設下，利用資訊公開的價格反應機制，尚未成形的先機，「適時」捷足買賣股票，有圖利自己或他人的疑惑，而被社會質疑這是不公平的交易行為。職是之故，就內線交易的內部人行為言之，並無類似炒作股價的證券交易法第 155 條所禁，進而創造所謂人為的市場供需關係，因無所謂人為的交易價格，亦無所謂交易的受害人存在，不難理解❶⑧⑦。

---

⑧⑥　民國 77 年證券交易法部分條文修正草案，行政院版修正草案總說明，謂「參照美國之法例，增訂第 157 條之 1，明訂違反禁止規定者，除應對善意從事相反買賣之人負賠償責任，並於第 175 條增訂罰則，以保障投資人利益及維護證券市場之正常發展」，請參閱《立法院公報》第 76 卷第 96 期 32 頁。

⑧⑦　廖大穎，〈企業併購的外部訊息與內線交易疑雲──兼評證券交易法第 157 條

當然，就此內線交易的不法，致生市場上交易人等權利受有損害得以證明，即依同一侵權行為的法理，容許受害人請求民事救濟是可行的。惟內線交易與投資人的損害間，甚至是損害額計算與因果關係的證明，這仍是實務上重要的關鍵與待突破的難題，茲不再贅述。

2.法定的損害與賠償制度

本書雖認為違反禁止內線交易的行為人與市場上投資受損間，難以舉證，但於法理上仍不排除其可能性，因內線交易致生權利受損的被害人，依民法侵權行為之法理，請求損害賠償之救濟。惟我國證券交易法第 157 條之 1 第 3 項前段不僅明定「違反第 1 項或前項規定者，對於當日善意從事相反買賣之人買入或賣出該證券之價格，與消息公開後十個營業日收盤平均價格之差額，負損害賠償責任」，並於同條第 3 項後段亦明文「其情節重大者，法院得依善意從事相反買賣之人之請求，將賠償額提高至三倍；其情節輕微者，法院得減輕賠償金額」的規定。因此，這法定的損害賠償救濟，擬制設計如下：

⑴請求賠償之人

法律上的損害賠償救濟，如民事訴訟法第 277 條的大原則，由訴訟上受損害的主張賠償權利之人舉證之，惟如證券交易法第 157 條之 1 第 3 項前段所示，另明定本法的請求權人係當日善意從事相反買賣之人[188]；再者，在委託證券經紀商以行紀名義買賣有價證券者，證券交易法第 157 條之 1 第 7 項後段特別明文「第 20 條第 4 項規定，於第 3 項從事相反買賣之人準用之」，即準用第 20 條之法律效果，將委託買賣有價證券之人視為該有價證券之取得人或出賣人。

之 1 的立法論〉《台灣法學新課題㈦》（元照，2009 年）247 頁。

[188] 民國 94 年證券交易法部分條文修正草案，第 157 條之 1 第 2 項所稱「善意從事相反買賣之人」，謂其究係指消息公開一段期間所有與內線交易行為人從事反向買賣之人，或當日所有從事相反買賣之人？易生疑義，爰修正為「當日善意從事相反買賣之人」，以資明確；請參閱前揭立法院關係文書㊾政 259 頁。

(2)賠償義務之人

依證券交易法第 157 條之 1 第 3 項所規定，依法負有賠償責任的係違反第 1 項、第 2 項規定之人，即本節【參之一之㈠】所說明的內部人、準內部人、喪失內部人或準內部人身分之人及消息受領之人，依法明定「未公開前……不得買賣……」，否則構成違法內線交易之人❿。惟證券交易法第 157 條之 1 第 4 項特別規定第 1 項第 5 款之消息受領人，對於第 3 項之民事損害賠償，應與第 1 項第 1 款至第 4 款提供消息之人，負連帶賠償責任；然，該第 1 項第 1 款至第 4 款提供該未公開消息之人，如有正當理由相信消息已公開者，依法不負賠償責任，但論其免責事由之本質，亦屬舉證責任倒置的立法例之一。

(3)擬制的因果關係與賠償額度之計算

相關內線交易之民事賠償責任範圍部分如證券交易法第 157 條之 1 第 3 項所指，即「違反第 1 項或前項規定者，對於當日……之價格，與……價格之差價，負損害賠償責任」，此就內線交易人與投資人間的損害賠償問題，依法明定其損害額與賠償責任範圍之因果關係。

①因果關係之擬制

內線交易是否致生市場上的投資受損？不無疑義，但這爭議，目前似無共識。惟如上所述，證券交易法第 157 條之 1 第 3 項前段規定「違反第 1 項或前項規定者，對於當日……之價格，與……價格之差價，負損害賠償責任」，此不僅明確內線交易人與投資人間的損害額，而且相關賠償責任範圍之因果關係，在法律效果亦因而明定，請求權人無須再為此舉證。如此法律擬制的因果關係，的確有助於投資人舉證證券投資受損之因果關係不易的困境，但相較於證券交易法第 20 條第 3 項證券詐欺、第 20 條之 1 第 1 項與第 32 條第 1 項不實企業資訊，乃至於第 155 條第 3 項操縱市場的民事賠償規定，呈現不同，這於證券市場上的損害賠償與舉證責任的議題，在民事訴訟程序上的確值得再深入研究。

---

❿　賴英照，前揭書❶ 544 頁，舉例去職董事長，雖無內部人身分，但嗣後買賣股票，是否無本條之適用？為貫徹防止內線交易之立法目的，或有再研析之餘地。

②損害額之擬制

另承所述，不法的內線交易與投資人間的損害，如何計算？這爭議，目前亦屬市場上是否存有受害人議題之延續，亦似無共識，但我國現行法亦明定內線交易行為人，「對於當日善意從事相反買賣之人買入或賣出該證券之價格，與消息公開後十個營業日收盤平均價格之差額，負損害賠償責任」，因而證券交易法第157條之1第3項前段所定的損害額，亦是一種擬制的規定。職是之故，論者有謂本項特別規定之賠償額，不以內部人交易所獲之不法利益為度，亦不以善意從事相反買賣交易人之損害為計算基礎，而屬於一種人為的、法定的擬制方式⑲；然，就此賠償額部分，於民國94年證券交易法部分條文修正時，調整第157條之1第2項（現行法第3項）之文字，修正為「當日善意從事相反買賣之人買入或賣出該證券之價格，與消息公開後十個營業日收盤平均價格之差額」，廢棄原採以內線交易行為人「應就消息未公開前……，與消息公開後十個營業日收盤平均價格之差額」之立場，改採以善意從事相反買賣人之立場，擬制計算賠償金額的方式，謂以確保投資人之權益⑲。當然，相關內線交易人賠償額度之計算，亦有應將第22條之2第3項的規定準用之，納入內部人違法買進或賣出有價證券的範圍（證券交易法第157條之1第7項）。

其次，依現行法第157條之1第3項後段所明文「其情節重大者，法院得將賠償責任額度，提高至三倍」之規定，這又是屬於一種懲罰性賠償

---

⑲ 賴英照，前揭書⑮546頁。

李開遠，前揭書❷292頁，認為內部人交易之損害賠償責任，其未採民法上所受損害或所失利益之計算，謂主要原因乃證券交易錯綜複雜，恐無法以民法上實際利得或損失計算賠償之範圍；惟黃川口，前揭書❷521頁，認為內線交易之賠償責任，雖不適用民法第216條之規定，但其賠償的範圍，宜僅止於內部人員隱匿內部消息或宣稱內部消息不符之資料，使投資人因買入或賣出該項證券所受之金錢損失。甚至亦有論者，例如曾宛如，前揭書❶211頁，認為本項之責任體系，在觀念上實非「損害賠償」，應屬「不當」利得之償還。

⑲ 民國94年證券交易法部分條文修正草案，第157條之1第2項修正理由，請參閱前揭立法院關係文書❾政260頁。

之設計，謂以收嚇阻內線交易之效⑲，惟如此的民事損害賠償制度，是否已偏離「損害」與「賠償」之原意，反有致生請求權人「不當」受利之意外效果？的確，這似已逸脫我國民事上損害賠償的基本概念，頗值得深思；相較於此，民國 94 年證券交易法部分條文修正時，又再增訂本項後段，規定「其情節輕微者，法院得減輕賠償金額」，謂以考量內線交易行為人之犯罪情節如屬輕微，若仍需負擔上述三倍之龐大賠償額，恐不符比例原則，特別明文法院對於情節輕微者，得減輕其賠償責任⑬。然，因現行法與證券市場的特殊立法，側重於維持市場秩序的刑責結構，於我國縱有內線交易的案件，行為人受有刑事制裁⑭，但民事責任與刑事制裁的法理基礎不同，原則上採過失主義，證券交易法第 157 條之 1 的禁止內線交易規定是一種行為規範之預防措施而已，實與刑責思維相距甚遠，充其量是財經犯罪的預防政策，在法制運用與解釋上，差異性大。

　　再者，截至目前為止，法院審理相關內線交易民事賠償案例的確定判決，似乎不多，例如最高法院 96 年度臺上字第 1244 號民事判決，肯定下級審判決並明確指出「上訴人利用其董事等身分，……將於該消息未公開前，……大量買進……，並於該重大消息公告後，大量賣出……，並藉此

---

⑲　賴源河，前揭書⑯ 419 頁；賴英照，前揭書⑮ 547 頁；李開遠，前揭書❷ 293 頁，吳光明，前揭書❼ 324 頁；陳春山，前揭書❼ 555 頁；惟如此設計是否失之過苛？恐有疑義。

　　關於證券交易法第 157 條之 1 的懲罰性賠償制度之分析，請參閱廖大穎，〈論內線交易行為人所獲不法利益與損害賠償間之關係——最高法院 96 年臺上字第 1244 號民事判決所遺留的疑點〉《月旦法學雜誌》第 177 期 287 頁。

⑬　民國 94 年證券交易法部分條文修正草案，第 157 條之 1 第 2 項修正理由，請參閱前揭立法院關係文書⑭政 260 頁。

⑭　惟王文宇，〈認真地對待資訊——論內線交易之判斷標準與預防措施〉《月旦法學雜誌》第 155 期 212 頁，指出我國雖自民國 77 年引進禁止內線交易規範，且經過多年執行，禁止內線交易已廣為市場投資大眾所認知，然多年來，規範內線交易的構成要件不明確仍持續為實務界與學術界所詬病，而法院在審判上，亦因刑法的謙抑思想與法條適用是否過於寬鬆的疑慮，致生在刑事統計上，內線交易罪起訴者眾，但定罪者少之實情，深為遺憾。

獲得鉅額利潤，情節自屬重大」，駁回上訴人之請求外，另最高法院 98 年度臺上字第 1809 號民事判決，亦肯定下級審判決，明諭證券交易法第 157 條之 1 第 3 項責任限額提高三倍之規定，謂「尋繹其立法旨意，乃為避免計算內線交易行為人賠償範圍之困擾所致，故以人為之擬制方式，計算內線交易行為人之賠償金額，藉此免除投資人所受損害程度之舉證責任。……矧該規定既以法律擬制之方式計算內線交易行為人應負之賠償責任額，而非以善意從事相反買賣之人之損害為計算基礎，故善意從事相反買賣之人實際上是否為內部人之交易相對人，非關重要。……」 ⑲⑤。因此，何謂情節重大？其與三倍賠償間之關係，斟酌處何在？學理上不無疑義之處；惟就此，論者亦謂我國司法實務上，似從寬認定者居多 ⑲⑥。

最後，就相關證券交易法第 157 條之 1 第 3 項民事賠償制度的設計，其乃基於內部人利用內部資訊獲取證券市場上不當之利益，如民國 57 年立法時的說明「對股票發行公司內部人員參與公司股票買賣，……利用公司未經公開之重要消息買賣公司股票圖利」，即在法理的「相對」概念上，賦予受害之「相對」投資人請求損害賠償的立法思維，於情感上是值得肯定的，但這於法理基礎部分，恐宜有再重新檢視之餘地。

三、類內線交易行為

如前所述，禁止內線交易之合理性是源自於美國財務學上的效率證券市場假說，持有應公開而未公開消息之人，若因此獲取證券市場上的超額利潤，係顯失公平的，再衍生利用未公開資訊是對公司義務違反之次元法理等，詮釋內線交易之非難價值 ⑲⑦。惟我國法之於內線交易之規範，與美

---

⑲⑤ 最高法院 96 年度臺上字第 1244 號民事判決及 98 年度臺上字第 1809 號民事判決，請參閱司法院法學資料全文檢索，https://law.judicial.gov.tw。

⑲⑥ 賴英照，《最新證券交易法解析》（自版，2009 年）569 頁。

⑲⑦ 曾宛如，〈建構我國內線交易之規範：從禁止內線交易所欲保護之法益切入〉《臺大法學論叢》第 38 卷第 1 期 251 頁；劉連煜，〈內線交易理論與內部人範圍的新趨勢〉《公司法理論與判決研究㈤》（元照，2009 年）205 頁。

國法不同，原則上是證券交易法第 157 條之 1 所規範的對象，非證券交易法第 20 條第 1 項之反詐欺規定，因而在實務上，確有資訊上不對稱而類似內線交易規範所禁止之核心，特定人士利用未公開訊息，獲得證券市場上的超額報酬，引發社會上非難與適法性的爭議。

(一)發行公司本身與內線交易之嫌

依本章第三節【貳之三】的安定操作部分，論及相關公司買回自家股票的庫藏股制度，在實證上具有影響該公司股價之效果；就此，公司依法買回自己股份，尤其是證券交易法第 28 條之 2 第 1 項第 3 款「維護公司信用及股東權益」為前提之企業決定，除致生人為操縱市場行為之疑惑外，是否亦蘊含內線交易的不法行為？這確實是個令人高度關切的議題。因此，證券交易法第 28 條之 2 第 3 項特別明文「公司依第 1 項規定買回其股份之程序、價格、數量、方式、轉讓方法及應申報公告事項」，授權主管機關頒布「上市上櫃公司買回本公司股份辦法」，以防範不法情事之發生。

當然，公司庫藏股消息與該公司內部人買賣股票等行為，確有證交法第 157 條之 1 的違反，但如論者所指，公司若有未公開之內部訊息，在尚未對外揭露時，公司直接買回或賣出公司自己的股份，雖恐有類屬於內線交易之虞，值得非難，惟證券交易法第 157 條之 1 的構成要件，是否該當？畢竟是證券交易法第 171 條第 1 項的刑責議題，誠有疑義。若無法規範，惟此確與證券交易法第 157 條之 1「公開否則戒絕交易」的立法本旨，有所相違❽。質言之，發行公司自己並非證券交易法第 157 條之 1 第 1 項所臚列的內部人，基於罪刑法定主義，理無適用證券交易法第 171 條第 1 項之餘地。然，如論者所指摘的，公司於買回或賣出自己股票此未公開的消息，而屬消息不對稱的超額報酬，此宜該當於內線交易之行為；惟本書認為這在我國法第 157 條之 1 的現有規定下，課予刑事責任，恐有爭議，但是否有適用證券交易法第 20 條第 1 項「反詐欺條款」的可能？值得檢討。

---

❽　賴英照，《最新證券交易法解析》（自版，2009 年）499 頁。

㈡公開收購與內線交易之嫌

所謂公開收購，即證券交易法第 43 條之 1 第 2 項「不經由有價證券集中交易市場或證券商營業處所，對非特定人為公開收購公開發行公司之有價證券」的行為。依上述文義觀之，公開收購人係於證券市場外，與發行公司之所有、不特定的股東，進行股份收購之行為，表面上似與證券交易法第 157 條之 1「對該公司之上市或在證券商營業處所買賣（上櫃）之股票……」無關；其實，公開收購即是證券交易法第 150 條第 4 款的一種例外，收購人依法得於市場外的證券交易形態，且公開收購的經濟上誘因，不外乎是市場外的收購價格，因而若無相較於市場內交易價格上的優勢，公開收購將無法從發行公司股東處，完成收購其持股之目的。其次，就公開收購與影響被收購公司股價的實證分析，這的確是可致生對該公司股價與市場上投資人投資決定之實質影響，如英商渣打銀行公開收購新竹商銀一案所示❶；惟相關公開收購的訊息，我國早於民國 91 年證券交易法部分條文修正時，將之列於證券交易法第 157 條之 1 第 4 項所稱「有重大影響其股票價格之消息」，以有效防止內線交易的發生❷。問題是在我國現行內線交易的立法體系，證券交易法第 157 條之 1 第 1 項所規範是針對發行公司的內部人、準內部人或從其所獲悉的消息受領人等，就該公司有重大影響股價的消息，但未公開時，限制其不得買賣股票或其他有價證券的行為；因此，就公開收購股權的消息發生與市場上被收購公司的股價影響層面觀之，其消息來源是公司外部，即公開收購人，其乃證券交易法第 43 條之 1 第 2 項的收購資訊公開義務人，非屬於該發行公司，即被收購公司本身的內部訊息，若再就公開收購與防範內線交易之行為主體，主要是公開收購人與其關係人等，在公開收購資訊揭露前，買賣被收購公司股等有價證券

---

❶ 相關渣打銀行併購新竹商銀案與內線交易之分析，請參閱廖大穎，〈企業併購的外部訊息與內線交易疑雲〉《財經犯罪與證券交易法理論・實務》（新學林，2009 年）203 頁。

❷ 民國 91 年證券交易法部分條文修正草案，修正第 157 條之 1 第 4 項的立法說明，請參閱《立法院公報》第 91 卷第 10 期 424 頁。

之行為，似應禁止之。

　　惟就如此不正利用外部訊息，獲得證券市場上的利益，確有類似第157 條之 1 立法目的之相同質疑，這亦是一種不公平的交易型態，例如本書第六章第二節【參】所旁觸的議題，利用公開收購股權資訊買賣被收購公司股票等有價證券之行為；然，就上述類似違反第 157 條之 1 的內線交易案，國內學者援引美國法上的 O'Hagan 案判決，譯稱為私取理論(Misappropriation Theory)，詮釋不正利用企業併購消息之買賣有價證券是一種值得非議的捷足先登，屬於證券詐欺的行徑之一❷，但本書認為這私取理論所建構的證券詐欺，似乎是反詐欺條款，即我國法第 20 條第 1 項的議題，而在現行法第 157 條之 1 第 1 項規定的構成要件適用上，則是不該當。職是之故，從上述公開收購與內線交易的可能關係，吾人不難體察到現行證券交易法第 157 條之 1 所規範之侷限性；當然，這議題在證券交易法第 20 條第 1 項的「反詐欺條款」，本書亦認為有檢討之餘地。

四、內部人之短線交易與利益歸入

　　相較於上所述公司重大消息未公開前之禁止交易，證券交易法第 157 條第 1 項規定「發行股票公司董事、監察人、經理人或持有公司股份超過百分之十之股東，對公司之上市股票，於取得後六個月內再行賣出，或於賣出後六個月內再行買進，因而獲得利益者，公司應請求其利益歸於公司」，至於證券交易法第 62 條第 3 項亦明文「……第 157 條之規定，於第 1 項（證券商營業處所）有價證券之買賣準用之」，依法請求該公司內部人，於六個月內買賣公司股票所獲得之利益，歸入公司，此即一般所謂「短線交易」的規制。

---

❷　關於美國法上私取理論之國內文獻介紹不少，例如余雪明，前揭書❹644 頁；賴英照，〈內線交易的基礎理論〉《月旦法學雜誌》第 123 期 172 頁；陳錦旋，〈美國內線交易理論演進與實務發展簡介〉《警察法學》第 7 期 183 頁；劉連煜，〈內線交易理論與內部人範圍的新趨勢〉《公司法理論與判決研究㈤》（元照，2009 年）205 頁。

(一)禁止短線交易之立法例

關於證券交易法第 157 條第 1 項之立法緣由，依民國 57 年頒布證券交易法時之立法草案相關資料，有謂「第 152 條（即現行法第 157 條）之基本精神，在規定對發行公司之經營有很大影響這一類人，如董事、監察人、經理人及所謂大股東，其因買賣公司股票所獲利益應歸於公司，這是防止這類人利用其對公司有控制權而投機取巧。例如某一發行公司之董監事，利用機會散布對公司前途不利消息，使股值（價？）下跌而乘機買進，過些時間再發表樂觀言論，使股價上揚而又拋出，在這一入一出間獲利頗厚，這是我們的禁止」⑳ 。為保障投資大眾權益及證券市場之紀律，上述內部人是否能涉及內線交易之嫌疑？甚至是否構成意圖影響公司股票之交易價格，所實施之一種操縱行為？恐在認定上非屬易事，且一旦發生，相關事後救濟的司法正義與投資人對證券市場之信賴，恐亦有無法彌補之傷害，殘存其間；因此，證券交易法第 157 條第 1 項禁止內部人短線交易之法目的，乃本於事前有效遏阻公司內部人，藉由內部訊息買賣股票所致生不當利益之一種預防措施，特別明文禁止內部人不法交易的設計之一⑳ 。至於上述內部人的配偶、未成年子女及利用他人名義之人與短期間買賣公司股票部分，這與證券交易法第 157 條之 1 規定的立法相同，證券交易法第 157 條第 7 項亦明文「第 22 條之 2 第 3 項之規定，於第 1 項準用之」。

另，相關禁止短線交易獲利與衍生性金融商品的開發部分，例如可轉換公司債之具有股權性質的有價證券，民國 89 年證券交易法部分條文修正時，增訂第 157 條第 6 項明文「關於公司發行具有股權性質之其他有價證券，準用本條規定」，以周延禁止內部人短線交易之行為規範⑳ 。關於證

---

⑳ 民國 56 年 8 月 3 日立法院第 39 會期第 27 次聯席會議記錄，請參閱立法院秘書處，《證券交易法案（上）》（立法院公報法律案專輯，1968 年）441 頁（汪彝定報告）。

⑳ 賴英照，前揭書⑩ 443 頁；吳光明，前揭書❼ 333 頁；林國全，〈證券交易法第 157 條短線交易歸入權之研究〉《中興法學》第 45 期 264 頁；劉連煜，〈現行內部人短線交易規範之檢討與規範新趨勢之研究〉《公司法理論與判決研究㈡》（自版，1998 年）189 頁；曾宛如，前揭書❶ 199 頁。

交易法第 157 條第 6 項所稱具有股權性質之其他有價證券，依證券交易法施行細則第 11 條第 1 項規定係指可轉換公司債、附認股權公司債、認股權憑證、認購（售）權憑證、股款繳納憑證、新股認購權利證書、新股權利證書、債券換股權利證書、臺灣存託憑證及其他具有股權性質之有價證券。

㈡利益歸入請求制度

　　相較於證券交易法第 157 條禁止短線交易與證券交易法第 157 條之 1 禁止內線交易之立法模型，不僅我國現行法無明文短線交易的刑責規定，且亦無明定不法行為與投資人之損害賠償，即類似第 157 條之 1 第 3 項的民事求償規定。然，依證券交易法第 157 條第 1 項之規定，乃相關公司內部人違法短線交易所獲得之利益，應歸於公司；因此，公司得依法向短線交易之內部人，請求其所獲得之利益，一般稱為利益行使歸入權。問題在於公司是否必然向該上述內部人，行使利益歸入之請求？頗有疑慮。基於此，證券交易法第 157 條第 1 項特別明文公司「應」請求將其利益歸入之義務，一般認為屬強制性而非任意的規定；同時，若因董事或監察人不行使第 1 項之請求，致公司受損害時，該條第 3 項亦特別規定董事或監察人對公司負連帶賠償之責[205]。

　　其次是證券交易法第 157 條第 2 項股東代位行使制度之設計，特別參酌公司法第 214 條股東代表訴訟制度之規定，明定「發行股票公司董事會或監察人不為公司行使前項請求權時，股東得以三十日之期限，請求董事或監察人行使之；逾期不行使時，請求之股東得為公司行使前項請求權」，使股東得代表公司積極行使歸入權[206]。惟相關內部人短線交易之利益請求歸入權，證券交易法第 157 條第 4 項特別規定其消滅時效，謂「第 1 項之請求權，自獲得利益之日起二年間不行使而消滅」。

---

[204]　民國 89 年證券交易法部分條文修正草案，第 157 條第 6 項增訂理由，請參閱《立法院公報》第 89 卷第 39 期 318 頁。

[205]　賴英照，前揭書❿ 438 頁，陳指證券交易法為強化公司歸入權之行使，於民國 72 年修正時所作之調整。

[206]　吳光明，前揭書❼ 338 頁。

㈢短線交易所獲得利益之計算

關於證券交易法第 157 條內部人短線交易應歸入利益之計算,與第 157 條之 1 消息未公開前內線交易的損害賠償相同,恐屬相當複雜且爭議性高的問題;惟證券交易法施行細則第 11 條第 2 項特別規定第 157 條第 1 項短線交易所獲得利益的計算方式,即如下:

一、取得及賣出之有價證券,其種類均相同者,以最高賣價與最低買價相配,次取次高賣價與次低買價相配,依序計算所得之差價,虧損部分,不予計入。

二、取得及賣出之有價證券,其種類不同者,除普通股以交易價格及股數核計外,其餘有價證券,以各該證券取得或賣出當日普通股收盤價格為買價或賣價,並以得行使或轉換普通股之股數為計算標準;其配對計算方式,準用前款規定。

三、列入前二款計算差價利益之交易股票所獲配之股息。

四、列入第 1 款、第 2 款計算差價利益之最後一筆交易日起或前款獲配現金股利之日起,至交付公司時,依民法第 203 條規定年利率百分之五,計算法定利息。

當然,證券交易法施行細則第 11 條第 3 項亦規定列入前項第 1 款、第 2 款計算差價利益之買賣所支付證券商之手續費及證券交易稅,得自利益中扣除之;惟論者有謂上述係「最高賣價減最低買價」之計算方式,其如此的嚴格規定在於充分表現證券交易法第 157 條禁止短線交易規制之預期效果,以達致嚇阻不法之目的,此即如主管機關民國 93 年 7 月 19 日金管證三字第 0930129718 號的行政函釋,謂「公司內部人短線買賣公司股票,無論其實際有無虧損,應依證券交易法施行細則第 11 條規定『最高賣價減最低買價法』計算歸入利益」**⑳**。雖是如此,但如此計算方法,所得數額,往往高於「實際所獲利益」,對短線交易之內部人極為不利,論者或謂其性

---

⑳ 賴英照,前揭書**⑩** 460 頁;劉連煜,前揭論文**⑳** 207 頁。另,請參照金融監督管理委員會證券期貨局民國 93 年 7 月 19 日金管證三字第 0930129718 號行政函釋。

質屬於一種懲罰性之計算方式，亦不為過❷⓪⑧。

第四節　外國企業來臺上市上櫃之補充規定

壹、開放外國有價證券上市、上櫃

民國 100 年證券交易法部分條文修正時，增訂第五章之一「外國公司」，謂其立法緣由乃在於「為促進（我國）證券市場國際化，俾使依外國法律組織登記之公司來我國募集發行有價證券之規範更明確，同時強化相關監理機制運作與保障投資人權益，……增訂本章『外國公司』之規定」❷⓪⑨。

一、外國公司來臺上市、上櫃政策

相關開放外國有價證券上市、上櫃的議題，這緣於民國 97 年 2 月行政院長於立法院第 7 屆第 1 會期的施政報告，謂在我國財政金融政策上，政府深切認識到加速證券市場自由化與國際化之必要性，並指摘「鑑於資本市場日趨自由化與國際化，國外資本市場如英國、香港及新加坡等地，除在其主板（掛牌）允許符合一定條件之海外企業上市外，並創設新興企業之證券市場，以較低之掛牌門檻，吸引國內外企業上市。另據證交所及櫃買中心海外參訪及與臺商企業之座談顯示，多數均建議開放海外企業得來臺上市（櫃）。爰此，為擴大我國證券市場規模，金管會刻正研議開放海外（臺商）企業來臺第一上市（櫃）方案，並由證交所及櫃買中心研議規劃相關配套措施及可行性」❷①⓪；基於此施政方向，行政院即於民國 97 年 3 月 5 日通過「推動海外企業來臺掛牌一二三計劃」，積極推動外國企業來臺掛牌，冀以促進海外臺商企業與我國市場的緊密連結，提升我國資本市場的

---

❷⓪⑧　林國全，前揭論文❷⓪⑨ 297 頁。

❷⓪⑨　民國 100 年證券交易法部分條文修正草案，增訂第五章之一「外國公司」之立法說明，請參閱《立法院公報》第 99 卷第 84 期 145 頁。

❷①⓪　民國 97 年 2 月《立法院第 7 屆第 1 會期——行政院施政報告》62 頁，https://www.ey.gov.tw/。

國際化程度與競爭力，並滿足投資人多元化之需求。

因此，行政院在立法院當下會期，提出開放外國有價證券來臺上市、上櫃的施政報告後，證券主管機關金管會及相關部會單位配合行政作業，如期頒布「海外企業來臺上市鬆綁及適度開放陸資投資國內股市方案」後，由中國旺旺控股公司等海外企業，首度完成臺灣存託憑證 (TDR) 之上市掛牌交易，實現外國來臺上市、上櫃之措舉，藉以擴大我國證券市場之規模❷❶。

二、第一、第二上市櫃及興櫃外國公司的衍生性概念

承上，基於政策開放外國有價證券來臺上市、上櫃，如證券交易法第165條之1所明文「外國公司所發行之股票，首次經證券交易所或證券櫃買中心同意上市、上櫃買賣或登錄興櫃時，其股票未在國外證券交易所交易者」，這即實務上所稱的「第一上市」或「第一上櫃」公司的概念，該公司所發行的股票，則稱為第一上市股票、第一上櫃股票；反之，若非屬首次經證交所同意上市、經證券櫃買中心同意上櫃買賣或登錄興櫃時，此即證券交易法第165條之2所明文「前條以外之外國公司所發行股票或表彰股票之有價證券，已在國外證券交易所交易者或符合主管機關所定條件之外國金融機構之分支機構及外國公司之從屬公司，其有價證券經證券交易所或證券櫃檯買賣中心同意上市或上櫃買賣者」，稱為「第二上市」、「第二上櫃」公司的相對概念❷❷。另，在政策上，外國公司已在其他地區上市、上櫃，來臺的「第二上市」或「第二上櫃」者，原則上不能依原股申請上市或上櫃，改用臺灣存託憑證 (TDR) 方式，來臺上市櫃，例如前述的中國旺旺控股公司所發行的 TDR，即屬來臺第二上市的實例；相對於美食達人

---

❷❶ 關於臺商企業回臺上市的案例分析，可參閱谷湘儀、曾柏硯、蔡振宏，〈85度C回臺申請上市〉《企業籌資法務與個案分析》（元照，2011年）137頁。

❷❷ 第一上市櫃及興櫃外國公司、第二上市櫃外國公司有價證券的概念，請參閱民國100年證券交易法部分條文修正草案，增訂第165條之1之立法說明，《立法院公報》第99卷84期146頁及第165條之2之立法說明，《立法院公報》第99卷84期147頁。

股份有限公司，即俗稱 85 度 C 咖啡烘焙連鎖店回臺上市，則屬第一上市。

在定義上，證券交易法第 4 條第 2 項明定本法所稱的外國公司，謂以營利為目的，依照外國法律組織登記之公司，與公司法第 4 條「外國公司」的定義，無結構性的差異，但如立法說明，謂「為促進資本市場發展、符合國際趨勢，參照企業併購法對於外國公司無須經認許之規定，且基於我國企業於美國或日本為募集發行 ADR 或 GDR 等，亦無須經外國政府認許之平等原則，以及考量本法所規範之外國公司，於我國境內並無營業之行為，……該外國公司無須經認許」[213]。

貳、第一上市櫃外國公司之準用規定

關於外國公司來臺上市、上櫃之管理，與我國企業申請上市櫃的模式，並無二致，如行政院增訂證券交易法第 4 條第 2 項的立法說明，指摘「……本法所規範之外國公司……，實務上透過主管機關、證券交易所與證券櫃檯買賣中心對募集發行有價證券作實質審核」之管理，相較於公司法之形式認許制度，證券交易法認為此對投資人權益之保護，較為周全[214]。惟外國公司，畢竟是依外國法律組織登記之公司，來臺上市上櫃發行有價證券，政府特別考量到保障投資人及兼顧監理衡平起見，在立法上參考銀行法第 123 條及公司法第 377 條之規定，增訂證券交易法第 165 條之 1、第 165 條之 2，明定其有價證券之募集、發行、私募及買賣之管理與監督，準用證券交易法的規定[215]。

---

[213] 民國 100 年證券交易法部分條文修正草案，增訂第 4 條第 2 項之立法說明，請參閱《立法院公報》第 99 卷第 84 期 104 頁。

[214] 民國 100 年證券交易法部分條文修正草案，增訂第 4 條第 2 項之立法說明，請參閱《立法院公報》第 99 卷第 84 期 104 頁。

[215] 民國 100 年證券交易法部分條文修正草案，增訂第五章之一「外國公司」、第 165 條之 1 及第 165 條之 2 之立法理由，請參閱《立法院公報》第 99 卷第 84 期 145 頁、146 頁。

一、準用我國相關公開公司之規定

證券交易法第 165 條之 1 本文明文「外國公司所發行之股票，首次經證券交易所或證券櫃檯買賣中心同意上市、上櫃買賣或登錄興櫃時，其股票未在國外證券交易所交易者，除主管機關另有規定外，⋯⋯準用⋯⋯第 14 條之 1、第 14 條之 2 第 1 項至第 4 項、第 6 項、第 14 條之 3、第 14 條之 4 第 1 項、第 2 項、第 5 項、第 6 項、第 14 條之 5、⋯⋯第 22 條至第 25 條之 1、第 26 條之 3、第 27 條、第 28 條之 1 第 2 項至第 4 項、第 28 條之 2、第 28 條之 4 至第 32 條、⋯⋯第 35 條至第 43 條之 8⋯⋯規定」，謂以保障投資人及兼顧監理機制之衡平性，如上所述外，並特別考量外國公司來臺上市櫃之第一上市櫃及興櫃公司，因其並未受外國證券主管機關相當之監理，除部分事項（如董監持股成數規範等），因該第一上市櫃及興櫃外國公司據以組織登記之外國法令，與我國規定或有不同，恐生衝突，或為與國際規範一致外，其管理、監督宜比照我國公開發行公司，準用本法之相關規定，例如補辦相關發行、審查程序、建立內部控制制度、獨立董事、審計委員會之組成等❷❶❻。

㈠公開公司內部人之持股管理

依證券交易法第 165 條之 1，準用第 25 條公司內部人持股申報規定、第 22 條之 2 公司內部人持股轉讓限制規定等，就此請參照本書第四章第二節【壹】部分之介紹。

㈡公開公司企業組織之管理

依證券交易法第 165 條之 1 規定，準用第 36 條、第 25 條之 1 股東會召開及委託書制度、第 26 條之 3、第 14 條之 2 至之 5 董事會董事、獨立董事制度及監察人制度等，就此請參照本書第四章第二節【貳】部分之介紹。

㈢公開公司之財務、業務管理

證券交易法第 165 條之 1 規定，準用第 41 條特別盈餘公積、第 36 條

---

❷❶❻ 民國 100 年證券交易法部分條文修正草案，增訂第 165 條之 1 立法說明，請參閱《立法院公報》第 99 卷第 84 期 146 頁。

財報查核簽證與定期揭露、第 36 條之 1 重大財務、業務行為準則及第 14 條、第 14 條之 1 出具聲明書、內控制度等，就此請參照本書第四章第二節【參】部分之介紹。

㈣公開公司之企業金融規定

　　證券交易法第 165 條之 1 規定準用第 28 條之 1 強制股權分散、第 28 條之 2 庫藏股、第 28 條之 4 公司債、第 43 條之 1 公開收購股權及第 43 條之 6 至之 8 私募有價證券制度等，就此請參照本書第四章第二節【肆】、【伍】及第六章第二節、第三節部分之介紹。

二、準用我國相關募集發行有價證券之規定

　　相較於上述，第一上市櫃及興櫃外國公司準用我國公開發行股票公司之有關規定外，證券交易法第 165 條之 1 特別明文「外國公司所發行之股票，首次經證券交易所或證券櫃檯買賣中心同意上市、上櫃買賣或登錄興櫃時，其股票未在國外證券交易所交易者，除主管機關另有規定外，其有價證券之募集、發行、私募及……之管理、監督，準用第 5 條至第 8 條、第 13 條至第 14 條之 1、……第 19 條至第 21 條、第 22 條至第 25 條之 1、……第 28 條之 4 至第 32 條、……第 35 條至第 43 條之 8……規定」，此即立法說明，「第一上市櫃及興櫃外國公司據以組織登記之外國法律，如對保障投資人較有利者，自得適用其母國法律，故規定除主管機關另有規定外，第一上市櫃及興櫃外國公司有價證券之募集、發行、私募……之管理、監督，應準用本法相關規定」之謂❷❶❼。

㈠公開發行有價證券之管理

　　依證券交易法第 165 條之 1 規定，準用第 5 條至第 8 條有關發行人、有價證券、募集與發行之定義、第 13 條公開說明書、第 14 條財務報告、

---

❷❶❼　民國 100 年證券交易法部分條文修正草案，增訂第 165 條之 1 的立法說明，請參閱《立法院公報》第 99 卷第 84 期 146 頁；另，民國 108 年證券交易法部分條文第 1 次修正草案，修正第 165 條之 1 的立法說明，請參閱《立法院公報》第 108 卷第 26 期 234 頁。

第 30 條與第 36 條編製公開說明書及財務報告等資訊揭露義務、第 22 條、第 42 條與第 28 條之 1 相關公開發行程序、補辦及強制公開發行等，就此請參照第三章第一節、第二節的介紹。至於不實公開說明書、財務報告等民事責任部分，第 165 條之 1 亦明文準用第 20 條至第 21 條、第 32 條等相關規定，就此請參閱本書第三章第三節的部分。

(二)私募有價證券之管理

　　證券交易法第 165 條之 1 亦明文準用第 43 條之 6 至之 8 的規定，即相關私募有價證券部分，就此請參照本書第三章第四節之介紹。

三、準用我國相關買賣有價證券之規定

　　針對第一上市櫃及興櫃外國公司有價證券之買賣，證券交易法第 165 條之 1 亦特別規定「外國公司所發行之股票，首次經證券交易所或證券櫃檯買賣中心同意上市、上櫃買賣或登錄興櫃時，其股票未在外國證券交易所交易者，除主管機關另有規定外，其有價證券之……買賣之管理、監督，準用……第 35 條至第 43 條之 8、第 61 條、第 139 條、第 141 條至第 145 條、第 147 條、第 148 條、第 150 條、第 155 條至第 157 條之 1 規定」，其立法理由同上所述，故明文除主管機關另有規定外，準用我國證券交易法之相關規定：

(一)上市有價證券之管理

　　依證券交易法第 165 條之 1 規定，準用第 139 條申請上市、第 141 條至第 145 條有關上市契約、上市買賣、費用及終止上市、第 147 條上市買賣停止及回復、第 148 條命令證券交易所停止買賣或終止買賣有價證券，乃至於準用第 150 條強制集中交易之義務，均逐一列出；就此，請參閱本書第五章第一節部分。

　　當然，相關證券交易法第 155 條禁止人為操縱市場、第 156 條停止或限制買賣、第 157 條禁止短線交易及第 157 條之 1 禁止內線交易的規定，亦準用之，就此請參閱本書第五章第三節之介紹。

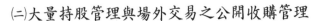

(二)大量持股管理與場外交易之公開收購管理

依證券交易法第 165 條之 1 規定，亦準用第 43 條之 1 至第 43 條之 5 的規定，相關我國大量持有股權制度及公開收購股權制度，因明文準用亦適用於第一上市櫃及興櫃公司之有價證券，就此請參閱本書第六章第一節、第二節的部分。

(三)買賣有價證券及融資融券之管理

證券交易法第 165 條之 1 明文準用第 43 條買賣有價證券之給付與交割規定，就此請參閱本書第五章第一節部分，亦明文準用第 61 條有關有價證券買賣融資融券之規定，就此請參閱第八章第一節之部分。

參、第二上市櫃外國公司之準用規定

相較於上述，證券交易法第 165 條之 2 即明文「前條以外之外國公司所發行股票或表彰股票之有價證券，已在國外證券交易所交易者，或符合主管機關所定條件之外國金融機構之分支機構及外國公司之從屬公司，其有價證券經證券交易所或證券櫃檯買賣中心同意上市或上櫃者，除主管機關另有規定外，其有價證券在中華民國募集、發行及買賣之管理、監督，準用……（我國證券交易法）規定」；簡而言之，如立法說明，謂第二上市櫃之外國公司，「因其已受外國證券主管機關相當之監理，……僅就其有價證券於中華民國募集、發行及買賣之行為，……準用本法相關條文規定為管理、監督，並……」❷¹⁸。

一、無準用我國相關公開公司之規定

這明顯與第一上市櫃及興櫃的外國公司不同，並無準用我國相關公開發行公司之內部人持股管理規定、企業組織規定、財務業務及企業金融業規定。

---

❷¹⁸　民國 100 年證券交易法部分條文修正草案，增訂第 165 條之 2 立法理由，請參閱《立法院公報》第 99 卷第 84 期 147 頁。

二、準用我國相關募集、發行有價證券之規定

這部分，第二上市櫃及興櫃的外國公司與第一上市櫃及興櫃的外國公司之於在中華民國募集、發行有價證券之管理，大致是相同的，即證券交易法第 165 條之 2 明文「準用第 5 條至第 8 條、第 13 條、第 14 條第 1 項、第 3 項、第 19 條至第 21 條、第 22 條、第 23 條、第 29 條至第 32 條、第 33 條第 1 項、第 2 項、第 35 條、第 36 條第 1 項至第 6 項、第 38 條至第 40 條、第 42 條、第 43 條、第 43 條之 1 第 2 項至第 4 項、第 43 條之 2 至第 43 條之 5……規定」，而依其立法說明，亦謂「……第二上市櫃外國公司……，僅就其有價證券於中華民國募集、發行及……之行為，除主管機關另有規定外（例如外國公司據以組織登記之外國法律，對保障投資人較有利者，得適用其母國法律），準用本法相關條文規定為管理、監督」[219]。因此，就第二上市櫃及興櫃之外國公司，依規定準用我國相關管理、監督制度：

(一)公開發行有價證券之管理

證券交易法第 165 條之 2 明文準用第 5 條至第 8 條有關發行人、有價證券、募集與發行之定義、第 13 條公開說明書、第 14 條財務報告、第 30 條與第 36 條編製公開說明書及財務報告等資訊揭露義務、第 22 條與第 42 條相關公開發行程序、補辦及強制公開發行等，就此請參照本書第三章第一節、第二節的介紹。至於不實公開說明書、財務報告等民事責任部分，第 165 條之 2 亦明文準用第 20 條、第 20 條之 1、第 32 條等相關規定，就此請參閱本書第三章第三節的部分。

(二)私募有價證券之管理

雖證券交易法第 165 條明文準用第 22 條之規定，但並無明文準用第 43 條之 6 至之 8，如第一上市櫃及興櫃的外國公司，在解釋上則留有空間。

---

[219] 民國 100 年證券交易法部分條文修正草案，增訂第 165 條之 2 立法理由，請參閱《立法院公報》第 99 卷第 84 期 147 頁。

三、準用我國相關買賣有價證券之規定

針對第一上市櫃及興櫃外國公司有價證券之買賣，證券交易法第 165 條之 2 亦特別規定「外國公司所發行之股票，首次經證券交易所或證券櫃檯買賣中心同意上市、上櫃買賣或登錄興櫃時，其股票未在外國證券交易所交易者，除主管機關另有規定外，其有價證券之⋯⋯買賣之管理、監督，準用⋯⋯第 43 條、第 43 條之 1 第 2 項至第 4 項、第 43 條之 2 至第 43 條之 5、第 61 條、第 139 條、第 141 條至第 145 條、第 147 條、第 148 條、第 150 條、第 155 條至第 157 條之 1 規定」，其立法理由同上所述，故明文除主管機關另有規定外，準用我國證券交易法之相關明文：

（一）上市有價證券之管理

依證券交易法第 165 條之 2 規定，準用第 139 條申請上市、第 141 條至第 145 條有關上市契約、上市買賣、費用及終止上市、第 147 條上市買賣停止及回復、第 148 條命令證券交易所停止買賣或終止買賣有價證券，乃至於準用第 150 條強制集中交易之義務，均逐一列出；就此請參閱本書第五章第一節部分。當然，相關第 155 條禁止人為操縱市場、第 156 條停止或限制買賣、第 157 條禁止短線交易及第 157 條之 1 禁止內線交易的規定，亦準用之，就此請參閱本書第五章第三節之介紹。

（二）大量持股管理與場外交易之公開收購管理

依證券交易法第 165 條之 2 規定，亦準用第 43 條之 1 至第 43 條之 5 的規定，相關我國大量持有股權制度及公開收購股權制度，因明文準用亦適用於第一上市櫃及興櫃公司之有價證券，就此請參閱本書第六章第一節、第二節的部分。

（三）買賣有價證券及融資融券之管理

證券交易法第 165 條之 2 準用第 43 條買賣有價證券之給付與交割規定，就此請參閱本書第五章第一節部分，亦明文準用第 61 條有關有價證券買賣融資融券之規定，就此請參閱第八章第一節之部分。

第六章　證券法制與企業秩序

綱要導讀

第一節　大量持有股權
- 壹、證券市場與股權交易
- 貳、外來的大量持有股權與資訊公開
- 參、大量取得持股資訊與申報管理

第二節　公開收購股權
- 壹、「市場外」的收購股權制度
- 貳、公開收購的立法設計
- 參、與公開收購併生不法行為的疑慮
- 肆、公開收購與企業財務操作

第三節　私募與股權交易
- 壹、開放公開發行公司之私募有價證券
- 貳、企業併購之私募策略

第四節　股權代理行使與委託書之徵求
- 壹、股東之代理出席
- 貳、委託書與股權代理行使
- 參、公開發行股票公司之委託書管理

6

第一節　大量持有股權

壹、證券市場與股權交易

一般公司法上所謂「公開發行股票之公司」，係指股份有限公司依證券交易法公開募集與發行股票之企業，如本書第四章所述，但論公開發行有價證券之股權分散，該公司股票所發行的對象，的確是有從其家族或少數股東之範圍，明顯擴及到證券市場上不特定多數投資人之效果。因此，從企業金融的觀點，若論其公開發行股票之目的，當然不僅在使企業得以藉由證券市場的機能，完成其資金籌措的基本需求，而且因公司股票之對外公開發行，亦使公司的股東組成構造，能順利脫離類似閉鎖性家族企業的型態；謂該典型的範例，乃是公司股票在證券交易所上市買賣者，即一般所稱的上市公司。相關上市公司，請參閱本書第五章第一節【貳】部分，「上市」？其意味著該公司股票得以在證券市場上自由流通的特性，當然該持股人亦得藉由證券市場上買賣，隨時變賣其所持有之股票，收回投資的經濟機能❶。

惟論者有謂公司公開發行股票，雖為企業外部成長的重要關鍵之一，即藉由證券市場資金籌措的機制，擴大企業規模，有效改善公司財務的體質，提升企業信用度外，並可吸收優秀的人才等優點，但亦有謂股票公開發行後，使該公司股票在證券市場上，得以自由買賣交易，從而股權變動的頻率，亦相對提高。職是，就企業經營的角度，解讀證券市場上實現股

---

❶　例如民國 55 年擬定證券交易法草案，相關該法第 2 章有價證券之募集、發行及買賣部分，涉及企業公開發行有價證券之管理，當時證管會汪彝定主委亦強調「本章為本法最重要之部分，……草擬本章條文時，原有四個構想，……第二、順應全世界經濟發展潮流，希望較大的事業，其股份分散，走向投資大眾化之途徑。……」，請參閱立法院秘書處，《證券交易法案（上冊）》（立法院公報法律案專輯，1968 年）169 頁。

份自由轉讓之股權交易制度，其意義亦某程度寓有公司股票是處於隨時被買賣的狀態，當然該企業的經營權，亦暴露於隨時易人之可能風險❷。

貳、外來的大量持有股權與資訊公開

一、對外來大量持有股權之疑懼

雖說證券市場是實現公司法第 163 條股份自由轉讓之一種設計，然而在事實上，論者亦有謂股票市場，就是提供股權交易的買賣場所，如上所指摘；申言之，在法律上而言，股份轉讓所表彰的意義係致生股東資格得喪變更的原因，惟如此股東權之移轉，亦即一般所稱股權交易之結果，透過證券市場的交易機制，其所發生的股權結構變化，亦將間接產生企業經營權移轉的效果。理所當然耳，從股份有限公司之資本多數決原理而言，因掌控相當股權而擁有該企業的經營權，相對地，亦因失去所掌控的相當股權而易其企業經營權，實為一種平常的現象；因此，論股權交易，無疑是最符合資本主義的市場機制之一。

誠然如此，從被取得股權的發行公司而言，該大量取得持有股權之人士，是否亦可能憑恃其所持有的股權，轉化成一種類似「變相勒索（green mailer，寄綠郵件）」的行徑？在我國的證券市場上，亦曾發生例如貪婪地企求該公司高價買回其持股，否則將採取後果不利於公司之舉動？的確，針對如此大量持有股權之人士，該公司若迎合其需求，則恐將是以損及公司整體的利益，造就該人士之不當利益。然，就證券市場上特定人士大量取得持股，論其所涉及到企業經營的層面，不僅是對該公司預留一定的潛在影響力，甚且是對於日後證券市場上的交易價格，比方是一時釋出大量持股的行為，將勢必在某種程度左右市場交易的供需平衡，而導致股票的市場價格，高低起伏波動；惟如此的收購大量持股，對於不知情的投資人亦是潛藏相當不公平，若放任之，則恐亦有危及證券市場上之交易秩序❸。

---

❷　廖大穎，〈大量取得股權〉《月旦法學雜誌》第 85 期 22 頁。

❸　廖大穎，前揭論文❷ 22 頁。

二、大量持有股權之資訊公開

　　如本書第二章第一節【貳之二】部分所述，證券交易法第 1 條所明文之立法目的在於發展國民經濟，並保障投資；爰此，基於促進證券市場上公平、公正及公開之原則，證券交易法第 43 條之 1 第 1 項特別規定，凡取得任一公開發行公司已發行股份總額超過百分之五以上股份之人，依法應向主管機關申報及公告該持股人的基本資料，包括取得股份之目的、資金來源及主管機關所定之應行申報事項，而且申報事項如有變動時，亦同。謂其目的乃在使主管機關與證券市場上的投資人能瞭解公司股權大量變動的原因及其趨向，以促進市場之資訊公開；另，有關申報取得股份之股數、目的、資金來源、變動事項、公告、期限及其他應遵循事項之辦法，由主管機關定之❹。然，相關證券交易法第 43 條之 1 第 1 項之大量持股申報成數百分之十，是否有再討論的空間？個人肯定。

　　關於證券交易法第 43 條之 1 第 1 項所明文大量持股申報制度，其規範之對象係任何人，不論是單獨或與他人共同取得股份者，應於取得後十日內申報之。至於主管機關所頒布的證券交易法第 43 條之 1 第 1 項取得股份申報辦法第 6 條，其具體規定申報義務人應公告並申報之應行申報事項：㈠取得人之身分資料等，若為公司，並應列明其持股百分之五以上之股東或直接、間接對於持股百分之五以上之人具有控制權者之身分資料，㈡申報時，取得之股份總額及占已發行股份總額百分比，如取得人為金融控股公司，且被取得股份之公司為金融機構者，取得人之子公司及關係企業持

---

❹　民國 77 年證券交易法部分條文修正草案，增訂第 43 條之 1 第 1 項立法說明，請參閱《立法院公報》第 76 卷第 96 期 56 頁；另，民國 108 年證券交易法部分條文第 1 次修正草案，修正第 43 條之 1 第 1 項立法說明，請參閱《立法院公報》第 108 卷第 26 期 230 頁，且民國 112 年證券交易法部分條文修正草案，修正第 43 條之 1 第 1 項「百分之五」之提案說明，請參閱立法院第 10 屆第 6 會期第 4 次會議議案關係文書，院總第 1559 號委員提案第 29154 號，委 361 頁。

有被取得公司之股權情形，㈢取得之方式及日期，㈣取得股份之目的，㈤
資金來源明細，㈥取得股份超過百分之十前六個月之交易明細，㈦預計於
一年以內，再取得股份之股份數額，㈧有無股權行使計畫❺，㈨其他主管
機關規定應行申報事項等；惟又依該辦法第 7 條第 1 項亦明文規定上述大
量取得持股人，遇有如下變更的申報事項者，應於事實發生之日起二日內，
公告並申報之：㈠所持有股份數額增減，其數額增減數量達該公司已發行
股份總額百分之一時，但上開申報及公告義務，應繼續至其取得股份數額
低於公司已發行股份總額百分之十為止，㈡若該取得人為公司，其持股百
分之五以上之股東或直接、間接對於其持股百分之五以上之人具有控制權
者，㈢取得股份之目的，㈣資金來源，㈤預計一年以內，再取得股份之數
額，㈥股權之行使計畫內容等❻。

　　一般認為證券交易法第 43 條之 1 第 1 項大量持股申報制度之立法設
計，其不僅在形式上使取得公開發行公司相當比例股份之人，依法應公開
相關持有股權的義務，而且在實質上，其亦使該公開發行股票之公司、證
券交易所或主管機關，均能即時知悉該項取得股份之資訊。申言之，相關
大量持股申報的制度效益，一則使該發行公司可預作準備，因應公司股權
的變動，所可能導致的企業經營權之變化，二則讓證券市場上的投資人及
其主管機關亦容易掌控公司的經營權及該公司股票價格可能產生預期的可
能變化；誠如論者所言，大量取得持股之申報與公開實屬於企業內容公開
的一環，亦當然屬證券市場上資訊公開原則的實踐之一❼。

---

❺　例如自行或與他人共同推動召集股東臨時會之計畫、自行或支持他人競選董事
　　或監察人之計畫，或對於所取得股份之發行公司，處分其資產或變更財務之計
　　畫等。

❻　民國 84 年 9 月 5 日 (84) 臺財證㈢字第 02046 號函訂頒「證券交易法第 43 條
　　之 1 第 1 項取得股份申報事項要點」，民國 95 年 5 月 19 日金管證三字第
　　0950002344 號令修正，目前改定為「證券交易法第 43 條之 1 第 1 項取得股份
　　申報辦法」。

❼　賴英照，《證券交易法逐條釋義(4)》（自版，1992 年）289 頁；陳春山，《證券
　　交易法論》（五南圖書，2000 年）106 頁；廖大穎，前揭論文❷ 23 頁。

參、大量取得持股資訊與申報管理

　　以上係證券交易法上大量取得持股制度，惟相關其資訊管理，一般認為在理論上應著重實質申報的概念，例如證券交易法第 25 條第 1 項公司內部人持股申報之規定，於該條第 3 項特別明文該股權計算之基準，應包括其配偶、未成年子女及利用他人名義持有股份之情形。雖證券交易法第 43 條之 1 第 1 項未予特別規定，但如上述主管機關所頒布之辦法第 3 條所明文，其取得股份亦包括其配偶、未成年子女及利用他人名義持有者；若由公司法人取得股份時，其申報規定依上述辦法第 6 條為之。至於與他人共同取得股份者，依該辦法第 4 條規定，指以契約、協議或其他方式之合意，取得公開發行公司已發行股份之謂，且取得人與他人共同取得股份者，如有書面合意，亦應將該書面合意併同向主管機關申報之；然，關於上述證券交易法第 43 條之 1 第 1 項取得股份申報事項原要點第 3 條（現行辦法第 4 條）第 2 款已刪除之舊有規定，即「本人及其配偶、未成年子女及二親等以內親屬持有表決權股份合計超過三分之一之公司或擔任過半數董事、監察人或董事長、總經理之公司取得股份者」亦認定為共同取得人之規定，在司法院大法官釋字第 586 號認為其係逾越母法關於「共同取得」之文義可能範圍，即忽略母法「共同」二字，依一般文義理應具備以意思聯絡，到達一定目的（如控制、投資）之核心意義，增加母法所未規範之申報義務，涉及憲法所保障之資訊自主權與財產權之限制，違反憲法第 23 條之法律保留原則，應於解釋公布之日（2004 年 12 月 17 日）起一年內失效❽。再者，此處所稱之取得股份者，該辦法第 5 條亦特別規定其不以過戶為取得之要件，如此取得股份之方式，當然包括買進或互易、受贈、轉換公司債其轉換權之行使、繼承、遺贈或承受、公司合併之股份換發及信託讓與等行為。

---

❽　關於與他人共同取得股份之申報範圍，請參閱劉連煜，〈證交法第 43 條之 1 第 1 項共同取得認定之研究——從大法官會議釋字第 586 號解釋論起〉《公司法理論與判決研究㈣》（自版，2006 年）253 頁。

　　關於大量持有股權之規制，凡任何人取得公開發行公司已發行股份總額超過百分之十之股份者，依法應於一定的期限內，即 10 日內向主管機關申報、公告之義務，而一般亦認為大量持有股權的資訊公開，不僅是有助於發行公司正視企業內部股權結構的變化，及早規劃，並因應日後可能發生的情事，例如企業購併 (M&A)；爰此，論者亦謂其制度的真正目的，在於防止市場上的突襲行為與故意隱藏不法的交易行為，乃藉由資訊揭露制度，防患未然，當然亦為證券市場上維護交易秩序的重要設計之一。然，就大量取得持股資訊公開之法目的論，是否宜參酌證券交易法第 43 條之 1 第 2 項公開收購制度，如本章次節所介紹，就該收購「有價證券」的對象，應將取得「股份」予以擴張解釋？換言之，使其包括其他具有股權性質之有價證券，不獨是公司股票，亦包括例如新股認購權利證書、認股權憑證、附認股權特別股、可轉換公司債、附認股權公司債等，將具有股權性質概念的有價證券，納入為妥，以達到揭露實質持有股權資訊之目的；惟其同時亦應排除無表決權的部分。

證券交易法第四十三條之一第一項取得股份申報辦法——＊民國 112 年 4 月 21 日修正前
(民國 108 年 10 月 7 日發布)

第 1 條
本辦法依證券交易法（以下簡稱本法）第四十三條之一第一項規定訂定之。

第 2 條
任何人單獨或與他人共同取得任一公開發行公司已發行股份總額超過百分之十之股份時，單獨或共同取得人（以下簡稱取得人）均應依本辦法之規定向主管機關申報及公告；申報事項如有變動時，亦同。

第 3 條
本辦法所稱任何人取得公開發行公司已發行股份，其取得股份包括其配偶、未成年子女及利用他人名義持有者。

第 4 條
本辦法所稱與他人共同取得股份，指以契約、協議或其他方式之合意，取得公開發行公司已發行股份。
取得人間如有書面合意，應將該書面合意併同向主管機關申報。

第 5 條
本辦法所稱取得股份不以過戶為取得之要件。

第 6 條
取得人取得任一公開發行公司已發行股份總額超過百分之十之股份時（以下簡稱取得日），應依

第二項規定辦理公告，並於取得日起十日內，向主管機關申報下列事項：

一、取得人之身分、姓名或名稱、國民身分證號碼或統一編號、住所或所在地；取得人為公司者，並應列明其持股百分之五以上之股東或直接、間接對於持股百分之五以上之股東具有控制權者之姓名或名稱、國民身分證號碼或統一編號、住所或所在地。

二、申報時取得之股份總額及占已發行股份總額百分比。取得人為金融控股公司，且被取得股份之公司為金融機構者，取得人之子公司及關係企業持有被取得股份之公司之股權情形。

三、取得之方式及日期。

四、取得股份之目的。

五、資金來源明細。

六、取得股份超過百分之十前六個月之交易明細。

七、預計一年以內再取得股份之數額。

八、有無下列股權之行使計畫，如有，其計畫內容：

　　㈠自行或與其他人共同推動召集股東臨時會之計畫。

　　㈡自行或支持其他人競選董事或監察人之計畫。

　　㈢對於所取得股份之公司，處分其資產或變更財務、業務之計畫。

取得人屬公開發行公司者，應於取得日起十日內，將前項應行申報事項傳輸至公開資訊觀測站後，即屬完成公告；取得人非屬公開發行公司者，應於取得日起八日內，將前項應行申報事項送達被取得股份之公司，由被取得股份之公司於送達日起二日內代為傳輸至公開資訊觀測站。

第 7 條

下列申報事項如有變動，取得人應依第三項規定辦理公告，並於事實發生之日起二日內，向主管機關申報：

一、所持有股份數額增、減數量達被取得股份之公司已發行股份總額百分之一，且持股比例增、減變動達百分之一時；上開申報及公告義務應繼續至單獨或共同取得股份降低至該公司已發行股份總額百分之十以下為止。

二、取得人為公司者，其持股百分之五以上之股東或直接、間接對於持股百分之五以上之股東具有控制權者。

三、取得股份之目的。

四、資金來源。

五、預計一年以內再取得股份之數額。

六、股權之行使計畫內容。

前項取得人應就本次與前一次申報持股總額之變動情形，併同申報。

取得人屬公開發行公司者，應於事實發生之日起二日內，將前二項應行申報事項傳輸至公開資訊觀測站後，即屬完成公告；取得人非屬公開發行公司者，應於事實發生之日起二日內，將前二項應行申報事項送達被取得股份之公司，由被取得股份之公司於送達當日代為傳輸至公開資訊觀測站。

任何人單獨取得該公開發行公司已發行股份總額超過百分之十時，除應依本辦法規定申報及公告外，並應依本法第二十二條之二及第二十五條規定申報。

第 8 條

取得人向主管機關申報時，除應同時以副本通知被取得股份之公司外，被取得股份之公司之股票已於證券交易所上市者，並應以副本通知臺灣證券交易所股份有限公司；於證券商營業處所買賣者，並應以副本通知財團法人中華民國證券櫃檯買賣中心。

第 9 條
本辦法自發布日施行。

第二節　公開收購股權

壹、「市場外」的收購股權制度

　　一般所謂公開收購，簡而言之，係指有意收購公司股權之人，於證券市場外直接向公司股東公開出價收購其持股的行為；民國 77 年證券交易法修正時，增訂第 43 條之 1 第 2 項「不經由有價證券集中交易市場或證券商營業處所，對非特定人為公開收購公開發行公司之有價證券」的相關規定，此即為我國法上的公開收購股權制度。

　　論者有謂公開收購股權，常見於證券市場發達之英、美等國家，係公司間為追求企業外部成長，所採行的一種股權收購策略❾。惟我國於民國 77 年證券交易法部分條文修正時，已導入公開收購制度；然，就當時的公開收購制度，論者謂其並非因當時我國已有公開收購股權的案例存在，或因實務上發生證券管理法制的漏洞或弊害，而是公開收購股權，乃政府「預期」我國隨金融市場自由化與國際化的趨勢，未雨綢繆，為因應未來企業經營環境之轉變與需求，或可稱為一種「前瞻性」的立法❿。易言之，依民國 77 年證券交易法部分條文修正草案總說明，如前財政部錢純部長所陳指「英、美、日、韓等國於其證券交易制度，皆有公開出價收購方式，使擬參與或控制他公司經營權之個人或公司，得不經由集中交易市場或證券商營業處所，直接以廣告、書函、廣播等方法，向不特定多數人公開出價買入他公司之股票，以免為參與或控制他公司經營權者須於集中交易市場

---

❾　林國全，〈有價證券公開收購的定義〉《證券交易法研究》（元照，2000 年）59
　　頁；吳光明，《證券交易法論》（三民書局，2002 年）101 頁；陳春山，前揭書
　　❼ 104 頁。

❿　林國全，前揭論文❾，60 頁。

或證券商營業處所大量買入該項股票，致影響市場或其他對發行公司或投資人不利之行為；對於該買賣證券之方式，各國皆有管理制度，以免浮濫。我國現行證券交易法中，並無是項買賣證券之方式之規定，為適應未來證券市場發展之需要，爰增訂第 43 條之 1 第 2 項，並授權主管機關訂定核准辦法，俾便管理」之謂❶。另，相關公開收購股權之實行，在制度上將與上市公司、上櫃公司等公開發行有價證券買賣的場所，有某種程度關連，因而同時修正證券交易法第 150 條限制買賣上市有價證券之場所規定，明文其場外交易之條件，同時增訂第 4 款「其他符合主管機關所定事項者」，以資配合。

　　然，針對上述公開收購股權的法制規範，我國於民國 91 年證券交易法部分條文修正，前財政部陳冲次長正式於立法院財政委員會報告時，亦承認該制度不如預期，謂「公開收購制度在臺灣已經存在有十幾年了，到現在為止，還沒有成功的案例。整體來說，大家都認為這個制度應該要革新，……」，並指出現今「政府草擬中之企業併購法草案，對於現有礙企業併購之法規多予鬆綁，該草案所稱之併購涵蓋公司之合併、收購及分割等型態，公開收購亦屬於併購類型之一，為使公開收購得以順利進行，並考量投資人權益及證券市場之交易秩序，爰配合修正證券交易法有關公開收購之部分條文」，宜大幅調整舊有的公開收購設計❷。

---

❶　立法院第一屆第 80 會期第 21 次會議記錄，財政、經濟、司法三委員會報告審查「證券交易法部分條文修正草案」案，請參閱《立法院公報》第 76 卷第 96 期 31 頁（錢純報告）。

　　關於美國法與日本法之公開收購制度介紹，國內文獻可參閱賴英照，前揭書❼ 292 頁；余雪明，《證券交易法》（證券暨期貨市場發展基金會，2000 年）76 頁；羅怡德，〈美國聯邦證券交易法規對於公開收購股份要約 (tender offer) 相關規定之介紹與討論〉《企業組織法論集》（輔仁大學法學叢書，1992 年）307 頁；陳錦旋，〈試論公開收購公開發行公司有價證券之法規範〉《證券市場發展季刊》第 22 期 399 頁；易建明，《美國、日本及我國公開出價收購法制之研究》（蘆翰，1999 年）25 頁。

❷　立法院第 4 屆第 6 會期財政委員會第 6 次全體委員會議記錄，併案審查院會交

貳、公開收購的立法設計

一、事前申報制

　　如上所述，民國 77 年引進證券交易法第 43 條之 1 第 2 項所規定之公開收購舊制，採行所謂的事前申請核准主義，即「非經主管機關核准，不得為之」的立法政策❸。惟於民國 91 年改採申報生效制，謂證券交易法部分條文修正草案係基於當時經濟發展諮詢委員會議（經發會）的共識，建請政府相關財經政策，應秉持簡化手續、排除程序障礙及提供適當誘因之原則，期以「修改公司經營相關法規，便利企業併購與籌資」之議題，完成企業併購法之立法程序；析言之，在政策上相關證券交易法與公開收購的調整案，其重點即如何調整目前公開收購股權的現行規範，積極鼓勵公司利用各種併購方式，以達致企業快速轉型及外部成長之效益，及時配合國際經濟環境之快速變遷❹。因此，民國 91 年證券交易法第 43 條之 1 第 2 項修正時，政府特別再參酌美、日兩國之立法例，將公開收購股權制度由核准制改為申報制，同時亦將收購數量，不至於影響公司經營權變動者，予以豁免之，使公開收購得以順利進行，並符外國立法之趨勢；簡而言之，就現行證券交易法第 43 條之 1 第 2 項的公開收購規定，則改採事前申報，修正為「不經由有價證券集中交易市場或證券商營業處所，對非特定人為公開收購公開發行公司之有價證券者，除下列情形外，應……向主管機關申報並公告……後，始得為之：一、公開收購人預定公開收購數量，加計

　　付：行政院函請審議「證券交易法部分條文修正草案」案，潘委員維剛等 42 人擬具「證券交易法第 43 條之 1 條文修正草案」案，請參閱《立法院公報》第 90 卷第 59 期 15 頁（陳冲報告）。

❸　立法院第 4 屆第 5 會期第 8 次會議議案關係文書院總第 727 號委員提案第 3527 號參照，https://npl.ly.gov.tw/ 立法院法律提案系統。

❹　立法院第 4 屆第 6 會期第 5 次會議議案關係文書院總字第 618 號政府提案第 8111 號參照，https://npl.ly.gov.tw/ 立法院法律提案系統。

公開收購人與其關係人已取得公開發行公司有價證券總數，未超過該公開發行公司已發行有表決權股份總數百分之五。二、公開收購人公開收購其持有已發行有表決權股份總數超過百分之五十之公司之有價證券。三、其他符合主管機關所定事項」，以因應證券市場之變化，調整政府管理公開收購制度的現有腳步❺。

　　就證券交易法第 43 條之 1 第 2 項改採事前申報的公開收購制度，論者有謂如此不唯有助於企業併購法上股份轉換之運用，而且本次修正亦特別針對「不影響公司經營權結構之收購行為」，予以免除申報之規定，其適用例如公開收購後之加計數量，未超過已發行股份總數百分之五，或母子公司間之公開收購行為等情形，得以期待日後提升公開收購股權行為，在企業結構重新組織的經濟效率❻。另，於申報程序與要件上，民國 105 年證券交易法部分條文修正時，證券交易法第 43 條之 1 第 2 項再增訂市場外之公開收購有價證券，「應提出具有履行支付收購對價能力之證明，向主管機關申報並公告特定事項後，始得為之」，謂以強化公開收購有價證券之資訊揭露透明度❼。

二、強制公開收購與例外

　　依民國 91 年證券交易法部分條文的修正，現行法特別引進強制的公開

---

❺　民國 91 年證券交易法部分條文修正草案報告與主管機關說明，請參閱《立法院公報》第 90 卷第 10 期 40 項（陳冲報告）。

❻　廖大穎，〈解析證券交易法之部份新修正──公開收購與私募制度〉《月旦法學雜誌》第 83 期 262 頁。

❼　民國 105 年證券交易法部分條文修正草案，第 43 條之 1 第 2 項的修正理由，謂「鑑於本法對於公開收購防範機制有所不足，相較於美國，我國公開收購公開發行公司有價證券管理辦法資訊揭露透明度不管深度與廣度均有待加強，其中又以公開收購人資金來源尤為重要，諸如公開收購人之資金來源是否為自有資金、有無向金融機構借貸、預計貸款比例、有無擔保等，且應提出相關證明文件資料，並宜由金融機構等第三方出具資金來源之確認或證明文件」，請參閱《立法院公報》第 105 卷第 87 期 93 頁（委員賴士葆等 21 人提案）。

收購股權制度 (mandatory offers)。所謂強制的公開收購，即立法政策上，如證券交易法第 43 條之 1 第 3 項所明文，指任何人單獨或與他人，共同預定取得公開發行公司已發行股份總額或……達一定比例者，除符合一定條件外，應強制適用本法規定的程序，採公開收購股權的方式為之；當然，這相對於證券交易法第 43 條之 1 第 2 項本文所定上述一定條件的除外情形，即「一、公開收購人預定公開收購數量，加計公開收購人與其關係人已取得公開發行公司有價證券總數，未超過該公開發行公司已發行有表決權股份總數百分之五。二、公開收購人公開收購其持有已發行有表決權股份總數超過百分之五十之公司之有價證券。三、其他符合主管機關所定事項」，則屬本法強制公開收購的例外，惟就本法之強制公開收購制度，謂其規定，乃為避免大量收購有價證券，以致影響個股市場的價格起見，爰參酌英國之立法例，於第 43 條之 1 第 2 項導入強制公開收購規定**❶❽**。

　　至於相關該強制公開收購之一定比例與條件，即依證券交易法第 43 條之 1 第 4 項後段所明定，授權由主管機關定之；另，相關公開收購上述受益憑證者，證券交易法第 43 條之 1 第 5 項亦明文「對非特定人為公開收購不動產證券化條例之不動產投資信託受益證券者，應先向主管機關申報並公告後，始得為之，有關收購不動產證券化之受益證券之範圍、條件、期間、關係人及申報公告事項、第 3 項有關取得不動產投資信託受益證券達一定比例及條件，由主管機關定之」。實務上整體簡單言之，就公司股份部分，例如公開收購公開發行公司有價證券管理辦法第 11 條，即規定任何人單獨或與他人共同預定於五十日內，取得公開發行公司已發行股份總額百分之二十以上有價證券者，應以公開收購方式為之。惟符合下列條件者，不適用前項應採公開收購之規定：

---

❶❽　民國 91 年證券交易法部分條文修正草案，增訂第 43 條之 1 第 3 項的修正理由，請參閱《立法院公報》第 91 卷第 10 期 408 頁。

　　惟相關英國法上的公開收購股權制度，國內文獻可參閱曾宛如，〈英國公開收購制度之架構〉《萬國法律》第 105 期 41 頁；郭大維，〈我國公開收購制度之探討——兼論英美相關立法〉《北大法學論叢》第 65 期 89 頁。

1.與本辦法第 3 條關係人間，進行股份轉讓者。

2.依臺灣證券交易所股份有限公司受託辦理上市證券拍賣辦法取得股份。

3.依臺灣證券交易所股份有限公司辦理上市證券標購辦法或依財團法人中華民國證券櫃檯買賣中心辦理上櫃證券標購辦法取得股份。

4.依本法第 22 條之 2 第 1 項第 3 款規定取得股份。

5.依公司法第 156 條第 6 項或企業併購法實施股份交換，以發行新股作為受讓其他公開發行公司股份之對價。

6.其他符合本會規定者。

再者，就證券交易法第 43 條之 1 第 3 項所稱「與他人共同預定取得」有價證券等之「共同預定取得人」，該辦法第 12 條亦特別明文前條所稱與他人共同預定取得公開發行公司已發行股份等，係指預定取得人間因共同之目的，以契約、協議或其他方式之合意，取得公開發行公司已發行股份。另，於民國 104 年證券交易法修正時，第 43 條之 1 第 3 項增訂取得「不動產證券化條例之不動產投資信託受益憑證」者，亦應納入公開收購股權的規範；就此，立法緣由即謂「除公開發行公司所發行股份以外，其他公開發行之有價證券，因受益人會議之召集、表決、決議，受益人以表決權行使權利，若大量收購此類公開發行有價證券，勢將過度影響證券市場之價格波動，自有健全管理之必要」❶❾。

三、公開收購與交易秩序

相關我國法明定的公開收購制度，乃第 43 條之 1 第 2 項「不經由有價證券集中交易市場或證券商營業處所，對非特定人為公開收購公開發行公司之有價證券者，……應先向主管機關申報並公告後，……」。如上所述，公開收購股權係指公開收購人在市場外，與股東直接買賣其持股之行為；因此，一般認為法規範公開收購股權的意義，不外於如何保障投資人（股

---

❶❾　民國 104 年證券交易法部分條文修正草案，修正第 43 條之 1 第 3 項的立法說明，請參閱《立法院公報》第 104 卷第 54 期 98 頁。

東）的交易安全，藉由公開收購股權之規範，以維護證券交易秩序。就公
開收購股權言之，不僅將涉及被收購公司經營權之變動，且其結果亦將影
響同一產業市場佔有之多寡，亦與公開收購股權當事公司的股東權益息息
相關，尤其是對被收購公司。至於公開收購股權是否會因企業結合，造成
市場不公平競爭之結果？此部分應由公平交易法之主管機關認定。

在證券市場法制上，論公開收購股權之管理，所強調的有三個方向可循：

一是公開收購雙方當事公司之股東，應取得有關公開收購股權相關訊
息的機會，例如被收購的目標公司，董事會在得知他公司有意收購後，必
須提出報告書予股東，說明公司現在之財務、業務狀況，並對股東應否接
受收購要約之建議；又例如收購公司必須說明取得股份的資金來源、收購
目的及若收購成功之相關計畫，以供目標公司股東抉擇之參考。

二是公開收購股權，這係一種非經有價證券集中交易市場或證券商營
業處所之場外交易型態，為防止不法之情事發生，並確保被收購公司之股
東受到平等對待，相關公開收購人之行為，其不僅影響到投資人保護之課
題，亦涉及證券交易秩序之維護。

三是公開收購股權是獲取公司經營控制權的策略之一，但公開收購有
友善的公開收購及敵意的公開收購之分；因此，在機會平等的理論上，被
收購公司董事為確保經營權，將對敵意併購公司進行防禦措施，惟在管理
政策上，必須界定該防禦行為准許之極限。

職是之故，論者有謂相關我國公開收購股權制度，當然亦是證券交易
法的核心課題之一，而其基本架構亦是在於如何落實公開收購股權之資訊
公開，並維持股權交易之公平、公正❷，該制度設計重點如下：

---

❷　林國全，前揭論文❾ 62 頁。

　　至於相關公開收購股權管理之立法理由，黃川口，《證券交易法要論》（自版，
　　1999 年）130 頁與曾宛如，《證券交易法原理》（自版，2000 年）168 頁，認為
　　雖公開收購股權是市場外之行為，但其影響證券市場之供需變化；因此，相關
　　公開收購之市場資訊，實為影響市場上投資人投資判斷的重要元素之一。

㈠資訊公開

一般認為公開收購股權之資訊公開，其是企業併購的程序，實現資訊透明化的不二法門。因此，依其股權收購之性質，可區分為公開收購人的資訊公開與被公開收購公司的資訊公開，兩種型態：

1. 公開收購人的併購資訊

所謂公開收購人之資訊公開，其規範重點亦在於併購資訊的揭露，即應課予公開收購人，依規定須公開收購股權之目的與條件，以提供被收購公司股東應賣持股與否的判斷依據，並亦應將其公開收購的實行結果，屆時予以揭露之；就此，例如公開收購公開發行公司有價證券管理辦法第9條第7項所明定，公開收購人應於公開收購開始日前，公告公開收購申報書、公開收購相關法律意見、履行支付對價能力之證明等特定事項及公開收購說明書。

⑴公開收購申報書

相關證券交易法第43條之1第2項向主管機關申報、公告制度，即主管機關基於本法第43條之1第4項的授權，針對「依第2項規定收購有價證券之範圍、條件、期間、關係人及申報公告事項與前項有關取得公開發行公司已發行股份總額達一定比例及條件」所制定的管理方法，應向主管機關申報、公告或通知，如下事項：

㈠除證券交易法第43條之1第2項第1款至第3款情形外，公開收購公開發行公司有價證券。

㈡公開收購人依證券交易法第28條之2第1項規定，買回自家股份時，應於公開收購開始日前。

㈢對同一公開發行公司發行之有價證券競爭公開收購，於原公開收購期間屆滿之日五個營業日前。

㈣公開收購人變更證券交易法第43條之2第1項以外之條件，或公開收購依證券交易法第43條之5第2項規定，變更申報公開收購事項。

㈤公開收購依證券交易法第43條之5第1項規定，停止公開收購公開發行公司有價證券。

(2)公開收購資訊的特定事項

依前揭管理辦法第 9 條第 2 項規定,公開收購申報書需經律師審核,並出具相關律師法律意見書,而公開收購如須經本會或其他主管機關核准或申報生效者,應併同出具法律意見。

另,為配合民國 105 年證券交易法修正,增訂公開收購人應提出具有履行支付收購對價能力之證明,向主管機關申報並公告之義務;因此,前揭管理辦法第 9 條第 3 項亦明定「公開收購人應提出具有履行支付收購對價能力之證明」,並依同條第 4 項所明定以現金為收購對價者,該證明應包括下列各款之一的內容:「㈠由金融機構出具,指定受委任機構為受益人之履約保證,且授權受委任機構為支付本次收購對價得逕行請求行使並指示撥款。㈡由具證券承銷商資格之財務顧問或辦理公開發行公司財務報告查核簽證業務之會計師,經充分知悉公開收購人,並採行合理程序評估資金來源後,所出具公開收購人具有履行支付收購對價能力之確認書」。至於前揭出具證明之財務顧問或會計師,不得與公開收購人或被收購有價證券之公開發行公司有利害關係而足以影響獨立性。

(3)公開收購說明書

相關證券交易法第 43 條之 1 第 2 項,市場外公開收購股權行為與上述公開收購人之資訊揭露制度,藉由主管機關所頒布之管理辦法,強化企業併購內容公開外,證券交易法第 43 條之 4 亦增訂公開收購人交付公開收購說明書的義務。質言之,證券交易法第 43 條之 4 第 1 項明文公開收購人,除依證券交易法第 28 條之 2 規定,買回公司自己股份者外,應於應賣人請求時或應賣人向受委託機關交存有價證券時,交付公開收購說明書之義務;然,究其立法理由,謂「為使公開收購人充分揭露公開收購資訊(,)並使應賣人(即股東)得以瞭解公開收購事宜,第 1 項明定公開收購人交付公開收購說明書之義務」❷❶。至於公開收購說明書之應行記載內容,依證券交易法第 43 條之 4 第 2 項授權主管機關明定之。

---

❷❶ 民國 91 年證券交易法部分條文修正草案,增訂第 43 條之 4 的立法理由,請參閱《立法院公報》第 91 卷第 10 期 412 頁。

　　惟相關公開收購說明書之違反交付義務或其內容有虛偽或隱匿者，證券交易法第 43 條之 4 第 3 項特別明文「第 31 條第 2 項及第 32 條之規定，於第 1 項準用之」，即準用相關公開說明書之未交付，或其內容不實之民事責任規定；就此，請參閱本書第三章第二節、第三節【貳】與【參之一】部分之介紹。

公開收購說明書

一、公開收購人名稱：○○○○股份有限公司（下稱「公開收購人」）
　　負責人：○○○

二、被收購公司名稱：○○○股份有限公司（下稱「被收購公司」）

三、收購有價證券種類：被收購公司普通股（提出應賣之股份應無質權或其他轉讓之限制；融資買進之股份須於還款後方得應賣；應賣人之股票應交存於臺灣集中保管結算所股份有限公司該應賣人集中保管劃撥帳號並完成股票集保存手續後，始得應賣，否則不予受理。為免應賣人所獲對價不足支付證券交易稅、匯費或掛號郵寄支票之郵資，及其他合理必要支付股款之費用，應賣股數低於 3 股者不受理）

四、收購有價證券數量：總計 753,878,042 股，相當於被收購公司發行股份總數之百分之百（下稱「預定收購數量」，即以經濟部商業司商工登記資料公示查詢系統所示最後異動民國○○年○○月○○日之被收購公司已發行普通股 753,878,042 股為準）；惟若應賣之數量未達預定收購數量，但已達 384,478,000 股（下稱「最低收購數量」，即以經濟部商業司商工登記資料公示查詢系統所示最後異動民國○○年○○月○○日之被收購公司已發行普通股 753,878,042 股乘以 51% 後四捨五入至千位所得之數）時，則公開收購之數量條件即告成就，在其他公開收購條件均成就後，公開收購人仍應收購所有應賣之有價證券

五、收購對價：以現金為對價，每股新臺幣 37.5 元整。應賣人應自行負擔證券交易稅、銀行匯款費用或郵寄支票之郵資，及其他支付收購對價所必要之合理費用；倘有此類額外費用，公開收購人將依法申報公告；公開收購人支付應賣人股份收購對價時，將扣除應賣人依法應負擔之證券交易稅、銀行匯款費用或郵寄支票之郵資，及其他支付收購對價所必要之合理費用，並四捨五入至「元」為止

六、收購有價證券期間：自民國○○年○○月○○日中午○○時○○分（下稱「收購開始日」）起至○○年○○月○○日下午○○時○○分（下稱「收購截止日」）止。除收購開始日為中午 12 時 00 分至下午 3 時 30 分外，接受申請應賣時間為收購有價證券期間每營業日上午 9 時 00 分至下午 3 時 30 分

七、本公開收購說明書之內容如有虛偽或隱匿之情事者，應由公開收購人與其他曾在公開收購說明書上簽名或蓋章者依法負責

八、應賣人應詳閱本公開收購說明書之內容並注意應賣之風險事項（詳閱本公開說明書第 8 頁）

九、查詢本公開收購說明書之網址：http://0000.com.tw（即受委任機構○○○○證券股份有限公司之網址）

中　華　民　國　○　○　年　○　○　月　○　○　日

2.被收購人對被併購行為的意向資訊

此即所謂被收購公司（亦稱目標公司或對象公司）因應併購之資訊揭露，依上述管理辦法第 14 條第 1 項規定，這是進行公開收購股權程序時，被收購公司之公告、申報主管機關的義務。

關於公開收購與被收購公司間的意向訊息，尤其是相關被收購公司對外來的公開收購股權是採「友善」或「敵意」的態度，即「董事會應就本次公開收購人身分與財務狀況、收購條件公平性，及收購資金來源合理性之查證情形，對其公司股東提供建議，並應載明董事同意或反對之明確意見及其所持理由」。一般認為這態度將可能影響被收購公司的股東，決定是否應賣持股的正向或反向考量，因而公開收購公開發行公司有價證券管理辦法第 14 條第 1 項亦明定「被收購有價證券之公開發行公司於接獲公開收購人依第 9 條第 6 項規定申報及公告之公開收購申報書副本、公開收購說明書及相關書件後十五日內，應就……事項公告、作成書面申報本會備查及抄送證券相關機構」等義務[22]。當然，從企業併購的觀點言之，被收購公司依管理辦法，負有相關公告之義務，但被收購公司本身非決定公開收購股權之狩獵人，在法理上首應揭露公開收購訊息者，乃公開收購人。

本公司接獲○○○○國際股份有限公司公開收購本公司普通股股份通知

公開收購通知書主要內容：

㈠公開收購對價：每股現金新臺幣 41.05 元整。

---

[22]　吳光明，前揭書❾ 109 頁；林國全，前揭論文❾ 64 頁；林仁光，〈公司合併與收購之法律規範〉《萬國法律》第 105 期 33 頁；曾宛如，《證券交易法》（自版，2002 年）169 頁。

㈡預定公開收購之最高及最低數量：預定最低收購數量 45,908,306 股 (51.0%)，預訂最高收購數量 90,016,286 股 (100%)，若已達前述最低收購數量，則本次公開收購之條件即告成就。

㈢公開收購期間：自民國○○年○○月○○日起至民國○○年○○月○○日止，接受申請應賣時間為收購有價證券期間每個營業日上午 9 時 00 分至下午 3 時 30 分（臺灣時間）。

㈣收購單位數及收購限制：提出應賣之股份應無質權或其他轉讓之限制，融資買進之股份須於還款後方得應賣，否則不予受理。本次公開收購受理已集保交存股票之應賣，但不受理實體股票之應賣；應賣人如係持有實體股票，請於收購期間攜帶實體股票、留存印鑑至其往來證券商處辦理存入各應賣人集中保管劃撥帳戶後，再行辦理應賣手續；為免應賣人所獲對價不足支付證券交易稅、臺灣集中保管結算所及證券經紀商手續費、銀行匯款費用或掛號郵寄支票之郵資及其他相關費用，應賣股數低於 3 股者不予受理。

㈤本次公開收購受委任機構：○○○○證券股份有限公司。

㈥因應措施：依「公開收購公開發行公司有價證券管理辦法」第 14 條第 1 項規定，本公司於接獲公開收購人送達之公開收購申報書副本及相關書件後七日內召開董事會，並就規定事項為公告、作成書面申報金管會備查及抄送證券相關機構。

㈦其他應敘明事項：請詳閱公開收購人之公開收購說明書。

查詢公開收購說明書之網址為 http://www.0000.com.tw（即受委任機構○○○○證券股份有限公司之網站）；應賣諮詢專線：(02) 0000-0000，請逕洽受委任機構○○○○證券股份有限公司

㈡維持公開收購交易之秩序

　　所謂維持公開收購交易之秩序，其意味著該公開收購人與股東間之相對交易，而其交易條件應維持一個公平的機制，例如是否應維持同一的收購平臺，以符合各股東機會均等的原則外，進而再強化保障投資人保護的應賣與收購股權人之衡平設計，例如是否應特別強化應賣股權的股東權利而限縮公開收購人之權利？又例如是否容許競爭的公開收購行為？相對於限制公開收購人部分，例如是否應限制公開收購條件不得變更、公開收購人不得他處收購或停止收購之限制、同一比例購買義務？甚至是應賣人是否得以撤銷其應賣之有價證券等皆屬之。以上種種，在於防範該公開收購人藉由公開收購股權，從事脫法的交易行為❷❸。就此，民國 91 年證券交易

---

❷❸　林國全，前揭論文❾ 66 頁。

法修正時，特別明定如下相關的遊戲規則，期以維護市場外公開收購的交
易秩序：

1. 對公開收購人的特別規定

⑴維持收購條件的一致性與變更限制

證券交易法第 43 條之 2 第 1 項規定公開收購人，應以同一收購條件為
公開收購，並明文限制不得變更如下之收購條件：一、調降公開收購價格；
二、降低預定公開收購有價證券數量；三、縮短公開收購期間；四、其他
經主管機關規定之事項。然，相關證券交易法第 43 條之 2 所明文「同一」、
「不得變更」的公開收購股權條件，其立法理由乃謂「為維護應賣人之權
益，第 1 項規範公開收購之條件應歸一致，且條件之變更（，）若不利於
應賣人，不得為之」的限制❷。另，依上述公開收購管理辦法第 7 條之 1
第 2 項及第 3 項所明文，主管機關亦特別規定「公開收購人不得變更公開
收購說明書所載之支付收購對價時間、方法或地點」及「公開收購人與被
收購公司之特定股東不得藉由協議或約定，使該股東於參與應賣後得取得
特別權利，致生股東間實質收購條件不一致之情事」。

至於公開收購人違反上述為保護應賣人的特別規定時，證券交易法第
43 條之 2 第 2 項亦明文「違反前項應以同一收購條件公開收購者，公開收
購人應於最高收購價格與對應賣人公開收購價格之差額乘以應募股數之限
額內，對應賣人負損害賠償責任」。

⑵限制公開收購人及關係人的購買行為

證券交易法第 43 條之 3 第 1 項特別明文公開收購人及其關係人，自申
報並公告之日起，至公開收購期間屆滿日止，不得於集中交易市場、證券
商營業處所、其他任何場所或以其他方式，購買同種類之公開發行公司有
價證券或不動產證券化條例之不動產投資信託受益證券；易言之，證券交
易法第 43 條之 3 第 1 項限制公開收購人及其關係人之他途購買行為，即謂
「為維護應賣人之權益，第 1 項規範公開收購人及其關係人於申報並公告

---

❷ 民國 91 年證券交易法部分條文修正草案，增訂證券交易法第 43 條之 2 第 1 項
的立法說明，請參閱《立法院公報》第 91 卷第 10 期 410 頁。

日起，至公開收購期間屆滿日止，僅得以公開收購方式購買該有價證券或不動產證券化條例之不動產投資信託受益憑證」❷❺。

另，所謂「關係人」，即依公開收購公開發行公司有價證券管理辦法第3條第1項之規定，其對象範圍包括：一、公開收購人為自然人者，指其配偶及未成年子女。二、公開收購人為公司者，指符合公司法第六章之一所定之關係企業。至於違反上述限制規定時，證券交易法第43條之3第2項亦特別規定「違反前項規定者，公開收購人應就另行購買有價證券之價格與公開收購價格之差額乘以應募股數之限額內，對應賣人負損害賠償責任」。

(3)交付公開收購說明書的義務

如本節【貳之三之㈠】的介紹，針對公開收購股權之企業併購遊戲，證券交易法重視的，即公開收購的資訊公開，如證券交易法第43條之4明定公開收購人交付公開收購說明書之義務。因此，關於公開收購說明書部分，請參閱前揭，不再贅述。

(4)停止公開收購的原則禁止與例外

證券交易法第43條之5第1項明文限制公開收購人進行公開收購後，不得停止公開收購之原則，除非符合下列情事之一，經主管機關核准者，否則依法不得停止公開收購股權之進行：一、被收購有價證券之公開發行公司，發生財務、業務狀況之重大變化，經公開收購人提出證明者；二、公開收購人破產、死亡、受監護或輔助宣告或經裁定重整者；三、其他經主管機關所定之事項。惟證券交易法第43條之5第3項亦規定公開收購人，未於收購期間，完成預定收購數量，或經主管機關核准，停止公開收購之進行者，除有正當理由，並經主管機關核准者外，公開收購人於一年內不得就同一被收購公司進行公開收購之限制。

---

❷❺　民國91年證券交易法部分條文修正草案，增訂第43條之2的立法理由，請參閱《立法院公報》第91卷第10期411頁。

　　民國104年證券交易法部分條文修正草案，修正第43條之3的立法說明，謂「配合第43條之1修正，增列對應適用之客體」，請參閱《立法院公報》第104卷第54期100頁。

　　至於相關證券交易法第 43 條之 5 第 1 項與第 3 項的立法限制，謂「(政策上) 明定公開收購申報後，公開收購人自應依其申報內容進行收購，除法所明文之例外情形，並經主管機關核准外，收購人不得任意停止公開收購之進行」，另「為避免公開收購人以公開收購之名，行影響市場之實，爰參酌香港立法例，第 3 項明定……」❷❻。

2. 重行申報與公告的公開收購

　　相較於以上政策與立法，現行證券交易法之於公開收購股權管理，除明文限制公開收購人的權利，並定其義務外，證券交易法第 43 條之 5 第 2 項亦特別授權主管機關，依命令變更公開收購申報事項的規定，即「公開收購人所申報及公告之內容，有違反法令規定之情事者，主管機關為保護公益之必要，得命令公開收購人變更公開收購申報事項，並重行申報及公告」，此乃證券管理政策上「為配合由核准制改為申報制而調整管理之機制，爰參酌日本證券交易法……規定與本法第 156 條規範之精神，第 2 項明定……」之謂❷❼。

四、公開收購人與請求召集股東會的新局

　　關於證券交易法第 43 條之 5 第 4 項，特別明定「公開收購人與其關係人於公開收購後所持有被收購公司已發行股份總數超過該公司已發行股份總數百分之五十者，得以書面記明提議事項及理由，請求董事會召集股東臨時會，不受公司法第 173 條第 1 項規定之限制」，究其立法理由，謂以放寬公司法上股東請求召集股東臨時會的條件；易言之，公司法第 173 條第 1 項所明文股東請求召集股東臨時會者，係該股東繼續一年以上，持有已發行股份總數百分之三以上股份為其條件，惟如此的條件限制，對依公開收購股權的方式，在公開收購後，恐無法即時召集股東會，順利完成公司

---

❷❻　民國 91 年證券交易法部分條文修正草案，增訂第 43 條之 5 第 1 項的立法說明，請參閱《立法院公報》第 91 卷第 10 期 413 頁。

❷❼　民國 91 年證券交易法部分條文修正草案，增訂第 43 條之 5 第 2 項的立法理由，請參閱《立法院公報》第 91 卷第 10 期 413 頁。

經營權的移轉，當然對於企業組織再造之調整機制，將產生極大的不便。職是之故，證券交易法增訂如上的條文，排除公司法第 173 條第 1 項的規定限制，對於公開收購後所持股份過半的公開收購人，得請求召集股東會，以遂行企業經營團隊的改組工作，此乃公開收購股權的初衷之謂❷。然，何謂關係人?證券交易法第 43 條之 1 第 4 項明文授權主管機關所頒布的公開收購管理辦法規定，可參酌之❷。

參、與公開收購併生不法行為的疑慮

一、配合股權收購之操縱市場疑惑

民國 105 年夏，在我國出現一椿違約交割的公開收購股權爭議，此即公開收購人百尺竿頭收購樂陞公司股票一案，收購人於所定的公開收購期間屆滿，現金交割匯款日前，卻自行宣布延後交割，而後續衍生出一場形同破局「不交割」的公開收購案。惟就此案之發生緣由，依報載乃因公開收購人於成就所有收購股權條件的當時，未匯款而延遲交割的行為，據稱被收購公司將不排除檢舉公開收購人的惡意操縱股價行徑，所爆發出來的財經弊案❸。

然，違約不交割之所以是「操縱股價」的行為，這是我國證券交易法第 155 條第 1 項第 1 款規定所使然，就其性質是債務不履行，如本書第五

---

❷　立法院第 4 屆第 6 會期財政委員會，前揭會議記錄❶ 27 頁（林忠正發言——委員提議增列第 43 條之 5 第 4 項修正案）。

❷　依公開收購公開發行公司有價證券管理辦法第 3 條第 1 項規定，本法第 43 條之 1 第 2 項、第 40 條之 3 第 1 項及本辦法所稱關係人，指下列情形之一：㈠公開收購人為自然人者，指其配偶及未成年子女，㈡公開收購人為法人者，指符合公司法第 6 章之 1 所定之關係企業者；當然，該辦法第 3 條第 2 項亦規定前項關係持有之有價證券，包括利用他人名義持有者。

❸　民國 105 年 8 月 30 日中廣新聞網〈日商收購樂陞傳破局，公司不排除提告〉報導及民國 105 年 9 月 2 日《天下雜誌》〈50 億股市騙局，樂陞案如何層層失守？〉財經焦點等記事，請參閱。

章第三節【貳之一之㈠】部分之介紹；至於證券交易法第 155 條第 1 項第
2 款至第 7 款的操縱市場行為，立法禁止的規範是一種意圖性的行為犯，
即意圖影響市場股價或意圖造成市場表象之相對交易、連續買賣或散布行
為等，實務上所俗稱哄抬（或慣壓）的炒作股價。就此部分，請參閱本書
第五章第三節【貳之一之㈡與㈢】之介紹。針對公開收購樂陞案之場外違
約情節，是否構成證券交易法第 155 條的人為操縱市場罪？涵攝於第 171
條第 1 項的罪責規定？論者質疑未履行交割，是否構成操縱？依法進行的
公開收購，是否具阻卻違法性？而有必要再檢視公開收購股權、未依約交
割行為與第 155 條構成要件間之關連性，期以釐清❸。

　　惟在商言商，公開收購人的收購成本管控與追求「相對低價」的交易
價格，這亦是企業併購不可忽視的商業條件之一；易言之，這從樂陞案的
爆發與檢察官起訴書所載的樂陞公司發行可轉換公司債等情節，令人不解。
因此，是否有人故意在營造適合併購的市場價格，這正是證券交易法之所
以規範人為操縱市場的課題之一。當然，證券市場在公開收購股權的「利
多」誘因下，企業併購與市場反映股價的題材，一直是商管學院專注企業
併購的熱門議題所在，而前揭樂陞案亦似乎對於炒作股價、內線交易等財
經犯罪的質疑，無法清楚交待。關於民國 105 年 9 月下旬，依報載臺北地
檢署偵辦此併購案，因公開收購人百尺竿頭未如期繳款，惡意不交割，導
致收購案破局，重挫被收購公司樂陞的股價，投資人慘賠，檢調單位懷疑
行為人涉及證券詐欺、內線交易、炒股等弊情，大規模搜索、約談被收購
公司樂陞董座等人，進入司法程序❸。

---

❸　朱德芳，〈樂陞案評釋——以股價操縱為核心〉《2017 年海峽兩岸商法論壇報
　　告資料彙編》（中國法學會商法學研究會／臺灣財政金融法學研究基金／貴州
　　大學法學院，2017 年）109 頁。

❸　民國 105 年 9 月 25 日中時電子報〈樂陞案董座許○龍，疑涉證券詐欺、內線
　　交易、炒股，1000 萬交保〉新聞記事，請參閱。

二、配合股權收購之內線交易疑惑

　　公開收購制度，從歷史發展觀之，這係英美法系國家習以為常，特定個人間或企業取得經營權的手段之一，而公開收購股權之實行，其結果則亦將與「大量取得」之收購有價證券間，有某種程度的必然性關聯，但相關公開收購有價證券，是否衍生內線交易？其質疑，論者有謂關鍵乃在於公開收購資訊的揭露與其實行。關於此，比方是美國判例法上 United States v. Chiarella 事件❸與 United States v. Chestman 事件❹的公開收購股權案例，法院咸認為公開收購者以高於市價之價格，提出收購股權的要約，其對於證券市場上該個股之價格，的確產生一定的影響力；甚至是對於一般理性投資人之投資決定，亦有重大的影響，從而潛藏衍生證券詐欺之疑惑，肯定實務上公開收購股權行為，亦將是影響證券市場上公司股價行情的重要因素之一❺。相對於我國，雖於民國 77 年正式引進，但截至民國 90 年，成功案例屈指可數；當然，自民國 91 年證券交易法部分條文修正與公開收購新制以來，相關證券市場的公開收購股權案例，如雨後春筍般，可輕易找到不少企業併購成功或失敗的個案❻。然，如本國第 1 件公開收購成功的新竹商銀股票案，而例如前揭公開收購的樂陞股票案，均亦同有涉嫌內線交易的質疑。

---

❸　United States v. Chiarella, 445 U.S. 222 (1980), 100 S.Ct. 1108 (1980).

❹　United States v. Chestman, 903 F. 3d 75 (2nd Cir., 1990).

❺　例如曾宛如，前揭書❷ 171 頁；劉連煜，〈敵意式公開併購、內線交易與競爭收購〉《新證券交易法實例研習》（自版，2002 年）207 頁。

❻　民國 91 年證券交易法部分條文修正，就公開收購股權制度的調整，其重點乃在於因應目前經濟環境快速變遷之時點，配合政府鼓勵企業利用併購的方式，進行企業快速轉型及成長，特別修正既有的公開收購設計，期以創設企業併購的新機制，排除現行企業併購的有形障礙，使公開收購股權制度得以完成企業轉型的目標，並考量證券市場上保護投資人之權益及交易秩序之謂，請參閱立法院第 4 屆第 6 會期第 5 次會議，議案關係文書總字第 618 號政府提案第 8111 號參照（會議記錄 16 頁），https://npl.ly.gov.tw/ 立法院法律案提案系統。

惟相關我國證券交易法第 157 條之 1 第 5 項之現行規定，亦曾配合公開收購股權制度，修正明定凡涉及公開收購事宜者，屬於有重大影響其股票價格之消息，期以有效防範證券市場上內線交易的發生。的確，就公開收購股權而言，在實證分析或屬於是可致生對該公司股價與市場上投資人投資決定之實質影響，如前所述；因此，相關公開收購的訊息，亦應將之增列於證券交易法第 157 條之 1 第 4 項所稱「有重大影響其股票價格之消息」，乃為有效防止內線交易的發生，以求周全之謂 ❸。然，在渣打銀行收購新竹商銀一案觀察，依我國內線交易的現行法體系，證券交易法第 157 條之 1 第 1 項所規範的，係針對該發行股票（或其他有價證券）之新竹商銀內部為其相關影響股價的重大消息來源，如民國 77 年時的立法說明，依法對新竹商銀的內部人、準內部人或從其所獲悉的消息受領人，禁止在消息未公開前，不得買賣新竹商銀股票（或其他有價證券）的行為，因而稱為禁止內部人交易 (insider trading)，俗稱為內線交易，如前章第三節【參】之介紹，但就公開收購他人公司股權的消息發生與市場上被收購的他人公司股價影響層面觀之，其消息來源是外部，即公開收購人渣打銀行，而非屬於被公開收購人新竹商銀的公司內部訊息，且公開收購所防範內線交易之行為主體，其對象應是公開收購人及其關係人等為主（證券交易法第 43 條之 3），而非被收購發行公司之內部人，著實異於證券交易法第 157 條之 1 第 1 項的構成要件。若嚴格而言，法所規範禁止的態樣，應及於發行公司外部人的「內線交易」行為，科予第 171 條的刑事責任；惟，我國現行的證券交易法第 157 條之 1，是否得以有效相繩？值得深思 ❸。

至於公開收購的有價證券？其範圍，則依公開收購公開發行公司有價

❸ 民國 91 年證券交易法部分條文修正草案，相關第 157 條之 1 第 4 項修正理由，謂「按公開收購以高於市價之價格，向不特定人提出收購要約，對於該個股之價格及正當投資人之投資決定具有重大之影響力，爰於第 4 項明定之」，請參閱《立法院公報》第 91 卷第 10 期 424 頁。

❸ 關於公開收購股權之外部訊息與內線交易規範之分析，請參閱廖大穎，〈資訊不正流用理論與我國證券交易法第 157 條之 1〉《月旦財經法雜誌》第 16 期 77 頁。

證券管理辦法第 2 條第 2 項所明文，其適用之有價證券係指股票、新股認購權利證書、認股權憑證、附認股權特別股、轉換公司債、附認股權公司債及其他經核定之有價證券者，但證券交易法第 157 條之 1 第 1 項的內線交易對象，是否僅侷限於公司股票一種？申言之，若公開收購股票以外之有價證券，即可因非屬買賣公司股票之交易，輕易迴避證券交易法第 157 條之 1 的立法規範，恐為內線交易法制上明顯的缺漏❸。職是，有鑑於買賣可轉換公司債等具有股權性質之金融商品，在法理上均可能是構成內線交易的工具，爰以將證券交易法第 157 條之 1 第 1 項不得買賣該公司股票之規定，亦修正為「不得對該公司之……股票或其他具有股權性質之有價證券」，即將股票以外，具有股權性質之有價證券，納入本條的規範，並保留彈性，因應有價證券不斷推陳出新之謂❹。

肆、公開收購與企業財務操作

公開收購股權制度，係歐美國家企業經營權掌控的手段之一，似乎是司空見慣的事實，我國雖於民國 77 年引進，但截至民國 90 年為止，似無正式的案例可依循；至於民國 91 年證券交易法部分條文修正，針對原有的公開收購股權制度，予以調整。關於本次調整，論者有謂其重點，乃在於因應目前經濟環境快速變遷之時間點，配合政府鼓勵企業利用併購的方式，進行企業快速轉型及成長，特別修正證券交易法上的公開收購股權制度，期以創設企業併購的新機制，排除現行企業併購的有形障礙，使公開收購股權制度得以完成企業轉型之目標，並考量證券市場上保護投資人之權益及交易秩序❹。因此，就我國公開收購案，有日益活潑與深化的趨勢，而如外商渣打銀行收購新竹國際商銀，則為首一成功的案例。

惟平心而論，公開收購股權行為，或許是企業規模重新編整的手段與

---

❸　林麗香，〈禁止內部人交易之修法方向〉《月旦法學雜誌》第 39 期 52 頁。

❹　民國 91 年證券交易法部分條文修正草案，相關第 157 條之 1 第 1 項修正理由，請參閱《立法院公報》第 91 卷第 10 期 423 頁。

❹　立法院第 4 屆第 6 會期財政委員會，前揭會議記錄❹ 16 頁（陳冲報告）。

契機之一，例如修正前企業申請公開收購核准的條件——期待其結果應能促成社會經濟之比較利益者，始核准之，但就企業實務上的運作，是否亦可能如美國在企業購併的風潮下，出現公開收購股權的實際狀況有被惡用之虞？其結果，反而僅創造投機的資本家所追求的外部成長手段之一，或為排除市場競爭的對象，迫使被收購公司解散或停頓其企業活動者；當然，甚亦可將企業併購制度視為公司財務操作的一種方式，追求個人利益或迴避經濟上虧損的策略。簡而言之，所謂企業併購是為促進企業管理的效率提升？抑或是變相成為企業文化上的金錢角力戰？將隨個人的解讀不同，呈現不同的價值判斷；惟如此的企業併購行為，其乃將具有法律上人格的公司，予以收購「物化」的一種行為，恐有令人再深入檢討之餘地❷。

公開收購公開發行公司有價證券管理辦法

（民國 105 年 11 月 18 日最新修正）

第一章　總則

第 1 條

本辦法依證券交易法（以下簡稱本法）第四十三條之一第四項規定訂定之。

第 2 條

本辦法所稱公開收購，係指不經由有價證券集中交易市場或證券商營業處所，對非特定人以公告、廣告、廣播、電傳資訊、信函、電話、發表會、說明會或其他方式為公開要約而購買有價證券之行為。

本法第四十三條之一第二項規定公開收購有價證券之範圍係指收購已依本法辦理或補辦公開發行程序公司之已發行股票、新股認購權利證書、認股權憑證、附認股權特別股、轉換公司債、附認股權公司債、存託憑證及其他經金融監督管理委員會（以下簡稱本會）核定之有價證券。未補辦公開發行之私募有價證券不得為公開收購之標的。

第 3 條

本法第四十三條之一第二項、第四項、第四十三條之三第一項、第四十三條之五第四項、第一百七十四條第一項第四款、第一百七十八條第一項第二款及本辦法所稱關係人，指下列情形之一：

一、公開收購人為自然人者，指其配偶及未成年子女。

二、公開收購人為公司者，指符合公司法第六章之一所定之關係企業者。

前項關係人持有之有價證券，包括利用他人名義持有者。

第 4 條

本辦法所稱應賣人係指擬讓售其持有被收購公開發行公司有價證券之人。

第 5 條

本辦法所稱證券相關機構如下：

---

❷　廖大穎，前揭論文❶ 265 頁。

一、證券交易所或證券櫃檯買賣中心。

二、證券投資人及期貨交易人保護中心。

三、其他經本會指定之機構。

第 6 條

公開收購人申報與公告非屬同一日者，本法第四十三條之三第一項期間之起算以先行申報或公告之日為準。

第二章　公開收購之申報及公告

第 7 條

公開收購公開發行公司有價證券者，除有本法第四十三條之一第二項第一款至第三款情形外，應向本會申報並公告後始得為之。

對同一公開發行公司發行之有價證券競爭公開收購者，應於原公開收購期間屆滿之日五個營業日以前向本會辦理公開收購之申報並公告。

第 7-1 條

公開收購人應以同一收購條件為公開收購，且不得為下列公開收購條件之變更：

一、調降公開收購價格。

二、降低預定公開收購有價證券數量。

三、縮短公開收購期間。

四、其他經本會規定之事項。

公開收購人不得變更公開收購說明書所載之支付收購對價時間、方法或地點。但發生天然災害或緊急事故情事，不在此限。上開情事之發生與消滅，由各相關主管機關依相關法令認定發布之。

公開收購人與被收購公司之特定股東不得藉由協議或約定，使該股東於參與應賣後得取得特別權利，致生股東間實質收購條件不一致之情事。

第 8 條

公開收購之對價除現金外，應以下列範圍為限：

一、已在證券交易所上市或於證券商營業處所買賣之國內有價證券；外國有價證券之範圍由本會另定之。

二、公開收購人為公開發行公司者，其募集發行之股票或公司債；公開收購人為外國公司者，其募集發行之股票或公司債之範圍由本會另定之。

三、前款公開收購人之其他財產。

第 9 條

公開收購人除依本法第二十八條之二規定買回其股份者外，應依第七條規定，於公開收購開始日前檢具公開收購申報書及下列書件向本會申報：

一、公開收購說明書。

二、公開收購人依第十五條規定與受委任機構簽定之委任契約書。

三、公開收購人在中華民國境內無住所或營業處所者，指定訴訟及非訟事件代理人之授權書。

四、其他本會規定之文件。

公開收購申報書件須經律師審核並出具律師法律意見書。公開收購如須經本會或其他主管機關核准或申報生效者，應併同出具法律意見。

公開收購人應提出具有履行支付收購對價能力之證明。

以現金為收購對價者，前項證明包括下列各款之一：

一、由金融機構出具，指定受委任機構為受益人之履約保證，且授權受委任機構為支付本次收購對價得逕行請求行使並指示撥款。

二、由具證券承銷商資格之財務顧問或辦理公開發行公司財務報告查核簽證業務之會計師，經
充分知悉公開收購人，並採行合理程序評估資金來源後，所出具公開收購人具有履行支付
收購對價能力之確認書。

前項第二款之財務顧問或會計師不得與公開收購人或被收購有價證券之公開發行公司有利害關
係而足以影響獨立性。

公開收購人應將第一項公開收購申報書副本、公開收購說明書及相關書件，於公開收購申報日
同時送達被收購有價證券之公開發行公司。

公開收購人應於公開收購開始日前公告公開收購申報書、第二項與第三項之事項及公開收購說
明書。

公開收購經本會依本法第四十三條之五第二項規定命令變更申報事項者，公開收購期間自公開
收購人重行申報及公告之日起，重行起算。

第 10 條

公開收購人依本法第二十八條之二規定買回其股份者，應於公開收購開始日前檢具公開收購申
報書及下列書件公告並向本會申報：

一、前條第一項第二款之書件。

二、董事會決議買回股份之會議紀錄。

三、董事會出具已考慮公司財務狀況，不影響公司資本維持之聲明書。

四、董事會決議前最近期依法公開經會計師查核或核閱之財務報告。

五、會計師或證券承銷商對買回股份價格之合理性評估意見。

六、依上市上櫃公司買回本公司股份辦法第十條轉讓股份予員工辦法或第十一條股權轉換或認
股辦法。

七、對公司未分配盈餘之影響。

八、其他本會規定之文件。

第 11 條

任何人單獨或與他人共同預定於五十日內取得公開發行公司已發行股份總額百分之二十以上股
份者，應採公開收購方式為之。

符合下列條件者，不適用前項應採公開收購之規定：

一、與第三條關係人間進行股份轉讓。

二、依臺灣證券交易所股份有限公司受託辦理上市證券拍賣辦法取得股份。

三、依臺灣證券交易所股份有限公司辦理上市證券標購辦法或依財團法人中華民國證券櫃檯買
賣中心辦理上櫃證券標購辦法取得股份。

四、依本法第二十二條之二第一項第三款規定取得股份。

五、依公司法第一百五十六條第六項或企業併購法實施股份交換，以發行新股作為受讓其他公
開發行公司股份之對價。

六、其他符合本會規定。

第 12 條

前條所稱與他人共同預定取得公開發行公司已發行股份，係指預定取得人間因共同之目的，以
契約、協議或其他方式之合意，取得公開發行公司已發行股份。

第 13 條

公開收購決定之日起至申報及公告日前，因職務或其他事由知悉與該次公開收購相關之消息者，
均應謹守秘密。

第三章　公開收購程序之進行

第 14 條

被收購有價證券之公開發行公司於接獲公開收購人依第九條第六項規定申報及公告之公開收購申報書副本、公開收購說明書及相關書件後十五日內，應就下列事項公告、作成書面申報本會備查及抄送證券相關機構。

一、現任董事、監察人及持有本公司已發行股份超過百分之十之股東目前持有之股份種類、數量。

二、董事會應就本次公開收購人身分與財務狀況、收購條件公平性，及收購資金來源合理性之查證情形，對其公司股東提供建議，並應載明董事同意或反對之明確意見及其所持理由。

三、公司財務狀況於最近期財務報告提出後有無重大變化及其變化內容。

四、現任董事、監察人或持股超過百分之十之大股東持有公開收購人或其符合公司法第六章之一所定關係企業之股份種類、數量及其金額。

五、其他相關重大訊息。

前項第一款及第四款之人持有之股票，包括其配偶、未成年子女及利用他人名義持有者。

董事會就第一項第二款進行之查證，須完整揭露已採行之查證措施及相關程序，如委託專家出具意見書亦應併同公告。

被收購有價證券之公開發行公司於接獲公開收購人依本法第四十三條之五第二項規定重行申報及公告（以下簡稱重行申報及公告）之書件後，致須變更第一項第二款規定相關查證情形及對其公司股東之建議者，應於十五日內將該款所規定事項重行公告、作成書面申報本會備查及抄送證券相關機構。

第 14-1 條

被收購有價證券之公開發行公司於接獲公開收購人依第九條第六項規定申報及公告之公開收購申報書副本、公開收購說明書及其他書件後，應即設置審議委員會，並於十五日內公告審議結果及審議委員符合第四項規定資格條件之相關文件。

前項之審議委員會應就本次公開收購人身分與財務狀況、收購條件公平性，及收購資金來源合理性進行查證與審議，並就本次收購對其公司股東提供建議。審議委員會進行之查證，須完整揭露已採行之查證措施及相關程序，如委託專家出具意見書亦應併同公告。

審議委員會委員之人數不得少於三人，被收購有價證券之公開發行公司設有獨立董事者，應由獨立董事組成；獨立董事人數不足或無獨立董事者，由董事會遴選之成員組成。

審議委員會委員之資格條件，應符合公開發行公司獨立董事設置及應遵循事項辦法第二條第一項及第三條第一項規定。

審議委員會之審議結果應經全體委員二分之一以上同意，並將查證情形、審議委員同意或反對之明確意見及其所持理由提報董事會。委員出席方式準用公開發行公司併購特別委員會設置及相關事項辦法第七條第二項規定。

審議委員會之議事，應作議事錄，審議過程公司應全程錄音或錄影存證，議事錄與相關存證資料之保存期限與保管方式準用公開發行公司併購特別委員會設置及相關事項辦法第十條規定。

被收購有價證券之公開發行公司於接獲公開收購人重行申報及公告之書件後，應即通知審議委員會進行審議，並於十五日內重行公告審議結果。

第 15 條

公開收購人應委任依法得受託辦理股務業務之機構負責接受應賣人有價證券之交存、公開收購說明書之交付及公開收購款券之收付等事宜。

受委任機構應設立專戶辦理前項款券之收付且專款專用，並應以善良管理人之注意，忠實履行職責。

受委任機構應符合公開發行股票公司股務處理準則規定之資格條件,且最近一年內未有因公開收購業務經本會處糾正以上處分者。但違規情事已具體改善,並經本會認可者,得不受其限制。

受委任機構接受應賣人有價證券之交存時,應開具該有價證券種類、數量之憑證與應賣人。

受委任機構接受應賣人透過證券商或保管銀行以帳簿劃撥方式交存有價證券者,應依證券集中保管事業相關規定辦理。

第 15-1 條

公開收購人委任之受委任機構以一家為限。但收購未上市、未上櫃或興櫃之公開發行公司有價證券者,委任之受委任機構不得逾二家。

公開收購人為金融控股公司或其子公司者,不得委任同一金融控股公司之子公司擔任受委任機構。

第 16 條

公開收購人除依本法第二十八條之二規定買回本公司股份者外,應於公開收購期間開始日前,將公開收購說明書送達其受委任機構及證券相關機構;並應於應賣人請求時或應賣人向第十五條受委任機構交存有價證券時,交付應賣人公開收購說明書。

前項受委任機構應代理公開收購人交付公開收購說明書。

第 17 條

公開收購人為本法第四十三條之二第一項以外之條件變更前,應向本會申報並公告,且通知各應賣人、受委任機構及被收購有價證券之公開發行公司。

第 18 條

公開收購之期間不得少於二十日,多於五十日。

有第七條第二項之情事或有其他正當理由者,原公開收購人得向本會申報並公告延長收購期間。但延長期間合計不得超過五十日。

第 19 條

本辦法所稱公開收購條件成就,係指公開收購期間屆滿前達公開收購人所定之最低收購數量。

本次公開收購如涉及須經本會或其他主管機關核准或申報生效之事項者,應取得核准或已生效。

公開收購人應就下列事項於事實發生之日起二日內,向本會申報並公告,並副知受委任機構:

一、本次公開收購條件成就前,其他主管機關已核准或申報生效。

二、本次公開收購條件成就。

三、本次收購對價已匯入受委任機構名下之公開收購專戶。

四、本次公開收購條件成就後,應賣有價證券數量達預定收購之最高數量。

公開收購期間屆滿日,公開收購條件未成就,或應賣有價證券數量超過預定收購數量,已交存但未成交之有價證券,公開收購人應於公開收購期間屆滿次一營業日,將應賣人交存之有價證券退還原應賣人。

公開收購條件成就後,公開收購人未於公開收購說明書記載之支付收購對價時間完成支付者,應賣人得不經催告,逕行解約,受委任機構並應於次一營業日,將應賣人交存之有價證券退還原應賣人。但公開收購說明書載明較支付收購對價時間提早退還原應賣人者,從其約定。

應賣人申請撤銷應賣時,應以書面為之。

公開收購人依第二項第二款規定公告後,除有下列情事之一外,應賣人不得撤銷其應賣:

一、有第七條第二項規定之情事者。

二、公開收購人依第十八條第二項規定向本會申報並公告延長收購期間者。

三、其他法律規定得撤銷應賣者。

第 20 條

公開收購人依本法第二十八條之二規定買回其股份者,其依公司法第三百六十九條之一規定之

關係企業或董事、監察人、經理人之本人及其配偶、未成年子女或利用他人名義所持有之股份，於公開收購人買回本公司股份之期間內不得應賣。

政府持有股份超過已發行股份總數百分之五十之公營事業，經事業主管機關報請行政院核准依本法第二十八條之二第一項第三款買回其股份者，得不受前項之限制。

前項公開收購之價格不得高於公告公開收購當日有價證券收盤價或最近期財務報告之每股淨值二者中較高者；且公開收購期間不得變更公開收購價格及預定公開收購有價證券數量。

第 21 條

公開收購依本法第四十三條之五第一項規定經本會核准停止公開收購者，應於本會停止收購核准函到達之日起二日內公告並通知各應賣人、受委任機構、被收購有價證券之公開發行公司。

公開收購經本會依本法第四十三條之五第二項規定命令變更申報事項者，準用前項規定。

第 22 條

公開收購人應於第十八條所定之公開收購期間屆滿之日起二日內，向本會申報並公告下列事項：

一、公開收購人之姓名或名稱及住所或所在地。
二、被收購有價證券之公開發行公司名稱。
三、被收購有價證券之種類。
四、公開收購期間。
五、以應賣有價證券之數量達到預定收購數量為收購條件者，其條件是否達成。
六、應賣有價證券之數量、實際成交數量。
七、支付收購對價之時間、方法及地點。
八、成交之有價證券之交割時間、方法及地點。

公開收購人應於依前項規定公告之當日，分別通知應賣人有關應賣事項。

第 23 條

應賣有價證券之數量超過預定收購數量時，公開收購人應依同一比例向所有應賣人購買，並將已交存但未成交之有價證券退還原應賣人。

公開收購上市或上櫃公司股票者，應按各應賣人委託申報數量之比例分配至壹仟股為止。如尚有餘量，公開收購人應按隨機排列方式依次購買。

第 24 條

本法第四十三條之五第三項所稱正當理由，係指下列情形之一：

一、有第七條第二項之情事。
二、經被收購有價證券公開發行公司董事會決議同意且有證明文件。但被收購有價證券公開發行公司之全體董事不符合本法第二十六條規定者，不適用之。
三、公開收購人前次未完成公開收購，係因國內其他主管機關尚未作成審議結果，事後取得其同意之決定。
四、有其他正當理由者。

第四章　附則

第 25 條

依本辦法提出之申報或申請文件，應依本會規定之格式製作並裝訂成冊，其補正時亦同。

第 26 條

公開收購人或被收購有價證券之公開發行公司依第七、第九條、第十條、第十四條、第十四條之一、第十七條至第十九條、第二十一條或第二十二條規定辦理公告，於其將應公告之內容傳輸至公開資訊觀測站後，即屬完成公告。

公開收購人非屬公開發行公司者，依本辦法辦理公告時，應由受委任機構依前項規定方式辦理。

第 27 條
公開收購人單獨或與他人共同取得公開發行公司已發行股份總額超過百分之十之股份者，該次
公開收購所取得之股份，免依本法第四十三條之一第一項規定辦理取得之申報。

第 27-1 條
公開收購外國發行人募集與發行有價證券處理準則第三條所稱第一上市（櫃）公司、興櫃公司
股份者，準用本辦法規定。

公開收購第一上市（櫃）公司、興櫃公司股份者，以已發行股份於國內上市、上櫃買賣或登錄
興櫃者為限。公開收購人對於被收購有價證券之外國公司應送達之申報書件或通知事項，應向
該外國公司依本法指定之國內訴訟及非訴訟代理人為之。

公開收購外國發行人募集與發行有價證券處理準則第三條所稱第二上市（櫃）公司之上市地國
股份及臺灣存託憑證時，公開收購人應將收購相關資訊通知該外國公司依本法指定之國內訴訟
及非訴訟代理人。第二上市（櫃）公司之國內代理人於接獲通知後，應即將收購相關資訊傳輸
至公開資訊觀測站。

第 28 條
本辦法自發布日施行。

第三節　私募與股權交易

民國 91 年立法院三讀通過證券交易法部分條文修正，增訂私募制度，
乃基於先前政府所召開經濟發展諮詢委員會議（經發會產業組）的共識，
就「修改公司經營相關法規，便利企業併購與籌資」之議題，建議政府應
秉持簡化手續、排除障礙及提供適當獎勵之原則，期以積極建立完善的企
業併購與籌資法制程序❸。簡言之，是次證券交易法之修正，係政府為因
應經濟環境之快速變遷，鼓勵企業利用併購方式，進行快速轉型及成長，
且鑑於民國 90 年 11 月 12 日公司法已全盤修正，並配合行政院推動企業併
購法之立法，引進公司分割、修正公司合併等規範，爰以修正現行的相關
規定，調整證券交易法上公開收購的規範，同時引進私募制度之謂❹。

---

❸　立法院第 4 屆第 6 會期第 5 次會議議案關係文書院‧總第 618 號政府提案第
　　8111 號參照，https://npl.ly.gov.tw/ 立法院法律提案系統。

❹　立法院第 4 屆第 6 會期財政委員會第 6 次全體委員會議記錄，併案審查院會交
　　付：行政院函請審議「證券交易法部分條文修正草案」案，潘委員維剛等 42
　　人擬具「證券交易法第 43 條之 1 條文修正草案」案，請參閱《立法院公報》

壹、開放公開發行公司之私募有價證券

證券交易法第 22 條第 2 項所明文「已依本法發行股票之公司，於公司法之規定發行新股時，……仍應依前項之規定辦理」，即公開發行公司於增資時，應依公開發行有價證券之程序而言，這自屬於一種強制性公開發行的規定；當然，就其立法政策而言，觀察公開發行目的與證券市場上股權分散的實質效益，的確值得肯定。惟上述的強制公開發行，是否亦相對限縮公開發行公司私下募集資金的管道？申言之，以證券交易法第 22 條第 2 項為例的強制公開之立法，在企業金融上不僅是限制發行公司運用私募證券的空間，且在效果上亦似乎扭曲公開發行公司利用私募證券的機能。然因時效上，私募能有效回避例如上市、上櫃等公開發行之繁瑣程序，僅於完成後再向主管機關報備即可，減少不必要的行政干預，程序簡便、發行門檻相對低或無，可解陷入困境公司之燃眉之急，的確是企業彈性籌措資金的一種選擇❹。

何謂私募？依公司法規定，例如公司法第 267 條第 3 項洽由特定第三人或第 248 條第 2 項私下募集的概念，惟證券交易法第 43 條之 6 第 1 項特別規定公開發行公司的私募，明定其程序要件外，尚規定「對左列之人進行有價證券之私募」，即限於是項各款所列的特定人範圍：一是銀行業、票券業、信託業、保險業、證券業或其他經主管機關核准之法人或機構，此即一般所謂專業的投資機構法人，其具有相當程度之分析能力及判斷能力，二是符合主管機關所定條件之自然人、法人或基金，這依主管機關所明定之條件，例如具有一定規模的年收或資產以上或具有相當資力及金融知識

第 90 卷第 59 期 15 頁（陳冲報告）。

❹ 關於公開發行公司的私募制度立法，請參閱劉連煜，〈證券私募制度之法律問題研究〉《公司法理論與判決研究(二)》（自版，1998 年）127 頁；王文宇，〈我國證券私募法制之研究〉《金融法》（元照，2001 年）327 頁；惟相關現行法私募證券之檢討，請參閱莊永丞，〈我國證券交易法私募有價證券之理論基礎與規範缺失〉《企業與金融法制》（元照，2009 年）333 頁。

與經驗之自然人、法人或基金，三是該公司或其關係企業之董事、監察人
及經理人，此乃參考美國法上所謂的合格投資人，包括發行公司之董事、
高階主管及一般合夥人等內部人士，為私下招募的對象❹。因此，關於我
國公開發行公司的私募證券，主要規定在證券交易法第 43 條之 6，請參閱
本書第三章第四節之介紹。

　　就我國證券交易法的私募制度，其不僅特別排除公開發行公司，適用
證券交易法第 28 條之 1 強制股權分散與第 139 條第 2 項強制發行新股上
市買賣之限制，同時亦不再受限於證券交易法第 22 條第 2 項之適用強制公
開程序。至於公司法第 267 條員工與股東優先認購權的部分，證券交易法
第 43 條之 6 第 1 項亦明文排除，以減少公司私募有價證券時不必要的困
擾。惟值得注意的，即證券交易法第 43 條之 6 私募證券所規定，一是在程
序上的限制，二是在對象上的限制，此就公開發行公司的股東會特別決議，
得以有代表已發行股份總數過半數股東之出席，出席股東表決權三分之二
以上之同意，對下列如前所揭的三款之特定人，進行有價證券之私募，但
在公司債之私募，得免經股東會決議。最後，就公開發行公司之私募證券，
證券交易法第 43 條之 8 亦明文應募人及購買人，除另有規定外，不得再行
賣出之限制，且第 43 條之 7 亦規定相關有價證券之私募或再行賣出時，不
得為一般性廣告或公開勸誘等之招募行為❹。

貳、企業併購之私募策略

一、有利於策略性投資人之私募程序

　　雖私募證券是調整有價證券公開發行程序的一種相對概念，即私募的
法制效益，表現於豁免證券交易法上公開發行之程序適用，得以有效降低

---

❹　民國 91 年證券交易法部分條文修正草案，增訂第 43 條之 6 第 1 項立法說明，
　　請參閱《立法院公報》第 91 卷第 10 期 416 頁。

❹　民國 91 年證券交易法部分條文修正草案，增訂第 43 條之 7 與之 8 立法說明，
　　請參閱《立法院公報》第 91 卷第 10 期 420、421 頁。

發行公司募集有價證券的成本與不必要的行政干預，活化企業金融之能量；然，論此制度的實益，因私募對象限縮於機關投資法人等特定範圍之人士，而這在企業籌資實務上的運用，往往是藉由私募有價證券與特定企業間，進行策略聯盟或併購之計畫，實具指標性意義❹。民國 91 年證券交易法部分條文修正之所以增訂有價證券之私募及買賣，究其緣由這乃基於先前經濟發展諮詢委員會議（經發會）的共識，就「修改公司經營相關法規，便利企業併購與籌資」之議題，建議政府應秉持簡化手續、排除障礙及提供適當獎勵之原則，期以積極建立完善的企業併購與籌資法制程序❹；易言之，私募制度，這是政府為因應經濟環境之快速變遷，政策上鼓勵企業利用併購方式，進行快速轉型及成長之配套措施之一。

　　至於在實務上，發行公司進行私募時，會先探詢私募對象的承購意願，可降低資金募集失敗的不確定性，且私募係對特定人銷售，故發行公司可選擇私募對象；如面對企業併購威脅時，大股東亦可透過私募方式，提高本身持股，穩固控制權，甚至是將私募股權，售予關係良好之人士，以對抗非合意併購。因私募證券之應募人數設限，發行公司可與應募人個別協商，配合雙方需求設計發行條件，使其契約內容及發行條件較具彈性，而發行價格部分，亦無法令特別限制，僅在私募價格與參考價格、理論價格間，差異達百分之二十以上，始需洽獨立專家表示意見，並公開訂價依據及獨立專家意見，以避免公司故意壓低私募價格，圖利特定人之嫌疑外，私募制度的確是一套機動性十足的企業籌資方式❺。

---

❹　例如國內企業引進外國大型策略性投資人，有台新金控與美商新橋投資集團 (Newbridge Capital) 及日商野村集團 (Nomura Holdings) 之現金增資私募案、玉山金控發行可轉換公司債引進新商淡馬錫控股 (Temasek Holdings) 之資金案等，進行企業間的策略聯盟，請參閱廖大穎、谷湘儀、葉仕國、黃鴻隆，《企業籌資法務與個案分析》（元照，2011 年）187 頁、227 頁。

❹　民國 91 年證券交易法部分條文修正草案，委員潘維剛等 42 人擬具「證券交易法第 43 條之 1 條文修正草案」及行政院「證券交易法部分條文修正草案」案說明，請參閱《立法院公報》第 91 卷第 10 期 401 頁（陳冲報告）。

❺　相關我國實務上私募制度與企業弊案之分析，請參閱吳光明，《證券交易法論》

二、私募股權的具體規範

私募制度，的確是政府為因應經濟環境之快速變遷，在政策上可做為鼓勵企業利用併購進行快速轉型及成長的策略之一，但在實務上，正因私募是一套機動性十足的企業籌資方式，發行公司是否蓄意圖利特定人而進行私募？因此，在私募證券作業上，相關證券交易法第 43 條之 6 第 6 項所規範的重點：

一是價格訂定依據及合理性　雖公開發行公司私募股票，基於公司法第 140 條第 1 項但書及證券交易法第 43 條之 6 規定，得以低於票面金額，但隨著私募案件之增加，是否因私募價格被有心人士操作，而偏離市價或致生其他可能的弊端？相關主管機關所頒佈之「公開發行公司辦理私募有價證券應注意事項」，有特別具體的規範茲以遵循。這價格訂定之依據及合理性，依法應在股東會召集事由中列舉之，因而在法理上，股東會不宜將私募訂價成數，授權董事會或董事長訂定。

二是特定人選擇之方式　依證交法第 43 條之 6 規定私募證券時，公開發行公司應於股東會召集事由中，載明特定人之選任方式，並說明之；如已洽定應募人，則應說明該應募人與公司之關係。

三是辦理私募之必要性　這亦是依法應列舉於股東會的召集事由，並說明之，即私募證券時，除應載明不採用公開募集之理由外，亦應說明得私募額度、資金用途及預計達成效益。

惟該私募證券，如採分次辦理者，依證券交易法第 43 條之 6 第 7 項明定於該次股東會議案中列舉及說明分次私募相關事項者，列示預計辦理次數、各分次辦理私募之資金用途及各分次預計達成效益，得於該次股東會決議之日起一年內，分次辦理，維持私募制度之彈性。

（三民，2011 年）150 頁；王志誠、邵慶平、洪秀芬、陳俊仁，《實用證券交易法》（新學林，2011 年）222 頁。

公開發行公司辦理私募有價證券應注意事項

（民國 111 年 9 月 7 日最新修正）

一、公開發行公司應依本注意事項辦理證券交易法（以下稱本法）第四十三條之六有價證券之私募。

二、本注意事項用詞定義如下：

㈠定價日：董事會決議訂定私募普通公司債或具股權性質之有價證券價格、轉換或認股價格之日；具股權性質之有價證券，應經股東會決議後，始得由董事會依股東會決議之訂價依據進行訂價。

㈡參考價格：

1.上市或上櫃公司以下列二基準計算價格較高者定之：

⑴定價日前一、三或五個營業日擇一計算普通股收盤價簡單算數平均數扣除無償配股除權及配息，並加回減資反除權後之股價。

⑵定價日前三十個營業日普通股收盤價簡單算數平均數扣除無償配股除權及配息，並加回減資反除權後之股價。

2.興櫃股票公司以下列二基準計算價格較高者定之：

⑴定價日前三十個營業日普通股收盤價簡單算術平均數或興櫃股票電腦議價點選系統內該興櫃股票普通股之每一營業日成交金額之總和除以每一營業日成交股數之總和計算，並扣除無償配股除權及配息，暨加回減資反除權後之股價。

⑵定價日前最近期經會計師查核簽證或核閱之財務報告顯示之每股淨值。

3.未上市（櫃）或未在證券商營業處所買賣之公司，以定價日最近期經會計師查核簽證或核閱之財務報告顯示之每股淨值。

4.交換公司債：

⑴交換標的股票屬上市（櫃）者，以定價日前一、三或五個營業日擇一計算交換標的股票普通股收盤價之簡單算術平均數扣除無償配股除權及配息，並加回減資反除權後之股價，及定價日前三十個營業日普通股收盤價簡單算數平均數扣除無償配股除權及配息，並加回減資反除權後之股價，兩者計算價格較高者定之。

⑵交換標的股票屬興櫃者，以定價日前三十個營業日普通股收盤價簡單算術平均數或興櫃股票電腦議價點選系統內交換標的股票普通股之每一營業日成交金額之總和除以每一營業日成交股數之總和計算，並扣除無償配股除權及配息，暨加回減資反除權後之股價，及最近期經會計師查核簽證或核閱之財務報告顯示之每股淨值，兩者計算價格較高者定之。

⑶交換標的股票屬未上市（櫃）或未在證券商營業處所買賣者，應於董事會決議日前洽請專家就交換標的股票普通股之每股價格表示意見。

㈢理論價格：指考量發行條件之各項權利選定適當計價模型所計算之有價證券價格，該模型應整體涵蓋並同時考量發行條件中所包含之各項權利；如有未能納入模型中考量之權利，該未考量之權利應自發行條件中剔除。

㈣策略性投資人：指為提高被投資公司之獲利，藉本身經驗、技術、知識、品牌或通路等，經由產業垂直整合、水平整合或共同研究開發商品或市場等方式，以協助被投資公司提高技術、改良品質、降低成本、增進效率、擴大市場等效益之個人或法人。

㈤關係人：依證券發行人財務報告編製準則規定認定之。

(六)內部人：指董事、監察人、經理人或持有公司股份超過股份總額百分之十之股東，及其配偶、未成年子女及利用他人名義持有者。

(七)獨立專家：指會計師、律師或證券承銷商，且不得與公開發行公司或應募人為關係人。

三、公開發行公司最近年度為稅後純益且無累積虧損，除有下列情形之一得辦理私募外，應採公開募集方式發行有價證券：

(一)該公司為政府或法人股東一人所組織之公開發行公司。

(二)私募資金用途係全部引進策略性投資人。

(三)上市、上櫃與興櫃股票公司有發行人募集與發行有價證券處理準則第七條及第八條規定情事之虞，但有正當理由無法合理改善而無法辦理公開募集，且亟有資金需求，並經臺灣證券交易所股份有限公司（以下稱證交所）或財團法人中華民國證券櫃檯買賣中心（以下稱櫃檯買賣中心）同意者。但應募人不得有公司內部人或關係人。

辦理私募之公司應於董事會決議定價日之日起十五日內完成股款或價款收足。但需經本會或其他主管機關核准者，應於接獲本會或其他主管機關核准之日起十五日內完成股款或價款收足。

第一上市（櫃）公司及外國興櫃公司辦理私募公司債，應於事前取得中央銀行同意函，並應依第五點第三項規定向中央銀行申報。

四、公開發行公司依本法第四十三條之六私募有價證券，除普通公司債得依同條第三項經董事會決議外，應依同條第六項規定於股東會召集事由中列舉下列相關事宜，並於股東會充分說明：

(一)私募價格訂定之依據及合理性：

　1.私募普通股者，應載明私募普通股每股價格不得低於參考價格之成數、訂價方式之依據及合理性；應募人擬以非現金方式出資，亦應載明出資方式、抵充數額及合理性，併將獨立專家就抵充數額之合理性意見載明於開會通知，以作為股東是否同意之參考。

　2.私募特別股、轉換公司債、附認股權公司債等具股權性質之有價證券者，應載明私募條件、發行價格不得低於理論價格之成數，並綜合說明其私募條件訂定之合理性。私募特別股者，應募人擬以非現金方式出資，亦應載明出資方式、抵充數額及合理性，併將獨立專家就抵充數額之合理性意見載明於開會通知，以作為股東是否同意之參考。

　3.所訂私募普通股或特別股每股價格、轉換公司債之轉換價格，或附認股權特別股、附認股權公司債、員工認股權憑證之認股價格可能涉及低於股票面額者，應載明低於股票面額之原因、合理性、訂定方式及對股東權益之影響（如造成累積虧損增加、未來是否可能因累積虧損增加而須辦理減資等）。

　4.屬上市、上櫃及興櫃股票公司者，所訂私募普通股每股價格低於參考價格之八成，或特別股、轉換公司債、附認股權特別股、附認股權公司債、員工認股權憑證之發行價格低於理論價格之八成者，應併將獨立專家就訂價之依據及合理性意見載明於開會通知，以作為股東是否同意之參考。

　5.股東會不得將私募訂價成數授權董事會或董事長訂定。

(二)特定人選擇方式：

　1.應募人如為公司內部人或關係人者，應於董事會中充分討論應募人之名單、選擇方式與目的、應募人與公司之關係，並於股東會召集事由中載明，未符前揭規定者，前揭人員嗣後即不得認購。所訂私募普通股每股價格不得低於參考價格之八成；所訂私募

特別股、轉換公司債、附認股權特別股、附認股權公司債、員工認股權憑證之發行價格不得低於理論價格之八成。

2.應募人如為策略性投資人者，應於董事會中充分討論應募人之選擇方式與目的、必要性及預計效益，並於股東會召集事由中載明。

3.於股東會開會通知寄發前已洽定應募人者，應載明應募人之選擇方式與目的、及應募人與公司之關係。應募人如屬法人者，應註明法人名稱及該法人之股東持股比例占前十名之股東名稱及其持股比例，暨該法人之股東持股比例占前十名之股東與公司之關係。

4.於股東會開會通知寄發後洽定應募人者，應於洽定日起二日內將上開應募人資訊輸入公開資訊觀測站。

㈢辦理私募之必要理由中，應載明不採用公開募集之理由、得私募額度、資金用途及預計達成效益，如採分次辦理者，亦應列示預計辦理次數、各分次辦理私募之資金用途及各分次預計達成效益。

獨立董事如有反對或保留意見應於股東會召集事由中載明。

董事會決議辦理私募有價證券前一年內至該私募有價證券交付日起一年內，經營權發生重大變動者，應洽請證券承銷商出具辦理私募必要性與合理性之評估意見，並載明於股東會開會通知，以作為股東是否同意之參考。

前三項規定應記載之事項，應於股東會召集事由中以顯著字體載明，並揭露查詢相關資訊之網址，包括公開資訊觀測站網址及公司網址。

五、公開發行公司應將股東會及董事會通過辦理私募普通公司債（含交換公司債）及具股權性質有價證券之日期與數額、價格訂定之依據及合理性、特定人選擇之方式、辦理私募之必要理由、私募對象、資格條件、認購數量、與公司關係、參與公司經營情形、實際認股（或發行）價格、實際認股（或發行）價格與參考（或理論）價格差異、辦理私募對股東權益影響、自股款或價款收足後迄資金運用計畫完成，私募有價證券之資金運用情形、計畫執行進度及計畫效益顯現情形提報下次股東會。

公開發行公司於國內辦理私募外幣計價之公司債，除所應募資金以原幣保留或全部以換匯或換匯換利交易方式兌換為新臺幣使用外，應於事前取得中央銀行同意函。

前項公司債應募款項之收取、返還及付息還本，應以該公司債計價幣別為之，並由外匯存款帳戶轉帳支付。公司債私募餘額變動時，應於每月二十日及終了五日內向中央銀行分別申報截至當月十五日止及前一個月底止之「以外幣計價公司債私募餘額變動表」。

六、資訊公開：

㈠上市、上櫃及興櫃股票公司應依證交所及櫃檯買賣中心規定將私募有價證券資訊輸入公開資訊觀測站：

1.董事會決議日起二日內：

⑴本法第四十三條之六第六項應於股東會召集事由中列舉之事項。

⑵訂定私募普通股每股價格低於參考價格之八成者或特別股、轉換公司債、附認股權特別股、附認股權公司債、員工認股權憑證之發行價格低於理論價格之八成者，應併揭露獨立專家對私募訂價之依據及合理性意見。

⑶應募人以非現金方式出資者，應併揭露獨立專家對抵充數額之合理性意見。

⑷應募人為公司內部人或關係人者，應併揭露應募人之名單、選擇方式與目的、應募

人與公司之關係。應募人如屬法人者，應註明法人名稱及該法人之股東持股比例占前十名之股東名稱及其持股比例，暨該法人之股東持股比例占前十名之股東與公司之關係。

(5)應募人如為策略性投資人者，應併揭露應募人之選擇方式與目的、必要性及預計效益。

(6)獨立董事如有反對或保留意見，應併揭露獨立董事之意見。

(7)董事會決議辦理私募前一年內經營權發生重大變動或辦理私募引進策略性投資人後，將造成經營權發生重大變動者，應併揭露證券承銷商出具辦理私募必要性與合理性之評估意見。

2.私募實際定價日起二日內：

(1)私募金額、私募資金用途、運用進度與預計達成效益、當次及預計累計私募數額達實收資本額比例、應募人選擇方式、股東會決議私募價格訂定依據、私募之參考價格及實際私募價格、轉換或認股價格。

(2)屬交換公司債者，所訂之交換價格低於交換標的股票普通股參考價格之八成，亦應洽專家就訂價之依據及合理性表示意見，並於公開資訊觀測站揭露差異合理性及專家意見。

(3)實際私募普通股或特別股每股價格、轉換公司債之轉換價格，或附認股權特別股、附認股權公司債、員工認股權憑證之認股價格低於股票面額者，應揭露低於股票面額之原因、合理性、訂定方式及對股東權益之影響（如造成累積虧損增加、未來是否可能因累積虧損增加而須辦理減資等）。

3.每季結束後十日內：私募有價證券之資金運用情形，應於股款或價款收足後迄資金運用計畫完成，公開私募資金運用情形季報表。

㈡公開發行公司於股款或價款繳納完成日起十五日內，應依本法第四十三條之六第五項規定將私募有價證券資訊輸入公開資訊觀測站（附表）：

1.私募有價證券之種類、股東會決議日期、私募金額、私募單位價格、價格訂定之依據、本次私募總股數、股款或價款繳納完成日期、交付日期、到期日期、辦理私募之理由、私募對象、應募人持股比重、應募人與公司之關係、應募人預計取得董事或監察人席次。應募人屬法人者，應註明法人股東名稱及該法人之股東持股比例占前十名之股東名稱及其持股比例，暨該法人之股東持股比例占前十名之股東與公司之關係。

2.私募員工認股權憑證案件者，應併公開單一認股權人認股數量、單一認股權人每一會計年度得認股數量、履約方式及權利存續期間。

3.私募海外有價證券案件者，應併公開有價證券種類、發行幣別及掛牌地點。

㈢公開發行公司應依公開發行公司年報應行記載事項準則之規定揭露辦理私募有價證券相關事宜。

七、上市或上櫃公司辦理私募有價證券及嗣後所配發、轉換或認購之有價證券，應自該私募有價證券交付日起滿三年後，先取具證交所或櫃檯買賣中心核發符合上市或上櫃標準之同意函，始得向本會申報補辦公開發行。

上市、上櫃及興櫃股票公司辦理私募有價證券及嗣後所配發、轉換或認購之有價證券，應採帳簿劃撥交付，不印製實體方式為之，並免依公開發行公司發行股票及公司債券簽證規則辦理簽證。

八、違反本注意事項，本會除依本法第一百七十八條第一項及第一百七十九條規定對公司負責
　　人處以罰鍰外，並得依「發行人募集與發行有價證券處理準則」、「發行人募集與發行海外
　　有價證券處理準則」及「外國發行人募集與發行有價證券處理準則」規定退回申報案件；
　　違法情節重大者，另依本法第二十條及第一百七十一條規定處置。

第四節　股權代理行使與委託書之徵求

壹、股東之代理出席

在公司法的理論上，股東是企業所有人，股東會是集合全體企業所有人之意思形成機構，以股東會議決之形式，表示公司個人的意志；換言之，股東會乃股份有限公司的最高意思機關。相較於股東，乃藉由出席股東會，行使其股東權是股東參與企業行為的方式之一，亦是現行公司法上企業監控的重要機制之一❺❶。

出席股東會是股東的基本權利，原則上，非股東不得出席股東會；亦即，股東出席股東會係實現股東參與公司營運的設計之一，非股東者，當然不能出席股東會，亦無權過問公司的企業經營。然，以股東會所形成集合全體企業所有人的意思決定，或許因地理上、時間上或者是參加的意願上，無法期待所有的股東出席股東會；尤其是公開發行股票之上市公司為例，因其股權的分散，召集所有股東形成決議，恐非易事，造成股東會在議事上實質的困難，終致股東會的功能不彰，機能有日益低落之虞。因此，公司法第 177 條第 1 項特別明文「股東得於每次股東會，出具委託書，載明授權範圍，委託代理人，出席股東會」的代理出席制度；申言之，股東若未能親自出席者，可藉由委託書，委託代理人出席股東會，一則得以維護股東之基本權益，二則得以解決股東會開會不足法定人數的困擾❺❷。

---

❺❶　廖大穎，《公司法原論》（三民書局，2004 年）164 頁。

❺❷　廖大穎，前揭書❺❶ 176 頁。

貳、委託書與股權代理行使

一、表決權之代理行使

㈠表決權制度

　　股東行使表決權係指股東，對股東會所進行之議決事項，行使參與表決的權利。相關股東表決權的行使，現行公司法第 179 條第 1 項乃基於股東平等原則，明定除本法另有規定外，例如特別股股東之行使表決權、公司持有自己股份（公司法第 179 條第 2 項），乃至於相互投資公司，依公司法第 369 條之 10 限制行使表決權外，每股有一表決權，即各股東原則上依其持有股份數，享有與其股份數同額之表決權。

　　關於此，論者有謂股東，係股份有限公司的基本構成員，按其所認股份的出資額，即依法負有出具資本的義務（公司法第 139 條），且股東得依其所持有股份數，行使表決權（公司法第 179 條），如此始符合股東平等原則之真正表現。一般而言，股東得出席其股東會，參加討論，質問議案，提出議題，並加以投票行使表決之權利，泛稱股東之企業參與權；惟其中，以表決權最為重要，即股東乃藉由表決權之行使，對於股東會的議決事項，作成可決或否決之意思表示，以形成公司之意思決定[53]。股東行使表決權的性質而言，一般認為其係股東參與公司營運管理的權限之一，法理上應屬共益權的範疇[54]。同時，傳統論者亦有認為股東行使表決權的制約，除依法明文限制之情形外，因其自是股東之固有權限，謂不得以股東會的議決剝奪之[55]，但民國 107 年公司法修正，增訂第 157 條第 1 項各款公司得依章程規定，發行不同於普通股之表決權特別股，而公開發行公司於特定

---

[53]　柯芳枝，《公司法論（上）》（三民書局，2002 年）251 頁；王文宇，《公司法論》（元照‧2003 年）308 頁；廖大穎，前揭書[51] 177 頁。

[54]　柯芳枝，前揭書[53] 186 頁；王文宇，前揭書[53] 262 頁；廖大穎，前揭書[51] 118 頁。

[55]　例如柯芳枝，前揭書[53] 189 頁。

款項有不適用之限縮（公司法第 157 條第 3 項）。當然，就股東表決權的法律設計上，其權利之行使，亦應屬於公司的股東名簿上所記載之股份名義所有人（公司法第 165 條）為限。

㈡股東行使與代理股東行使表決權

基於上述股東之行使表決權，係股東在股東會上行使其意思表示的法律效果，當然是以股東親自行使為原則；然，依股東權的性質觀之，其不僅是表彰股東為公司基本構成員的地位外，股東行使表決權亦乃形成公司意思表示的必要過程，在法理上，是否應容許股東表決權之行使，得適用民法意思表示的代理制度，以維護股東利益的實際需要，並得以符合現代公司管理之實際考量？

其次，就股份所構成股份有限公司的經濟意義而言，雖曰持有股份，係代表企業所有人——股東之地位，但股東表決權乃涉及股東參與公司內部機關組織的資格與否，依其特殊性，亦自屬股東之一身專屬人格權，從而主張表決權之行使是反映股東權內容的根本所在，原則上當屬非股東不得行使之有力見解。惟如此見解，將股東表決權當作人格權的專屬權限範圍內，而視為人民對國家的參政權之類者，畢竟是少數；惟一般的解釋，無寧是股東表決權，視為私有財產權之股東權所演變而來的**❺❻**。

如前所述，委託書係股東會召集時，股東無法親自出席而委託他人代理出席之一種授權文書，但公司法第 177 條第 1 項所規定的委託書制度，乃股東得載明授權範圍，委託代理人之特別設計。因此，一般認為公司法第 177 條的規定，其不僅是股東代理出席股東會之設計而已，乃進而創設代理股東行使股權之依據；尤其是行使表決權，亦即有論者考其立法原意，謂委託書與股權代理行使之關係，乃「不外使股東得以便捷之方法行使表決權，並世（界）各國立法例亦頗多承認斯制。……蓋斯制原在於……，若遽加禁止，將徒增股東之不便。何況，時至今日，公開發行股票之股份有限公司，其股份往往廣泛分散，若要求股東親自行使其表決權，不免有

---

❺❻　河本一郎，賴源河譯，〈徵求「出席股東會委託書」在法律上之剖析〉《證券管理雜誌》第 2 卷第 1 期 13 頁。

強人所難之嫌。且股東會之決議，復訂有法定最低出席定額……有承認斯制之必要」❺。職是之故，公司法第 177 條第 1 項載明授權範圍之委託書制度，其意義已超越代理股東出席股東會的形式需求，而實質上係亦藉由股權之代理行使，有效調整公司監控設計之一種運用。

㈢民國 94 年公司法導入書面或依電子方式行使表決權制度

依現行公司法規定，股東得親自出席與委託代理出席股東會兩種方式，若股東無法親自出席時，或可委託他人代理出席，委由受託人代為行使表決權；惟於民國 94 年公司法部分條文修正時，增訂公司法第 177 條之 1，明文公司召開股東會時，得採行依書面或依電子方式行使其表決權的規定，謂以鼓勵股東參與股東會之決議，特別創設公司得允許股東以書面行使表決權新制，或允許股東依電子簽章法規定之電子方式行使其表決權新制❺。

一、股東依書面或依電子方式行使表決權時，其行使方法應載明於股東會召集通知，以資明確（公司法第 177 條之 1 第 1 項後段）。當然，相關股東依書面或依電子方式行使表決權，公司法第 177 條之 2 第 1 項為明確其意思表示送達公司之時間，特別規定其意思表示應於股東會開會五日前送達公司，惟該意思表示如有重複時，以最先送達者為準，但聲明撤銷前意思表示者，不在此限。

二、關於股東依書面或依電子方式行使表決權之效力，公司法第 177 條之 1 第 2 項本文規定以書面或電子方式行使表決權之股東，視為親自出席股東會。然，如此擬制股東出席股東會效力之規定，因股東實際上畢竟未當場參與股東會，對於臨時動議案等，恐無法藉由書面或電子方式行使表決權之擬制規定，積極肯定其視為出席參與表決之實效，爰於公司法第 177 條之 1 第 2 項但書特別明文「但就該次股東會之臨時動議及原議案之修正，視為棄權」，亦即擬制該股東放棄參與表決之權利，使股東會議事順利進行❺。

---

❺ 例如柯芳枝，前揭書❺ 256 頁。

❺ 民國 94 年公司法部分條文修正草案，第 177 條之 1 第 1 項增訂理由，請參閱《立法院公報》第 94 卷第 40 期 222 頁。

三、問題在於若股東以書面或電子方式行使表決權時，並以委託書委託代理人出席股東會行使表決權者，則應以何者為準？恐有商榷之處。惟有鑑於股東已委託代理人出席部分，且其亦可能涉及委託書徵求人徵得股數之計算；因此，公司法第 177 條之 2 第 3 項特別明文如此狀況，當以委託代理人出席行使表決權為準之權宜規定❻。

二、委託書與企業經營權之監控設計

㈠股東權之公司治理機制

　　股東會是公司的最高意思機關，公司法第 192 條第 1 項明文規定董事，由股東會選任之；而由董事所組成的董事會，屬於公司業務的最高執行機關，實際掌握企業經營之重要職責，依法令、章程及股東會之決議，執行業務，並制訂公司之經營策略。

　　雖然公司法第 177 條第 1 項委託書制度的原有設計，其乃是著眼於股東得以代理制度，委託行使參與公司管理之表決權。為顧及企業之正常業務營運，除強化董事的權限外，在公司法第 177 條第 1 項明文委託書代理行使股東表決權之原則，以確保股東會議事之圓滑運作與形成公司之意思表示；尤其是針對公司股權分散大眾化的企業，股東藉由股東會行使表決權，參與公司經營理論，在實際上有其困難，亦因委託書之代理出席制度，補強股東權之於企業民主的設計，值得肯定之❻。

　　當然，透過股東表決權之代理行使，左右公司董事之決定人選是委託書代理行使股權之一種反射效果，即藉由影響企業經營者的任免與否，乃至於實質支配公司的經營權，亦時有所聞❻。

❺　民國 94 年公司法部分條文修正草案，第 177 條之 1 第 2 項增訂理由，請參閱《立法院公報》第 94 卷第 40 期 222 頁。

❻　民國 94 年公司法部分條文修正草案，第 177 條之 2 第 3 項增訂理由，請參閱《立法院公報》第 94 卷第 40 期 225 頁。

❻　廖大穎，〈公司委託書制度之管理〉《證券市場與股份制度論》（元照，1999年）237 頁。

(二)股東權代理行使與徵求委託書

依企業組織管理的學理研究與實證分析,相關公司治理的方法論上,或有主張企業內部的監控機制,例如監察人制度、股東會的監督、股東代表訴訟之類等,同時亦有主張企業外部的監控機制,例如公權力之設計;甚至於比方是以徵求委託書 (Proxy contests) 或公開收購股權 (tender offer),期以掌握企業控制權,直接支配公司經營,而有效完全公司監控的目的,亦有特別稱為「市場監督」[63]。

雖公司法第 177 條第 1 項所創設之委託書制度,惟在實務上,亦時常無法期待股東積極授權,自動委託代理人出席股東會;因此,相關委託書之原本設計,往往是以徵求委託書的方式,始能順利其召集程序依法完成股東會之形式目的,但亦因藉由委託書制度,實質股東行使表決權的機能,反而形成公司經營權爭奪戰的工具[64]。

(三)變相利用的委託書制度與證券市場秩序

透過股東表決權的代理行使制度,因積極徵求股東所授與之委託書,代理不出席股東會的股東,行使其表決權,不僅在理論上得使少數股東(例如持有未超過公司已發行股份總數過半)之股東,得以形成股東會的相對多數,甚至是超過公司已發行股份總數過半之絕對多數,進而有效掌握公司的人事決定權,例如選任董監席次等,形成事實上的企業支配現象,即是一般所謂的少數人支配構造[65]。在比較上,就支配公司型態的演變趨勢而言,分析徵求委託書與收購股權間之成本,一般認為收購股權或因所需之資金龐大,抑或因經濟上,為滿足支配特定企業,勢必放棄自己目前持

[62] 例如民國 85 年初高雄區中小企業銀行經營權爭奪戰,所引生公司內部經營階層之動盪,請參閱廖大穎,〈蒐購委託書與企業秩序之維持〉《證券市場與股份制度論》(元照,1999 年) 25 頁。

[63] 劉連煜,《公司監控與公司社會責任》(五南圖書,1995 年) 22 頁。

[64] 例如余雪明,〈收買委託書之法律與政策問題〉《臺大法學論叢》第 25 卷第 3 期 206 頁。

[65] 賴英照,〈企業所有與企業經營〉《公司法論文集》(財團法人中華民國證券暨期貨市場發展基金會,1990 年) 86 頁。

有股權的策略，不如利用他人所持有股份，藉由徵求委託書，以代理行使股東表決權的設計，誠不失為節約其所需的支配成本，但亦能有效確保對企業監控之途徑。

縱然如此，以徵求委託書的方式，成就支配企業之特殊目的，所引發的經營權爭奪戰，論者有謂其往往是將公司視為個人牟利的神器；例如在我國證券市場的交易體制外，曾發展出一種獨特的、異色的「收購委託書」文化，及依市場監督的理論，公司的經營為維持企業的持續經營權，或是意圖掌握公司的「市場派」為取得企業的經營控制，可憑其資力與管道，大量收購股東表決權的委託書，以遂行其目的。當然，論者亦有謂如此徵求委託書之行為，影響所及，其輕微者是可能侵蝕公司的營運與財務狀況，但為甚者，其亦可能危及證券市場所建立的國民經濟體系❻❻。

參、公開發行股票公司之委託書管理

相關股東之代理出席制度，乃在於維護股東無法參與股東會的基本權益，而在公司法第 177 條第 1 項的立法解釋上，一般亦承認代理股東之行使表決權，如前所述；惟在股東權與公司監控的互動關係下，關於委託書之管理政策，尤其是針對公開發行股票公司，證券交易法第 25 條之 1 前段特別明文公開發行公司出席股東會使用委託書，應予以限制、取締或管理之，而後段亦針對公開發行股票公司出席股東會使用委託書之相關徵求人、受託代理人與代為處理徵求事務者之資格條件、委託書之格式、取得、徵求與受託方式、代理之股數、統計驗證、使用委託書代理表決權不予計算之情事、應申報與備置之文件、資料提供及其他應遵行事項，授權主管機關，頒布「公開發行公司出席股東會使用委託書規則」❻❼。

相較於公司法第 177 條所明文的委託書制度，其所側重的是代理行使表決權與企業組織設計之平衡，例如一股東出具一委託書，並以委託一人為限，又例如一人同時受二人以上委託時，除信託事業或經證券主管機關

---

❻❻　余雪明，前揭論文❻❹ 206 頁；廖大穎，前揭論文❻❶ 35 頁。

❻❼　民國 71 年 6 月 10 日 (71) 證管四字第 0889 號令訂定。

核准之股務代理機構外，其代理行使之表決權，不得超過已發行股份總數表決權之百分之三，若超過時，其超過之表決權，不予計算等規則；至於證券交易法第 25 條之 1 授權主管機關，所頒布的公開發行公司出席股東會使用委託書規則，其雖亦規範相關使用委託書出席股東會與代理行使股東表決權的行為，但重點則在於證券市場上徵求委託書時之管理與其資訊揭露。

(一)徵求委託書與非屬徵求制度

依公開發行公司出席股東會使用委託書規則第 3 條所定義之「徵求」，指徵求人以公告、廣告、牌示、廣播、電傳視訊、信函、電話、發表會、說明會、拜訪、詢問等方式，取得委託書，藉以出席股東會之行為；相對於此，所謂之「非屬徵求」則指非以上述之方式，而係受股東之主動委託取得委託書，代理出席股東會之行為。惟須注意的，不論是徵求委託書或是非屬徵求，原則上非依本規則規定，不得為之。

公開發行公司出席股東會使用委託書規則第 5 條與第 6 條之 1 明文限制委託書徵求人的資格❻，而規則第 7 條亦明文徵求人，應於股東常會開會 38 日前或股東臨時會開會 23 日前，檢附出席股東會委託書徵求資料表、持股證明文件、代為處理徵求事務者資格報經備查之文件、擬刊登之書面

---

❻ 例如公開發行公司出席股東會使用委託書規則第 5 條第 1 項明文委託書徵求人，除第 6 條規定外，應為持有公司已發行股份五萬股以上之股東；但於股東會有選舉董事或監察人議案者，徵求人應為截至該次股東會停止過戶日，依股東名簿記載或存放於證券集中保管事業之證明文件，持有該公司已發行股份符合下列條件之一者：(一)金融控股公司、銀行法所規範之銀行及保險法所規範之保險公司召開股東會，徵求人應繼續一年以上，持有該公司已發行股份八十萬股或已發行股份總數千分之二以上。(二)前款以外之公司召開股東會，徵求人應繼續六個月以上，持有該公司已發行股份八十萬股以上或已發行股份總數千分之二以上且不低於十萬股。
同規則第 6 條之 1 明文下列公司不得依第 5 條第 1 項規定擔任徵求人或……：(一)金融控股公司召開股東會，其依金融控股公司法第 4 條所規定之子公司。(二)公司召開股東會，其依公司法第 179 條第 2 項所規定無表決權之公司。

及廣告內容定稿，送達公司，並副知證券暨期貨市場發展基金會，且該公司應於股東常會開會前三十日前或股東臨時會開會十五日前，製作徵求人徵求資料彙總表冊，以電子檔傳送至證券暨期貨市場發展基金會，予以揭露或連續於日報公告二日（公開發行公司出席股東會使用委託書規則第 7 條第 1 項）**⑲**。當然，公開發行公司出席股東會使用委託書規則第 12 條亦規定徵求人，應編製其所徵得之委託書明細表，於股東會開會五日前，送達公司或其股務代理機構，且該公司或其股務代理機構應於股東會開會當日，將徵求人所徵得之股數彙總編造統計表，以電子檔案傳送至證券暨期貨市場發展基金會，並於股東會開會場所為明確之揭示。

　　至於非屬徵求部分，公開發行公司出席股東會使用委託書規則第 13 條規定非屬徵求委託書之受託代理人，除有第 14 條股務代理機構之受託代理人情形外，所受委託之人數不得超過三十人，且其受三人以上股東委託者，應於股東會開會五日前，檢附聲明書及委託書明細表，並於委託書上簽章，送達公司或其股務代理機構。

　㈡禁止行為

　　依公開發行公司出席股東會使用委託書規則第 11 條第 1 項明文出席股東會委託書之取得，除本規則另有規定者外，嚴格禁止如下的行為：㈠不得以給付金錢或其他利益為條件，但代為發放股東會紀念品或徵求人支付予代為處理徵求事務者之合理費用，不在此限。㈡不得利用他人名義為之。㈢不得將徵求之委託書，作為非屬徵求之委託書，出席股東會。

　㈢徵求委託書與表決權之代理行使

　　公開發行公司出席股東會使用委託書規則第 20 條明文徵求人，除本規則另有規定（例如該規則第 6 條第 1 項信託事業等之委託徵求、第 14 條股務代理機構之委託書受託代理人等規定）外，其代理之股數不得超過公司已發行股份總數之百分之三；同規則第 21 條亦規定第 13 條第 1 項之非屬徵求人，即受三人以上股東委託之受託代理人，其代理之股數除不得超過

---

⑲　至於徵求委託書之書面及廣告，其應載明之事項，依公開發行公司出席股東會使用委託書規則第 8 條第 1 項規定辦理。

其本身持有股數之四倍外，亦不得超過公司已發行股份總數之百分之三。

　　至於使用委託書，違反該規則所明文之規定者，依證券交易法第 25 條之 1 所明確授權主管機關訂定使用委託書代理表決權不予計算之情事，如公開發行公司出席股東會使用委託書規則第 22 條所列示者，其代理行使之表決權，不予計算。

公開發行公司出席股東會使用委託書規則

（民國 109 年 2 月 27 日最新修正）

第 1 條

本規則依證券交易法（以下簡稱本法）第二十五條之一規定訂定之。

第 2 條

公開發行公司出席股東會使用之委託書，其格式內容應包括填表須知、股東委託行使事項及股東、徵求人、受託代理人基本資料等項目，並於寄發或以電子文件傳送股東會召集通知時同時附送股東。

公開發行公司出席股東會使用委託書之用紙，以公司印發者為限；公司寄發或以電子文件傳送委託書用紙予所有股東，應於同日為之。

第 3 條

本規則所稱徵求，指以公告、廣告、牌示、廣播、電傳視訊、信函、電話、發表會、說明會、拜訪、詢問等方式取得委託書藉以出席股東會之行為。

本規則所稱非屬徵求，指非以前項之方式而係受股東之主動委託取得委託書，代理出席股東會之行為。

委託書之徵求與非屬徵求，非依本規則規定，不得為之。

第 4 條

（刪除）

第 5 條

委託書徵求人，除第六條規定外，應為持有公司已發行股份五萬股以上之股東。但股東會有選舉董事或監察人議案，徵求人應為截至該次股東會停止過戶日，依股東名簿記載或存放於證券集中保管事業之證明文件，持有該公司已發行股份符合下列條件之一者：

一、金融控股公司、銀行法所規範之銀行及保險法所規範之保險公司召開股東會，徵求人應繼續一年以上，持有該公司已發行股份二百萬股或已發行股份總數千分之五以上。

二、前款以外之公司召開股東會，徵求人應繼續六個月以上，持有該公司已發行股份八十萬股或已發行股份總數千分之二以上且不低於十萬股。

符合前項資格之股東、第六條之信託事業、股務代理機構或其負責人，有下列情事之一者，不得擔任徵求人：

一、曾犯組織犯罪防制條例規定之罪，經有罪判決確定，服刑期滿尚未逾五年。

二、因徵求委託書違反刑法偽造文書有關規定，經有罪判決確定，服刑期滿尚未逾三年。

三、曾犯詐欺、背信、侵占罪，經受有期徒刑六個月以上宣告，服刑期滿尚未逾三年。

四、違反證券交易法、期貨交易法、銀行法、信託業法、金融控股公司法及其他金融管理法，經受有期徒刑六個月以上宣告，服刑期滿尚未逾三年。

五、違反第十條之一規定，經金融監督管理委員會（以下簡稱本會）處分尚未逾三年。

六、違反本規則徵求委託書其代理之表決權不予計算，經判決確定尚未逾二年。

第 6 條

繼續一年以上持有公司已發行股份符合下列條件之一者，得委託信託事業或股務代理機構擔任徵求人，其代理股數不受第二十條之限制：

一、金融控股公司、銀行法所規範之銀行及保險法所規範之保險公司召開股東會，股東及其關係人應持有公司已發行股份總數百分之十以上，並符合下列條件之一：

　　㈠依金融控股公司法第十六條第一項、第三項、銀行法第二十五條第三項、第五項、保險法第一百三十九條之一第二項、第四項規定向本會申報或經本會核准者。

　　㈡合於同一人或同一關係人持有同一金融控股公司已發行有表決權股份總數超過一定比率管理辦法第十條、同一人或同一關係人持有同一銀行已發行有表決權股份總數超過一定比率管理辦法第十條或同一人或同一關係人持有同一保險公司已發行有表決權股份總數超過一定比率管理辦法第十一條規定者。

二、前款以外之公司召開股東會，股東應持有公司已發行股份符合下列條件之一：

　　㈠持有公司已發行股份總數百分之十以上。

　　㈡持有公司已發行股份總數百分之八以上，且於股東會有選任董事或監察人議案時，其所擬支持之被選舉人之一符合獨立董事資格。

三、對股東會議案有相同意見之股東，其合併計算之股數符合前款規定者，得為共同委託。

信託事業或股務代理機構依前項規定受股東委託擔任徵求人，其徵得委託書於分配選舉權數時，股東擬支持之獨立董事被選舉人之選舉權數，應大於各非獨立董事被選舉人之選舉權數。

信託事業或股務代理機構，具有下列情事之一者，於股東會有選舉董事或監察人議案時，不得接受第一項股東之委託擔任徵求人或接受徵求人之委託辦理代為處理徵求事務：

一、本身係召開股東會之公開發行公司之股務代理機構。

二、本身係召開股東會之金融控股公司之子公司。

第一項股東或其負責人具有前條第二項所定情事者，不得委託信託事業或股務代理機構擔任徵求人。

股東委託信託事業或股務代理機構擔任徵求人後，於該次股東會不得再有徵求行為或接受徵求人之委託辦理代為處理徵求事務。

前項股東為金融控股公司者，其子公司於該次股東會亦不得再有徵求行為或接受徵求人之委託辦理代為處理徵求事務。

第三項第二款及前項所稱之子公司，指依金融控股公司法第四條所規定之子公司。

股東會有選任董事或監察人議案時，第一項委託徵求之股東，其中至少一人應為董事或監察人之被選舉人。但擬支持之被選舉人符合獨立董事資格者，不在此限。

第一項第一款所稱關係人之範圍，依金融控股公司法第四條、第十六條第四項、銀行法第二十五條第四項、第二十五條之一第二項、保險法第一百三十九條之一第三項、第一百三十九條之二第二項規定辦理。

第 6-1 條

下列公司不得依第五條第一項規定擔任徵求人或依前條第一項規定委託信託事業、股務代理機構擔任徵求人：

一、金融控股公司召開股東會，其依金融控股公司法第四條所規定之子公司。

二、公司召開股東會，其依公司法第一百七十九條第二項所規定無表決權之公司。

第7條

徵求人應於股東常會開會三十八日前或股東臨時會開會二十三日前，檢附出席股東會委託書徵求資料表、持股證明文件、代為處理徵求事務者資格報經本會備查之文件、擬刊登之書面及廣告內容定稿送達公司及副知財團法人中華民國證券暨期貨市場發展基金會（以下簡稱證基會）。

公司應於股東常會開會三十日前或股東臨時會開會十五日前，製作徵求人徵求資料彙總表冊，以電子檔案傳送至證基會予以揭露或連續於日報公告二日。

公司於前項徵求人檢送徵求資料期間屆滿當日起至寄發股東會召集通知前，如有變更股東會議案情事，應即通知徵求人及副知證基會，並將徵求人依變更之議案所更正之徵求資料製作電子檔案傳送至證基會予以揭露。

股東會有選舉董事或監察人議案者，公司除依前二項規定辦理外，應彙總徵求人名單與徵求委託書之書面及廣告中擬支持董事被選舉人之經營理念內容，於寄發或以電子文件傳送股東會召集通知時，同時附送股東。

第一項及第二項徵求人徵求資料彙總表冊，公司以電子檔案傳送至證基會者，應於股東會召集通知上載明傳送之日期、證基會之網址及上網查詢基本操作說明；以日報公告者，應於股東會召集通知上載明公告之日期及報紙名稱。

徵求人或受其委託代為處理徵求事務者，不得委託公司代為寄發徵求信函或徵求資料予股東。

徵求人非於第一項規定期限內將委託書徵求書面資料送達公司者，不得為徵求行為。

第7-1條

除證券商或符合公開發行股票公司股務處理準則第三條第二項規定之公司外，代為處理徵求事務者應符合下列資格條件：

一、實收資本額達新臺幣一千萬元以上之股份有限公司。

二、辦理徵求事務之人員，含正副主管至少應有五人，並應具備下列資格之一：

　　㈠股務作業實務經驗三年以上。

　　㈡證券商高級業務員或業務員。

　　㈢本會指定機構舉辦之股務作業測驗合格。

三、公司之內部控制制度應包括徵求作業程序，並訂定查核項目。

代為處理徵求事務者應檢具前項相關資格證明文件送交本會指定之機構審核後，轉報本會備查，始得辦理代為處理徵求事務。

本會或本會指定之機構得隨時檢查代為處理徵求事務者之資格條件，代為處理徵求事務者不得拒絕，拒絕檢查者，視同資格不符，且於三年內不得辦理徵求事務；經檢查有資格條件不符情事時，經本會或本會指定之機構限期補正，屆期仍未補正者，於未補正前不得辦理徵求事務。

代為處理徵求事務者於第一項資格條件之實收資本額、人員異動及內部控制制度之徵求作業程序修正時，應於異動或修正後五日內向本會指定之機構申報。

代為處理徵求事務者之內部控制制度應由專責人員定期或不定期實施內部稽核，並作成書面紀錄，備供本會或本會指定之機構查核。

未依前二項規定辦理，經本會或本會指定之機構限期補正，屆期仍未補正者，於未補正前不得辦理徵求事務。

第7-2條

徵求人及代為處理徵求事務者應於徵求場所人員辦理徵求事務前，向本會指定之機構申報，徵求場所人員非經申報，不得辦理徵求事務。

徵求場所人員異動時，應依下列規定辦理：

一、每年三月至六月期間人員異動者，徵求人及代為處理徵求事務者應於異動後五日內向本會

指定之機構申報。

二、前述期間外人員發生異動者，於下次辦理徵求事務前向本會指定之機構彙總申報。

徵求人及代為處理徵求事務者，不得以未依前二項規定申報之人員辦理委託書徵求事務，取得委託書。

第 8 條

徵求委託書之書面及廣告，應載明下列事項：

一、對於當次股東會各項議案，逐項為贊成與否之明確表示；與決議案有自身利害關係時並應加以說明。

二、對於當次股東會各項議案持有相反意見時，應對該公司有關資料記載內容，提出反對之理由。

三、關於董事或監察人選任議案之記載事項：

　　㈠說明徵求委託書之目的。

　　㈡擬支持之被選舉人名稱、股東戶號、持有該公司股份之種類與數量、目前擔任職位、學歷、最近三年內之主要經歷、董事被選舉人經營理念、與公司之業務往來內容。如係法人，應比照填列負責人之資料及所擬指派代表人之簡歷。

　　㈢徵求人應列明與擬支持之被選舉人之間有無本法施行細則第二條所定利用他人名義持有股票之情形。

　　㈣第五條徵求人及第六條第一項之委任股東，其自有持股是否支持徵求委託書書面及廣告內容記載之被選舉人。

四、徵求人姓名、股東戶號、持有該公司股份之種類與數量、持有該公司股份之設質與以信用交易融資買進情形、徵求場所、電話及委託書交付方式。如為法人，應同時載明公司或商業統一編號及其負責人姓名、持有公司股份之種類與數量、持有公司股份之設質與以信用交易融資買進情形。

五、徵求人所委託代為處理徵求事務者之名稱、地址、電話。

六、徵求取得委託書後，應依股東委託出席股東會，如有違反致委託之股東受有損害者，依民法委任有關規定負損害賠償之責。

七、其他依規定應揭露之事項。

徵求人或受其委託代為處理徵求事務者不得於徵求場所外徵求委託書，且應於徵求場所將前項書面及廣告內容為明確之揭示。

第一項第三款第二目之擬支持董事被選舉人經營理念以二百字為限，超過二百字或徵求人未依第一項規定於徵求委託書之書面及廣告載明應載事項者，公司對徵求人之徵求資料不予受理。

股東會有選舉董事或監察人議案者，徵求人其擬支持之董事或監察人被選舉人，不得超過公司該次股東會議案或章程所定董事或監察人應選任人數。

第 9 條

徵求人自行寄送或刊登之書面及廣告，應與依第七條第一項及第二項送達公司之資料內容相同。

第 10 條

委託書應由委託人親自簽名或蓋章，並應由委託人親自填具徵求人或受託代理人姓名。但信託事業或股務代理機構受委託擔任徵求人，及股務代理機構受委任擔任委託書之受託代理人者，得以當場蓋章方式代替之。

徵求人應於徵求委託書上簽名或蓋章，並應加蓋徵求場所章戳，及由徵求場所辦理徵求事務之人員於委託書上簽名或蓋章，且不得轉讓他人使用。

第 10-1 條

公司依第七條第一項規定將徵求資料傳送至證基會或於日報公告後,徵求人應依股東委託出席股東會。

徵求人不得於徵求委託書之書面及廣告內容記載徵求人得不出席股東會等相關文字。

第 11 條

出席股東會委託書之取得,除本規則另有規定者外,限制如下:

一、不得以給付金錢或其他利益為條件。但代為發放股東會紀念品或徵求人支付予代為處理徵求事務者之合理費用,不在此限。

二、不得利用他人名義為之。

三、不得將徵求之委託書作為非屬徵求之委託書出席股東會。

各公開發行公司每屆股東會如有紀念品,以一種為限,其數量如有不足時,得以價值相當者替代之。

徵求人或受託代理人依第十二條及第十三條規定,檢附明細表送達公司或繳交一定保證金予公司後,得向公司請求交付股東會紀念品,再由其轉交委託人,公司不得拒絕。

前項股東會紀念品交付予徵求人、保證金金額及收取方式之訂定,公司應以公平原則辦理。

第 12 條

徵求人應編製徵得之委託書明細表乙份,於股東會開會五日前,送達公司或其股務代理機構;公司或其股務代理機構應於股東會開會當日,將徵求人徵得之股數彙總編造統計表,以電子檔案傳送至證基會,並於股東會開會場所為明確之揭示。

第 13 條

非屬徵求委託書之受託代理人除有第十四條情形外,所受委託之人數不得超過三十人。其受三人以上股東委託者,應於股東會開會五日前檢附聲明書及委託書明細表乙份,並於委託書上簽名或蓋章送達公司或其股務代理機構。

前項聲明書應載明其受託代理之委託書非為自己或他人徵求而取得。

公開發行公司或其股務代理機構應於股東會開會當日,將第一項受託代理人代理之股數彙總編造統計表,以電子檔案傳送至證基會,並於股東會開會場所為明確之揭示。

第 13-1 條

公司召開股東會,委託書於股東會開會前應經公司之股務代理機構或其他股務代理機構予以統計驗證。但公司自辦股務者,得由公司自行辦理統計驗證事務。公司應將統計驗證機構載明於股東會召集通知,變更時,公司應即於公開資訊觀測站公告。

前項所稱驗證之內容如下:

一、委託書是否為該公司印製。

二、委託人是否簽名或蓋章。

三、是否填具徵求人或受託代理人之姓名,且其姓名是否正確。

辦理第一項統計驗證事務應依法令及內部控制制度有關委託書統計驗證作業規定為之;前揭作業規定,應依本會或本會指定之機構訂定之股務單位內部控制制度標準規範有關委託書統計驗證作業相關規定訂定之。

本會或本會指定之機構得隨時檢查委託書統計驗證作業;公司或辦理統計驗證事務者,不得拒絕。

自辦股務公司或股務代理機構違反第三項規定,經本會命令糾正或處罰者,不得再自行或為該違規情事所涉公司辦理股務事務。

第 14 條

股務代理機構亦得經由公開發行公司之委任擔任該公開發行公司股東之受託代理人；其所代理之股數，不受已發行股份總數百分之三之限制。

公開發行公司依前項規定委任股務代理機構擔任股東之受託代理人，以該次股東會並無選舉董事或監察人之議案者為限；其有關委任事項，應於該次股東會委託書使用須知載明。

股務代理機構受委任擔任委託書之受託代理人者，不得接受股東全權委託；並應於各該公開發行公司股東會開會完畢五日內，將委託出席股東會之委託明細、代為行使表決權之情形，契約書副本及其他本會所規定之事項，製作受託代理出席股東會彙整報告備置於股務代理機構。

股務代理機構辦理第一項業務應維持公正超然立場。

第 14-1 條

（刪除）

第 15 條

本會或本會指定之機構得隨時要求徵求人、代為處理徵求事務者、受託代理人或相關人員提出取得之出席股東會委託書及其他有關文件資料，或派員檢查委託書之取得情形，徵求人、代為處理徵求事務者、受託代理人或相關人員不得拒絕或規避。

第 16 條

公開發行公司印發之委託書用紙、議事手冊或其他會議補充資料、徵求人徵求委託書之書面及廣告、第十二條及第十三條之委託明細表、前條之出席股東會委託書及文件資料，不得對應記載之主要內容有虛偽或欠缺之情事。

前項文件不得以已檢送並備置於證基會而為免責之主張。

第 17 條

（刪除）

第 18 條

委託書之委任人得於股東會後七日內，向公開發行公司或其股務代理機構查閱該委託書之使用情形。

第 19 條

公開發行公司對於徵求委託書之徵求人所發給之出席證、出席簽到卡或其他出席證件，應以顯著方式予以區別。

前項出席證、出席簽到卡或其他出席證件，不得轉讓他人使用，持有者並應於出席股東會時攜帶身分證明文件，以備核對。

第 20 條

徵求人除本規則另有規定外，其代理之股數不得超過公司已發行股份總數之百分之三。

第 21 條

第十三條第一項受三人以上股東委託之受託代理人，其代理之股數除不得超過其本身持有股數之四倍外，亦不得超過公司已發行股份總數之百分之三。

前項受託代理人有徵求委託書之行為者，其累計代理股數，不得超過第二十條規定之股數。

第 22 條

使用委託書有下列情事之一者，其代理之表決權不予計算：

一、其委託書用紙非為公司印發。

二、因徵求而送達公司之委託書為轉讓而取得。

三、違反第五條、第六條或第七條之一第一項規定。

四、違反第八條第二項規定於徵求場所外徵求委託書或第四項規定。

五、違反第十一條第一項規定取得委託書。

六、依第十三條出具之聲明書有虛偽情事。

七、違反第十條第一項、第十三條第一項、第十四條、第十六條第一項或第十九條第二項規定。

八、徵求人或受託代理人代理股數超過第二十條或第二十一條所定限額，其超過部分。

九、徵求人之投票行為與徵求委託書之書面及廣告記載內容或與委託人之委託內容不相符合。

十、其他違反本規則規定徵求委託書。

有前項各款情事之一者，公開發行公司得拒絕發給當次股東會各項議案之表決票。

有第一項表決權不予計算情事者，公開發行公司應重為計算。

委託書及依本規則製作之文件、表冊、媒體資料，其保存期限至少為一年。但經股東依公司法第一百八十九條規定提起訴訟者，應保存至訴訟終結為止。

第 23 條

出席證、出席簽到卡或其他出席證件，不得為徵求之標的。

第 23-1 條

本規則規定有關書表格式，由本會公告之。

第 23-2 條

外國發行人募集與發行有價證券處理準則第三條所稱第一上市（櫃）公司、興櫃公司應準用本規則之規定。

第一上市（櫃）公司、興櫃公司依註冊地國法令，股票無停止過戶期間者，其召集股東會時，依第五條或第六條規定，計算委託書徵求人或委任徵求之股東持有股數時，得以該次股東會基準日之股東名簿或存放於證券集中保管事業之證明文件記載之股數為準。

第一上市（櫃）公司、興櫃公司依其註冊地國法令規定，無法於股東常會開會三十日前發送召集通知書者，委託書徵求人應於證券交易所或證券櫃檯買賣中心規定之召集通知書最遲發送日八日前，檢附第七條第一項規定之徵求資料送達公司及副知證基會；公司應於召集通知書最遲發送日前，製作徵求人徵求資料彙總表冊，傳送證基會。

第 24 條

本規則自發布日施行。但中華民國九十四年十二月十五日修正發布之第七條之一修正條文自九十五年一月一日施行；九十五年十二月二十日修正發布之第五條及第六條修正條文，自九十七年一月一日施行；一百零二年四月十一日修正發布之第十三條之一修正條文，自一百零二年七月一日施行；一百零七年八月十六日修正發布之第五條及第六條修正條文，自一百零八年七月一日施行。

第七章　證券交易機關

綱要導讀

第一節　證券商

- 壹、證券市場的中介要角
- 貳、證券商制度之設計與管理
- 參、證券商之行為規範
- 肆、證券商同業公會

第二節　證券交易所

- 壹、證券市場的核心組織
- 貳、會員制證券交易所
- 參、公司制證券交易所
- 肆、主管機關對證券交易所之行政管理

7

第一節　證券商

壹、證券市場的中介要角

一、經營證券業務之證券商

所謂證券商，乃傳統上證券交易法第 16 條本文所指，係經營有價證券之承銷、自行買賣或經營有價證券買賣之行紀、居間、代理及其他經主管機關所核准相關業務之人。惟目前採「非證券商不得經營證券業務」的專業主義政策（證券交易法第 44 條第 1 項後段），證券商原則上是依法設立、登記之公司，且限於股份有限公司之企業組織（證券交易法第 47 條、第 4 條）；就此，請參閱本節【貳之二】證券商管理部分的介紹。當然，就證券商而言，其在證券市場上所扮演的角色，可分別從發行市場與流通市場的兩大領域觀察之：

㈠在發行市場上，企業雖得以發行有價證券的方式，透過證券市場，向社會大眾集資，完成該發行公司所需之資金調度，但有價證券之公開發行，並非一般公司所熟稔之事務；因而在實務上，發行公司往往與特定的證券商訂立所謂「承銷契約」，委由證券商處理有價證券之發行，使發行公司得以順利從證券市場上完成資金籌措的目的❶。

㈡在流通市場，例如公開發行的有價證券，得集中在證券交易所或藉著證券商營業處的買賣交易，如此的證券市場乃提供一般投資大眾進行投資理財與回收資金的市場，實現有價證券流通性的本質。惟以證券交易法第 11 條與第 151 條所規定為例，證券交易所係提供證券商（或會員）進行有價證券集中交易的場所，如第五章第一節【壹之一】所介紹；易言之，就現行的證券交易制度而言，一般投資人得委託證券商買賣有價證券，創造證券市場上投資人間資金移動的效果❷。

---

❶　賴英照，《證券交易法逐條釋義⑴》（自版，1992 年）125 頁。

簡而言之，論證券商所擔任的是證券市場的中介角色，其在發行市場上，證券商乃介於企業體與投資人間，扮演著資金供需的仲介橋樑，消化企業因發行有價證券所致生可能的風險，提供證券市場上合理性的資金配分效能；相較於在流通市場上，證券商亦為社會大眾提供一個安全的證券交易服務，不僅實現投資人所持有證券轉讓的便利性，促進有價證券的流通，並可反映證券市場上有效率的資金移動❸。

二、證券業務之金融創新實驗

民國 106 年證券交易法部分條文修正，增訂第 44 條之 1 明定「為促進普惠金融及金融科技發展，不限於證券商及……得依金融科技發展與創新實驗條例申請辦理證券業務創新實驗」之規定。就此，證券交易法增訂第 44 條之 1 在野黨團版及立委版的提案，均強調「為協助證券業運用科技創新服務，提升證券業效率及競爭力，並促進金融科技產業發展」等目的下，宜參考外國作法，引進「監理沙盒 (regulatory sandbox)」制度，使非證券業者有機會試驗金融創新技術之可行性，以提昇金融業能量與競爭力❹。

(一)規範金融業務實驗之專法

面對上述立委及在野黨團之提案修正，主管機關亦肯定並回應「促進金融科技創新，推動金融監理沙盒」之制度立法，提供更便捷的方式，取得及使用金融服務之推動金融科技創新，同時亦能兼顧金融市場秩序及保

---

❷ 賴英照，《證券交易法逐條釋義(3)》（自版，1992 年）356 頁，認為證券交易法第 151 條的規定係為現行證券市場結構下的當然產物，並非證券交易本質上之必然。

❸ 賴源河，《證券管理法規》（自版，2000 年）139 頁；陳春山，《證券交易法論》（五南圖書，2002 年）119 頁；廖大穎，〈證券商制度與證券業務的行為規範〉《證券市場與股份制度論》（元照，1999 年）169 頁；曾宛如，《證券交易法原理》（自版，2000 年）235 頁。

❹ 民國 106 年證券交易法部分條文修正草案，立委曾銘宗等 17 人、余宛如等 16 人、賴士葆等 20 人及親民黨黨團等提案與增訂第 44 條之 1 資料，請參閱《立法院公報》第 107 卷第 4 期 399 頁。

障消費者權益的金融監理議題，建議制定一跨業性質的金融法律，以規範金融業務實驗❺。這以專法建立金融科技創新的實驗機制，不久即由主管機關經行政院會通過，向立法院交付審議之行政院版「金融科技創新實驗條例草案」與諸多立委版本的條例草案，併送審查，此即現行法之「金融科技發展與創新實驗條例」，於民國 106 年 12 月三讀通過，民國 107 年公布施行之❻。

(二)非證券商之申請證券業務創新實驗

依金融科技發展與創新實驗條例之規定，相關創新實驗即是以科技創新或經營模式創新方式，從事屬於需主管機關許可、核准或特許之金融業務實驗，其流程依金管會的推動規制如下：

創新實驗流程

逕依相關法規辦理

未涉金融特許業務

申請人擬具計畫　諮詢輔導　涉金融特許業務　申請實驗　金管會召開會議完成審查（60日）　駁回　退回申請

核准

準備期3個月

實驗期間 6個月

延長實驗 6個月

繼續實驗資格調整 6個月

創新實驗期間

實驗期滿一個月內函報結果

金管會召開會議完成評估（60日）

通知評估意見

申請經營　洽金融業合作或策略投資

監理實驗情形

◎成效良好之協助：檢討研修金融法規、媒介創業合作及轉介輔導等

◎廢止核准：重大不利因素、逾越實驗計畫、未遵守管理措施等

資料來源：《立法院公報》第 107 卷第 4 期 241 頁（顧立雄報告）。

❺　民國 106 年證券交易法部分條文修正草案，增訂第 44 條之 1 的立法資料，請參閱《立法院公報》第 107 卷第 4 期 402 頁。

❻　民國 106 年金融科技發展與創新實驗條例之立法草案，請參閱《立法院公報》第 107 卷第 4 期 237 頁。

另，依證券交易法第 44 條之 1 第 2 項明定「前項之創新實驗，於主管機關核准辦理之期間及範圍內，得不適用本法之規定」，金融科技發展與創新實驗條例第 25 條亦特別規定創新實驗範圍，涉及主管機關或其他機關（構）訂定之法規命令或行政規則者，主管機關基於創新實驗進行之必要，得於會商其他機關（構）同意後，核准創新實驗於實驗期間排除該等法規命令或行政規則全部或一部之適用，並免除申請人相關行政責任，但洗錢防制法、資恐防制法及相關法規命令或行政規則，則不得排除之。

貳、證券商制度之設計與管理

原則上，證券交易法所規範的對象是以「有價證券」的概念為主軸，作為規範證券市場的依據（證券交易法第 6 條）。至於現行法上的證券商制度設計，係證券商依法應取得主管機關之許可證照（證券交易法第 44 條第 1 項前段），始得經營證券交易法第 15 條之相關證券業務；然，在證券專業經營的立法政策下，證券交易法不僅明文規定非證券商不得經營證券業務，而且證券商亦不得由他業兼營的原則（證券交易法第 44 條第 1 項後段、第 45 條第 2 項），同時亦藉著適度的行政管理，以建立我國證券商的專業主義，健全證券業務的發展❼。

因此，如前所述，證券商的概念乃是經營本法所規定有價證券相關業務之業者；至於證券商的管理，則側重於如何健全證券業務與確保證券市場的機能，以圓滿達成證券交易法第 1 條所明文保障投資與發展國民經濟之立法目的。

一、證券商種類

關於證券交易法第 16 條所明文我國現行法上之證券商，其種類係依所經營的證券業務而定，原則上有下列三種：

❼ 謂證券商在證券市場之重要性，係表現於發展國民經濟的影響層面上；以我國現行法係所許可主義的設計，其用意乃基於事前預防的行政管理制度，賦予主管機關直接監督的權限，寓有強調證券商之高度公共社會性。

㈠證券承銷商

　　所謂證券承銷商，乃指從事經營有價證券之承銷及其他經主管機關核准相關業務之證券商（證券交易法第 16 條第 1 款），惟此處所謂之「承銷」？即依證券交易法第 10 條所明文，證券商依約定包銷或代銷發行有價證券之行為。

　　一般而言，證券承銷係一種有償的契約行為，證券承銷商得向發行人請求支付一定之報酬或手續費；惟其報酬或手續費，證券交易法第 82 條特別明文「證券承銷商包銷之報酬或代銷之手續費，其最高標準，由主管機關以命令定之」❽。至於包銷，依證券交易法第 71 條第 1 項所規定，證券承銷商包銷有價證券時，於承銷契約所訂定之承銷期間屆滿後，對於約定包銷之有價證券，如未能全數銷售者，其膡餘數額之有價證券，應自行認購；換言之，包銷係證券承銷商收取包銷有價證券之報酬（例如原證券交易法第 76 條第 1 項第 6 款舊規定），但其亦承擔包銷相對的風險，即證券若無法順利售出，該承銷商應依約定價格，自行認購之❾。相較於代銷，乃如證券交易法第 72 條所規定，證券承銷商代銷有價證券時，於承銷契約所訂定之承銷期間屆滿後，對於約定代銷之有價證券，未能全數銷售者，其膡餘數額之有價證券，得退還發行人的方式，明顯不同於上述的包銷制度；質言之，代銷係證券承銷商收取代銷有價證券之手續費（例如原證券交易法第 76 條第 1 項第 7 款舊規定），惟該證券無法順利售出，即可退回發行人，無自行認購之義務，亦即證券承銷商不須負擔其風險之謂❿。

---

❽　民國 77 年 12 月 31 日臺財證㈢字第 09690 號令，訂定「證券承銷商包銷之報酬或代銷之手續費最高標準」，請參照。

❾　賴源河，前揭書❸ 141 頁；賴英照，《證券交易法逐條釋義⑵》（自版，1992年）542 頁；黃川口，《證券交易法要論》（自版，1997 年）281 頁；李開遠，《證券管理法規新論》（五南圖書，2001 年）136 頁；陳春山，前揭書❸ 85 頁。

❿　賴源河，前揭書❸ 141 頁；賴英照，前揭書❾ 551 頁；黃川口，前揭書❾ 282頁；李開遠，前揭書❾ 137 頁。

　　陳春山，前揭書❸ 84 頁，認為代銷方式，如依美國學者之見解，非為真正之承銷，僅係一般的有價證券之買賣。

㈡證券自營商

所謂證券自營商，乃指從事經營有價證券之自行買賣及其他經主管機關核准相關業務之證券商（證券交易法第 16 條第 2 款）。惟此處所謂之「自行買賣」，一般認為係證券商為自己計算，從事有價證券買賣之自營業務，例如證券交易法第 83 條明文證券自營商得為公司股份之認股人或公司債之應募人；然，其有別於為他人計算之經紀商，專門從事有價證券買賣之受託，例如證券交易法第 158 條第 1 項所謂證券經紀商，乃接受於集中交易市場為買賣有價證券之受託❶。

關於證券自營商制度，或因證券自營商既非以有價證券之承銷業務為其要職，作為發行市場之中介機關，且亦非從事代客買賣有價證券之經紀業務，作為流通（交易）市場之中介機關，則自營商功能為何？論者亦有質疑其角色的聲音❷。惟一般認為證券自營商制度之設計係著眼於證券市場之維持，有謂是期待藉由證券自營商之自行買賣有價證券，有效調節證券市場之供需關係，以發揮穩定市場之功能❸。

㈢證券經紀商

所謂證券經紀商，乃指從事有價證券買賣之行紀、居間、代理及其他經主管機關核准相關業務之證券商。惟何謂行紀？居間？代理？證券交易法並無特別明文，一般認為其概念得依民法之規定。所謂有價證券買賣之

---

❶ 賴源河，前揭書❸ 206 頁；賴英照，前揭書❶ 159 頁；余雪明，《證券交易法》（證券暨期貨市場發展基金會，2000 年）262 頁；黃川口，前揭書❾ 299 頁；李開遠，前揭書❾ 359 頁；陳春山，前揭書❸ 161 頁；曾宛如，前揭書❸ 265 頁。

❷ 例如賴英照，前揭書❶ 159 頁；陳春山，前揭書❸ 161 頁。

❸ 例如賴英照，前揭書❶ 160 頁；李開遠，前揭書❾ 359 頁；曾宛如，前揭書❸ 265 頁。

　　例如證券商管理規則第 30 條明文證券商經營自行買賣有價證券業務或出售承銷所取得之有價證券，應視市場情況有效調節市場供求關係，並注意勿損及公正價格之形成及其營運之健全性；惟陳春山，前揭書❸ 162 頁，認為就我國實務上而言，由於證券自營商於集中交易市場之交易量甚小，自無法發揮其功能。

「行紀」，依民法第 576 條之規定，謂證券商以自己之名義，為他人之計算，從事有價證券買賣而受有報酬者；所謂有價證券買賣之「居間」，依民法第 565 條之規定，謂證券商為他人報告有價證券買賣之機會或為買賣有價證券之媒介，而受有報酬者；所謂有價證券買賣之「代理」，依民法第 103 條第 1 項之規定，謂證券商於代理權限內，以他人名義所為之買賣有價證券者❶❹。然在交易實務上，證券經紀商之於證券市場，為客戶所執行買賣有價證券之訂單，有謂其係以行紀的身分為之❶❺。

　　承上所述，為他人計算，買賣有價證券之證券經紀商，論其形成乃是衍自於交易所制度的產物之一；換言之，不論是採會員制或公司制的證券交易所，基於市場管理上的需要，或有限制證券交易主體之規定，例如證券交易法第 151 條所明文「於有價證券集中交易市場為買賣者，在會員制證券交易所限於會員（惟依證券交易法第 103 條第 2 項，會員則限定於證券自營商或經紀商）；在公司制證券交易所限於訂有價證券集中交易市場契約之證券自營商或證券經紀商」，一般投資人？並無法於集中交易市場直接買賣有價證券，唯有藉由證券經紀商受託買賣有價證券的方式，始得完成其交易。

二、證券商管理

㈠證券商的設置與開業條件

　　有鑑於證券商在證券交易制度中所扮演的靈魂要角，影響證券市場與國民經濟之發展鉅深。爰此，現行法對於證券商之高度公共性事業機構，關係到社會公益的層面，乃特別允許主管機關的行政權介入，藉以證券管理機關之事前許可為其設立要件之一；例如公司法第 17 條第 1 項所規定之公司業務，依法律須經政府許可者，解析證券交易法第 44 條第 1 項後段

---

❶❹　賴源河，前揭書❸ 206 頁；賴英照，前揭書❶ 152 頁；余雪明，前揭書❶❶ 269 頁；李開遠，前揭書❾ 361 頁；陳春山，前揭書❸ 148 頁。

❶❺　余雪明，前揭書❶❶ 269 頁，陳指我國證券經紀商的實際運作，不同於美國證券商多以代理的身分為之。

「非證券商不得經營證券業務」之規定，即屬其適例之一，並授權主管機關頒布相關證券商之設置標準，以有效防止證券商之事故發生，進而影響證券市場秩序❶❻（證券交易法第 44 條第 4 項）。

相關我國證券商的開業規制，證券交易法第 44 條第 1 項前段明文規定證券商須經主管機關之許可及發給許可證照，方得營業的前提下，證券商制度係採行主管機關的許可主義。當然，針對證券商之開業許可制度，證券交易法所重視的是證券商的資產構成的基礎與人員構成的適格。關於此，前者所謂「資產構成」的基礎，例如證券交易法第 48 條所明文證券商之最低資本額，並授權主管機關依證券商之種類，以命令分別定之，惟此處所謂之資本係為已發行股份總額之「實收資本額」的概念❶❼；至於上述資產構成的開業條件，論者有謂其立法意旨乃在於健全證券商之財務基本面，以確保證券商之資本充實，保障投資人的權益，並提升證券業務之服務品質❶❽。相較於後者，所謂「人員構成」的適格，其是指從事證券業務的執行上，證券交易法所注重的，不獨是從業人員的專業知識、能力與經驗的有無，而且重視證券商的人員，對社會信用問題；比方是證券商的人員構成方面，例如證券交易法第 53 條明文對其發起人、董事、監察人及經理人設有「不適任」的消極資格限制❶❾，又例如證券交易法第 54 條第 1 項亦明

---

❶❻ 賴源河，前揭書❸ 148 頁；陳春山，前揭書❸ 122 頁。

❶❼ 例如證券商設置標準第 3 條規定證券商之最低實收資本額如下：㈠證券承銷商：新臺幣四億元，㈡證券自營商：新臺幣四億元，㈢證券經紀商：新臺幣二億元；而且前述之最低實收資本額，發起人應於發起時一次認足。

❶❽ 賴源河，前揭書❸ 150 頁；賴英照，前揭書❾ 375 頁；廖大穎，前揭書❸ 171 頁。

❶❾ 證券交易法第 53 條規定有下列情事之一者，不得充任證券商之董事、監察人或經理人，其已充任者，解任之，並由主管機關函請經濟部撤銷其董事、監察人或經理人登記：㈠有公司法第 30 條各款情事之一者。㈡曾任法人宣告破產時之董事、監察人、經理人或其他地位相等之人，其破產終結未滿三年或調協未履行者。㈢最近三年內在金融機構有拒絕往來或喪失債信之紀錄者。㈣依本法之規定，受罰金以上刑之宣告，執行完畢，緩刑期滿或赦免後未滿三年者。

文證券商僱用對於有價證券營業行為直接有關之業務人員，其相關資格的積極條件與消極限制❷，並明文授權主管機關，制定證券商負責人與業務人員管理相關事項，以資遵循（證券交易法第 70 條）❷。

現行證券商的制度而言，依證券交易法第 44 條第 1 項所明示之許可主義；雖就其相關規定之內容觀之，不難理解證券商之開業條件與主管機關許可之裁量權限關係，但從新近行政程序透明化之政策轉變，其實質上已有轉化為準則主義的現象，謂以加速我國證券事業發展的自由化趨勢❷。

㈡證券商的業務規範

1.證券商之專業主義

關於證券商之管理，證券交易法所規範的重點之一，乃是在於樹立證券商之專業主義為原則，以穩定健全證券市場發展所需；惟所謂證券商的專業主義，一般認為證券交易法第 44 條第 1 項後段所明文「非證券商，不得經營證券業務」，即是我國證券商專業制度的基本規定，而且於證券交易法第 45 條第 2 項本文亦規定「證券商不得由他業兼營」的原則，明文限制他業兼營證券業務，以強化證券商專職經營的理念。如此專業主義的立法

㈤違反第 51 條之規定者。㈥受第 56 條及第 66 條第 2 款解除職務之處分，未滿三年者。

❷　證券交易法第 54 條明文證券商僱用對於有價證券營業行為直接有關之業務人員，應成年，並具備有關法令所規定之資格條件，且無下列各款情事之一者：㈠受破產之宣告尚未復權者、受監護宣告或受輔助宣告尚未撤銷。㈡兼任其他證券商之職務者。但因投資關係，並經主管機關核准兼任被投資證券商之董事或監察人者，不在此限。㈢曾犯詐欺、背信罪或違反工商管理法律，受有期徒刑以上刑之宣告，執行完畢、緩刑期滿或赦免後未滿三年者。㈣有前條第 2 款至第 4 款或第 6 款情事之一。㈤違反主管機關依照本法所發布之命令者。民國 109 年證券交易法部分條文第 2 次修正草案，相關修正第 54 條的立法理由，請參閱《立法院公報》第 110 卷第 10 期 50 頁。

❷　民國 74 年 9 月 24 日臺財證㈡字第 01119 號令，制定「證券商負責人與業務人員管理規則」，請參照。

❷　余雪明，前揭書❶ 279 頁；賴英照，《證券交易法逐條釋義⑷》（自版，1992年）308 頁。

政策，或從美國三〇年代金融市場法制史上觀察，尤其係脫胎於銀行業務
與證券業務的分離制度，是不難理解的，以避免直接金融與間接金融之中
介角色混淆，致生危及市場的情事。非證券商不得經營證券業務之原則，
比方是銀行，其乃不得經營證券業務（證券交易法第 45 條第 2 項本文），
相對於證券商，其亦不得經營銀行業務（證券交易法第 60 條第 1 項本文、
銀行法第 29 條第 1 項）的立法，當然亦是基於證券商專業主義所衍生的重
要規範之一 ❷ 。

雖然如此，但就我國證券市場的現狀，並評估其因應與發展的需要，
政府亦依規定特別例外允許銀行兼營證券業務，即藉由證券交易法第 45 條
第 2 項但書的規定，謂經主管機關之許可金融機構，得兼營證券業務，以
緩和現行銀證分離的既定政策。因此，在證券商專業主義之原則外，亦有
兼營證券商的存在，例如銀行；惟銀行在證券主管機關所許可的證券業務
範圍內，論其身分亦屬於證券商的範疇，當然其亦有適用證券交易法的相
關規定 ❷ 。

2.證券商之分業經營

證券交易法第 45 條第 1 項所明文證券商分業經營之原則，謂「證券商
應依第 16 條規定，分別依其種類經營證券業務，不得經營其本身以外之業
務」 ❷ 。關於證券商之分業經營原則，一般認為係在立法政策上，限制一
證券商同時兼營承銷、自營、經紀業務，其目的乃是為防止不肖證券商，
利用不同的證券業務，將經營的風險移轉於他人而致生利益衝突之疑慮。
惟就立法層面上而言，論其法理上的設計並非完全禁止證券商之兼營他種

---

❷ 陳春山，〈銀行證券業務的法律規範〉《證交資料月刊》第 310 期 8 頁；廖大穎，
〈現代金融法的基礎規範〉《證券市場與股份制度論》（元照，1999 年）14 頁。

❷ 民國 55 年證券交易法草案總說明，謂「金融機構得申請為證券商」者，係「為
適應我國實際情況，准許金融機構兼營證券業務。至其兼營證券業務之範疇，
則由主管機關視事業需要，衡酌核定，期能發揮調節市場之功能」，請參閱立法
院秘書處《證券交易法案（上冊）》（立法院公報法律案專輯，1965 年）33 頁。

❷ 民國 55 年證券交易法草案總說明，請參閱立法院秘書處，前揭書❷ 32 頁。

證券業務；換言之，證券交易法第 45 條第 1 項但書亦明文「經主管機關核准者，不在此限」之規定，在解釋上自得兼營他種證券業務與其有關之業務，誠如該證券商分業經營的立法說明，參酌我國現實情況及外國立法例，實無絕對禁止兼業之必要，爰以特別規定證券商經主管機關核准者，得兼業之，但應強化其業務執行的管理❷❻。當然，民國 94 年證券交易法部分條文修正時，將第 45 條第 1 項但書「經主管機關核准者，得兼營他種證券業務或與其有關之業務」，修正為「經主管機關核准者，不在此限」之規定，謂以隨著經濟環境之變遷，證券商大型化，並逐步發展為投資銀行，漸成潮流，相對於過去為使證券商專注於本業之經營，對他種業務之兼營有相當的限制，反而致生證券商未來發展之障礙，調整上述原有限制，以符實際需要❷❼。

　　至於一般所稱的綜合證券商?雖依證券交易法第 45 條第 1 項的明文規定，理論上係可行的，但論者有謂證券業務的營業許可，亦因受制於證券商與證券交易所訂立有價證券集中交易市場使用契約，限於證券自營商或證券經營商的身分限制，而不允許證券商同時兼營二種證券業務❷❽；然，隨著財經環境的變化加速，面臨證券市場的競爭，為配合證券業務自由化的需要，發展綜合證券商制度，宜打破上述傳統證券商分業經營的原則，以擴大證券事業的規範與提升證券服務的品質❷❾。相關綜合證券商，將於

❷❻　關於證券商分業經營之設計，亦有稱為「職能分離」制，例如賴源河，前揭書❸ 145 頁；吳光明，《證券交易法論》（三民書局，2002 年）159 頁；陳春山，前揭書❸ 128 頁。

❷❼　民國 94 年證券交易法部分條文修正草案，第 45 條第 1 項修正理由，請參閱立法院第 6 屆第 2 會期第 1 次會議議案關係文書‧院總第 722 號（政府提案第 10191 號）政 251 頁，https://lis.ly.gov.tw/lglawc/lglawkm 立法院法律系統。

❷❽　例如民國 77 年證券交易法部分條文修正時，所刪除的原證券交易法第 101 條規定，其明文「證券自營商或證券經紀商為證券交易所之會員，或與證券交易所訂立有價證券集中交易市場使用契約時，應以證券自營商或證券經紀商之一種身分為限」。

❷❾　民國 77 年證券交易法部分條文修正草案，第 101 條刪除理由，請參閱《立法

本節【參之三】部分介紹，惟就綜合證券商制度所可能產生的弊端，證券交易法第 44 條第 4 項亦特別授權主管機關，頒布證券商管理規則，以適度管理綜合證券商經營二種以上不同之證券業務，並有效規範綜合證券商在業務上所可能致生利益衝突之流弊，比方是區隔證券業務種類之獨立作業、防止業務上資訊之不正提供與私用等等之謂❸。

⃝證券商的財務規制

相關證券交易制度，以證券經紀業務為例，一般投資人係藉由證券商進行相關有價證券之委託買賣，始能完成。在理論上，證券投資人之債權債務的最終擔保，乃是證券商的財產；因此，如何建立一個財務健全的證券商制度，亦當然是強化證券交易安全，維繫證券市場之不可或缺的要素之一。基於此，證券交易法為確保證券商的健全財務體質，在開業條件的審查標準明白要求最低資本額之規定外，尚就證券商的公司會計、資金用途及證券業務所生之財務風險，特別規劃一套監督體系，以防止肇因於證券商的財務惡化，進而影響到證券市場的運作❸。

1.公司會計的特別規定

針對證券商之管理，證券交易法所正視的課題，亦在於如何防止證券商之財務惡化，確保證券商之自有資本，例如證券交易法第 49 條第 1 項明文證券商之資產、負債比例的限制，規定「證券商之對外負債總額不得超過其資本淨值之規定倍數；其流動負債總額，不得超過其流動資產總額之規定成數」，配合前述證券商開業條件之資產構成規定，以強化證券商的財務結構及償債能力，同時證券交易法第 49 條第 2 項並授權證券主管機關，以行政命令的方式，規定其倍數與成數❸。

院公報》第 76 卷第 96 期 69 頁。

關於綜合證券商制度，可參閱余雪明，前揭書❶ 270 頁；黃川口，前揭書❾ 236 頁。

❸　廖大穎，前揭論文❸ 173 頁。

❸　廖大穎，前揭論文❸ 174 頁。

❸　例如證券商管理規則第 13 條第 1 項明文「證券商除由金融機構兼營者另依銀

2.資金運用的限制

就證券商之資金運用而言,證券交易法第 45 條第 3 項亦原則上禁止證券商,不得投資於其他證券商的規定,一般認為如此的資金運用限制,係為維持證券市場之秩序,以避免證券商之相互投資,藉著結合企業資金的關係,規避證券商之分業制度,造成壟斷市場之謂[33]。然,雖證券交易法第 45 條第 3 項原則禁止證券商轉投資於其他證券商,但有鑑於我國興櫃股票市場之建置,公開發行股票公司向櫃檯買賣中心申請其股票登錄為櫃檯買賣後,其股票交易之一方必須為該股票之推薦證券商,為使該推薦證券商發揮創造市場的功能,於民國 94 年證券交易法部分條文修正時,亦例外規定證券商經主管機關核准者,得投資於其他證券商[34]。

行法規定辦理外,其對外負債總額不得超過其資本淨值之四倍;其流動負債總額不得超過其流動資產總額。但經營受託買賣有價證券或自行買賣有價證券業務,除本會另有規定者外,其對外負債總額不得超過其資本淨值」。惟賴英照,前揭書[9] 383 頁,認為我國證券商管理制度採取保守穩健的政策,雖以嚴格限制證券商之對外負債限額,強化其財務基礎,但同時亦相對限制證券商對其業務拓展的能力,產生抑制的效果。

至於證券商管理規則第 14 條亦規定證券商特別盈餘公積與限制使用,其目的在於充實證券商的資本,增強信用的立意,不難理解,但無證券交易法之明文授權,主管機關逕以行政命令之規定,賴英照,前揭書[22] 330 頁認為該規定,暨無法律上之空白委任授主管機關,同時其管理限制逾越公司法的規定,嚴格規範企業營業的權限,其合法性頗有質疑之處。

[33] 賴源河,前揭書[3] 172 頁;賴英照,前揭書[9] 363 頁。
相對於證券交易法第 45 條第 3 項之規定,證券商管理規則不僅就證券商在市場上所扮演的角色,為確保證券商之資金充實及有效監督證券商的財務狀況,針對購置不動產、投資有價證券與資金借貸方面,限制其範圍與額度,同時亦積極限制其資金運用,以(1)銀行存款、(2)購買政府債券或金融債券、(3)購買國庫券、可轉讓之銀行定期存單或商業票據、(4)購買經本會核准一定比率之有價證券及轉投資行為、或者(5)其他經本會核准之用途等方式為之。

[34] 民國 94 年證券交易法部分條文修正草案,第 45 條第 3 項修正理由,請參閱前揭立法院關係文書[27]政 252 頁。

3.證券交易的風險承擔

一般認為證券商所從事證券業務的風險性相當高，係因證券市場上的環境任何變動，將直接或間接影響到證券業務的營收；因此，就證券商從事證券業務的行政管理上，相關風險之鎖定，如何增強證券商之債信，並確保投資人權益，實為健全證券事業發展與維護證券交易安全所不容忽視的基本課題之一❸❺。關於證券業務之風險管控，例如證券商管理規則第 11 條、第 12 條曾要求證券商提列買賣損失準備金與違約損失準備金，並限定其用途，以因應證券市場之變化，影響證券商財務狀況的管理政策，惟現行規則已刪除；相對於證券交易法第 55 條第 1 項，其亦於證券商辦理公司設立登記後，明文依照主管機關所頒布的證券商管理規則第 9 條規定，按證券業務之經營類別，向指定銀行提存營業保證金的制度，以確保因證券業務所生債務之債權人，就營業保證金享有優先受償權，強化保護債權人之措施（證券交易法第 55 條第 2 項）。

除此之外，在證券交易的風險承擔制度上，證券交易所基於證券交易法第 108 條或第 132 條之規定，亦得於章程明文會員或於使用有價證券集中交易市場契約明文證券自營商與經紀商繳存交割結算基金的義務，並依證券交易法第 153 條的處置規定為之，以強化相關證券交易所生債務之履行，維持證券市場之秩序與信用❸❻。

4.證券商之財務報告與資訊公開

關於證券商的財務資訊，為確實有效掌握證券商之財務狀況起見，證券交易法第 63 條特別明文證券商，準用第 36 條相關公開發行公司編製、申報及公告財務報告的規定，並依證券交易法第 14 條第 2 項所明文該財務報告之內容、適用範圍、作業程序、編製及其他遵行之事項，授權主管機關頒布的「證券商財務報告編製準則」，應定期編送、申報並公告之，圖使財務狀況透明化，達致證券商管理之實效性❸❼。當然，依民國 94 年證券交

❸❺　廖大穎，前揭論文❸ 176 頁。

❸❻　莊月清、陳世寬、游晴惠，〈從洪福事件檢討我國交割結算基金制度〉《月旦法學雜誌》第 0 期試刊號 85 頁。

易法部分條文修正時之增訂第 14 條第 3 項規定，證券商所定期編送之財務報告亦應經董事長、經理人及會計主管簽名或蓋章，並出具財務報告內容無虛偽或隱匿之聲明。

三、主管機關對證券商之行政監督

㈠行政檢查制度

　　如上所述，證券商應依法定期公開財務資訊外，而證券交易法第 64 條前段亦賦予主管機關主動命令其提出資料並加以檢查之權限，即規定主管機關，於保護公益或投資人利益之前提下，得隨時命令證券商提出財務或業務之報告資料，或進行檢查證券商營業、財產、帳簿、書類或其他有關物件，以補充定期申報公告之不足，並維持證券市場的良好秩序❸；當然，如發現證券商有違反法令之重大嫌疑者，證券交易法第 64 條後段亦明文主管機關，得以封存或調取其有關證件。

　　至於主管機關依法調查證券商之業務、財務狀況時，若發現證券商有不符合規定之事由，依證券交易法第 65 條規定，得隨時以命令糾正、限期改善。相關於證券交易法第 65 條，一般亦稱為糾正權，其立法目的乃在於賦予主管機關命令糾正之權限，以防止證券商違規行為之繼續或擴大，惟民國 108 年證券交易法部分條文第 1 次修正，謂以強調處分能因應實際監理需要，增訂主管機關得命令「限期改善」之監理措施❸。

㈡違法懲戒制度

　　證券交易法第 66 條特別明文證券商違反本法或依本法所發布之命令者，除依本法第 7 章「罰則」處罰外，亦賦予主管機關得視情節之輕重，為如下之處分並得命其限期改善：㈠警告，㈡命令該證券商解除其董事、

---

❸　民國 80 年 5 月 7 日 (80) 臺財證㈡字第 00861 號函。

❸　賴英照，前揭書❾ 507 頁；吳光明，前揭書❷❻ 173 頁。

❸　賴英照，前揭書❾ 511 頁；吳光明，前揭書❷❻ 173 頁。
　　民國 108 年證券交易法部分條文第 1 次修正草案，修正第 65 條之立法理由，請參閱《立法院公報》第 108 卷第 26 期 233 頁。

監察人或經理人職務，㈢對公司或分支機構，就其所營業務之全部或一部為六個月以內之停業，㈣對公司或分支機構營業許可之撤銷或廢止，㈤其他必要處置，以增強對證券商之管理，防止違規與不法情事的發生**㊵**。

然，雖非屬於上述違法情事，但主管機關若發現證券商之董事、監察人及受僱人，有違背本法或其他法令之行為，足以影響證券業務之正常執行者，證券交易法第56條亦賦予主管機關，除得隨時命令該證券商停止其一年以下業務之執行或解除其職務外，並得視情節之輕重，對證券商處以第66條所訂之處分。

參、證券商之行為規範

一、發行市場與有價證券之承銷

透過證券市場，企業得以公開發行有價證券的方式，直接向外募集其所需之資金，然而，相關證券之公開發行，在實務上因該企業之不熟稔，或因非屬企業之經常性業務，有價證券之公開發行輒係配合著證券商的承銷制度，以有效完成企業資金籌措的任務。析言之，關於有價證券之發行與銷售乃藉由專業證券商的介入，順利完成企業公開發行有價證券之工作，在證券市場上取得其所需的資金，並減低該企業於發行有價證券時的風險；惟相關有價證券之承銷作業，證券交易法有如下的規範：

㈠包銷與代銷

所謂承銷，一般認為係公司採行募股設立時，或藉由公開發行新股或公司債，籌措企業資金時，委託證券商處理公開發行有價證券之事務，而由該發行公司給付報酬者**㊶**。相關有價證券之承銷，證券交易法第10條特別明文所稱之承銷，謂依約定包銷或代銷發行人發行之有價證券之行為；

㊵ 民國108年證券交易法部分條文第1次修正草案，修正第66條之立法說明，謂為賦予主管機關處理彈性空間外，並增訂「限期改善」之監理措施，請參閱《立法院公報》第108卷第26期233頁。

㊶ 賴源河，前揭書**❸**141頁；賴英照，前揭書**❶**124頁。

惟何謂「包銷」？即證券交易法第 71 條第 1 項所明文證券承銷商包銷有價證券時，於承銷契約所訂定之承銷期間屆滿後，對於約定包銷之有價證券，未能全數銷售者，其賸餘數額部分，應自行認購之。相較於上述傳統包銷的方式，證券交易法第 71 條第 2 項亦規定證券承銷商包銷有價證券時，得先認購後再行銷售或於承銷契約訂明保留一部分自行認購，允許證券承銷商得依承銷契約，為自己取得或批售包銷之有價證券❷；如此乃不同於第 1 項傳統的餘額包銷方式，一般稱為確定的包銷，而論者亦有謂確定的包銷制度，在實務上一般係由發行人與承銷團之代表締結承銷契約及價格，嗣後該承銷團再與證券自營商或機構投資人簽訂買賣契約，將其所取得之證券，轉售予該自營商或投資人❸。相關確定的包銷方式，證券交易法第 71 條第 3 項亦特別授權主管機關頒布其證券商辦理之必要條件❹。

---

❷　民國 77 年證券交易法部分條文修正草案，第 77 條第 2 項增訂立法理由，請參閱《立法院公報》第 76 卷第 96 期 66 頁。

❸　關於確定的包銷制度，請參閱賴英照，前揭書❾ 542 頁；余雪明，前揭書⓫ 138 頁；黃川口，前揭書❾ 281 頁；李開遠，前揭書❾ 354 頁；陳春山，前揭書❸ 84 頁。

❹　例如證券商管理規則第 22 條明文證券商包銷有價證券者，其包銷之總金額，不得超過其流動資產減流動負債後餘額之十五倍。證券商自有資本適足比率低於百分之一百二十者，前項倍數得調整為十倍；低於百分之一百者，前項倍數得調整為五倍。
至於證券商管理規則第 23 條規定證券商辦理本法第 71 條第 2 項先認購後再行銷售或於承銷契約訂明保留一部分自行認購之包銷有價證券者，應具備下列之條件：㈠財務狀況符合法令規定者；㈡最近半年內未曾受主管機關依本法第 66 條所為之停業處分；而證券商管理規則第 26 條第 1 項亦明文證券商與發行公司間，有下列情事之一者，不得為該公司發行有價證券之主辦承銷商：㈠任何一方與其持股超過百分之五十之被投資公司，合計持有對方股份總額百分之十以上者；㈡任何一方與其持股超過百分之五十之被投資公司派任於對方之董事，超過對方董事總席次半數；㈢任何一方董事長或總經理與對方之董事長或總經理為同一人，或具有配偶、二親等以內親屬關係者；㈣任何一方股份總額百分之二十以上之股份為相同之股東持有者；㈤任何一方董事或監察人與對方

至於有價證券之「代銷制度」？證券交易法第72條明文證券承銷商代銷有價證券，於承銷契約所訂定期間屆滿後，對於約定代銷之有價證券，未能全數銷售者，其膡餘數額之有價證券，得退還發行人的方式謂之。問題在於代銷制度，因將其未成售之膡餘部分，退還給發行人，其與如上的包銷方式不同，證券承銷商並無自行認購的義務，亦即不負有承銷證券之風險與擔保責任；因此，論者亦有謂「代銷」，若嚴格而言，非真正的承銷業務，充其量僅屬於代理人性質之一種分銷方式❹。

㈡承銷商之規範

1.承銷契約

證券交易法第19條規定「凡依本法所訂立之契約，均應以書面為之」，一般認為如此要式性之立法目的，不外是期求當事人訂約時之慎重，並藉由書面，以明確其間之權利義務關係；如未依書面者，原則上係民法第73條所規定，法律行為不依法定方式者，無效❻。

關於承銷契約，原證券交易法第76條第1項特別明文其契約內容之必要記載事項，謂㈠契約當事人之名稱、地址及其負責人之姓名，㈡包銷或代銷之標的名稱、數量、金額及發行價格，㈢主管機關核准募集、發行或申報生效之年、月、日，㈣承銷期間之起訖日期，㈤承銷付款日期及方式，㈥包銷報酬或代銷手續費之計算及支付日期，㈦包銷之方式、包銷時膡餘

之董事或監察人半數以上相同者。其計算方式係包括該等人員之配偶、子女及其二親等以內之親屬關係者；㈥任何一方與其關係人總計持有他方已發行股份總額百分之五十以上者。但證券承銷商為金融機構或金融控股公司之證券子公司時，如其本身、母公司及其母公司之全部子公司總計持有發行公司股份未逾發行公司已發行股份總額百分之十，且擔任發行公司董事或監察人席次分別未逾三分之一者，不在此限；㈦雙方依相關法令規定，應申請結合者或已經行政院公平交易委員會准予結合者；㈧其他法令規定或事實證明任何一方直接或間接控制他方之人事、財務或業務經營者。

❹　賴英照，前揭書❾551頁；余雪明，前揭書⓫139頁；黃川口，前揭書❾282頁；陳春山，前揭書❸84頁。

❻　賴源河，前揭書❸202頁；賴英照，前揭書❶319頁。

有價證券之認購方法，或代銷時賸餘有價證券之退還方法，㈧其他主管機關所規定事項❹；惟其若屬證券商共同承銷者，原證券交易法第 76 條第 2 項亦明文其應指定一承銷商為主辦承銷商，其共同契約之內容，除適用前項之規定外，並應訂明主辦承銷商與其他共同承銷商承銷比例及其責任內容❹。至於原證券交易法第 77 條亦特別規定相關承銷契約之申報義務，即證券承銷商於履行承銷契約開始銷售前，應將承銷契約之副本，申報主管機關備查。然，上述相關承銷契約之舊有規定，於民國 94 年部分條文修正時，為使我國有價證券之承銷作業更具彈性，並符合國際實務運作，乃一併將之刪除❹。

2.承銷金額

如前所述，承銷有價證券的風險負擔是區別包銷制與代銷制之關鍵所在；因此，證券交易法第 81 條乃特別明文包銷總金額之限制：即㈠證券承銷商包銷有價證券者，其包銷總金額不得超過其流動資產減流動負債後餘額之一定倍數，惟其標準由主管機關訂之；㈡共同承銷有價證券者，每一證券承銷商包銷總金額之計算，亦依前項之規定。如此最高限額之規定，論者有謂其目的係在於防止承銷商所負責任過重，恐將影響到證券商財務及投資人利益❺。

3.承銷商之取得及出售所承銷的有價證券

為防止證券承銷商利用其地位，圖謀私利，影響證券交易秩序，並落

---

❹　賴英照，前揭書❷ 461 頁，認為證券交易法第 76 條第 1 項規定之效果乃使有價證券之承銷契約，成為一種「法定之定型化契約」。

❹　關於證券承銷商包銷之報酬或代銷之手續費，其最高標準，證券交易法第 82 條授權主管機關，以命令定之；請參閱民國 93 年 12 月 6 日金管證二字第 0930005837 號修正證券商承銷包銷報酬或代銷手續費之比率上限：包銷之報酬最高不得超過包銷有價證券總金額之百分之十，代銷之手續費最高不得超過代銷有價證券總金額之百分之五。

❹　民國 94 年證券交易法部分條文修正草案，第 76 條、第 77 條刪除理由，請參閱前揭立法院關係文書❷政 255 頁。

❺　賴英照，前揭書❾ 603 頁。

實有價證券之公開發行、強化「資本證券化，證券大眾化」之既定政策，以發展國民經濟起見，證券交易法第 74 條特別明文證券承銷商，除依第 71 條「未能全數銷售者，其賸餘數額之有價證券，應自行認購」或「得先行認購後，再行銷售，或於承銷契約訂明保留一部分，自行認購」之包銷條件外，禁止承銷商於承銷期間內，不得為取得其所包銷或代銷之有價證券。

至於證券承銷商依法所取得之有價證券，例如證券交易法第 71 條第 1 項自行認購其所賸餘之部分、依第 71 條第 2 項先行認購或於承銷契約明定保留自行認購的部分，原則上均應依證券交易法第 75 條規定出售之；惟相關證券承銷商出售自行取得所承銷有價證券之辦法，證券交易法第 75 條後段亦明文授權主管機關制定。

4.證券商之禁止承銷行為與例外

一般相關證券承銷業務所引生之利益衝突的問題，例如證券商管理規則第 26 條所明文承銷業務之資格限制，比方是證券商與有價證券發行公司間之直接、間接持股關係，超過一定比值，或經營階層的特殊關係，或有企業結合之其他情事者，限制證券商不得為該公司發行有價證券之主辦承銷商。

惟因有價證券之公開發行，必然使得該特定證券的供給量，突然遽增，若依市場之供需平衡法則，將可能造成市場價格的下滑，不僅無法滿足企業從證券市場上順利取得其所需的資金，而且證券商之承銷業務績效，恐亦受有影響，對發行公司與證券承銷商均不利。爰此，例如依證券商管理規則第 28 條第 4 項特別明文證券商辦理上市有價證券之承銷或再行銷售，得視必要的情形，由主管機關所核定之辦法，進行「安定操作」，以確保證券承銷業務之預期效能；關於安定操作，請參閱第五章第三節【貳之三】部分。然，為遂行企業資金籌措目的，若對特定有價證券進行操作，維持一定的市場價格，是否該當於證券交易法第 155 條所謂人為操縱市場的行為？誠為值得深入檢討的課題。

(三)證券承銷商與企業內容公開

在有價證券之承銷實務中，證券承銷商不僅依法向主管機關申報備查，

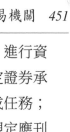

而承上所述，該承銷商亦應針對發行公司之營運政策與經營方向，進行資料蒐集、查證分析，例如發行人募集與發行有價證券處理準則規定證券承銷商在證券發行執行上，予以必要的輔導，並提出評估報告，完成任務；尤其是證券承銷商所出具的評估報告，其為一項重要的資訊，依規定應刊載於公開說明書。因此，在證券交易法第 32 條所規範之公開說明書民事責任制度，明文公開說明書所應記載之主要內容部分，有虛偽或隱匿之情事，例如證券承銷商的不實報告，致生善意之相對人因而受到損害者，證券承銷商亦應與發行公司負連帶賠償責任。

至於公開說明書，如第三章第三節【貳之二】所介紹，其交付無寧是實現企業資訊揭露與保護投資人的重要關鍵之一；基於此，證券承銷商出售其所承銷之有價證券時，證券交易法第 79 條亦特別規定，承銷商應代理發行人交付公開說明書，使證券市場上一般投資人取得相關之投資資訊❺❶。

二、流通市場與有價證券之買賣

從證券交易法第 151 條規定觀之，目前證券交易所進行交易資格限於會員，或與交易所訂有使用有價證券集中交易市場契約的證券經紀商或證券自營商；惟相對於店頭市場之櫃檯買賣，證券交易法第 62 條第 1 項亦明文限制證券經紀商或證券自營商，於其營業處所受託或自行買賣有價證券，非經主管機關核准，不得為之。

關於我國現行證券交易制度的設計，除證券自營商之自行買賣有價證券業務外，一般認為投資人之買賣證券，原則上係透過證券經紀商受託買賣之方式，以維持證券市場上有價證券的流通本質，並創造證券市場上資金流動的機能；因此，相關有價證券之受託買賣制度，該當事人間之權利義務，基本上乃受制於契約法上之委任關係及其相關法令規範。當然，證券交易法亦基於證券市場之特殊考量，為健全證券經紀業務的經營，授權

---

❺❶ 廖大穎，前揭論文❸ 179 頁。

惟賴英照，前揭書❾ 593 頁，認為證券交易法第 79 條承銷商之代理發行人交付公開說明書，非法律上交付義務之主體。

主管機關頒布證券商管理規則，明文相關證券商之行為規範，以確保證券
交易之信用與安全（證券交易法第 44 條第 4 項）。

㈠受託買賣契約之締結

論者有謂證券交易法第 19 條「凡依本法所訂立之契約，均應以書面為
之」，其立法意旨乃在於期求從事證券交易之契約雙方當事人，能慎重其
事，如前所指摘。關於與證券商締結受託買賣有價證券之契約，證券交易
法第 158 條第 1 項特別規定證券經紀商接受於有價證券集中交易市場為買
賣之受託契約，應依證券交易所所訂受託契約準則訂定之，而證券交易法
第 160 條亦明文證券經紀商接受有價證券買賣之受託，不得於其本公司或
分支機構以外的場所為之。

㈡投資勸誘與保護投資人政策

一般而論，相關有價證券投資理財的有力推介，往往是促成一般投資
人參與證券投資與否的主要誘因之一；然，就證券交易的相關知識而言，
其不僅是深具專業性，且證券市場本身即是一種相當複雜的設計，通常恐
是一般投資人無法即時全盤瞭解與掌握的；因此，雖在法理上，論者認為
有價證券之投資理財係本於「投資人自己責任」之原則，但相較於證券交
易法第 1 條如何實現保護投資人之立法目的，有關證券商的投資勸誘行為，
其規範亦是證券管理上相當重要的一環❷。

1.締約前的說明義務

例如證券商規則第 33 條明文證券商與客戶簽訂受託買賣契約時，應作
契約內容之說明及相關證券買賣程序之講解；當然，如此的說明義務是為
避免投資人因不瞭解證券交易，而倉促作成投資決定，尤其是針對輔導新
開戶之證券經紀商，經營有價證券受託買賣業務的主要重點之一。

2.認識客戶之義務

相對於受託買賣有價證券之客戶，證券商管理規則第 34 條特別規定證
券商受託買賣時，應建立該客戶個人的基本資料，以掌握客戶之投資目的、
理財經驗與其財務狀況，並進而判斷該客戶之投資能力，作為證券商接受

---

❷　廖大穎，前揭論文❸ 182 頁。

經紀業務與投資勸誘的依據所在。證券商管理規則第 35 條明文證券商受託買賣有價證券，應依據前條之資料及往來狀況評估客戶投資能力；若客戶之委託經評估其信用狀況，如有逾越其投資能力，除非提供適當之擔保者外，得拒絕其受託買賣。一般認為證券商管理規則第 35 條的立法，乃是仿美國法上「認識客戶義務 (know your customer rule)」，規範證券商勸誘的重要基準之一，而該規則第 36 條前段亦明文證券經紀商推介客戶買賣有價證券時，應先評估客戶之投資能力；申言之，就如此的規範理念言之，乃期待證券商應本於客戶的需求，綜合評估其投資能力，以推介客戶最適合的證券投資，即所謂的「適合性原則 (Suitability rule)」❸。

3.不當勸誘行為之禁止

證券投資是個人理財活動的一種，其結果當然是自負盈虧，係由投資人自己得享有其投資有價證券之利得或承擔其損失，亦即所謂投資人自己責任原則的表現，惟就其精神而言，乃在於貫徹投資人之自行判斷其投資決定。職是，證券商管理規則亦特別明文禁止經紀商如下的勸誘行為，以免影響投資人之個人判斷與決定：⑴不得保證所推介有價證券之價值（規則第 36 條第 1 項後段）。⑵不得提供某種有價證券斷定性的價格判斷資訊，以勸誘客戶買賣（規則第 37 條第 1 款）。⑶不得約定或提供特定利益或負擔損失，以勸誘客戶買賣（規則第 37 條第 2 款）。

㈢利益衝突的防制措施

因證券經紀商之受託買賣業務，是否衍生利益衝突的疑惑？例如證券商管理規則第 38 條特別規定證券商受託買賣有價證券時，應於銀行設立專用之活期存款帳戶，辦理對客戶交割款項之收付，該帳戶款項不得流用，且該規則第 40 條亦明文受託買賣有價證券之證券商，對於客戶存放之有價

---

❸　關於美國法上適合性原則之介紹，請參閱余雪明，前揭書⓫ 337 頁；林育廷，〈構思財富管理業務之規範──不當銷售為中心〉《法學新論》第 1 期 1 頁。相對於日本法上的介紹，則請參閱杜怡靜，〈論對金融業者行銷行為之法律規範──以日本金融商品販賣法中關於說明義務及適合性原則為參考素材〉《北大法學論叢》第 57 期 269 頁。

證券，不得自行保管，應於送存證券集中保管事業中保管之。又例如證券商管理規則第 37 條亦於各款規定相關經營證券業務時，禁止證券商如下的行為：(1)提供帳號，供客戶申購、買賣有價證券，(2)利用客戶名義或帳戶，申購、買賣有價證券，(3)受理非本人開戶或未具客戶委託之代理人，申購、買賣或交割有價證券等。

至於證券商管理規則第 44 條亦明文規定證券商於受託買賣有價證券時，原則上不得利用受託買賣的資訊，對同一之買賣為相反之自行買賣的限制；惟如因經營在其營業處所買賣有價證券業務，依其報價應賣，並同時申報買進者，不在此限。

(四)健全證券經紀商之行為規範

為落實投資人自己原則，減少不必要的糾紛，證券交易法明文嚴禁經紀商不得接受有價證券買賣之全權委託，即俗稱的代客操盤之謂（證券交易法第 159 條）❺❹；同時，於證券商管理規則第 37 條各款亦明文禁止證券經紀商受理未經辦妥受託契約的證券交易，或利用客戶名義或帳戶，申購、買賣有價證券之行為。

一般認為在證券市場上惡性重大的不法行為，例如證券交易法所明文禁止的內線交易與操縱市場之炒作行為，證券商管理規則第 37 條第 14 款亦明文禁止證券商「知悉客戶，有利用公開發行公司尚未公開而對其股票價格有重大影響之消息或有操縱市場行情之意圖」，接受其委託買賣有價證券之行為；惟相對於證券商管理規則第 45 條，其亦規定證券商因辦理證券業務，獲悉重大影響上市或在證券商營業處所買賣之股票價格消息時，在該消息未公開前，不得買賣該股票或提供該消息給客戶或他人，以杜絕證券市場上之不法交易。

以上係相關證券經紀商的相關規範；然，附帶一筆的，在證券市場的

---

❺❹ 廖大穎，〈論證券市場與投資人自己責任制度〉《公司制度與企業金融之法理》（元照，2003 年）196 頁；至於相關日本法上證券商之全權委託，請參閱林國全，〈證券商行為規範──自日本 1991 年及 1992 年修正法檢視我國相關規定〉《證券交易法研究》（元照，2000 年）98 頁。

發展過程中，針對證券自營商之存在，是否必要？雖容有爭議，但依證券交易法第 16 條第 2 款承認自營商之明文，即肯定證券自營商自行買賣有價證券的制度；當然，論其立法意旨，乃藉著證券商自行買賣有價證券之業務，期以有效調節證券市場之供需關係，如本節【貳之一之㈡】部分所述。因此，就如此的證券業務，證券商管理規則第 31 條各項亦明文證券商在集中市場或在營業處所經營自行買賣有價證券業務時，應依證券交易所及證券櫃檯買賣中心之協調，負有「應買應賣」的義務，創造交易市場上之流動性、持續性與穩定性的功能，並同時嚴禁例如自營商藉著維持證券市場的名義，以圖利自己或第三人之行為。

三、綜合證券商與證券業務秩序之維持

政府為因應金融市場之自由化、國際化，為彈性放寬現行職能區分的分業經營限制，在民國 77 年仿照美國與日本之證券商制度，修改證券交易法，引進綜合證券商制度，於當時證券交易法第 45 條第 1 項但書明文「得兼營他種證券業務……（惟該但書已於民國 94 年文字再調整）」者，即經主管機關之許可，證券商不再限於第 16 條所申請的單一業務經營種類，得同時兼營他種證券業務及其有關之業務，以配合時代變化與需求，提高證券業務之服務品質。

雖然如此，惟在綜合證券商制度下，或如論者所質疑，其若無適當的管理，恐將致生利害衝突的問題，例如證券商管理規則第 7 條明揭證券商，如經營二種以上證券業務者，應按其經營證券業務種類獨立作業的基本原則❺。職是之故，針對綜合證券商，證券交易法分別其業務型態，有如下的行為規範：

㈠兼營承銷、自行買賣業務之證券商

依證券交易法第 74 條所特別明文證券承銷商於承銷期間，禁止取得該承銷證券的立法精神，若該證券承銷商兼營自行買賣業務時，亦受其限制（證券交易法第 84 條）。

---

❺　賴英照，前揭書❷ 353 頁；黃川口，前揭書❾ 236 頁。

(二)兼營經紀、自行買賣業務之證券商

兼營自行業務與自行買賣業務的證券商,證券交易法第 46 條特別規定證券商應於每次買賣時,以書面文件區分自行買賣或代客買賣之交易;當然,證券商管理規則第 43 條亦明文證券商在集中市場自行買賣及受託買賣之有價證券,應分別設立帳戶辦理申報與交割,且申報後不得相互變更之。至於證券商於受託買賣有價證券時,例如證券商管理規則第 44 條亦明文禁止證券商,不得利用受託買賣的資訊,對同一之買賣為相反之自行買賣,防止發生證券不法事故之管理需要,以保護投資人。

肆、證券商同業公會

一、法定的商業團體組織

原證券交易法(民國 89 年修正前)第 89 條第 1 項規定「證券商應依其經營業務之種類,分別地區,組織同業公會」,一般認為證券商同業公會係一種法定的商業團體,例如早期的臺北市證券商業同業公會與高雄市證券商業同業公會,即為該地區的證券商所組成,依商業團體法成立之團體組織❺❻;惟民國 89 年證券交易法部分條文修正,調整配合證券商所成立之中華民國證券商業同業公會組織,為「全國性單一公會」型態,爰刪除本條第 1 項之原有規定❺❼。

民國 87 年中華民國證券商業同業公會正式成立,特於章程規定其設立,乃謂「保障投資大眾,發展國民經濟,協調同業關係,增進共同利益」為宗旨,以有效完成證券商同業公會之既定任務❺❽;至於其他證券服務事業,例如證券投資信託事業、證券投資顧問事業等,則另有其他同業公會組織,例如中華民國證券投資信託暨顧問商業同業公會即屬之。

---

❺❻　賴源河,前揭書❸ 225 頁;賴英照,前揭書❾ 659 頁。

❺❼　民國 89 年證券交易法部分條文修正,第 89 條修正理由,請參閱立法院國會圖書館立法院法律系統,https://lis.ly.gov.tw/lglawc/lglawkm。

❺❽　中華民國證券商業同業公會章程第 3 條參照。

二、證券商之強制入會與自律組織

現行證券交易法第 89 條明文「證券商非加入同業公會，不得開業」，惟如此強制證券商加入同業公會之義務，或謂以強化其管理❺❾；論者亦有認為強制入會制度，對公會自律規範之效力，較為周延，且可避免不公平競爭的現象等❻❶。然就目前證券商同業公會之運作，論者亦有謂如此的強制入會制度，反而顯現公會的自律功能，不易發揮之窘境❻❶。

理論上，證券商同業公會是證券市場上典型的自律組織之一，其章程第 15 條第 2 款明文規定會員應簽署，並遵守會員自律公約❻❷。由此觀之，證券商業同業公會之自律組織是證券交易法制所期待的重要設計之一；析言之，就同業公會所頒布的自律性規範而言，論其特質乃在於該規範係由熟稔證券商實務之業者所制定，較能把握狀況，研議具體而妥適之規範，而且其制定亦較能發揮其管理之實益性，達致規範目的，並將法律無法介入的商業道德與倫理層面，予以明文化，期以遵守共同約定之效果。誠然如此，但證券商業同業公會之自律性組織，論者亦有謂其會員，如所重視的是該組織之利益者，恐有因私益而忽略公共利益之虞，或者是該組織，恐若淪為會員所支配運用之工具者，反而致生自律機關的負面效應之虞，自宜防止其意外演變❻❸。

三、主管機關之行政管理

關於證券商同業公會之管理，證券交易法第 90 條規定證券商同業公會章程之主要內容及其業務之指導與監督，由主管機關以命令定之。惟主管

---

❺❾ 賴源河，前揭書❸ 226 頁。

❻❶ 例如陳春山，前揭書❸ 227 頁。

❻❶ 余雪明，前揭書⓫ 322 頁；賴英照，前揭書❾ 659 頁，亦從之前的臺北市證券商同業公會的自律公約與基金設置辦法，認為該會員之自律基礎仍薄弱。

❻❷ 中華民國證券商同業公會章程第 15 條參照。

❻❸ 陳春山，前揭書❸ 228 頁。

機關迄今尚未依本條授權，頒布命令，規範證券商同業公會章程之主要內容；至於其業務，例如店頭市場上證券商營業處所買賣有價證券等指導與監督，則依證券交易法第 62 條第 2 項之授權，由主管機關頒布「證券商營業處所買賣有價證券管理辦法」❻❹等，以資規範。

　　然，為保障證券市場上有價證券買賣之公正，或為保護投資人起見，證券交易法亦特別授權主管機關一定的監督權限，比方是於必要時，得隨時命令證券商同業公會變更其章程、規則、決議或提供參考、報告之資料或為其他一定之行為（證券交易法第 91 條）；惟相關證券商同業公會之理、監事，如有違反法令、怠於實施該會章程、規則、濫用職權或違背誠實信用原則之行為者，主管機關亦得予以糾正或命令證券商同業公會解任之（證券交易法第 92 條）。

第二節　證券交易所

壹、證券市場的核心組織

　　一般認為證券交易所是證券交易市場之核心，究其緣由乃因證券交易所之設立，如證券交易法第 11 條所明文者，係依規定設置有價證券集中交易場所及設備，以供買賣有價證券之會員或證券經紀商與自營商集聚一堂競價交易為目的之組織；當然，論者亦謂證券交易所之集中交易市場，乃傳統認知證券市場上的唯一市場❻❺。

一、交易所之組織

　　關於證券交易所的組織，現行證券交易法第 94 條特別規定其組織型態，可分為會員制與公司制的證券交易所兩種；然，前者所謂會員制證券

---

❻❹　民國 71 年 8 月 23 日 (71) 臺財證㈢字第 149 號。

❻❺　賴英照，前揭書❶ 129 頁；黃川口，前揭書❾ 313 頁；李開遠，前揭書❾ 147
　　頁；吳光明，前揭書❷❻ 197 頁。

交易所，乃依證券交易法第 103 條所規定之「非以營利為目的之社團法人」，相較於後者之公司制證券交易所，如證券交易法第 124 條所明文，以股份有限公司為限的組織。

不論是會員制的證券交易所，或是公司制的證券交易所，原則上均採許可主義，即證券交易法第 93 條前段明文其設立，應於登記前，先經主管機關之特許或許可，始得為之 ❻❻；其設置標準，由主管機關定之（證券交易法第 95 條第 1 項），且相關申請程序及必要事項，亦應由主管機關以命令訂定之（證券交易法第 93 條後段）❻❼。至於會員制證券交易所與公司制證券交易所之區別，論者有謂其關鍵在於營利性與非營利性之法人目的外，會員制的證券交易所乃以證券商為會員，其不僅共同組織設立證券交易所，亦負責證券交易所的經營與管理；相對於公司制的證券交易所，其原有設計係由非證券商之股東所組織，然該設計初衷亦經調整，即依現行法規定，證券商雖可投資證券交易所，成為股東，但亦禁止其董事、監察人、股東或受僱人不得擔任證券交易所之經理人，如證券交易法第 126 條第 1 項之規定，以限制證券商參與證券交易所的經營 ❻❽。

二、專職經營與交易所之業務

從證券交易法第 11 條證券交易所設立之目的性觀之，證券交易法第 98 條亦特別明文交易所業務之消極限制，即「非經主管機關核准，不得經

---

❻❻　賴英照，前揭書❷ 5 頁，認為證券交易法第 93 條之主管機關特許公司制證券交易所的立法主義，係援用民國 55 年公司法用語——公司之設立，使用「特許」一語所致；相對於陳春山，前揭書❸ 250 頁，認為證券交易所之設置乃依證券交易法，係採許可主義，非特許主義，因無特許之證券交易法。

❻❼　例如民國 58 年 2 月 14 日經濟部 (58) 經合商字第 0568 號令核定「證券交易所管理規則」，請參照。

❻❽　賴源河，前揭書❸ 237 頁；賴英照，前揭書❷ 12 頁；吳光明，前揭書㉖ 198 頁。惟民國 77 年證券交易法部分條文修正草案，第 126 條放寬禁止證券商人員兼任公司制證券交易所職務之原有設計；請參閱《立法院公報》第 76 卷第 96 期 69 頁。

營其他業務……」之謂；換言之，證券交易所原則上應以經營供給有價證
券集中交易市場為業務範圍，除非經主管機關核准，否則不得經營其他業
務，當然第98條亦同時積極限制，不得對其他事業投資。

例如臺灣證券交易所（關於臺灣證券交易所，請參閱本節【參】部
分），該公司章程第6條亦規定其營業範圍係設置場所及設備，以供約定證
券經紀商、證券自營商為證券交易法所採有價證券之集中買賣與結算交割
等有關業務為軸，除非例外取得主管機關核准，始得經營之其他業務或對
其他事業之投資。其次是公司制的證券交易所，相關於現行公司法開放企
業經營多角化之業務行為（公司法第18條第2項）與轉投資限制（公司法
第13條第1項），但因證券交易法第98條之特別明文，公司制的證券交易
所亦不適用上述公司法之規定❻。再者是證券交易法第96條亦積極限制非
交易所，不得經營交易所之業務，即「非依本法規定不得經營類似有價證
券集中交易市場之業務；其以場所或設備供給經營者亦同」的限制，而證
券交易法第97條不僅正面規定證券交易所應標明之「證券交易所」字樣
外，亦明文「非證券交易所，不得使用類似證券交易所之名稱」，以貫徹設
立證券交易所之許可主義，維護社會秩序，並防範類似經營證券交易所業
務或提供場所、設備經營集中交易市場之行為，嚴重影響證券市場的機制，
而特別明文禁止之。

至於相關之證券交易所業務之指導、監督，乃至於其負責人與業務人
員管理事項，證券交易法第102條亦特別授權主管機關，以命令定之。

貳、會員制證券交易所

依證券交易法組織設立之會員制證券交易所，由會員所組成之社員團
體，其定位係以非營利為目的之社團法人（證券交易法第103條第1項前

---

❻ 賴英照，前揭書❷27頁，認為證券交易法第98條之嚴格限制，或有下列數端
考量：⑴證券交易所之特殊地位，應以專業經營為念；⑵轉投資行為與證券交
易所之保持公正、客觀立場，是否兼備的疑慮；⑶強化主管機關對證券交易所
之行政監督機構，賦予彈性，以因應特別需要。

段）；惟如此非以營利為目的之社團法人，其設置與管理之有關事項，原則上應依民法的規定，但證券交易法第 103 條第 1 項後段亦特別明文除依本法規定外，適用民法規定之順序，例如證券交易法第 5 章第 2 節會員制證券交易所部分，當然有排除民法的一般性規定而優先適用之效力。

一、章程必要記載事項

證券交易法第 105 條有別於民法第 47 條之規定，明文會員制證券交易所之章程，應記載如下的事項：㈠目的，㈡名稱，㈢主事務所所在地及其開設有價證券集中交易市場之場所，㈣關於會員資格之事項，㈤關於會員名額之事項，㈥關於會員紀律之事項，㈦關於會員出資之事項，㈧關於會員請求退會之事項，㈨關於董事、監事之事項，㈩關於會議之事項，㈪關於會員存置、交割清算基金之事項，㈫關於會員經費之分擔事項，㈬關於業務之執行事項，㈭關於解散時剩餘財產之處分事項，㈮關於會計事項，㈯公告之方法，㈰關於主管機關規定之事項。例如證券交易所管理規則第 5 條亦明文會員制證券交易所的組織章程，應記載下列事項：⑴關於本法第 105 條（章程必要記載事項）、第 113 條（董監事員額組成及選任事項）、第 170 條（仲裁事項）所規定者，⑵關於解散事由等。

就證券交易所章程之必要記載事項而言，除上述證券交易法的特別規定外，在法規上亦有適用民法第 47 條之餘地；當然，亦賦予交易所章程自主規定其所必要記載之事項，但證券交易法有特別規範之處，自不得抵觸，亦不得排除之，例如證券交易法第 113 條第 1 項「非會員」董事制度等❼。

二、會員制度

關於會員制證券交易所的基礎構成，即會員，證券交易法有特別規範其制約：

---

❼　賴英照，前揭書❷ 62 頁。

㈠人數限制

證券交易法第 104 條規定會員制證券交易所之會員不得少於 7 人之限制；惟「不得少於 7 人」之最低人數限制？其立法設計，有未臻明確之說明 **71**。

㈡資格限制

證券交易法第 103 條第 2 項特別明文會員制證券交易所之會員，以證券自營商及證券經紀商為限。推其原委乃證券自營商與證券經紀商的市場機制，係為自己或為他人買賣有價證券，參與流通市場上證券交易不可或缺的中介要角；然，不同於證券承銷商係立於發行人與投資人的中介地位，其功能之發揮乃在於有價證券的發行市場，非在於流通市場之謂，故自無成為證券交易所會員之必要 **72**。惟相關上述的規定，因綜合證券商制度之引進，勢將造成某種程度之調整。

至於金融機構？依證券交易法第 47 條但書之規定，經主管機關之許可者，得兼營證券業務而取得證券自營商或證券經紀商之資格，在法理上亦應得以成為會員制證券交易所之會員。

㈢責任限制

關於會員的出資，其不僅是會員之義務，亦屬於會員制證券交易所章程的必要記載事項之一（證券交易法第 105 條第 7 款）；相較於此，證券交易法第 109 條特別明文該出資與會員責任之關係，即會員應依章程之規定出資，其對證券交易所之責任，除依章程規定分擔經費外，以其出資額為限，明確其會員對交易所的責任。惟依本條規定，論者有謂其係民法所無，乃屬證券交易法之特殊規定；申言之，依證券交易法第 109 條所規定，論會員制證券交易所的對外關係而言，僅負有限責任，其與公司制證券交

---

71 民國 56 年 6 月 21 日立法院第 17 次聯席會議記錄，汪彝定主任委員說明「……本條規定會員人數最低人數不得低於七人，亦無甚堅強之理由，不過……，初期希望達到香港之會員制證券交易所人數，也就很理想了」，請參閱立法院秘書處，前揭書 **24** 324 頁。

72 賴英照，前揭書 **2** 55 頁。

所的原本設計相同❼。

㈣退　會

民法第 54 條第 1 項本文揭示社團法人的社員，得隨時退社之原則；相較於證券交易法第 105 條第 8 款章程之必要記載事項，明文會員制證券交易所之會員請求退會事項，即原則上會員雖得依章程之規定，請求退會，但亦得因下列事由，被強制退會，亦即證券交易法第 107 條所規定者：㈠會員資格之喪失，例如喪失證券自營商或證券經紀商之資格者，㈡會員公司之解散或撤銷，將致生該法人格消滅之原因時，㈢會員之除名。至於會員之除名，例如證券交易法第 110 條第 1 項之規定，謂會員制證券交易所對會員有下列情形之一：⑴違反法令或本於法令之行政處分者，⑵違反證券交易所章程、業務規則、受託契約準則或其他章則者，⑶交易行為違背誠實信用，足致他人受損者，不僅應課以違約金，並得警告或停止或限制其於有價證券集中交易市場為買賣或予以除名❼。

如因會員退會（或被停止買賣），證券交易法第 112 條第 1 項前段亦特別規定責令了結買賣制度，以維護市場的交易秩序，即證券交易所應依章程之規定，責令本人或指定其他會員了結其於有價證券集中交易市場所為之買賣。惟在退會（或被停止買賣）會員本人於了結該買賣目的的範圍內，視為尚未退會（或未被停止買賣），使其得以在證券交易所進行買賣（證券交易法第 112 條第 1 項後段）；至於依上述規定，被經指定的其他會員，於了結該買賣目的範圍內，證券交易法第 112 條第 2 項亦特別擬制其法律關係，即視為該被指定會員與退會會員本人之間，已有委任契約之關係存在。

❼　賴英照，前揭書❷ 78 頁。

❼　關於會員之除名，證券交易法第 110 條第 2 項特別明文該規定，應於章程中訂定之，且第 111 條亦規定會員制證券交易所因第 110 條對會員予以除名者，應報經主管機關核准，其經核准者，主管機關並得撤銷其證券商業務之特許（許可？）。

惟相關會員懲戒與交易所之自律規範，請參閱賴英照，前揭書❷ 80 頁、86 頁。

三、交易所的組織建制

依現行法上社團法人的組織架構,社員總會是該法人的最高意思機關,例如變更章程與否、任免董事或監察人、監督董事及監察人執行職務,乃至於開除社員等,應經社員總會決議,始得為之(民法第 50 條);相對於此,董事係專司社團法人事務之執行機關(民法第 27 條第 1 項),惟依章程,例如民法第 47 條第 3 款後段之規定,社團法人亦得設置監察人,以專司監察法人事務之執行(民法第 27 條第 4 項)。雖證券交易法第 103 條所明文會員制證券交易所之社團法人,適用民法之相關規定,但在交易所的組織建制上,有下列特別規範:

(一)董事制度

證券交易法第 113 條第 1 項本文特別規定會員制證券交易所至少應置董事三人,依章程規定,其由會員選任之,而第 113 條第 3 項亦規定董事,應組織董事會,並由董事會過半數之同意,選任董事長;惟該董事長應就「非會員董事」中,選任一人為董事長。至於董事之任期,證券交易法第 113 條第 2 項亦明文其任期為三年,但連選得連任之[75]。

關於會員制證券交易所的董事制度,其最大的特色在於證券交易法第 113 條第 1 項但書「非會員董事」與第 4 項後段「非會員董事長」之強制規定,即謂該證券交易所董事中,至少應有三分之一,就非會員之有關專家選任之。然,論者亦謂,相關選任「非會員董事」之立法設計,乃基於維持證券交易所之公正性,以避免因交易所本身之利益,損及投資人權益或阻礙證券市場之發展[76];尤其是「非會員董事長」制度,其法制思維係鑑於會員制證券交易所的會員,即是證券商本身,從而亦有認為證券交易所之董事長不僅應為專任,且不能由會員擔任,應由專家及公正人士擔任,以免有所偏差,形成利害之爭執[77]。至於相關上述「非會員董事」的選任,

---

[75] 賴英照,前揭書❷92 頁,認為證券交易法第 113 條的規定,使會員制證券交易所董事制度更明確。

[76] 賴源河,前揭書❸ 225 頁。

為求公正、客觀與超然之立場，使社會公正專業人士參與交易所業務之執行，以避免政治酬庸所致生之流弊，證券交易法第 113 條第 5 項亦明文授權主管機關，制定非會員董事之選任標準及辦法，以昭公信❼❽。

其次，相關證券交易法之於會員制證券交易所董事的特別制約，有如下數款規定：

一、關於會員制證券交易所董事之選任與解任，證券交易法第 114 條第 1 項特別明文第 53 條相關證券商董監事之消極資格規定，依法不得充任之限制，會員制證券交易所董事亦有準用；然，該董事如有違反上述規定之情事者，第 114 條第 2 項亦特別規定其生當然解任之效果。相較於此，證券交易法第 117 條亦特別明文主管機關之命令解任權限，即「主管機關發現證券交易所之董事……之當選有不正當之情事者或董事……有違反法令、章程或非本於法令之行政處分時，得通知該證券交易所令其解任」❼❾。

二、關於會員制證券交易所董事之忠實義務，證券交易法並無原則性之規定，但因第 118 條明文準用公司法關於董事之規定，或有若干依循的空間。至於相關具體的規定，例如證券交易法第 115 條禁止兼任他證交所董事之競業行為，即「會員制證券交易所之董事、監事或經理人不得為他證券交易所之董事、監事、監察人或經理人」之規定❽⓪；惟論者亦有謂如此禁止的規定，與證交法第 51 條的規定類似，在法政策上似乎在於防止證券交易所間之聯合，但卻無能真正發揮防制之效❽①。又例如是證券交易法第 116 條第 1 項禁止證券交易行為，即「會員制證券交易所之會員董事或

---

❼❼　民國 56 年 6 月 21 日立法院第 17 次聯席會議紀錄，證管會汪彞定主任委員說明，請參閱立法院秘書處，前揭書❷④ 327 頁。

❼❽　民國 90 年證券交易法部分條文修正草案，增訂第 113 條第 5 項立法說明（稱為公益董事），請參閱《立法院公報》第 90 卷第 53 期 192 頁。

❼❾　賴英照，前揭書❷ 109 頁，認為主管機關第 117 條所賦予之權限，係間接之命令解任權，並非直接命令該解任董事或監事。

❽⓪　陳春山，前揭書❸ 255 頁。

❽①　賴英照，前揭書❷ 100 頁，認為證券交易法第 115 條立法顯示保守穩健的傾向，但如此限制並未能真正防止交易所間之聯合。

監事之代表人，非會員董事或其它職員，不得為自己用任何名義自行或委託他人在證券交易所買賣有價證券」之規定，謂其限制之目的在於維護證券交易所之公正立場，避免因證券交易所有關人員之買賣有價證券，所致生「自己交易」的利益衝突 ❽；為防止如此的利益衝突發生，證券交易法第 116 條第 2 項亦特別規定「前項人員，不得對該證券交易所之會員供給資金，分擔盈虧或發生營業上之利害關係」，以有效抑制第 1 項之脫法行為，但亦特別排除「會員董事或監事之代表人，對於其所代表之會員為此項行為者，不在此限」之規定，以符社會上商業活動之常理 ❽。

惟相關上述禁止買賣有價證券之行為主體係會員董事之代表人、非會員董事及其他職員，按會員制證券交易所之會員限於證券自營商與經銷商為原則，該會員董事自屬法人董事之前提下，參酌公司法第 27 條第 1 項「指派自然人代表」之法理，明文準用公司法關於董事之規定（證券交易法第 118 條），禁止證券交易之對象乃會員董事之自然人代表（惟「非會員董事」自應以自然人充任為宜）。至於其他職員？論者認為當指「會員制證券交易所之……其他職員」，非會員證券商之職員而言 ❽。

三、關於會員制證券交易所董事之保密義務，證券交易法第 120 條特別規定該董事，對於所知悉有關有價證券交易之秘密，不得洩漏之義務。所謂「所知有關有價證券交易之秘密」，論者認為其範圍宜限於對一個理性投資人之投資判斷，將發生相當影響之事項，且未經公諸於世者而言；至於其所知悉秘密的途徑，亦應限於因其業務上關係所獲得者。惟雖非本身所職掌之業務，但如利用其職務上之關係而獲悉，解釋上亦應屬之 ❽。

❽ 賴英照，前揭書❷ 105 頁。

❽ 賴英照，前揭書❷ 106 頁，認為會員董監事之代表人，當屬證券商本身之董監事居多，其與所代表之會員證券商之間，利害與共，關係密切；若完全免除分擔盈虧或發生營業上的利害關係，勢所難能，且董監多具股東身分，股東依法享有股息分配或分擔公司損失，乃理所當然耳。故，法無特別限制之必要，爰以例外允許之謂。

❽ 賴英照，前揭書❷ 105 頁。

❽ 賴英照，前揭書❷ 128 頁。

　　四、準用公司法關於董事之規定。關於上述會員制證券交易所之定位，雖屬非營利目的之社團法人（證券交易法第 103 條第 1 項），但就董事規制而言，其與股份有限公司的董事制度有相當類似之處；爰以，證券交易法第 118 條特別明文會員制證券交易所之董事，除本法有規定外，準用公司法相關董事之規定。惟本條所規定，雖有明確準用公司法董事規定之依據，但在法律適用的位階上，或論者有認為民法係非營利社團法人之基本規範，會員制證券交易所之董事制度似應首先適用證券交易法有關規定，次適用或準用民法，再其次才適用或準用公司法相關之規定[86]；然，在立法體例上言之，以非營利性社團法人組織之董事制度，「概括」明文準用營利性目的之公司董事規定是否妥當？或有再商榷之餘地。

　　針對上述證券交易法對會員制證券交易所之會員董事制度，因會員董事制度之設計，自屬法人董事的性質，如前所指摘，法人對指派自然人代表行使職務實為其必要之因應；換言之，會員制證券交易所之實際行使董事職務係會員代表，爰以證券交易法第 121 條特別明文「本節關於董事、監事之規定，對於會員董事、監事之代表人準用之」。惟本條規定有無必要？依法理而言，論者有謂代表人在行使職務範圍內，為其所代表之法人人格所吸收，亦即該代表與其法人之人格屬於同一而不能分離；因此，相關董事規定當然亦適用於董事之代表人，而認為本條規定亦屬多餘[87]。

(二)監事制度

　　相較於民法上社團法人依章程自行決定是否設置監察人，即監事之章定機關（民法第 27 條第 4 項），證券交易法第 113 條第 1 項明文會員制證券交易所至少應置監事一人，並規定交易所章程應記載關於監事之事項（證券交易法第 105 條第 9 款）；換言之，依章程規定所選任之監事，屬於法定的必要常設機關，與股份有限公司組織相似，但不同於民法上社團法人的設計。

---

[86]　關於證券交易法第 118 條準用公司法「董事」規定之逐條分析，請參閱賴英照，前揭書❷ 113 頁。

[87]　賴英照，前揭書❷ 134 頁；關於法人董事與代表人之探討，請參閱廖大穎，〈評公司法第 27 條法人董事制度〉《月旦法學雜誌》第 112 期 197 頁。

關於會員制證券交易所的監事制度，其選任與董事制度相同；依章程規定由會員選任之，其中「非會員」監事，至少應有一人，就非會員之有關專家中選任（證券交易法第 113 條第 1 項但書後段），相關「非會員監事」之選任標準及辦法，證券交易法第 113 條第 5 項亦明文授權主管機關制定之，而監事任期為三年，亦得連選連任（證券交易法第 113 條第 2 項）❽❽。證券交易法第 114 條準用第 53 條選任證券商董監事消極資格的規定，會員制證券交易所之監事亦在準用之列，且違反者，亦發生當然解任之效果，證券交易法第 117 條亦特別規定主管機關之間接命令解任監事制度，即有發現證券交易所之監事之當選，有不正當之情事者，或監事有違反法令、章程或本於法令之行政處分時，得通知該證券交易所令其解任。

至於會員制證券交易所監事之特別制約，例如證券交易法第 115 條明文不得為他證交所兼任要職、第 116 條明文不得為自己在證交所買賣有價證券、第 120 條明文保密義務等規定，甚至是第 121 條會員監事之代表人規定，均與董事制度相同，如前所述；當然，證券交易法第 118 條亦明文會員制證券交易所的監事部分，準用公司法監察人之規定❽❾。

(三)經理人與業務人員制度

關於經理人部分，證券交易法第 118 條明文會員制證券交易所之經理人，除本法有規定者外，準用公司法關於經理人規定之原則；因此，證券交易法之於會員制證券交易所經理人的特別制約：

一是證券交易所得設有全權主持業務之經理人制度（證券交易法第 113 條第 4 項但書），惟既然得經董事會概括授權，全權主持業務，此時該

---

❽❽　民國 90 年證券交易法部分條文修正草案，第 113 條修訂第 1 項與第 5 項的立法理由，謂「證券交易所……其功能為建立集中交易市場之運作及交易秩序之維護，具有公益性質。應由社會公正專業人士參與或監督交易所業務之執行。監事部分亦應同時給予機會。……但為求公正、客觀、超然，避免政治酬庸致生流弊，主管機關應訂立公益董監事之選任標準及辦法，以昭公信」。

❽❾　關於證券交易法第 118 條準用公司法「監察人」部分規定之逐條分析，請參閱賴英照，前揭書❷ 117 頁。

證券交易所之董事長職務得排除第 113 條第 4 項本文「應為專任」之限制❾⓿。

　　二是證券交易法之於會員制證券交易所經理人的特別規定，例如證券交易法第 114 條準用證券商董監經理人之消極資格，如有違反，亦發生當然解任之法律效果，而第 117 條亦規定經理人有違反法令、章程或本於法令之行政處分時，主管機關得通知該證券交易所令其解任之。

　　至於證券交易法第 115 條不得兼任他證券交易所職務的限制，經理人亦有適用，惟相關第 116 條、第 120 條之規定，於經理人是否亦有適用之餘地？從法文所規範之「職員」，論者有謂其範圍宜包括總經理、經理及業務人員等，但恐有不同見解，例如經理人的法律關係？是委任或僱傭？惟就法目的解釋的觀點言之，一般認為應予肯定之❾❶。

　　最後是業務人員，證券交易法第 123 條特別明文會員制證券交易所所僱用業務人員應具備之條件及解除職務，準用第 54 條及第 56 條之規定。

四、解　散

　　關於會員制證券交易所之解散，證券交易法第 122 條第 1 項規定其解散事由，即因下列事由之一而解散：㈠章程所定解散事由之發生，㈡會員大會之決議，㈢會員不滿七人時，㈣破產，㈤證券交易所設立許可之撤銷；惟依第 122 條第 2 項特別規定，前項第 2 款因會員大會之決議解散，應經主管機關之核准，否則不生效力。

　　至於民法第 58 條「社團之事務，無從依章程所定進行時，法院得因主管機關、檢察官或利害關係人之聲請解散」與民法第 36 條「法人之目的或其行為，有違反法律、公共秩序或善良風俗者，法院得因主管機關、檢察官或利害關係人之請求，宣告解散」之規定，會員制證券交易所亦有適用之餘地，乃不言自明（證券交易法第 103 條第 1 項）。

---

❾⓿　賴英照，前揭書❷ 94 頁，批評此種授權如被允許，將使董事會流於虛設，與社團組織之體例不合。

❾❶　例如賴英照，前揭書❷ 105 頁、129 頁。

參、公司制證券交易所

相較於上述會員制證券交易所,公司制是第二種證券交易所的型態(證券交易法第 94 條),惟依現行規定,公司制的證券交易所組織,僅以股份有限公司為限(證券交易法第 124 條)。所謂股份有限公司,其種類即由股東所組織,全部資本分為股份,股東就其所認股份,對公司負其責任之公司(公司法第 2 條第 1 項第 4 款)❾❷;既然是公司制證券交易所,自應依公司法組織、登記、成立之(公司法第 1 條)。惟證券交易法第 137 條特別明文準用第 48 條「證券商最低資本額」的規定,授權主管機關以命令訂定之❾❸,而證券交易法第 137 條亦明文準用第 58 條「證券商開始營業或停止營業之申報制度」與第 59 條「未開始營業或自行停止營業之撤銷許可制度」,特別規範公司制的證券交易所。

目前我國唯一的證券交易所為臺灣證券交易所股份有限公司,民國 51 年成立於臺北市,顧名思義,係採公司制的證券交易所型態❾❹;申言之,臺灣證券交易所為一典型的股份有限公司組織,股東會為公司之最高決策機構,依法設有董事會及監察人等法定常設機關外,並設有總經理一人,由董事長提請董事會同意後聘任,並設副總經理二至三人,由總經理薦請

---

❾❷ 賴源河,前揭書❸ 257 頁;賴英照,前揭書❷ 144 頁,認為公司法之於股份有限公司的組織結構及決策程序,較其他公司型態健全而嚴密,且股份有限公司的本質上亦較具公開性,考量證券交易所之營運,直接關係投資大眾利益與證券市場之發展,爰以股份有限公司的型態,訂為公司制證券交易所之組織模型。

❾❸ 依證券交易所管理規則第 12 條規定「公司制證券交易所之最低實收資本額為新臺幣五億元」,例如目前臺灣證券交易所股份有限公司章程第 8 條即明文「本公司資本總額為新臺幣 102 億 5,373 萬 3,350 元,分為 10 億 2,537 萬 3,335 股,每股新臺幣 10 元,全額發行」。

❾❹ 財團法人中華民國證券暨期貨市場發展基金會,《中華民國證券暨期貨市場(民國 88 年版)》(同基金會,1999 年) 198 頁,陳述民國 49 年 4 月行政院的決定,謂有鑑於我國證券交易市場之流弊及證券交易商水準之良莠不齊,證券交易所籌組原則採公司制組織,由相關金融、信託業及其他公民營事業參加投資。

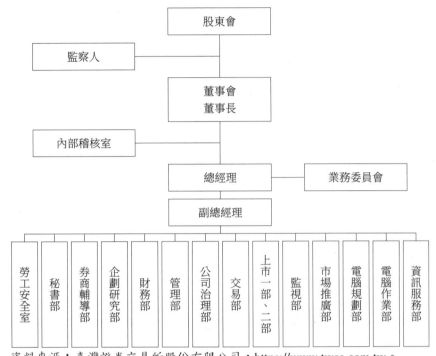

資料來源：臺灣證券交易所股份有限公司，https://www.twse.com.tw。

董事長提請董事會同意聘任之，以輔佐襄理業務（公司法第 29 條第 1 項）。目前臺灣證券交易所的組織架構如附，簡述如下：㈠上市一部、二部：分別辦理本國與外國企業上市推廣、審查、服務，證券上市制度及規章之研擬與執行等事宜；㈡交易部：辦理證券交易制度及規章之研擬與執行等，並辦理證券交易交割結算規章及制度之研擬與執行等事宜；㈢公司治理部：辦理公司治理中心業務、上市公司相關公司治理規章之研擬、推動及資料庫建置等事宜；㈣監視部：辦理市場監視、查核作業及規章之研擬執行等事宜；㈤券商輔導部：辦理證券商及其從業人員服務等管理、規章擬定及處置業務等，並辦理證券商財務、業務之查核及內部稽核作業之督導等事宜；㈥電腦規劃部：辦理電腦業務之研究計畫，應用系統之開發設計等事宜；㈦電腦作業部：辦理電腦有關設施之建置維護，電腦業務之執行操作等事宜；㈧資訊服務部：辦理證券交易市場資訊之揭露、連線、管理等事宜；㈨市場推廣部：辦理對國際證券相關機構之聯繫、接待及國際相關業

務處理等，乃至於辦理對外公共關係、證券投資之宣導、投資人服務及新聞媒體聯繫等事宜；㈩企劃研究部：辦理證券相關專題之研究、資料之蒐集、統計、出版、圖書管理、新商品開發及特定專案規劃等事宜；㈠財務部：辦理公司會計資金調度、財務出納、契據、證券保管、會計及本公司股務等事宜；㈡秘書部：辦理文書、印信、檔案之管理及公司收發，以及各項契約、業務規章知會核、法令規章與法律事務研議等事宜外，並處理本公司股東會、董監事會、業務會報議事等事宜；㈢管理部：辦理組織編制、人力資源規劃、人力培育、公司活動、勞資關係、財產、庶務、採購、營繕等事宜。另外，尚有二室，㈠勞工安全室：負責勞工安全衛生等事宜；㈡內部稽核室：直屬董事會，監督本公司內部控制制度之執行等事宜❾❺。

一、章程必要記載事項

　　證券交易法第 125 條第 1 項明文規定公司制證券交易所章程，除依公司法規定者外，例如公司法第 129 條絕對必要記載事項、公司法第 130 條第 1 項相對必要記載事項，並應特別記載下列事項：

㈠在交易所集中交易之經紀商或自營商之名額及資格

　　關於直接參與證券交易所市場之資格限制，證券交易法第 151 條規定在公司制的證券交易所，原則上限於訂有使用有價證券集中交易市場契約之證券自營商或證券經紀商❾❻；至於名額之限制，論者有謂該名額之訂定，應綜合考量證券商之家數及交易所集中交易市場之規模與設備，以免失之過寬或過嚴❾❼。

---

❾❺　臺灣證券交易所股份有限公司，https://www.twse.com.tw。

❾❻　例如臺灣證券交易所股份有限公司章程第 31 條規定「在本公司市場內為買賣者，以與本公司訂立供給使用有價證券集中交易市場契約之證券經紀商及證券自營商為限」，而第 32 條亦明文「在本公司市場為買賣之證券經紀商、證券自營商，其資格條件應符合證券交易法及證券商管理規則之規定」。

❾❼　賴英照，前揭書❷ 148 頁。
　　例如臺灣證券交易所股份有限公司章程第 7 條第 1 項規定「得在本公司市場內為買賣之證券經紀商與證券自營商名額暫定為 500 名，必要時得經董事會決議

㈡存續期間

　該存續期間不得逾十年，但得視當地證券交易發展情形，於期滿三個月前，呈請主管機關核准延長之。惟一般認為證券交易法第 125 條第 2 項規定公司制證券交易所存續期間不得逾十年的立法例，似有過渡為會員制證交所之政策性目的❾❽；然，關於臺灣證券交易所於民國 51 年 2 月成立至今，歷經數次申請屆滿延展期間，或有謂主管機關似已決定臺灣證券交易所，仍將維持現行公司制的組織型態❾❾。

二、股份制度

　論股份有限公司的核心設計之一——股份制度，即公司法第 2 條第 1 項第 4 款所明文「全部資本分為股份」❿；惟關於公司制的證券交易所組織，證券交易法亦有特別明文，排除公司法目前既有的規定：

㈠股份轉讓與持股比率之限制

　雖然公司法第 163 條明文保障股份自由轉讓之原則，但相關公司制證券交易所股份之轉讓，證券交易法第 128 條第 1 項後段規定公司制證券交易所股份轉讓對象，以依本法許可之證券商為限；按其立法理由乃謂「為過渡公司制證券交易所成為會員制之需要，爰修正本條明定證券交易所股

調整名額，報請主管機關核准辦理」。

❾❽　例如賴源河，前揭書❸ 257 頁；余雪明，前揭書⓫ 382 頁；賴英照，前揭書❷ 150 頁；惟關於會員制與公司制證券交易所的利弊與採擇，請參閱黃川口，前揭書❾ 332 頁；陳春山，前揭書❸ 246 頁；曾宛如，前揭書❸ 222 頁。

❾❾　財團法人中華民國證券暨期貨市場發展基金會，《中華民國證券暨期貨市場(民國 90 年版)》(同基金會，2001 年) 199 頁，陳指主管機關雖對臺灣證交所之組織型態，決定維持公司制，但為發揮證券交易所公益性與非營利性的組織功能，將從四方面予以調整：1. 提高交易所董事會專家董事比率為二分之一；2. 現行交易所股東股份之轉讓對象，以證券商為優先；3. 降低交易所對證券商收取證券交易之經手費率；4. 提高交易所特別公金額度，以改善證券市場。

❿　關於公司法股份制度，請參閱廖大穎，《公司法原論》(三民書局，2002 年) 99 頁。

票轉讓之對象以證券商為限」**⑩**。理所當然，關於公司制證券交易所股票
之發行，原則上亦應如證券交易法第 128 條第 1 項前段之限制——不得發
行無記名股票，以資配合，致使其股票之轉讓有明確紀錄可循，有效管理
公司制證交所股份之轉讓**⑩**。

　　至於證券交易法第 128 條第 2 項亦特別明文每一證券商得持有有價證
券之比例，授權主管機關定之，以避免壟斷**⑩**。

㈡證交所股票禁止上市

　　證券交易法第 127 條特別規定公司制證券交易所發行之股票，不得於
自己或他人開設之有價證券集中交易市場，稱為上市交易的限制。論者有
謂其原因可能係顧慮交易所股票一旦上市，恐該交易所之客觀立場，受到
質疑，倘如交易所利用其地位之特殊性，取巧營私者將嚴重影響市場秩序
與投資人之信心，爰以禁止；惟如此規制，論者亦謂有矯枉過正之虞**⑩**。

三、交易所的組織建制

　　證券交易法第 124 條明文公司制證券交易所之組織，限於股份有限公
司為前提；因此，相關證交所的機關設置，除非證券交易法另有規定，原
則上仍適用公司法的規定。

㈠董事制度

　　關於公司制證券交易所之董事制度，原則上是適用公司法第 192 條至

---

⑩　民國 89 年證券交易法部分條文修正草案，第 128 條第 1 項後段修正理由，請
　　參閱《立法院公報》第 89 卷第 39 期 302 頁。
　　關於證券交易法第 128 條第 1 項後段之立法政策，林仁光，〈證券交易法制之
　　發展（上）——2000 年證券交易法修正之影響〉《月旦法學雜誌》第 65 期 47
　　頁，認為證券交易所屬於證券市場中之自律團體之一，為發揮其自律功能，其
　　股東成員自以從事證券業務為專職機構為宜。
⑩　賴英照，前揭書**❷** 162 頁。
⑩　民國 89 年證券交易法部分條文修正草案，第 128 條增訂理由，請參閱《立法
　　院公報》第 89 卷第 39 期 302 頁。
⑩　例如賴英照，前揭書**❷** 160 頁。

第 215 條規定，惟其與公司法之不同處在於證券交易法第 126 條第 2 項特別規定該董事至少應有三分之一，由主管機關指派非股東之專家任之，不適用公司法第 192 條第 1 項之規定。一般認為證券交易所具有公益的性質，為期社會公正人士或證券投資專家參與公司制證券交易所之董事會，表達意見，以發揮證券交易所的實際功能，爰參照第 113 條會員制證券交易所選任非會員董事制度，增訂主管機關指派之「非股東董事」制度❿。

一、相關公司制證券交易所之董事人選，其資格受到證券交易法第 137 條明文準用第 53 條第 1 款至第 4 款及第 6 款的消極限制，不得充任之，如已充任，當然發生解任之效果；然，主管機關若發現證券交易所董事的當選有不正當情事者，依證券交易法第 137 條準用第 117 條規定，得通知證券交易所令其解任之。至於上述主管機關指派之非股東董事，為求公正、客觀、超然之立場，並避免政治酬庸致生流弊起見，證券交易法第 126 條第 3 項亦明文授權主管機關應制定非股東董事之選任標準及辦法❾。

二、關於公司制證券交易所董事之行為制約，理所當然係依公司法的原則性規定；惟證券交易法第 137 條明文準用第 115 條及第 120 條之規定，特別限制公司制證券交易所董事之兼任禁止與保密義務。前者之董事兼任禁止規定，係準用證券交易法第 115 條之結果，即公司制證券交易法之董事、監事、監察人或經理人，不得為他證券交易所之董事、監事、監察人或經理人，而後者之董事保守秘密規定，係準用第 120 條所呈現公司制證券交易所之董事、監察人及職員，亦對於其所知悉有價證券交易之秘密，不得洩漏之義務；惟主管機關發現證券交易所之董事有違反法令之行為處分時，證券交易法第 137 條準用第 117 條之規定，得通知該證券交易所令其解任。相關上述公司制證券交易所董事之特別規定，其制約緣由，請參閱本節【貳之三】會員制證券交易所部分。

❿　民國 77 年證券交易法部分條文修正草案，第 126 條第 2 項增訂理由，請參閱《立法院公報》第 76 卷第 96 期 69 頁。

❾　民國 90 年證券交易法部分條文修正草案，第 126 條第 3 項增訂理由（稱為公益董事），請參閱《立法院公報》第 90 卷第 53 期 192 頁。

　　至於股東董事部分，因證券交易法第 128 條第 1 項後段規定公司制證券交易所股份轉讓之對象，以證券商為限，爰以公司法人股東充任之董事，在實務上係為一種常態（公司法第 27 條第 1 項），其與會員制證券交易所之會員董事相若；因此，證券交易法第 137 條亦明文準用第 121 條，即相關會員董事代表人之規定，對於股東董事之代表人，準用之。

㈡監察人制度

　　論公司制證券交易所的監察人制度，原則上亦是適用公司法第 216 條至第 227 條的規定，與該證交所的董事制度適用公司法之董事相關規定，同理。惟證券交易法第 126 條第 2 項亦特別規定主管機關指派之「非股東監察人」制度，即公司制證券交易所之監察人，至少應有三分之一，由主管機關，指派非股東之有關專家任之；論其立法理由，一般認為其乃基於證券交易所之公益性質，與非股東董事制度相若，為期社會公正人士或證券投資專家參與，由監察人監督公司業務之執行，藉以發揮證券交易所之實際功能，爰予設置非股東之監察人制度[107]。然，主管機關指派之非股東監察人，證券交易法第 126 條第 3 項亦明文授權主管機關，制定相關非股東監察人之選任標準及辦法，以求公正、客觀、超然，避免政治酬庸致生流弊之謂[108]。至於證券交易法第 137 條明文準用第 53 條第 1 款至第 4 款及第 6 款監察人之消極資格的規定，且證券交易法第 137 條亦準用第 117 條之規定，若主管機關發現證券交易所之監察人當選，有不正當之情事者，亦得通知該證券交易所解任之。

　　其次是相關公司制證券交易所監察人之行為規制部分，原則上亦適用公司法之規定，乃理所當然；惟證券交易法第 137 條明文準用第 115 條、第 120 條及第 121 條之結果，其與公司制證交所董事部分相若，請參照前述。至於主管機關如發現證券交易所之監察人，其有違背法令、章程或本

---

[107]　民國 77 年證券交易法部分條文修正草案，第 126 條第 2 項增訂理由，請參閱《立法院公報》第 76 卷第 96 期 69 頁。

[108]　民國 90 年證券交易法部分條文修正草案，第 126 條第 3 項增訂理由（稱為公益監事），請參閱《立法院公報》第 90 卷第 53 期 192 頁。

於法令之行政處分時，亦得通知該證券交易所令其解任之（證券交易法第137 條準用第 117 條）。

㈢經理人與業務人員制度

關於經理人部分，其原則適用公司法的規定，與公司制證券交易所之董事及監察人制度適用公司法，其法理是相同的；惟證券交易法特別規範經理人，有如下的制約：

一、經理人的資格限制，證券交易法第 137 條明文準用第 53 條第 1 款至第 4 款及第 6 款證券商經理人的消極限制，且第 126 條第 1 項亦特別規定「證券商之董事、監察人、股東或受僱人不得為公司制證券交易所之經理人」；論者有謂如此乃為貫徹證券商與證券交易所專職經營之原則，且避免證券商之董事、監察人、股東或經理人因兼任執行業務所生的利益衝突，證券交易法明文禁止上述之人，不得兼任證券交易所經理人 ⑩。

二、經理人的行為制約，證券交易法第 137 條特別明文準用第 115 條兼任禁止的規定，即公司制證券交易所之董事、監察人或經理人，不得為其他證券交易所之董事、監事、監察人或經理人的限制；當然，在解釋上兼任禁止亦應包括上述第 126 條的規定，不得兼任證券商之董事或監察人，亦不能成為證券商之股東或受僱人。至於證券交易法第 120 條的保密義務？雖法無明文經理人之規範對象，但自「職員」的定義範圍，抑或是自本法之立法目的觀之，本書認為宜予肯定，如本節【貳之三之㈢】所述會員制證券交易所之經理人部分。相關經理人的行為制約，證券交易法第 137 條準用第 117 條的結果，主管機關若發現證券交易所之經理人，有違反法令、章程或本於法令之行政處分時，亦得通知該證券交易所令其解任之。

至於業務人員之規定，原則上證券交易法第 137 條明文準用第 123 條僱用業務人員之條件及解除職務時，準用第 54 條及第 56 條證券商之規定。

㈣會計制度

證券交易法第 137 條特別明文公司制證券交易所，準用第 41 條公開發

---

⑩　民國 89 年證券交易法部分條文修正草案，第 126 條第 1 項修正理由，請參閱《立法院公報》第 89 卷第 39 期 301 頁。

行股票公司依命令提撥特別盈餘公積與限制公積撥充資本之規定，以強化
證券交易所之財務結構。

四、使用有價證券集中交易市場契約

相較於會員制證券交易所限於會員為買賣有價證券之行為主體，就公
司制證券交易所的集中交易市場言之，其乃限於與證券交易所訂有使用有
價證券集中交易市場契約之證券自營商及證券經紀商，始得為市場買賣有
價證券之人（證券交易法第 151 條）。關於有價證券集中交易市場契約，證
券交易法特別明文其相關規定：

(一)締結契約

證券交易法第 129 條特別規定在公司制證券交易所之證券經紀商或自
營商，應由交易所與其訂立供給使用有價證券集中交易市場之契約，並檢
同有關資料，申報主管機關核備之；惟依證券交易法第 19 條規定，該契約
應以書面為之。至於證券商與交易所締結之使用市場契約，例如臺灣證券
交易所訂有「臺灣證券交易所股份有限公司供給使用有價證券集中市場契
約」之定型化契約，供證券自營商或證券經紀商為之 ❿ 。

訂有使用有價證券集中交易市場契約之證券商，依法應繳付證券交易
經手費（證券交易法第 132 條第 1 項後段）；關於證券交易經手費，係證券
交易所的重要收入來源，依法應載明於上述使用集中交易市場契約中。惟
相關證券交易經手費之費率，證券交易法第 132 條第 3 項亦特別明文應由證
券交易所會同證券商同業公會擬定，申報主管機關核定，以臻合理費率 ⓫ 。

(二)終止契約與了結買賣制度

關於使用有價證券集中交易市場契約之終止，證券交易法第 130 條特
別明文上述之使用集中交易市場契約，「除因契約所訂事項終止外，因契約

---

❿　民國 57 年 8 月 27 日證管 (57) 交字第 0734 號函通知核定，民國 57 年 9 月 2
　　日臺證 (57) 交字第 1102 號函公告實施。

⓫　民國 57 年證券交易法草案審查修正條文，第 109 條（現第 108 條）與第 133
　　條（現第 132 條）修正說明，請參閱立法院秘書處，前揭書❷ 647 頁、658 頁。

當事人一方之解散或證券自營商、證券經紀商業務特許之撤銷或歇業而終止」，而證券交易法第133條亦規定公司制證券交易所應於契約內，訂明對使用其有價證券集中交易市場之證券自營商或證券經紀商，有第110條各款規定之情事時，應繳納違約金，或停止或限制其買賣，甚至是終止其契約❷。至於證券交易法第136條亦特別明文證券自營商或證券經紀商，依第133條終止契約（或被停止買賣），即因違反法令或本於法令之行政處分者，或因違反證券交易所章程、業務規則、受託契約準則或其他章節者，或因交易行為違背誠實信用，足致他人損害者，終止契約（或被停止買賣）時，對其在有價證券集中交易市場所為之買賣有了結之義務。

惟證券交易法第135條明文公司制證券交易所，於其供給使用有價證券集中交易市場之契約內，原則上「應比照第112條之規定」，訂明證券自營商或證券經紀商於被指定了結他證券自營商或證券經紀商所為之買賣時，有依約履行代為了結買賣之義務，以維護證券市場秩序，並保護交易安全。因此，論者有謂其指定代為了結之意義：㈠適用之前提，為證券商與證券交易所終止使用有價證券集中交易市場契約，或經處分停業、停止買賣或營業特許經撤銷等情形；㈡證券交易所應依契約，指定證券商代為了結買賣，而被指定之證券商有依約代為了結買賣之義務；㈢被指定之證券商於了結買賣之目的範圍內，視為與本人（即與交易所終止契約或被停止買賣之證券商）間已訂有委任契約❸。

肆、主管機關對證券交易所之行政管理

關於上述證券交易所之管理設計，證券交易法第100條亦特別規定「主管機關於特許或許可證券交易所之設立後，發現其申請書或加具之文件有虛偽之記載，或有其他違反法令之行為者，得撤銷其特許或許可」之事後

---

❷　證券交易法第134條明文公司制證券交易所依前條之規定，終止證券自營商或證券經紀商之契約者，準用第111條之規定，即證券交易所停止使用集中市場契約者，主管機關得撤銷其證券其證券商業務之特許（許可？）。

❸　賴英照，前揭書❷194頁。

規制；相較於證券交易法第 102 條亦規定證券交易所業務之指導、監督或其負責人與業務人員管理事項，明文授權主管機關，以命令訂之⓴。惟相關證券交易所之監督，證券交易法特別如下規範：

一、主管機關為保護公益或投資人利益，得以命令通知證券交易所變更其章程、業務規則、營業細則、受託契約準則及其他章則，或停止、禁止、變更、撤銷其決議案，或處分之（證券交易法第 161 條）⓵。然，相關證券交易所之行為，如有違反法令或本於法令之行政處分，或妨害公益或擾亂社會秩序時，證券交易法第 163 條第 1 項特別明文規定主管機關得為下列處分：㈠解散證券交易所，㈡停止或禁止證券交易所之全部或一部業務，但停止期間不得逾三個月，㈢以命令解任其董事、監事、監察人或經理人，㈣糾正；惟主管機關為上述第 1 款或第 2 款之處分時，應先報經行政院核准，以昭慎重（證券交易法第 163 條第 2 項）。

二、相關主管機關對證券交易所之檢查及命令提出資料，證券交易法第 162 條明文準用第 64 條之規定，亦即主管機關為保護公益或投資人利益，得隨時命令證券交易所提出財務或業務之報告資料，或檢查其營業、財產、帳簿、書類或其他有關物件；如發現有違反法令之重大嫌疑者，並得封存或調取有關證件⓶。

三、為達有效監督證券交易所之業務及證券集中市場的狀況，證券交易法第 164 條特別規定主管機關得於各該證券交易所派駐監理人員，其監理辦法，並授權主管機關制定之⓷。理所當然，證券交易所及其會員，或與證券交易所訂有使用有價證券集中交易市場契約之證券自營商、證券經紀商，對監理人員本於法令所為之指示，應切實遵行（證券交易法第 165 條）。

⓴　例如前揭證券交易所管理規則❺，請參照。

⓵　賴英照，前揭書❷492 頁，為證券交易法第 161 條係賦予主管機關對交易所之監督權。

⓶　賴英照，前揭書❷494 頁，認為證券交易法第 162 條之檢查權係使第 161 條監查權得以落實之重要規定。

⓷　民國 57 年 6 月 4 日 (57) 證管交字第 0419 號令訂定「證券管理委員會派駐證券交易所監理人員監理辦法」，請參照。

第八章　證券服務事業

綱要導讀

第一節　證券金融事業
- 壹、有價證券信用交易制度
- 貳、證券金融事業之管理
- 參、證券商之融資融券行為與管理

第二節　證券集中保管事業
- 壹、有價證券之集中保管與帳簿劃撥
- 貳、證券集中保管事業之管理

第三節　證券投資信託與投資顧問事業
- 壹、有價證券投資信託與投資顧問制度
- 貳、證券投資信託事業與投資顧問事業之管理
- 參、證券投資信託及顧問法之頒布

第四節　信用評等事業
- 壹、信用評等制度
- 貳、信用評等事業之管理

8

就證券交易法第 18 條第 1 項前段明文「經營證券金融事業、證券集中保管事業或其他證券服務事業，應……」之規定，一般認為上述相關證券服務事業，係為配合政府發展證券市場之需要，乃是不可或缺的單位，而且論者亦有謂該證券服務事業，其運作是否健全？將對證券市場產生重大的影響。因此，證券交易法第 18 條第 2 項特別規定相關上述證券服務事業之管理與監督，應納入證券交易法的規範，並授權行政院，以命令定之。另，政府於民國 93 年 6 月制定「證券投資信託及顧問法」❶。

第一節　證券金融事業

壹、有價證券信用交易制度

一、證券市場之信用交易

在證券市場上，如以融資融券的方式，進行買賣有價證券者，一般稱之為「信用交易」；相關有價證券之信用交易制度，論者有謂其功能，乃在於活潑證券市場交易，有助於有價證券之供需，並穩定市場交易價格之

---

❶　例如民國 56 年 1 月 22 日立法院第 38 會期第 4 次聯席會議記錄，當時證管會主委認為「目前之證券市場……並無證券投資信託、證券金融以及證券顧問之事業，為期將來證券繁榮以後，希望這些事業，均能逐步出現，本條規定後，可備將來之用」，請參照立法院秘書處《證券交易法（上冊）》（立法院公報法律案專輯，1968 年）164 頁（汪彝定發言）。

又民國 77 年證券交易法部分條文修正草案，修正第 18 條第 1 項增列證券集中保管事業或其他證券服務事業等文字，請參閱《立法院公報》第 76 卷第 96 期 37 頁。再經民國 94 年證券交易法部分條文修正草案，修正第 18 條第 1 項刪除證券投資信託事業及證券顧問事業等文字，請參閱《立法院公報》第 94 卷第 75 期 3457 號附件審查報告，立法院第 6 屆第 2 會期第 11 次會議議案關係文書第 17 頁；另，民國 93 年證券投資信託及顧問法之立法草案，請參閱《立法院公報》第 93 卷第 22 期第 307 頁（林全報告）。

效❷。惟具體言之，就一般所稱的信用交易，因融資交易或融券交易方式，而有所不同：一是在融資交易的情形，投資人預期股價上漲，其為增加股票交易之利益，若因資金不足，向融資機構辦理融資貸款增加購買股票，嗣後再伺機高價賣出，賺取價差，但所買進之股票，由融資機構取得，乃設質作為其放款之擔保；相對於在融券交易之情形，投資人預期股票下跌，但手中或無股票，為增加股票交易之利益，乃向融券機構辦理融券借股票而增加出售股票數量，嗣後再伺機低價買進股票償還之，惟該出售股票所得之價金，亦由融券機構取得設質，作為融券之擔保❸。

就信用交易之於證券市場的機制而言，其雖的確有活潑交易，並穩定市場之效能，但因融資融券買賣有價證券之槓桿效用，不僅是創造投資人獲利的機會，且亦是造成投資人鉅額損失的關鍵所在；換言之，融資融券行為若流於投機性的操作，其對於證券市場的股價波動，反而是漲時助漲、跌時助跌的元兇之一，而不當的信用交易，卻間接影響到證券市場的資金配分機能，妨害市場穩定之弊端，乃立即浮現❹。爰以，相關有價證券信用交易之存廢，始終是政府財經政策上所爭議的問題之一；惟目前我國法所採，雖非禁止信用交易之行為，但原則上應經主管機關之核准，始得經營證券金融事業（證券交易法第 18 條第 1 項）。

二、融資、融券業務與信用交易

有關上述信用交易之融資、融券行為，一般稱為證券金融；舉凡在證

---

❷ 賴英照，《證券交易法逐條釋義(1)》（自版，1992 年）184 頁；黃川口《證券交易法要論》（自版，1997 年）439 頁；李開遠《證券管理法規新論》（五南圖書，2001 年）370 頁；陳春山《證券交易法論》（五南圖書，2001 年 204 頁；黃壽佐《證券融資融券與實務》（財團法人中華民國證券暨期貨市場發展基金會，1989 年）2 頁。

❸ 財團法人中華民國證券暨期貨市場發展基金會《中華民國證券暨期貨市場（民國 90 年）》（同基金會，2001 年）184 頁。

❹ 賴英照，前揭書❷184 頁；黃川口，前揭書❷440 頁；陳春山，前揭書❷204 頁。

券市場之發行、流通過程中，對於市場參加者，比方是上市公司、證券商，甚至是投資人等，係以相關有價證券為標的，提供所需款券信用融通之服務❺。因此，論者認為廣義的信用交易，其範圍應包括買賣雙方互為授信者，或是證券商、銀行予證券投資人授信者，均屬之，但相對於狹義的信用交易，其範圍原則上乃僅限於證券金融事業機構對證券投資人所為之融資或融券。至於證券商之授信部分？依證券交易法第 60 條第 1 項所規定，證券商亦例外容許辦理買賣有價證券融資融券之行為❻；當然，銀行之授信部分，原則上係依銀行法的規定為之。

三、我國證券金融制度化之演進

目前我國相關的證券金融體系，乃由專業的證券金融事業機構與自辦融資融券業務之證券商所組成的；惟究其歷史的演進過程，一般認為其有五個階段，依序分別是❼：

㈠例行交易時期（民國 51 年～63 年）

例行交易之交易型態為買賣雙方交易成立後先繳交一定成交金額比例為交易證據金，於成交後某特定期日，買賣雙方再辦理現金交割，自成交日至交割日期間，買賣雙方均可做反向沖銷結平交易，交割日僅須按差價支付款項。惟如此的例行交易，因交割前可反向沖銷，造成對賭之投機氣

---

❺　李開遠，前揭書❷ 370 頁，例舉各種有價證券，如股票、公司債券、受益憑證等之發行，買賣、承銷、擔保、質押、借貸等之融通，均屬證券金融業務之範疇。

❻　民國 77 年證券交易法部分條文修正草案，第 60 條修正立法理由，謂「證券信用交易係辦理證券交易融資融券之授信，在各國多屬證券商業務範疇。……自 69 年證券金融機構開辦證券融資融券業務以來，對活絡市場交易，調節市場供需雖不無功效，但在制度上有左列缺點……」，為配合綜合證券商之實施，爰將本條規定部分修正，即證券商經主管機關核准者，亦得為證券交易之融資融券業務，請參閱《立法院公報》第 76 卷第 96 期 62 頁。

❼　財團法人中華民國證券暨期貨市場發展基金會，前揭書❸ 184 頁；李開遠，前揭書❷ 374 頁；吳光明《證券交易法論》（三民書局，2002 年）264 頁。

氛濃厚，為抑制投機並保證買賣雙方順利交割，證據金之比例得視情況隨時調整；於民國 62 年，政府為減少投機風險而收縮市場信用，遂將證據金比例調為百分之百，例行交易制度至此形同虛設。

㈡金融機構兼營辦理信用交易時期（民國 63 年～68 年）

民國 63 年世界經濟不景氣，國內股市低迷，為活絡證券市場，政府乃核定「授信機構辦理證券融資業務操作辦法」，經行政院證券管理小組決議由交銀、臺銀及土銀等三家銀行，試辦證券融資業務。或可謂此乃我國正式實施信用交易制度之開始；然，在此一時期，因僅准許融資買進而不准融券賣出，一般認為這種制度並不完整，故亦有稱為跛足的信用交易時期。

㈢復華證券金融公司獨家辦理時期（民國 69 年～79 年）

政府有鑑於建立完整之信用交易制度，乃於民國 68 年 7 月制定「證券金融事業管理規則」，但因時值中美斷交，民間投資意願低落，當時開業之證券商規模過小且受限於證券業不得投資他業之法令限制，故證券金融公司之籌設並不順利，終由代辦信用交易之臺銀及土銀，邀集光華投資公司、中國信託及臺灣證券交易所等法人參與投資，在民國 69 年成立復華證券金融公司，接手 3 家銀行代辦之融資業務，並開始辦理融券業務。

㈣復華證券金融公司與證券商之雙軌制時期（民國 79 年～83 年）

關於先進國家的證券市場，均以證券商為主要授信單位，政府於民國 77 年修訂證券交易法第 60 條，明定證券經紀商經主管機關核准得辦理有價證券之融資融券業務；惟為使證券金融體系有完整之規範，採用所謂「雙軌併行制」，即經證管會核准辦理信用交易之證券商，可直接對客戶授信，但款券不足時得向復華公司申請轉融通，而相對於復華公司，除辦理對融券商的轉融通外，並持續透過代理證券商辦理原有的融資融券業務，共同開啟我國證券信用交易雙軌制的時代。

㈤開放證券金融公司設立時期（現階段）

政府基於自由化、市場競爭的考量，在民國 83 年間開放證券金融公司申請。翌年，主管機關分別核准了環華、富邦及安泰等三家新證金公司的申請案，並在同年開始營運；因此，證券金融事業不再由上述的復華證券

金融（元大證券金融公司前身，再改組成元大金融控股公司旗下）一家獨佔，而是相互競爭關係，但因證券金融業務又與自辦融資融券之證券商重疊，使得證券金融業邁入競爭市場的局面。惟經數年的企業整合，富邦、安泰證金公司均受讓給元大證金，至民國 108 年金管會亦同意環華證金公司再受讓給元大證金，因而國內又僅剩一家證券金融公司。

貳、證券金融事業之管理

所謂證券金融事業，一般認為係證券交易法第 18 條第 1 項之規定，經主管機關核准，予證券投資人、證券商或其他證券金融事業融通資金或證券之事業（證券金融事業管理規則第 2 條）。惟相關證券金融事業之管理與監督，如證券交易法第 18 條第 2 項所規定，就其事業之設立條件、申請核准之程序、財務、業務與管理及其他應遵行事項之規則，特別授權主管機關定之❽。至於民國 106 年證券交易法部分條文修正，增訂第 44 條之 1 明定「為促進普惠金融及金融科技發展，不限於……證券金融事業，得依金融科技發展與創新實驗條例申請辦理證券業務創新實驗」，與非證券商不得從事證券業務、非證券金融事業機構不得提供證券金融業務的限制相同，相關金融科技進步與主管機關是否放寬、突破業者適用金融服務業之現有法規限制有關，在政策上依金融科技發展與創新實驗條例的規定，使業者在有機會試驗金融創新技術之範圍及期間，藉以提昇我國金融整體的競爭力❾。就此，請參閱相關非證券商與金融創新監理沙盒部分，本書第七章第一節【壹之二】的介紹。

---

❽　民國 68 年 7 月 18 日行政院 (68) 臺經字第 7111 號令頒布「證券金融事業管理規則」。

❾　民國 106 年證券交易法部分條文修正草案，增訂第 44 條之 1 的立法理由，請參閱《立法院公報》第 107 卷第 4 期 399 頁；民國 106 年金融科技發展與創新實驗條例之立法草案，請參閱《立法院公報》第 107 卷第 4 期 237 頁。

一、設　立

　　證券金融事業管理規則第 3 條特別規定經營證券金融事業，應經主管機關之核准，始得為之（現已改隸金融監督管理委員會證券期貨局）；至於該事業機構之設立，同規則第 4 條亦明文「以股份有限公司組織為限」，而其實收資本額不得少於新臺幣四十億元。

二、業務與財務規範

　　依證券金融事業管理規則第 5 條規定，證券金融事業機構所經營的業務範圍如下：

㈠有價證券買賣之融資融券

　　證券金融事業辦理有價證券買賣融資融券之對象，以在證券商開戶買賣證券之委託人為限（證券金融事業管理規則第 6 條第 1 項）；惟該融資融券之證券交易，應經由證券金融事業直接代委託人，分別向證券交易所或證券櫃檯買賣中心辦理交割（同規則第 9 條）。至於證券金融事業辦理有價證券買賣融資融券時，對委託人融資，應依主管機關規定之比率，收取融資自備價款，並以融資買進之全部證券，作為擔保品；若對委託人融券，應依主管機關規定之成數，收取融券保證金，並以融券賣出之價款，作為擔保品（同規則第 10 條）。

㈡對證券商或其他證券金融事業之轉融通

　　所謂轉融通，指證券金融事業對證券商或其他證券金融事業，辦理融通資金或有價證券之行為；依證券金融事業管理規則第 21 條第 1 項規定，證券金融事業辦理對證券商或其他證券金融事業之轉融通，應以證券商或其他證券金融事業辦理有價證券買賣融資融券業務所需之價款或有價證券為限。

㈢現金增資及承銷認股之融資（認股融資）與對證券商辦理承銷之融資（承銷融資）

　　證券金融事業管理規則第 30 條第 1 項明文證券金融事業得依主管機

關所定之有價證券範圍，辦理認股融資及承銷融資業務；惟該融資金額，不得超過所融資有價證券之發行價格，並應以融資取得之全部有價證券、股款繳納憑證或其他上市及上櫃有價證券，作為擔保品（同規則第 30 條第 3 項）**❿**。至於證券金融事業辦理認股融資及承銷融資時，其融資比率及融資期限，準用證券交易法第 61 條規定辦理之（同規則第 30 條第 2 項）。

㈣有價證券之交割款項融資與借貸

所謂有價證券之交割款項融資，指證券金融事業於取得客戶提供之證券擔保品後，就客戶購買上市或上櫃有價證券交割之需，所從事之資金融通業務；證券金融事業管理規則第 34 條第 2 項特別就證券金融事業辦理有價證券交割款項融資之擔保品範圍、額度、擔保品限額、比率及期限，授權主管機關定之。至於有價證券之借貸，證券金融事業管理規則第 39 條則明文限制證券金融事業辦理借貸之標的範圍，限於得為融資融券交易之有價證券及其他經主管機關核准者。

相較於上述的業務規範，關於證券金融事業機構之財務規範，除最低資本額的限制外，證券金融事業管理規則亦明文若干的規定：㈠資金之運用，例如第 57 條明文列舉其用途，除經營業務所需要外，不得貸與他人或移作他用，第 58 條亦限制證券金融事業之保證、票據背書或為他人設定擔保行為；㈡融資人、融券人所買進、賣出之證券、價款及所繳交之保證金，第 15 條第 2 項明文相關上述證券及款項之運用，不得移作他用，而以辦理有價證券買賣融資融券及對證券商或其他證券金融事業之轉融通為限；㈢第 56 條亦明文規定證券金融事業取得資金或證券，以供周轉調度之財源等。

當然，證券交易法第 14 條之 1 亦特別明文規定證券金融事業，應建立財務、業務之內部控制制度，並依法向主管機關申報內部控制聲明書。

---

❿　證券金融事業管理規則第 31 條明文限制證券金融事業辦理認股融資及承銷融資所取得之證券，不得作為辦理有價證券買賣融券及對證券商或其他證券金融事業轉融通之券源。

三、主管機關對證券金融事業之行政監督

證券交易法第 18 條之 1 第 1 項特別明文「第 38 條、第 39 條及第 66 條之規定，於前條之事業準用之」，亦即主管機關得依準用第 38 條之規定，對證券金融事業實施行政檢查之權限，並依準用第 39 條之規定，命令糾正與依法處罰，且依準用第 66 條之規定，視違反法令之情節輕重，得為適當之處分❶。

四、證券金融事業人員之準用證券商之規定

證券交易法第 18 條之 1 第 2 項亦規定「第 53 條、第 54 條及第 56 條之規定，於前條事業之人員準用之」，即相關證券金融事業之人員亦準用證券商董監事、經理人或僱用業務人員的消極資格限制；乃至於證券金融事業人員之違反法令行為，主管機關亦得準用第 56 條之規定，命令證券金融事業停止或解除其職務外，並得對該事業予以處分❷。

參、證券商之融資融券行為與管理

證券交易法第 60 條第 1 項規定「證券商非經主管機關核准，不得為下列之業務：一、有價證券買賣之融資或融券。二、有價證券買賣融資融券之代理。三、有價證券之借貸或為有價證券借貸之代理或居間。四、因證券業務借貸款項或為借貸款項之代理或居間。五、……」，明文證券商從事

---

❶ 民國 72 年證券交易法部分條文修正草案，第 18 條之 1 增訂立法理由，謂「為加強前條所定……證券金融事業……之管理，本法第 38 條、第 39 條及第 66 條之規定，於各該事業有準用之必要，爰予明文，俾資依據」，請參照《立法院公報》第 72 卷第 33 期 24 頁。

❷ 民國 77 年證券交易法部分條文修正草案，第 18 條之 1 第 2 項增訂立法說明，謂「本條現行所列準用條文，僅限於對事業本身之管理，而對事業所屬相當於第 53 條、第 54 條及第 56 條所定之人員，其資格條件與管理尚付闕如，爰增訂第 2 項，明定第 53 條、第 54 條及第 56 條之規定，於前條事業之人員準用之」，請參閱《立法院公報》第 76 卷第 96 期 38 頁。

相關有價證券買賣融資融券等之業務，其前提是經主管機關之核准，始得為之；因此，就現行法上證券商之相關證券金融業務政策，與其說是原則禁止例外容許，不如說是完全納入證券主管機關之行政管理。當然，主管機關是否許可證券商從事證券金融業務？將視其證券管理的態度而定。

一、核准的證券商融資融券業務及其相關業務

　　相較於證券交易法第 18 條證券金融事業之前揭規定，證券交易法第 60 條第 1 項特別明文證券商經主管機關核准者，得為下列之行為：㈠有價證券買賣之融資或融券，㈡有價證券買賣融資或融券之代理，㈢有價證券之借貸或為有價證券借貸之代理或居間，㈣因證券業務借貸款項或為借貸款項之代理或居間；乃至於第 60 條第 1 項第 5 款所明文，因證券業務受客戶委託保管及運用其款項，證券商經主管機關核准者，亦得為之。針對上述證券交易法第 60 條第 1 項之立法政策，論者亦認為該規定，係授權主管機關考量證券業務之實際需要，得例外核准證券商辦理信用交易之融資融券業務，打破專由證券金融事業專責辦理買賣有價證券融資融券的局面❸。

　　關於開放證券商辦理有價證券買賣融資融券業務之規定，依民國 77 年證券交易法部分條文修正草案第 60 條之修正理由，認為自民國 69 年證券金融機構開辦融資融券業務以來，雖對活絡我國證券市場交易、調節市場供需機能，不無功效，但在制度上究存有相當的缺失，謂：㈠依現行制度下，證券金融機構係直接對客戶授信，而信用交易須在證券交易過程中完成，對於客戶之開戶與有關授信手續，均須透過證券經紀商辦理，但證券金融機構在不瞭解客戶信用情況下，直接負擔授信之風險，恐將阻礙信用交易功能之發揮。㈡證券經紀商受託辦理信用交易授信手續，純屬服務性，無手續費收入及承擔任何責任，對證券金融機構委託處理事項，若無積極配合，亦將遲滯信用交易制度之運作。㈢證券金融機構自有資金有限，證券融資資金來源，大部分抑賴各行庫融通；如集中辦理授信資金過鉅，其所承擔風險過大，由證券金融機構專責辦理，勢必難於因應市場之成長與

---

❸　賴英照，《證券交易法逐條釋義⑷》（自版，1992 年）387 頁。

需求。㈣證券經紀商如不能辦理證券融資融券業務，相關證券業務無法擴大，僅靠代客買賣佣金收入，將無法提高服務品質；甚且自有資金無適當出路，易致用於操作股票或與私下墊款墊股勾結，有損市場形象，影響市場之管理。有鑑於此，政府乃參酌美、日等國之立法例，遂同意買賣有價證券融資融券之授信宜列入證券商的業務範疇之內，並為配合綜合證券商制度之實施，爰將禁止證券商信用交易之既有制度，例外容許證券商經主管機關核准者，得辦理有價證券買賣的融資融券業務，並將之納入管理❶。

其次是民國 94 年證券交易法部分條文修正時，再調整證券商從事證券金融業務之範圍，除原證券交易法第 60 條第 1 項但書所列舉的有價證券買賣融資、融券及其代理業務外，另有鑑於證券商所從事證券業務上之需要，一般不僅認為有價證券之借貸或為其代理或居間係證券商無可避免的服務項目之一，且證券商因經營證券業務過程中，時亦有為客戶墊款之借貸款項或為借貸款項之代理或居間，以因應買賣有價證券之需，爰參酌外國法令規定，增列第 1 項第 3 款與第 4 款，准許證券商從事有價證券之借貸或為有價證券借貸之代理或居間業務，亦准許證券商從事因證券業務借貸款項或為借貸款項之代理或居間業務❶。至於，證券交易法第 60 條第 2 項亦明文證券商依前項規定申請核准辦理有關業務應具備之資格條件、人員、業務及風險管理等事項之辦法，由主管機關定之。

二、證券商辦理有價證券買賣融資融券之管理

關於證券商辦理有價證券買賣之融資融券業務，於民國 79 年所修正之證券交易法第 60 條第 2 項，明文授權財政部頒布「證券商辦理有價證券買賣融資融券管理辦法」等❶，以有效規範證券商之於有價證券買賣融資融

---

❶ 民國 77 年證券交易法部分條文修正草案，第 60 條第 1 項、第 2 項修正理由說明，請參閱《立法院公報》第 76 卷第 96 期 64 頁。

❶ 民國 94 年證券交易法部分條文修正草案，第 60 條第 1 項修正理由，請參閱立法院第 6 屆第 2 會期第 1 次會議議案關係文書‧院總第 727 號（政府提案第 10191 號）政 253 頁。

券業務的管理：

　　㈠證券商申請辦理有價證券買賣融資融券之審核，應具備之門檻條件（證券商辦理有價證券買賣融資融券管理辦法第 3 條第 1 項）、基本配置，比方是業務章則、專責單位等（同管理辦法第 4 條），並依上述管理辦法第 5 條第 1 項申請證期會核准之。

　　㈡業務上與財務上的特別規範，例如上述管理辦法第 14 條第 1 項規定證券商辦理有價證券買賣融資融券，對客戶融資之總金額，不得超過其淨值百分之二百五十，對客戶融券之總金額，不得超過其淨值百分之二百五十；至於證券商由金融機構兼營者？惟該辦法第 14 條第 5 項亦規定前項規定之淨值，改按指撥營運資金計算。又例如同管理辦法第 15 條第 1 項亦規定證券商辦理有價證券買賣融資融券，對每種證券之融資總金額，不得超過其淨值百分之十，對每種證券之融券總金額，不得超過其淨值百分之五等融資融券比率之限制；乃至於證券商辦理有價證券買賣融資融券時，應依主管機關規定，對客戶融資與對客戶融券，收取融資自備價款與保證金制度（同管理辦法第 16 條）、對客戶融資所留存的證券與對客戶融券所留存的價款、保證金之用途限制（同管理辦法第 21 條、第 22 條）等，皆屬之[17]。

---

[16]　民國 79 年 9 月 27 日臺財字第 28102 號函核定「證券商辦理有價證券買賣融資融券管理辦法」、民國 95 年 6 月 12 日金管證二字第 0950002731 號令訂定「證券商辦理證券業務借貸款項管理辦法」、民國 95 年 8 月 11 日金管證二字第 0950003782 號令訂定「證券商辦理有價證券借貸管理辦法」。

[17]　惟相關有價證券融資融券之額度、期限及融資比率、融券保證金成數，證券交易法第 61 條明文由主管機關商經中央銀行同意後定之；有價證券得為融資融券標準，亦由主管機關定之。

第二節　證券集中保管事業

壹、有價證券之集中保管與帳簿劃撥

一、證券市場之證券集中保管

　　所謂證券集中保管，在運作上係設專責機構，將有價證券於證券市場每日交易之證券，以及相關公司已發行在外流通之證券，集中保管之，以取代傳統的證券過戶手續。惟一般認為證券集中保管制度，該設計不僅可避免被竊取或遺失的風險，並防止證券商營業人員盜賣客戶股票之不法情事發生，而相對於專責的證券集中保管事業，其亦可有效過濾假股票及檢查股票之變造真偽，將以提升有價證券之交易安全，同時並可使投資人易於行使權利之效[18]。

　　證券交易法第 43 條第 2 項特別明文證券集中保管事業保管之有價證券，其買賣之交割，得以帳簿劃撥方式為之；換言之，亦即相關有價證券之集中保管制度，現行法乃採證券集中保管與帳簿劃撥交割併用的方式，就該集中保管之有價證券，其嗣後之買賣，亦由證券集中保管事業專責辦理帳簿劃撥事宜，以替代完成有價證券移轉之設計[19]。惟關於有價證券集

---

[18]　賴源河，《證券管理法規》（自版，2000 年）386 頁。

[19]　李開遠，前揭書[2] 421 頁。

　　民國 77 年證券交易法部分條文修正草案，第 43 條第 2 項增訂理由說明，謂「為簡化現行證券交割作業，發揮證券集中保管功能，減少證券經紀商、證券金融事業等每日須運送大量待交割證券向證券交易所辦理交割，並於交割後取回證券之勞繁、風險，准許進入集中保管之證券，其買賣之交割，明定得以帳簿劃撥方式為之，而其作業辦法授權主管機關定之」，相對於第 43 條第 3 項亦明文以證券集中保管事業保管之有價證券為設質標的者，其設質之交付，得以帳簿劃撥方式為之，並不適用民法第 908 條因交付其證券於質權人而生設定質權效力之規定，其增訂立法理由亦謂「以集中保管之有價證券為設質之標的

中保管的特色，論者亦有謂上述集中保管與帳簿劃撥併用，其係一種為促進有價證券發行與流通之合理化與現代化的規劃❷。

　　當然，相關證券集中保管事業管理規則第 2 條第 1 項所明定之證券集中保管事業，指經營有價證券之保管、帳簿劃撥及無實體有價證券（例如證券交易法第 8 條第 2 項「以帳簿劃撥方式交付有價證券」之發行，得不印製實體有價證券）登錄之事業；至於在實務上，目前臺灣證券集中保管公司所保管之有價證券，一般分為混藏保管與分戶保管，如下兩種的作業方式❷：

(一)混藏保管

　　其集中保管有價證券的範圍，包括現行一般投資人自行存入之股票及經市場買賣存入之股票；惟證券交易法第 43 條第 4 項特別規定證券集中保管事業，以混合保管（即實務上之混藏保管）方式保管之有價證券，由所有人按其送存之種類、數量分別共有，而於領回時，並得以同種類、同數量之有價證券返還之❷。因此，相關混藏保管之作業方式，採二階段法律架構，即投資人與證券商簽訂契約，委由證券商向證券集中保管事業，代辦有價證券送存、領回等事宜。

(二)分戶保管

　　其範圍，乃以公開發行公司董事、監察人、特定股東持有該公司有價證券，以及信託投資公司或保險機構投資購買之有價證券為限；至於相關分戶保管之作業方式，主要有三：(1)採一階段法律架構，(2)依客戶別封袋入庫，(3)採儲位管理與自動倉儲。

　　　者，其設質之交付亦明定得以帳簿劃撥方式為之，俾免亦須提出為設質之背書，減低集中保管之功能，爰增訂之」，請參閱《立法院公報》第 76 卷第 96 期 54 頁。

❷　吳光明，前揭書❼ 281 頁。

❷　財團法人中華民國證券暨期貨市場發展基金會，前揭書❸ 152 頁。

❷　民國 89 年證券交易法部分條文修正草案，第 43 條第 4 項增訂立法理由，謂以明確證券集中保管事業對混合保管有價證券所有權之歸屬。

臺灣證券集中保管公司混藏保管與分戶保管兩種作業方式比較表

	混藏保管	分戶保管
保管範圍	現行一般投資人自行存入之股票，及經市場買賣存入之股票。	公開發行公司董事、監察人、特定股東持有該公司有價證券及信託投資公司或保險機構投資購買之有價證券。
作業方式	採二階段法律架構，投資人與證券商簽訂契約，委由證券商代辦有價證券送存、領回等事宜。依此原則集保公司僅與參加人（證券商）進行交易，並對客戶管託參加人送存之有價證券，不分客戶別及送存日期先後，與庫存同種類之有價證券混合保管，因此庫存有價證券由全體集保戶按其持有比例分別共有。	A. 一階段法律架構：委託保管人與集保公司簽訂分戶保管契約，直接與集保公司洽辦送存領回等事宜。集保公司分別設置客戶保管帳戶，並製發有價證券保管證交付客戶。 B. 客戶別封袋入庫：分戶入庫保管之有價證券，均按客戶別分袋包裝，並於袋上載明相關資料後，將有價證券封袋入庫，客戶申請領回時，則依儲位系統取出原袋，並以電腦辦理出庫。 C. 儲位管理與自動倉儲：分戶保管之有價證券因需原券返還，故不辦理消除前手、代辦過戶等作業，但仍建立其儲位管制系統，辦理庫存管理事宜，其存放位置、相關事宜均逐筆輸入電腦登錄，產生儲位明細，以備查詢。

二、帳簿劃撥交割制度

所謂有價證券帳簿劃撥交割，係指投資人買賣股票或其他有價證券應付、應收之款項，一律以銀行帳戶辦理轉帳劃撥的方式，完成買賣有價證券交割之制度；申言之，藉由帳簿劃撥交割之施行，使參與買賣有價證券結算系統之市場參與者，無須實際佔有該「實體」的有價證券，只得經由抽象的帳簿記載方式，即完成交付，表彰並致生其權利轉移之效果。例如在買入時，投資人於其所開設的銀行帳戶，若有足夠的存款足以應付之股款，即可直接劃撥轉帳，而於賣出時，證券商再委託銀行自動將投資人應收之款項，直接撥入投資人的銀行帳戶，相對於證券集中保管事業所保管之有價證券，其買賣之交割，亦在帳簿劃撥之移轉登載作業程序中完成，

無須再交付任何的實體證券之謂❷。

　　相關證券交易法第 43 條第 2 項之規定，明文證券集中保管事業保管之有價證券者，謂其買賣之交割，得以帳簿劃撥方式為之；惟其作業辦法，由主管機關定之。因此，依有價證券集中保管帳簿劃撥作業辦法第 3 條第 1 項，特別強制證券交易所、證券櫃檯買賣中心、證券商及證券金融事業，辦理前條（即證券集中保管事業所保管的）有價證券買賣之集中交割，應以帳簿劃撥的方式為之❷。

三、股東名簿等過戶制度之特例

　　相關有價證券之過戶手續，例如公司法第 165 條第 1 項特別規定股份之轉讓，非將受讓人記載於公司股東名簿，不得以其轉讓對抗公司，而公司法第 260 條亦明文記名式公司債券之轉讓，非將受讓人記載於公司債存根簿者，亦不得以其轉讓對抗公司的過戶制度。惟針對上述之過戶制度，證券交易法第 43 條第 5 項前段亦特別規定「證券集中保管事業為處理保管業務，得就保管之股票、公司債以該證券集中保管事業之名義登載於股票發行公司股東名簿或公司債存根簿」，不僅使證券集中保管事業成為名義上的形式股東或形式公司債債權人，得保管股票、公司債，而且因如此的立法設計，並得使其所保管股票於銷除前手及過戶事項，作業益為便利❷。

　　雖然如此，但證券集中保管事業僅為形式上的股東或公司債債權人，即論該股東權或公司債債權之行使與享有，仍應屬於實質股票所有人及公司債債權人；爰以，證券交易法第 43 條第 5 項後段特別明文「證券集中保

---

❷　賴源河，前揭書❽ 387 頁；李開遠，前揭書❷ 423 頁。

❷　依有價證券集中保管帳簿劃撥作業辦法第 2 條明文證券集中保管事業所保管之有價證券，以證券集中交易市場上市及在證券商營業處所買賣之有價證券及其他經財政部證券暨期貨管理委員會核定之有價證券為限。

❷　民國 89 年證券交易法部分條文修正草案，第 43 條第 5 項修正理由說明，謂此即美、日等國擬制人名義 (Street name) 的作法，請參閱《立法院公報》第 89 卷第 39 期 282 頁。

管事業於股票、公司債發行公司召開股東會、債權人會議，或決定分派股息及紅利或其他利益，或還本付息前，將所保管股票及公司債所有人之本名或名稱、住所或居所及所持有數額通知該股票及公司債之發行公司時，視為已記載於公司股東名簿、公司債存根簿或已將股票、公司債交存公司，不適用公司法第 165 條第 1 項、第 176 條、第 260 條及第 263 條第 3 項之規定」。當然，相關於公司股票、公司債券以外之有價證券，其集中保管時之作業規定，證券交易法第 43 條第 6 項亦明文「前二項（即上述）規定於政府證券及其他有價證券準用之」。

貳、證券集中保管事業之管理

所謂證券集中保管事業，乃證券集中保管事業管理規則第 2 條第 1 項所定義，指經營有價證券之保管、帳簿劃撥及無實體有價證券登錄之事業；至於相關證券集中保管事業之管理與監督，如證券交易法第 18 條第 2 項所規定，就其事業之設立條件、申請核准之程序、財務、業務與管理及其他應遵行事項之規則，亦特別授權主管機關定之❷❻。

一、設　立

證券交易法第 18 條第 1 項規定經營證券集中保管事業，應經主管機關之核准，始得為之，而證券集中保管事業管理規則第 3 條第 1 項亦有相同旨趣之明文，且該管理規則第 3 條第 2 項亦限制每一證券集中交易市場，以設立一家證券集中保管事業為原則；當然，管理規則第 4 條亦規定證券集中保管事業的事業型態，以股份有限公司組織為限，其實收資本額不得少於新臺幣五億元，且發起人並應於發起時，一次認足之。

二、業務與財務規範

證券集中保管事業管理規則第 5 條特別明文證券集中保管事業經營業

---

❷❻　民國 78 年 8 月 18 日 (78) 臺財字第 22310 號函發布「證券集中保管事業管理規則」。

務之範圍：㈠有價證券之保管，㈡有價證券買賣交割或設質交付之帳簿劃撥，㈢有價證券帳簿劃撥事務之電腦處理，㈣有價證券帳簿劃撥配發作業之處理，㈤有價證券無實體發行之登錄，㈥其他經本會（主管機關）核准之有關業務。惟依該管理規則第 12 條之規定，亦明文證券集中保管事業所保管之有價證券，以下列為限：㈠在證券交易所上市之有價證券，㈡在證券商營業處所買賣之有價證券，㈢其他經本會（主管機關）核定保管之有價證券；同時，該管理規則第 11 條亦明文限制證券集中保管事業之參加人，即以財政部、證券交易所、證券櫃檯買賣中心、證券商、證券金融事業、受託保管證券投資信託基金、全權委託投資資金、境外華僑或外國人款券及外國專業投資機構款券之保管機構、中央公債交易商、金融機構、保險業、以帳簿劃撥方式交付無實體有價證券之發行人及其他經本會（主管機關）核定者為對象。當然，主管機關依證券交易法第 43 條第 2 項規定，亦頒布有價證券集中保管帳簿劃撥作業辦法，有效規範證券集中保管事業之業務經營❷。

　　關於證券集中保管事業的財務規範，與證券金融事業相較，除最低資本額之限制外，證券集中保管事業管理規則亦特別規定：㈠賠償準備金之提撥，例如第 15 條明文提撥賠償準備金之專戶儲存制度，㈡資金之運用，例如第 16 條明文列舉其用途，除經營業務所需者外，並限制自有資金之貸予他人或移作他用，㈢制訂取得或處分固定資產處理程序，例如第 18 條規定，並申報主管機關核定等。

　　至於證券交易法第 14 條之 1 的內部控制制度，證券集中保管事業亦有其適用。

三、主管機關對證券集中保管事業之行政監督

　　證券交易法第 18 條之 1 第 1 項特別明文「第 38 條、第 39 條及第 66 條之規定，於前條之事業準用之」，其與證券金融事業管理類同，亦即主管

---

❷　民國 78 年 11 月 7 日 (78) 臺財證㈢字第 02270 號令訂定「有價證券集中保管帳簿劃撥作業辦法」。

機關得依準用第 38 條之規定，對證券集中保管事業實施行政檢查之權限，並依準用第 39 條之規定，命令糾正與依法處罰，且依準用第 66 條之規定，視違反法令之情節輕重，得為適當之處分。

四、證券集中保管事業人員之準用證券商規定

證券交易法第 18 條之 1 第 2 項亦規定「第 53 條、第 54 條及第 56 條之規定，於前條事業之人員準用之」，即相關證券集中保管事業人員準用證券商董監事、經理人或所僱用業務人員的消極資格限制；乃至於證券集中保管事業人員之違反法令行為，主管機關亦得準用第 56 條之規定，命令證券集中保管事業停止或解除其職務外，並得對該事業予以處分。

第三節　證券投資信託與投資顧問事業

壹、有價證券投資信託與投資顧問制度

一、基本設計

㈠證券投資信託制度

所謂證券投資信託，其定義係指向不特定人募集證券投資信託基金，發行受益憑證，或向特定人私募證券投資信託基金，交付受益憑證，從事證券相關商品或其他經主管機關核准項目之投資或交易（證券投資信託及顧問法第 3 條第 1 項）。

關於證券投資信託制度，一般認為其對於提升國內產業水準與僑外資金的引進，具有重要的影響；就我國而言，政府正式於民國 72 年核准設立第一家證券投資信託公司以來，有價證券投資信託業務即呈穩定成長，其原先係間接引進僑外資金，投資國內證券市場之橋樑。惟隨著我國證券市場之成長與發展，相關上述證券投資信託事業轉變其任務，亦成為國內證券市場上，扮演專業機構投資人的重要角色❷❸；相較於投資人直接購買公

司股票或公司債券之直接投資方式，一般認為證券投資信託乃屬一種間接的投資方式。職是，論證券投資信託制度，其亦有謂係以匯集投資人資金之方式，成立信託基金，並以專業化的經營，將基金投資於有價證券之一種理財活動❷。

㈡證券投資顧問事業

所謂證券投資顧問，其定義係指直接或間接自委任人或第三人取得報酬，對有價證券、證券相關商品或其他經主管機關核准項目之投資或交易有關事項，提供分析意見或推介建議（證券投資信託及顧問法第4條第1項）。

關於證券投資顧問制度，論者有謂是投資買賣有價證券，往往需要許多專門知識，一般投資人本身或無具備此種專門知識，或無暇自行從事投資分析者眾，而有價證券投資顧問事業係屬提供投資分析的一種專業服務，幫助投資人分析、選擇其投資組合，以獲取證券投資之最大利益的商業行為❸。惟依有價證券投資顧問制度的歷史發展觀之，我國的證券投資顧問事業原係為證券商所籌設，即肇因於民國76年起，證券市場蓬勃發展，國外資本紛紛藉由設立證券投資顧問公司，作為進入我國證券市場的據點。至於證券投資顧問業務，其經營重點在於為投資人提供相關有價證券價值分析、投資判斷的建議等投資性諮詢服務、刊物發行與講習為主，以收取報酬；當然由個人所組成的獨立經營團隊，亦有伴隨投資大眾對證券投資顧問事業所提供服務之需求，因應而生的一項新型產業❹。

二、證券投資信託基金

如上所述，以我國現行有價證券投資信託的實務運作為例，其係由證券投資信託事業，以發行受益憑證之方式，募集基金，並運用此基金，投

資有價證券，再將投資所得利益分配予受益憑證持有人（即受益人），此乃一般所稱的「共同基金」；換言之，我國證券投資信託制度係採「契約型」❸❷。惟相關證券投資信託契約，依證券投資信託及顧問法第5條第1款所定義，乃指證券投資信託事業為委託人，基金保管機構為受託人所簽訂，以規範證券投資信託事業、基金保管機構及受益人間權利義務之信託契約；亦即，除相關法令外，證券投資信託契約係為拘束證券信託投資事業、基金保管機構與受益人之主要依據，當然攸關當事人權利義務至鉅。基於此，關於證券投資信託的法律架構，原則上涉有投信事業、保管機構與受益人三方，其基本構造扼要說明如下：

㈠證券投資信託事業發行受益憑證，經由證券承銷商於承銷期間屆滿後代理投資信託事業向投資大眾銷售，將銷售所得之資金，匯集成為證券投資信託基金。

㈡證券投資信託基金由獨立之基金保管機構負責保管，但由證券投資信託事業負責投資與運作，用以投資有價證券及其相關商品。

㈢證券投資信託事業於發行受益憑證募集證券投資信託基金前，應與基金保管機構訂立證券投資信託契約，明文受益人持有受益憑證後，並依契約享受權利、負擔義務。

㈣運用證券投資信託基金投資有價證券所得之效益，定期分配給持有受益憑證之投資人（即受益人）❸❸。

關於證券投資信託基金乃證券投資信託契約之信託財產❸❹，論該基金的本質係為全體受益人之利益而存在，謂「依一般信託法理，信託財產應

---

❸❷　相較於契約型的證券投資信託制度，論者亦謂在美國法上，有以發行股票之方式，籌募證券投資信託基金，成立以投資為目的之公司型態，運用其所募集之資金，投資於有價證券，再將該投資收益，以股利分配予股東之「公司型」，請參閱賴英照，前揭書❷215頁；賴源河，前揭書❸374頁；黃川口，前揭書❷70頁；李開遠，前揭書❷391頁；陳春山，前揭書❷179頁。

❸❸　財團法人中華民國證券暨期貨市場發展基金會，前揭書❸198頁。

❸❹　依證券投資信託及顧問法第5條第4款所定義之證券投資信託基金，包括因受益憑證募集或私募所取得之申購價款、所生孳息及以之購入之各項資產。

屬於受益人，並非證券投資信託事業或基金保管機關所有」；因此，如原證券交易法第 18 條之 2 第 1 項前段所特別規定，證券投資信託事業募集或私募之證券投資信託基金，其與證券投資信託事業及基金保管機構之自有財產，應分別獨立（證券投資信託及顧問法第 21 條第 1 項前段）❸❺。從而，證券投資信託事業及基金保管機構就其自有財產所負債務，其債權人不得對於基金資產為任何之請求或行使其他權利（原證券交易法第 18 條之 2 第 1 項後段，證券投資信託及顧問法第 21 條第 1 項後段），以確保基金之獨立性❸❻。

貳、證券投資信託事業與投資顧問事業之管理

一般所謂證券投資信託事業，係指依法經主管機關核准，以經營證券投資信託為業之機構（證券投資信託及顧問法第 3 條第 2 項）；而相對於證券投資顧問事業，亦依法經主管機關核准，以經營證券投資顧問為業之機構（證券投資信託及顧問法第 4 條第 2 項）。相關有價證券投資信託事業及投資顧問事業之管理、監督事項，原證券交易法第 18 條第 2 項亦特別授權行政院，以命令定之的舊有規定，業已刪除；惟因民國 93 年證券投資信託及顧問法之成立，該法設有專章，即由第四章「證券投資信託及顧問事業」予以規範之。

一、設　立

證券投資信託事業與證券投資顧問事業之組織管理，證券投資信託及顧問法第 72 條明文其公司及分支機構之設立條件、應設置部門、申請程

---

❸❺ 民國 72 年證券交易法部分條文修正草案，第 18 條之 2 第 1 項增訂理由說明，請參閱《立法院公報》第 72 卷第 33 期 24 頁。

惟證券交易法第 18 條之 2 規定，因民國 93 年證券投資信託及顧問法之成立，於民國 94 年證券交易法部分條文修正時，刪除。

❸❻ 民國 89 年證券交易法部分條文修正草案，第 18 條之 2 第 1 項修正理由說明，請參閱《立法院公報》第 89 卷第 39 期 261 頁。

序、應檢附書件之設置標準等事項之管理規則，授權主管機關制定「證券
投資信託事業設置標準」與「證券投資顧問事業設置標準」❸；至於證券
投資信託事業與投資顧問事業機構之組織，同上述二設置標準第 7 條與第
5 條亦分別規定其限定於「股份有限公司」型態，惟不同的是公司資本額
的規定，即證券投資信託事業之實收資本額不得少於新臺幣三億元，證券
投資顧問事業的實收資本額不得少於新臺幣二千萬元。

二、業務與財務規範

相較於前揭證券投資信託事業與證券投資顧問事業之設置標準，證券
投資信託及顧問法第 72 條亦明文其財務、業務、遷移、裁撤與其他應遵行
事項之管理規則，由主管機關定之❸。

㈠證券投資信託事業

依證券投資信託及顧問法第 3 條第 4 項所明文，證券投資信託事業經
營之業務種類，應報請主管機關核准，並依第 63 條第 1 項規定，取得主管
機關許可，核發營業執照後，始得營業；惟該證券投資信託事業所得經營
之業務範圍，證券投資信託及顧問法第 3 條第 3 項亦明文其種類：一是證
券投資信託業務，如第 3 條第 1 項，二是全權委託投資業務，如第 5 條第
10 款，及三是其他經主管機關核准之有關業務❸。因此，原則上證券投資

---

❸ 民國 93 年 10 月 30 日行政院金管證四字第 0930005162 號令訂定發布「證券投
資信託事業設置標準」，民國 93 年 10 月 30 日行政院金管證四字第
0930005177 號令訂定發布「證券投資顧問事業設置標準」。

❸ 民國 93 年 10 月 30 日行政院金管證四字第 0930005202 號令訂定發布「證券投
資信託事業管理規則」，民國 93 年 10 月 30 日行政院金管證四字第
0930005207 號令訂定發布「證券投資顧問事業管理規則」。

❸ 本法所稱證券投資信託業務，指向不特定人募集證券投資信託基金所發行之受
益憑證或向特定人私募證券投資信託基金所交付之受益憑證，從事於有價證
券、證券相關商品或其他經主管機關核准項目之投資或交易之業務（證券投資
信託及顧問法第 3 條第 1 項）；本法所稱全權委託投資業務，指對客戶委任交
付或信託移轉之委託投資資產，就有價證券、證券相關商品或其他經主管機關

信託事業經核發營業執照後，應於一個月內申請募集符合主管機關所規定之證券投資信託基金，並依證券投資信託事業募集證券投資信託基金處理準則規定辦理之（證券投資信託事業管理規則第 20 條第 1 項）；同時，證券投資信託及顧問法第 21 條特別規定證券投資信託事業募集或私募之證券投資信託基金，與證券投資信託事業及基金保管機構之自用財產，應分別獨立，證券投資信託事業及基金保管機構就其自有財產所負之債務，其債權人不得對於基金資產為任何請求或行使其他權利。當然，基金保管機構亦應依本法、本法所授權訂定之命令及證券投資信託契約之規定，按基金帳戶別，獨立設帳保管證券投資信託基金。當然，證券投資信託事業管理規則第 19 條第 1 項亦明文規定證券投資信託事業，應依本法、本法授權訂定之命令及契約之規定，以善良管理人之注意義務及忠實義務，本著誠實信用原則，執行其業務，而規則第 22 條之 1 則又特別規定證券投資信託事業，應充分知悉，並評估客戶之投資知識、投資經驗、財務狀況及其承受投資風險程度。

　　至於證券投資信託事業之全權委託投資業務，即一般所稱的「代客操作」業務，係由投資人將一筆資產（包括現金、股票或債券）委託證券投資信託事業，依雙方所約定的條件、投資方式及客戶所可忍受的風險範圍等，由該投資信託事業進行有價證券投資；質言之，論全權委託投資業務的特質，乃在於依投資人個別投資目的與其所訂定之投資範圍或標的，代客進行投資操作，以滿足不同投資人的個別需求❹。惟相關有價證券全權委託投資業務，其制度運作之當事人，亦係投資人、證券投資信託事業及保管機構三者所構成，乃由投資人委託證券投資信託事業操作有價證券之相關投資，同時投資人亦應另委託保管機構保管其所委託投資的資產與代理投資人辦理買賣有價證券之開戶、交割等事宜。當然，證券投資信託及

　　　核准項目之投資或交易為價值分析、投資判斷，並基於該投資判斷，為客戶執行投資或交易之業務（證券投資信託及顧問法第 5 條第 10 款）。

❹　財團法人中華民國證券暨期貨市場發展基金會，前揭書❸ 208 頁；李開遠，前揭書❷ 397 頁。

顧問法第51條第1項特別規定「證券投資信託事業……接受客戶之委託投資資產，與證券投資信託事業……及全權委託保管機構之自有財產，應分別獨立」，第2項亦規定「證券投資信託事業……及全權委託保管機構對其自有財產所負債務，其債權人不得對委託投資資產，為任何之請求或行使其他權利」；然，針對證券投資信託事業之經營全權委託投資業務？證券投資信託及顧問法第50條第1項特別明文其應符合主管機關所定之條件，並經核准，始得為之，而第56條第1項亦規定證券投資信託事業經營全權委託投資業務之投資或交易之範圍及其限制，由主管機關訂定相關經營接受客戶全權委託投資業務之管理辦法，以確保該業務之正常作業**④**。

相對於證券投資信託事業機構之財務規範，除上述最低資本額的限制外，證券投資信託事業管理規則亦明文限制其資金之運用（例如規則第12條）、命令定期公告並申報年度財務報告（例如規則第13條）；證券投資信託及顧問法第93條亦規定證券投資信託事業之財務、業務內部控制制度，授權主管機關訂定，確切遵行（證券投資信託事業管理規則第2條）。

(二)證券投資顧問事業

依證券投資信託及顧問法第4條第3項規定，證券投資顧問事業所得經營的業務種類如下：一、證券投資顧問業務，如第4條第1項之業務，二、全權委託投資業務，如第5條第10款所明文，三、其他經主管機關核准之有關業務。惟證券投資顧問事業之所有業務，與證券投資信託事業相同，依法應報請主管機關核准，並取得核發營業執照後，始得營業（證券投資信託及顧問法第63條第1項）。相較於證券投資信託及顧問法第83條，證券投資顧問事業管理規則第10條亦特別規定證券投資顧問事業於接受客戶委任時，應充分知悉客戶，並評估客戶之投資知識、投資經驗、財務狀況及其承受投資風險程度，對證券投資或交易有關事項提供分析意見

---

④ 民國93年10月30日行政院金管證四字第0930005187號令訂定發布「證券投資信託事業證券投資顧問事業經營全權委託投資業務管理辦法」。
關於證券交易全權委託業務之爭議，可參閱廖大穎，〈論全權委託證券投資制度〉《公司制度與企業金融之法理》（元照，2003年）245頁。

或推介建議時，應訂定書面證券投資顧問契約，載明雙方權利義務；惟該規則第 13 條第 1 項亦明文證券投資顧問事業，應依善良管理人之注意義務及忠實義務，本著誠實信用原則，執行業務，而規則第 11 條亦規定證券投資顧問事業提供證券投資分析建議時，應作成分析報告，載明分析基礎及根據，同時亦嚴格禁止特定之不當行為（例如規則第 13 條第 2 項、第 14 條第 1 項所列舉者）。

雖依規定，證券投資顧問事業亦得經營全權委託投資業務，如上所述，惟與證券投資信託事業相同，投資顧問事業經營該款業務時，悉依證券投資信託及顧問法與「證券投資信託事業證券投資顧問事業經營全權委託投資業務管理辦法」規範之。當然，與證券投資信託事業相同，依規定由證券投資顧問事業接受客戶全權委託投資之資金，其與證券投資顧問事業及保管機構之自有財產，亦應分別獨立，而且該證券投資顧問事業及保管機構之債權人，依法自不得對客戶委託之資產及以該資金所購入之資產，為任何之請求或行使其他權利（證券投資信託及顧問法第 51 條）。

其次是相關證券投資顧問事業機構之財務規範，相較於證券投資顧問事業設置標準第 5 條明文新臺幣二千萬元的最低資本額限制外，證券投資顧問事業管理規則第 6 條亦明文限制證券投資顧問事業自有資金之運用，規則第 8 條亦規定相關申報之年度財務報告等。至於證券投資信託及顧問法第 93 條所規定之財務、業務內部控制制度，於證券投資顧問事業，亦有適用（證券投資顧問事業管理規則第 2 條）。

三、主管機關對證券投資信託事業與證券投資顧問事業之行政監督

證券交易法第 18 條之 1 第 1 項特別明文「第 38 條、第 39 條及第 66 條之規定，於前條之事業準用之」，依民國 94 年證券交易法部分條文修正前的條文，所謂「前條之事業」亦包括證券投資信託與顧問事業；申言之，主管機關得依準用第 38 條之規定，對證券投資信託事業與投資顧問事業實施行政檢查之權限，並依準用第 39 條之規定，命令糾正與依法處罰，且依

準用第 66 條之規定，視違反法令之情節輕重，得為適當之處分。

自證券投資信託及顧問法之頒布實施，相關上述主管機關對證券投資信託事業與證券投資顧問事業之行政監督，改依證券投資信託及顧問法第 101 條第 1 項規定，賦予主管機關對其財務、業務之行政檢查權限，即「主管機關為保障公共利益或維護市場秩序，得隨時要求證券投資信託事業、證券投資顧問事業、……或其關係人，於期限內提出財務、業務報告或其他相關資料，並得直接或委託適當機構，檢查其財務、業務狀況及其他相關事業，該事業、……或其關係人不得規避、妨礙或拒絕」。當然，主管機關於審查證券投資信託事業、證券投資顧問事業等所申報，或於檢查其財務、業務狀況時，發現有不符合法令規定之事項，除得予糾正外，並得依法處罰之（證券投資信託及顧問法第 102 條），再者是證券投資信託事業或證券投資顧問事業，如有違反本法或依本法所發布之命令者，除依本法處罰外，亦得視情節之輕重，為一定之處分（證券投資信託及顧問法第 103 條）。

四、證券投資信託事業及證券投資顧問事業人員之準用證券商規定

證券交易法第 18 條之 1 第 2 項亦規定「第 53 條、第 54 條及第 56 條之規定，於前條事業之人員準用之」，如前揭所示，於民國 94 年證券交易法部分條文修正前，所謂「前條事業」當然包括證券投資信託與顧問事業；因此，不僅相關證券投資信託事業及投資顧問事業人員亦有準用證券商董監事、經理人或所僱用業務人員的消極資格限制外，就上述投信事業或投顧事業人員之違反法令行為，主管機關亦得準用第 56 條之規定，命令證券投資信託及投資顧問事業停止或解除其職務外，並得對該事業予以處分。

當然，證券投資信託及顧問法第 68 條亦明文證券投資信託及顧問事業之發起人、董監事、經理人及業務人員等消極資格，規定不得充任證券投資信託事業或證券投資顧問事業之發起人、負責人及業務人員，如其已充任負責人或業務人員者，解任之，而不得充任董事、監察人或經理人者，並由主管機關函請公司登記主管機關撤銷或廢止其登記❷。相關證券投資

❷ 依證券投資信託及顧問法第 68 條規定，相關證券投資信託事業或證券投資顧問事業發起人、負責人或業務人員等之消極資格，如下所示：

一、曾犯組織犯罪防制條例規定之罪，經有罪判決確定，尚未執行完畢，或執行完畢、緩刑期滿或赦免後尚未逾五年。

二、曾犯詐欺、背信或侵占罪，經宣告有期徒刑一年以上之刑確定，尚未執行完畢，或執行完畢、緩刑期滿或赦免後尚未逾二年。

三、曾犯公務或業務侵占罪，經宣告有期徒刑以上之刑確定，尚未執行完畢，或執行完畢、緩刑期滿或赦免後尚未逾二年。

四、違反證券交易法或本法規定，經有罪判決確定，尚未執行完畢，或執行完畢、緩刑期滿或赦免後尚未逾三年。

五、違反銀行法第 29 條第 1 項規定經營收受存款、受託經理信託資金、公眾財產或辦理國內外匯兌業務，經宣告有期徒刑以上之刑確定，尚未執行完畢，或執行完畢、緩刑期滿或赦免後尚未逾三年。

六、違反信託業法第 33 條規定辦理信託業務，經宣告有期徒刑以上之刑確定，尚未執行完畢，或執行完畢、緩刑期滿或赦免後尚未逾三年。

七、受破產之宣告，尚未復權，或曾任法人宣告破產時之董事、監察人、經理人或與其地位相等之人，其破產終結尚未逾三年或調協未履行。

八、使用票據經拒絕往來尚未恢復往來。

九、無行為能力或限制行為能力。

十、受證券交易法第 56 條或第 66 條第 2 款之處分，或受本法第 103 條第 2 款或第 104 條解除職務之處分，尚未逾三年。

十一、曾擔任證券商、證券投資信託事業或證券投資顧問事業之董事、監察人，而於任職期間，該事業受證券交易法第 66 條第 3 款或第 4 款之處分，或受本法第 103 條第 4 款或第 5 款停業或廢止營業許可之處分，尚未逾一年。

十二、受期貨交易法第 100 條第 1 項第 2 款或第 101 條第 1 項撤換或解除職務之處分，尚未逾五年。

十三、經查明接受他人利用其名義充任證券投資信託事業及證券投資顧問事業發起人、董事、監察人、經理人或業務人員。

十四、有事實證明從事或涉及其他不誠信或不正當之活動，顯示其不適合從事證券投資信託及證券投資顧問業務。

當然，發起人及董事、監察人為法人者，其代表人或指定代表行使職務者，亦

信託事業或證券投資顧問事業之董事、監察人、經理人或受僱人執行職務時，如有違反本法或其他有關法令之行為，足以影響業務之正常執行者，主管機關除得隨時命令該事業停止其一年以下執行業務或解除其職務外，亦得視情節輕重，對該事業為第 103 條所定之處分（證券投資信託及顧問法第 104 條）。

參、證券投資信託及顧問法之頒布

以上係現行證券投資信託事業與證券投資顧問事業之管理架構，惟相較於民國 93 年前之法制狀況，論者亦有謂當時相關證券投資信託及顧問制度之運作，在法律依據方面，或僅有證券交易法第 18 條等 4 個條文之規定，相當簡略；至於實質上的規範，從證券交易法的立場言之，則明文授權行政院以命令定之的方式。然，如此的設計，自然是以行政命令為其管理之依據，一方面是在法源比較之下，恐顯得相形薄弱與無力，例如對違反規定行為之制裁，其次是在證券投資信託或投資顧問事業相關法律構造，恐亦無法藉由行政規定，完整釐清其間的權利義務關係，其勢將影響該制度的運作[43]。

於民國 93 年 6 月立法院三讀通過之「證券投資信託及顧問法」，其立法緣由乃「……依憲法第 23 條、中央法規標準法第 5 條所揭櫫之『法律保留為原則』，關於人民權利義務事項，不得僅以行政命令規範；……為健全證券投資信託及顧問業務之經營與發展，並保障投資人權益，將現行……命令所規範事項提升至法律位階，並以專法規範之，誠有其必要性」[44]；復鑑於資產管理業務對於資本市場之發展，影響深遠，政府亦有認為證券投資信託事業與證券投資顧問事業已成為國內投資人之主要投資管道之一，而相關證券投資信託與投資顧問事業管理之法制化，將有助於我國資

準用之。

[43] 賴英照，前揭書❷ 288 頁。

[44] 證券投資信託及顧問法草案總說明，請參閱《立法院公報》第 93 卷第 34 期 343 頁。

產管理服務事業朝向現代化、國際化與自由化之發展，繼而奠定臺灣成為亞洲金融管理中心的重要關鍵之一❹。至於證券投資信託及顧問法之內容，其重點依序如下：

(一)擴大證券投資信託基金商品之種類

授權主管機關，開放證券投資信託事業得募集或私募更多型態及種類之證券投資信託基金，使基金商品更加完整，並使證券投資信託業之經營，更富彈性；理所當然，投資人之選擇，亦將隨之多樣化。

(二)開放私募型證券投資信託基金

相較於向一般投資大眾募集之證券投資信託基金，亦特別引進基金私募制度，使證券投資信託事業得因應特定投資人之個別需求，量身定作，以較低成本，達到籌措資金之目的；惟因私募型證券投資信託資金之招募對象，須為符合法令要求，且具有較高判斷能力之投資人，故明定私募型證券投資信託基金，採事後申報制，而籌措資金之速度，將遠比現行公開募集採事前核准制之作法，較為迅速。

(三)放寬基金投資標的之限制，並賦予業者更多經營業務之種類

為配合金融商品之創新並利於證券投資信託業者之操作、管理，明定證券投資信託基金所從事之投資或交易，除有價證券外，尚包括證券相關商品及其他經主管機關核准之項目，並授權主管機關，訂定基金投資或交易之範圍及其限制，以利主管機關視實際需要，分階段開放基金之投資標的。至於證券投資信託事業、證券投資顧問事業得經營之業務種類，尚包括「其他經主管機關核准之有關業務」，由主管機關視未來產業發展趨勢之需要，核給其他更多之業務。

---

❹　立法院第 5 屆第 5 會期第 21 次會議財政委員會報告審查行政院函請審議證券投資信託及顧問法草案會議紀錄，請參閱《立法院公報》第 93 卷第 34 期 252 頁（財政部長林全報告）。

關於證券投資信託及顧問法之介紹，請參閱王文宇〈共同基金與投信投顧法〉《金融法》（元照，2008 年）201 頁。

㈣將境外基金納入管理

境外基金，可提供投資人更多投資選擇之機會，本國投資人購買境外基金之金額，亦日趨龐大。惟目前投資人購買境外基金，主要係藉由銀行指定用途信託帳戶及證券商受託買賣外國有價證券等方式投資，若有對不特定人散發投資資料或召開投資說明會等行為，即可能涉及有價證券之募集行為；尚且，由於現行法令對於境外基金之銷售，並無明確規範，致使投資人權益恐無法確保，故爰將從事或代理募集、私募、銷售、投資顧問境外基金等行為，均予納入規範，如此將使投資人權益獲得進一步保障，並使國內基金與境外基金得以公平競爭。

㈤放寬證券投資信託、證券顧問事業互相兼營，並開放證券商等事業得兼營投信、投顧事業

為順應世界潮流，配合金融事業國際化、大型化之趨勢，並使本國投信、投顧事業得與國內、外其他資產管理事業公平競爭，明定投信、投顧事業經主管機關核准，得互相兼營、或兼營他事業；至於開放證券商、期貨信託事業、期貨顧問事業、期貨經理事業或其他相關事業，於取得許可後得兼營投信、投顧事業，以利業者擴大業務範圍，並因應未來市場發展需要。

㈥加強對投資人權益之保障

明定證券投資信託事業、證券投資顧問事業、基金保管機構、全權委託保管機構及其董事、監察人、經理人及受僱人，應以善良管理人之注意義務，本於誠實信用執行業務，且不得有虛偽行為、詐欺行為或其他足致他人誤信之行為；當然，對於受益人或客戶之資料，應保守秘密。至於為加強對投資大眾權益之保障，亦參酌消費者保護法及公平交易法等規定，明定違反規定應負損害賠償責任之人，法院得依被害人之請求分就故意或重大過失所致之損害，酌定賠償額三倍或二倍以下之賠償。此外，特別明定證券投資顧問事業之客戶得於收受書面契約之日起七日內，以書面終止契約，而證券投資顧問事業僅得請求終止契約前所提供服務之報酬，不得請求損害賠償或違約金。

㈦強化同業公會自律功能

為強化自律功能，參酌美國、日本等之立法例，明定同業公會之任務，並賦予同業公會對違反法令規定或自律規範者，得為撤銷或暫停會員資格之處置；另為避免同業公會之處置不當或過當，明定同業公會應訂定違規處置申覆辦法，以為適當之救濟途徑❹❻。

第四節　信用評等事業

壹、信用評等制度

所謂信用評等，一般認為係針對發行有價證券之企業或機構的償債能力，進行評比，以提供投資人作為公正客觀的財務訊息之謂。因此，相關信用評等制度之建立，除一般金融機構，比方是銀行、信託公司、證券商、票券商及保險公司外，亦對於債務發行體與其所發行之有價證券，例如公司債券、商業本票，乃至於相關債券型基金、股票型基金、資產證券化交易，甚至是在重大工程融資等，就企業的清償債務能力，進行專業的評估與分析，並藉由評比資訊揭露的機制，使證券市場上的投資人，得以掌握相關企業的信用風險。當然，如此的信用評等制度，亦得使市場秩序與企業經營間，產生良性循環的互動，不啻為健全發展證券市場的重要觸媒之一❹❼。

關於信用評等的內容而言，原則上可區分為發行體評等與債務發行評等兩種；前者乃將企業視為一評等之主體（對象），經由信用評估的機制，檢視其履行債務承諾之能力，並作為與其他債務人相較之信用評比，而後者乃針對特定的債務，藉由信用評等的方式，檢視該債務人依約準時償還本息之能力。民國 108 年目前在我國境內從事評等業務的，有美商標準普爾 (S&P)、穆迪 (Moodys)、惠譽信評 (Fitch Ratings.com) 及中華信評等家，

---

❹❻　立法院第 5 屆第 5 會期第 21 次會議，前揭紀錄❹❺ 253 頁（財政部長林全報告）。

❹❼　https://www.taiwanratings.com/，中華信用評等公司。

若以當時民國 86 年成立的中華信用評等公司為例，其所提供的業務是㈠針對債務發行人及債務本身進行風險評估，其評等的對象包括：1.金融機構，比方是銀行、信託投資公司、票券公司、證券公司。 2.企業，涵蓋 52 種以上產業之公開發行公司。 3.保險公司，如產物保險及人壽保險公司。 4.公共工程融資評等。㈡針對基金投資組合的債信風險分析，其對象包括債券型共同基金、股票型共同基金及證券投資信託公司。㈢針對金融機構徵信部門之授信風險控管，透過定期性對公司及產業的信用風險情況，進行監控，以行授信決策之謂；當然，信用評等事業並得藉由定期出版的專業評等報告，對外公開，同時亦提供網路評等資訊之查詢❹ 。

惟企業的信用評等，如等級良好，係反映該企業的償債能力較強、債

❹ 財團法人中華民國證券暨期貨市場發展基金會，前揭書❸ 254 頁。

關於中華信用評等公司的評等符號與長短期信用標準：

一、tw 代表適用臺灣地區。

二、英文字母順序 ABCD 排列，或 "+" "–" "–1" 等區別長期短期的信用強度順序。

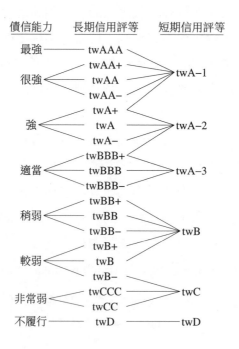

務不履行的風險機率較低，但信用評等的結果，並不保證投資人的理財投資是必然獲利之謂；換言之，信用評等制度係提供理財判斷決策上之一種客觀訊息，該評等的結果，並非意味鼓勵或暗示投資人應買、應賣或應持有特定的有價證券，亦非建議所謂適合的投資價格，自亦非屬於信用保證之一種承諾。職是，信用評等，充其量僅是投資人在投資決策時，客觀的參考指標之一❹。

貳、信用評等事業之管理

所謂信用評等事業，依信用評等事業管理規則第 2 條第 1 項之定義，指對證券發行人、證券暨期貨事業或有價證券進行評等之事業。至於信用評等事業之管理與監督，如證券交易法第 18 條第 2 項所明文，就其事業之設立條件、申請核准之程序、財務、業務與管理及其他應遵行事項之規則亦授權主管機關定之❺。

一、設　立

惟依信用評等事業管理規則第 3 條第 1 項前段，明文經營信用評等事業，應經財政部證券暨期貨管理委員會核准（現改稱證券期貨局，隸屬金管會），並發給營業執照後，始得營業；相較於信用評等事業管理規則第 4 條第 1 項，亦特別規定信用評等事業的組織形態，除本規則另有規定者外，以股份有限公司為限，且該事業之實收資本額不得少於新臺幣五千萬元，發起人於發起時一次認足。

二、業務與財務規範

關於信用評等事業之業務，信用評等事業管理規則第 7 條明文其經營業務之範圍：㈠接受委託從事評等❺，㈡提供與評等相關之諮詢服務，㈢

---

❹　https://www.taiwanratings.com/，中華信用評等公司。

❺　民國 86 年 4 月 30 日行政院 (86) 臺財字第 16981 號令訂定頒布「信用評等事業管理規則」。

進行與評等業務相關之出版事宜，㈣其他經主管機關核准之有關業務；至
於目前信用評等事業所評等之標的，其範圍乃以㈠公開發行公司、證券商、
期貨商及證券期貨相關事業，㈡政府債券、金融債券及公司債，㈢證券投
資信託基金或共同基金，為限（信用評等事業管理規則第 8 條）。

　　相較於信用評等事業之財務規範，除信用評等事業管理規則第 4 條第
2 項之最低實收資本額限制外，規則第 14 條第 2 項亦特別明文信用評等事
業應於每會計年度終了後三個月內，向主管機關申報，經會計師查核簽證、
董事會通過及監察人承認之年度財務報告；惟同時，信用評等事業亦不得
為任何保證人、票據之背書或提供財產供他人設定擔保等限制（信用評等
事業管理規則第 21 條）。

三、主管機關對信用評等事業之行政監督

　　證券交易法第 18 條之 1 第 1 項特別明文「第 38 條、第 39 條及第 66
條之規定，於前條之事業準用之」，亦即主管機關得依準用第 38 條之規定，
對信用評等事業實施行政檢查之權限，並依準用第 39 條之規定，命令糾正
與依法處罰，且依準用第 66 條之規定，視違反法令之情節輕重，得為適當
之處分。

四、信用評等事業人員之準用證券商之規定

　　證券交易法第 18 條之 1 第 2 項亦規定「第 53 條、第 54 條及第 56 條
之規定，於前條事業之人員準用之」，即相關信用評等事業人員準用證券商
董監事、經理人或所僱用業務人員的消極資格限制；乃至於信用評等事業
人員之違反法令行為，主管機關亦得依準用第 56 條之規定，命令信用評等
事業停止或解除其職務外，並得對該事業予以處分。

---

❺❶　惟就評等行為，信用評等事業管理規則第 2 條第 2 項特別明文所稱「評等」，
　　指依獨立、客觀與公正精神，對於評等標的之債信風險程序或績效，出具等級
　　之意見。

第九章　證券仲裁

綱要導讀

第一節　證券爭議與仲裁制度

　壹、任意仲裁與強制仲裁

　貳、妨訴抗辯

第二節　仲裁程序與仲裁判斷

　　　　——證券仲裁制度之特殊規定

9

第一節　證券爭議與仲裁制度

一般而言，因證券交易紛爭，所致生人民權利蒙受損害時，基本上係有權利向法院請求一定之裁判，此即憲法第 16 條所謂「人民有……訴訟之權」之表現，屬於國民的基本權利之一；相較於訴訟的方式，仲裁法第 1 條第 1 項明文「有關現在或將來之爭議，當事人得訂立仲裁協議，約定由仲裁人……仲裁」之規定，亦謂當事人雙方依仲裁協議之書面，解決紛爭，乃合意將其爭議交由仲裁方式的一種約定，並接受該項仲裁判斷之拘束❶。

壹、任意仲裁與強制仲裁

證券交易法第 166 條第 1 項規定，依本法所為有價證券交易所生之爭議，當事人得依約定進行仲裁，但證券商與證券交易所或證券商相互間，不論當事人間有無訂立仲裁契約，均應進行仲裁。

論者有謂證券交易法第 166 條第 1 項的上述仲裁規制，其立法緣由乃因證券交易不同於一般商業行為，糾紛亦異，如證券交易糾紛不先經仲裁而逕向法院提起訴訟，恐因法官不太瞭解證券交易各種專業上的技術問題，反而增加法院裁判上之負擔；換言之，相關證券交易糾紛，若能先經過仲裁程序，將可使許多複雜的問題，趨於簡單，且亦因仲裁，如使該爭議獲得解決，則無須再經訴訟之必要❷。惟如此立意雖佳，但如採強制仲裁制度，不僅與外國立法例不合，對於有價證券交易所生之爭議，例如開辦僑

---

❶　賴源河，《證券管理法規》（自版，2000 年）389 頁；吳光明，《證券交易法論》（三民書局，2002 年）346 頁。

❷　民國 56 年 8 月 9 日立法院第 39 會期第 28 次聯席會議記錄，請參閱立法院秘書處，《證券交易法案（上）》（立法院公報法律案專輯，1968 年）460 頁（汪彝定說明）。

惟賴英照，《證券交易法規逐條釋義(3)》（自版，1992 年）527 頁，認為如此設計恐非長久之計。

外證券投資信託業務，在海外發行受益憑證有關事項發生爭議時，若須強制仲裁，恐有窒礙難行之處；爰以，針對非證券商之間、投資人與證券商或交易所間之爭議，宜採任意仲裁，而對於證券商與證券交易所或證券商相互間，因平時業務往來密切，遇有爭議事項，則宜採強制仲裁，應先行以協調方式為之❸。職是，依現行法處理有價證券交易爭議之仲裁設計，原則上係任意的，僅例外的情形，採強制仲裁之制度。

關於上述之證券仲裁制度，依證券交易法第 166 條第 2 項所明文「除本法規定外，依仲裁法之規定」觀之，在法條的適用上，應優先適用本法第 166 條至第 170 條之特別規定，本法未規定者，依仲裁法之規定。

貳、妨訴抗辯

證券交易法第 167 條規定「爭議當事人之一造違反前條規定，另行提起訴訟時，他造得據以請求法院駁回其訴」，此即所謂「妨訴抗辯」；一般認為相關有價證券交易所生之爭議，例如證券商與證券交易所間或證券商相互間之強制仲裁程序（證券交易法第 166 條第 1 項但書），乃至於非證券商之間及證券商或交易所與投資人間之約定應進行仲裁者，卻逕予提起訴訟時，他造得據以請求法院裁定駁回其訴❹。惟論者亦謂上述之妨訴抗辯，僅為訴訟程序上之抗辯權設計，若當事人他造未主張，原則上於任意仲裁契約，或因民事訴訟所採當事人進行主義，其解釋上自應認為宜依訴訟解決之，但如於強制仲裁，法院是否應依職權駁回其訴？在法條文義上，或有疑義，但如不駁回其訴，證券交易法第 166 條但書之強制仲裁規定，將失其立法意義❺。

---

❸ 民國 77 年證券交易法部分條文修正草案，第 166 條第 1 項修正理由，請參閱《立法院公報》第 76 卷第 39 期 77 頁。

❹ 賴源河，前揭書❶ 391 頁；吳光明，前揭書❶ 353 頁。

❺ 吳光明，前揭書❶ 354 頁。

第二節 仲裁程序與仲裁判斷
——證券仲裁制度之特殊規定

如證券交易法第 166 條第 2 項所規定，相關證券仲裁，除本法另有規定外，原則悉依仲裁法為之，例如仲裁程序之開始、進行與終結，乃至於仲裁判斷之效果等，均適用該規定❻。惟證券交易法之證券仲裁，有如下特別規定的情形：

一、仲裁人之指定

仲裁法第 9 條第 1 項明文仲裁人之選任，其原則是「仲裁協議，未約定仲裁人及其選定方法者，應由雙方當事人各選一仲裁人，再由雙方選定之仲裁人共推第三仲裁人為主任仲裁人，並由仲裁庭以書面通知當事人」，惟仲裁法第 9 條第 2 項亦規定「仲裁人於選任後三十日內未共推主任仲裁人者，當事人得聲請法院為之選任」；相對於證券交易法上仲裁人之產生，證券交易法第 168 條特別規定「爭議當事人之仲裁人不能依協議推定另一仲裁人時，由主管機關依申請或以職權指定之」，排除上述仲裁法第 9 條第 2 項之適用，自為明顯。關於此，論者有謂其原因似認為主管機關對於此類爭議案件之選擇仲裁人較為熟稔，乃賦予其指定權❼。

二、證券商對仲裁判斷之延不履行與行政處分

仲裁法第 37 條第 1 項明文「仲裁人之判斷，於當事人間，與法院之確定判決，有同一效力」，但該條第 2 項亦規定該「仲裁判斷，經聲請法院為執行裁定後，方得為強制執行」；然，證券交易法第 169 條特別規定「證券商對於仲裁之判斷，或依仲裁法第 44 條成立之和解，延不履行時，除有仲裁法第 40 條情形，經提起撤銷判斷之訴者外，在其未履行前，主管機關得

---

❻ 關於仲裁程序之介紹，請參閱吳光明，前揭書❶ 354 頁。

❼ 賴英照，前揭書❷ 516 頁。

以命令停止其業務」。論者亦有謂如此的設計，藉由主管機關之職權，期以間接強制證券商對仲裁判斷之切實履行效果❽。

三、證券交易所與證券商同業公會之訂定仲裁事項

證券交易法第 170 條特別明文「證券商同業公會及證券交易所應於章程或規則內，訂明有關仲裁之事項」，論其立法目的乃在於配合證券交易法上強制仲裁之設計，要求證券商同業公會及證券交易所，應明定有關仲裁事項，以利相關當事人遵行之謂❾；惟證券交易法第 170 條但書亦規定，該訂明有關仲裁之事項，「不得牴觸本法及仲裁法」之限制，始稱堪允。

❽　賴英照，前揭書❷ 518 頁，吳光明，前揭書❶ 359 頁。
❾　賴英照，前揭書❷ 522 頁，吳光明，前揭書❶ 360 頁。

第十章　保護證券投資人與金融消費者特別法

綱要導讀

第一節　保護證券投資人之特別立法
- 壹、法制背景
- 貳、立法目的

第二節　證券投資人保護機構
- 壹、保護機構的職能
- 貳、保護機構的組織建構
- 參、行政監督

第三節　實現證券投資人保護的設計與配套措施
- 壹、保護基金制度
- 貳、調處制度
- 參、團體訴訟與團體仲裁制度
- 肆、保護機構的股東代表訴訟與裁判解任之訴
- 伍、資訊提供與協助之義務

第四節　金融消費者保護法另一立法
- 壹、立法背景與目的
- 貳、爭議處理機構
- 參、保護金融消費者的評議程序與配套措施
- 肆、證券交易與金融消費者申訴評議案件

10

第一節　保護證券投資人之特別立法

　　民國86年3月財政部成立「金融革新小組」，對於我國如何因應建構符合國際規範之銀行制度等十七個子題，從事研議。其中，相關證券市場之議題，例如包括「資產證券化」，「證券市場及期貨市場參與者擴大與新種產品之開發」，「內線交易之防範」，「有價證券承銷，上市及上櫃制度」，「資產管理業務」，「投資人保護制度之建立」等討論，於次年（民國87年）1月提出研究報告，而針對最後一子題的研議結論，乃建議政府訂定「證券（暨期貨交易）投資人保護法」，設立投資人保護機構，並明文其對券商等之檢查權，設置保護基金與調處交易爭議之處理等，以補目前證券（及期貨）法規之不足❶。因此，當時由主管機關委託證券暨期貨市場發展基金會成立研究小組完成初稿，於民國88年12月經財政部定稿，送審立法院，而於民國91年6月20日三讀通過「證券投資人（及期貨交易人）保護法（以下簡稱為投資人保護法）」草案，旋即由總統於7月17日公布施行之；至今為止，投資人保護法經歷民國98年、104年及109年三次修正。

　　惟相關上述投資人保護法之制定緣由，一般認為其立法意旨乃在於促進我國證券市場之健全發展，並保障證券投資人之權益，圖以維護一個公平的證券市場與安全的交易機制（投資人保護法第1條）❷。

---

❶　民國87年6月《金融革新小組報告彙編》（財政部，1998年）507頁、民國87年6月《金融革新小組會議實錄》（財政部，1998年）273頁。

❷　立法院第5屆第1會期財政委員會第21次全體委員會會議紀錄，審查行政院函請「證券投資人及期貨交易人保護法草案」案，請參閱《立法院公報》第91卷第48期85頁（李庸三部長報告）。

另，依賴英照，《最新證券交易法解析》（自版，2020年）797頁所指，我國當時投資人求償與團體訴訟上的困難，而在財團法人證券暨期貨市場基金會首開證券市場集體訴訟先河後，陸陸續續在投資人保護法成立，保護機關即證券投資人及期貨交易人保護中心揭牌等，實現我國證券、期貨市場上的相關保護投資人之重責大任；惟就實務與投保中心運作之功能分析，請參閱《投資人保護

壹、法制背景

眾所周知，證券市場之功能在於溝通儲蓄與投資的管道，誠如前所述，證券交易法制化是建構我國證券市場健全發展的關鍵所在，期於證券交易在公平、公正、公開之前提下，引導社會大眾有效運用其儲蓄與資金，透過證券的投資理財活動，一方面提供企業資金之籌措與調度，二方面使投資大眾共享企業經營成果，進而國家社會之經濟，亦得以穩定繁榮與發展。

在立法上，論者有謂或由於我國證券市場之主要成員，係偏由散戶所形成之市場投資結構，明顯不同於國外的證券市場，其主要是機構法人所組成，一旦發生股票上市（櫃）公司、證券商或從事不法交易，有掏空公司、違約交割等不法情事；雖證券交易法是維護證券市場機制的法律依據，然以證券違約交割案為例，當證券商發生財務危機，證券投資人無法取得應得之有價證券或價款時，於現行證券交易法之規定，其僅能就違約證券商所繳存的「交割結算基金」經臺灣證券交易所居於第一順位求償後之餘額、營業保證金及剩餘財產進行求償，以致證券投資人恐無法獲得充分的保障（證券交易法第 154 條第 2 項）❸。

在實務上，臺灣證券交易所結合各證券相關單位共同集資成立之「證券投資人保護基金」，因其出資係出於各單位之意願，並無相關法令強制其出資，又該基金係出於各單位之認捐，尚無固定來源，一旦用罄並無其他來源可資補足。尤有甚者，如上述論，由於我國證券市場的結構，以散戶居多，假設若發生證券市場上之不法情事，首當其衝乃是從事證券交易之投資大眾，蒙受財產上之損失，而且當投資人權益受損，欲行法律上之救濟時，相對地必須耗費相當時間、精神與金錢提起訴訟；惟如此對經濟上弱勢的一般人而言，恐因各方面的考量再三，使該投資人多裹足不前，往

之實踐——二十週年回顧與展望》座談會相關資料，
https://www.sfipc.org.tw/mainweb。

❸ 證券投資人及期貨交易人保護法草案總說明，請參閱《立法院公報》第 91 卷第 45 期 298 頁。

往放棄保護自己權益之司法途徑，將形成證券投資保護不周的遺憾。因此，為避免上揭弊端之發生，落實對證券投資人權益之維護，政府認為實有必要審酌我國證券市場的實情，特別研擬保護證券投資人之法案❹。

　　職是，就投資人保護法案之立法三讀通過，社會上亦認為其對我國證券市場之影響，的確有正面的意義，值得肯定：

㈠對證券投資人方面

　　1.爭議事件之調處，有助爭端早日解決。 2.同一案件，得透過調處、團體仲裁或訴訟制度，向市場上從事不法人士求償。3.保護機構提起訴訟，得免供擔保聲請假扣押及假處分，以防被告脫產。 4.保護機構提起訴訟，得免供擔保聲請假執行，將可促使證券投資人，早日獲得救濟。

㈡對發行公司及董事、監察人方面

　　1.團體訴訟之進行，對於發生掏空公司資產行為，具警惕作用。 2.透過保護機構，得對公司發行人請求，為財務與業務必要之查詢，期以強化發行人對公司之治理，並督促發行公司董事、監察人盡守其義務與責任。另，在民國98年投資人保護法部分條文修正，增訂第10條之1保護機構提起股東代表訴訟、裁判解任董監事訴訟等特別規定，而民國109年投資人保護法部分條文修正，再修第10條之1的訴追對象，並增訂董監事充任之消極資格，繼續強化公開發行公司的公司治理規範❺。

㈢對證券商方面

　　1.當證券商發生財務困難，失卻清償能力而違約時，以保護基金償付已交割之委託人，將有助提升證券投資人的信心，蓬勃市場發展。 2.有關證券爭議之調處，保護機構得請求證券商提出必要之文件資料，有助爭議

---

❹　證券投資人及期貨交易人保護法草案總說明，請參閱前揭❸298頁。

❺　民國98年證券投資人及期貨交易人保護法部分條文修正草案，增訂第10條之1第1項第1款之立法說明，請參閱《立法院公報》第98卷第24期188頁；民國109年證券投資人及期貨交易人保護法部分條文修正草案，增訂第10條之1第5項、第7項之立法說明，請參閱《立法院公報》第109卷第46期230、232頁。

事件迅速解決，免於訟累。3.例如投資人保護法第 37 條明定證券商代收客
戶款項與自有財產相分離，以防不法挪用之發生，亦有助於一般投資信心
之提升。

貳、立法目的

投資人保護法第 1 條明揭其立法目的，係為保障證券投資人及期貨交
易人之權益，並促進證券及期貨市場健全發展，特制定本法；問題是投資
人保護法之於保障證券投資人與期貨交易人權益的立法目的，乃理所當然，
但其與證券、期貨市場的關係何在？立法理由並無進一步之闡述。

從法政策學的觀點，比較證券及期貨相關法令的規定，例如證券交易
法第 1 條明文立法目的在於「為發展國民經濟，並保障投資」，謂其立法論
係「……以保障投資為手段，達到發展國民經濟之目的，良以投資得不到
保障，一般資金便難期其用之於發展經濟之途。欲期資金導向生產事業，
必先使投資人對投資有安全感，欲使投資人得到安全感，一切措施又必須
以維護公眾利益為前提，本法之基本精神，即在維護公眾利益來保障投資
之安全，進而使企業資本加速形成，以達到發展國民經濟之最高目
標……」❻；如此的詮釋，亦得多數學者之支持。有論者謂證券交易法上
所有保護投資人的規定，其目的乃在建立投資人對證券市場的信心，使其
資金勇於投入證券市場，使資金的需求者能從市場取得或以較低成本取得，
促進資本形成、提高就業，以發展國民經濟云云❼；因而，亦有論者認為
發展國民經濟與保障投資二者間，存有階段性目的之差異，陳指「發展國
民經濟」是落實「保障投資」之間接效果，而「保障投資」乃是該法之直
接的、具體的終極目的之謂❽。相對於期貨交易法第 1 條，謂其目的在於

---

❻ 民國 55 年 12 月 4 日立法院經濟・財政・司法三委員會邀請證券專家座談會
紀錄，請參閱立法院秘書處，《證券交易法案（下冊）》（立法院公報法律案專
輯，1968 年）924 頁（胡淳發言）。

❼ 余雪明，《證券交易法》（財團法人中華民國證券暨期貨市場發展基金會，2000
年）3 頁。

「健全發展期貨市場，維護期貨交易秩序」之立法例，雖無明文保護期貨交易人權益之文字，但期貨交易法之於期貨交易人權益之保障與期貨交易秩序之維持，乃至於健全期貨市場之發展，其關係密切而具體明白之當然解釋，不難理解其間的意涵。職是，觀諸投資人保護法第 1 條之立法目的，保障投資人的權益與促進證券及期貨市場之健全發展，關係密不可分，乃自明之理❾。

第二節　證券投資人保護機構

　　為有效達成上述之立法目的，投資人保護法第 7 條第 1 項明定主管機關應指定證券及期貨交易市場相關機構，設立保護機構，統籌執行證券投資人及期貨交易人保護事宜❿。基於此，財團法人證券投資人及期貨交易人保護中心（以下簡稱投資人保護中心）之成立，係依投資人保護法第 5 條所設立之財團法人，由主管機關，即金融監督管理委員會證券期貨局（投資人保護法第 3 條），指定證券及期貨市場相關機構捐助一定財產所設立（投資人保護法第 7 條第 2 項），於民國 92 年 1 月 22 日經法院核准設立登記之保護機構⓫。

---

❽　賴源河，《證券管理法規》（自版，2000 年）23 頁；賴英照《證券交易法逐條釋義(2)》（自版，1992 年）41 頁；林國全，〈證券交易法與證券行政〉《證券交易法研究》（元照，2000 年）9 頁；劉連煜，〈證券交易法之立法目的〉《證券交易法實例研習》（元照，2003 年）6 頁。

❾　證券投資人及期貨交易人保護法草案第 1 條立法說明，謂「證券投資人及期貨交易人之保護與證券市場及期貨市場之健全發展具有密切關係，故明定本法之立法目的為保障證券投資人及期貨交易人之權益，以提供公平及安全之交易環境，促進證券及期貨市場健全發展」，請參閱《立法院公報》第 91 卷第 45 期 266 頁。

❿　證券投資人及期貨交易人保護法草案第 7 條立法說明，請參閱《立法院公報》第 91 卷第 45 期 267 頁。

⓫　財團法人證券投資人及期貨交易人保護中心設立時之保護基金為新臺幣 13 億

壹、保護機構的職能

一、法定職能與我國實踐股東行動主義之標竿

投資人保護中心是投資人保護法之核心機構，為執行投資人保護法所賦予之職責，該中心負責提供證券投資人相關法令之諮詢與申訴，協助解決投資人與發行人、證券商、證券服務事業、證券交易所、櫃檯買賣中心或其他利害關係人間，因有價證券募集、發行、買賣或其他相關事宜所發生之紛爭，並依法執行下列的工作，處理相關業務事項：

(一)民事爭議事件之調處

依投資人保護法之規定，該保護中心應設置調處委員會，專責處理投資人民事爭議事件調處事宜，當投資人遇有民事爭議糾紛時，可向投資人保護中心申請調處，排解紛爭。在程序上，調處事件經雙方當事人達成協議，調處即成立，調處委員會將調處結果作成調處書，並送請管轄法院審核；經法院核定之調處書，與民事確定判決具有相同的效力。

(二)為投資人提起之團體訴訟或仲裁案件

為期訴訟、仲裁經濟，減輕訟累，發揮保護機構功能，投資人保護中心依投資人保護法第 28 條規定，為維護公益，於本法或其捐助章程所定目的範圍內，對於造成多數證券投資人遭受損害之同一證券事件，得由二十人以上投資人授與訴訟實施權後，以該中心之名義，提起訴訟或提付仲裁。

3,100 萬元，由下列機構所捐助：臺灣證券交易所股份有限公司、臺灣期貨交易所股份有限公司、財團法人中華民國證券櫃檯買賣中心、臺灣證券集中保管股份有限公司、中華民國證券商業同業公會、中華民國證券投資信託暨顧問商業同業公會、臺北市期貨商業同業公會、復華證券金融股份有限公司、環華證券金融股份有限公司、富邦證券金融股份有限公司、安泰證券金融股份有限公司（資料來源：財團法人證券投資人及期貨交易人保護中心，https://www.sfipc.org.tw）。

(三)辦理償付作業

為落實對於小額證券投資人權益的保護，投資人保護中心依法設置保護基金，當投資人所委託之證券商因財務困難失去清償能力，而無法獲取其應得之有價證券或價款等，該中心得動用保護基金先行償付與投資人，以降低投資人的損失❷。

(四)督促公司歸入權之行使

依證券交易法第 157 條及其施行細則第 11 條規定，上市（櫃）公司內部人，對公司之股票或其他具有股權性質之有價證券，於取得後六個月內再行賣出，或於賣出後六個月內再行買進，因而獲得利益者，公司應請求將其利益歸於公司。投資人保護中心依證券交易法第 157 條第 2 項之規定，得以上市（櫃）公司股東身分請求公司行使歸入權。

(五)提起股東代表訴訟及法院裁判解任之訴

民國 98 年投資人保護法部分條文修正，增訂第 10 條之 1 規定，明文保護機構辦理業務時，如發現上市或上櫃公司之董事或監察人，執行業務有重大損害公司之行為或違反法令或章程之重大事項，得依規定為公司對董事或監察人，提起訴訟及訴請法院裁判解任董事或監察人，以督促公司管理階層善盡忠實義務❸，而民國 109 年再修正第 10 條之 1 擴大適用於興櫃公司、在臺上市櫃的外國公司，且提訴事由亦擴大至有證券交易法第 155 條、第 57 條之 1 等規定之情事，即對有價證券進行操縱、內線交易等破壞市場交易秩序之行為，提起代表訴訟及訴請法院裁判解任，以強化公司治理之落實。

---

❷　依財團法人證券投資人及期貨交易人保護中心，謂上述償付限額對每一投資人一次之償付，以新臺幣一百萬元為限；對每家證券商或期貨商之全體證券投資人或期貨交易人一次之償付總額，以證券商或期貨商最近一年或最近三年平均提撥保護基金數額（取其數額最高者為準）之一千倍為準，並不超過新臺幣十億元為償付總額上限，前開計算金額最高未達一億元者，以一億元為準。

❸　民國 98 年證券投資人及期貨交易人保護法部分條文修正草案，增訂第 10 條之 1 的立法理由，請參閱《立法院公報》第 98 卷第 24 期 188 頁。

另，相關公司法上的股東行動主義 (shareholder activism) 與公司治理議題，投資人保護中心的官方網頁所載「本中心依證券投資人及期貨交易人保護法第十九條第一項第二款❶及證券投資人及期貨交易人保護機構管理規則第九條等規定，持有我國上市櫃公司之股票，為落實公司治理之理念以維護投資人權益，主動以少數股東身分積極實踐股東行動主義，包括：一、針對發行公司重大議案，如私募、減資、合併、董監酬金異常、股利政策失衡、重大轉投資及轉投資虧損、大額背書保證或資金貸與等，因攸關股東權益，均依個案評估，以股東身分函請公司說明或改善，並視個案狀況派員出席股東會表達意見，使發行公司於進行重大決策時，注重股東權益之維護。二、於出席股東會後並持續追蹤其處理情形，發揮督促公司治理及維護股東權益的功效，若發現重大違反規定情事，亦以股東身分依公司法等相關規定提起撤銷股東會決議之訴……」❶。

二、保護機構之受理司法案件現況

相關保護機構如上的法定職責與我國股東行動主義之具體實踐者，其中針對為投資人提起之團體訴訟及提起股東代表訴訟、法院裁判解任之訴部分，就投資人保護中心受理的現有資料，簡單介紹：

㈠關於團體訴訟部分

承上所述，保護機構依投資人保護法第 28 條規定，為保護公益於本法及其捐助章程所定目的範圍內，於證券投資人授與訴訟實施權後，得以保護機構之名義，提起團體訴訟，期在司法程序上有效協助達成保障投資之目的。因此，依現行證券交易法之民事規定與投資人保護中心所受理的民事求償案件，大致可分為四大類，即財報不實（民國 94 年修正前證券交易

---

❶ 投資人保護中心是由所有我國上市櫃公司的股東，即實務上保護基金經主管機關核准，依本規定「……投資每家上市、上櫃或興櫃公司股票之原始投資股數不得超過一千股」的方式為之。

❶ 財團法人證券投資人及期貨交易人保護中心／業務項目《股東權益專區》簡介，請參閱 https://www.sfipc.org.tw。

法第 20 條第 3 項、證券交易法第 20 條之 1）、公開說明書不實（證券交易法第 32 條）、操縱股價（證券交易法第 155 條）及內線交易（證券交易法第 157 條之 1）等重大議題的四個類型❶❺。當然，在證券不法與民事求償訴訟上，相關投資人保護中心提起團體訴訟與否的關鍵，似乎在於各地檢察署檢察官所起訴之案件中，研析是否涉及上述四類的違法行為，並據以受理投資人求償登記，再進行團體訴訟。

至於相關投資人保護中心，雖於民國 92 年間依法所成立之公益財團法人，但其成立以來致力於投資人權益之保護，並受理投資人登記團體訴訟，所進行中之案件，除有該保護機構依法設立後受理之案件外，另包括保護機構成立前，財團法人中華民國證券市場發展基金會投資人服務與保護中心（相關業務已移撥、改置至投資人保護法的保護機構）所受理之投資人求償案件，現以複委任之方式，續行辦理。職是，就目前上述各證券交易法民事求償案件之進行狀況，可上投資人保護中心官方網頁，瞭解相關團體訴訟各案件之起訴法條、進行狀況、受託人數等資料與最新情況，請參照該中心求償案件彙總表。

(二)關於股東代表訴訟及解任董監訴訟部分

這民國 98 年投資人保護法的修正，特別增訂保護機構另為加強公司治理的機能，對於公司經營階層背信掏空或董事、監察人違反善良管理人注意義務等情事，得提起股東代表訴訟，以及訴請法院裁判解任董事或監察人等相關措施，以保障股東權益，而不受公司法現有的規範限制，藉此督促公司管理階層善盡忠實義務，期以最終達到保護證券投資人權益及促進證券市場之健全發展為目的之謂❶❻。因此，相關保護機構與投資人保護法第 10 條之 1 的訴訟資料，亦請參照證券投資人保護中心官方網頁的訴訟案件彙總表，以掌握證券投資人保護中心提起股東代表訴訟及解任董監訴訟

---

❶❺　財團法人證券投資人及期貨交易人保護中心／業務項目《團體訴訟及仲裁》受理案件類型，請參閱 https://www.sfipc.org.tw。

❶❻　財團法人證券投資人及期貨交易人保護中心／業務項目《代表訴訟及解任訴訟》訴訟案件彙總表，請參閱 https://www.sfipc.org.tw。

的最新訊息。

三、保護機構 20 周年之目前職能彙整

依投資人保護中心的最新資料顯示，民國 112 年初所舉辦的系列座談會「投資人保護之實踐——投保中心二十週年回顧與展望」，新聞報導出該保護機構成立 20 周年與市場上保護投資人的成效，一是投保中心團體訴訟之執行成效及民事責任追究機制之精進，即就團體訴訟部分，配合新成立的商業法院新制，成效可期；二是投保中心代表訴訟、解任訴訟之執行成效及再進化，即是實踐我國法制上的股東代表訴訟、解任企業經營者訴訟部分，充分提升公司治理的效能；三是投保中心踐行股東行動主義及未來，如何積極善盡職能、強化公司治理議題；四是投保中心是小股東最佳的支柱，貢獻卓越，相關未來之定位及達成資本市場所賦予之期待，繼續努力❶❼。

---

❶❼ 民國 112 年 1 月 11 日《經濟日報》報導，「投保中心 20 周年：協助 18 萬名投資人爭取 72 億元實質補償」新聞記事，請參閱 https://money.udn.com/money/story/5613/6903828；另，財團法人證券投資人及期貨交易人保護中心／宣導《保護投資人權益系列座談會》「投資人保護之實踐——投保中心二十週年回顧與展望」，請參閱 https://www.sfipc.org.tw。

貳、保護機構的組織建構

關於投資人保護中心的組織，除由董事所組成的董事會外，並設有監察人之法定必要機關；相關董事、監察人之產生方法、資格、人數及任期，甚至是董事會之組織與職權，均應載明於保護機構之捐助章程（投資人保護法第9條）⑱。惟投資人保護法，亦特別明文董事會與監察人之相關規定：

一、董事與董事會

董事會是保護機構之法定必要機關，雖董事會的職權係捐助章程應行記載事項之一（投資人保護法第9條第4款），但就投資人保護法第14條第1項特別規定「下列事項，應經董事會決議：㈠捐助章程之修改，㈡業務規則之訂定或修改，㈢保護基金之動用，㈣保護基金保管運用方式之變更，㈤借款，㈥捐助章程所定應經董事會決議事項，㈦其他經主管機關規

---

⑱　投資人保護中心組織的現行架構：

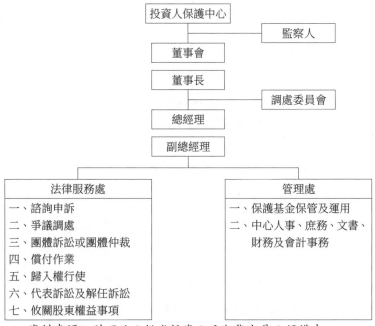

資料來源：財團法人證券投資人及期貨交易人保護中心。

定應經董事會決議事項」觀之，董事會實為保護中心的最高機關❶。依規定，董事會每月召集一次，但必要時，得召集臨時會；至於董事會之召集，原則係由董事長為之，但每屆第一次董事會，由主管機關就該董事中指定一人召集之（投資人保護法第 13 條）。

關於董事部分，投資人保護法第 11 條規定董事會應由董事三人以上組成，任期為三年，且該董事的產生方式限於主管機關自捐助人推派之代表中遴選，或主管機關指派非捐助人代表之學者、專家、公正人士所構成；至於主管機關所指派之非捐助人代表，其人數不得少於董事總額三分之二。當然，由董事會所選出的董事長，不僅係由全體董事三分之二以上出席及出席董事過半數同意之董事會決議，且該法亦特別限制身分，其必須是非捐助人代表之董事，尚經主管機關核可後，始生效（投資人保護法第 12 條）。

二、監察人

監察人亦是其法定必要機關之一，專司監督保護中心業務之執行，亦即依法監察人得隨時調查保護機構之業務及財務狀況，查核簿冊文件，並得請求董事會提出報告（投資人保護法第 15 條第 2 項），如發現董事會執行職務有違反法令、捐助章程或業務規則之行為，應立即通知董事會停止其行為（投資人保護法第 15 條第 3 項後段）；惟監察人係單獨行使監察權，其人數限於一人至三人，至於監察人之產生，投資人保護法第 15 條第 4 項明文準用第 11 條之主管機關遴選或指派董事的方式。

參、行政監督

論財團係指捐助財產的集合體，財團法人乃基於特定之捐助目的，使用其捐助財產，依法成立之法人組織。目前內政部對財團法人之管理，依內政業務財團法人監督準則第 5 條規定，財團法人應以所捐助的財產，辦理社會公益事務為目的之限制❷，而司法院亦認為財團法人之設立，應限

---

❶ 郭土木，〈證券投資人及期貨交易人保護法探討〉《台灣本土法學雜誌》第 38 期 194 頁，認為董事會是投資人保護機構的最高決策機關。

制其不得具有營利之性質❷；因此，依投資人保護法所設立之保護機構，其財團法人的性質亦定位於「為發揮本法保護證券投資人及期貨交易人，以實現公益之功能」，屬於公益法人的範疇❷。雖投資人保護法第 8 條第 1 項明文保護機構之組織、設立、管理監督事項，謂依本法之規定，本法未規定者，適用民法及其他有關法律規定之順序；惟第 8 條第 2 項亦特別規定保護機構業務之指導、監督、財務之審核、辦理變更登記事項，與其董事、監察人、經理人及受雇人之資格條件及其他應遵行事項之管理規劃，由主管機關定之，例如主管機關所頒布之證券投資人及期貨交易人保護機構管理規則❷。

　　基於主管機關之行政監督權限，投資人保護法第 16 條亦明文主管機關為保護證券投資人及期貨交易人，於必要時，得命令保護機構變更其章程、業務規則、決議，或提出業務或財務之報告資料，或檢查其業務、財務、帳簿、書類或其他有關物件。

---

❷　內政部 (81) 臺內民字第 813931 號函令參照。

　　證券投資人及期貨交易人保護法所規定之保護機構為財團法人，應以民法相關財團法人規定為據，惟第 8 條明文其組織、設立、管理、監督事項，優先適用投資人保護法之規定宣示，相對於民法及其他有關法律，就保護機構組織、設立與管理監督，投資人保護法係立於特別法之地位，請參閱《立法院公報》第 91 卷第 45 期 268 頁，2002 年。

❷　司法院 (71) 院臺廳一字第 02123 號函令參照。

❷　郭土木，前揭論文❸ 194 頁。

❷　民國 91 年 12 月 30 日臺財證㈢字第 0910006393 號令「證券投資人及期貨交易人保護機構管理規則」參照。

第三節　實現證券投資人保護的設計與配套措施

壹、保護基金制度

投資人保護法第 6 條所稱「保護基金」，指依本法捐助、捐贈及提撥，由保護機構保管運用之資產及其收益，以利於保護機構推動保障證券投資人權益之業務，明文投資人保護機構應設置保護基金（投資人保護法第 18 條第 1 項前段）。

一、保護基金之財源

依投資人保護法第 18 條第 1 項後段，保護基金制度的財源，原則上有四種：

㈠投資人保護機構設立時之捐助財產

投資人保護法第 7 條第 2 項規定證券交易所等證券市場相關機構，應捐助一定財產，而其捐助金額，由主管機關協調之。

㈡捐贈財產

投資人保護法第 18 條第 1 項第 5 款規定國內外公司機關（構）、團體或個人所捐贈的財產，亦為保護基金的財源之一。

㈢證券交易機關之提撥款項

投資人保護法第 18 條第 1 項第 1 款至第 3 款明文下列證券交易機關，依法提撥保護基金款項之義務：㈠各證券商應於每月十日前，按其前月份受託買賣有價證券成交金額萬分之零點零二八五提撥，㈡略……，㈢證券交易所及櫃檯買賣中心應於每月十日前，按其前月份經手費收入百分之五提撥。針對上述提撥比率或金額，投資人保護法第 18 條第 2 項授權主管機關，得視市場狀況，或個別證券商之財務、業務狀況及風險控管績效調整之，但增加之比率或其額以百分之五十為其上限；若保護基金淨額超過新

臺幣五十億元時，主管機關得命令暫時停止提撥已提撥超過十年之證券商
第 1 項第 1 款及第 2 款之款項（投資人保護法第 18 條第 3 項）。當然，上
述證券商交易機關未依規定繳納提撥者，保護機構得報請主管機關命其限
期繳納；屆期仍未繳納者，主管機關並得依法移送強制執行（投資人保護
法第 18 條第 5 項）❷❹。

(四)保護基金之收益

投資人保護法第 19 條第 1 項特別規定保護基金之保管運用方式，即限
以購入政府債券或存入金融機構為原則，但經主管機關核准之前提下，亦
得例外購買不動產、有價證券或其他有利於基金保值之投資；因此，相關
保護基金之孳息及運用收益，亦為其財產來源之一部分（投資人保護法第
18 條第 1 項第 4 款）。

惟問題在於若保護基金的金額不足以支應投資人保護法第 20 條第 1
項所定之各款用途時，將使保護機構之於投資人保護法的設置目的，恐有
無法達成之虞？爰此，投資人保護法第 18 條第 4 項規定保護機構經主管機
關核准後，得向金融機關申請融資貸款，暫時透支，以彌補缺口；因而，
保護機構向金融機關之借款，亦可能成為上述以外之財源之一。

二、保護基金之用途

關於保護基金之動用，投資人保護法第 20 條第 1 項特別明文其各款
限制：

(一)為償付證券投資人或期貨交易人之用

投資人保護法第 21 條第 1 項規定保護機構動用保護基金償付證券投
資人之情形，一為證券投資人於所委託之證券商，因財務困難失卻清償能

---

❷❹　證券投資人及期貨交易人保護法草案第 18 條立法說明，謂保護基金之主要用
　　途，係當證券商或期貨商失卻清償能力而違約時，用以償付證券投資人或期貨
　　交易人之用，故將證券商及期貨商列為主要提撥單位，至於證券交易所、期貨
　　交易所及櫃檯買賣中心，亦應共同分擔證券及期貨市場交易風險，故亦將其列
　　為提撥單位，請參閱《立法院公報》第 91 卷第 45 期 274 頁。

力而違約時，投資人於證券交易市場買賣有價證券並已完成交割義務，或委託該證券商向認購（售）權證之發行人請求履約並已給付應繳之價款或有價證券，而未取得其應得之有價證券或價款者，以保障已完成結算交割投資人之權益，並同時維護證券市場之交易秩序❷；惟相關保護基金償付每一證券投資人之金額上限、對每一證券商之全體證券投資人之償付總額上限、償付程序及償付辦法，依投資人保護法第 21 條第 2 項授權主管機關定之❷。至於保護機構依規定償付證券投資人後，於其償付之限度內，承受證券投資人對於違約證券商之權利（投資人保護法第 21 條第 3 項）❷。除此之外，保護機構償付後之後續訴訟，與第 28 條證券團體訴訟之性質相似，同具公益性，就第 34 條至第 36 條相關裁判費、執行費之徵收、保全程序免供擔保之規定，應有援用之必要，乃於民國 98 年投資人保護法部分條文修正時，增訂第 21 條第 4 項之規定❷。

---

❷ 證券投資人及期貨交易人保護法草案第 21 條第 1 項立法說明，請參閱《立法院公報》第 91 卷第 45 期 279 頁。

❷ 民國 91 年 12 月 30 日臺財政㈢字第 0910006395 號令，證券投資人及期貨交易人保護基金償付辦法參照；例如該辦法第 7 條規定保護基金對每家證券商或期貨商之每一證券投資人或期貨交易人一次之償付金額，以新臺幣一百萬元為限，而保護基金對每家證券商或期貨商之全體證券投資人或期貨交易人一次之償付總額上限，由保護機構定之，並申報財政部證券暨期貨管理委員會核定，該上限應不低於新臺幣一億元。

❷ 證券投資人及期貨交易人保護法草案第 21 條第 3 項立法說明，為其代位行使請求權之設計，一為避免證券投資人或期貨交易人，因證券商或期貨商之違約而獲得超過其實際損失之賠償，二為減輕保護機構之負擔，請參閱《立法院公報》第 91 卷第 45 期 280 頁；惟民國 98 年證券投資人及期貨交易人保護法部分條文修正草案，修正第 21 條第 3 項理由，謂償付僅屬第三人清償性質，並非終局承擔債務，其乃在償付限度內，承受證券投資人之權利而發生法定債之移轉，參考民法第 312 條規定，修正之，請參閱《立法院公報》第 98 卷第 24 期 199 頁。

❷ 民國 98 年證券投資人及期貨交易人保護法部分條文修正草案，增訂第 21 條第 4 項之立法說明，請參閱《立法院公報》第 98 卷第 24 期 200 頁。

㈡保護機構依本法執行業務之支出及其他必要費用

關於此項保護機關所需之經費，投資人保護法第 20 條第 2 項特別規定「以當年度保護基金之孳息為上限，編列預算辦理」之方式，以避免該經費支出佔保護基金運用之比例過高，但如致保護基金孳息不足支應保護機構經費負擔或當保護基金孳息遠超過保護機構之支出時，主管機關得依但書「視其財務、業務情況適當調整」，以保留彈性應變㉙。

㈢依本法規定提起之訴訟或提付仲裁所需之費用

保護基金用於繳納保護機構為保護公益，依投資人保護法第 28 條提起訴訟或提付仲裁時，所需之費用。

㈣其　他

經主管機關核准之特定用途。

三、保護基金之保管與運用

保護基金係保護機構實現投資人保護機制的重要關鍵之一，論該基金之保管運用，首重安全性與穩定性；職是，投資人保護法第 19 條第 1 項前段明文保護基金之保管運用，應以購買政府債券或存入金融機構之方式，為其原則。雖然如此，但為避免因通貨膨脹等因素，造成保護基金的實質價值下跌，第 19 條第 1 項後段亦例外容許保護機構經主管機關核准，得於合計不超過基金淨額百分之三十範圍內，為下列有利於基金收入之保值性運用：㈠購置自用不動產，㈡投資上市、上櫃或興櫃有價證券，㈢其他有利於基金保值之投資㉚。

惟相關上述保護基金之例外運用方式，投資人保護法第 19 條第 2 項亦特別限制其用於購置自用不動產之總額，不得超過保護基金淨額之百分之五，而第 3 項明文限制其投資每家上市、上櫃公司股票之原始投資股數，

㉙　證券投資人及期貨交易人保護法草案第 20 條第 2 項立法說明，請參閱《立法院公報》第 91 卷第 45 期 278 頁。

㉚　證券投資人及期貨交易人保護法草案第 19 條立法說明，請參閱《立法院公報》第 91 卷第 45 期 277 頁。

不得超過一千股。

貳、調處制度

就證券交易之爭議事件，相較於證券交易法第 166 條約定仲裁制度，投資人保護法第 22 條特別創設申請保護機構之調處制度。

一般而言，證券投資人因有價證券之募集、發行、買賣等交易，致生權益受損時，通常須依法提起訴訟方式，以求民事救濟之一途；然因訴訟程序之繁瑣不便，恐致大多數權益受損的證券投資人裹足不前，於是投資人保護法乃比照民事訴訟法、消費者保護法、鄉鎮市調解條例及公害糾紛處理法有關調解及調處規定之立法例，爰於第 22 條賦予保護機構受理調處之申請，依法設置調處委員會，辦理民事爭議事件之調處作業，期以落實證券事件爭議之有效處理，並紓解訟源 **❸**。

一、調處程序

關於調處制度，投資人保護法第 22 條第 1 項明文證券投資人與發行人、證券商、證券服務事業、交易所、櫃檯買賣中心或其他利害關係人間，因有價證券之募集、發行、買賣等交易及其他相關事宜，所生之民事爭議，得向保護機構申請調處，而第 2 項亦規定保護機構設置調處委員會，專責處理投資人民事爭議調處事宜，除有第 23 條第 1 項所規定之不受理情形或應行補正事項外，調處委員會應於受理申請後，十五日內進行調處 **❸**。至於申請調處時，申請人依其申請內容所得主張之請求權，其時效因申請調

---

❸ 證券投資人及期貨交易人保護法草案第 22 條立法說明，謂現有的鄉鎮市調解委員會，其雖行之多年，對於調解紛爭亦有其功效，但對於證券及期貨交易紛爭，究非其成員之專長，爰以創設保護機構受理證券及期貨爭議之調處制度，請參閱《立法院公報》第 91 卷第 45 期 281 頁。

❸ 申請保護機構調處不予受理之情形，計有：㈠非屬投資人保護法第 23 條第 1 項民事爭議者，㈡非證券投資人、期貨交易人提起者，㈢無具體相對人者，㈣已在第一審法院言詞辯論終結者，㈤調處內容為確定判決之效力所及者，㈥同一事件已依本法規定申請調處者。

處而中斷，但調處之申請經撤回、不受理或調處不成立時，視為不中斷（投資人保護法第 24 條）。

調處事件，經雙方當事人達成協議者，調處即成立（投資人保護法第 25 條第 1 項）；而調處成立者，保護機構依法應作成調處書，該調處書併同調處事件卷證，於七日內送請法院核定之（投資人保護法第 26 條第 1 項）。惟該調處事件，雙方達成協議有困難者，調處委員會得斟酌一切情形，尋求雙方當事人利益之平衡，經全體委員過半數之同意，作成調處方案，明定四十五日以下期間，勸導雙方當事人同意，以利調處達成（投資人保護法第 25 條第 2 項）；當然，調處委員會依法勸導者，應視適當情形，公開該調處方案（投資人保護法第 25 條第 5 項）。若當事人未於上述所定期間內，為不同意之表示者，投資人保護法特別明文擬制效力的若干規定：一是第 25 條第 3 項，即視為雙方當事人依調處方案，調處成立；二是第 25 條第 4 項，針對多數具有共同利益之一造當事人，其中一人或數人於前述調處方案勸導期間內為不同意之表示者，該調處方案對之失其效力，對其他當事人視為調處成立，但為不同意表示當事人之人數超過該造全體當事人人數之半數時，則視為調處不成立。

二、調處效力

依投資人保護法所規定之調處程序，論其調處性質與其他法律所定調處相同，且投資人保護法第 26 條第 4 項特別明文經法院核定之調處，與民事確定判決有同一之效力，藉以保護私權，並減少訟源❸。因此，如該民事事件已繫屬於法院，在判決確定前，投資人保護中心的調處成立，並經

---

❸　證券投資人及期貨交易人保護法草案第 26 條第 2 項立法說明，請參閱《立法院公報》第 91 卷第 45 期 285 頁；民國 109 年證券投資人及期貨交易人保護法部分條文修正草案，修正第 26 條的立法理由，請參閱《立法院公報》第 109 卷第 46 期 245 頁。

依投資人保護法中心調處委員會所作之調處，如具有確定判決之效力，則可直接作為執行名義，向法院聲請強制執行，以實現調處之內容。

法院核定者，視為於調處時，撤回起訴（投資人保護法第 27 條）。

　　惟經法院核定之調處，若有無效或可得撤銷之原因者，當事人得向原核定法院提起宣告調處無效或撤銷調處之訴，以資救濟（投資人保護法第 26 條第 5 項前段）。關於提起調處無效或撤銷調處之訴，投資人保護法第 26 條特別規定：㈠該訴訟相關程序，第 7 項明文準用民事訴訟法第 500 條至第 502 條、強制執行法第 18 條第 2 項的規定；㈡該訴訟，並得就原調處事件合併起訴或提起反訴，請求法院於宣告調處無效或撤銷調處時，合併裁判之，並視為申請調處時，已經起訴；㈢調處無效或撤銷調處之訴的判決，於第三人在起訴前，以善意取得之權限，無影響。

三、小額爭議事件之調處

　　至於小額的證券投資爭議事件之處理，民國 98 年投資人保護法部分條文修正時，特別增訂第 25 條之 1 與第 25 條之 2 等相關規定，以強化保護機構調處之效能：

㈠一造無正當理由不到場之提出調處方案

　　投資人保護法第 25 條之 1 第 1 項規定「關於小額證券投資……爭議事件，經證券投資人……向保護機構申請調處，相對人無正當理由，不於調處日到場者，調處委員會得審酌情形，依申請人之請求或依職權提出調處方案，並送達於當事人。」以快速、妥當處理小額爭議事件，保障證券投資人的權益❸❹；惟上述之調處方案，依規定應經調處委員三人以上出席，並經出席之調處委員過半數之同意（投資人保護法第 25 條之 1 第 2 項前段）。當然，何謂小額？相關小額爭議事件之額度，則授權保護機構擬訂，報經主管機關核定之（投資人保護法第 25 條之 1 第 4 項）。

㈡擬制調處機制

　　依投資人保護法第 25 條之 1 第 1 項所明文，前項的小額證券投資爭議調處方案應送達於當事人，如當事人有不同意者，即於第 25 條之 2 第 1 項

---

❸❹　民國 98 年證券投資人及期貨交易人保護法部分條文修正草案，增訂第 25 條之 1 第 1 項的立法理由，請參閱《立法院公報》第 98 卷第 24 期 207 頁。

的規定，得於送達後十日內，為不同意之表示，但若未於期間內提出者，則視為已依該方案成立調處之法律效果。至於當事人已於上述十日期間內，為不同意之表示，經調處委員另定調處期日，並通知當事人，但無正當理由不到場者，亦視為依該方案成立調處❸。

參、團體訴訟與團體仲裁制度

投資人保護法第 28 條第 1 項前段規定「保護機構為保護公益，於本法及其捐助章程所定目的範圍內，對於造成多數證券投資人受損害之同一證券事件，得由二十人以上證券投資人授與訴訟或仲裁實施權後，以自己之名義，提付仲裁或起訴」，此即團體訴訟制度或團體仲裁制度，謂其為政府制定投資人保護法最重要的核心議題之一❸。

一、證券事件訴訟之反誘因

司法是實現正義的最後一道防線，雖然對於證券投資人或期貨交易人因有價證券之募集、發行、買賣或期貨交易及其他相關事宜所致生之損害，實現其損害賠償之民事請求是最直接的一種救濟方式。惟相關我國證券市場的結構係以散戶投資人為主，萬一發生發行公司就有價證券之募集、發行或買賣有虛偽、詐欺或證券商違約交割等不法情事時，論者認為如此的證券事故，不僅將使眾多的證券投資人蒙受財產上之損失，而且相對處於經濟上弱勢地位之證券投資人，或因訴訟程序上障礙或因訴訟成本之考量，例如在證券市場上證券投資人是分散的，對於同一事實原因所引起之共同損害，或由於個別求償在專業的舉證責任、涉訟程序及裁判費用上，成本

---

❸ 民國 98 年證券投資人及期貨交易人保護法部分條文修正草案，增訂第 25 條之 2 的立法理由，請參閱《立法院公報》第 98 卷第 24 期 208 頁。

❸ 證券投資人及期貨交易人保護法草案總說明，謂為落實投資人權益之維護，並補充現行證券、期貨交易相關法令之不足，爰參考美國證券投資人保護法之立法例，引進國外團體訴訟制度之精神，所擬具本法草案，請參閱《立法院公報》第 91 卷第 45 期 298 頁。

過鉅，逾越一般個人之能力，恐致生求償意願不高之虞❸。

因此，在實務上，投資人訴請損害賠償將呈現一種不符經濟效益的反誘因現象，終而造成證券投資人放棄司法救濟的途徑，倒是屢見不鮮；甚者，如此同一的證券事件，一旦有違法行為發生時，法律上的請求權人，如果依法個別為請求損害賠償而先後分別向法院提起訴訟，對法院而言，亦是一項沉重負擔。職是，在實踐保護投資人的理論上，是否應借助訴訟程序的改善，輔以實現證券事件的司法正義，誠為投資人保護法之核心議題❸。

二、投資人保護法之團體訴訟或仲裁的構造

(一)公益訴訟

從投資人保護法制的目的觀之，投資人權益是否受到保障，將是影響證券市場之未來發展，是否健全的重要關鍵；因此，創設投資人保護法乃有鑑於落實保護證券投資人之司法正義，參酌現行消費者保護法及行政訴訟法之立法例，允許保護機構為維護公益，提起訴訟或提付仲裁制度，期以發揮投資人保護機構之功能，並達致證券事件之訴訟、仲裁經濟效益，減輕訟累（投資人保護法第 28 條第 1 項）❸。

基於公益訴訟目的，投資人保護法第 28 條保護機構為證券投資人提起訴訟或提付仲裁，並非以營業為目的而係保護公益之性質，使投資人易於利用團體訴訟或仲裁制度；因此，第 33 條特別明文保護機構應將該訴訟或仲裁結果所得之賠償，扣除訴訟或仲裁所必要費用後，分別支付授與訴訟或仲裁實施權之證券投資人，並不得請求報酬❹。

---

❸ 例如廖大穎，〈揭露不實資訊之損害賠償請求㈣〉《月旦法學教室》第 12 期 26 頁，亦質疑證券交易法第 32 條與第 20 條之損害賠償請求規定，恐難發揮民事救濟之實效。

❸ 立法院財政委員會，前揭會議記錄❷，審查行政院函請「證券投資人及期貨交易人保護法草案」案，請參閱《立法院公報》第 91 卷第 48 期 86 頁（李庸三部長報告）。

❸ 證券投資人及期貨交易人保護法草案第 28 條第 1 項立法說明，請參閱《立法院公報》第 91 卷第 45 期 287 頁。

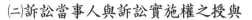

㈡訴訟當事人與訴訟實施權之授與

投資人保護法第 28 條第 1 項所規定團體訴訟或仲裁是對於造成多數證券投資人受損害之同一證券事件，保護機構得由二十人以上證券投資人授與訴訟或仲裁實施權後，以自己的名義，所提起訴訟或提付仲裁的制度。其前提係以受害的證券投資人，授與保護機構訴訟或仲裁實施權為要件❹。

關於證券投資人的定義，雖投資人保護法第 4 條明文其應依證券交易法認定之，但如此規定恐有未臻明確之虞；換言之，有謂是投資人保護法所保護對象，應比照第 22 條第 1 項明文證券投資人申請調處之範圍，舉凡與發行人、證券商、證券服務事業、交易所、櫃檯買賣中心或其他利害關係人間，因有價證券之募集、發行、買賣或其他相關事宜所生之爭議，如該當於第 28 條授與訴訟或仲裁實施權，提起訴訟或仲裁者，均應屬之❷；個人亦認為唯有如此的解釋，保護機構所擔當的團體訴訟或仲裁的意義，始符合投資人保護法之立法精神。

其次是團體訴訟或仲裁實施權之授與，一是投資人保護法第 28 條第 3 項所明文「前二項訴訟或仲裁實施權之授與，包含因同一原因所引起之證券……事件而為強制執行、假扣押、假處分、參與重整或破產程序及其他為實現權利所必要之權限」❸，二是依投資人保護法第 28 條第 4 項規定，

---

❹　證券投資人及期貨交易人保護法草案第 33 條立法說明，請參閱《立法院公報》第 91 卷第 45 期 290 頁。

❹　劉連煜，〈投資人保護與團體訴訟〉《實用稅務月刊》第 333 期 98 頁，認為投資人保護法之團體訴訟設計是基於任意訴訟擔當之法理，由保護機構提起訴訟，以授與訴訟實施權已足，無須讓與實體法上之權利。

❷　郭土木，前揭論文❸ 10 頁，例舉雖非透過證券經紀商交易或交割程序之人，甚至是被證券經紀商以外之人所侵權者，但其相關之糾紛或民事賠償，對於弱勢的投資人，亦有依投資人保護法加以保護之必要。

❸　民國 98 年證券投資人及期貨交易人保護法部分條文修正草案，新增訂第 28 條第 3 項的立法說明，謂「訴訟或仲裁實施權之授與，實應包括將所有為主張權利之一切完整權能概括性授與，……俾充分保障投資人及交易人之權益」，請參閱《立法院公報》第 98 卷第 24 期 210 頁。

應以書面為之。惟在投資人授與實施權的時程上，即便是保護機構依法提起訴訟或提付仲裁後，仍得由其他同一證券事件受損害之證券投資人於第一審言詞辯論終結前或詢問終結前，授與訴訟或仲裁實施權，並得擴張應受判決或仲裁事項之聲明（投資人保護法第 28 條第 2 項）；如此的立法，乃謂為便利同一案件其他被害投資人併案請求賠償，且亦符合訴訟經濟之要求❹。然同一證券事件受損害之證券投資人，其各人的損害賠償請求權的起算點，若有不同時，其時效應個別計算之（投資人保護法第 30 條）。

　　相對於上述之授與訴訟或仲裁實施權，證券投資人亦得於言詞辯論終結前或詢問終結前，撤回訴訟或仲裁實施權之授與，但該撤回應立即通知法院或仲裁庭（投資人保護法第 28 條第 1 項後段），且一旦依法撤回訴訟或仲裁實施權者，該部分訴訟或仲裁程序發生當然停止之效果（投資人保護法第 29 條第 1 項前段）；然在撤回訴訟或仲裁實施權之授與時，該證券投資人應即聲明承受訴訟或仲裁，否則法院或仲裁庭亦得依職權，命該證券投資人承受之，以兼顧證券投資人原已起訴或提付仲裁之權益，例如中斷時效等（投資人保護法第 29 條第 1 項後段）。問題是因部分證券投資人撤回訴訟或仲裁實施權，致其餘部分不足第 28 條第 1 項所規定的最低人數要件時，該團體訴訟或仲裁程序是否當然停止？基於訴訟安定及誠信原則之考量，投資人保護法第 29 條第 2 項特別明文保護機構仍得就其餘部分繼續進行訴訟或仲裁❺。

　　再者是保護機構，依法就證券投資人授與訴訟或仲裁實施權之事件，以自己之名義，提起訴訟或提付仲裁之當事人，原則上應有為一切訴訟或仲裁行為之權；惟實際上損害賠償請求之債權人係該證券投資人，因而相關訴訟程序上捨棄、認諾、撤回或和解之行為，影響當事人權益甚鉅，證券投資人自得予以限制之（投資人保護法第 31 條第 1 項）❻。關於以上的

---

❹ 證券投資人及期貨交易人保護法草案第 28 條第 2 項立法說明，請參閱《立法院公報》第 91 卷第 45 期 287 頁。

❺ 證券投資人及期貨交易人保護法草案第 29 條立法說明，請參閱《立法院公報》第 91 卷第 45 期 288 頁。

限制，證券投資人應於授與訴訟或仲裁實施權的文書內表明，或以書狀提出於法院或仲裁庭，以杜爭議，且該限制，一人所為，其效力不及於其他證券投資人（投資人保護法第 31 條第 2 項、第 3 項）。

　　至於上訴部分，投資人保護法第 32 條第 2 項特別規定保護機構，於收到法院判決書或仲裁庭判斷書正本後，應立即將其結果通知證券投資人之義務，並應於七日內，將是否提起上訴之意旨，以書面通知證券投資人；至於證券投資人，對於第 28 條團體訴訟之判決不服者，得於保護機構上訴期間屆滿前，撤回訴訟實施權之授與，自行依法提起上訴，以保障其權益（投資人保護法第 32 條第 1 項）。

　㈢**專業法庭**

　　民國 98 年投資人保護法部分條文修正，增訂第 28 條之 1 明文「法院為審理保護機構依前條（第 28 條）第 1 項規定提起之訴訟，得設立專業法庭或指定專人辦理。」如此專業法庭審理之立法理由，謂證券投資等團體訴訟事件有其專業性、技術性，為使證券投資等團體訴訟事件之審理，能符合法律及社會公平正義之要求，宜有設立專業法庭之必要❹。因此，民國 108 年立法院三讀通過商業事件審理法，於次年公布之，相關具體的行政作為，即依法成立「商業法院」。就商業法院與商業事件審理法的立法目的而言，其乃為迅速、妥適、專業處理商業紛爭，協助企業管理運作、提供有效監督機制、落實企業經營者責任等公司治理原則，以收案件專業、效率審理之效，並期商業法院之裁判具有一致性與可預測性，以促進經商環境，提升國際競爭力❹。

---

❻　證券投資人及期貨交易人保護法草案第 31 條第 1 項立法說明，請參閱《立法院公報》第 91 卷第 45 期 289 頁。

❼　民國 98 年證券投資人及期貨交易人保護法部分條文修正草案，增訂第 28 條之 1 立法說明，請參閱《立法院公報》第 98 卷第 24 期 213 頁。

❽　民國 107 年司法院函請審議商業事件審理法草案及智慧財產法院組織法修正草案，立法制定與緣由，請參閱《立法院公報》第 108 卷第 101 期 172 頁（司法院林輝煌秘書長說明）。

目前我國的商業法院，依商業事件審理法第 2 條規定「……所稱商業法院，指智慧財產及商業法院；所稱商業事件，分為商業訴訟事件及商業非訟事件，由商業法院之商業法庭處理之」，以建立迅速、妥適及專業處理重大民事商業紛爭之審理程序，經政府制定公布「商業事件審理法」，並修正「智慧財產及商業法院組織法」後，於民國 110 年將商業法院併入智慧財產法院，更名為「智慧財產及商業法院」，使我國關於智慧財產及商業事件之司法解決機制邁入新的里程碑❹。

三、減輕訴訟成本

㈠裁判費之減免

訴請法院裁判是一種利用社會資源的行為，依現行繳納裁判費用規定，依法提起訴訟之原告應預先繳納一定比例的裁判費，始能實現勝訴取償之司法正義。

針對證券爭議事件的巨額求償而言，其特質是各個證券投資人之財產損害可能是相對小額的，但相對於證券市場違法之人，卻因此獲得龐大的不法利益；職是，為衡量保護機構團體訴訟之公益目的，並發揮投資人求償訴訟之嚇阻違法及填補損害的功能，投資人保護法亦參照消費者保護法之立法例，爰於第 35 條第 1 項特別明文保護機構依第 28 條規定，以自己之名義提起訴訟或上訴，其訴訟標的金額或價額超過新臺幣三千萬元者，超過部分暫免繳裁判費，而他造當事人提起上訴勝訴確定者，預繳之裁判費扣除由其負擔之費用後，發還之。同時，投資人保護法第 35 條第 2 項亦明文「前項暫免繳之裁判費，第一審法院應於該事件確定後，依職權裁定向負擔訴訟費用之一造徵收之，但就保護機構應負擔訴訟標的金額或價額超過新臺幣三千萬元部分之裁判費，免予徵收」❺。

---

❹ 相關智慧財產及商業法院之簡介，請參閱智慧財產及商業法院官網／認識本院《本院沿革》，https://ipc.judicial.gov.tw/tw/cp–184–354303–a3b66–091.html。

❺ 證券投資人及期貨交易人保護法草案第 35 條立法說明，請參閱《立法院公報》第 91 卷第 45 期 292 頁；民國 98 年證券投資人及期貨交易人保護法部分條文

㈡保全程序之免供擔保

關於證券爭議的訴訟，其目的乃在於填補證券投資人之損害，惟藉由司法的訴訟程序，解決爭議勢將經過相當的時間，方能定讞；倘若對照的加害人惡意規避法律上的賠償責任，例如藉由脫產等手段，縱使保護機構的團體訴訟，最後獲得勝訴判決確定，蒙受損害的證券投資人，其損失恐無法從一紙「債權憑證」的判決書，獲得實質理賠的滿足。

保全程序是一種以保全法院強制執行為目的之特別程序，但依訴訟實務上聲請保全程序時，須繳納訴訟標的金額三分之一的擔保金，對於保護機構為維護公益，提起團體訴訟或提付團體仲裁，甚至是提供投資人諮詢、申訴、民事爭議調處、辦理償付等業務，恐將嚴重影響保護基金運作之虞；職是之故，投資人保護法第 34 條特別考量到保護機構提起團體訴訟之功能，不僅是使證券投資人之損害，能獲得補償，而且藉由司法程序，達致制裁不法，並穩定社會經濟、金融秩序之效果，明文保護機構依第 28 條規定提起訴訟，聲請假扣押、假處分時，應釋明請求及假扣押、假處分之原因，而法院得就保護機構所為之聲請，為免供擔保之裁定[51]；投資人保護法第 36 條亦明文依第 28 條規定提起訴訟或上訴，如保護機構釋明在判決確定前不為執行，恐受難以抵償或難以計算之損害者，法院應依其聲請宣告准予免供擔保之假執行[52]。

至於因證券投資人所授與之訴訟或仲裁實施權，投資人保護法第 28 條

修正草案，修正第 35 條立法說明，請參閱《立法院公報》第 98 卷第 24 期 221 頁。

惟相關民事程序上之檢討，請參閱賴源河等，〈投資人保護法研討會〉《月旦法學雜誌》第 49 期 98 頁。

[51] 證券投資人及期貨交易人保護法草案第 34 條立法說明，請參閱《立法院公報》第 91 卷第 45 期 291 頁。

惟相關民事程序上之檢討，請參閱賴源河等，〈投資人保護法研討會〉《月旦法學雜誌》第 49 期 98 頁。

[52] 證券投資人及期貨交易人保護法草案第 36 條立法說明，請參閱《立法院公報》第 91 卷第 45 期 293 頁。

第 3 項明定其授與，包含因同一證券事件而為強制執行、假扣押、假處分、參與重整或破產程序及其他為實現權利所必要之權限，以充分保障投資人之權益；職是，為配合上述第 28 條第 3 項之規定，投資人保護法第 35 條第 3 項亦明文「保護機構依第 28 條起訴或聲請保全程序，取得執行名義而聲請強制執行時，其執行標的金額或價額超過新臺幣三千萬元者，超過部分暫免繳執行費，該暫免繳之執行費由執行所得扣還之」❸。

肆、保護機構的股東代表訴訟與裁判解任之訴

關於增設保護機構的法定職能部分，即在民國 97 年由行政院提出投資人保護法部分條文修正案，強調為發揮保護機構的功能與保護投資人，增訂保護機構得依規定為公司對董事或監察人提起訴訟等規定。因此，在當時具體增訂保護機構辦理業務，發現上市或上櫃公司之董事或監察人執行業務，有重大損害公司之行為或違反法令或章程之重大事項，得依規定為公司對董事或監察人，提起訴訟，甚至是訴請法院裁判解任董事或監察人，俾得督促公司管理階層善盡忠實義務（投資人保護法第 10 條之 1）；惟於民國 109 年再修正第 10 條之 1 規定時，不僅擴大適用對象於興櫃公司、在臺上市櫃的外國公司，且擴大適用於證券交易法第 155 條、第 157 條之 1 等事由外，更加深化保護機構之代表訴訟與訴請裁判解任職能的制度，以期待保護機構強化我國證券市場之公司治理。

(一)保護機構提起的股東代表訴訟

為強化我國公司治理，政府接受社會各界建議，認為保護機構之公益色彩，應更積極扮演維護股東權益的機能，乃於投資人保護法第 10 條之 1 第 1 項第 1 款明定保護機構於辦理相關業務，「發現上市、上櫃或興櫃公司之董事或監察人，有證券交易法第 155 條、第 157 條之 1 或期貨交易法第 106 條至第 108 條規定之情事，或執行業務有重大損害公司之行為或違反法令或章程之重大事項」者，即對於上市、上櫃或興櫃公司經營管理階層

---

❸ 民國 98 年證券投資人及期貨交易人保護法部分條文修正草案，增訂第 35 條第 3 項之立法說明，請參閱《立法院公報》第 98 卷第 24 期 222 頁。

背信、掏空或董監違反善良管理人注意義務等情事者，得請求該公司監察人為公司對董事，或請求該公司董事會為公司對監察人提起訴訟，若監察人或董事會自保護機構請求之日起，三十日內不提起訴訟時，保護機構得為公司提起訴訟；同時，第 10 條之 1 第 3 項亦明定投資人保護法第 34 條至第 36 條，即相關保護機構依第 28 條所提起訴訟之免供擔保裁定、免繳裁判費及免供擔保之假執行等規定，於保護機構依第 10 條之 1 第 1 項為公司提起代表訴訟、上訴或聲請保全程序、執行程序時，準用之❺❹。

如此規定，由保護機構所提起之股東代表訴訟，將排除現行公司法第 214 條及第 227 條準用第 214 條規定之限制。因此，藉由投資人保護法第 10 條之 1 的立法，創設保護機構於投資人團體訴訟的公益角色，再延伸到公司法上股東代表訴訟的公司治理機能，這的確是我國股東代表訴訟制度上的新局❺❺。惟在制度上的設計，就民國 98 年投資人保護法之部分條文修正而言，所增訂保護機構為公司提起代表訴訟的規定，個人認為這或許是權宜性的、階段性的治標對策，但對於投資人保護法保護機構之股東代表訴訟的新局面，將是踏出提升股東訴訟機能的第一步，但其在法理基礎上，是否妥當？或有再檢討之餘地：

一是何以保護機構之股東代表訴訟，在定位上是屬於公益目的之訴訟？易言之，依投資人保護法為公司提起的股東代表訴訟，保護機構向董事或向股東所提起的，屬公益目的訴訟，而非保護機構之一般股東，所提起的

---

❺❹　民國 98 年證券投資人及期貨交易人保護法部分條文修正草案，增訂第 10 條之 1 第 1 項第 1 款之立法說明，請參閱《立法院公報》第 98 卷第 24 期 188 頁。

❺❺　關於股東代表訴訟制度之檢討，請參閱劉連煜，〈股東代表訴訟〉《台灣本土法學雜誌》第 64 期 158 頁；廖大穎，〈論公司治理的核心設計與股東權之保護——分析股東代表訴訟制度之法理〉《邁入二十一世紀之民事法學研究》（元照，2006 年）391 頁。
　　至於投資人保護法第 10 條之 1 的增訂，可參閱曾宛如，〈我國代位訴訟之實際功能與未來發展——思考上的盲點〉《台灣本土法學雜誌》第 159 期 27 頁；周振峰，〈論證券投資人及期貨交易人保護法第 10 條之 1〉《法學新論》第 27 期 183 頁。

代表訴訟，則非屬公益目的性訴訟？如此立論，在「公益訴訟」的法理上，誠有待釐清。

二是在立法上的割治，上述法制演繹的結果，其重點僅是依投資人保護法的股東代表訴訟，得享有不同於一般訴訟制度之特別優遇措施，但就上市、上櫃等公開發行股票公司，將因保護機構的股東代表訴訟制度，得落實形式上的公司治理，然非屬公開發行股票的公司？則依公司法的現有規定，仍維持諸多限制的股東代表訴訟制度，無法提升我國股東代表訴訟制度之於實現公司治理，反而又造成法制割裂的現象？質言之，除立法政策的特殊需求，如此分割的立法論，恐有再深入檢討之虞❺❻。

(二)保護機構提起的裁判解任董監訴訟

同上理由，投資人保護法第 10 條之 1 第 1 項第 2 款亦明文增訂保護機構於辦理相關業務，同樣對於上市、上櫃或興櫃公司經營管理階層背信、掏空或董監違反善良管理人注意義務等情事者，得訴請法院裁判解任公司之董事或監察人，不受公司法第 200 條及第 227 條準用第 200 條之限制；究其緣由，即謂「現行……公司法第 200 條股東訴請法院裁判解任之規定，對公司董事或監察人具有一定監督之功能，惟其規定之門檻仍高，且依公司法第 200 條規定訴請法院裁判解任，須股東會未為決議將其解任，而依司法實務見解，應以股東會曾提出解任董事提案之事由，而未經股東會決議將其解任為限，是如股東會無解任董事之提案，股東亦無從訴請法院裁判解任不適任之董事」，立法明定之❺❼。

(三)擴大保護機構促進公司治理機能

另，在民國 109 年投資人保護法的修正，針對保護機構提起代表訴訟與解任訴訟部分，分別有行政院及立委提案，擬再完備保護機構於第 10 條之 1 代表訴訟及解任訴訟規定，以提升我國公司治理機能，健全我國證券

---

❺❻　廖大穎，〈論投資人保護機構之股東代表訴訟新制〉《月旦民商法雜誌》第 32 期 17 頁。

❺❼　民國 98 年證券投資人及期貨交易人保護法部分條文修正草案，增訂第 10 條之 1 第 1 項第 2 款之立法說明，請參閱《立法院公報》第 98 卷第 24 期 189 頁。

市場之發展，保障證券投資人（暨期貨交易人之權益）。因此，相關保護機構為公司對董事、監察人所提起的代表訴訟制度與訴請裁判解任部分，新增訂的重點如下：

1.適用對象範圍與事由之擴大

相較於民國 98 年保護機構所提起的代表訴訟或裁判解任之訴，係以「上市或上櫃公司之董事或監察人」為前提，民國 109 年修正第 10 條之 1，並增訂第 10 條之 2，以擴大其適用的對象，即一是「發現上市、上櫃或興櫃公司之董事或監察人，……執行業務有……，得依下列規定辦理：㈠……保護機構得為公司提起訴訟，……。㈡訴請法院裁判解任……」、「前條規定，於證券交易法第 165 條之 1 所定之外國公司，準用之」，明顯亦適用於興櫃公司、在臺上市上櫃的外國公司❺❽；二是於其同時，有鑑於不法行為之董事、監察人身分及最高法院民國 106 年度臺上字第 177 號判決之不拘泥「對董事起訴時之當次任期內為限」的司法見解，修正第 10 條之 1 的訴訟適用對象，明定擴大至「……對已卸任之董事或監察人提起訴訟」、「解任事由不以起訴時任期內發生者為限」，藉以嚇阻不法，促進公司治理，防止輕易規避公司經營、監督責任之訴追❺❾。

再者，相關保護機構為公司對董事、監察人提起代表訴訟或訴請法院裁判解任之事由，民國 109 年修正第 10 條之 1 本文亦增訂「有證券交易法第 155 條、第 157 條之 1 或……規定之情事」，或執行業務有重大損害公司之行為或違反法令章程之重大事項，擴大提訴事由於「對有價證券……進行操縱、內線交易……等破壞市場交易秩序之行為」，以強化經營者的誠

---

❺❽　民國 109 年證券投資人及期貨交易人保護法部分條文修正草案，修正第 10 條之 1 第 1 項本文的立法說明、增訂第 10 條之 2 的立法理由，請參閱《立法院公報》第 109 卷第 46 期 229、242 頁。

❺❾　民國 109 年證券投資人及期貨交易人保護法部分條文修正草案，修正第 10 條之 1 第 1 項第 1 款、第 2 款之立法說明，謂「參考日本會社法及美國法就代表訴訟相關規範及實務運作，均得對已卸任董事、監察人起訴，爰第一款明定……」、「爰於第 1 項第 2 款明定訴請解任事由不以……」，請參閱《立法院公報》第 109 卷第 46 期 227 頁。

信，促進公司治理之效❻。

2.對於保護機構代表訴訟之增訂規定

民國 109 年修正第 10 條之 1 增訂第 5 項「保護機構依第 1 項第 1 款規定提起訴訟時，就同一基礎事實應負賠償責任且有為公司管理事務及簽名之權之人，得合併起訴或為訴之追加；其職務關係消滅者，亦同」，及第 6 項「公司之監察人、董事會或公司依第 1 項第 1 款規定提起訴訟時，保護機構為維護公司及股東權益，於該訴訟繫屬中得為參加，並準用民事訴訟法第 56 條第 1 項規定」，前者係為訴訟程序上，為求紛爭一次解決，避免同一基礎事實之賠償責任分別訴追，特別考量到將經理人等納入代表訴訟提起追究責任之對象❻，而後者係保護機構於公司監察人或董事會等依規定訴追董事、監察人等責任時之訴訟參加權❻。

3.對於保護機構訴請裁判解任之增訂規定

民國 109 年修正第 10 條之 1 相關保護機構訴請裁判解任部分，增訂第 2 項「前項第 2 款訴請法院裁判解任權，自保護機構知有解任事由時起，二年間不行使，或自解任事由發生時起，經過十年而消滅」，及第 8 項「第 1 項第 2 款之解任裁判確定後，由主管機關函請公司登記主管機關辦理解任登記」等規定，謂以明定除斥期間及明確登記行政事項之辦理❻。

4.增訂充任董事、監察人的消極資格

針對董事、監察人的資格限制，除公司法、證券交易法的相關規定外，民國 109 年證券投資人保護法部分條文修正亦增訂第 10 條之 1 第 7 項，明

---

❻ 民國 109 年證券投資人及期貨交易人保護法部分條文修正草案，修正第 10 條之 1 第 1 項本文的立法理由，請參閱《立法院公報》第 109 卷第 46 期 225 頁。

❻ 民國 109 年證券投資人及期貨交易人保護法部分條文修正草案，增訂第 10 條之 1 第 5 項之立法說明，請參閱《立法院公報》第 109 卷第 46 期 230 頁。

❻ 民國 109 年證券投資人及期貨交易人保護法部分條文修正草案，增訂第 10 條之 1 第 6 項之立法說明，請參閱《立法院公報》第 109 卷第 46 期 231 頁。

❻ 民國 109 年證券投資人及期貨交易人保護法部分條文修正草案，增訂第 10 條之 1 第 2 項及第 8 項的立法理由，請參閱《立法院公報》第 109 卷第 46 期 229、234 頁。

定「第 1 項第 2 款之董事或監察人，經法院裁判解任確定後，自裁判確定日起，三年內不得充任上市、上櫃或興櫃公司之董事、監察人及依公司法第 27 條第 1 項規定受指定代表行使職務之自然人，其已充任者，當然解任」之規定，究其立法說明所指謫「……被訴之董事或監察人，主要係有重大違反市場交易秩序及損及公司、股東權益等不誠信之情事，……不應在一定期間內繼續擔任……，以避免影響公司治理及危害公司之經營。又依公司法第 27 條第 1 項規定，自有併予規範之必要，……並達成解任訴訟之立法意旨」之謂❻❹。

伍、資訊提供與協助之義務

如上的設計觀之，稱保護機構是整部投資人保護法的核心，亦不為過，惟為使保護機構充分發揮本法所賦予擔當保護投資人權益之任務而言，針對保護機構之業務處理時，是否取得充分的資訊，將是影響法目的是否得以實現之重要關鍵。

職是，投資人保護法第 17 條明文保護機構業務查詢的權限，並賦予相對人提供資訊之協助義務，亦即投資人保護機構依法處理之調處、償付、提起訴訟或提付仲裁、主管機關所委託辦理事項或其他有利於保護機構執行保護業務之事項時，得請求發行人、證券商、證券服務事業、或證券市場相關機構協助或提出文件、相關資料；且為保護公益之必要，或上述受請求之相對人未依規定協助或提出文件、相關資料，甚至是其所提出之文件或相關資料發現有違法令情事者，應報請主管機關處理之。關於相關單位的協助與充分而正確的資訊取得，有謂是保護機構妥善處理證券爭議之重要關鍵；同時，保護機構在提起團體訴訟與團體仲裁前，若能蒐集事證資料，將有助於當事人研判紛爭之實際狀況，進而成立調解或和解之可能，消弭訟源，並有助於法院審理案件時發現真實，妥適進行訴訟程序❻❺。

---

❻❹　民國 109 年證券投資人及期貨交易人保護法部分條文修正草案，增訂第 10 條之 1 第 7 項之立法說明，請參閱《立法院公報》第 109 卷第 46 期 232 頁。

❻❺　證券投資人及期貨交易人保護法草案第 17 條立法說明，請參閱《立法院公報》

第四節　金融消費者保護法的另一立法

　　民國 100 年所制定的金融消費者保護法，經總統府公布並於當年 12 月施行後，於民國 103 年、104 年及 105 年三次修正至今。惟觀察我國金融消費者保護法之成立，肇因於 97 年全球金融風暴的餘波，延燒到臺灣境內，因而在立法過程上，先由立法委員擬具金融消費者保護法草案提案，再由行政院提出立法草案，儘快完成國會三讀審議的立法工作❻❻。當然，相較於金融消費者保護法施行前之金融消費爭議處理，論者指摘實務上的作業，除證券投資人及期貨交易人保護中心有證券投資人及期貨交易人保護法為法源依據外，其他均無，而多依其屬性由同業公會等自律組織或由主管機關協調周邊單位，進行處理❻❼：

　　㈠銀行業，例如中華民國銀行商業同業公會全國聯合會、中華民國信託業商業同業公會。

　　㈡保險業，例如財團法人保險事業發展中心、金融管理委員會保險局。

　　㈢證券期貨業，例如中華民國證券商業同業公會、中華民國期貨暨商業同業公會、中華民國證券投資信託暨顧問同業公會及投資人保護中心。

壹、立法背景與目的

　　金融消費者保護法是一部由立法委員主導的法案，如上所述，惟緣由乃鑑於金融風暴當時的美國雷曼兄弟控股公司 (Lehman Brothers Holdings

---

第 91 卷第 45 期 273 頁。

❻❻　立法院第 7 屆第 7 會期第 1 次會議，審議委員蔡正元等 26 人擬具金融消費者保護法草案（委員提案第 10092 號）及行政院函請審議金融消費者保護法草案（政府提案第 12437 號），請參閱《立法院公報》第 100 卷第 9 期 5 頁（蔡正元發言）、6 頁（陳裕璋報告）。

❻❼　財團法人金融消費評議中心，〈淺談金融消費者保護法之爭議處理機制──金融消費評議中心〉《證券期貨月刊》第 30 卷第 3 期 47 頁。

Inc.) 破產後，無法履約，其在香港所發行信用連結商業本票 (Credit Default Swap, CDS)，即國內慣稱的連動債，也因此波及臺灣，造成我國多數投資人受害的重大金融事件；然，這相對凸顯目前的金融消費爭議，並無法提供一個即時的、有效的處理機制，使肇因於金融服務業不當的銷售行為與權益受損的投資人間，獲得法律上一個應有的保障。因此，在政策上為落實銀行、保險、證券等金融服務業者，對其所提供金融商品或服務，給投資人或消費者時，尤其是金融商品的消費者或投資人，與金融服務業者間，若發生民事爭議，相較於耗費成本的司法途徑救濟外，如何提供一個迅速、有效的處理紛爭機制，這在各國金融市場上似乎是個迫不及待的重要任務❽。金融消費者保護法，乃政府於民國 100 年 2 月向國會正式提案審議的立法草案，內容明確如下指摘，即「鑒於一般大眾購買金融服務業所提供之金融商品及服務，日益普遍，而金融服務業所提供之金融商品及服務形態，日趨複雜專業，金融消費者與金融服務業在財力、資訊及專業面實質不對等，致易發生交易糾紛，一旦發生相關爭議時，若循司法途徑救濟，往往曠日費時，所耗費之成本亦不符經濟效益，因此有必要於訴訟途徑外，提供金融消費者一具金融專業且能公平合理、迅速有效處理相關爭議之機制。目前對於有價證券及期貨交易所生民事爭議處理與投資人之保護，已有證券投資人及期貨交易人保護法予以規範，並由財團法人證券投資人及期貨交易人保護中心專責處理，惟對於非屬該中心處理之金融消費民事爭議，現行機制係分別由相關同業公會或周邊單位處理，且無法律依據，爰有必要對於金融商品及服務之民事爭議處理，訂定專法規範」❾。

　　職是，依金融消費者保護法第 1 條所明揭的立法目的，在於為保護金融消費者權益，公平、合理、有效處理金融消費爭議事件，圖以增進金融消費者對市場的信心，並促進金融市場的健全發展之謂。

---

❽　林繼恆，《金融消費者保護法之理論與實務》(新學林，2012 年) 5 頁。

❾　立法院第 7 屆第 7 會期第 1 次會議議案關係文書，院總第 1043 號政府提案第 12437 號行政院函請審議「金融消費者保護法草案」案參照，https://npl.ly. gov.tw/do/www/homePage 立法院國會圖書館 / 立法院法律系統。

另，於民國 103 年、104 年金融消費者保護法二次修正時，針對金融服務業者分別增訂如下規範，重點在於：一是訂立金融商品或服務契約時的義務，善管注意義務或忠實義務，同時對消費者個人資訊蒐集、處理及利用時之事前說明義務（金融消費者保護法第 7 條、第 10 條）；二是對金融服務業者的行政管理，包括業務人員之酬金、複雜性高風險商品之銷售、懲罰性賠償及團體評議制度，乃至於行政罰鍰的罰則專章，且於民國 105 年金融消費者保護法部分條文又再修正❼⓿。

貳、爭議處理機構

如前揭立法之目的，即在於為公平合理、迅速有效處理金融消費爭議，以保護金融消費者權益，金融消費者保護法第 13 條第 1 項亦明定爭議處理機構之設置，依本法設立爭議處理機構為其首要之務。依當時行政院版的立法草案，相關設立金融消費爭議處理機構之說明，此乃強調於「實務上金融消費爭議之型態多樣，並非現行法令或司法判解所能含括處理，且金融商品或服務所生之紛爭涉及金融、法學等專業知識，有高度之專業性及技術性，而金融消費者在專業、資訊及財力面均難與金融服務業處於平等地位，紛爭發生時，金融服務業與金融消費者間具有經濟、規模及專業上之不對等性，故有必要由獨立公正且專業之第三人處理爭議」之謂❼❶。因此，財團法人金融消費評議中心之設置，正是依民國 100 年 6 月立法院三讀通過的金融消費者保護法所成立的爭議處理機構，該中心依金融消費者保護法第 14 條所規定，由政府百分之百捐助的財團法人❼❷。

---

❼⓿　民國 103 年、104 年及 105 年金融消費者保護法部分條文修正草案，請參閱《立法院公報》第 103 卷第 37 期 261 頁、第 104 卷第 11 期 181 頁及第 105 卷第 100 期 358 頁。

❼❶　民國 100 年行政院版金融消費者保護法草案第 13 條第 1 項的立法說明，請參閱《立法院公報》第 100 卷第 47 期 61 頁。

❼❷　主管機關金融監督管理委員會為保護金融消費者權益，公平合理、專業迅速地處理金融消費爭議，增進金融消費者對市場之信心，並促進金融市場之健全發展，參考英國金融服務暨市場法 (Financial Services & Markets Act)、英國金融

一、機構職能

　　金融消費評議中心是金融消費者保護法之核心機構，為執行該法所賦予之職責，該中心負責提供證券投資人等金融消費者（金融消費者保護法第 4 條第 1 項，但不包括專業投資機構、符合一定財力或專業能力之自然人或法人），與金融服務業者間（金融消費者保護法第 3 條第 1 項），因商品或服務所生之民事爭議（金融消費者保護法第 5 條），惟民國 105 年金融消費者保護法部分條文修正第 4 條規定，增訂第 3 項金融消費者未符合主管機關所定對象之「金融服務業對自然人或法人未符合前項所定之條件，而協助其創造符合形式上之外觀條件者」，以落實排除「具充分財力或充分金融商品專業知識或交易經驗者」，且排除「對具專業、複雜型金融商品亦限定以專業投資人為承作對象」，謂以避免耗費爭議處理機構資源❼❸。爰

　　公平服務機構 (Financial Ombudsman Service Ltd.) 與新加坡金融業調解中心 (Financial Industry Disputes Resolution Centre Ltd.) 運作機制及國內相關法規，擬定金融消費者保護法與相關子法；因此，財團法人金融消費評議中心乃依該法由政府捐助成立，藉此建立我國金融消費爭議的處理機制，落實強化金融消費者保護各項措施，期以達成保護金融消費者權益，增進金融消費者對市場之信心及促進金融市場之健全發展，請參閱金融消費評議中心官方網頁，https://www.foi.org.tw/。

❼❸　民國 105 年金融消費者保護法部分條文修正草案，增訂第 4 條第 3 項之立法理由，請參閱《立法院公報》第 105 卷第 100 期 358 頁（曾銘宗等 18 位委員提案）。

以，為協助解決因此所發生之紛爭，金融消費評議中心依金融消費者保護法規定執行工作，處理下列相關事項：

(一)民事爭議事件之調處

依金融消費者保護法所規定的先行程序，乃金融消費評議中心之調處作業，此即證券投資人等金融消費者申請評議後，爭議處理機構得試行調處；在程序上，若當事人任一方不同意調處或調處不成立者，爭議處理機構依規定應續行評議（金融消費者保護法第 23 條第 2 項）。再者，就上述的金融消費者已依其他法律規定，調處或調解不成立者，得於調處或調解不成立之日起，六十日內申請評議（金融消費者保護法第 23 條第 6 項）。

(二)民事爭議案件之評議

依金融消費者保護法第 24 條第 1 項所定之申請評議，爭議處理機構受理後，將依法進行處理相關評議程序，再作成評議的書面決定（金融消費者保護法第 28 條第 1 項）。當然，上述評議決定經當事人雙方接受而成立（金融消費者保護法第 29 條第 1 項後段），且該評議書經法院核可者，與民事確定判決有同一效力（金融消費者保護法第 30 條第 4 項），惟該爭議，金融服務業已依評議成立之內容，完全履行者，依第 1 項但書免送請核可❼❹。

二、機構組織

關於金融消費者保護中心的組織，除由董事所組成的董事會，並設有監察人之法定必要機關外，依法設立評議委員會，作為金融消費者保護法處理評議事件之核心設計（金融消費者保護法第 17 條第 1 項）；相關董事、監察人及評議委員之產生方法、資格、人數及任期，甚至是董事會之職權及運作，在金融消費者保護法均有特別規定。

(一)董事與董事會

董事會是爭議處理機構之法定必要機關。依金融消費者保護法第 15 條

---

❼❹ 民國 104 年金融消費者保護法部分條文修正草案，修正第 30 條第 1 項增訂但書之立法說明，請參閱《立法院公報》第 104 卷第 11 期 196 頁（行政院提案）。

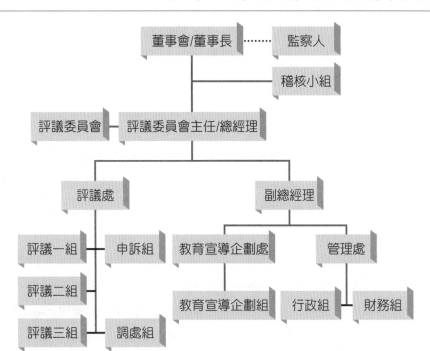

資料來源：財團法人金融消費評議中心，https://www.foi.org.tw/

特別規定，該董事會置董事七至十一人，董事由主管機關就學者、專家及公正人士遴選（派）之，而董事長之選任，則於董事會應由全體董事三分之二以上之出席，出席董事過半數之同意，選出董事一人為董事長，經主管機關核可後生效。至於相關董事之任期、解任、董事會之職權、召集與決議及其他應遵行事項，授權主管機關明文定之（金融消費者保護法第 14 條第 3 項第 4 款規定）❼❺。

㈡監察人

　　監察人亦是爭議處理機構的法定必要機關之一。依金融消費者保護法第 15 條之規定，明訂爭議處理機構應置監察人一至三人，由主管機關就學

---

❼❺　民國 100 年行政院版金融消費者保護法草案，第 14 條第 2 項（即現行法第 3 項）之立法說明，謂參考英國金融服務暨市場法 (FSMA) 及我國證券投資人及期貨交易人保護法規定，授權主管機關，請參閱《立法院公報》第 100 卷第 47 期 62 頁。

者、專家及公正人士遴選（派）之；至於監察人之任期、解任、職權及其
他應遵行事項，承上，亦授權主管機關定之（金融消費者保護法第 14 條第
3 項第 4 款）。

㈢評議委員會

評議委員會是爭議處理機構，即金融消費評議中心之最核心組成，此
乃金融消費者保護法第 17 條第 1 項前段「爭議處理機構為處理評議事件，
設評議委員會」之規定；惟相關評議委員部分，金融消費者保護法第 17 條
第 1 項亦明定評議委員會，置評議委員九至二十五人，必要時得增加，由
董事會遴選具備相關專業學養或實務經驗之學者、專家及公正人士，報請
主管機關核定聘任之。評議委員任期三年，期滿得續聘，主任委員應為專
任，其餘評議委員得為兼任（金融消費者保護法第 17 條第 2 項）❼❻。至於
評議委員應具備之資格、條件、聘任、解任、薪酬及其他應遵行事項，金
融消費者保護法第 18 條第 2 項則亦授權主管機關制定相關辦法❼❼。

三、行政監督

金融消費者保護法之爭議處理機構，與證券投資人及期貨交易人保護
法之保護機構，性質相同，均屬依法成立之特定目的財團法人；因此，財
團法人金融消費評議中心乃基於特定之捐助目的，使用其捐助財產依法成
立之法人組織（金融消費者保護法第 14 條第 1 項）。就金融消費評議中心
之財團法人組織，如其立法理由所指摘我國目前對民眾權益保護的運作，
有實績之機構，多採財團法人型態，例如證券投資人及期貨交易人保護中
心、保險事業發展中心等，且主管機關對財團法人之監督程度較高，爰以

---

❻ 民國 100 年行政院版金融消費者保護法草案，第 17 條第 1 項的立法理由，謂
參考中華民國銀行公會金融消費爭議案件評議委員會組織及評議程序規則，請
參閱《立法院公報》第 100 卷第 47 期 63 頁。

❼ 民國 100 年行政院版金融消費者保護法草案，第 18 條第 2 項立法說明，謂參
考證券投資人及期貨交易人保護法授權定之，請參閱《立法院公報》第 100 卷
第 47 期 63 頁。

參照成立之故。職是，金融消費者保護法相關爭議處理機構之組織、設立、管理及監督等事項，乃至於變更登記、捐助章程應記載事項等等，均授權主管機關定之（金融消費者保護法第 14 條第 3 項）❼❽。

參、保護金融消費者的評議程序與配套措施

一、評議前的調處制度

金融消費者保護法第 23 條第 2 項前段特別明文「金融消費者申請評議後，爭議處理機構得試行調處」，但這評議中心調處的先行程序，僅係一任意性規定，不是法定強制的必要程序；因此，於該條第 2 項後段亦明文「當事人任一方不同意調處或經調處不成立者，爭議處理機構應續行評議」的後續設計。惟如此任意性調處之立法，謂此乃英國法處理金融消費爭議的方式，並參酌我國銀行公會受理申訴之相關統計資料，認為所受理的案件，大多數在評議前之客戶服務部門 (Customer Contact Division) 或初階仲裁 (Adjudicator) 的階段，即可獲得解決或成立和解，爰予立法上設置任意性調處之制度，供選擇使用❼❾。

㈠調處作業

目前金融消費者評議中心的組織架構，特別在評議處設有調處組，處理相關申請評議案件之試行調處作業。惟依金融消費者保護法第 23 條第 3 項規定，相關爭議處理機構處理調處之程序、調處人員應具備之資格條件、迴避、調處期限及其他應遵行之事項，由爭議處理機構擬訂，報請主管機關核定之。至於在進行評議案件的調處程序上，金融消費者保護法第 23 條第 4 項亦特別規定「第 15 條第 5 項及第 19 條第 2 項有關評議之規定，於調處準用之」，即評議中心之董事、董事會及監察人，不得介入評議個案調

---

❼❽　民國 100 年行政院版金融消費者保護法草案，第 14 條第 2 項（現行法第 3 項）的立法理由，請參閱《立法院公報》第 100 卷第 47 期 62 頁。

❼❾　民國 100 年行政院版金融消費者保護法草案，第 22 條第 5 項之立法說明，請參閱《立法院公報》第 100 卷第 47 期 66 頁。

處之處理外,相關評議中心及人員對所知悉的金融消費爭議之資料及評議個案調處過程,亦應保守秘密。

㈡調處效力

承上,有關金融消費者保護法所規定之調處程序,論其調處性質,與投資人保護法、公害糾紛處理法之調處及鄉鎮市調解條例之調解相同,爰於金融消費者保護法第 23 條第 5 項特別明文調處成立者,應作成調處書,而相關調處書之作成、送達、核可及效力,準用第 28 條及第 30 條的規定,亦即依金融消費者保護法規定經法院核可之調處,與民事確定判決有同一之效力;因此,當事人就該事件不得再行起訴或依本法申訴、申請評議(準用金融消費者保護法第 30 條第 4 項),藉此保護私權,並減少訴源❽。另,經法院核可後之調處書,若有無效或可得撤銷之原因,當事人得向原核可法院,提起宣告調處無效或撤銷調處之訴,以資救濟(金融消費者保護法第 30 條第 5 項)。

二、評議制度

評議委員會的評議制度是金融消費評議中心的中樞核心,也是這部金融消費者保護法的主要設計,惟其相關條文,明定在第 13 條至第 30 條「金融消費爭議處理」的專章中。因此,本書擬就本法與金融消費評議中心的實務運作,簡單介紹我國的金融消費爭議評議制度。

㈠金融消費爭議與評議委員會

承上所指摘,申請爭議處理機構評議,即金融評議中心之處理作業,其目的在於提送評議委員會評議(金融消費者保護法第 27 條),並取得爭議處理機構所作成的評議決定,期以公平、合理、迅速、有效處理金融消費爭議,保護金融消費者之權益(金融消費者保護法第 13 條第 1 項)。另,民國 104 年金融消費者保護法修正,增訂第 13 條之 1 所謂「團體評議」制度,即「為一致性迅速解決同一原因事實造成之金融消費爭議事件,協助

---

❽　民國 100 年行政院版金融消費者保護法草案,第 29 條第 4 項之立法說明,請參閱《立法院公報》第 100 卷第 47 期 70 頁。

弱勢金融消費者進行評議程序及節省評議資源」之處理程序❽。

相關金融消費評議中心的設置評議委員會，與評議委員之規定，如本節【貳之二之㈢】評議委員會之介紹，本法不僅期待各評議委員，均應獨立、公正行使職權，解決金融消費爭議事件（金融消費者保護法第 17 條第 3 項），且在金融消費爭議事件的處理上，金融消費者保護法第 18 條第 1 項亦特別規定評議委員會，為處理評議事件，得依委員專業領域及事件性質分組。其次，依法處理之金融消費爭議事件，係指金融消費者與金融服務業間，因商品或服務所生之民事爭議，包括相關金融商品或服務的廣告、促銷或要約過程之爭議等，均適用本法之謂❽。

㈡評議作業

1. 申　訴

依規定，即金融消費者保護法第 24 條第 1 項明文申請評議時，金融消費者應填具申請書，並載明當事人名稱及基本資料、請求標的、事實、理由、相關文件或資料及申訴未獲妥適處理之情形。因此，依現行法規定，申請評議前的必要程序是提出申訴，這即金融消費者保護法第 13 條第 2 項前段所明文，金融消費者就金融消費爭議事件，應先向金融服務業提出申訴，金融服務業應於收受申訴之日起三十日內為適當之處理。

申言之，若金融消費者不接受上述申訴處理結果，或金融服務業逾上述期間不予處理者，金融消費者得於收受處理結果或期限屆滿之日起六十日內，向爭議處理機構申請評議，此乃申訴為申請評議之前置程序，立法說明謂以個別金融消費爭議而言，如能由該爭議涉及之金融服務業與金融

---

❽　民國 104 年金融消費者保護法部分條文修正草案，增訂第 13 條之 1 第 1 項之立法說明，謂「參考消費者保護事件（消保法第五十條規定）、證券及期貨市場投資人及交易人保護事件（證券投資人及期貨交易人保護法第二十八條規定）、個人資料保護事件（個人資料保護法第三十四條規定）及公害事件（民事訴訟法第四十四條之二及第四十四條之三）等規定，爰於第一項訂定團體評議之規定」，請參閱《立法院公報》第 104 卷第 11 期 193 頁（行政院提案）。

❽　民國 100 年行政院版金融消費者保護法草案，第 5 條之立法理由，請參閱《立法院公報》第 100 卷第 47 期 58 頁。

消費者自行協議解決，較申請爭議處理機構處理，更為有效便利，爰參考英國相關規定，並為避免金融消費者權利遭受過度延宕，於一定條件與期限內，申請評議❽。反之，金融消費者申請評議時，如未先向金融服務業申訴者（金融消費者保護法第 24 條第 2 項第 3 款），爭議處理機構應決定不受理，並以書面通知金融消費者及金融服務業；當然，其情形可以補正者，爭議處理機構應通知金融消費者，於合理期限內補正之，如金融消費者保護法第 13 條第 2 項後段「金融消費者向爭議處理機構提出申訴者，爭議處理機構之金融消費者服務部門應將該申訴移交金融服務業處理」。

2. 評議申請

針對金融消費者之申請評議，同樣的，金融消費者保護法第 24 條第 1 項明文申請評議時，金融消費者應填具申請書，並載明當事人名稱及基本資料、請求標的、事實、理由、相關文件或資料及申訴未獲妥適處理之情形。惟依法明定，以下各款情形是不受理的：㈠申請不合程式。㈡非屬金融消費爭議。㈢未先向金融服務業申訴。㈣向金融服務業提出申訴後，金融服務業處理申訴中尚未逾三十日。㈤申請已逾法定期限。㈥當事人不適格。㈦曾依本法申請評議而不成立。㈧申請評議事件已經法院判決確定，或已成立調處、評議、和解、調解或仲裁。㈨其他主管機關規定之情形等；此時，爭議處理機構應決定不受理，因程序上不符合本法上述規定，且金融消費者是不得聲明不服的，但依金融消費者保護法第 24 條第 2 項所規定，並課予處理機構以書面通知金融消費者及金融服務業雙方之義務❾。惟上述相同的情形可補正者，爭議處理機構應通知金融消費者，於合理期限內補正之。

3. 受理申請評議與處理

金融消費者保護法第 20 條特別明揭處理申請金融消費爭議事件評議

---

❽　民國 100 年行政院版金融消費者保護法草案，第 22 條（即現行法第 13 條第 2 項）之立法說明，請參閱《立法院公報》第 100 卷第 47 期 65 頁。

❾　民國 100 年行政院版金融消費者保護法草案，第 23 條第 2 項（即現行法第 26 條第 2 項）之立法說明，請參閱《立法院公報》第 100 卷第 47 期 66 頁。

之大原則：一是爭議處理機構受理申請評議後，應斟酌事件之事實證據，依公平合理原則，超然獨立進行評議；二是為處理金融消費爭議事件，爭議處理機構得於合理必要範圍內，請求金融服務業協助或提出文件及相關資料，而受請求之金融服務業，未協助或提出文件、相關資料者，爭議處理機構得報請主管機關處理。相關金融消費評議中心，就個案報請發動行政權，此乃參考證券投資人暨期貨交易人保護法規定，協助資料取得，作成金融消費爭議事件評議之判斷，立法乃謂以補充金融消費爭議之法令及司法判解的不足，落實保護金融消費者之目的所在❽。

(1)評議事件之委員預行審查與報告意見

金融消費者保護法第 25 條第 1 項明文規定爭議處理機構於受理申請評議後，應由評議委員會主任委員指派評議委員三人以上之預審委員，先行審查，並研提審查意見報告。

當然，相關評議委員的預審制度，如評議委員對於評議事項涉及本人、配偶、二親等以內之親屬或同居家屬之利益、曾服務於該金融服務業離職未滿三年或有其他足認其執行職務有偏頗之虞時，應自行迴避，經當事人申請者，亦應迴避；當然如上迴避情形，評議委員及當事人對於應否迴避有爭議時，應由爭議處理機構評議委員會，決議該評議委員是否應予迴避，並由爭議處理機構將決議結果於決議之日起三日內，以書面通知當事人（金融消費者保護法第 25 條第 2 項、第 3 項）。其次，評議委員會主任委員應於前揭預審委員自行迴避，或上述評議委員會決議預審委員應予迴避之日起五日內，另行指派預審委員（金融消費者保護法第 25 條第 4 項）。

(2)評議程序之書面審理與意見陳述

就財團法人金融消費評議中心之評議程序，原則上採書面審理，此即金融消費者保護法第 26 條第 1 項前段所明文❾。然，相較於金融消費者保

---

❽　民國 100 年行政院版金融消費者保護法草案，第 20 條之立法理由，請參閱《立法院公報》第 100 卷第 47 期 64 頁。

❾　民國 100 年行政院版金融消費者保護法草案，第 25 條第 1 項（即現行法第 26 條第 1 項）之立法說明，謂參照英國金融公平服務機構 (FOS) 採書面審理制

護法第 27 條第 1 項規定「預審委員應將審查意見報告提送評議委員會評議」之程序，立法理由即明確表示評議程序，並非訴訟程序，不適用民事訴訟法有關言詞及直接審理規定；因此，評議委員會依法應公平、合理審酌評議事件之一切情狀，作成評議決定（金融消費者保護法第 27 條第 2 項）❸❼。

惟本法第 26 條第 1 項後段亦特別規定評議程序之書面審理原則，宜兼顧當事人之意見陳述，即「並使當事人有於合理期間陳述意見之機會」；易言之，評議委員會認為有必要者，得通知當事人或利害關係人至指定處所陳述意見，因而相關當事人之請求到場陳述意見，評議委員會認為有正當理由者，應給予到場陳述意見的機會（金融消費者保護法第 26 條第 2 項）。對於上述陳述意見部分，金融消費者保護法第 26 條第 3 項特別明文「前項情形，爭議處理機構應於陳述意見期日七日前寄發通知書予當事人或利害關係人」之通知義務，藉此實質保障其程序之謂❸❽。

(3)評議決定

承上所述，金融消費者保護法之評議程序是書面審理原則；因此，依評議委員會主任委員所指派的預審委員，應將審查意見報告，提送評議委員會，而評議委員會應公平、合理審酌評議事件之一切情狀，出席評議委員二分之一以上之同意，作成評議決定（金融消費者保護法第 27 條）。關於評議委員會的評議決定部分，金融消費者保護法如下特別規定：

一是評議決定之書面與送達。關於評議委員會之評議決定應以爭議處理機構名義，作成評議書，送達當事人；另，相關送達，法亦明文準用民事訴訟法有關送達之規定（金融消費者保護法第 28 條）。

度，並提供當事人於合理期間陳述意見的機會，請參閱《立法院公報》第 100 卷第 47 期 68 頁。

❸❼ 民國 100 年行政院版金融消費者保護法草案，第 26 條（即現行法第 27 條）之立法說明，請參閱《立法院公報》第 100 卷第 47 期 68 頁。

❸❽ 民國 100 年行政院版金融消費者保護法草案，第 25 條第 3 項（即現行法第 26 條第 3 項）之立法說明，請參閱《立法院公報》第 100 卷第 47 期 68 頁。

　　二是評議決定之雙方接受與成立。當事人於評議書所載期限內，以書面通知爭議處理機構，表明接受或拒絕評議決定之意見，此即評議，經當事人雙方接受而成立（金融消費者保護法第 29 條第 1 項），謂金融消費者保護法所創設訴訟外之爭議處理程序，為保護金融消費者與金融服務業合意使用本法爭議處理機制與處理結果之程序選擇權及程序處分權❽。惟如此爭議處理機構之評議設計，乃藉一種迅速有效之方法，以處理金融消費的爭議，但其立法理由亦如下指摘，若涉及較大金額之爭議時，似乎不宜由此種方法，解決私權紛爭之謂。職是，我國在立法政策上，參酌英國金融服務暨市場法 (Financial Services and Market Act) 有關評議給付金額上規定，即未超過上限之評議決定，一經金融消費者接受，金融服務業即受拘束，並得以強制執行之，但若超過此上限之評議決定，則僅具建議性質；爰此，金融消費者保護法第 29 條第 2 項特別規定金融服務業於事前以書面同意，或於其商品、服務契約或其他文件中表明，願意適用本法之爭議處理程序者，對於評議委員會所作其應向金融消費者給付每一筆金額或財產價值在一定額度以下之評議決定，應予接受，惟若評議決定超過一定額度，金融消費者亦表明願意縮減該金額或財產價值至一定額度，亦同❾。另，前揭之一定額度，金融消費者保護法第 29 條第 3 項明文授權爭議處理機構擬訂，報請主管機關核定公告。

4.創設團體評議制度

　　民國 104 年金融消費者保護法部分條文修正，增訂第 13 條之 1「團體評議」制度，即第 1 項所明文主管機關得指定金融相關之財團法人或公益社團法人，對於金融服務業與金融消費者間因同一原因事實受有損害之金融消費爭議事件，由二十人以上金融消費者以書面授與評議實施權後，以自己名義，依第 23 條至第 28 條規定為金融消費者進行評議程序。惟相關

❽　民國 100 年行政院版金融消費者保護法草案，第 28 條第 1 項（即現行法第 29 條第 1 項）之立法說明，請參閱《立法院公報》第 100 卷第 47 期 68 頁。

❾　民國 100 年行政院版金融消費者保護法草案，第 28 條第 2 項（即現行法第 29 條第 2 項）之立法說明，請參閱《立法院公報》第 100 卷第 47 期 69 頁。

申請團體評議之法人部分，依本條第 5 項「第一項法人應具備之資格要件……及其他應遵行事項之辦法，由主管機關定之」，但現有行政規範僅「金融監督管理委員會依金融消費者保護法第十三條之一對受指定法人補助作業要點」，即個案式指定的彈性作業方式為之，例如 2019 年全球新冠肺炎疫情延燒的防疫保單理賠風暴事件與啟動金融消費者團體評議機制的聲音，新聞報導「防疫保單之亂，保險公司恐面臨評議風險。金管會表示，目前的確有『團體評議』機制，即由投保中心擔任評議發動者，蒐集所有保戶的爭議態樣，對保險公司提出團體評議申請，由金融消費評議中心統一協助眾多保戶，進行評議及協調」的引述❾①，即「投資人保護中心得依財團法人證券投資人及期貨交易人保護中心業務規則執行投資人保護法第 10 條第 1 項第 5 款主管機關委託辦理事項」之保護機構任務。

至於相關「團體評議」程序部分，則如金融消費者保護法第 13 條之 1 第 2 項至第 5 項所定的特別規定，一是本條第 2 項「前項金融消費者於申請評議後作成評議決定前，終止評議實施權之授與者，應通知爭議處理機構，該部分之評議程序先行停止；該金融消費者應於七個工作日內以書面向爭議處理機構表明自行續行評議，屆期未表明者，視為撤回該部分之評議申請」，二是本條第 3 項「第一項受指定之金融相關財團法人或公益社團法人申請評議後，因部分金融消費者終止評議實施權之授與，致其餘部分不足二十人者，爭議處理機構應就其餘部分繼續進行評議」，三是本條第 4 項「爭議處理機構作成之評議書，應由依第一項規定授與評議實施權之各金融消費者，依第二十九條及第三十條規定表明接受或拒絕評議決定及是否申請將評議書送法院核可」等程序。

---

❾① 民國 111 年 5 月 9 日「團體評議行不行／防疫保單理賠爭議滾雪球，金管會研議啟動團體評議機制」《經濟日報》新聞報導、民國 111 年 5 月 22 日「團體評議機制醞釀出鞘，金管會：保戶可團體訴訟」《工商時報》新聞報導；另，請參閱投資人保護中心與其他主管機關指定事項辦理之財團法人證券投資人及期貨交易人保護中心業務規則。

㈢法院核可評議書之效力

依金融消費者保護法第 29 條第 1 項後段規定「評議經當事人雙方接受而成立」，而同法第 30 條第 4 項亦明文「評議書……經法院核可者，與民事確定判決有同一之效力，當事人就該事件不得再行起訴或依本法申訴、申請評議」，達到金融消費者保護法的評議程序與解決紛爭之目的與功能❷。惟相關評議書送請法院核可，不採強制主義，依金融消費者之個人需求送請，以減輕法院之負擔外，且在民國 104 年金融消費者保護法部分條文修正時，增訂第 30 條第 1 項但書「爭議處理機構送請法院核可前，金融服務業已依評議成立之內容完全履行者，免送請核可」；就此部分程序，金融消費者保護法第 30 條特別明文如下的規定：

一是金融消費者得於評議成立之日起九十日之不變期間內，申請爭議處理機構將評議書送請法院核可（金融消費者保護法第 30 條第 1 項前段）。

二是承上，爭議處理機構應於受理前述申請之日起五日內，將評議書及卷證送請爭議處理機構事務所所在地之管轄法院核可（金融消費者保護法第 30 條第 1 項後段）。

三是受理法院，除評議書內容，牴觸法令、違背公共秩序或善良風俗或有其他不能強制執行之原因，未予核可者外，法院對該評議書應予核可（金融消費者保護法第 30 條第 2 項），並明定依法未予核可者，應將其理由通知爭議處理機構及當事人（金融消費者保護法第 30 條第 3 項）。

㈣宣告評議無效或撤銷評議之訴

經法院核可之評議書，金融消費者保護法第 30 條第 5 項亦明文規定，如依法有無效或可得撤銷之原因，當事人得向管轄地方法院提起宣告評議無效，或撤銷評議之訴，立法理由則以例外准許評議當事人就評議有無效或得撤銷原因，得提起宣告評議無效或撤銷評議之法律救濟，謂其性質類同程序法上的再審之訴❸。相對於此，金融消費者保護法第 30 條第 6 項亦

---

❷　民國 100 年行政院版金融消費者保護法草案，第 29 條第 4 項（即現行法第 30 條第 4 項）之立法理由，請參閱《立法院公報》第 100 卷第 47 期 70 頁。

❸　民國 100 年行政院版金融消費者保護法草案，第 29 條第 5 項（即現行法第 30

明定依第 5 項提起宣告評議無效或撤銷評議之訴，為避免評議後之效力，因此懸而不定，乃特別明文準用民事訴訟法第 500 條再審不變期間、民事訴訟法第 501 條提起再審之程式、民事訴訟法第 502 條起訴不合程式或顯無理由之駁回，及民事訴訟法第 506 條對善意第三人取得權利之保護等規定，同時並準用強制執行法第 18 條第 2 項法院得停止強制執行之規定❾❹。

條第 5 項）之立法理由，請參閱《立法院公報》第 100 卷第 47 期 70 頁。

❾❹ 民國 100 年行政院版金融消費者保護法草案，第 29 條第 6 項（即現行法第 30 條第 6 項）之立法理由，請參閱《立法院公報》第 100 卷第 47 期 70 頁。

財經犯罪

第十一章　證券犯罪

綱要導讀

第一節　導　論

第二節　證券市場之犯罪類型

壹、證券詐欺（證券交易法第 20 條第 1 項）

貳、企業資訊不實（證券交易法第 20 條第 2 項）

參、操縱市場（證券交易法第 155 條）

肆、內線交易（證券交易法第 157 條之 1）

第三節　其他犯罪類型

壹、非常規交易（證券交易法第 171 條第 1 項第 2 款）

貳、特別背信與侵占（證券交易法第 171 條第 1 項第 3 款）

參、收賄與行賄之處罰（證券交易法第 172 條、第 173 條）

肆、證券交易法第 174 條

伍、證券交易法第 175 條

陸、證券交易法第 177 條

第四節　刑事政策與「犯罪所得」

壹、證券交易法第 171 條第 2 項原規定妥適性之檢討

貳、刑法「沒收」新制對證券交易法「犯罪所得」之影響

參、民國 106 年證券交易法部分條文修正

第五節　小　結

第一節　導　論

　　自刑法角度觀察財經犯罪，將發現財經犯罪與其他刑事犯罪有著許多不同之處。首先以受害者的犯罪被害感而論，對於竊盜罪會明確感受失竊物的損失，然對於因掏空案而損失的財產卻難以覺察；以刑事責任而論，其他刑事犯罪的刑責僅止於犯罪的自然人本身，惟財經犯罪的犯罪主體除自然人外，亦可能為法人，例如企業組織或財團法人，因此，若僅以一般刑法植基於自然人概念之主觀與客觀構成要件來評斷此類之法人財經犯罪，則顯得不切實際。正因法人事實上具有犯罪的可能性，我國許多特別刑法，例如食安、藥安、環境、洗錢防制法等均提及「法人若能舉證自己已盡防免之義務得減輕其責」之相關規範，可看出法人除須負起代位責任外，還應盡防免義務之自己責任。

　　我國刑法係繼受自德國法，因此刑法處罰對象係以自然人為主體，在經濟刑法的犯罪上亦未將法人作為犯罪主體，惟實際上在特殊刑事法規，不乏課予法人刑事責任的規定，參諸外國法亦承認公司具有刑事犯罪的能力，我國逕以公司係法人而非自然人，故無犯罪能力一語將公司刑事責任排除於經濟刑法的規範之外，國內法亦少見相關討論，則如何與國際反恐與洗錢的法制接軌❶？我國目前對於結構型犯罪的關注甚低，仍停留於傳統個人犯罪的層次❷，此卻是財經刑法領域中所需正視之議題。

　　論及財經犯罪，觀之 2016 年發生的兆豐金案，美國紐約金融署與兆豐金協調後，決定以一億八千萬元美金和解，於合議裁罰令中詳載其餘要求事項，並要求兆豐金須定期提出改進報告。美國行政機關可直接與犯罪者協調和解，背後概念源自於面對不同態樣的犯罪，須給予執法機關不同態樣的處理權力與權限，授予檢察、警察體系以及行政檢察單位較大的裁量權，再加以監督；反觀臺灣，則授予檢察官及行政檢察單位較少的權力，

---

❶　林志潔，《財經正義的刑法觀點》（元照，2014 年）7 頁。

❷　同前註，7 頁。

此對於普通被告而言雖尚稱足夠，但對如力霸掏空案般重大財經犯罪卻顯得力有未逮。

其中，財經犯罪中最複雜、困難者當屬證券犯罪，因其涉及資本市場，也具有許多管理及財經議題，因此對於法律從業人員或法律系學生而言學習門檻較高。在討論證券犯罪時，最該討論的起始問題為「公司存在的價值係以利害關係人的最大利益為考量？或以股東的最大利益為考量？」而證券交易法第1條即闡明：「為發展國民經濟，並保障投資，特制定本法。」由此條文規範可知其立法目的在於發展國民經濟，希望國民經濟可以藉由公開發行的股票資本市場的流通，而更為繁榮。然公司所屬產業類別有其專業性，公司之運作亦涉及高度複雜性、公司定期或不定期將公告特殊的文書及財務報告與公告、公司體質是否健全之檢視等，均使一般投資者必須仰賴公司所發布之財務業務資訊來協助辨別是否適合投資，因此為發展國民經濟而成的證券交易法，亦為一部「資訊法」，規範證券市場中一切資訊的真實呈現。

從證券交易法即為資訊法的角度來審視內線交易，「預先得知他人所未知的消息，並據此買入或賣出」即為利用資訊落差；操縱股價則為「故意利用不實的資訊，而蓄意打擊或拉抬某一股價」。又因證券交易法具有資訊法的性質，相關犯罪手法會隨資訊科技進步而不斷演進，有別於傳統的內線交易，現今甚至有犯罪者可利用電腦網絡來監測他人將會購買哪支股票，而搶先買入或賣出，賺取中間的差價，而為預先交易或高頻交易之不法行為。

又一般刑事案件涉及之法律問題相對較少，大部分問題乃係落於犯罪事實之認定上，因此多仰賴犯罪事實的鑑定；然財經犯罪相對於其他刑事案件，犯罪事實則清楚許多，因為股票買賣皆有所記錄、由證券交易所市場監控報告及數據中即可將各行為人購買各股票之時間及股數清楚呈現，而公司內部中董事會發言亦有逐字稿可資為證，因此在犯罪事實之認定上爭議不大，然財經犯罪之構成要件相對而言卻模糊許多，其常會介於是否有必要以刑法加以處罰之爭議。如美國證券交易相關法規中，針對是否該

認定其為刑事犯罪，大部分皆會將「重大性」列為構成要件。畢竟若將所有資訊完全鉅細靡遺地揭露給投資者，投資者又如何能分辨其中重要的資訊？是以不必將所有資訊完全揭露給投資者，僅需告訴投資者其中的重大資訊即足。

有關重大性要件，以內線交易為例，我國常在爭執知悉重大消息的時間點，但美國的重大性基準，則是此一消息有無使人在證券市場取得不當的優勢地位。內線交易中的重大性消息一般可劃分為二種，一種是固定性消息（例如明日宣布復興航空停飛），較為確立；另一種則為漸進性消息（例如兩間企業併購），較為瞬息萬變，因此判斷重大性的基準自然也有所不同。美國在判定前者的基準上，若投資人知道此一消息，而會影響其進場或退場，即認為此一消息具有重大性，例如：「航空公司是否明日會停飛？」會影響投資者投資意願即為重大消息，反之則否；在判定後者的基準，則為消息來源的「信度」與「效度」。除此之外，消息也可能具有積累性，是否屬於重大消息，應可不僅止於單一消息而論。

另以財報不實案件為例，公開發行公司每日營運活動所產生之財務資訊眾多，憑證數量亦不計其數，在製作財務報表之過程中，是否只要有一塊錢記載錯誤，即認定其涉犯財務資訊不實之刑事責任？此恐非立法者之真意，實務上之運作亦顯不可行。然相較於我國證券交易法中未就重大性要件予以明文規定，造成法律適用上之爭議。美國法上由美國證券交易委員會 (SEC) 提出之「幕僚會計公告」中，提出質與量的綜合判斷標準，將處罰範圍予以限縮於構成重大性要件時始須以刑法處罰，此規範方式始符合商業會計上帳務處理之實務及合理性，避免對於財會人員課與過苛之報表製作責任，然我國現行證券交易法第 171 條第 1 項第 1 款及第 174 條第 1 項第 5 款之條文中均未有重大性要件之明文規定，此亦屬另一刑法與會計或商法領域間不契合之情形。

和一般傳統犯罪行為人具有邊緣人性格，或為社會底層、有適應社會不良的情況不同，白領犯罪的行為人，往往是社會中上階層或受人尊崇之人，屬於適應社會良好，在各類競爭中出人頭地，或深諳資本市場遊戲規

則之「人生勝利組」。這些屬於人生勝利組之人，可能利用自身的專業去進行犯罪，例如會計師涉及財報不實犯罪，或者律師進行偽造文書、教唆偽證之行為；也可能利用己身取得資訊的優勢，影響資本市場的公平性，例如公司的董事利用內線消息從事內線交易；更可能利用公職的身分，圖謀私人的利益，例如全民選出之總統，違背人民的託付，進行貪腐的不法犯行❸。財經犯罪中高度倚賴財經人才、法務人才等專業，若期望在未來，這些專業能提供財經犯罪審判更多的社會資源，如何避免他們成為專替富人脫罪的工具，則為需特別留心的問題。財經犯罪中也常可凸顯專業墮落的情況，因此富人往往更有能力鑽法規、稅務、財會制度的漏洞，專業人才應具更高的自律、倫理規範以及對於不法行為的懲戒，才會獲得大眾的敬重。

　　雖然國內證券交易法的制度尚未完善，容或構成要件未令人滿意，容或財經檢察權過於僵化，容或法人刑事責任未完備，但仍有持續進步的希望。從過去一連串洗錢防制法、沒收制度的改革，可看出越來越多人開始關心財經犯罪所造成的問題，也希冀更多同學能就財經刑法領域多所涉獵及探索，並發揮所長就此領域進行深入研究，共同就我國財經刑事法制之完善與精進貢獻心力。

　　爰此，本章將針對我國證券交易法中所規範的證券犯罪態樣，區分發行面與交易面之犯罪類型，以塊狀結構探討證券詐欺、財務報表不實及公開說明書不實、非常規交易、特別背信與侵占、操縱市場、內線交易等犯罪，每種犯罪態樣從法理引述開始，依序進行構成要件解析、爭議問題介紹、實務見解整理、罰則簡介。認識立法者設下怎麼樣的安全網，用以保障投資人。

---

❸　同前註❶，4頁。

第二節　證券市場之犯罪類型

本節著重於證券交易市場上之證券詐欺、財務報表不實及公開說明書不實、操縱市場、內線交易等五種證券市場發行面之犯罪類型。

壹、證券詐欺（證券交易法第 20 條第 1 項）

一、導論——法理與保護法益

本條係參考 1934 年美國證券交易法第 10 條 b 項之規定，學者將原文翻譯如下❹：「任何人直接或間接利用州際商務工具或郵件或全國性證券交易所設備，於買賣上市或非上市證券或其相關活動時，不得有違反聯邦證管會為維護公共利益或保護投資證券人之必要，所明文禁止之操縱或詐欺之行為。」

因證券交易奠基於投資大眾對市場之信賴，行為人於證券發行及交易市場上為詐欺行為，將影響投資人之判斷，倘未加管制，將影響投資人之投資意願，嚴重影響證券市場之運作，故以本條賦予證券市場參與者誠信義務，促其參與證券市場活動時，勿為詐欺等類似行為，以維持市場之秩序。其規範之行為包含在發行市場為有價證券之募集、發行及私募，亦包含證券流通市場上之買賣行為❺。

隨後，聯邦證管會依此頒布 SEC Rule 10b-5，該規定內容為：「任何人直接或間接利用州際商務工具或郵件或全國性證券交易所之設備買賣有價證券，不得有下列各款之行為：(a)使用任何方法、計畫或技巧從事詐欺

---

❹　15 USC§78i-Manipulation of security prices，國內譯文請參閱林志潔，〈美國聯邦最高法院判決與內線交易內部人定義之發展——以 O'Hagan 案為核心〉《歐美研究》第 41 卷第 3 期 851 頁；莊永丞，〈論證券交易法第 20 條證券詐欺損害賠償責任之因果關係〉《中原財經法學》第 8 期 4 頁。

❺　王志誠，〈財務報告不實之民事責任〉《月旦財經法雜誌》第 1 期 119 頁。

行為；(b)對重要事實作不實陳述，或省略某些重要事實之陳述，以致在當時實際情形下，產生引人誤導之效果；(c)從事任何行為、業務、商務活動，而對他人產生詐欺或欺騙之情形者❻」。是為美國法之反詐欺條款，更為我國制定證券交易法第 20 條證券詐欺之主要參考。

二、條文沿革

證券交易法第 20 條之規定於民國 57 年 4 月 16 日證券交易法制定時即已制定，後歷經三次修正。77 年 1 月 12 日第一次修正之重點在新增本條第 2 項，因發行人編送主管機關之財務報告或其他有關業務文件，有虛偽之記載情事者，依原證券交易法僅可依第 174 條追究其刑事責任，對善意之有價證券取得人或出賣人並無實益，故增訂第 2 項，使財務報告不實者須負擔民事損害賠償責任。

民國 91 年 1 月 15 日第 2 次修正時，修訂第 1 項之構成要件，使有價證券之私募及再行賣出，亦不得為虛偽隱匿不實之情事。民國 94 年 12 月 20 日第 3 次修正，將第 2 項構成要件中「其他有關業務文件」明定為「財務業務文件」以明確其範圍。又因財務報告及財務業務文件內容虛偽隱匿情事，其相關人員之賠償責任有其特殊性，與第 1 項所規範之行為主體不同，故修正第 3 項，將此民事賠償責任移列至第 20 條之 1，另予規範。

三、構成要件解析

本條著重於證券交易市場秩序之維持，故參與證券市場者，當其為有價證券之募集、發行、私募或買賣時，不得有虛偽、詐欺或其他足以致他人誤信之行為，此為證券交易市場上之誠信義務及反詐欺條款，避免行為人以該等行為誤導他人，影響市場交易之健全。

於客觀構成要件之認定上，本條文所指之「虛偽」，係指陳述之內容與客觀之事實不符；「詐欺」，則指以欺罔之方法騙取他人財物；而「其他足

---

❻ Rule 10b–5 Employment of Manipulative and Deceptive Devices，國內譯文請參閱林志潔，前揭文❹ 852 頁。

致他人誤信之行為」，指陳述內容有缺漏，或其他原因，產生誤導相對人對事實之瞭解發生偏差之效果❼。又實務見解亦認為此陳述之內容係「與投資判斷形成過程相關之重要事項」，亦即所陳述之內容必須具有「重要性」或「重大性」而足以影響投資判斷形成之重要內容，方足該當，若行為人虛偽不實陳述內容之危害程度，達到「足致一般投資人誤信」程度，始該當證券詐欺罪，並非陳述有誤或不當即當然構成，如此方與證券市場消息充斥實況及特性相符❽。又臺灣高等法院 99 年度金上重訴字第 42 號判決亦指出：證券交易法第 20 條規定之立法規範在於禁止詐欺「社會投資大眾」，並以之作為加重刑罰之理由，承此證券交易法第 20 條所規範之客體即應以「公開發行之有價證券」為限，始符合立法意旨。

　　於主觀構成要件之認定上，此一「虛偽、詐欺或其他使人誤信等行為」，實務見解認為均須出於行為人之故意，始能成立此罪，倘其造成他人誤信之結果係行為人疏忽所致，自不能該當此罪❾。是以此罪僅處罰行為人之故意而為處罰過失，應予辨明。又此於證券市場上所為之詐欺行為，與刑法第 339 條之普通詐欺罪間之競合關係為何，我國實務見解亦指出：「……證券交易法第 171 條因違反同法第 20 條第 1 項成立之罪，為刑法第 339 條第 1 項之特別規定，自毋庸再論以刑法第 339 條第 1 項之詐欺取財罪名……❿」將本證券詐欺罪認定為刑法普通詐欺罪之特別規定，而毋需

---

❼　臺灣高等法院 99 年度金上重更㈠字第 15 號判決。

❽　臺灣高等法院 99 年度金上重更㈠字第 15 號判決。類似見解參臺灣高等法院 104 年度金上重更㈡字第 11 號判決、臺灣高等法院 101 年度金上重更㈠字第 19 號判決、臺灣高等法院 101 年度金上重訴字第 32 號判決、臺灣高等法院 102 年度金上重訴字第 34 號判決、最高法院 83 年度臺上字第 4931 號判決、臺灣高等法院 101 年度金上重更㈠字第 2 號判決。

❾　最高法院 105 年度臺上字第 2144 號判決。

❿　臺灣高等法院 99 年度金上重更㈠字第 16 號判決。類似見解參臺灣高等法院 104 年度金上重更㈣字第 1 號判決、臺灣高等法院 101 年度金上訴字第 28 號判決、臺灣高等法院 99 年度金上重更㈠字第 16 號判決、臺灣高等法院 102 年度金上更㈠字第 5 號判決、臺灣高等法院 101 年度金上重更㈠字第 19 號判決、

重複論罪。

　　本條第 2 項規定發行人依證券交易法所申報或公告之財務報告及財務業務文件，其內容不得有虛偽或隱匿之情事。證券交易法第 20 條第 1 項須為「有價證券之募集、發行、私募或買賣」的情形；亦即以虛偽、詐欺等方法，為募集、發行、私募或買賣有價證券之行為，本項要件，為區別第 20 條第 1 項與同條第 2 項規定的主要標準，如公司申報或公告虛偽不實的財務報告或業務文件，係違反第 20 條第 2 項規定；但如進一步將該等報告或文件用以募集、發行、私募或買賣有價證券者，則更違反第 20 條第 1 項之規定❶。本條第 2 項為 77 年 1 月 12 日證券交易法修法時所新增，因證券交易市場著重於資訊公開，使投資人可藉由財務資訊瞭解公司運作及進行投資選擇，故於財務資訊所為之詐欺行為，影響更為深遠，而有其規範之特殊性，此財務資訊不實之法律效果及相關爭議之探討，將於下節「財務報表提供不實資訊」深入探討。

四、罰則（證券交易法第 171 條第 1 項第 1 款）

　　依證券交易法第 171 條第 1 項第 1 款之規定，違反第 20 條第 1 項之規定者，處三年以上十年以下有期徒刑，得併科新臺幣一千萬元以上二億元以下罰金。並於第 171 條第 2 項規定：「犯前項之罪，其因犯罪獲取之財物或財產上利益金額達新臺幣一億元以上者，處七年以上有期徒刑，得併科新臺幣二千五百萬元以上五億元以下罰金」，民國 106 年證券交易法修正，將「犯罪所得」改定「因犯罪獲取之財物或財產上利益」一詞，範圍具體明確❷，即以規定若其因犯罪獲取之財物或財產上利益達一定金額以上者

　　　臺灣高等法院 102 年度金上重訴字第 34 號判決、臺灣高等法院 100 年度金上重更㈢字第 20 號判決、臺灣高等法院 99 年度金上重更㈠字第 12 號判決。

❶　賴英照，《股市遊戲規則——最新證券交易法解析》（自版，2011 年）716～717 頁。

❷　民國 106 年證券交易法部分條文修正草案，修正第 171 條第 2 項立法說明，請參閱《立法院公報》第 107 卷第 9 期 156 頁。

之加重刑責規定。

又證券交易法第 20 條之證券詐欺與同法第 155 條之操縱市場為二獨立犯罪類型。證券交易法第 155 條所規範的不法行為，固然包括具有欺罔性質的操縱行為者，例如第 3 款（相對委託）、第 4 款（連續高價買入或低價賣出）、第 5 款（沖洗買賣）及第 6 款（散布流言）；但亦涵蓋不必然含有欺罔性質者，例如第 1 款（違約交割）及第 7 款（其他操縱行為）❸。實務見解上，最高法院 84 年度臺上字第 1127 號判決認為：「藉由違約交割遂行詐財目的，係違反證券交易法第 20 條第 1 項『有價證券之募集、發行、私募或買賣，不得有虛偽、詐欺或其他足致他人誤信之行為』之詐欺買賣罪，不另成立第 155 條的不履行交割罪。」而著重於違約交割行為之目的，若該目的乃係藉由違約交割之手段來遂行詐欺目的，則以證券交易法第 20 條第 1 項之證券詐欺罪予以處罰。此外，臺灣高等法院 96 年度金上重更㈤字第 199 號判決對於證券交易法第 20 條之詐欺採取狹義解釋，認為須有「被害相對人」存在，且該相對人因行為人之虛偽而陷於錯誤，始足成立；此種情形，與第 155 條之操縱行為，既不須有被害相對人，亦不必有被害結果之發生，顯有不同❹。

此外，實務見解亦認為，涉犯證券交易法第 32 條、第 174 條第 1 項第 1 款或第 3 款之公開說明書不實行為，因未必僅以虛偽記載之公開說明書方式即得同時成立詐欺罪；故該當於第 174 條第 1 項第 1 款或第 3 款之虛偽記載公開說明書之要件者，並不當然完全符合於證券詐欺罪之構成要件，是以此兩罪間自無法條競合之特別關係存在❺。

---

❸　同前註❶，694 頁。

❹　同前註❶，695 頁。

❺　最高法院 104 年度臺上字第 3871 號判決：「違反證券交易法第 20 條第 1 項規定者，為證券詐欺罪，應依第 171 條第 1 項第 1 款規定論處。就有價證券之募集、發行、私募或買賣，不得有詐欺行為之要件言，與刑法詐欺取財罪相同，係指行為人意圖為自己或第三人不法之所有，以欺罔之方法騙取他人財物；但證券詐欺罪通常發生在證券市場，投資人無從自證券紙張本身判斷證券之價值，如有藉虛偽不實之資訊募集或買賣證券者，極易遂行其詐財之目的，被害

貳、企業資訊不實（證券交易法第 20 條第 2 項）

一、財務報告、財務業務文件部分

㈠導論──法理與保護法益

　　為發展國民經濟，並保障投資**⓰**，促進證券交易市場之活絡，必先使投資人願意參與證券市場。然而，投資人並非公司內部人，無法得知公司經營策略及績效，故須藉由企業揭露其財務資訊內容，提供市場上的理性投資人得形成自己的投資判斷，為一種理想化的交易模式**⓱**。

　　證券交易法第 14 條第 1 項對財務報告做了定義**⓲**，於民國 95 年 1 月證券交易法修正時，為提醒相關人員責任範圍，又特別參酌美國沙賓法案 (Sarbanes-Oxley Act) 之規定，於第 14 條第 3 項規定，公司之董事長、經理人及會計主管除於財報上簽名或蓋章外，還應出具財務報告內容無虛偽或隱匿之聲明**⓳**。因報表之編製為管理階層之責任，其應出具內容無虛偽或

人動輒萬千，妨礙證券市場健全發展，為維護公益並促進市場發展，乃設重刑以嚇止不法。於依第 30 條規定申請事項為虛偽之記載，或發行人、負責人有第 32 條第 1 項所指之情事者，固應依其情形分別適用同法第 174 條第 1 項第 1 款、第 3 款科處刑罰。但證券詐欺罪，應於已實際為有價證券之募集、發行或買賣之行為，始成立犯罪，且未必僅以虛偽記載之公開說明書方式即得同時成立詐欺罪；故該當於第 174 條第 1 項第 1 款或第 3 款之虛偽記載公開說明書之要件者，並不當然完全符合於證券詐欺罪之構成要件，是以此兩罪間自無法條競合之特別關係存在。」

⓰ 證券交易法第 1 條：為發展國民經濟，並保障投資，特制定本法。

⓱ 廖大穎，〈論證券市場與投資人自己責任制度〉《公司制度與企業金融之法理》（元照，2003 年）195 頁；賴英照，《證券交易法逐條釋義(1)》（自版，1992 年）41 頁；賴源河，《證券管理法規》（自版，2000 年）24 頁；林國全，〈證券交易法與證券行政〉《證券交易法研究》（元照，2000 年）8 頁。

⓲ 證券交易法第 14 條第 1 項：本法所稱財務報告，指發行人及證券商、證券交易所依法令規定，應定期編送主管機關之財務報告。

⓳ 丁克華，〈沙氏法案為我國立法革新帶來的啟示〉《內部稽核》第 45 期 4～5

隱匿之財務報告，以達成證券交易法上資訊公開的原則，且不得有資訊不實之詐欺行為，以維護證券交易市場之健全。

　　本條係參考美國證券交易法 section 18⒜之規定，學者將原文翻譯如下❷：「任何人對於依法須註冊之文件，不論是自己或使人製作，就重大事實均不得有虛偽或令人誤信之行為，違者，對於信賴該書表而為買賣之人（且買賣價格已受該書表中不實資訊之影響）負損害賠償之責，除非其證明本於善意且不知情」。從比較法的角度觀察，美國法之賠償義務人不以發行人為限，亦不以在財報或文件上簽名為要件，雖未簽名而實際參與製作者，均應負責❷。

　⒟條文沿革

　　證券交易法第 20 條第 2 項規定之沿革已於上節介紹，而證券交易法第 20 條第 2 項之法律效果則見於民國 94 年 12 月 20 日增訂之第 20 條之 1，證券交易法第 20 條之 1 於民國 104 年 7 月 1 日修正，將第 2 項負無過失責任之賠償義務人範圍，從原本規範之「發行人、發行人之董事長、總經理」限縮至僅有「發行人」須負無過失責任，修法理由載明：「一、刪除原條文第 2 項及第 5 項中之『發行人之董事長、總經理』。二、美國證券交易法第 18 條與日本證券交易法第 24 條之 4 及第 24 條之 5 對於財務報告之虛偽或隱匿係規定，發行人之董事長與總經理僅負推定過失責任，而非絕對賠償責任。顯見我國證券交易法第 20 條之 1 有關財報不實之規定，對於董事長與總經理之責任顯然過重，而有礙企業之用才。三、為避免過苛之賠償責任降低優秀人才出任董事長及總經理等高階職位之意願而有礙國家經濟

頁；蘇裕惠、林寶珠，〈強化財務揭露品質：沙氏法案中的監督與制衡機制〉《會計研究月刊》第 227 期 68 頁；劉連煜，〈財報不實之損害賠償責任：法制史上蜥蜴的復活？證券交易法新增訂第 20 條之 1 的評論〉《月旦民商法雜誌》第 11 期 52 頁。

❷　15 USC§78r-Liability for misleading statements，國內譯文請參閱曾宛如，〈論證券交易法第 20 條之民事責任——以主觀要件與信賴為核心〉《臺大法學論叢》第 33 卷第 5 期 55 頁。

❷　賴英照，前揭書❶ 792 頁。

發展，爰提案將董事長與總經理之絕對賠償責任修正為推定過失責任。」
故在修法後，發行人之董事長、總經理如能證明已盡相當注意，且有正當
理由可合理確信其內容無虛偽或隱匿之情事者，免負賠償責任。又同條第
5 項亦將賠償義務人範圍配合第 2 項之規定為修正，自此發行人之董事長、
總經理因其過失致第 1 項損害之發生者，應依其責任比例，負賠償責任，
相較於修正前之法規範，著實減輕了發行人之董事長與總經理之民事賠償
責任。

㈢構成要件解析

本條規定出具第 20 條第 2 項之財務報告及財務業務文件，或依第 36
條第 1 項公告申報之財務報告，其主要內容有虛偽或隱匿之情事者，對於
發行人所發行有價證券之善意取得人、出賣人或持有人因而所受之損害，
應負賠償責任。條文規定之「主要內容」則係指某項資訊的表達或隱匿，
對投資人的投資決定具有重要影響而言[22]。

1.客觀要件：重大性要件之適用爭議

證券交易法第 171 條第 1 項第 1 款及同法第 174 條第 1 項第 5 款皆係
公開發行公司財務資訊不實之刑事責任規範，惟公開發行公司之日常營運
活動中，每日所產生之財務資料及憑證等多不計數，是否一旦存有不實即
成立財務資訊不實之刑事責任，容有疑義，實須加以釐清[23]。

相較於我國證券交易法中未就重大性要件予以明文規定，造成法律適
用上之爭議。美國法上由美國證券交易委員會 (SEC) 提出之「幕僚會計公
告」(Staff Accounting Bulletin: No. 99 (SAB 99)) 中，提出質與量的綜合判
斷標準。在量性指標部分，承認一經驗法則，認為若虛偽陳述之金額占財
務資訊總數之部分低於百分之五，可初步假設該虛偽陳述不具重要性。在
質性指標部分，認為雖然虛偽陳述低於百分之五，但該不實陳述影響法令

---

[22] 賴英照，前揭書[11] 732 頁；賴源河，前揭書[17] 566 頁；余雪明，《證券交易法》
（財團法人中華民國證券暨期貨市場發展基金會，2004 年）519 頁。

[23] 林志潔，〈我國財務資訊不實刑事責任之法律適用疑義與重大性要件〉《證券市
場發展季刊》第 28 卷第 3 期 133 頁。

規範之要求、契約之要求、或隱藏不法交易時，亦可能認為屬重大之財務資訊不實❷❹。學說及實務上通說亦主張於客觀要件上應加入「重大性」要件予以限縮處罰範圍❷❺，一旦進入認為重大，而隸屬刑事不法後，接下來面臨的方為我國證券交易法第 171 條第 1 項第 1 款與同法第 174 條第 1 項第 5 款之適用疑義❷❻。

2. 證券交易法第 171 條第 1 項第 1 款與同法第 174 條第 1 項第 5 款之法規競合爭議

由前述證券交易法第 20 條第 2 項之立法歷程觀之，77 年 1 月 12 日證券交易法修正時，立法者認為財務資訊不實當時僅設有刑事責任，對於有價證券之善意取得人或出買人並無實益，故設立此項規定，並於同條第 3 項增設民事責任之請求基礎，因此，立法者實認為：財務資訊不實之刑事責任已於證券交易法第 174 條有所規定❷❼。然而 93 年 1 月 13 日證券交易法修正時，於第 171 條第 1 項第 1 款中，立法者又再度規範了違反證券交易法第 20 條第 2 項之刑事責任，其修正理由為：「第 20 條第 2 項有關發行人申報或公告之財務報告有虛偽不實之行為，為公司相關人之重大不法行為，亦屬重大證券犯罪，有處罰之必要，爰於第 1 項第 1 款增列違反第 20 條第 2 項之處罰規定❷❽。」形成了證券交易法第 171 條第 1 項第 1 款及第 174 條第 1 項第 5 款就財務報表不實資訊刑事責任之重複規範，且此爭議亦發生於證券交易法第 171 條第 1 項第 1 款及同法第 174 條第 1 項第 3 款

---

❷❹　同前註，131 頁。

❷❺　郭土木，〈證券交易法財務報告刑事責任辨析〉《台灣法學雜誌》第 237 期 9 頁；王志誠，〈財務報告不實之「重大性」要件——評最高法院 100 年度金上重訴字第 18 號刑事判決及最高法院 102 年度臺上字第 485 號刑事判決〉《月旦法學雜誌》第 238 期 267 頁；劉連煜，〈證交法第 20 條第 2 項資訊不實規範功能之檢討——資訊內容具重大性責任成立要件〉《台灣法學雜誌》第 131 期 201 頁；臺灣臺北地方法院 102 年金訴字第 4 號判決。

❷❻　林志潔，前揭文❷❸ 147 頁。

❷❼　林志潔，前揭文❷❸ 134 頁。

❷❽　《立法院公報》第 93 卷第 2 期 193 頁。

公開說明書不實之刑事責任規範上。

是以學者多有討論此二條文立法存廢修正之議題，然在修法之前，自客觀要件而言，現行法下第 171 條第 1 項第 1 款之刑度較高，可非難性亦較高，在司法解釋要件時，或可將之解釋為：公開說明書或其他應公告申報之事項，因必須對外公開，將影響債權人及投資人之決策與判斷，故應受較為嚴格之檢視，而優先適用證券交易法第 171 條第 1 項第 1 款之規定；至若非屬「公開說明書或其他應公告申報之事項」之其他財務業務文件，則不受第 171 條第 1 項第 1 款所規範，仍適用最早針對財務資訊不實所訂之第 174 條第 1 項第 5 款規定，如此解釋以便在現行法下，將二條文做出區隔❷❾。

3.主觀要件之提升

我國法上有關財務資訊不實共計有 4 個條文，分別是證券交易法第 171 條第 1 項第 1 款、證券交易法第 174 條第 1 項第 5 款、商業會計法第 71 條第 1 款及刑法第 215 條業務上文書登載不實罪。然上述四條文中，僅有商業會計法第 71 條第 1 款和刑法第 215 條業務上文書登載不實罪，訂有「明知」之主觀要件規定，惟在證券交易法第 171 條第 1 項第 1 款和同法第 174 條第 1 項第 5 款之規定中，則未見有主觀要件之規定，然基於下述二理由，在適用證券交易法之二條文時，亦應採行重大性要件，而適當限縮處罰範圍：

(1)我國刑法第 12 條第 2 項規定：「過失行為之處罰，以有特別規定者為限。」證券交易法第 171 條第 1 項第 1 款和同法第 174 條第 1 項第 5 款之規定中既未規範過失行為之處罰，則以故意行為為限，須達未必故意之程度，方具備處罰之主觀要件，同時，公司日常經營活動中，有關之財務業務文件多不計數，如一有誤述即以刑罰相繩，將使公司經營多所束縛，實非立法真意。

---

❷❾ 林志潔，前揭文❷❸ 155 頁。

⑵同為處罰財務資訊不實之商業會計法及刑法規定，亦限於「明知」為要件，基於舉輕以明重之法理，刑度更高之證券交易法規定，可考慮提高行為人之主觀要件，以符合比例原則❸⓿。

我國亦有實務見解認為所謂「虛偽或隱匿」，均以故意為要件，且須以有關財務報告等業務文件之重要內容為虛偽或隱匿之陳述，足以生損害於投資人或相關人員（或機構）為其要件❸①。又證券交易法第 20 條第 2 項不得虛偽申報或公告財務報告之規定，係刑法第 215 條業務上文書登載不實罪之特別規定（最高法院 105 年度臺上字第 1948 號判決要旨參照），自應優先適用，不再論以業務上文書登載不實罪❸②。

㈣罰則（證券交易法第 171 條第 1 項第 1 款）

依證券交易法第 171 條第 1 項第 1 款之規定，違反第 20 條第 2 項之規定者，處三年以上十年以下有期徒刑，得併科新臺幣一千萬元以上二億元以下罰金。並於第 171 條第 2 項規定其因犯罪獲取之財物或財產上利益達一定金額以上者之加重刑責規定。

二、公開說明書部分

㈠導論——法理與保護法益

證券交易法第 32 條係參考美國證券交易法第 11 條規定，學者翻譯原文如下❸③：「申報說明書之重要事實如有不實陳述或遺漏應陳述或避免致生誤導之重要事實，有價證券之認購人除得對發行人請求損害賠償外，並得對下列各款之人請求損害賠償：⑴於申報說明書簽名之人。⑵發行人之現任董事及合夥人。⑶註冊申報書所記載已同意擔任董事或合夥人之人。⑷

---

❸⓿　林志潔，前揭文❷③ 147～148 頁。

❸①　臺灣高等法院 104 年度金上重㈡字第 8 號判決。

❸②　同前註。

❸③　15 USC§77k-Civil Liabilities On Account Of False Registration Statement，國內譯文請參閱王志誠，〈公開說明書不實記載之民事責任〉《政大法學評論》第 82 期 97～98 頁。

於註冊申報書簽證或陳述意見之會計師、工程師、估價師及其他專門職業
或技術人員。⑸證券承銷商。」值得參考。

我國證券交易法中所規定之公開說明書共有三種，第一種為公司為募
集及發行有價證券，於申請審核時，所須加具與主管機關審查之公開說明
書❸；第二種係公司欲使其有價證券在證券交易所上市或於證券商營業處
所買賣時，欲出具供證券交易所及證券櫃檯買賣中心審查之公開說明書❸；
第三種則係公司欲募集有價證券，其應先向認股人或應募人交付公開說明
書，其交付對象為投資人，目的在使投資人獲知充分資訊後，再決定是否
予以投資❸。

本節所欲探討之公開說明書提供不實資訊，即其應記載之主要內容有
虛偽或隱匿之情事，須負擔民事及刑事責任者，依證券交易法第 32 條第 1
項之規定，限於上述之第三種公開說明書，亦即：「公司欲募集有價證券
時，所交付於投資人之公開說明書」❸。規範之理由在於：若交付於投資
人之公開說明書主要內容不實，可能會誤導投資人認購該有價證券之意願，
同時相較於主管機關、證券交易所及櫃檯買賣中心人員具有較專業之知識，
一般投資人較難判斷公開說明書中之內容是否屬實，其更具有保護之必要，
故於證券交易法中規範相關之刑事及民事責任，以遏止發行公司於公開說
明書中提供不實資訊。

---

❸ 我國證券交易法第 30 條第 1 項：公司募集、發行有價證券，於申請審核時，
除依公司法所規定記載事項外，應另行加具公開說明書。

❸ 我國證券交易法第 30 條第 3 項之規定：公司申請其有價證券在證券交易所上
市或於證券商營業處所買賣者，準用第 1 項之規定；其公開說明書應記載事項
之準則，分別由證券交易所與證券櫃檯買賣中心擬定，報請主管機關核定。

❸ 我國證券交易法第 31 條第 1 項規定：募集有價證券，應先向認股人或應募人
交付公開說明書。

❸ 我國證券交易法第 32 條第 1 項規定：前條之公開說明書，其應記載之主要內
容有虛偽或隱匿之情事者，左列各款之人，對於善意之相對人，因而所受之損
害，應就其所應負責部分與公司負連帶賠償責任。及證券交易法第 174 條第 1
項第 3 款有關刑事責任之規定。

㈡條文沿革

本條於民國 57 年 4 月 16 日證券交易法制定時即已制定，後於民國 77 年 1 月 12 日歷經一次修正，其修正重點在於新增本條第 2 項，因原條文僅規定構成要件及法律效果，而無免責之餘地。依本條修正理由認為，在無免責條款之規定下，固然可全面保護投資人，惟對於發行人以外之人，如其已極盡調查或相當注意之能事，縱無過失，卻仍須負連帶賠償責任，顯屬過苛，是以增訂第 2 項可免責事由，減輕各該人員之責任，並促進其善盡調查及注意之義務❸❽。

又修正理由中特別提及，因公開說明書為發行人所製作，故其內容如有虛偽或欠缺之情事，發行人自應負責，因此發行人於本次修正中，仍未將其列入得免責之列❸❾。

㈢構成要件解析

本條針對公司欲募集有價證券、所交付於投資人之公開說明書內含不實資訊時，即其應記載之內容有虛偽或隱匿之情事者，賦予善意之相對人，得因該公開說明書資訊不實而受之損害，向特定人請求損害賠償的權利，且該特定人須就其應負責之部分，與公司負連帶賠償責任。前述本條適用範圍在證券交易法第 31 條所規定公司欲募集有價證券時，所交付於投資人之公開說明書；惟，證券交易法第 22 條第 3 項申請「再次發行」時，由出賣人所編製之公開說明書是否有本條之適用？亦有爭議。若依文義解釋，似並不包含之，但若探其規範目的，則應予以適用，對此，學者多認未來實應以修法明定之，以杜爭議❹⓪。

有學者認為一般之過失行為不包括於本條之內，否則將對發行人及其

---

❸❽　證券交易法第 32 條修正理由。《立法院公報》民國 77 年證券交易法修正第 77 卷第 4 期。

❸❾　同前註。

❹⓪　王志誠，前揭文❺，128 頁；林仁光，〈論老股承銷公開說明書不實記載之民事責任是否有證券交易法第 32 條之適用爭議〉《證券暨期貨月刊》第 22 卷第 8 期 52 頁。

他市場參與者造成過重之責任，不利資本市場之活絡㊶。惟亦有學者認為，於文義解釋上宜容許包括因過失行為致生他人誤信之情事，故企業揭露不實資訊的本質，與民法第 184 條「因故意或過失，不法侵害他人之權利者，負損害賠償責任」之侵權行為法理，無殊異之處㊷。

又，本條之本質為侵權行為，因行為人之故意而於證券交易市場上為詐欺行為，造成善意投資人之財產權侵害，依民事舉證責任分配，原應由原告舉證證明其損害與行為人之加害行為間具有因果關係，惟此對投資人而言實難舉證。

㈣罰則（證券交易法第 174 條第 1 項第 3 款）

依證券交易法第 174 條第 1 項第 3 款規定㊸，其規範主體為發行人或其負責人、職員，有證券交易法第 32 條第 1 項之情事，且無同條第 2 項之免責事由者，處一年以上七年以下有期徒刑，得併科新臺幣二千萬元以下罰金。另於證券交易法第 174 條第 2 項第 1、2 款分別規定律師及會計師之刑事責任，期以刑事制裁遏止於公開說明書上提供不實之資訊之行為，避免影響投資人之判斷。

有學者另指出，證券交易法第 32 條第 1 項各款中另有規範承銷商、工程師及其他專門職業技術人員之民事損害賠償責任㊹，而本法第 174 條第 1 項及第 2 項卻未規定該等人員之刑事責任，與律師、會計師做出差別待遇，理由令人難以理解㊺，未來宜統一規定為佳。又公開說明書性質亦為證券交易法第 20 條第 2 項的財務業務文件，如有虛偽不實，是否適用第 171 條處罰？最高法院判決尚欠一致，應修法為明確之規定㊻。

㊶　劉連煜，《新證券交易法實例研習》（自版，2011 年）309 頁。

㊷　廖大穎，前揭文❶ 245 頁。

㊸　證券交易法第 174 條第 1 項第 3 款之規定：發行人或其負責人、職員有第 32 條第 1 項之情事，而無同條第 2 項免責事由。

㊹　證券交易法第 32 條第 1 項第 3 款、第 4 款之規定。

㊺　賴英照，前揭書⓫ 67 頁。

㊻　賴英照，前揭書⓫ 66 頁。

參、操縱市場（證券交易法第 155 條）

一、導論──法理與保護法益

　　證券流通市場藉由投資人間對於證券的供給與需求關係而反映出價格變動，因此證券價格的漲跌變化根基於投資人對證券的信心程度，為維持證券市場的健全運作，須確保資訊流通及建立市場秩序，因而立法機關及主管機關分別制定證券交易法及相關行政命令及規則來監督管理證券流通市場，藉由相關管理機制使投資大眾願意將資金注向證券流通市場。

　　此外，相較於一般市場運作模式，亦即消費者支付對價後可取得實體物件，在證券流通市場上，投資人支付對價後所取得者係有價證券，而非實體物品，投資人之所以願意為此交易，是因其對該市場運作具有信心，看好公司發展，或欲長期投資該證券，或欲短期交易以獲利益。故而，倘投資人所信任之證券交易市場中充斥操縱行為，使股票價格受操縱行為而有不正常之漲跌，將使投資人對證券交易市場失去信任而不欲參與，導致證券市場難以運作，亦使公司難以透過此管道向大眾募集資金，更為立法機關及金融主管機關所不樂見。證券交易法第 155 條因而設有避免操縱市場之規定，並於證券交易法第 171 條第 1 項第 1 款定有刑事責任，以遏止操縱市場之行為，惟我國現行法所定之操縱行為是否過廣或要件不明確，確實尚有討論之餘地，容留後述。綜上，簡言之，本法條所欲保護者係「超個人法益」的犯罪，而承認「經濟秩序」亦是刑法上所欲保護之對象[47]。我國操縱市場之規定主要承襲於美國 1934 年證券交易法第 9 條第(a)項，該

---

[47]　廖大穎，〈人為操縱市場爭議與鑑識會計的訴訟支援──論意圖抬高或壓低市場交易價格等的構成要件〉《月旦法學雜誌》第 202 期 43 頁；洪令家，〈證券犯罪防治不可承受的痛──操縱市場〉《朝陽商管評論特刊》145 頁；曾宛如，〈操縱市場之禁止〉《台灣法學雜誌》第 108 期 304 頁；廖大穎，〈論析證券交易法第 155 條第 1 項 4 款的構成要件與嘉義地院 92 年金訴字第 3 號判決〉《台灣法學雜誌》第 92 期 23 頁。

條文主要禁止沖洗買賣、相對委託、連續交易、散布不實資料、散布流言及違法操作安定基金等操縱行為❹。其中第(a)項第(2)款規定「連續交易」如下：「自己或與他人一同，基於誘使他人買賣特定證券之目的，針對特定證券、證券交換或證券交換協議進行連續的交易，製造該證券實際或表面上交易活絡，或抬高或壓低該證券價格。」❹該條文之規定著重於行為人「連續性的交易」，而非每次的交易價格，而我國證券交易法第 155 條第 1 項第 4 款卻規定須「連續以高價買入或以低價賣出」造成後續我國實務運作上，法院須就何為高價與低價進行詮釋，徒增操作上之困擾，故有論者以比較法之觀點，認為應將此要件予以刪除❺。相關繼受母法之介紹學者多有詳細探討，於此不贅❺。

二、條文沿革

我國證券交易法初次制訂係於民國 57 年 4 月 16 日，其中第 155 條操縱市場之規定，前後歷經四次修正，分述如下。

民國 77 年 1 月 12 日第 1 次修正時，將條文構成要件文字修正，以資明確。例如將原第 155 條第 3 款、第 4 款及第 6 款之「市場行情」均修正為「集中交易市場某種有價證券交易價格」，並將第 3 款及第 4 款之「意圖影響」參照美國證券交易法第 9 條，修正為「意圖抬高或壓低」。此外新增第 155 條第 3 項民事損害賠償責任，避免僅規定刑事責任，對善意之有價

---

❹ 王志誠，〈連續交易之認定基準及實務爭議〉《月旦民商法雜誌》第 19 期 13 頁。

❹ 15 USC §78i - Manipulation of security prices，國內譯文請參閱高御恆、林志潔，〈藉順發案反思我國操縱股價之連續買賣禁止條款〉《萬國法律》第 175 期 5 頁。

❺ 高御恆、林志潔，同前註，5 頁；其他有關本款構成要件之探討，參閱陳彥良，〈[裁判簡評] 禁止操縱市場條款證交法第 155 條第 1 項第 4 款主觀意圖要件暨高價買入低價賣出認定問題／最高院 99 臺上 1634〉《台灣法學雜誌》第 169 期 179–180 頁；廖大穎，〈論析證券交易法第 155 條第 1 項 4 款的構成要件與嘉義地院 92 年金訴字第 3 號判決〉《台灣法學雜誌》第 92 期 37～38 頁。

❺ 王志誠，前揭文❹ 6 頁。

證券取得人或出賣人所受損害之彌補並無實益。

民國 89 年 6 月 30 日之第 2 次修正，刪除原第 155 條第 1 項第 2 款沖洗買賣之規定，刪除時之理由係因其認為原條文構成要件規定「不移轉證券所有權」實無該當之可能性，因行為人為沖洗買賣時，必先出賣（或購買）有價證券並移轉所有權，其後再購買（或出賣）同一有價證券並取得所有權，故無不移轉所有權即達成沖洗買賣、製造活絡假象之目的，因而將本款刪除。

民國 94 年 12 月 20 日的修正中，將第 155 條第 1 項第 1 款違約不交割之情形，增訂包括「投資人對證券商」及「證券商對市場」不履行交割等二種態樣。此外於第 5 款回植沖洗買賣之規定，因上述刪除時認為不可能出現「不移轉證券所有權」之情形，係指形式所有權而言，惟行為人於進行沖洗買賣後，雖形式所有權移轉，實質上所有權並未移轉，且其行為仍具有不法意圖，因此為因應市場所發生之操縱行為態樣及監理實務需要，回植沖洗買賣之規定，以遏止市場不法操縱行為。

在民國 104 年 6 月 16 日修正裡，將原第 155 條第 1 項第 4 款的情形中，增訂影響市場價格或市場秩序之虞之要件。修正前之原條文是一行為犯，只要行為人主觀上具有「抬高或壓低交易市場某種有價證券交易價格之意圖」及客觀上為「連續以高價買入或低價賣出之行為」，即構成該規定。實務上通常以行為人當日成交量是否佔據市場極重比例與是否違背證券買賣原則（買低賣高）來認定行為人之主觀要件，而在修法後實務更需進一步認定行為人之操縱行為是否有影響市場價格或秩序之危險，以求本條款適用上更為明確❷。惟此「影響市場價格或市場秩序之虞」之要件，須自下述兩個面相加以解讀之。首先，市場秩序之定義為何？其仍為一抽象之概念，是否得達到使本條適用更加明確之修法目的，仍有疑問。法院在本條之構成要件上，似乎仍被賦予相當大裁量空間，本條對法律明確性原則之確保功能，仍屬有限。再者，條文以影響市場秩序之虞作為法條用

❷　游翔芸，〈證券交易法修正簡介〉《證券暨期貨月刊》第 33 卷第 10 期 24 頁。

語，其規範之態樣究竟為刑法上所稱之「抽象危險犯」、「具體危險犯」抑或是採取「結果犯」的立法？參諸當時之修法草案，其用語本為「足以影響市場正常價格，達到公告處置標準者」，就草案中本條之規範模式，似可解讀其規範態樣為以「達到公告處置標準」為結果要件之行為，屬於結果犯之立法模式。但證券交易法之條文，以「影響之虞」作為條文用語，已不要求結果要件，為「行為犯」之規範模式。且觀其用語，亦非刑法中慣用之「足生」、「致生」危險之具體危險犯向來條文中所會採取之用語，故其應解讀成「抽象危險犯」之立法。

三、類型介紹

㈠證券交易法第 155 條第 1 項第 1 款——違約不交割

證券交易法第 155 條第 1 項第 1 款規定為：在集中交易市場委託買賣或申報買賣，業經成交而不履行交割，足以影響市場秩序。

本款所欲規範者在於投資人於集中交易市場委託證券商買賣，及證券商受其客戶委託後向集中市場申報買賣，於磋商成功業經成交時，卻未履行「款」或「券」之交割，足以影響市場秩序，故訂立本款，防止此類情事發生。

依證券交易法第 151 條之規定，於有價證券集中交易市場為買賣者，在會員制證券交易所限於會員；在公司制證券交易所，限於訂有使用有價證券集中交易市場契約之證券自營商或證券經紀商。蓋，我國所採者為公司制證券交易所，故限於訂有使用有價證券集中交易市場契約之證券自營商或證券經紀商，始可在證券交易市場上為買賣。此制度目的在於加強證券交易市場效率並集中管理，投資人須先於證券經紀商處開立證券帳戶，其後始可委託證券經紀商代其為證券之申報買賣。至於投資人與證券經紀商間之法律關係，為民法第 576 條至第 588 條之「行紀」**❸**，由券商接受

---

❸　劉連煜，前揭書**❹** 509 頁；張益輔，〈證券交易法第 155 條第 1 項第 4 款「連續交易」操縱行為之探討〉《證交資料》第 600 期 62 頁；曾宛如，前揭文**❹**
304 頁。

投資人之委託後，以自己之名義，為投資人之計算而買進或賣出有價證券，其後再向投資人收取報酬，即俗稱之「手續費」。

　　因我國有價證券交易之制度設計，本款在客觀構成要件可拆解有不履行交割的行為與該行為足以影響市場秩序，其態樣可分為「投資人對證券商」委託買賣、「證券商對市場」申報買賣此二種態樣之違約不交割。在證券商以自己之名義為投資人申報買賣，業經成交，但卻未履行購買有價證券方之「價款」或出售有價證券方之「證券」之交割者，且情事足以影響市場秩序者，即符合本款之構成要件，主觀上具有委託買賣或申報買賣，業經成交後應交割而不交割之直接故意或是成交後容任不交割之間接故意❺❹。

　　本款規定，在證券交易成交後，卻未履行交割義務而足以影響市場秩序時，為操縱市場之行為而須負擔後述之刑事責任（證券交易法第 171 條第 1 項第 1 款）。學說上多認為，此款之規範情形，若僅為單純不履行交割，並無藉此影響市場秩序之故意，其違約金額不足以影響市場秩序，本質上實為民事之債務不履行，但現行法卻以刑罰加以制裁，實有疑義；此外，證券交易法第 171 條第 1 項第 1 款於 100 年修法時又加重刑責為三年以上十年以下有期徒刑，有不符合刑法最後手段性及謙抑性原則、致可能產生合憲與否之爭議❺❺。另有學者補充道，應限於行為人藉違約交割遂行操縱市場之目的，或其係先因炒作失利而後惡意違約不交割以致影響市場秩序者，始具有刑罰之可罰性❺❻。實務上亦有判決認為：「不履行交割罪規定於證券交易法第 155 條，本條文為通稱的『反操縱條款』，該條款所禁止

---

❺❹　廖大穎，〈論操縱市場與證券交易法第 155 條第 1 項第 3、4 款的構成要件——觀察臺中地院 103 年度金重訴字第 1552 號刑事判決〉《月旦裁判時報》第 48 期。

❺❺　劉連煜，前揭書❹❶ 506 頁；賴英照，〈法學為體金融為用：論證券交易不履行交割之刑事責任〉《月旦法學雜誌》第 100 期 139〜142 頁。

❺❻　賴英照，前揭書❶❶ 650 頁；張秉心，〈證券交易違約交割之法律責任〉《證券暨期貨管理》第 15 卷第 12 期 15〜16 頁。

者,是以人為操縱的方法影響股市交易,扭曲市場機能,因此如果只是單純不履行交割,並無藉此影響市場秩序的意圖者,應非反操縱條款所要處罰範疇。據此,投資人的違約交割行為應否處罰,應以違約交割與操縱市場的關連性為衡量基準:單純不履行交割者,應屬民事責任的範疇;如藉違約交割遂行操縱市場的目的,或因炒作失利而惡性違約致影響市場秩序者,始具有可罰性❺」,惟實務上仍有諸多判決不採惡意不履行交割見解,無論行為人目的為何,只要「主觀上明知自身並無資力或有價證券,仍對於證券交易所上市之有價證券,在集中交易市場委託買賣或申報買賣,致於成交後無法履行交割,足以影響市場秩序者,即有該罪故意」❺。

就如何防止違約交割,有學者認為應課與證券經紀商更適當之客戶徵信工作❺,稱為「認識你的客戶原則」,使證券經紀商對於其處開立證券戶之客戶確實做好徵信工作,以降低不履行交割之可能性,以維護市場秩序,而非以刑罰威嚇投資人之交割意願。另有學者提出「預收保證金」制度❻,讓證券商先向其證券戶之客戶收取一定金額之保證金,以防在違約不交割時能代為支付,藉此督促投資人避免違約不交割,也能協助降低證券經紀商之風險,有助於證券市場之維護。

此外,實務認為❻,證券商是受其投資人之委託,而以自己名義代投資人於證券交易市場上申報買賣,其後因投資人之銀行帳戶存款不足而無法履行交割始構成本罪,故認為於此情形,證券商為本罪之正犯,而投資人則是具有意思支配之「間接正犯」❻。

惟學者亦曾指出:在現行規定下,投資人若銀行存款不足而有無法履

---

❺ 臺灣高等法院 103 年度金上更㈠字第 1 號判決。

❺ 最高法院 101 年度臺上字第 2058 號判決;最高法院 99 年度臺上字第 166 號判決。

❺ 劉連煜,前揭書❹ 506 頁;李開遠,〈證券管理法規新論〉(五南,2007 年)568 頁。

❻ 賴英照,前揭書⓫ 650 頁;李開遠,前揭書❺ 569 頁。

❻ 臺灣高等法院 99 年重金上更㈠字第 9 號判決。

❻ 劉連煜,前揭書❹ 510 頁。

行交割之可能，證券商為避免因違約不交割而造成之刑事責任，可能代其客戶履行交割之義務，於此情形，犯罪結果並未發生，且證券交易法第155條及第171條亦不處罰未遂，此時並無正犯之存在，投資人亦因此不負間接正犯之責任，將產生處罰漏洞❻❸。然最高法院明確認定本款屬於具體危險犯，只要足以影響市場之虞，立即該當本罪，嗣後證券自營商或經紀商如何處理，與已成立之犯罪並無影響❻❹。

最後，本款構成要件中規定，違反情事必須「足以影響市場之秩序」始足罰之，其立意在於避免情事輕微的違約不交割事件受同法第171條第1項第1款之重刑處罰，有違比例原則。但是何謂「足以影響市場之秩序」？無一定標準，反成為實務運作上的判斷難題。有學者以條文之文義解釋認為，本條為「具體危險犯」之規範模式，故應交由法官依個案斟酌；立法院於2006年時的修正理由中則認為應以「違約金額的多寡」作為判斷依據，實務上則另提出「市場變化統計分析法」等等不同見解❻❺。亦有以實際報價數量、金額之多寡，視具體個案情形而定，並參酌證券主管機關意見以為認定等見解❻❻。

學者整理我國實務見解，歸納出以下三種判決的類型：⑴以無法證明該行為對市場秩序造成影響而判決無罪；⑵法院明確指出該行為所造成對市場秩序之影響，以股價之變動及證券商所受衝擊作為證明，並作出有罪判決；⑶法院未具體說明市場秩序所受影響，但仍為有罪判決❻❼。學者並指出，從證券交易市場的歷史上觀察，因為證券商為避免因開立證券戶之客戶違約不交割而使其申報買賣時亦牽連而受證券交易法處罰，證券商多

---

❻❸　劉連煜，前揭書❹❶ 510頁。

❻❹　最高法院91年度臺上字第332號判決。

❻❺　劉連煜，前揭書❹❶ 508頁；林國彬，〈一般投資人違約不交割與證交法第155條第1項第1款要件之分析——最高法院94年臺上字第227號刑事判決簡評〉《台灣本土法學雜誌》第99期264頁。

❻❻　最高法院93年度臺上字第3324號判決。

❻❼　賴英照，前揭書❶❶ 641–644頁；賴英照，前揭文❺❺ 136～139頁。

會代其客戶履行交割義務，只有在違約交割額甚鉅，證券商無力負荷以致未代為履行時，證券市場之秩序才會明顯受到影響❻❽。

㈡證券交易法第 155 條第 1 項第 2 款──刪除

㈢證券交易法第 155 條第 1 項第 3 款──相對委託

證券交易法第 155 條第 1 項第 3 款規定為：意圖抬高或壓低集中交易市場某種有價證券之交易價格，與他人通謀，以約定價格於自己出售，或購買有價證券時，使約定人同時為購買或出售之相對行為。

本款為俗稱「相對委託」之情形，即二人以上通謀，行為人主觀上不但有構成要件之故意外，亦具有欲抬高或壓低集中交易市場某種有價證券之交易價格之意圖，而客觀構成要件為互為約定，於一方以約定價格出售或購買其持有之某種有價證券時，他方同時為相反之交易行為❻❾。此行為之目的在於，雙方共同持有該種有價證券的數量並未改變，卻可製造出該有價證券在市場上活絡的假象，進而使市場上其他投資人對該有價證券的價值產生錯誤判斷，紛紛進場跟進，以達其操縱市場之目的。

本款構成要件中規定，行為人二人以上以「約定價格」而同時為購買或出售之相對行為。其中「約定價格」並不須以相同價格買進或賣出❼⓿，因為證券交易在實務上係依「價格優先、時間優先」的競價方式撮合成交，二行為人一買一賣間未必價格會完全相同，故在解釋上，僅須委託價格在相對成交可能範圍內即足當之❼❶，避免因過於限縮法條文字而產生處罰漏洞，影響本條之規範成效。所謂「意圖」須從具體事實予以認定，包括「兩人以上」在一定期間內重複多次買賣來製造交易熱絡表象，則可推定具有

❻❽ 賴英照，前揭書❶❶ 647 頁；林國全，〈證券交易法與證券行政〉《證券交易法研究》（元照，2000 年）108 頁。

❻❾ 廖大穎，〈鑑識會計與財經犯罪的訴訟支援──論證交法第 155 條第 1 項意圖抬高或壓低市場交易價格等的不法要件〉《朝陽商管評論》第 10 卷特刊期 55 頁。

❼⓿ 王志誠，〈證券市場操縱行為之規範構造及犯罪所得〉《台灣法學雜誌》第 165 期 75 頁。

❼❶ 賴英照，前揭書❶❶ 657 頁。

通謀及影響股價的意圖❼。我國實務見解亦認為本條之構成要件，須有抬高或壓低集中交易市場某種有價證券之意圖，及由二個以上之人在證券經紀商，通謀約定於大致相同之時間、數量、價格對某一種特定有價證券為相對買賣委託行為，惟既為通謀，即須有必要共犯存在❼。

㈣證券交易法第 155 條第 1 項第 4 款連續交易、操縱股價（炒股）

證券交易法第 155 條第 1 項第 4 款規定為：意圖抬高或壓低集中交易市場某種有價證券之交易價格，自行或以他人名義，對該有價證券，連續以高價買入或以低價賣出，而有影響市場價格或市場秩序之虞。

本款客觀構成要件為自行或以他人名義，連續高價買入有價證券或連續低價賣出並有影響市場價格或秩序之虞。主觀構成要件包含行為人對於其行為得以產生拉抬或壓低證券價格等人為操縱市場之結果有所認識，以及具有抬高或壓低集中交易市場某種有價證券之交易價格之意圖❼。欲抬高價格之意圖者，其目的在使該股票價格攀升，吸引投資人跟進，其後行為人可能待股價攀升至一定程度後，出售手中持股以獲利。反之具有欲壓低價格之意圖者，其目的為使投資人誤認該支股票市場價值下跌而紛紛跟進出售，使股價連續下跌，行為人可藉此逢低進場，待自由經濟市場使該股票回升至應有價格時，再出售獲利，以此達到操縱市場之目的，並可能因此破壞市場之供需關係，即使行為人嗣後並無利用該活絡假象獲取不法利益，仍不影響本罪之成立。若二人以上共同為之，則可構成刑法第 28 條之共同正犯。

關於本款規定，學說與實務上具諸多爭議，以下擇重要者進行介紹。

1.行為意圖

首先，在「行為意圖」部分，學者強調判斷是否違反本條之規定，並非僅單純以行為人有連續買入或賣出之行為為準，尚須行為人主觀上具有影響某種證券行情之「意圖」，始該當本款之構成要件❼，最高法院就此所

---

❼　賴英照，《證券交易法解析簡明版》（自版，2016 年）278 頁。

❼　臺灣高等法院 101 年度金上重更㈤字第 16 號判決。

❼　廖大穎，前揭文❺ 14–15 頁。

提出之見解為：「倘行為人於一定期間內，就該特定之有價證券連續以高價買進或以低價賣出之行為，致集中交易市場行情有發生異常變動而影響市場秩序之危險者，復無其他合理之投資、經濟上目的（例如因應市場上之經濟或非經濟因素，基於合理投資判斷而大量高價買進、低價賣出），即得據以認定其主觀上有拉抬或壓抑交易市場上特定有價證券之意圖❼❻。」蓋本款所非難者為意圖性行為，並非連續買賣的高低行為。

再者，「自力救濟」是否有操縱價格之意圖？順○案中❼❼，本案燦○實業董事長吳○○打壓順○公司股價，與順○電腦董事長吳○○連續拉抬順○股價之行為，皆被控違反證券交易法第155條第1項第4款之連續買賣禁止規定，而遭檢方起訴❼❽。本案法院認為「自力救濟」係「以人為操作因素使得集中交易市場行情正常化，使之不影響市場秩序，以保護投資大眾。」而可證明其無操縱股價之意圖❼❾。學者則指出，對於先行非法打壓股價而為之必要反制，仍符合本款之主客觀構成要件，在未為修法前，法院似可考量依我國刑法正當防衛或緊急避難等事由阻卻違法，以減少本款在適用上對主觀意圖要件解釋上之爭議❽⓪。

2.「護盤」行為是否該當本款之連續買賣？

證券交易法第28條之2第1項第3款規定「為維護公司信用及股東權益所必要而買回，並辦理銷除股份者」，即所謂之「護盤式庫藏股」。本立法之目的係使公司於其股票大幅下跌時，有機會進入市場購回其公司股票，

---

❼❺　劉連煜，前揭書❹❶ 522頁；賴英照，前揭書❶❶ 657頁。

❼❻　最高法院105年度臺上字第2173號判決。

❼❼　臺灣高等法院高雄分院93年度上訴字第1175號刑事判決、最高法院91年度臺上字第3037號刑事判決、92年度臺上字第1690號刑事判決、95年度臺上字第2318號刑事判決、臺灣高等法院高雄分院95年度上更㈠字第165號刑事判決。

❼❽　高御恆、林志潔，前揭文❹❾ 3頁。

❼❾　高御恆、林志潔，前揭文❹❾ 4頁；臺灣高等法院高雄分院95年上更㈠字第165號。

❽⓪　高御恆、林志潔，前揭文❹❾ 6頁。

以拉抬股價，且此為公司法第167條公司不得收回自家股份之特別規定，應優先適用。惟此行為本質上仍符合本款構成要件之規定，且證券交易法第155條第1項第4款並無設護盤行為之免責規定，有實務認為此雖與拉高倒貨、殺低進貨之炒作目的有異，行為人在主觀上不一定有坑殺其他投資人之意圖，但破壞決定價格市場自由機制則無二致，仍屬本法第155條所禁止之高買證券違法炒作行為❽。亦有判決認為應成立證券交易法第155條第1項第6款（現行法為第7款）之其他操縱行為❽。故論者建議此應修法加以明確規範，並使其從事護盤行為時能遵守相關法令之規定❽。又行為人以高價為買入之委託卻未實際成交買進來製造交易熱絡表象以影響股價之行為，學者認為應比照美國1934年證券交易法第9條的實務見解，不以買賣為限，亦包括委託報價的行為，縱使未成交，仍舊影響投資人判斷及股價走勢❽。此外，證券商安定操作亦同此理，亟需明文加以排除適用證券交易法第155條禁止操縱市場行為之規定❽。

　　3.何謂「以高價買入」或「以低價賣出」？

　　關於此爭議，有實務見解認為：係指於特定期間內，逐日以高於平均買價，接近最高買價之價格或以（當日）最高之價格買入而言❽。另有實務認為不論其買入價格是否高於平均買價，亦不論其目的，其人為操縱價格亦屬本款禁止之違法炒作行為。亦說明「連續」係指不以逐日無間斷為必要，一定期間內連續多次亦屬之，且不以客觀上「致交易市場之該股票價格有急遽變化」為必要，也不會因有無賣出股票而受影響❽。惟學者認

❽　最高法院103年度臺上字第3799號。

❽　最高法院97年度臺上字第6546號。

❽　賴英照，前揭書❶671頁。

❽　Kidder, Peabody & Co., 18 SEC 559, 568 (1945)；賴英照，前揭書❼286頁。

❽　廖大穎，前揭文❽60頁。

❽　最高法院102年臺上字第1583號刑事判決、最高法院99年臺上字第5979號刑事判決、最高法院98年臺上字第3162號刑事判決。

❽　最高法院98年度臺上字第6816號刑事判決、最高法院103年度臺上字第2975號判決；賴英照，前揭書❼284～85頁，肯認此判決。

為其「逐日」要件過於限縮而無彈性❽，恐造成行為人以此文字漏洞，逃避本款責任。另有學者指出，連續買賣之特色在於以一系列的交易為手段，達其意圖影響價格自然形成之目的，故應包含所有操縱價格之情形，而非單純以由何低價拉抬至何高價，或何高價壓低至何低價之機械性判斷❾。亦有學者從比較法上之觀點認為本款之規範重點在連續性的交易行為，而非每次交易的價格，故認為宜刪除「高價」、「低價」等字以免徒增困擾❿。另有質疑「高價」或「低價」買賣構成要件與第 155 條禁止他人操縱市場、扭曲市場機能的立法意旨無正相關❾❶。

4.何謂「誘使他人買進或賣出之意圖」？

本款法條文字僅規定「意圖抬高或壓低」證券之交易價格，而未進一步說明是否須有「誘使他人買進或賣出該有價證券之意圖」，實務見解多採取文義解釋，認為不須有此意圖要件，亦有學者認為行為人雖無誘使他人為買賣，但其連續交易行為之行為可責性與具有誘使他人為買賣之意圖之連續交易行為並無二致，因此主觀意圖並無限縮於誘使他人為買賣為目的❾❷。惟最近之最高法院見解指出，意圖乃行為人的心中想法，難以證明，行為人通常又否認，是以，必須倚賴外在的客觀條件，加以綜合判斷，本罪的客觀要件，須考量「行為客觀上是否有致該特定有價證券之價格，不能在自由市場因供需競價而產生之情形存在」，亦即行為人的買入或賣出，有無影響股價的可能，始得謂該當本罪之客觀要件❾❸。學者有建議在本款加上意圖要件者，以免處罰範圍過廣，影響投資人參與證券市場之意願❾❹，

---

❽ 賴英照，前揭書❶ 674 頁。

❾ 曾宛如，〈操縱市場之禁止〉《台灣法學雜誌》第 108 期 305 頁。

❿ 高御恆、林志潔，前揭文❾ 5 頁；劉連煜，前揭書❶ 526 頁；劉連煜，〈連續交易與炒股〉《月旦法學雜誌》第 69 期 25 頁。

❾❶ 曾宛如，前揭文❾ 305 頁。

❾❷ 劉連煜，《新證券交易法實例研習》（元照，2016 年）650 頁。

❾❸ 最高法院 101 年臺上字第 5026 號刑事判決。

❾❹ 王志誠，前揭文❼ 76 頁；林國全，〈從日本法之規定檢視我國證券交易法第 155 條〉《政大法學評論》第 49 期 182 頁。

也較符合證券詐欺之本質，並排除不具可非難性的連續行為❾❺。亦有學者指出，「不得單憑行為人之委買價格係高於前一盤之委買價格，即認為行為人有連續以高價買入股票以抬高價格之意圖」❾❻。

　　至於行為人是否須進一步「意圖利用其所創造之股價落差，而圖謀不法之利益」？學者認為，行為人只須有「抬高或壓低價格」及「誘使他人買進或賣出」此二意圖，並為連續交易之行為以創造該股票活絡之假象，即該當本罪構成要件，無論行為人嗣後是否藉由其所創造之股價落差獲取不法利益，其所造成之操縱市場行為仍已影響證券市場之正常運作，亦即該當本罪之構成要件，成立犯罪❾❼。唯有學者認為本款成立僅需行為人具有「抬高或壓低集中交易市場某種有價證券之價格」，不須「以影響市場整體行情為必要」。惟有論者認為行為人應同時具備此兩種意圖，避免混淆違法連續交易行為與合法交易❾❽。

㈤證券交易法第 155 條第 1 項第 5 款——沖洗買賣

　　證券交易法第 155 條第 1 項第 5 款規定為：意圖造成集中交易市場某種有價證券交易活絡之表象，自行或以他人名義，連續委託買賣或申報買賣而相對成交。

　　本款與證券交易法第 155 條第 1 項第 3 款相對委託構成要件相似，主觀構成要件包含行為人對於其行為得以產生某種有價證券在交易市場活絡之表象之結果有所認識，以及具有造成集中交易市場某種有價證券活絡之表象之意圖。客觀要件為自行連續委託買賣或申報買賣而相對成交或以他人名義，連續委託買賣或申報買賣而相對成交❾❾。委託買賣係證券經紀商

---

❾❺　高御恆、林志潔，前揭文❹❾ 8 頁；1993 年 5 月 21 日中華民國投資人保護協會證券交易法第 155 條、第 171 條陳情書附件之修正案法律意見書。

❾❻　王志誠，前揭文❹❽ 23 頁。

❾❼　劉連煜，前揭書❹❶ 528 頁；陳文禹，〈操縱股價犯罪之構成要件——評最高法院 96 年臺上字第 1044 號判決〉《台灣本土法學雜誌》第 104 期 347～348 頁。

❾❽　陳錦旋，〈論證券交易法反操縱證券價格犯罪之主觀要件要素——欠缺意圖之操縱證券價格犯罪〉《月旦法學雜誌》第 156 期 242 頁。

❾❾　廖大穎，前揭文❹❼ 14～15 頁。

受投資人委託以行紀形式買入或賣出有價證券,申報買賣是投資人委託證券經紀商或自營商為投資人利益計算,逕向證券交易所申報證券價格、數量之買賣❿。其與第 3 款差異在於:相對委託係二人以上共同為之,於一方購買之同時,另一方為出售同股票之行為,而第 5 款之沖洗買賣,僅一行為人,其自行或以他人之名義,於自己購買之同時,又出售相同之股票,等於自己的左手賣,右手買,以之為操縱市場的行為。

本款原規定於證券交易法第 155 條第 1 項第 2 款,後該條款於 89 年 7 月證券交易法修法時予以刪除,其修正理由為構成要件中「不移轉證券所有權」之要件無該當之可能性。修法後,法院對類似行為該如何處理有不同見解,有認為應以刑事訴訟法第 302 條第 4 款為免訴判決者,亦有認為應以現行證券交易法第 155 條第 7 款概括規定之操縱行為予以處罰者❶。立法者因應此操縱行為及監理實務之需要,後於 94 年證券交易法修法時認為:行為人雖有移轉其有價證券之「形式所有權」,但實質上卻未移轉「實質所有權」,何況行為人若仍具有不法意圖,依然有遏止此不法行為之必要,乃又將沖洗買賣之規定,於證券交易法第 155 條第 1 項第 5 款回植而加以規範和處罰,最高法院判決亦在判決中說明「所謂造成某種有價證券交易熱絡之表象,通常係以不移轉證券所有權而偽作買賣,及一般所稱之沖洗買賣,因買賣雙方之委託人同屬一人,故由撮合時點觀之,實質上並無移轉證券所有權」❷。

本款爭議在於如何定義「連續」,從法條文意可知單次買賣似乎不在範圍之內,而司法實務判決亦未多加琢磨,惟基於法條脈絡及解釋一致性,得參考實務界對於第 4 款連續之定義「基於概括犯意,為二次以上之行為,即為連續」做同一解釋,然而現行法僅處罰連續兩次以上而未包括個別交

---

❿ 郭大維,〈證券交易法第 155 條沖洗買賣之認定——評最高法院 102 年度臺上字第 3448 號刑事判決〉《月旦裁判時報》第 30 卷 48 頁。

❶ 賴英照,前揭書❶ 654 頁;最高法院 101 年度第 5868 號刑事判決、臺灣高等法院 91 年度上更㈠字第 936 號刑事判決。

❷ 最高法院 96 年度臺上字第 2404 號刑事判決。

易之相對成交行為，令人不免懷疑是否為一法漏洞。其次，在資券相抵之當日沖銷之情形，若融資買進與融券賣出同時發生或於相當接近的時間，將有產生是否構成本款之疑義。判斷標準除其行為在客觀上有成立以他人名義或自行連續委託買賣相對成交之事外，行為人主觀仍須有造成集中交易市場某種有價證券交易活絡之表象的意圖。再者，本條款「交易活絡」之程度不清，實務上是以該證券之日週轉率為判斷基準，日週轉率愈大，表示該證券市場流動性愈高，活動愈熱絡。又本款主觀意圖難以舉證，證券買賣在價格優先、時間優先下由電腦撮合，當事人往往難以直接探求，此確為我國一大難題❿。

(六)證券交易法第 155 條第 1 項第 6 款散布流言

證券交易法第 155 條第 1 項第 6 款規定為：「意圖影響集中交易市場有價證券交易價格，而散布流言或不實資料。」

本款客觀構成要件為散布流言或不實資料，主觀構成要件包含行為人對於其散布流言或不實資料致影響有價證券交易價格之結果有所認識並決意為之之故意，以及具有影響集中交易市場有價證券價格之意圖❿。著重於證券市場之資訊流通，因投資人非公司內部人，無法得知公司內部運作實際情形，多須透過公司製作之財務報表及市場上之公開資訊做投資判斷，故為避免行為人藉由在證券交易市場上散布流言及不實資料，影響其他投資人之判斷，本款對具有欲影響集中交易市場有價證券交易價格之意圖，並確實於證券交易市場上散布不實資料者，予以處罰之。

(七)證券交易法第 155 條第 1 項第 7 款

證券交易法第 155 條第 1 項第 7 款為概括條款規定：直接或間接從事其他影響集中交易市場有價證券交易價格之操縱行為。此款係為避免法律規定無法涵蓋所有操縱市場行為，乃訂定概括條款，以避免處罰漏洞，保護證券交易市場健全運作。實務見解亦認為：「證券交易法第 155 條第 1 項『反操縱條款』各條款明示禁止的行為，都是為規範行為人主觀上意欲創

---

❿　郭大維，前揭文❿ 7～14 頁。

❿　郭大維，前揭文❿ 14～15 頁。

造出一個價或量的假象，從事扭曲價、量依市場供需而自然形成的行為。本法之所以制定第 7 款的概括規定，乃鑑於操縱市場的行為，態樣複雜，第 1 至 6 款規定可能有掛一漏萬的情形。是以，該概括規定所要禁止的行為，即應具備與此相當的主觀要件與客觀行為」 **⑩⑤** 。

(八)證券交易法第 155 條第 2 項

證券交易法第 155 條第 1 項各款係針對集中交易市場所為之規定，惟上述操縱行為亦可能發生於櫃檯買賣中心 (OTC)，故本法第 155 條第 2 項規定「前項規定，於證券商營業處所買賣有價證券準用之。」因此，若行為人於櫃檯買賣中心有第 155 條第 1 項各款之操縱行為者，亦有後述之法律效果。

四、罰則（第 171 條第 1 項第 1 款）

證券交易法第 171 條第 1 項第 1 款規定，違反證券交易法第 155 條第 1 項及第 2 項者，處三年以上十年以下有期徒刑，得併科新臺幣一千萬元以上二億元以下罰金。並於第 171 條第 2 項規定：「犯前項之罪，其犯罪所得金額達新臺幣一億元以上者，處七年以上有期徒刑，得併科新臺幣二千五百萬元以上五億元以下罰金。」以規定若犯罪所得達一定金額以上者之加重刑責規定。

至於證券交易法第 155 條第 1 項第 1 款「違約不交割」的操縱市場類型，本質上為民事債務不履行，如前所述，故而，對於是否應以證券交易法第 171 條第 1 項之重刑加以制裁，學說有不同意見，並認為其可能違反刑罰謙抑思想而有合憲與否之疑慮。此外，針對證券交易法第 155 條第 1 項第 4 款之「連續交易」，亦有學者提出以「可刑罰性」及「刑罰謙抑性」思考角度來探討連續買賣除罪化的可能性，亦值得立法單位加以思考 **⑩⑥** 。

---

⑩⑤ 臺灣高等法院 103 年度金上訴字第 50 號判決。

⑩⑥ 高御恆、林志潔，前揭文**㊾**9 頁；林建中，〈美國證券交易法上操縱行為之規定與檢討 3.〉《法務通訊》第 2116 期 2～3 頁。

肆、內線交易（證券交易法第 157 條之 1）

一、導論——法理與保護法益

　　我國法之內線交易規範規定於證券交易法第 157 條之 1，規定如下：下列各款之人，實際知悉發行股票公司有重大影響其股票價格之消息時，在該消息明確後，未公開前或公開後十八小時內，不得對該公司之上市或在證券商營業處所買賣之股票或其他具有股權性質之有價證券，自行或以他人名義買入或賣出：一、該公司之董事、監察人、經理人及依公司法第 27 條第 1 項規定受指定代表行使職務之自然人。二、持有該公司之股份超過百分之十之股東。三、基於職業或控制關係獲悉消息之人。四、喪失前三款身分後，未滿六個月者。五、從前四款所列之人獲悉消息之人。前項各款所定之人，實際知悉發行股票公司有重大影響其支付本息能力之消息時，在該消息明確後，未公開前或公開後十八小時內，不得對該公司之上市或在證券商營業處所買賣之非股權性質之公司債，自行或以他人名義賣出。違反第 1 項或前項規定者，對於當日善意從事相反買賣之人買入或賣出該證券之價格，與消息公開後十個營業日收盤平均價格之差額，負損害賠償責任；其情節重大者，法院得依善意從事相反買賣之人之請求，將賠償額提高至三倍；其情節輕微者，法院得減輕賠償金額。第 1 項第 5 款之人，對於前項損害賠償，應與第 1 項第 1 款至第 4 款提供消息之人，負連帶賠償責任。但第 1 項第 1 款至第 4 款提供消息之人有正當理由相信消息已公開者，不負賠償責任。第 1 項所稱有重大影響其股票價格之消息，指涉及公司之財務、業務或該證券之市場供求、公開收購，其具體內容對其股票價格有重大影響，或對正當投資人之投資決定有重要影響之消息；其範圍及公開方式等相關事項之辦法，由主管機關定之。第 2 項所定有重大影響其支付本息能力之消息，其範圍及公開方式等相關事項之辦法，由主管機關定之。第 22 條之 2 第 3 項規定，於第 1 項第 1 款、第 2 款，準用之；其於身分喪失後未滿六個月者，亦同。第 20 條第 4 項規定，於第 3 項

從事相反買賣之人準用之。

學理上對於內線交易是否需要禁止，各方向來有不同見解，迄今爭論不休❿，然近年來世界上各主要國家紛紛對內線交易加以立法禁止，我國證券交易法亦於民國 77 年增訂了證券交易法第 157 條之 1❿。

㈠禁止內線交易之理由

主張禁止內線交易，比較美國法的論點主要有二：第一為健全市場理論，即從市場總體的觀點著眼，以促進資訊流通、資源合理分配及提升證券市場效率為基礎，主張投資人有平等獲取資訊的權利，以維持公平交易，因此影響公司股價的重要消息應公開讓投資人分享。而內線交易違反此一平等公開原則，損害投資人信心，影響交易市場健全發展，須加以禁止。第二為信賴關係理論，即由公司個體的觀點立論，以內部人對公司及股東所負的信賴義務為基礎，主張內部人利用內線消息買賣股票，違背信賴義務，為導正公司經營並保障股東權益，必須加以禁止。此外，晚近的私取理論認為股票交易人違背對其雇主或其他消息來源的信賴義務，構成內線交易，本質亦以信賴義務立論，並以內線消息屬公司財產為理論基礎❿。

美國法上如此兩種理論，不僅是學理上的探討，在內線交易的規範機制上，也會因而有所區別。例如侵害法益的性質，信賴關係理論側重於公司及股東個人法益的保護；健全市場理論則著眼於整體市場的健全發展，認為內線交易所侵害者不僅為個人法益，且及於社會法益。其他如內線交易的範圍、內線消息的意涵、公開的意義、損害賠償請求權人、民刑事責任等，也可能因所採取不同理論而有不同的立法方式❿。

---

❿　賴英照，前揭書❶ 445 頁；曾宛如，《證券交易法原理》（元照，2012 年）257 頁；武永生，〈證券市場內線交易之意義與利弊──法律與經濟之分析〉《證券市場發展季刊》（1994 年）第 22 期 367 頁。

❿　增訂立法說明，請參閱《立法院公報》第 76 卷第 96 期 75 頁。關於美國法上內線交易規制演進之介紹，請參閱賴英照，前揭書❶ 452 頁；劉連煜，前揭書❹ 409 頁；吳光明，《證券交易法論》（三民，2012 年）312 頁。

❿　賴英照，前揭書❶ 449 頁；劉連煜，前揭書❹ 409 頁。

❿　相關討論請參閱賴英照，前揭書❶ 451 頁。

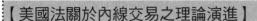
【美國法關於內線交易之理論演進】

　　美國法上禁止內線交易之規定最早見於 1934 年證券交易法 (the Securities Exchange Act of 1934) 第 10 條 b 項，以及其後於 1942 年聯邦證管會依本條所頒布之行政命令 Rule 10b-5。1934 年證券交易法之條文雖明文規定禁止證券詐欺行為，但具體違反之行為態樣則以空白授權於聯邦證管會訂定，因此本條之規定實際上須以 1942 年之 Rule 10b-5 規定為主**⓫**。基於證券交易法空白授權條款，對於何謂「詐欺」之定義不明，聯邦證管會因而發布 Rule 10b-5，以彌補杜絕證券詐欺之規範不足。而 Rule 10b-5 規定，任何人直接或間接利用州商務工具或郵件或全國性證券交易所之設備買賣有價證券，不得有以下之行為：a. 使用任何方法、計畫或技巧從事詐欺行為。b. 對重要事實作不實陳述，或省略某些重要事實之陳述，以致在當時實際情形下，產生誤導他人之效果。c. 從事任何行為、業務或商業活動，對他人產生詐欺或欺騙之情事**⓬**。規範上用語以禁止詐欺為主軸，且用語頗具彈性，留給執法機關充分解釋空間**⓭**。這樣的解釋空間，也造成美國在內線交易規範的發展上，對於其構成要件係以許多「判決」來形成許多不同的理論加以建構（也就是普通法，由「法官造法」之發展模式）。因此，如前所述，內線交易究竟係以健全市場理論，抑或是信賴關係理論作為其規範基礎，由美國法關於內

⓫　賴英照，前揭書**⓫** 452 頁。

⓬　Rule 10b-5 之原文如下："It shall be unlawful for any person, directly or indirectly, by the use of any means or instrumentality of interstate commerce, or of the mails or of any facility of any national securities exchange,

（a）To employ any device, scheme, or artifice to defraud,

（b）To make any untrue statement of a material fact or to omit to state a material fact necessary in order to make the statements made, in the light of the circumstances under which they were made, not misleading, or

（c）To engage in any act, practice, or course of business which operates or would operate as a fraud or deceit upon any person, in connection with the purchase or sale of any security."

⓭　賴英照，前揭書**⓫** 452 頁。

線交易之各項理論之提出時間，以及發展歷程可發現，法院由早期之注重健全市場之見解，逐漸轉變為以注重信賴關係為主。主要提出之理論按照時間發展簡述如下：

1.資訊平等理論

又稱為「公開消息，否則禁止交易」理論 (abstain or disclose theory)，此一理論主張，取得公司內部消息之人，只有兩個選擇，第一是向市場揭露該消息內容，第二是不利用該消息從事公司股票買賣。換言之取得內部資訊之人，僅得在兩個選項中擇其一⓫。此一理論於 1961 年，在 In re Cady Roberts & Co. 一案⓭中為美國證管會 (SEC) 所採用。其後，在 1968 年，聯邦第二巡迴上訴法院於 SEC v. Texas Gulf Sulphur Co. 一案⓰中，法院更進一步指明，「任何人」獲悉公司重大且未公開之消息時，均應遵守「公開消息，否則禁止交易」原則，使市場上之投資人有公平獲取資訊之機會。

證券交易法 10 條 b 項與 Rule 10b-5 均係「詐欺」之規範，其實並無「內線交易」之明文。但依美國法院之見解，知悉內線消息之人，若未將消息公開，對於不知該項消息之相對人即構成欺騙 (fraud)，因此得以依照此規範處罰之⓱。但在資訊平等理論之架構下，不難看出其係以「健全市場理論」為核心，處罰將重要資訊隱匿，使市場資訊不流通，造成投資人之間不平等之行為態樣。因此，於此理論架構之下，「任何獲悉此類重要消息之人」均有可能成為內線交易主體，均有揭露資訊之義務。換言之，其十分強調「資訊平等」(informational equality) 之重要性⓲。

2.信賴關係理論

又稱受任人義務理論 (fiduciary duty theory)，係由美國聯邦最高法院於 1980 年之 Chiarella v. United States 案⓳中所提出。因按前述資訊平等理論之

⓴ 劉連煜，《內線交易之構成要件》（元照，2011 年）13 頁。

⓭ 40 SEC 907 (1961).

⓰ 401 F.2d 833 (2d Cir. 1968).

⓱ 賴英照，前揭書⓫ 454 頁。

⓲ 劉連煜，前揭書⓴ 14 頁。

⓳ 445 U.S. 222 (1980).

見解，任何掌握內線消息之人均有「公開消息，否則禁止交易」之原則適用，範圍似乎太廣。而信賴關係理論之提出，便是對於需揭露消息之「內部人」範圍所作之限縮，有論者認為，其本質上推翻了資訊平等理論，因法院本質上並不認為市場投資人均有公平獲得資訊之權利，而是特定之人才有揭露資訊之義務❷。本案被告 Chiarella 為印刷廠之員工，從受委託製作之併購財務報告中拼湊得知內部消息，而私下買進股票，法院因而指出，雖隱匿消息亦可能構成證券詐欺行為，但其前提在於行為人對市場交易人負有受任人或信託人之義務，或是基於其他信賴關係所產生之義務。Chiarella 並非公司內部人，其與公司股東之間並無信賴關係存在，無揭露內線消息之義務，不得據此認為其構成內線交易。最高法院於 1983 年的 Dirks v. SEC 案❷中，再度重申 Chiarella 案中所揭示之信賴關係理論。

惟值得注意的是，Chiarella v. United States 案中，美國聯邦最高法院認為此種受任人義務，只存在於公司董事、具有控制權之大股東及重要職員等內部人員身上❷。明顯地從「市場論」，走向「關係論」。因此，如此認定方式似乎又將內部人範圍限縮得太過狹隘，使得某些行為人難以成為內線交易之內部人。因此，美國實務又發展出「私取理論」來重新擴充內部人之定義範圍。

3.私取理論

私取理論 (misappropriation theory) 發展之基石，一般認為是來自於上述 1980 年的 Chiarella 案中，首席大法官 Burger 所提出的不同意見書❷。其認為雖以負有信賴義務之人才有揭露消息之義務，此為基本原則。但並不代表交易一方可以用非關經驗、技術或勤勞之「不正手段」取得資訊，而不必揭露❷。證券交易法 10 條 b 項及 Rule 10b-5 之「詐欺」，亦應包含這種「不正手段取得內線消息」，而造成證券交易雙方資訊不對等之行為。其後，在各巡迴法院之間對於私取理論，有採納、也有反對者。例如第二巡迴法院便表態

---

❷　賴英照，前揭書❶ 457 頁。

❷　463 U.S. 646 (1983).

❷　劉連煜，前揭書❶ 16 頁。

❷　同前註。

❷　賴英照，前揭書❶ 461 頁。

支持私取理論，於 United States v. Newman ⑫⑤、United States v. Chestman ⑫⑥ 等案件中被法官所採納；但在第四巡迴法院的 United States v. Bryan ⑫⑦ 等案件中，法院便不採私取理論。

美國聯邦最高法院直到 1997 年的 United States v. O'Hagan ⑫⑧ 一案中，方明白表示支持以私取理論擴充內部人範圍之見解。被告 O'Hagan 之事務所承辦兩間公司之併購案，O'Hagan 以合夥律師（非直接承辦律師）之身分，獲悉該研議中之併購案，進而在消息未公開前買進股票及股票先買權 (call option)，而於併購案宣布後賣出獲利。最高法院認為，獲悉重大影響證券價格的公司外部人 (corporate outsiders)，雖與交易相對人間沒有信賴關係，但如違背對消息來源 (source of information) 之忠誠及信賴義務，將自消息來源所取得之消息據為己有、圖謀私利，並進而影響證券市場之公平與正直性，其行為亦構成證券詐欺（內線交易）之態樣。

最高法院試圖以私取理論將此種以「不正手段」取得資訊後「圖謀私利」而運用者，以內線交易之規範加以處罰。雖然相對於完全採取信賴關係理論，於建構市場資訊平等是有一定之幫助，例如律師事務所非受委託的合夥人、印刷廠的員工雖與證券發行公司無信賴關係，亦得被此規範處罰。但其仍未跳脫「信賴論」之框架，係以與「消息來源間」「信賴義務之違反」來建構其義務與責任。例如律師事務所、印刷廠與客戶間之存在之保密責任，使其員工若無意中得知內部消息，亦不得圖謀私利為己所用。但有論者指出，信賴論（反詐欺）之盲點便在於此，若得知消息之人提前向消息來源揭露其欲使用該消息進行買賣之意圖而獲得同意（例如 O'Hagan 向事務所及委託公司誠實表明自己將以此併購案之消息，著手進行證券買賣），其便不存在對於消息來源之信賴義務違反，買入股票之行為就可能不違法 ⑫⑨。

---

⑫⑤　664 F.2d 12 (2d Cir. 1981).

⑫⑥　947 F.2d 551 (2d Cir. 1991).

⑫⑦　58 F.3d 933 (4th Cir. 1995).

⑫⑧　521 U.S. 642 (1997).

⑫⑨　曾宛如，〈建構我國內線交易之規範：從禁止內線交易所欲保護之法益切入〉《臺大法學論叢》第 38 卷第 1 期 260～261 頁。

4.小　結

由美國法之發展，得以看出其於前揭證券交易法對於內線交易之保護法益及規範目的，究竟係為「健全市場、資訊平等」抑或是「信賴義務之違反」兩者之間來回擺盪之軌跡。由早年重視市場論的資訊平等理論，發展到完全注重關係論的信賴義務理論，最後又加入帶有市場論色彩之私取理論，補充信賴關係理論對於市場保護之不足。

㈡我國內線交易採取之理論

我國內線交易規定，揆諸條文內容，內部人的範圍明顯脫胎於美國法的傳統內部人、臨時內部人及消息受領人之概念，然上開規定是否顯示我國法僅採信賴關係理論？答案應屬否定。首先，自公司法及證券交易法並未規定公司董、監及經理人對股東負有忠實義務與注意義務，亦未規定大股東對於公司或其他股東負有受任人的義務，因此證券交易法對於內部人範圍的界定，不能單純以信賴關係理論為基礎。

再者，立法理由明文指出，本條規定係為健全我國證券市場發展，因此為健全證券市場，保護投資人之立法目的，內線交易的規範，不應侷限在信賴關係理論的範疇。而由內線交易的民、刑事責任觀察，顯係以提供刑度及懲罰性的賠償嚇阻內線交易，達到市場健全發展之目的，有健全市場理論之趨向。從國際間的立法趨勢觀察，歐盟等國家亦明顯傾向健全市場理論，以健全市場理論解釋我國證券交易法，亦符合國際立法趨勢。

綜上，解釋我國內線交易的相關規定，並無需以信賴關係理論來畫地自限，以免影響交易的公平及市場的健全發展[130]。

---

[130]　賴英照，前揭書[11] 474 頁；劉連煜，前揭書[41] 430 頁；吳光明，前揭書[108] 334頁。

二、適用範圍

㈠僅適用於交易市場

依現行證券交易法之規定，內線交易的規範僅適用於交易市場，而不及於發行市場，理由有二：1.立法體例上，證券交易法第 157 條之 1 係置於第 5 章「證券交易所」中，其規範對象僅限於交易市場，而不及於發行市場；2.依法條規定，適用範圍也僅限於交易市場上市、上櫃的證券，而不及於私募或其他未上市、未上櫃的證券。惟立法理由並未說明為何將發行市場的交易及未上市、未上櫃證券排除在外，此等規定可能造成規範的疏漏，值得檢討⓭。

㈡適用於股票、公司債或其他具有股權性質之有價證券

禁止內線交易之對象，民國 77 年立法時原以股票為限，民國 89 年修正時增列「其他具有股權性質之有價證券」，民國 99 年修正時，進一步將「非股權性質之公司債」的賣出行為納入⓲。

所謂「其他具有股權性質之有價證券」，應從該有價證券之權利內容及功能分析，是否具有與股票相同或類似之性質而定⓳。為方便適用，證券交易法施行細則第 11 條第 1 項特予規定：「本法第 157 條第 6 項及第 157 條之 1 第 1 項所稱具有股權性質之其他有價證券，指可轉換公司債、附認股權公司債、認股權憑證、認購（售）權證、股款繳納憑證、新股認購權利證書、新股權利證書、債券換股權利證書、臺灣存託憑證及其他具有股

⓭ 賴英照，前揭書⓫ 478 頁；吳光明，前揭書⓲ 335 頁。

⓲ 民國 91 年證券交易法部分條文修正草案，第 157 條之 1 第 1 項修正理由，請參閱《立法院公報》第 91 卷第 10 期 423 頁；民國 99 年證券交易法部分條文修正草案，第 157 條之 1 第 2 項增訂理由，請參閱《立法院公報》第 97 卷第 75 期 112 頁。

⓳ 王志誠、邵慶平、洪秀芬、陳俊仁，《實用證券交易法》（新學林，2011 年）467 頁；姚志明，《證券交易法導讀》（三民，2008 年）395 頁亦指出，只要將來得依特定條件轉換為股票之有價證券者，均屬於此處所稱之具有股權性質之有價證券。

權性質之有價證券。」

　　將公司債納入規範，誠有必要。惟為何僅禁止賣出公司債，而未同時禁止買入的行為？又為何立法時亦未將政府債券納入規範？凡此情形，立法政策上均有檢討的必要❸。立法上亦不及於期貨及其他衍生性金融商品，則可能形成法律上的漏洞，未來立法上應謀求填補❺。

三、構成要件解析

㈠內線交易行為人

　　依證券交易法第 157 條之 1 第 1 項，內部人包括：一、該公司之董事、監察人、經理人及依公司法第 27 條第 1 項規定受指定代表行使職務之自然人。二、持有該公司之股份超過百分之十之股東。三、基於職業或控制關係獲悉消息之人。四、喪失前三款身分後，未滿六個月者。五、從前四款所列之人獲悉消息之人。

　　公司法與證券交易法上並未明定董事、監察人的意義，實務上可能從任命程序及公司登記等客觀事實作為認定基礎。如從本條立法原意觀察，尚應以有無參與公司決策，及接觸公司機密消息為認定基準❻。

　　經理人的範圍，依據金管會證期局見解，包括總經理、副總經理、協理及相當於上開等級者，財務部、會計部主管及其他有為公司管理事務及簽名權利之人❼。依法院判決，財務襄理在一定之範圍內，能獨立決定公司之事務，亦屬經理人❽。學說上亦有認為可依民法的定義，參照民法第 553 條第 1 項，經理人係指由商號之授權，為其管理事務及簽名之人❾。

---

❸　賴英照，前揭書❶ 480 頁；姚志明，前揭書❸ 395 頁；林麗香，〈禁止內部人交易之修法方向〉《月旦法學雜誌》第 39 期 52～53 頁。

❺　劉連煜，前揭書❹ 455 頁。

❻　賴英照，前揭書❶ 485 頁；張心悌，〈從法律經濟學與資訊財產權探討內線交易理論：兼論內線交易內部人之範圍〉《臺大法學論叢》第 37 卷第 3 期 116～121 頁。

❼　民國 92 年 3 月 27 日臺財證㈢字第 0920001301 號函。

❽　臺北地方法院 84 年度訴字第 2774 號。

所謂依公司法第 27 條第 1 項規定受指定代表行使職務之自然人，例如甲公司轉投資於乙公司，嗣甲公司以法人身分當選乙公司董事，並指派 A 代表行使董事職務，此時 A 為乙公司的內部人❶。另方面，如依公司法第 27 條第 2 項，以 A 當選為董、監事，A 固為內部人，惟甲公司是否為內部人，修正條文並未規定，依主管機關規定，甲公司亦屬之❶。此乃因我國法採法人實在說，法人於法律上有獨立之人格，因此依向來之見解大多肯認法人得成為內線交易之主體，惟按證券交易法第 179 條採「代罰」之立法模式，處罰其負責人❶。但若於公司買回自己股票之情形，是否可能構成內線交易，學說尚有爭議。例如，X 公司於併購案（內線消息）成立後公開前，在經主管機關核准後於市場買回自身股份，此買回股份之交易行為是否使 X 公司本身（法人）構成內線交易？學理上素有爭議。肯定說之見解認為，法人有獨立之人格，且其意思之形成仍是依靠內部機關（通常為董事會）決定，以第 179 條處罰公司負責人應有其正當性；否定說則認為，此種「買回自身股票之法人」無法歸類為第 157 條之 1 公司之內部人或獲悉消息之人，按罪刑法定主義，自不應任意擴張將其納為內線交易罪規範之主體❶。在修法明確將此種情形納入規範前，遵守嚴格的罪刑法定主義，似乎應採否定說。但如此一來其利益雖是歸屬於公司，但難保實際獲利之人仍為內部人（如大股東），應如何評價其行為？或許可以透過將內部人此種透過意思決定機關，促使公司於內線消息公開前買回股票而獲利之行為，視為下述第 157 條之 1 第 7 項「以他人（法人）名義持有、買賣之行為」，而對其加以處罰。

---

❶　賴英照，前揭書❶ 486 頁。

❶　賴英照，前揭書❶ 486 頁；姚志明，前揭書❶ 397 頁。

❶　民國 77 年 8 月 26 日臺財證㈡字第 08954 號函；但賴英照，前揭書❶ 486 頁，認為其適法性可能引起爭議。

❶　林國全，〈證券交易法 157 條之 1──內部人交易禁止規定之探討〉《政大法學評論》第 45 期 273～274 頁。

❶　賴英照，《股市遊戲規則：最新證券交易法解析》（元照，2014 年）478～480 頁。

　　證券交易法第 157 條之 1 第 7 項前段規定：第 22 條之 2 第 3 項規定，於第 1 項第 1 款、第 2 款，準用之。而按同法第 22 條之 2 第 3 項：第 1 項之人（即內部人）持有之股票，包括其配偶、未成年子女及利用他人名義持有者。

　　上開條文的「準用」係為何指，學說上有二種見解。第一種見解認為應區分情形討論：一、如果內部人係利用配偶、未成年子女或他人名義持股並從事內線交易，實質上利用人頭而為犯罪，內部人應負內線交易刑責。至於受利用的人是否犯罪，應視其是否知情而定。二、內部人獲悉內線消息之後如為買賣股票，其配偶或未成年子女買賣股票並不當然違法，避免過苛地不論事實情況如何，一律以內線交易論處之情形❹。惟第二種見解認為，內部人知悉之內線消息未公開前，配偶或未成年子女如有買賣股票的行為，內部人當然違反內線交易之責任。惟立法上應該採推定的方式，使配偶或未成年子女得舉反證而免責❺。

　　關於「基於職業或控制關係獲悉消息之人」之規定，所謂職業關係，一般係指接受發行公司委任處理事務的專業人士，例如律師、會計師、財務分析師、證券承銷商等。所謂控制關係，係指控制公司業務經營、或重要人事之人，例如關係企業的控制公司。依美國法院判決，內線交易的適用對象，係以買賣證券者對其交易對手，或消息來源存有信賴關係為前提，職位高低並非關鍵，員工因職務關係獲悉消息者，亦應包括在內❻。而公務員是否為本款所稱「基於職業或控制關係獲悉消息之人」？按法條文義解釋，似不應任意擴張本款及於公務員；而依美國法傳統信賴關係的操作下，亦認為公務員對於上市公司及其股東，均未負有信賴義務，因此並非內部人。惟我國學者指出，在我國法及私取理論的操作下，公務員亦得成為本款所指之行為人。但其適用理由並非「信賴義務之違反」，而是因「市場健

❹　賴英照，前揭書⓫ 498 頁；吳光明，前揭書⑩ 327 頁；劉連煜，〈內線交易行為主體之最新案例研析〉《月旦法學教室》第 104 期 69 頁。

❺　林國全，前揭文⑭ 259、278 頁。

❻　賴英照，前揭書⓫ 488 頁；曾宛如，前揭書⑩ 261 頁。

全發展」亦為我國證券交易法所保障，故倘若公務員利用此消息，則有破壞市場機制之虞[147]。

從公司董事、監察人、經理人、持股逾 10% 股東及基於職業或控制關係獲悉消息之人獲悉消息者，一般稱為消息受領人 (tippee)。消息受領人獲悉消息後，買賣股票者，應負刑事及民事責任。消息傳遞人如僅洩露消息而未買賣股票者，不負刑事責任，僅負民事責任（第 157 條之 1 第 1 項、第 4 項，第 171 條）。

此外，曾有實務見解認為，消息受領人如與董事等具有內部人身分者，共同為內線交易行為，雖依刑法第 31 條第 1 項前段規定，成立共犯關係，但證券交易法對於消息受領人既設有獨立處罰規定，則只能以證券交易法論罪，未可概以共同正犯論處[148]。

然而，是否所有自內部人獲知未公開的內線消息者，均屬於消息受領人？參照美國 Dirks 案的判決[149]，消息受領人係指符合下列情形之人： 1.內部人違反其信賴義務而不當傳遞機密消息，例如內部人缺乏正當的商業目的洩漏消息； 2.消息受領人明知或可得而知內部人違反信賴義務，至於是否知悉，可從客觀情況加以推論； 3.內部人為圖謀個人利益而傳遞消息，利益則包括直接或間接獲取金錢上或非金錢上的利益，非金錢利益包含甚廣，例如朋友先前因故反目，為求恢復友誼而透露內線消息，亦為此處所稱之利益。不過，在 Dirks 案中，三位聯邦最高法院的大法官所提出不同意見書指出，內部人獲得個人利益無須成為條件。此後有法院判決也認為，在適用私取理論的情形，無須具備傳遞消息者獲得利益的條件[150]。私取理論的存在係為補充信賴關係理論的不足，因獲悉消息之人非公司之內部人，其對交易相對人本無信賴義務的違反。但此種獲悉消息之人仍違反其與「消

---

[147]　賴英照，〈公務員是不是內部人？〉《高大法學論叢》第 3 卷 1 期 161–162 頁。

[148]　最高法院 99 年度臺上字第 922 號刑事判決。

[149]　Dirks v. Securities and Exchange Commission, 463 U.S. 646 (1983).

[150]　SEC v. Musella, 748 F. Supp. 1028 (S.D.N.Y. 1984)；賴英照，前揭書[11] 493 頁；劉連煜，前揭書[41] 432 頁。

息來源」間之信賴義務，將該消息私自取用圖利，此種行為仍構成內線交易❶。

　　據此，我國學者亦認為，雖然我國證券交易法第 157 條之 1 僅規定「從前四款所列之人獲悉消息者」，並未附加其他條件，但適用上仍應有所限制。例如公司董事長或其他內部人，因業務上的正當理由將重大機密消息提供給特定人，如受公司委任的律師或政府主管官員，嗣後此等受領消息之人竟私自利用以買賣股票，此時提供消息之內部人，並未違反信賴義務，依美國法並無民、刑事責任，另方面，上開受領消息的特定人屬臨時內部人，本身即為內部人，亦無須適用消息受領人的規定，我國法就此應為相同的解釋❷。

　　與消息受領人有關的另一爭議在於：消息受領人是否包括間接獲悉消息者？學說上對此的見解並不一致，肯定說認為為維護市場交易的健全，不應以直接受領人為限❸。否定說則認為在輾轉相傳後，知悉消息之人與前四款之人間的關係已顯模糊，欲將該第二手以下之消息受領人列入規範，在理論基礎上似嫌薄弱，而其消息流傳過程之舉證亦有困難❹。

---

❶　劉連煜，《新證券交易法實例研習》（元照，2015 年）453 頁。

❷　賴英照，前揭書⓫ 494 頁；吳光明，前揭書⓲ 327 頁；曾宛如，前揭書⓱ 278 頁亦指出，消息受領者成罪之要件應建立於傳遞消息者本身違反禁止洩露之義務為前提，亦即，受領者之所以成罪是一種傳來的責任，若傳遞者本身並無故意洩露之意圖，則受領者亦無責任可言。

❸　賴英照，前揭書⓫ 495 頁；曾宛如，前揭書⓱ 278 頁；王志誠、邵慶平、洪秀芬、陳俊仁，前揭書⓳ 470 頁。劉連煜，前揭書⓵ 434 頁亦指出，為維護市場之公平、公正性，不論其係為第幾手之消息受領人，皆具有同一之法律上理由，使之同為本款之規範對象。詳言之，若消息受領人對提供消息之人與終極之消息發生來源之關係有其認識，即為已足。

❹　林國全，前揭文⓲ 285 頁；姚志明，〈內線交易責任主體之研究〉《月旦民商法雜誌》第 30 期 99 頁；吳光明，前揭書⓲ 327 頁亦指出依文義解釋，適用上間接受領人不符合上述之要件，應在內線交易之規範外，此乃一漏洞，需加以修法填補。

　　參照美國法，在公司併購案部分，法院對於消息受領人是否包括間接獲悉者？持以肯定之見解❺。在非關公司併購案的部分，依照 Dirks 案的標準，如果間接消息受領人知悉所受領者為尚未公開的重大消息，且明知或可得而知傳遞消息的內部人違反信賴義務時，間接受領人亦包括在內❺，可資參照。學者又將此稱為「消息傳遞責任理論」，其為受領人從消息傳遞人所衍生而來之責任，我國證券交易法應於 157 條之 1 第 1 項第 5 款對「從前四款所列之人獲悉消息之人」之解釋中，引進消息傳遞責任理論，使間接受領人於前開情形下亦得成為本條規定之主體❺。

　　㈡內線消息

　　1.內線消息之「重大性」

　　依證券交易法第 157 條之 1 規定，成立內線交易，須內部人所實際知悉者，為「發行股票公司有重大影響其股票價格之消息」；其意義係指「涉及公司之財務、業務或該證券之市場供給、公開收購，對其股票價格有重大影響或對正當投資人之投資決定有重要影響之消息」。此外，在公司債的買賣方面，行為人所實際知悉者，須為「發行股票公司有重大影響其支付本息能力之消息」。於民國 95 年，主管機關訂定「證券交易法第 157 條之 1 第 4 項重大消息範圍及其公開方式管理辦法」，並於民國 99 年配合證券交易法第 157 條之 1 之修正，修正名稱為「證券交易法第 157 條之 1 第 5 項及第 6 項重大消息範圍及其公開方式管理辦法」（下稱「重大消息管理辦法」），並增列、修正該辦法各條文。

　　依現行「證券交易法第 157 條之 1 第 5 項及第 6 項重大消息範圍及其公開方式管理辦法」（請參照本書第五章第三節【參】所附資料），第 2 條規定了涉及公司之財務、業務，對其股票價格有重大影響，或對正當投資

---

❺　United v. Chestman, 947 F. 2d 551, (2d Cir. 1991)，中文介紹請參閱賴英照，前揭書❶ 494 頁；劉成墉，〈內線交易消息受領人之探討〉《銘傳大學法學論叢》第 17 期 182 頁。

❺　賴英照，前揭書❶ 495 頁。

❺　劉連煜，前揭書❺ 498～499 頁。

人之投資決定有重要影響之消息；第 3 條規定涉及該證券之市場供求，對其股票價格有重大影響，或對正當投資人之投資決定有重要影響之消息；以及第 4 條規定了涉及公司有重大影響其支付本息能力之消息。

　　雖有如此規定，但不論是證券交易法第 157 條之 1 本身，或是證券交易法第 157 條之 1 第 5 項及第 6 項重大消息範圍及其公開方式管理辦法相關之各該條文，均重複使用「重大」一詞，而未對何謂「重大」提出實質的定義。

　　在比較法上，觀察美國法之見解，美國 1934 年證券交易法並未就重大消息規定明確的定義。最高法院在 TSC Industries, Inc. v. Northway, Inc. 案 (426 U.S. 438)，對於徵求委託書的書面所未記載的事項，是否屬重大性質，採取「理性的股東極可能認為是影響投票決定的重要因素」的標準。同時，一項消息如單獨考量為能產生重大影響，但若連同其他可獲得的資訊綜合判斷，可能影響理性投資人的決定時，亦符合重大性質的要件。這項重大性的標準，雖然是有關徵求委託書的判決，但內線交易案件也同樣適用 ❶❺❽。聯邦最高法院針對尚未確定發生的影響重大的事情，如何認定其具有重大性之問題，在 1988 年的 Basic 案中宣示認定之標準 ❶❺❾。本案中，聯邦地方法院採取「高度確定性」標準，認為必須有合理的基礎，確定合併談判足以達成協議，才能成立重大消息。聯邦高等法院則認為合併契約的重要部分，包括交易的價格與合併的基本架構，必須經雙方原則同意時，才構成重大消息。然而最高法院推翻原判決，認為機械而缺乏彈性的標準，無法因應實際需求。消息的重大性應依事情確定發生的機率，及其發生在公司整體活動中的影響程度。如依客觀事實，發生機率高且對公司產生重大影響者，當屬重大消息無疑。即若「高機率、低影響」或「高影響、低機率」亦可能構成重大消息；惟如發生機率極低，且影響亦小者，則非重大消息。因重大性的決定，具有高度事實認定的特性，必須依個案具體事實決定 ❶❻❶。

---

❶❺❽　賴英照，前揭書❶ 505 頁。

❶❺❾　Basic, Inc. v. Levinson, 485 U.C. 224 (1988).

❶❻❶　賴英照，前揭書❶ 505 頁；劉連煜，〈重大內線消息之認定──最高法院 98 年

惟我國實務上似認為，內線消息之重大性，仍應視其對於「正當投資人與市場公平性之影響大小」來判斷之，因此縱使消息內容事後證明並非完全正確，亦不影響其重大性（104 年度金上訴字第 46 號判決意旨參照）。

關於內線消息範圍之討論，另一問題在於稅率、利率、經貿法令等政府重大措施，如對證券市場的供求產生重大影響者，是否為內線消息？學說上有認為政府措施影響集中市場所有的上市證券，而非個別股票價格，因此不屬於內線消息的範疇。惟肯定說之見解認為，從健全市場發展及公平交易的觀點著眼，不應對重大消息的範圍作機械式的限縮，如果理性投資人的投資決定有重要影響，即不能否定其為重大消息的性質 **[161]**。民國 95 年證券交易法修正時，修正說明亦指出：「有關公共政策，如已涉及市場供求，且對股票價格有重大影響或正當投資人之投資決策有重要影響者，應已符合本項重大消息之法定構成要件，亦有禁止內線交易之適用。」

2.內線消息之成立

證券交易法第 157 條之 1 並沒有明文規定重大消息於成立後才構成內線消息，因此對於重大消息是否有成立之時點以及何時始為成立，實務上有不同的意見。雖主管機關於「證券交易法第 157 條之 1 第 5 項及第 6 項重大消息範圍及其公開方式管理辦法」第 5 條中規定：「消息之成立時點，為事實發生日、協議日、簽約日、付款日、委託日、成交日、過戶日、審計委員會或董事會決議日或其他依具體事證可得明確之日，以日期在前者為準」，似採內線消息有成立時點之見解，並且給出明確之判準。如最高法院 104 年臺上字第 3877 號判決指出：「我國司法實務及學者見解一致認為，於進行『實地查核』完成前，併購風險既然無法正確評估，實無具備『明確』性及『具體』性之要件可言。」

度臺上字第 6492 號判決評釋〉《月旦裁判時報》創刊號 131–133 頁；林志潔、張敦威，〈內線交易重大性消息之再探討——以英華達案為中心〉《台灣法學雜誌》第 210 期 97 頁。

[161] 賴英照，前揭書**[11]** 510 頁；劉連煜，前揭書**[41]** 447 頁；林國全，前揭文**[142]** 287 頁。

但法院仍有認為不應以消息成立作為犯罪認定標準者，例如最高法院 98 年度臺上字第 6413 號刑事判決指出：「所謂『獲悉發行股票公司有重大影響股票價格之消息』，指獲悉在某特定時間內必成為事實之重大影響股票價格之消息而言，並不限於獲悉時該消息已確定成立或為確定事實」。102 年度臺上字第 1420 號判決進一步指出，「認定行為人是否獲悉發行股票公司內部消息，應綜合相關事件發生經過及其結果等各項因素，從客觀上作整體觀察，以為判斷，不得拘泥於某特定、具體確定之時點。」

對此爭議，學說上認為從貫徹禁止內線交易的目的而言，應以特定消息在其形成過程中，依其具體情形，是否對投資人的投資決定具有重大影響作為判斷標準，而非固守僵硬的基準，導致有人故意遲延消息成立時點，為內線交易的操作預留更多空間，反而與立法意旨相背離❶❷。如學說主張導入前述美國法中之 TSC 案之基準，以影響理性投資人之程度作為消息是否重大之判斷；以及 Basic 案之見解，以「事件之發生機率」與「影響之程度」做綜合判斷標準。不須以上開規定所例示之各種日期做僵化的認定，才能真正探究內線消息之成立時點。

3.內線消息之實際知悉

證券交易法第 157 條之 1 於民國 99 年修法後，將原「獲悉」之用語改為「實際知悉」，惟該條立法理由有「對於利用公司未經公開之重要消息買賣公司股票圖利」之文字，因此引發我國證券交易法究竟係採取獲悉說或利用說之爭議。

所謂「獲悉說」，乃指行為人只要知悉重大內線消息，並在之後有買賣的行為，即可評價為內線交易。若須進一步證明該交易的發生，乃因為該內線消息的緣故，則為「利用說」。我國目前實務和通說上似乎是較偏向採取獲悉說的見解，例如最高法院 91 年度臺上字第 3037 號判決意旨即謂：「內線交易之禁止，僅須內部人具備『獲悉發行股票公司有重大影響其股票價格之消息』及『在該消息未公開前，對該公司之上市或在證券商營業處所買賣之股票，買入或賣出』此二形式要件即成」；不過我國的少數實務

---

❶❷　賴英照，前揭書❶❶ 526 頁。

見解，亦有採取利用說者，例如臺北地方法院 94 年訴字第 1152 號判決指出：「顯見重大消息與買賣股票行為間之關聯性，不得棄而不論，仍應探究『利用』與否。又此種『利用』消息而買賣股票之要件，既已於立法理由中敘明，乃內涵於內線交易立法目的之目的性界線」。為解決「獲悉說」、「利用說」之爭議，證券交易法於民國 99 年 6 月 2 日之修訂中，將「獲悉」二字，改為「實際知悉」，立法者認為：行為人僅需「知悉」內線消息且後有買賣行為，便該當內線交易之用意，至為明顯。而近年實務亦多採獲悉說之見解，如最高法院 103 年度臺上字第 2093 號判決：「內線交易之禁止，僅須內部人具備『獲悉（修正後為「實際知悉」）發行股票公司有重大影響其股票價格之消息』及『在該消息未公開前，對該公司之上市或在證券商營業處所買賣之股票，買入或賣出』此二形式要件即足當之，並未規定行為人主觀目的之要件。故內部人於知悉消息後，並買賣股票，是否有藉該交易獲利或避免損失之主觀意圖，應不影響其犯罪之成立；且該內部人是否因該內線交易而獲利益，亦無足問 ❸。」而 102 年度金上重訴字第 20 號雖於判決中指出「獲悉重大未公開消息之人『利用』消息而買賣股票，此未公開消息與股票買賣行為之間，即產生足以認定違法之邏輯推論，惟行為人得舉證證明買賣股票非因獲悉消息而致之偶然關聯性，而解免刑責。」判決用語雖為「利用」，但觀其前後文，似仍採取獲悉說的「推定利用」模式，當事人若認為僅屬偶然，須以反證推翻其並未利用資訊。

有學者指出，修法將「獲悉」之用語改為「實際知悉」，其本質上並不影響司法實務上之認定，亦不因此加重檢察官之舉證責任。因其仍為當事人之主觀認知，於司法實務上係由各式直接或間接證據，並按論理法則、經驗法則所推論。因此，法條用語之改變，並未影響司法程序中舉證之方式與強度 ❹。

---

❸　類似見解之實務判決包含：102 年臺上字第 4868 號；102 年臺上字第 493 號；101 年臺上字第 5242 號；101 年臺上字第 4351 號；105 年金上重更(一)字第 6 號；102 年重金上更(二)字第 11 號；103 年金上重更(一)字第 14 號；103 年金上訴第 34 號；100 年重金上更(三)字第 2 號等。

㈢公　開

依證券交易法第 157 條之 1 規定，內部人須於消息公開已滿十八小時後，始得進場買賣。

1.公開之意義

證券交易法並未明定公開的意義。依據主管機關訂定之「證券交易法第 157 條之 1 第 5 項及第 6 項重大消息範圍及其公開方式管理辦法」第 6 條規定，關於公司財務、業務及影響支付本息能力等重大消息的公開，係指「經公司輸入公開資訊觀測站」；而有關證券之市場供求的重大消息，其公開指下列方式之一：一、公司輸入公開資訊觀測站；二、在證交所或櫃買中心基本市況報導網站中公告；三、兩家以上每日於全國發行報紙之非地方性版面、全國性電視新聞或前開媒體所發行之電子報報導；並認定第 157 條之 1 第 1 項十八小時之計算，係以派報或電視新聞首次播出或輸入電子網站時點在後者起算。至於派報時間早報以上午六時起算，晚報以下午三時起算。

實務見解有認為，本法所指之「公開」其定義應為「將消息置於不特定多數投資人得共見共聞之狀態」。因此，縱非上述三款之公開方式，其亦可能認定為公開。（如報章雜誌報導之重大消息，經證實與事實完全相符者。）惟學者對此見解有所批評，主張若以此方式仍得構成公開之要件，此種訊息對投資人來說往往仍僅是未得證實之傳聞，難以據此作成投資決定，且公司內部人反而得利用此消息被認定已「公開」之性質，進行交易而不受處罰❶❻❺。

2.沉澱時間

依證券交易法第 157 條之 1 規定，消息公開後，尚應等待至少十八小時，才能買賣股票。此規定係於民國 99 年修法時修正延長，其修正理由指出：「鑑於公司於晚間發布重大消息，投資人於隔日開盤前可能尚未獲悉該重大消息而無法為即時之反應，重大消息之沉澱時間有酌予延長之必要」。

---

❶❻❹　劉連煜，前揭書❶❺❶ 557～558 頁。

❶❻❺　賴英照，前揭書❶❹❸ 483～484 頁。

因此，公司如果晚上七點半發布消息，第二天下午一點半股市收盤才屆滿十八小時，內部人須待第三天才能進場買賣❿。

應注意者，如就消息公開的認知而言，若行為人誤認消息已公開滿十八小時並據此而為買賣公司股票之行為，即發生所謂構成要件錯誤，此時應阻卻其故意，行為人不成立內線交易罪責❿。

四、罰則（第 171 條第 1 項）

我國證券交易法關於內線交易的刑罰規定係在第 171 條第 1 項第 1 款：「有下列情事之一者，處三年以上十年以下有期徒刑，得併科新臺幣一千萬元以上二億元以下罰金：一、違反第 20 條第 1 項、第 2 項、第 155 條第 1 項、第 2 項、第 157 條之 1 第 1 項或第 2 項規定。」

證券交易法上設有兩款加重事由，分別規定在證券交易法第 171 條第 2 項：「犯前項之罪，其犯罪所得金額達新臺幣一億元以上者，處七年以上有期徒刑，得併科新臺幣二千五百萬元以上五億元以下罰金。」以及第 171 條第 6 項：「犯第 1 項或第 2 項之罪，其犯罪所得利益超過罰金最高額時，得於所得利益之範圍內加重罰金；如損及證券市場穩定者，加重其刑至二分之一。」❿

證券交易法尚有兩款減輕事由，分別在第 171 條第 4 項：「犯前三項之罪，於犯罪後自首，如有犯罪所得並自動繳交全部所得財物者，減輕或免除其刑；並因而查獲其他正犯或共犯者，免除其刑。」和第 5 項：「犯第 1 項至第 3 項之罪，在偵查中自白，如有犯罪所得並自動繳交全部所得財物者，減輕其刑；並因而查獲其他正犯或共犯者，減輕其刑至二分之一。」

---

❿ 賴英照，前揭書⓫ 547 頁。

❿ 劉連煜，前揭書⓬ 454 頁。

❿ 學說討論以及實務上一爭議為犯罪所得如何計算以及共同被告之犯罪所得是否應合併計算？此部分困擾實務已久，學說亦有不同見解，請參閱賴英照，前揭書⓫ 557 頁；李開遠，〈證券交易法第 171 條有關內線交易罪「犯罪所得」金額計算相關問題之探討〉《銘傳大學法學論叢》第 14 期 292 頁；林孟皇，〈論內線交易犯罪所得金額的計算〉《萬國法律》第 185 期 6 頁。

第三節　其他犯罪類型

壹、非常規交易（證券交易法第 171 條第 1 項第 2 款）

一、導論──法理與保護法益

　　非常規交易、或稱「不合營業常規交易」(non-arm's length transaction)，規定於證券交易法第 171 條第 1 項第 2 款：「已依本法發行有價證券公司之董事、監察人、經理人或受僱人，以直接或間接方式，使公司為不利益之交易，且不合營業常規，致公司遭受重大損害」，處三年以上十年以下有期徒刑，得併科新臺幣一千萬元以上二億元以下罰金。

　　「不合營業常規交易」一詞，在我國法中首見於 1971 年修正所得稅法時所增訂的第 43 條之 1，公司法於 1997 年修正增訂第 369 條之 4 時，亦使用此一用語，惟其範圍概念仍具有相當彈性，亦留有爭議的空間[169]。

　　本罪係於民國 89 年所增訂，增訂之立法理由指出：「已發行有價證券公司之董事、監察人、經理人及受僱人等相關人員，使公司為不合營業常規或不利益交易行為，嚴重影響公司及投資人權益，有詐欺及背信之嫌，因受害對象包括廣大之社會投資大眾，犯罪惡性重大，實有必要嚴以懲處，爰增列處罰。」

　　從體系解釋觀點，非常規交易既規定於證券交易法中，則在詮釋本款規定時，自應考量證券交易法之立法目的。證券交易法第 1 條謂：「為發展國民經濟，並投資保障，特制訂本法」，為達此目的，證券交易法應妥善規範市場參與者的行為，以防止其侵害投資人權益，並且促使證券市場健全發展[170]。因此，對非常規交易罪之解釋，亦應以實現上開立法目的為依歸。

---

[169]　常見非常規交易類型及實務案例爭議，請參閱賴英照，前揭書[11]頁 753。

[170]　賴英照，前揭書[11] 9 頁；郭土木，〈非常規交易與掏空公司資產法律構成要件

再就立法脈絡觀之，本條立法之初，係因一系列公司掏空及經營者利益輸送案件撼動臺灣證券市場後而制定**⑰**，修法時即充滿保護投資人及市場導向，因此，本款所要保護之法益亦應以此為依歸**⑫**，復從整體市場建制來觀察，應可認為，我國非常規交易之規定所欲保護者，乃包含公開發行有價證券公司之廣大不特定的投資大眾，以及整體交易市場健全發展的社會法益**⑬**。

二、構成要件解析

證券交易法第 171 條第 1 項第 2 款之構成要件為：(1)公開發行公司之董事、監察人、經理人或受僱人之行為；(2)以直接或間接方式，使公司為不利益之交易，且不合營業常規；(3)致公司遭受重大損害**⑭**。

㈠適用範圍

證券交易法第 171 條第 1 項第 2 款之適用範圍為公開發行公司，且不問該公司是否上市、上櫃、興櫃，均有所適用。此一規定與內線交易、操縱市場、短線交易等相比，其適用對象的範圍較廣**⑮**。惟學說上亦有論者主張：自本罪保護法益涵蓋不特定投資大眾及整體證券市場健全之觀點以觀，應限縮解釋本款規定，以實質上之公開發行公司為限；至於形式上雖屬公開發行公司，但實際上卻未對外公開招募股份者，則不宜以本罪論處**⑯**。

之探討〉《月旦法學雜誌》第 201 期 129 頁。

⑰ 林志潔，〈論證券交易法第 171 條第 1 項第 2 款非常規交易罪〉《月旦法學雜誌》第 195 期 79 頁；郭土木，前揭文**⑩** 128 頁。

⑫ 林志潔，前揭文**⑰** 83 頁；郭土木，前揭文**⑩** 130 頁。

⑬ 郭土木，前揭文**⑩** 130 頁；王志誠，〈不合營業常規交易之判斷標準與類型〉《政大法學評論》第 66 期 168 頁。

⑭ 賴英照，前揭書**⑪** 747 頁；劉連煜，前揭書**㊶** 360 頁；吳光明，前揭書**⑱** 546 頁。

⑮ 賴英照，《證券交易法解析——簡明版》(自版，2016 年) 307 頁；劉連煜，前揭書**㊶** 360 頁；吳光明，前揭書**⑱** 546 頁；李開遠，《證券交易法理論與實務》(五南，2011 年) 287 頁。

㈡規範對象

本罪之適用對象依條文規定限於董事、監察人、經理人或受僱人，惟由於本款立法目的係為防止對公司決策有影響力之人，不當使用其控制力量，以侵害公司及股東權益，因此，縱非上開條文所列之人，例如不兼公司職務的大股東，仍以列入本款適用對象為妥[177]，未來修法時應明定之。在現行法下，若大股東或其他參與犯罪行為之人，依其案情可成立教唆犯、幫助犯或共同正犯[178]。惟針對公司與其內部人（名義上或實質上負責人）之間交易，證券交易法未明確規範，且公司法第 223 條僅規定董事為自己或他人與公司為買賣、借貸或其他法律行為時由監察人為公司之代表，規範上仍有疏漏之處，尤其關於不動產或未上市、櫃股票交易常引發不合營業常規交易爭議，仍待立法解決[179]。

㈢行　為

依證券交易法第 171 條第 1 項第 2 款之規定，當公開發行公司的董事、監察人、經理人或受僱人有「使公司為不利益之交易，且不合營業常規」之行為時，乃該當本罪之行為要件。

我國法院在認定交易不合營業常規時，曾提出標準如下：「本罪構成要件所稱之『不合營業常規』，為不確定法律概念，因利益輸送或掏空公司資產之手段不斷翻新，所謂『營業常規』之意涵，自應本於立法初衷，參酌時空環境變遷及社會發展情況而定，不能拘泥於立法前社會上已知之犯罪模式，或常見之利益輸送、掏空公司資產等行為態樣。該規範之目的既在保障已依法發行有價證券公司股東、債權人及社會金融秩序，則除有法令

---

[176] 郭土木，前揭文[170] 132 頁。

[177] 賴英照，前揭書[11] 747 頁；李開遠，前揭書[175] 289 頁；郭土木，前揭文[170] 139 頁。

[178] 賴英照，前揭書[11] 747 頁；劉連煜，前揭書[41] 361 頁；李開遠，前揭書[175] 289 頁；陳峰富，《關係企業與證券交易》（五南，2005 年）82 頁。實務上判決可參照臺灣高等法院 95 年度金上重訴字第 4 號刑事判決、臺灣高等法院 99 年度金上訴字第 46 號刑事判決。

[179] 賴英照，前揭書[72] 311 頁。

依據外，舉凡公司交易之目的、價格、條件，或交易之發生，交易之實質或形式，交易之處理程序等一切與交易有關之事項，從客觀上觀察，倘與一般正常交易顯不相當、顯欠合理、顯不符商業判斷者，即係不合營業常規」[180]。不過對於何謂「正常交易」、「顯不相當」仍然不明，實務上亦尚未建立實質的判斷標準，而仍多直接自案件之具體事實觀察，以認定案件所涉及之交易是否違反證券交易法第 171 條第 1 項第 2 款，且其觀察重點多在於系爭交易是否「不合營業常規」，而鮮少討論何謂「不利益交易」[181]。

學說上則有認為所謂「符合營業常規」應包括「經過合理的商業決策過程」及「以合理市場價格」所為之交易[182]。亦有論者主張由於證券交易法對非常規交易行為進行規範之目的在於謀求對公司債權人、股東等投資人之保護，故一交易需其「手法符合一般之商業判斷，而不致於使該發行有價證券之公司暴露於損害或不利益之風險下」始該當「符合營業常規」[183]。另有學說將「不合營業常規交易」定義為「具有特殊關係的交易雙方，以未反映市場公平價格之交易條件、且未經由正常商業談判程序而達成契約」之交易型態[184]。

本文就此則認為應將「使公司為不利益之交易且不合營業常規」分為「不利益之交易」及「不合營業常規」兩要件：前者著眼於「交易的實質內容」，後者則係針對「決策的形成過程」做判斷[185]。按由於商業上投資本有一定之風險，故所謂「不利益之交易」並不應完全依事後的投資損賠結果做判斷，而應以「是否使公司承受『不當』的交易風險」為判斷標準，依做成決策當時公司之體制及外在環境綜合考量，倘若該交易決定具備高

---

[180] 請參照最高法院 98 年度臺上字第 6782 號刑事判決、最高法院 99 年度臺上字第 6731 號刑事判決。

[181] 林志潔，前揭書❶ 356 頁。

[182] 潘彥州，證券交易法第 171 條第 1 項第 2 款非常規交易犯罪之研究，臺灣大學法律學研究所碩士論文，2006 年 218 頁。

[183] 王志誠，前揭文⑰ 170 頁。

[184] 賴英照，前揭書⑰ 308 頁。

[185] 林志潔，〈非常規交易是否包括「假交易」〉《台灣法學雜誌》第 219 期 218 頁。

風險且無相對應之報酬，則可能該當「不利益之交易」，法院此時方得進一步審理此交易是否「不合營業常規」；至於是否「不合營業常規」，其判斷重點在於「該交易條件的決議程序是否符合企業經營常規及相關法規範」❶⑧⑥。

㈣結　果

本款規定，在結果上應「致公司遭受重大損害」，如未有重大損害，縱行為人使公司為不利益之交易且不合營業常規，仍不構成本款之罪。所謂重大損害，通常係以損失金額與公司規模（資產、營業額等）為衡量的因素，例如臺北地方法院 97 年度金重訴字第 12 號刑事判決指出：「縱依公訴意旨所載，以志〇公司購入光復段 94-2 地號土地之價格三億二千萬元與德〇開發公司購入該土地之價格二億元相較，而認志〇公司所失利益為一億二千萬元，該金額相較於志〇公司前揭五十四億餘元之資產總額，以及近七億元之營業收入，亦難認係重大損害，即不合於證券交易法第 171 條第 1 項第 2 款、第 2 項所定要件。」然若對公司商譽造成重大傷害，雖未證明其具體金額，仍應屬之❶⑧⑦，最高法院 98 年度臺上字第 6782 號刑事判決亦指出相同概念，判決謂：「再本罪所稱之『公司重大損害』，通常雖指金錢等財物損失，且以損失金額與公司規模等衡量損失是否重大，然法無明文限於金錢等有形之財物損失，如對公司之商業信譽、營運、智慧財產等造成重大傷害者，雖未能證明其具體金額，仍應屬對公司之損害。」

㈤主觀要件

本罪在主觀構成要件的規定上並不以行為人具有特別之不法意圖為必要❶⑧⑧，但依刑法第 12 條、第 13 條之解釋，行為人仍須具備故意，亦即「公司之董事、監察人、經理人或受僱人對於使公司為不利益之交易且不合營業常規致公司遭受重大損害有所認識，並決意為之」❶⑧⑨。惟學說上另有論

---

❶⑧⑥　林志潔，前揭書❶ 363～365 頁。

❶⑧⑦　賴英照，前揭書❶⑪ 749 頁；劉連煜，前揭書❹① 361 頁；郭土木，前揭文❶⑦⓪ 139 頁。

❶⑧⑧　王志誠、邵慶平、洪秀芬、陳俊仁，前揭書❶③③ 444 頁。

者以為非常規交易仍帶有背信之色彩，其核心之形式可非難性源頭仍是行為人受人託付卻有「圖謀自己、第三人不法利益」或「損害本人利益」之主觀意圖，法條雖漏未規定，但不應拘泥文義而逕認行為人之主觀意圖並非所問，否則恐將造成本罪之形式不法內涵空洞化之不當後果⑩。亦有學者主張為避免過度限制商業上的判斷及決策，在具體個案應綜合考量行為人當時之認知以及結果是否實際對公司造成重大損害⑪。

本文對此則係認為：有鑑於非常規交易罪之立法目的在於「保護不特定之投資人」及「維護證券市場之穩定」，故應以行為人對掏空公司資產之結果有預見可能性為必要，以避免造成「依事後的成敗對公司決策者進行評斷」，而過度干預公司決策者的商業上判斷空間、箝制公司決策的彈性，且對於「行為人的認知」的判斷時點應以「行為時」，亦即「非常規交易時」為準⑫。

三、罰則與相關規範

㈠刑事責任

證券交易法第 171 條第 1 項第 2 款於民國 89 年增訂立法時，係規定處七年以下有期徒刑，得併科新臺幣三百萬元以下罰金，於民國 93 年修法時提升刑度為三年以上十年以下有期徒刑，得併科新臺幣一千萬元以上二億元以下罰金，另在證券交易法第 171 條第 4 項與第 5 項針對本罪訂有減輕或免除規定⑬，在證券交易法第 171 條第 2 項及第 6 項則訂有加重之規

---

⑱　郭土木，前揭文⑰ 135～136 頁。

⑲　郭土木，前揭文⑰ 137 頁；廖大穎、林志潔，〈「商業判斷原則」與董事刑事責任之阻卻〉《月旦法學雜誌》第 183 期 241 頁亦指出，使公司為非常規交易之人，若要將之論以證交法第 171 條第 1 項第 2 款之罪，檢方須證明被告之獲利或損害意圖，且於同時亦須證明被告為背信之故意方可。

⑳　王志誠，〈非常規交易法則之實務發展〉《財稅研究》第 40 卷第 1 期 19–20 頁。

㉑　張淨媛、林志潔，〈論證券交易法上非常規交易罪與特別背信罪之實證研究——以真假交易為討論核心〉《中正財經法學》第 12 期 10 頁。

定❿。其中相關「犯罪所得」一詞已改定為「因犯罪獲取之財物或財產上利益」，依修正立法說明謂以：「關於內線交易之犯罪所得，司法實務上亦認為計算時應扣除犯罪行為人之成本（最高法院 96 年度臺上字第 7644 號刑事裁判參照），均與 104 年 12 月 30 日修正公布之刑法第 38 條之 1 第 4 項所定沒收之『犯罪所得』範圍，包含違法行為所得、其變得之物或財產上利益及其孳息，且犯罪所得不得扣除成本，有所不同。為避免混淆，造成未來司法實務犯罪認定疑義，爰將第 2 項『犯罪所得』修正為『因犯罪獲取之財物或財產上利益』，以資明確」❿。另外在第 6 項「損及證券市場穩定」，論者亦有謂應綜合考量股市交易量、值及價格受到犯罪行為衝擊的變化，與受到影響的投資人數量與時間長短❿。

　　依證券交易法第 171 條第 7 項：「犯第 1 項至第 3 項之罪，犯罪所得屬犯罪行為人或其以外之自然人、法人或非法人團體因刑法第 38 條之 1 第 2 項所列情形取得者，除應發還被害人、第三人或得請求損害賠償之人外，沒收之」❿。另，針對非常規交易，證券交易法第 174 條之 1 訂有撤銷權

---

❿　證券交易法第 171 條第 4 項規定如下：

犯前三項之罪，於犯罪後自首，如有犯罪所得並自動繳交全部所得財物者，減輕或免除其刑；並因而查獲其他正犯或共犯者，免除其刑。

證券交易法第 171 條第 5 項規定如下：

犯第 1 項至第 3 項之罪，在偵查中自白，如有犯罪所得並自動繳交全部所得財物者，減輕其刑；並因而查獲其他正犯或共犯者，減輕其刑至二分之一。

❿　證券交易法第 171 條第 2 項規定如下：

犯前項之罪，其犯罪所得金額達新臺幣一億元以上者，處七年以上有期徒刑，得併科新臺幣二千五百萬元以上五億元以下罰金。

證券交易法第 171 條第 6 項規定如下：

犯第 1 項或第 2 項之罪，其犯罪所得利益超過罰金最高額時，得於所得利益之範圍內加重罰金；如損及證券市場穩定者，加重其刑至二分之一。

❿　民國 106 年證券交易法部分條文修正草案，修正第 171 條第 2 項的立法說明，請參閱《立法院公報》第 107 卷第 9 期 156 頁。

❿　賴英照，前揭書❿ 314～315。

❿　民國 106 年證券交易法部分條文修正草案，修正第 171 條第 7 項的立法說明，

之規定：「第 171 條第 1 項第 2 款、第 3 款或前條第 1 項第 8 款之已依本法發行有價證券公司之董事、監察人、經理人或受僱人所為之無償行為，有害及公司之權利者，公司得聲請法院撤銷之。前項之公司董事、監察人、經理人或受僱人所為之有償行為，於行為時明知有損害於公司之權利，且受益人於受益時亦知其情事者，公司得聲請法院撤銷之」。

㈡適用洗錢防制法之規定

再者，依照原證券交易法第 174 條之 2：「第 171 條第 1 項第 2 款、第 3 款、第 9 項適用第 1 項第 2 款、第 3 款、第 174 條第 1 項第 8 款及第 6 項適用第 1 項第 8 款之罪，為洗錢防制法第 3 條第 1 項所定之重大犯罪，適用洗錢防制法之相關規定」，即原本規範之目的即在於防止違法者藉洗錢脫產以保有犯罪所得[198]，惟民國 106 年證券交易法部分條文修正時，謂配合民國 105 年洗錢防制法修正第 3 條第 1 款規定，將特定犯罪門檻降為最輕本刑為六月以上有期徒刑以上之刑之罪，均已涵括原條文所列舉適用洗錢防制法相關規定之犯罪，本條已無規範必要，爰予刪除之[199]。

㈢與其他法律關係

1.與刑法第 342 條背信罪之關係

我國通說認為證券交易法第 171 條第 1 項第 2 款為刑法背信罪之特別規定，應優先適用。行為人若違背任務之行為僅對本人之財產或其他利益

請參閱《立法院公報》第 107 卷第 9 期 160 頁。

[198] 賴英照，前揭書[11] 775 頁。所謂適用洗錢防制法的規定，主要係指洗錢防制法第 9 條第 1 項有關凍結財產的規定：「檢察官於偵查中，有事實認定被告利用帳戶、匯款、通貨或其他支付工具犯第 11 條之罪者，得聲請該管法院指定 6 個月以內之期間，對該筆交易之財產為禁止提款、轉帳、付款、交付、轉讓或其他必要處分之命令。其情況急迫，有相當理由足認非立即為上開命令，不能保全得沒收之財產或證據者，檢察官得逕命執行之。但應於執行後 3 日內，聲請法院補發命令。法院如不於 3 日內補發或檢察官未於 3 日內聲請法院補發命令者，應即停止執行」。

[199] 民國 106 年證券交易法部分條文修正草案，刪除第 174 條之 2 的立法理由，請參閱《立法院公報》第 107 卷第 9 期 161 頁。

發生損害之具體危險，而尚未使本人之財產或其他利益發生實質損害者，應屬刑法第 342 條第 2 項未遂犯之範疇，惟在刑法第 342 條第 2 項明定未遂犯的處罰，而本款並未規定未遂犯之處罰，應予修正補足❷⓿⓿。實務上亦有判決採此見解者，例如臺灣高等法院高雄分院 97 年度金上重更㈠字第 1 號刑事判決指出：「被告二人所為雖均觸犯刑法第 342 條第 1 項背信罪，及 93 年 4 月 28 日修正前（即 89 年 7 月 19 日修正公布，自 90 年 1 月 15 日起施行）之證券交易法第 171 條第 2 款規定，已依證券交易法發行有價證券公司之董事、經理人，以直接方式，使公司為不利益之交易，且不合營業常規，致公司遭受損害。上述二罪名因具有特別法優於普通法，以及狹義法優先廣義法適用的優位原則，應論以修正前證券交易法第 171 條第 2 款之罪，而不再論以刑法第 342 條第 1 項背信罪餘地，原判決認被告二人所犯上開二罪有方法目的之牽連關係，亦有不當。」

　　本文就此則認為，非常規交易罪所規範者，乃公司的董事、經理人等掏空上市公司，進而撼動證券市場的穩定，並影響大眾投資人權益的行為，其保護核心在於「市場秩序」及「投資人的權益」，而非「被掏空公司的財產法益」；對於「被掏空公司之財產法益」的保護，應係屬刑法背信罪所保護的範圍❷⓿❶。又立法者之所以增設本罪係導因於我國自民國 87 年第 4 季起所陸續發生之上市櫃公司負責人或內部相關人員，利用職務上之便挪用公款或掏空公司資產，導致該公司爆發財務危機，進而嚴重影響企業經營、金融安定以及投資人權益之事件❷⓿❷。循此立法脈絡亦可得知證券交易法第 171 條第 1 項第 2 款之增設具有有別於刑法背信罪之立法目的及所欲保護之法益。因此，倘若行為人掏空上市公司、造成公司重大財產損害時，法

----

❷⓿⓿　賴英照，前揭書❶❶ 749 頁。惟郭土木，前揭文❶❼⓿ 131 頁認為，證券交易法既規定致公司遭受重大損害，方足以危及整體證券市場之健全與投資大眾信心，從而行為人始為犯罪既遂；反之，若無此情形產生，即不構成非常規交易與掏空資產罪，也因此根本無未遂之可能。

❷⓿❶　林志潔，前揭書❶ 349～351 頁。

❷⓿❷　林志潔，前揭書❶ 350～351 頁。

院在評價上應論以行為人分別成立非常規交易罪與背信罪，二者間屬於想像競合❷❸。

2.關係企業對於本款的適用

在控制公司和從屬公司之間的交易中，就證券交易法第 171 條第 1 項第 2 款的適用，基於以下之理由應有適當的限制❷❹：第一、為兼顧「發展關係企業結構上的功能」及「保護從屬公司利益」之雙重目的，應認為僅於從屬公司負責人未積極向控制公司、控制公司負責人及受有利益之他從屬公司依公司法請求損害賠償時，方應負其對從屬公司本款犯罪之刑責❷❺；第二、控制公司與從屬公司間、或從屬公司相互間之交易活動基於集團整體營運的需求，常有異於非關係企業者，故於此種情境下對於本款所謂「受有損害」，應以年度全部交易為整體考量，而非僅以個別的買賣作為認定基礎❷❻。

四、美國法上非常規交易罪之簡介

美國證券法中並未如我國證券交易法般對非常規交易行為設有專門規範，故於非常規交易行為該當於證券詐欺之概括條款時，得適用聯邦證券法第 10 條第 b 項及依其授權所頒定之證管會規則 Rule 10b-5❷❼。至於特別背信或侵占等犯罪類型，美國聯邦證券交易法則未另為規範。

---

❷❸ 林志潔，前揭文❼❶ 85 頁；郭土木，前揭文❼⓿ 131 頁。實務上亦有採此見解者，例如臺灣高等法院 98 年度金上重更(一)字第 50 號刑事判決。

❷❹ 賴英照，前揭書❶❶ 749 頁；劉連煜，前揭書❹❶ 362 頁；廖大穎、林志潔，前揭文❶❾⓿ 239 頁；郭土木，前揭文❼⓿ 139 頁。

❷❺ 劉連煜，前揭書❹❶ 362 頁。

❷❻ 賴英照，前揭書❶❶ 749 頁；郭土木，前揭文❼⓿ 139 頁。惟李開遠，前揭書❶❼❺ 290 頁指出，若僅單純依法條解釋，在營業年度終了時方判斷控制公司是否使從屬公司為不合營業常規經營或不利益經營，並不恰當。

❷❼ 臺灣證券交易所 105 年度「證券交易犯罪所得之認定原則與釋例」研究計畫研究報告，204 頁。

貳、特別背信與侵占（證券交易法第 171 條第 1 項第 3 款）

一、導論——法理與保護法益

證券交易法第 171 條第 1 項第 3 款規定：「已依本法發行有價證券公司之董事、監察人或經理人，意圖為自己或第三人之利益，而為違背其職務之行為或侵占公司資產，致公司遭受損害達新臺幣五百萬元」，處三年以上十年以下有期徒刑，得併科新臺幣一千萬元以上二億元以下罰金。

按由於本款係針對「行為人利用職務之便挪用公款或掏空公司資產」等行為態樣所為之規範，加諸本款之構成要件「違背其職務」、「侵占公司資產」分別為刑法第 342 條背信罪以及刑法第 335 條、第 336 條第 2 項侵占罪之加重類型❽，以及行為人之不法行為需造成公司受有相當數額的財產損害，故由此可推論本款應係著重於對「個別公司之整體財產法益」的保護❾。

二、條文沿革

按倘若容任公開發行公司之董、監、經理人得恣意藉由「從事違背其職務之行為」或「侵占公司資產」以謀取私人利益，則該公司的股票價格或信譽恐因前開行為人之不法行為而受到嚴重影響，間接造成整體證券市場之波動，而有害於我國金融秩序之長期穩定發展❿。故立法者於民國 93 年新增訂了證券交易法第 171 條第 1 項第 3 款以落實證券交易法之「發展國民經濟」、「保障投資」等核心精神。

又於民國 101 年的證券交易法修法中，立法者基於處罰衡平性之考量，

---

❽　劉連煜，〈證券交易法：第三講掏空公司資產之法律責任〉《月旦法學教室》第 56 期 85 頁。

❾　張淨媛、林志潔，前揭文❾ 15 頁。

❿　張淨媛、林志潔，前揭文❾ 12～13 頁。

參酌德、日等國之立法例,以及我國洗錢防制法第 3 條第 2 項對重大犯罪之定義,就本款新增訂「致公司遭受損害達新臺幣五百萬元」之要件,以符背信罪屬實害結果犯之內涵。

三、構成要件解析

㈠主觀要件

本罪的主觀要件包含董事、監察人或經理人有「為自己或第三人之利益」的意圖及對於其違背職務或侵占公司資產將致公司遭受損害之行為有所認識,進而決意為之的故意。而所謂「為自己或第三人之利益之意圖」係指就自己或他人在法律上本不應取得之利益,卻意圖取得或使其取得而言。

實務上多認為由於本罪為刑法背信罪、侵占罪之特別規定,加諸本罪的刑度亦高於刑法背信罪、侵占罪,故解釋上應將本罪的主觀要件限縮為「圖謀自己、第三人不法之利益」或「損害本人利益」,以避免輕重失衡[211]。

又本罪於主觀構成要件上雖未將「『不法』意圖」明文於規範範疇,然當行為人為自己或第三人之利益而將原屬於公司之利益以不當手段移轉給自己或第三人時,應可認行為人具有損人利己之意圖,因而具有刑事可非難性[212]。

㈡客觀要件

本罪之客觀構成要件為:⑴依本法發行有價證券之公司之⑵董事、監察人或經理人⑶違背其職務或侵占公司資產,⑷致公司遭受損害達新臺幣五百萬元。以下擇其重要者加以說明。

1.適用範圍

所謂「依本法發行有價證券之公司」依文義解釋為公開發行公司[213]。惟學說上有進一步解釋為「實際上處於公開發行狀態之公司」,而對金融控

---

[211] 郭土木,前揭文[170] 68、135 頁。

[212] 張淨媛、林志潔,前揭文[192] 11 頁。

[213] 賴英照,前揭書[143] 700 頁。

股公司旗下之銀行子公司、證券子公司、保險子公司是否為本款之適用對象產生疑義。就此，有認為若性質上符合者，得予以準用；有認為因轉換為金融控股公司，證券公司終止上市櫃僅終止於有價證券營業處之買賣，並未改變其公開發行公司之身分，仍有本款之適用；亦有認為，因金融控股公司旗下之銀行子公司、證券子公司、保險子公司為該金融控股公司百分之百持股之一人公司，實際上已不再處於公開發行之狀態，雖金融控股公司法第 29 條第 4 款有特別規定仍準用證券交易法有關公開發行之規定，但轉換成金融控股公司後，即已下市或下櫃，實質上不再屬於本款所稱之「已依本法發行有價證券之公司」❷⁴ 。

2.行為主體

本罪的行為主體為「董事、監察人或經理人」。其中所謂「董事」在解釋上應包含自然人董事、法人董事、法人代表人董事（公司法第 8 條、第 27 條參照）以及公司法第 8 條第 3 項之事實上董事與影子董事。

所謂「經理人」，學說上則有不同認定標準：採「形式認定說」者認為唯有經公司之登記及認許辦法第 9 條向經濟部商業司辦理登記或依公司法第 29 條經董事會普通決議委任之人，始為經理人❷¹⁵；採「實質認定說」者則認為，凡有為公司管理事務及簽名之權者，即為經理人❷¹⁶。實務上主管機關則係認為所謂「經理人」包括總經理及相當等級者、副總經理及相當等級者、協理及相當等級者、財務部門主管、會計部門主管及其他有為公司管理事務及簽名權利之人❷¹⁷。

又應注意的是，本罪的規範對象相較於同條項第 2 款非常規行為罪，並未將「受雇人」列入。其立法理由說明：「（本罪）未列入『受雇人』係

---

❷¹⁴ 王志誠，〈證券交易法上「特別背信罪」之構成要件〉《台灣法學雜誌》第 208 期 110～114 頁。

❷¹⁵ 王文宇，《公司法論》（元照，2008 年）128～129 頁。

❷¹⁶ 劉連煜，《現代公司法》（新學林，2015 年）207～222 頁。

❷¹⁷ 財務部證券暨期貨管理委員會民國 92 年 3 月 27 日臺財證三字第 0920001301 號函；王志誠，前揭文❷¹⁴ 115 頁。

因受雇人違背職務之執行或侵占公司資產已有刑法第 335 條、第 336 條第
2 項、第 342 條侵占罪、業務侵占或背信罪科加以規範，相較於受雇人可
能違反之非常規交易罪，本款之罪情節不同，為避免可能發生情輕法重情
事，爰不予規範。」惟在現行法下受雇人仍可能依刑法第 28 條至第 30 條
之規定而分別構成特別背信罪之共同正犯、教唆犯或幫助犯❷。

3.致公司遭受損害達新臺幣五百萬元

所謂「受損害達新臺幣五百萬元」以「依本法發行有價證券之公司」
所受損害為限，而不包含因「依本法發行有價證券之公司」之控制公司或
從屬公司受損害致「依本法發行有價證券之公司」遭受間接損害之情形。

又為落實立法意旨中將背信侵占罪視為「實害結果犯」之理念，在此
構成要件的認定上，應具體為之；計算上則應確實表明實際損害金額，而
不得僅以諸如「商譽受損」、「競爭力減退」，或載稱「足生損害應可認定」
等抽象用語認定。

四、與非常規交易之區隔

關於非常規交易罪與特別背信罪之關係，有實務見解認為非常規交易
罪之成立只需形式上有交易行為，實質上對公司不利益而與一般常規交易
顯不相當即為已足；至於就行為人「以行詐欺及背信為目的，徒具交易形
式，但實質上並無交易」之虛假行為，由於其惡性更甚於存有實際交易之
非常規交易行為，自亦屬不合營業常規之範疇（最高法院 100 年度臺上字
第 3285 號刑事判決參照）❷。亦有實務判決認為證券交易法第 171 條第 1
項第 2 款及第 3 款在適用上應有所區別：第 2 款非常規交易罪之適用範圍
為「交易屬真實，惟其行為不合營業常規」；若董監事所為之交易行為屬於
捏造之交易（俗稱「假交易」），則應優先適用第 3 款特別背信罪之規定❷。

學說上則有主張對於非屬真實的假交易應以證券交易法第 171 條第 1

---

❷ 張淨媛、林志潔，前揭文❶ 11 頁。
❷ 張淨媛、林志潔，前揭文❶ 35 頁。
❷ 最高法院 101 年度臺上字第 5291 號判決。

項第 3 款相繩，第 2 款則係適用於「真實但不合營業常規」之交易行為㉑。而倘若以不合營業常規之方式進行假交易，而同時該當證券交易法第 171 條第 1 項第 2 款及第 3 款時，則應依想像競合處理。

　　本文就此則係認為，區辨非常規交易與特別背信之適用，不以交易真實或虛假為前提，僅須檢視交易是否「不合營業常規，致公司遭受重大損害」，若屬之，即便為虛假的交易，亦適用非常規交易的規定；若交易未使公司承受不當風險，且符合營業常規，然該交易並非真實，則再進一步檢視是否該當特別背信罪的要件㉒。又本款於民國 101 年 1 月 4 日修正公布增訂「致公司遭受損害達新臺幣五百萬元」之行為結果要件。目前較有名之台開案二審法院在判決中認為「依 101 年 1 月 6 日修正施行之證券交易法第 171 條第 3 項規定，被告就此部分所為係犯刑法第 342 條第 2 項、第 1 項之背信未遂罪，公訴意旨認為被告係犯證券交易法第 171 條第 1 項第 2 款容有未洽」㉓。

五、罰　則

　　證券交易法第 171 條第 1 項本文規定，倘若行為人違犯本款罪行，處三年以上十年以下有期徒刑，並得併科新臺幣一千萬元以上二億元以下罰金。而依同條第 2 項之規定，倘若行為人因犯罪獲取之財物或財產上利益金額達新臺幣一億元以上，則加重其刑、處七年以上有期徒刑，且得併科新臺幣二千五百萬元以上五億元以下罰金。又倘若行為人雖有本款之行為，但公司因此所遭受之損害未達新臺幣五百萬元者，雖然不構成本款之罪名，

㉑　劉連煜，《新證券交易法實例研習》（自版，2013 年）407 頁。
㉒　林志潔，〈非常規交易是否包括「假交易」？最高院 101 臺上 5291 判決〉《台灣法學雜誌》第 219 期 219～220 頁；其他有關本罪與特別背信罪間關係之探討，參閱林志潔，〈論證券交易法第 171 條第 1 項 2 款非常規交易罪〉《月旦法學雜誌》第 195 期 83 頁；郭土木，前揭文⑰ 137 頁；陳峰富，〈跨國關係企業之移轉訂價與非常規交易〉《全國律師》第 9 卷第 6 期 97 頁。
㉓　張淨媛、林志潔，前揭文⑲ 30 頁；臺灣高等法院 99 年金上重訴字第 6 號刑事判決。

惟仍能該當刑法第 336 條侵占罪或同法第 342 條背信罪之既遂，故證券交易法第 171 條第 3 項明文規定此時應依上開刑法之規定處罰。

參、收賄與行賄之處罰（證券交易法第 172 條、第 173 條）

一、導論——法理與保護法益

證券交易著重市場資訊公開，確保健全公平的投資環境，以建立投資人信心、使其願意投入資金進入市場交易，以活絡資本，故而，證券交易所之董事、監察人及受僱人須負有廉潔之義務，審慎實行其工作，不得有收賄之行為。本法於第 172、173 條設有收賄與行賄之處罰規定，乃欲遏止此類不法行為。

我國關於公務員收賄與行賄之規範，主要規定於刑法第 121 條至第 123 條及貪污治罪條例，其保護法益為「公務人員行政廉潔度」，惟證券交易所之董事、監察人及受僱人並非刑法上之公務員，是否亦具有廉潔性之要求可以加以探討。學者介紹英國 2010 年新賄賂法之規定，其中第 3 條第 2 項明示，本法所指關涉貪污的效用及活動，包括任何具有公行政本質 (public nature)、企業活動 (business)、聘用特定人所進行的活動 (in the course of a person's employment) 及公司商業活動 (any activity performed by or on behalf of a body of persons) 之社會行為。亦即，可能涉及賄賂的行動類型，包括政府的公行政行為及企業私人商業行為，至於私人商業行為又同時包含一般的商業行為與專業服務。從英國法上觀察，對於各機關（不區分公、私部門）裡的人員貪污皆須加以處罰，其保護法益乃係保護「對市場上不特定交易者，其對交易完成所具有之期待」，其理由為市場上每一個人都可能成為該機關某些作為的受益人，若發生行賄、收賄的情事，而使機關做出對特定人有利之決定，則將因此侵害其他潛在受益人之期待利益，此規定著實具有參考價值。

二、構成要件解析與法律效果

(一)證券交易法第 172 條：收賄之處罰

本條之立法模式將收賄之證券交易犯罪類型分為兩種：「不違背職務特別賄賂罪」(證券交易法第 172 條第 1 項)，及「違背職務特別賄賂罪」(證券交易法第 172 條第 2 項)。第 1 項係針對關於「職務上之行為」，要求期約或收受不正利益者，而同條第 2 項則規定該行為須係「違背職務之行為」，二者之差別在於，第 1 項「職務上之行為」本即為行為人(即證券交易所之董事、監察人及受僱人)職務上之行為，行為人為該職務行為並不違法(例如囑託其「給個方便」加速完成特定申請案之通過)，若有此行為，縱未違反其職務，此行為亦不受允許，僅刑度上較第 2 項為輕。同條第 2 項則是行賄人欲行為人為違背其職務上之行為(例如交付其利益使原本不符合申請要件之申請案可因此通過)，此情形較為嚴重，影響市場秩序更甚，故其刑度亦較第 1 項為重。

本條之行為主體為「證券交易所之董事、監察人或受僱人」，行為客體為「不正利益」，不正利益係指足以供人需要或滿足人之慾望的一切有形及無形不法利益，本罪之行為態樣為「要求、期約與收受」。「要求」係指行為人關於職務上之行為請求給付不正利益之意思表示，一有此表示，即可成立犯罪，無須對方承諾，即使對方拒絕仍不影響本罪之成立。因本條之刑事處罰乃為維護證券交易所於市場上客觀、公正的地位，因此用刑罰來避免這種可能以不正方法導致投資人對證券交易市場的信賴之情形。當本條規範之行為人開口要求此種不正利益時，投資人的信賴以及市場的公平性就已經被破壞，即應以刑罰來防止之。「期約」則指行為人與行賄人就約定收受不正利益已達合致之意思表示，但尚未授受該不正利益。「收受」則指行為人已現實享受行賄人所提供之不正利益。此外，就主觀要件而言，本罪以「故意」為限，倘行為人就該利益為不正利益欠缺認識，或行為人欠缺以職務上行為交換該不正利益之對價意思，則缺乏故意，無從成立本罪。補充說明，在刑法的賄賂罪上，尤其要求雙方的不正利益須存在「對

價關係」，即該利益必須是為了特定的目的交付於收賄者手中，而雙方主觀上須均存有此意思，才能將日常的金錢往來或合於社會相當性的送禮行為（例如逢年過節）加以排除。

違反第 172 條第 1 項之證券交易所之董事、監察人及受僱人，處五年以下有期徒刑、拘役或科或併科新臺幣二百四十萬元以下罰金。而違反第 2 項之證券交易所之董事、監察人及受僱人，因第 2 項係欲為違背職務之行為，較第 1 項更為嚴重，故刑度亦較高，其法律效果為處七年以下有期徒刑，得併科新臺幣三百萬元以下罰金，不但自由刑中無拘役之可能，更提高了罰金的額度。此外，第 172 條原有第 3 項亦規定其所收受之財物沒收之，且若全部或一部不能沒收時，追徵其價額，使行為人無法保有其所獲得之不法利益，於民國 106 年證券交易法部分條文修正時已刪除，即「依修正後刑法第 38 條之 1 第 4 項規定，犯罪所得包括違法行為所得、其變得之物或財產上利益及其孳息，原第 3 項規定『所收受之財物沒收之』，不包括財產上利益，範圍過於狹隘。又刑法修正後，追徵為全部或一部不能沒收之執行方式，爰配合刪除原第 3 項，回歸適用刑法相關規定」❷❷❹。

㈡證券交易法第 173 條：行賄之處罰

本條係規範行賄之行為人，行為人對前條人員關於「違背職務之行為」，行求、期約或交付不正利益，本條僅有「違背職務之行為」之行為態樣，不同於前條第 1 項尚有「對於職務上之行為」之規範，故本條行為人若係對前條人員「對於職務上之行為」而行賄，並非本條之處罰範圍。此乃參酌刑法之規定，不處罰「不違背職務之行賄罪」。因如前述，賄賂最主要的保護法亦是公眾對於某一套機制的信賴，在證券交易法中就是證券交易所的公平性。而對於擁有一定職務之人，我們基於對其之信賴以受賄罪加以懲罰；但不具有一定職位之人，社會上對其能「不以此種方式（例如送禮，希望對方給個方便）來為己圖利」的期待可能性較低，畢竟，人都是自私的。因此，僅有在違背職務的態樣中方處罰行賄者，是對非具有特

---

❷❹　民國 106 年證券交易法部分條文修正草案，刪除第 172 條第 3 項的立法說明，請參閱《立法院公報》第 107 卷第 9 期 161 頁。

定職位之人期待可能性較低之結果。

　　本條之行為主體為「對於前條人員為行賄之人」，行為客體為「不正利益」，不正利益之解釋同前條所述，本罪之行為態樣為「行求、期約與交付」。「行求」係指行為人關於違背職務上之行為要求給付不正利益之意思表示，一有此表示，即可成立犯罪，無須對方為承諾。「期約」則指行為人與行賄人就約定收受不正利益已達合致之意思表示，但尚未授受該不正利益。「交付」則指行為人現實交付不正利益與前條人員，其為直接交付或間接交付均可，惟間接交付時，須行賄之意思已轉達於受賄之人時，始成立本罪。此外，就主觀要件而言，本罪亦以行為人具有「故意」為限。且如前述，亦須有對價關係之存在。

　　成立本罪之法律效果為：處三年以下有期徒刑、拘役或科或併科新臺幣一百八十萬元以下罰金。證券交易法第 173 條第 2 項並規定：「犯前項之罪而自首者，得免除其刑。」此規定乃在鼓勵行賄之人能主動自首，揭露此一犯罪事實，以使該證券交易所之董事、監察人及受僱人之行為得即時被發現，予以其處罰並可即時加以撤換，以維持證券交易所內人員之廉潔，保護大眾對其之信賴，以維持市場之秩序。

肆、證券交易法第 174 條

一、條文規定

（一）處一年以上七年以下有期徒刑，得併科新臺幣二千萬元以下罰金者

　　證券交易法第 174 條第 1 項規定：「有下列情事之一者，處一年以上七年以下有期徒刑，得併科新臺幣二千萬元以下罰金：一、於依第 30 條、第 44 條第 1 項至第 3 項、第 93 條、第 165 條之 1 或第 165 條之 2 準用第 30 條規定之申請事項為虛偽之記載。二、對有價證券之行情或認募核准之重要事項為虛偽之記載而散布於眾。三、發行人或其負責人、職員有第 32 條第 1 項之情事，而無同條第 2 項免責事由。四、發行人、公開收購人或其關係人、證券商或其委託人、證券商同業公會、證券交易所或第 18 條所定

之事業，對於主管機關命令提出之帳簿、表冊、文件或其他參考或報告資料之內容有虛偽之記載。五、發行人、公開收購人、證券商、證券商同業公會、證券交易所或第 18 條所定之事業，於依法或主管機關基於法律所發布之命令規定之帳簿、表冊、傳票、財務報告或其他有關業務文件之內容有虛偽之記載。六、於前款之財務報告上簽章之經理人或會計主管，為財務報告內容虛偽之記載。但經他人檢舉、主管機關或司法機關進行調查前，已提出更正意見並提供證據向主管機關報告者，減輕或免除其刑。七、就發行人或特定有價證券之交易，依據不實之資料，作投資上之判斷，而以報刊、文書、廣播、電影或其他方法表示之。八、發行人之董事、經理人或受僱人違反法令、章程或逾越董事會授權之範圍，將公司資金貸與他人、或為他人以公司資產提供擔保、保證或為票據之背書，致公司遭受重大損害。九、意圖妨礙主管機關檢查或司法機關調查，偽造、變造、湮滅、隱匿、掩飾工作底稿或有關紀錄、文件。」

㈡處五年以下有期徒刑，得科或併科新臺幣一千五百萬元以下罰金者

證券交易法第 174 條第 2 項規定：「有下列情事之一者，處五年以下有期徒刑，得科或併科新臺幣一千五百萬元以下罰金：一、律師對公司、外國公司有關證券募集、發行或買賣之契約、報告書或文件，出具虛偽或不實意見書。二、會計師對公司、外國公司申報或公告之財務報告、文件或資料有重大虛偽不實或錯誤情事，未善盡查核責任而出具虛偽不實報告或意見；或會計師對於內容存有重大虛偽不實或錯誤情事之公司、外國公司之財務報告，未依有關法規規定、一般公認審計準則查核，致未予敘明。三、違反第 22 條第 1 項至第 3 項規定。」

㈢減輕或加重規定

證券交易法第 174 條第 3 項規定：「犯前項之罪，如有嚴重影響股東權益或損及證券交易市場穩定者，得加重其刑至二分之一。」

證券交易法第 174 條第 4 項規定：「發行人之職員、受僱人犯第 1 項第 6 款之罪，其犯罪情節輕微者，得減輕其刑。」

(四)與外國公司相關之處罰

證券交易法第 174 條第 6 項規定：「外國公司為發行人者，該外國公司或外國公司之董事、經理人、受僱人、會計主管違反第 1 項第 2 款至第 9 款規定，依第 1 項及第 4 項規定處罰。」

證券交易法第 174 條第 7 項規定：「違反第 165 條之 1 或第 165 條之 2 準用第 22 條規定，依第 2 項及第 3 項規定處罰。」

二、本條爭議

(一)非募集有價證券之公開說明書，有無證券交易法第 174 條第 1 項第 3 款之適用？

證券交易法第 174 條第 1 項第 3 款所謂「有第 32 條第 1 項之情事」，係指募集有價證券，向認股人或應募人交付的公開說明書，惟公開收購說明書有虛偽不實或是以已發行之股票申請上市、上櫃、公開招募或補辦公開發行等非募集、發行有價證券的情形編製、申報的公開說明書時，依罪刑法定原則，因第 174 條第 1 項第 3 款並未列舉，似不能依該款處以刑事責任。

我國法院亦指出：「證券交易法第 30 條、第 32 條所稱之公開說明書係指公司募集、發行有價證券，於申請審核時應具之公開說明書及募集有價證券應向認股人或應募人所交付之公開說明書而言，而被告係將正義公司已公開發行之股票申請上櫃買賣（提撥老股承銷），與證券交易法第 30 條、第 32 條所定之公開說明書未合，自與證券交易法第 174 條第 1 項第 1 款、第 3 款之構成要件不符，尚難論以該罪。」

惟就立法層次而言，同屬公開說明書卻有不同的刑事處罰結果，恐對投資人的保護產生疏漏，亦有違公平，實應在未來修法彌補。

(二)證券交易法第 174 條第 1 項第 4 款、第 5 款文義不明確

證券交易法第 174 條第 1 項第 4 款所述的「其他參考或報告資料」以及第 5 款所述的「其他有關業務文件」究竟何指，並未有明確的文義。公開收購說明書、公開收購申報書及其他申報或公告的文件，如有虛偽記載

時能否適用本條的規定,仍有疑義。

(三)適用對象爭議

承銷商、工程師及其他專門職業或技術人員依照證券交易法第 32 條第 1 項第 4 款,如在公開說明書上簽章,而有虛偽不實的情事時,應負民事責任。但在證券交易法第 174 條卻未規定此等人之刑事責任,與律師、會計師的情形做差別待遇,亦未有任何理由說明為何有此差異,應修法為妥適的規定。

此外,比較證券交易法第 174 條第 1 項第 3 款以及證券交易法第 174 條第 2 項第 1 款、第 2 款,發行人或其負責人、職員和律師、會計師同樣是為虛偽不實的行為,刑度卻不相同,此部分亦未有任何理由說明為何有此差異。

(四)證券交易法第 174 條第 1 項第 5 款是否以虛偽不實之內容具有重大性為必要?

由於發行人依法令須申報或公告之文件眾多,範圍廣泛、重要性程度亦不相同,可能影響投資人權益之程度也會有所差異,因此是否所有與事實不符之文件均落入本款之罪責即有待釐清。

學說上有認為,自外國立法例及我國證券交易法相關規定體系來解釋觀察,應以虛偽不實之內容具有重大性為必要[225]。實務上亦有判決認為本款係為防止「文件之內容有虛偽記載,致使投資人遭受詐騙為規範目的,則苟非為詐騙,縱在上開有關業務文件內容之記載與真實之交易情形有所不符,但因未虛增營業額為假交易,並未使投資人受詐騙,即應非該條款處罰之對象」,換言之,必須虛偽不實之內容具有重大性,可能影響投資人之投資決策,始有罪責成立之可能,是可採行的見解[226]。

---

[225] 劉連煜,前揭書[41] 358 頁;王志誠、邵慶平、洪秀芬、陳俊仁,前揭書[133] 439 頁。

[226] 臺灣高等法院臺中分院 97 年度金上字第 2523 號刑事判決。

三、證券交易法第 174 條與其他法條之關係

㈠證券交易法第 174 條第 1 項第 7 款與第 155 條第 1 項第 6 款之關係

就文義上觀之，證券交易法第 155 條第 1 項第 6 款散布流言罪，必須具有影響集中交易市場的有價證券價格的意圖，而第 174 條第 1 項第 7 款則不以此為要件。於適用範圍上，第 155 條第 1 項第 6 款散布流言罪僅適用於交易市場，亦即限於上市及上櫃的有價證券，第 174 條第 1 項第 7 款的散布不實投資判斷罪則適用於發行市場及交易市場。此兩罪做這樣的區分，目的何在？為何要有不同的處罰？理由並不充分，亦與證券交易法同等保障發行市場及交易市場的意旨不合，未來在立法上，應予以檢討改進。

㈡證券交易法第 174 條與第 171 條之關係

2004 年證券交易法修法，違反證券交易法第 20 條第 2 項規定者，改依第 171 條處罰，卻因而連帶牽動第 174 條適用之問題。舉例而言，公司依法申報的財務報告有虛偽不實者，究竟應適用第 174 條第 1 項第 5 款或是第 171 條？公開說明書的內容虛偽不實，究竟應適用第 174 條第 1 項第 3 款或是第 171 條？兩者的法定刑並不相同，如適用第 174 條第 1 項第 3 款，則似乎違反修正第 171 條之修法意旨，然若改依第 171 條論處，則第 174 條之規定即可能淪為具文。實務上，法院的見解尚欠一致，二種適用方式均有主張，此一問題之疑義，應由司法機關統一見解，或以修法釐清。

伍、證券交易法第 175 條

一、證券交易法第 175 條第 1 項

證券交易法第 175 條第 1 項規定：「違反第 18 條第 1 項、第 28 條之 2 第 1 項、第 43 條第 1 項、第 43 條之 1 第 3 項、第 43 條之 5 第 2 項、第 3 項、第 43 條之 6 第 1 項、第 44 條第 1 項至第 3 項、第 60 條第 1 項、第 62 條第 1 項、第 93 條、第 96 條至第 98 條、第 116 條、第 120 條或第 160 條之規定者，處二年以下有期徒刑、拘役或科或併科新臺幣一百八十萬元

以下罰金。」

二、外國公司之適用

證券交易法第 175 條第 2 項規定：「違反第 165 條之 1 或第 165 條之 2 準用第 43 條第 1 項、第 43 條之 1 第 3 項、第 43 條之 5 第 2 項、第 3 項規定，或違反第 165 條之 1 準用第 28 條之 2 第 1 項、第 43 條之 6 第 1 項規定者，依前項規定處罰。」

三、未經公告而為公開收購之刑事處罰

民國 101 年 1 月 4 日修正證券交易法第 175 條第 3 項規定：「違反第 43 條之 1 第 2 項未經公告而為公開收購、第 165 條之 1 或第 165 條之 2 準用第 43 條之 1 第 2 項未經公告而為公開收購者，依第 1 項規定處罰。」

修正理由在於：「現行第 175 條及第 178 條就公開收購人違反第 43 條之 1 第 2 項規定應先向主管機關申報並公告後，始得為公開收購行為，分別訂有刑罰及行政罰規定，而未就違反行為之影響程度有所區分。考量公開收購人未經公告而為公開收購，影響市場交易秩序重大，而有刑事處罰之必要，爰將違反第 43 條之 1 第 2 項未經公告而為公開收購者以及第 165 條之 1、第 165 條之 2 準用第 43 條之 1 第 2 項未經公告而為公開收購之處罰增訂於第 3 項，以期明確。」

陸、證券交易法第 177 條

一、證券交易法第 177 條第 1 項

證券交易法第 177 條第 1 項規定如下：「違反第 34 條、第 40 條、第 43 條之 8 第 1 項、第 45 條、第 46 條、第 50 條第 2 項、第 119 條、第 150 條或第 165 條規定者，處一年以下有期徒刑、拘役或科或併科新臺幣一百二十萬元以下罰金。」

二、外國公司之適用

證券交易法第 177 條第 2 項規定如下:「違反第 165 條之 1 或第 165 條之 2 準用第 40 條、第 150 條規定,或違反第 165 條之 1 準用第 43 條之 8 第 1 項規定者,依前項規定處罰。」

第四節　刑事政策與「犯罪所得」

壹、證券交易法第 171 條第 2 項原規定妥適性之檢討

民國 106 年修正前,相關證券交易法第 171 條第 2 項原有之加重處罰規定,本文認為在立法上,由於欠缺適當性、亦欠缺必要性,故建議大幅修正,甚者予以刪除。理由如下:

一、首先,該項之立法理由若係基於行為人因證券犯罪獲有高額財產利益,因而給予加重處罰,似流於情感上之「敵對感」,而忽略了刑法在法定刑之設計上,係以「損害」作為衡量基礎。須知在證券犯罪中,行為人即使有高額獲利,並不當然代表有巨大的損害;反之,即使犯罪獲利未超過一億元,亦不代表該犯罪行為所造成之損害即非嚴重。

倘若嘗試為該項加重處罰規定尋找理由,可以想到的是「當獲利金額越多時,代表行為人投入證券市場之金額也越高,對於證券交易市場之危害也就越大」。不過,若觀察當時證券交易法第 171 條第 6 項之規定可發現:同條第 1 項之證券犯罪行為若損及證券市場穩定時,第 6 項已加重其刑至二分之一。因此,第 2 項之加重規定應非以「損害交易秩序」為加重理由,否則即有雙重評價之疑慮,故可認為系爭加重規定係純粹出於「行為人獲利過多」之考量。而此一欠缺合理性之基礎,僅屬「主觀感受」反映之加重規定,並不符合刑法之基本原則。且依照當時證券交易法第 171 條第 6 項之規定,行為人縱已被依同條第 2 項之規定加重處罰,其後仍得

再依該項規定加重，其刑度於設計上顯有違反比例原則之虞。

二、其次，即使行為人因證券犯罪獲有鉅額利益，不見得其行為即具有較高之侵害性，且透過沒收等措施，即可剝奪其不法所得，並無以高度自由刑予以抗制之必要性，否則容易淪為報復思想下之產物❷❷。以內線交易行為為例，相較於日本及德國對該行為之處罰上，刑罰部分最高僅為五年有期徒刑，然我國之法定刑卻為三年以上、十年以下之有期徒刑，在刑度上明顯偏重。行為人之犯罪所得既然可予以沒收、追徵，民事上亦有交易、損失因果關係之擬制與三倍懲罰性損害賠償，如今再以所得作為加重刑度之事由，不無違反比例原則之疑慮。

三、此外，以犯罪所得作為強制法定刑之要件，不僅使法院喪失個案的量刑空間❷❷，且因該要件屬於構成要件事項，不得自由證明，法院更必須基於嚴格證明法則以計算出犯罪所得金額，此往往導致訴訟延滯，浪費司法資源，亦可能侵害被告之權益。值得一提的是，修正後刑法將沒收定性為非刑罰的處分，作為沒收標的之「犯罪所得」即因而與刑罰無關，而可以自由證明甚至估算。然而，當時證券交易法第 171 條第 2 項乃將犯罪所得作為加重刑度的要件，不論認為其係加重構成要件或係客觀處罰條件，均與刑罰有關，此即產生同樣的「犯罪所得」卻在特別法與刑法分別有不同證明程度的問題。

四、立法者依立法事實而有立法之形成自由，以犯罪所得加重刑度輔以自白減刑的立法方式亦確實有助於犯罪之發現與預防。故於此條文仍屬有效法律之現下，本文建議可以合憲性解釋限縮解釋該項所稱之犯罪所得。亦即，在刑法之立法理由揭示採取總額原則，且證券交易法尚未就內線交易之犯罪所得如何計算有特別規定前，內線交易行為之成本應解釋為係證券交易稅與手續費等交易成本，此部分無須扣除；至於行為人買賣股票所投入之購買資金，則不屬於犯罪所得，而應予以排除，以避免產生僅因行為人買入大量股票、投入資金超過一億元，便直接產生加重刑度之荒謬結果。

---

❷❷　同前註。

❷❷　林孟皇，前揭文❶❻❽ 10 頁。

貳、刑法「沒收」新制對證券交易法「犯罪所得」 之影響

一、犯罪所得概念簡介

按財產犯罪常伴隨犯罪所得之發生[229]，而在證券交易法中所指涉的「犯罪所得」係指「因犯罪所得財物或財產上利益」（直到民國 106 年證券交易法已修正第 171 條第 2 項「犯罪所得」的文字）。於民國 106 年修法前，例如在民國 95 年爆發台灣土地開發公司內線交易案（簡稱「台開案」）後，實務及學術界開始大量討論與計算犯罪所得相關的議題，始終無一定見[230]。而在民國 105 年 7 月刑法沒收新制正式上路後，由於得被追徵、沒收之犯罪所得所涵蓋的範圍變廣，關於如何計算犯罪所得一事將更形重要。故本文以下將嘗試簡單介紹此一議題。

依法律文義解釋，所謂「犯罪所得」應係指行為人因犯罪所不法取得之財物或利益，且上開財物或利益必須與行為人的犯罪行為間具備因果關係[231]。依此，犯罪所得必須來自於犯罪行為，若財產利益來自無罪責的刑事不法行為或單純違反行政法的行為，仍然不符合犯罪所得的定義[232]。

惟當時證券交易法上所使用之「犯罪所得」實存有多義性：以證券交易法第 171 條為例，該條第 2 項所稱之犯罪所得，係「刑罰加重或減輕要素」；然同條第 6 項之犯罪所得則屬「沒收之對象」，兩者之性質實不相同。若同以「刑法上『犯罪所得』指不法行為所直接獲得或間接變得之財物或財產利益」加以理解，將無法合理解釋第 2 項，蓋其應僅限於因犯罪直接獲得之財物及財產上利益，而不包括變得之物或財產上利益。故就證券交

---

[229] 林孟皇，前揭文[168] 2 頁。

[230] 薛智仁，〈內線交易之犯罪所得概念〉《政大法學評論》第 129 期 250 頁。

[231] 王志誠，〈證券交易法第 171 條「犯罪所得」之計算爭議〉《台灣法學雜誌》第 196 期 22 頁。

[232] 薛智仁，前揭文[230] 259 頁。

易法中犯罪所得之內涵仍以個別理解為宜。

至於在計算犯罪所得時是否應扣除「行為人所投入的成本」，學說上見解分歧❷。否定說認為若扣除投入成本，將使該制度無法完全發揮效用，且被告濫用其財產作為犯罪工具，此種引致犯罪之財產實無保護之必要；肯定說則認為犯罪所得作為刑法沒收之標的，應係指被告之淨獲利，故應將成本扣除。本文認為，由於當時證券交易法第 171 條第 2 項加重處罰規定之立法理由已指出：「第 2 項所稱犯罪所得，其確定金額之認定，宜有明確之標準，俾法院適用時不致產生疑義，故對其計算犯罪所得時點，依照刑法理論，應以犯罪行為既遂或結果發生時該股票之市場交易價格，或當時該公司資產之市值為準。至於計算方法，可依據相關交易情形或帳戶資金進出情形或其他證據資料加以計算。例如對於內線交易可以行為人買賣之股數與消息公開後價格漲跌之變化幅度計算之，不法炒作亦可以炒作行為期間股價與同性質同類股或大盤漲跌幅度比較乘以操縱股數，計算其差額。」其中所載之「消息公開後價格漲跌之變化幅度」，說明立法者就內線交易罪即係採取扣除成本之淨額計算方式，於計算犯罪所得時將投入犯罪之成本予以排除，而僅以投入後因而獲得的利益作為犯罪所得計算基礎，故以採肯定說為宜。

二、刑法沒收新制簡介

刑法沒收舊制之缺點，在於其為從刑而必須依附主刑始得存在，而現行實務並不承認法人有犯罪能力❷，沒收之主體自然不包含法人。如此導致在著名的大統油案，法院雖判決公司負責人有期徒刑，併科大統公司三千八百萬元罰金，卻無法沒收大統公司高達十八億之犯罪所得❷。是以，

---

❷ 以下肯否二說之討論參見林孟皇，前揭文❶ 11～14 頁；林芳瑜，〈內線交易罰則立法之妥適性暨其犯罪所得之認定——以台開案為例〉，政大法研所碩士論文，144～152 頁。

❷ 林志潔，〈公司犯罪與刑事責任——美國刑法之觀察與評析〉《律師雜誌》第333 期 43 頁。

立法院於民國 104 年 12 月 30 日針對刑法沒收制度進行大幅修正，並自民國 105 年 7 月 1 日起施行。新制下的沒收，成為刑罰與保安處分外的第三種法律效果❷❸❻，並被定調為類似不當得利的衡平措施❷❸❼，此即反映在刑法第 36 條規定從刑僅剩褫奪公權；第 51 條將多數沒收宣告自數罪併罰中排除；第 74 條規定緩刑之效力不及於沒收；第 84 條第 1 項規定沒收無刑罰權時效適用等條文中。而沒收既非刑罰，其發動自不以成立犯罪為必要，僅需存在刑事不法行為即可，行為人或第三人有無罪責並非所問❷❸❽。

　　為彌補前述沒收舊制僅能針對自然人發動的缺憾，新法修訂「供犯罪所用、犯罪預備之物或犯罪所生之物」之第三人沒收，擴大主體範圍，除了自然人外，亦包含法人與非法人團體。此外，新法並修訂「犯罪所得」之第三人沒收，不僅擴大主體範圍至法人與非法人團體，更擴大客體範圍，使得為沒收之犯罪所得包括「因違法行為所得而變得之物」，以及「財產上利益和孳息」❷❸❾。最重要的是，立法者將沒收定調為非刑罰的獨立法律效果，且本於任何人均不得保有犯罪所得之原則，沒收之法律適用係適用裁判時之法律，而無溯及既往禁止原則之適用❷❹⓿。又，立法者認為其餘特別法關於沒收之實體規定錯綜複雜，刑法既已對沒收制度做全盤之修正，本於後法優於前法之原則，於新法施行後，施行前其他法律關於沒收、追徵、追繳、抵償之規定，已無存在之必要，故停止適用❷❹❶。

---

❷❸❺　智慧財產法院 103 年度刑智上易字第 13 號刑事判決。

❷❸❻　《立法院公報》第 104 卷第 98 期 260 頁。

❷❸❼　刑法第 38 條之 2 立法理由二參照。

❷❸❽　林鈺雄，〈利得沒收新法之審查體系〉《月旦法學雜誌》第 251 期 12 頁。

❷❸❾　依現行實務，如司法院院字第 2140 號解釋，犯罪所得係指因犯罪直接取得者而言，並不包括因變賣該原物所得之價金或因其他原因而衍生之物在內。新制下的沒收範圍顯然擴張許多。

❷❹⓿　刑法第 2 條第 2 項：「沒收、非拘束人身自由之保安處分適用裁判時之法律。」

❷❹❶　刑法施行法第 10 條之 3：「I. 中華民國 104 年 12 月 17 日修正之刑法，自 105 年 7 月 1 日施行。II. 施行日前制定之其他法律關於沒收、追徵、追繳、抵償之規定，不再適用」。

三、沒收新制對證券交易法的影響

刑法新制下的犯罪所得範圍，包括違法行為所得、其變得之物或財產上利益及其孳息，顯然較過去所認為的範圍為廣。本文認為，未來的問題將在於如何計算犯罪所得，其中包括是否須扣除成本，以及計算上有困難時應如何處理。對此，修正後刑法第 38 條之 2 第 1 項規定，就「犯罪所得及追徵之範圍與價額」認定顯有困難時，得以估算認定之。本文認為此項觀點實值肯定。蓋沒收既非刑罰，犯罪所得的數額並不涉及犯罪構成要件、違法性或有責性的事實，在證明方法的層次，自然不受嚴格證明之要求，自由證明即為已足；在法院得心證的層次，亦不必達到無合理懷疑的程度。就內線交易、操縱股價等犯罪類型，行為人的犯罪所得時常難以精確計算（例如：哪些股價增益是導因於重大消息的公開？）。此時，法律明文容許以估算的方式計算之，即有重大的影響。可預見的是，未來具專業知識的鑑定人在犯罪所得的估算上將扮演重要的角色。

值得一提的是，修正後刑法將沒收定性為非刑罰的處分，沒收的標的——犯罪所得，即與刑罰無關，而非犯罪構成要件或是客觀處罰條件。然而，民國 106 年修正前之證券交易法第 171 條第 2 項乃將犯罪所得作為加重刑度的要件，不論認為其係加重構成要件或係客觀處罰條件，均與刑罰有關，此即產生同樣的「犯罪所得」在特別法與刑法定位卻不同的問題。更進一步言之，證券交易法所謂的犯罪所得，是否得估算之？依照本文前所述，答案應屬否定，蓋因涉及刑罰之事項，應受嚴格證明法則之要求[242]。是以，證券交易法以犯罪所得作為加重刑度之要件是否妥適，實有檢討之必要。

最後，如同犯罪物品沒收，犯罪所得於沒收不能或不能執行時，國家亦得向行為人或第三人追徵其價額[243]。又為避免同一筆犯罪所得於刑事程

---

[242] 林俊益，《刑事訴訟法概論（下）》(2014) 384 頁。

[243] 刑法第 38 條之 1 第 3 項：「前二項之沒收，於全部或一部不能沒收或不宜執行沒收時，追徵其價額」。

序被宣告沒收後，復於民事程序中遭到被害人求償，修正後刑法第 38 條之
1 第 5 項規定，犯罪所得已實際發還被害人者，不予宣告沒收或追徵。然
而，有疑義的是，犯罪所得倘未實際發還被害人，是否得因此而反面解釋
第 38 條之 1 第 5 項，認為應絕對沒收？此即涉及民國 106 年修正前之證券
交易法第 171 條第 7 項之實務困境：在尚未確定發還被害人或損害賠償數
額前，法院便無從宣告沒收。雖然證券交易法第 171 條第 7 項在刑法新制
施行後，將依刑法施行法之規定而不再適用，惟此困境可能仍然存在。本
文認為，為有效達到剝奪犯罪所得之目的，即便犯罪所得未實際發還被害
人，或尚未確定應發還、損害賠償的數額，仍應予以沒收，不應使民事關
係求償權人的不確定性成為沒收制度之漏洞。本文建議，該筆被宣告沒收
的財產，嗣後仍可作為發還之用，便無侵害被害人、得請求賠償之人權益
之問題。退步言之，即便認為不得反面解釋第 38 條之 1 第 5 項，法院因而
不予宣告沒收，仍應宣告繼續扣押該犯罪所得，待被害人或得請求損害賠
償之人確定時，再透過後續程序發還。至於後續被害人求償程序之法制，
則有待進一步立法，本節之重點著重於犯罪所得之計算，並非沒收或是發
還之程序，故在此不贅述。

四、現行證券交易法下就各罪（內線交易、操縱市場、財報不實、非常規交易、特別背信、特別侵占罪）之犯罪所得計算原則

㈠內線交易

實證研究顯示，我國實務上關於內線交易犯罪所得之計算方式，承審
法院多係以消息公開後一定期間內的股票平均價格作為計算基礎，並以該
「平均價格」與「行為人在消息未公開前買進或賣出該股票之價格」間之
差額作為行為人的犯罪所得[244]。如臺灣高等法院 102 年度金上重訴字第 48
號判決即謂：「證券交易法第 157 條之 1 第 3 項明定以重大消息公開後十個
營業日之收盤平均價格計算，此部分雖屬內線交易歸入權之計算規定，但

---

[244]　臺灣證券交易所委託研究案，〈證券交易犯罪所得之認定原則與釋例〉(2016)
137 頁。

於認定內線交易之獲利時，仍屬明確可資依循之計算方式，且以本件雅新公司之實際股價觀察，前述重大消息公開後，雅新公司股價連續下跌十二日，並於第十三日止跌回升，成交量再急速放大，足見前述重大消息對於股價之影響已於十餘日後逐漸沉澱。因此，為切合立法意旨並符應雅新公司股票交易實況，本件以前述重大消息公開後十日之雅新公司股票收盤平均價格，作為計算被告內線交易之獲利基準，應屬合宜」❷❹❺。

惟仍有部分法院係以行為人買進與賣出股票的價差、於扣除證券交易稅及相關手續費後之餘款，作為犯罪所得；亦有部分法院援引證券交易法第 171 條第 2 項之立法理由而認需消息公開後價格漲跌之變化幅度與重大消息有關，且其間有相當之關聯者始可作為犯罪所得之計算基礎。前者如臺灣高等法院 101 年金上重訴字第 39 號判決即謂：「被告係於 95 年 10 月 25 日，以登記參加英商渣打銀行公開收購之方式，將上開購入之 1,380 張新竹商銀股票，以每股 24.5 元悉數出售予英商渣打銀行等情，業據被告供承不諱，且有群益證券證券帳戶交易紀錄在卷可稽。被告因未於消息公開後十個營業日內出售新竹商銀股票，關於其犯罪所得之計算方式，本院認新竹商銀既已於資訊觀測站公告英商渣打銀行擬以每股 24.5 元收購新竹商銀全部已發行普通股事宜，則消息公開後市場上成交價即會朝向每股『24.5 元』之目標價邁進，是以此明確之併購價格、亦為被告實際賣出之價格，來計算買賣差額，應較為合理❷❹❻。」後者則如最高法院 96 年度臺上字第 7644 號判決所言：「因內線交易罪係以犯罪所得之金額為刑度加重之要件，亦即以發生一定結果（即所得達一億元以上）為加重條件，則該（作

---

❷❹❺ 其他相關判決可參見最高法院 104 年度臺上字第 2017 號判決、103 年度臺上字第 442 號判決、102 年度臺上字第 4868 號判決、102 年度臺上字第 4509 號判決、102 年度臺上字第 3211 號判決、臺灣高等法院 102 年度金上訴字第 14 號判決、臺灣高等法院 102 年度金上更㈠字第 16 號判決、臺灣高等法院刑 98 年度囑上重訴字第 23 號判決、臺灣高等法院 98 年度金上重訴字第 57 號判決。

❷❹❻ 其他相關判決可參見最高法院 104 年度臺上字第 3877 號、臺灣高等法院 100 年度金上重訴字第 59 號判決、臺灣高等法院 98 年度囑上重更㈡字第 8 號判決。

者註：指證券交易法第 171 條第 2 項）立法理由所載『消息公開後價格漲跌之變化幅度』，當指計算內線交易之犯罪所得時點，必須該股票價格之變動與該重大消息之公開，其間有相當之關聯者為必要，此為法理上之當然解釋[247]」。

　　學說上對於究應採用何種方式計算內線交易行為人的犯罪所得，意見相當分歧。有學者將內線交易中可能的犯罪所得計算方式區分成「關聯所得法（以受重大消息公開所影響的股價增益作為計算犯罪所得的基礎）」、「實際所得法（以行為人買進與賣出股票的價差於扣除證券交易稅及相關手續費後之餘款作為犯罪所得）」以及「擬制所得法（以『重大消息公開後一定期間內的股票平均價格』與『行為人在重大消息未公開前買進或賣出該股票之價格』間之差額作為行為人的犯罪所得）」等三大類型，並主張以擬制所得法或實際所得法較為可採[248]。

　　上開對於犯罪所得計算方法之分類方式為部分學者所採，惟就應採何種方法則有不同見解：有主張以擬制所得法計算犯罪所得應有法律之明文，並認實際所得法較為可採，惟其計算時點與方式則有待實務之累積[249]；有主張應以實際所得法為原則，擬制所得法為例外，就已賣出之部分依實際所得法計算，未賣出之部分則採用擬制所得法計算[250]；亦有主張倘行為人於重大消息公開後之十個營業日內有賣出或買入行為，於計算犯罪所得時，採用實際交易股票價格，至於十日後的交易行為，則採用擬制所得法計算[251]。

---

[247]　其他相關見解可參見最高法院 104 年臺上字第 2438 號判決。

[248]　詳細論述參見賴英照，〈內線交易犯罪所得如何計算？——評最高法院 105 年度臺上字第 549 號刑事判決〉《法令月刊》第 68 卷第 1 期 28 頁；賴英照，前揭書[143] 492–498 頁。

[249]　陳彥良，〈內線交易犯罪所得計算爭議研析——最高法院 98 年度臺上字第 4800 號判決〉《月旦法學雜誌》第 188 期 220 頁。

[250]　郭大維，〈論內線交易犯罪所得之計算——評最高法院 101 年度臺上字第 1857 號刑事判決〉《月旦裁判時報》第 24 期 56 頁。

[251]　於知慶，〈內線交易犯罪所得之計算方式〉《萬國法律》第 185 期 31 頁。

此外，另有學者參考德國實務見解而認為，內線交易罪之犯罪所得係特殊獲利或避損機會，而非購入股票或出售股票之價金，又此「特殊機會」並非得沒收之客體，故僅得計算出此特殊機會的替代價值，予以追徵[252]。此說在犯罪所得計算的結論上，即類似前述之關聯所得法，認為需探求重大消息公開後所造成的股價變動，始為行為人利用內線消息買賣股票所獲得之犯罪所得（特殊機會）。然而，實際上究竟應如何計算，提出上開見解之學者對此並無明確解答[253]。又值得注意的是，最高法院於 104 年度臺上字第 2932 號判決首度採納此見解，並在結論上認為就系爭特殊機會所具價值之認定「應囑託專家或專業鑑定機構綜合各種相關因素加以評估鑑定」。

有學者亦贊同前開將內線交易之犯罪所得定性為「特殊獲利或避損機會」之見解，並進一步主張應就行為人「標的股票之買價或賣價」與「消息公開後十八小時之交易日成交均價；若公開後十八小時市場休市，則以次一交易日之成交均價」之間的差額擬制為該特殊獲利或避損機會之價值[254]。

本文就此議題則認為，內線交易之犯罪所得在計算上應先區分行為人是否已將自內線交易所取得之股票賣出：倘行為人係於消息公開後十個營業日內將股票全數賣出，即以「實際所得法」計算，並參酌自民國 105 年7 月 1 日正式施行之刑法第 38 條之 1 沒收新制之立法理由採取「總額說」之精神，不另外扣除交易之手續費、證券交易稅等交易成本，如此方符刑法沒收新制剝奪不法利得之制度目的；若行為人係於消息公開後超過十個營業日方賣出，則以「擬制所得法」計算犯罪所得，並以擬制價格作為成交價格；至於在行為人未通盤成交之情形，如有部分股票未賣出時，亦以

---

[252] 薛智仁，前揭文[230] 274 頁。

[253] 主張內線交易犯罪所得係特殊的獲利或避損機會的學者，認為擬制所得法若能說明重大消息公開後的十日均價可以反映行為人的預期獲利或避損額度，即有其理論基礎，參閱薛智仁，前揭文[230] 277 頁。

[254] 江朝聖，〈走出內線交易犯罪所得計算泥沼之嘗試——兼評最高法院 104 年度臺上字第 2932 號刑事判決〉《東海大學法學研究》第 48 期 159～162 頁。

「擬制所得法」計算犯罪所得，先擬制行為人買賣股票，再以擬制價格作為成交價格。至於擬制價格該如何定之，在尚無法律明文依據的情況下，應參酌證券交易法第157條之1損害賠償之規定，以消息公開後十個營業日收盤平均價格，擬制為賣出價格。

質言之，依本文見解，內線交易行為人之犯罪所得為「實際獲利金額」（或可稱「已實現之獲利」）與「擬制性獲利金額」（或可稱「未實現之獲利」）之總和。在行為人有實際買賣成交之情形，以「實際所得法」計算，亦即以行為人之實際獲利計算其犯罪所得；於行為人獲悉內線消息後交易股票、並於消息公開後再行交易的情形，則以其交易股票所得價金作為犯罪所得❷⁵⁵；至於就消息公開十個營業日後始賣出部分，考慮到行為人恐有藉「長久持股至零所得、甚至負所得之價格再行交易」以消除犯罪所得，規避沒收或加重刑度要件之虞，故以「擬制所得法」計算其犯罪所得，並擬制消息公開後十個營業日之收盤平均價格為成交價格❷⁵⁶；在行為人未通盤實際買賣成交之情形，就已買進而未賣出部分、行政執行署變賣部分，亦以「擬制所得法」計算犯罪所得❷⁵⁷。

---

❷⁵⁵ 賴英照，前揭文❷⁴⁸ 2頁。（採類似見解：「實際所得法：對於獲悉內線消息後買入（或賣出）股票，並於消息公開後再行賣出（或買入）的情形，法院以被告賣出（或買入）股票所得價金，減除被告買入（或賣出）股票成本及證券交易稅和手續費之後的餘額，作為犯罪所得。」）

❷⁵⁶ 實證研究亦顯示，就買方內線交易事件而言，法院判定之內線交易結束日後六十個交易日期間內，事件股票後續的異常交易量率雖高，但是異常報酬卻傾向為負，尤其從法院判定之內線交易結束日後第二日開始，更持續呈現顯著負向的累積異常報酬，事件股票的績效亦有逐日下滑的趨勢，研究結果顯示在買方內線交易結束後，市場雖呈現相當積極的交易行為，然而此時已轉由空方主導。參見陳振遠、王朝仕、陳振宇，〈以買方與賣方觀點探討內線交易對股票價量之影響〉《管理評論》第30卷第1期86～91頁。

❷⁵⁷ 類似見解：「擬制所得法對於獲悉內線消息後買入（或賣出）股票，在消息公開後未再行賣出（或買入）的情形，法院參考證交法第157條之1第3項有關民事賠償的計算方法，以重大消息公開後十個營業日（或五個營業日）的股票平均收盤價格，或消息公開後第一個交易日的收盤價格，擬制為被告再行賣出

　　上開所採之「十日」日數，係擬制重大消息與股市價格變動之因果關係存續時點。亦即本於證券交易實務之考量，倘有重大影響公開發行公司股票價格之訊息產生，該訊息對於公司股票價格之影響約在十個營業日左右，之後公司股價將回歸一般股票市場基本面的常態；若十個營業日過後股價仍有不正常之漲跌，其通常係導於其他因素，而與該重大消息本身並無因果關係❷❸。

　　本文認為，倘若以關聯所得法作為犯罪所得計算方法，除須排除市場因素所造成之影響外，各重大消息與股價變動之因果關係及影響價格幅度亦應認定。蓋各消息之公開時點不同，市場消化反映各消息所需時間亦不相同，各消息影響股價之時間長度與價格範圍皆難以認定，關聯所得法之適用將使犯罪所得的計算問題治絲益棼，致使案件久懸不決，耗費鉅量訴訟資源。相對而言，採「實際所得法」為主，「擬制所得法」為輔之見解，因其係以買賣股票之實際獲利金額，與擬制價格之擬制性獲利金額計算犯罪所得，並無上述關聯所得法複雜而難以具體計算之窘境，其於實務上簡便易行，明確性較高❷❺。

　　針對內線消息之報酬計算，倘採用關聯所得法，雖可以藉由區分股價之漲跌究竟是受重大消息影響而生，抑或是大盤或其他因素所生，以排除其餘市場因素所造成之影響而可能較為精準，但卻也將造成訴訟中舉證之複雜化。蓋因預期報酬之計算涉及多項估計因素，且計算方式眾多。縱使統一採取關聯所得法作為計算標準，原被告或檢辯雙方仍可能提出不同之計算模型，恐形成雙方各執一詞，而不同院級之法官亦可能因採取不同之計算模型而改判或不斷發回之情形，造成犯罪所得的計算無法確定，且實務上雖有案件認應採此計算方式，但至今亦未有法院委諸專家以此種方式

　　（或買入）的價格，經減除被告買入（或賣出）股票的成本及證交稅與手續費之後的餘額，做為犯罪所得。」參見賴英照，前揭文❷❹❽ 2 頁。

❷❸　林孟皇，前揭文❶❻❽ 15 頁；涂春金，〈證券交易法第 171 條第 2 項有關「犯罪所得」之研究——以台開案判決為例〉《證交資料》第 576 期 62 頁。

❷❺　賴英照，前揭文❷❹❽ 28 頁。

進行計算的實例❷⓿。

　　於此情形下，本文認為不宜採用關聯所得法，以免造成檢辯雙方或不同院級法官提出不同計算模型，造成犯罪所得的計算無法確定之問題。惟如仍欲採用關聯所得法，是否以多種模型計算後取其最低值或平均值以避免爭議，將是實務運作上必須考量之處。

　㈡操縱市場

　　關於操縱市場犯罪所得之計算方式，目前實務上多數見解亦認應採「差額說」，即行為人之犯罪淨利潤方為犯罪所得，故須將行為人買賣股票時所支出的手續費、證券交易稅等成本扣除。惟在差額說下，就該淨利潤應如何計算一事，實務及學說見解則仍未有共識，而可大分為「類股指數比較法」、「實際所得法」、「擬制所得法」以及「兼採實際所得法及擬制所得法」等四種方法。以下分別介紹：

　1.類股指數比較法（大盤指數比較法）

　　立法理由中亦指出可採用類股指數（或大盤指數）比較法，亦即以炒作行為期間股價與同性質同類股或大盤漲跌幅度比較乘以操縱股數，計算其差額以作為不法炒作之犯罪所得❷⓺⓵。實務上，法院在選擇大盤指數或同類股指數比較法時，通常會以類股指數的漲跌幅度為參考基準，理由在於大盤指數含括十餘種類股，各類股之景氣循環、本益比、股價漲幅與振幅的差異甚大，無法充分、適當反映被操縱股票的股價異常情形；反之，被櫃買中心編製為同一類股者，雖然其營業項目可能有所不同，畢竟在編製時已作過篩選，具有一定程度相似性❷⓺⓶。惟學者指出，此種計算方法過於抽象，立法者亦未提供明確計算之標準，造成實務上操作困難，而在實務上法院多半不採取此計算基準❷⓺⓷。法院通常僅將「與同類股或大盤指數相互比較、參照或以之為基準」作為判斷之標準之一，或是作為判斷之原則

---

❷⓿　臺灣證券交易所委託研究案，前揭文❷⓸⓸ 138 頁。

❷⓺⓵　賴英照，〈內線交易的所得計算〉《中原財經法學》第 31 期 49 頁。

❷⓺⓶　臺灣高等法院 102 年度金上訴字第 13 號。

❷⓺⓷　同前註。

之一，以此保障行為人不在大盤震盪下，被錯誤評價其實際影響市場股價之程度，而高估或低估其犯罪之所得。但實際犯罪所得之計算，仍必須透過實際所得法或擬制所得法加以執行。

2.實際所得法

此說認為，行為人實際買進與賣出股票的價差，即為犯罪所得。亦即本說係以行為人於操縱股價期間「買入股票後再賣出，或借（融）券賣出後再回補」等有實際成交之股票買賣行為所產生之實際買賣股票的價差，作為犯罪所得。實務上法院有單採取實際所得法者，如臺灣臺北地方法院101年度金訴字第40號、臺灣板橋地方法院97年度金重訴字第3號、臺灣臺北地方法院96年度訴字第84號等判決。但於大部分證券交易法操縱市場之犯罪型態下，為了正確評價操縱市場行為所獲取之利益，法院一般仍傾向以實際所得法兼採擬制所得法來計算之，詳後述。

本說的支持者認為，立法理由中所採之類股指數（或大盤指數）比較法，並未提供明確且可操作之標準，且其使用結果恐有違事理之平，如臺灣高等法院99年度金上訴字第55號刑事判決即指出：「立法理由所示以同性質同類股或大盤漲跌幅度之比較基準，究係以與炒作標的同性質同類股全部予以比較漲跌？或係選擇部分同性質同類股予以比較漲跌？其比較之同性質同類股股數範圍為何？此在集中市場上並無法予以類型或量化，且縱係同性質同類股，亦會因各該股票之公司經營型態、獲利能力而有不同之標準，因之上開立法理由所例示之計算方式，既無明確標準，且其變化因素過大，如因大盤當時漲跌幅度較諸炒作所得更大，則可能造成無差額可言，而就其違反不法炒作之犯罪所得，無法為發還或沒收之諭知，應非事理之平。參諸不法炒作股票之犯罪型態，係一定期間以連續高價、大量買賣，以造成市場熱絡，並拉抬股票價格使不知情之投資大眾進入集中市場購買炒作之標的股票，是應以參與不法炒作之人於炒作期間所買入價格及賣出價格之差價，作為計算不法炒作之犯罪所得，其計算基準始具客觀一致」❷⁶⁴。

3.擬制所得法

此說認為應以行為人於操縱股價行為既遂或結果發生時，該股票之市場交易價格為計算之標準，至於股票是否全數有實際賣出、回補等買賣成交行為則在所不論。故行為人買進或放空股票，雖未全數賣出、回補獲利了結，就未實際成交部分，仍擬制以操縱股價期間始末之差額，作為犯罪所得。有論者指出，計算操縱行為之犯罪所得時，係與同性質同類股或大盤漲跌幅度為比較，故此種計算結果僅屬「擬制犯罪所得」而非「實際犯罪所得」❷❻❺。

此說認為證券交易法之所以規範不法炒作行為，所著重者在於該不法行為對於企業經營及金融秩序所造成之危害，而非行為人是否因此實際獲利，如臺灣高等法院臺中分院 101 年度金上訴字第 1238 號刑事判決即指出：「按本條項加重刑責之目的，係為懲罰『嚴重危害企業經營及金融秩序者』，其重點在於犯罪行為所造成對於企業經營及金融秩序之危害，而非行為人是否果因此而獲有實際所得。是本案犯罪所得之計算，應係以『犯罪行為既遂或結果發生時』為計算不法所得之時點，自應以炒作行為期間股價之變化，核計其獲利之差額，即自操縱之日起至結束操縱之日止之『慶豐富公司』股票於炒作行為期間股價之變化為計算之標準」❷❻❻。

就擬制犯罪所得之計算方法，學說上有認為，應以「收盤價格扣除買進價格」之價差，作為操縱股價之犯罪所得為原則。然而股價之變動並非完全基於操縱手段而產生，故應將該股之漲跌幅與同類股漲跌幅作比較，方能反映大盤對股價本身的影響，以二者之差額比例作為「因操縱行為所影響之漲跌幅比例」。故應以「上開差額比例」乘上「收盤價格扣除買進價格」，作為擬制所得。最後，再考量到立法理由所揭示之「差額說」，故應扣除行為人支出之交易成本，並將以該數值乘上行為人實際買入之股數，以此作為犯罪所得❷❻❼。彙整如下公式：[(收盤價格 − 買入價格)×(同類股漲

❷❻❹ 臺灣高等法院刑事判決 99 年度金上訴字第 55 號。

❷❻❺ 王志誠，前揭文❼⓪ 79 頁。

❷❻❻ 臺灣高等法院臺中分院刑事判決 101 年度金上訴字第 1238 號。

跌幅差額比例) – (交易成本)] × (買入股數) = (擬制犯罪所得)❷⑥⑧。惟若收盤價格扣除買進價格之結果為負數，即在收盤價格低於行為人買進股票時之價格的情形中，則無法適用上開計算公式。但有學者認為，此情形應視為行為人犯罪損益之一部，應直接以該負數作為犯罪所得❷⑥⑨。

另須注意的是，操縱市場與內線交易的「擬制所得法」內涵其實並不完全一致。操縱市場的擬制所得法所注重者為「擬制時點」，而內線交易的擬制所得法，所注重者則為「擬制價格」，係擬制「某段期間的均價」以代替「難以計算的關聯所得」，作為價格計算基礎。

4.兼採實際所得法及擬制所得法

此說認為操縱市場之犯罪所得應區分成「已實現之獲利」與「未實現之獲利」兩部分。就行為人已實際回補或賣出之部分採「實際所得法」，至於未再回補或賣出股票之部分，則以犯罪行為既遂或結果發生時之市場價格，將其擬制為交易價格，本書亦從之。

自多數實務判決以觀❷⑦⓪，法院通常係以「實際所得法」計算行為人之「已實現之獲利」（或稱「實際獲利金額」），以「擬制所得法」（或稱「擬制性獲利金額」）計算行為人「未實現之獲利」，最後再以上開「已實現之獲利」及「未實現之獲利」之合計數額作為行為人之犯罪所得。又所謂「已實現之獲利」，係指行為人於炒作股票期間實際買入及賣出股票之獲利；而「未實現之獲利」，則係指行為人有買超或賣超股票之情形，實際上行為人於該部分並未獲利，然實務上仍多以「期末收盤價」（即炒作股價期間之末

---

❷⑥⑦ 王志誠，前揭文❼⓪ 79～80 頁。

❷⑥⑧ 林小刊，〈證券集中交易市場操縱行為犯罪所得之研究〉，國立交通大學科技法律研究所碩士論文，51～52 頁。

❷⑥⑨ 王志誠，前揭文❼⓪ 80 頁。

❷⑦⓪ 如臺灣高等法院 99 年度重金上更㈠字第 9 號、臺灣臺北地方法院 96 年度訴字第 84 號、臺灣高等法院 99 年度金上訴字第 55 號、最高法院 102 年度臺上字第 491 號、臺灣臺中地方法院 100 年度金重訴字第 1949 號、臺灣高等法院臺中分院 101 年度金上訴字第 1238 號、臺灣高等法院臺中分院 104 年度金上更㈠字第 14 號等。

日）擬制為賣出股票之價格，或以「期初收盤價」（即炒作股價期間之第一日）擬制為買入股票之價格，並據以計算行為人之獲利。如臺灣臺北地方法院 104 年金訴字第 4 號刑事判決即指出：「依證券交易法第 171 條第 7 項規定，可推知被告個別納入交易成本計算之交易損益，應分為『犯罪所得財物』及『財產上利益』兩大部分。其中『犯罪所得財物』部分，即為被告因實際上已經買進或賣出股票而獲利之部分，便可稱為『實際獲利金額』，計算方式則為被告實際賣出股數乘上每股買進、賣出均價之價差，再扣除必要之手續費及稅捐；而『財產上利益部分』，即為被告於其個人犯行終了時，當時本可以因買、賣股票而獲利但未即取得之部分，便可稱為『擬制性獲利金額』。進而，被告之交易犯罪所得，即為上開『實際獲利金額』與『擬制性獲利金額』之總和❷」。

(三)非常規交易、特別背信及特別侵占罪

　　針對證券交易法第 171 條第 1 項財報不實、非常規交易及特別背信罪，由於此等罪行中大多存有實際帳目上的資金進出紀錄、股票或其他財產上買賣的實際交易價格，故在犯罪所得的計算上，法院有較確切之計算憑據而多以「實際所得法」計算行為人的犯罪所得。學說上對於本款罪行之犯罪所得計算亦無太多爭議。以下分別介紹：

1.證券交易法第 171 條第 1 項第 1 款財報不實罪

　　實務上認為本款之罪，其預設之行為模式與「內線交易」或「操縱股價」迥不相同❷，故其犯罪所得之計算方式亦不相同。又在此類型之案件中，法院皆是以「實際所得法」計算犯罪所得，惟個案中因行為人的犯罪手法之不同，可能同時涉及非常規交易罪、特別背信罪而使財報不實罪本身不一定會產生犯罪所得，此時則以其他兩款之罪計算行為人的犯罪所得❷。

---

❷　臺灣臺北地方法院 104 年金訴字第 4 號。

❷　臺灣臺北地方法院 101 年金訴字第 15 號。

❷　詳見勤美案（臺灣臺南地方法院 98 年度金重訴字第 1 號、臺灣高等法院臺南分院 101 年度金上重訴字第 284 號、最高法院 104 年度臺上字第 1731 號）以及力霸案（臺灣臺北地方法院 96 年度矚重訴字第 2 號、臺灣高等法院 98 年度

2.證券交易法第 171 條第 1 項第 2 款非常規交易罪

關於不合營業常規交易罪之犯罪所得，學者認為在計算上應以行為人因不法行為直接取得之財物或利益為準❷，實務上則多採「實際所得法」以計算之❷。又應注意者，不合營業常規之虛假交易行為雖可能對公司造成重大損害，但犯罪行為人可能並無任何犯罪所得；反之，不合營業常規之實際交易行為的犯罪行為人較可能因其不法行為而取得犯罪所得❷。

3.證券交易法第 171 條第 1 項第 3 款特別背信罪

實務上多採用「實際所得法」計算本款罪行的犯罪所得。學說上則主張於計算特別背信罪的犯罪所得時，應以行為人因不法行為所取得之財物或利益為準；至於特別侵占罪之犯罪所得，則應係指行為人因侵占所取得之財物。惟因計算犯罪所得時，應以行為人所獲得之財物或利益與其犯罪行為間存在因果關係，彼此間具有關聯性，始足當之，故不論是犯特別背信罪或特別侵占罪之犯罪所得，皆應以行為人因犯罪行為所直接取得者為限❷。

五、行為人為從事內線交易而購入之「股票」本身不宜認為屬犯罪所得，而成為刑法沒收之標的

按刑法第 38 條之 1 之立法理由謂：「依實務多數見解，基於澈底剝奪犯罪所得，以根絕犯罪誘因之意旨，不問成本、利潤，均應沒收。」❷明

囑上重訴字第 23 號、最高法院 102 年度臺上字第 3250 號、臺灣高等法院 102 年度金上重更㈠字第 16 號、最高法院 104 年度臺抗字第 937 號）之系列判決。

❷ 王志誠，前揭文❷ 28 頁。

❷ 詳參宏國案（臺北地方法院 102 年金重訴字第 7 號刑事判決、臺灣高等法院 103 年度金上重訴字第 29 號刑事判決）、金雨案（臺中地方法院 96 年度金重訴字第 3536 號、臺灣高等法院臺中分院 99 年度金上訴字第 1615 號、最高法院 101 年度臺上字第 4407 號、臺灣高等法院臺中分院 101 年度金上更㈠字第 91 號、最高法院 104 年度臺上字第 3010 號）。

❷ 王志誠，前揭文❷ 28 頁。

❷ 王志誠，前揭文❷ 29 頁。

白採取總額原則，認為行為人之犯罪總收入即為犯罪所得，不須扣除成本。

　　本文贊同刑法沒收新制對於犯罪所得不宜扣除成本之立場。然而，在內線交易中，「買賣股票」此一行為本身並非違法，「知悉內線消息而買賣股票」才是應該被非難的行為。因此，將內線交易行為人投入股市之資金均認定為犯罪所得是否妥適，即不無疑義。

　　本文認為，即便總額原則較能達到「任何人都不得保有犯罪所得」之目的 ❷⁷⁹，在計算內線交易之犯罪所得時，無須扣除之成本應限於「證券交易稅」以及「手續費」❷⁸⁰；至於投入市場之「股票購買資金」，並非所得，則仍需扣除 ❷⁸¹。其理由在於，民國 106 年修正前證券交易法第 171 條第 2 項以「犯罪所得」之金額達一億元以上作為刑罰加重之要件，若將投入資金也計入犯罪所得中，將會使本條加重之結果極其容易成立。此外，該條於民國 93 年修正公布時，其立法理由亦載有可依據「消息公開後價格漲跌之變化幅度」以計算犯罪所得之文字，是以計算內線交易犯罪所得之時點自須以「該股票價格之變動與該重大消息之公開，其間有相當之關聯」為必要 ❷⁸²，至於投入資金之多寡則與此並不一定具有關聯。質言之，不問行為人之惡性是否重大，或其實際獲利之多寡，而僅因行為人之投入成本較高，即將其刑度提高兩倍，甚至於在行為人買入大量股票、投入資金超過一億元的情形，便直接產生加重結果，恐不符立法之本旨，且有罪刑不相當之疑慮 ❷⁸³。

　　綜上所述，於刑法之立法理由揭示計算犯罪所得應採總額原則的指導下，本文認為在計算內線交易之犯罪所得時，所謂不應扣除之成本，係指

---

❷⁷⁸　參見刑法第 38 條之 1 立法理由說明五、㈢。

❷⁷⁹　參見刑法第 2 條立法理由說明一、㈡。

❷⁸⁰　林孟皇，前揭文❶⁶⁸ 2 頁。其認為內線交易之交易成本可能可解釋為證券交易稅、交易手續費。

❷⁸¹　亦可參陳彥良，前揭文❷⁴⁹ 217 頁。

❷⁸²　最高法院 96 年度臺上字第 7644 號判決參照。

❷⁸³　臺灣證券交易所委託研究案，前揭文❷⁴⁴ 233 頁。

證券交易稅、手續費等交易成本而言,至於行為人投入於市場之相當於股票價值之購買資金,則不屬於犯罪所得,須扣除之。

參、民國106年證券交易法部分條文修正

承上所述,民國106年證券交易法部分條文修正的二個重點,即在於「犯罪所得」用詞與「沒收」的相關規定。整體而言,就其內容依主管機關金管會於立法院的提案修正報告,特別說明本次行政院提案修正係配合民國104年公布、民國105年7月1日施行之刑法有關沒收之新規定,並依立法院所通過的附帶決議「現行刑事訴訟法中,諸多犯罪或以犯罪所得之有無為其成立之構成要件之一,或以之作為刑罰輕重不同之標準。為避免就『犯罪所得』之同一用語(,)異其認定之標準,相關法規主管機關應配合本次刑法之施行日期,為相應之適當修正」起見,因而提案修正證券交易法之部分條文。至於相關刑法新沒收規定與本次證券交易法的修正要點,如下所示❷⃝:

一、有關加重處罰條文構成要件之「犯罪所得」修正為「為犯罪獲取之財物或財產上利益」,以資與刑法沒收之「犯罪所得」區別。新修正之刑法第38條之1第4項明定沒收之「犯罪所得」,包括違法行為所得、其變得之物或財產上利益及其孳息範圍,然現行證券交易法有關之「犯罪所得」,包括因犯罪直接取得之財物或財產上利益、因犯罪取得之報酬、前述變得之物或財產上利益等,較刑法之「犯罪所得」範圍小。為避免二者「犯罪所得」認定之混淆,爰配合將證券交易法有關以「犯罪所得」新臺幣1億元以上加重處罰,或以「犯罪所得利益」為加重罰金或其刑等規定,修正以「因犯罪獲取之財物或財產上利益」,取代原有之「犯罪所得」或「因犯罪所得利益」用語,以利司法實務運作之順利。

二、有關減免刑罰條文之繳交「因犯罪所得財物」要件,修正與刑法

---

❷⃝ 民國106年證券交易法部分條文修正草案,修正第171條、第172條及刪除第174條之2的提案說明,請參閱《立法院公報》第107卷第9期154頁(顧立雄說明)。

沒收之「犯罪所得」範圍一致。基於刑事立法政策一貫性，為與修正後之刑法第 38 條之 1 所定沒收之「犯罪所得」範圍一致，以達所宣示「任何人都不得保有犯罪所得」之立法目的，爰將證券交易法有關自動繳交全部所得財物為減免刑罰之規定，配合刑法沒收新制，酌修文字。

三、有關沒收規定，原則均刪除，回歸適用刑法。有關沒收因犯罪所得財物或財產上利益及追徵、抵償之規定，原則均刪除，回歸適用刑法。

第五節　小　結

本章介紹了證券市場上常見之犯罪類型。讀者不難發現，關於證券市場的保護，除操縱市場行為之規範對象為所有投資大眾外，立法者對於具有管理公司權限之人，均課與較高的注意義務，且其於進行交易時，公權力更會嚴格規範監視有無「詐欺」情事發生。所以諸多規範，回溯觀察比較美國法規定時，可看出美國法相類似規定，所規範者，多屬「詐欺」(Fraud)，也就是為了避免掌握市場資訊或資源較多者，以不實的方式欺騙投資大眾，造成投資者的損失、影響經濟運作，並導致大眾對市場的不信賴。

關於證券犯罪的規範、偵查與審判，所耗費者為全民的公共財，也是社會要負擔的成本。尤其證券犯罪所涉及者為上市上櫃公司，該公司若遭偵查，商譽或股價的損失，影響所及投資人亦難以倖免。故針對某些證券犯罪（如：內線交易）「除罪化」聲音一直存在，其所持論點，大抵為刑法不適合用以作為規範市場之工具。惟，本書認為，證券犯罪誠然有害於市場，輕言除罪，將使市場中居有優勢地位者，益發獲得不法利潤。其利潤源自何處？正是來自對不具優勢地位的投資大眾的剝削。

證券交易法存在的目的，固然為促進市場的健全與交易的活絡，但法律存在的目的，除了經濟，亦有維持正義之色彩。如同諾貝爾經濟學獎得主史迪格里茲 (Jopseph E. Stiglitz) 在不公平的代價 (*The Price of Inequality*) 一書所言：當公司獲利上升，即使獲利來自詐欺，主管的薪資也會上升，但若犯行被發現，繳納罰款、承受股價下跌損害的，卻往往是公司股東；

在許多案例中,該負責的高階主管已經離職,若由股東負最終責任,卻放任管理階層短期績效發放紅利和薪酬給自己,並將風險隱藏在報酬曲線的尾部,那麼這些詐欺便會不斷發生,因此,我們不能僅對公司罰款,因為做決定和採取行動的是個人,凡人都應為自己行為負起責任,犯下這些罪行的人,不能將責任推給名為「公司」的抽象體[285]。經濟強勢者的利得,若建立在經濟弱勢者的淨損上,將是悖於社會公義的,因此相關證券犯罪的處罰是有必要的,但其規範必須更為細緻,發動刑事偵查必須更為謹慎周密,司法審判則必須更為專業迅速,方能兼及促進市場與維持正義的需求。

我國證券犯罪規定,從制定至今,數十年之錘鍊,整個立法、修法過程,充滿了諸多學說與實務的爭議,演變至今,發展出較為完備的規範,然所欠缺者,是司法者認事用法的功力而已。行文至此,筆者對司法者高度期許,盼正義的落實,終能走入經濟市場,達成「財經正義」目標的追尋。

---

[285] Jopseph E. Stiglitz 著,羅耀宗譯,《不公平的代價》(天下雜誌,2013 年) 232 頁。

附錄〈Ⅰ〉證券投資人及期貨交易人保護法現行條文

民國 91 年 7 月 17 日總統令制定公布

民國 109 年 6 月 10 日總統令修正公布

第 1 條

為保障證券投資人及期貨交易人之權益,並促進證券及期貨市場健全發展,特制定本法。

第 2 條

證券投資人及期貨交易人權益之保護,依本法之規定;本法未規定者,適用證券交易法、期貨交易法、證券投資信託及顧問法及其他有關法律之規定。

第 3 條

本法所稱主管機關,指金融監督管理委員會。

第 4 條

本法所稱證券投資人,依證券交易法認定之。

本法所稱期貨交易人,依期貨交易法認定之。

第 5 條

本法所稱保護機構,指依本法設立之財團法人。

第 6 條

本法所稱保護基金,指依本法捐助、捐贈及提撥,而由保護機構保管運用之資產及其收益。

第 7 條

主管機關應指定下列證券及期貨市場相關機構,設立保護機構:

一、證券交易所。

二、期貨交易所。

三、財團法人中華民國證券櫃檯買賣中心。

四、證券集中保管事業。

五、證券商業同業公會。

六、證券投資信託暨顧問商業同業公會。

七、期貨商業同業公會。

八、各證券金融事業。

九、其他經主管機關指定之證券及期貨市場相關機構或事業。

前項證券及期貨市場相關機構應捐助一定財產;其捐助金額,由主管機關協調之。

第 8 條

保護機構之組織、設立、管理監督事項,依本法之規定;本法未規定者,適用民法及其他有關法律之規定。

保護機構業務之指導、監督、財務之審核、辦理變更登記相關事項,與其董事、監察人、經理人及受雇人之資格條件及其他應遵行事項之管理規則,由主管機關定之。

第 9 條

保護機構之捐助章程，應記載下列事項：

一、保護機構之名稱、捐助目的及事務所所在地。

二、捐助財產之種類、數額及保管運用方法。

三、業務項目。

四、董事會之組織及職權。

五、董事、監察人之產生方法、資格、人數及任期。

六、事務單位之組織。

七、解散或撤銷許可後賸餘財產之歸屬。

八、關於主管機關規定之其他事項。

第 10 條

保護機構應於業務規則中，規定下列事項：

一、證券投資人或期貨交易人與發行人、證券商、證券服務事業、期貨業、交易所、
　　櫃檯買賣中心、結算機構或其他利害關係人間，因有價證券之募集、發行、買賣
　　或期貨交易及其他相關事宜所生民事爭議之處理程序。

二、保護基金之保管、運用。

三、對發行人、證券商、證券服務事業及期貨業之財務業務查詢。

四、證券及期貨交易相關法令之諮詢服務。

五、主管機關委託辦理事項。

六、其他有助於達成本法目的之業務。

前項業務規則之訂定，應報經主管機關核定；修改時，亦同。

第 10 條之 1

保護機構辦理前條第一項業務，發現上市、上櫃或興櫃公司之董事或監察人，有證券
交易法第一百五十五條、第一百五十七條之一或期貨交易法第一百零六條至第一百零
八條規定之情事，或執行業務有重大損害公司之行為或違反法令或章程之重大事項，
得依下列規定辦理：

一、以書面請求公司之監察人為公司對董事提起訴訟，或請求公司之董事會為公司對
　　監察人提起訴訟，或請求公司對已卸任之董事或監察人提起訴訟。監察人、董事
　　會或公司自保護機構請求之日起三十日內不提起訴訟時，保護機構得為公司提起
　　訴訟，不受公司法第二百十四條及第二百二十七條準用第二百十四條之限制。

二、訴請法院裁判解任公司之董事或監察人，不受公司法第二百條及第二百二十七條
　　準用第二百條之限制，且解任事由不以起訴時任期內發生者為限。

　　前項第二款訴請法院裁判解任權，自保護機構知有解任事由時起，二年間不行
　　使，或自解任事由發生時起，經過十年而消滅。

第三十四條至第三十六條規定，於保護機構依第一項規定提起訴訟、上訴或聲請保全
程序、執行程序時，準用之。

公司因故終止上市、上櫃或興櫃者，保護機構就該公司於上市、上櫃或興櫃期間有第
一項所定情事，仍有前三項規定之適用。

保護機構依第一項第一款規定提起訴訟時，就同一基礎事實應負賠償責任且有為公司管理事務及簽名之權之人，得合併起訴或為訴之追加；其職務關係消滅者，亦同。

公司之監察人、董事會或公司依第一項第一款規定提起訴訟時，保護機構為維護公司及股東權益，於該訴訟繫屬中得為參加，並準用民事訴訟法第五十六條第一項規定。

第一項第二款之董事或監察人，經法院裁判解任確定後，自裁判確定日起，三年內不得充任上市、上櫃或興櫃公司之董事、監察人及依公司法第二十七條第一項規定受指定代表行使職務之自然人，其已充任者，當然解任。

第一項第二款之解任裁判確定後，由主管機關函請公司登記主管機關辦理解任登記。

公司已依法設置審計委員會者，第一項及第六項所稱監察人，指審計委員會或其獨立董事成員。

第 10 條之 2

前條規定，於證券交易法第一百六十五條之一所定之外國公司，準用之。

第 11 條

保護機構應設董事會，置董事三人以上。

董事依下列方式遴選（派）之：

一、主管機關自捐助人推派之代表中遴選。

二、主管機關指派非捐助人代表之學者、專家、公正人士，其人數不得少於董事總額三分之二。

董事之任期三年，連選（派）得連任。

第 12 條

董事會應由全體董事三分之二以上之出席，及出席董事過半數之同意，選出非捐助人代表之董事一人為董事長，經主管機關核可後生效。

第 13 條

董事會由董事長召集之。但每屆第一次董事會，由主管機關就該屆董事中指定一人召集之。

董事會每月召集一次。必要時，並得召集臨時董事會。

第 14 條

下列事項，應經董事會決議：

一、捐助章程之修改。

二、業務規則之訂定或修改。

三、保護基金之動用。

四、保護基金保管運用方式之變更。

五、借款。

六、捐助章程所定應經董事會決議事項。

七、其他經主管機關規定應經董事會決議事項。

董事會之決議，應有全體董事過半數之出席，出席董事過半數之同意。但前項第一款至第五款事項之決議，應有全體董事三分之二以上之出席，出席董事過半數之同意。

第 15 條

保護機構置監察人一人至三人。

監察人得隨時調查保護機構之業務及財務狀況，查核簿冊文件，並得請求董事會提出報告。

監察人各得單獨行使監察權，發現董事會執行職務有違反法令、捐助章程或業務規則之行為時，應即通知董事會停止其行為。

第十一條第二項及第三項之規定，於監察人準用之。

第 16 條

主管機關為保護證券投資人及期貨交易人，必要時，得命令保護機構變更其章程、業務規則、決議，或提出財務或業務之報告資料，或檢查其業務、財產、帳簿、書類或其他有關物件。

第 17 條

保護機構為處理下列情事，得請求發行人、證券商、證券服務事業、期貨業或證券及期貨市場相關機構協助或提出文件、相關資料：

一、依本法規定提出之調處案件。

二、依第二十一條第一項規定，對證券投資人或期貨交易人未受償債權之償付。

三、為提起第二十八條訴訟或仲裁。

四、主管機關委託辦理之事項。

五、其他為利於保護機構執行保護業務之事項。

保護機構依前項所得文件或相關資料，發現有違反法令情事，或為保護公益之必要時，應報請主管機關處理。受請求人未依前項規定協助或提出文件、相關資料者，亦同。

第 18 條

保護機構為利業務之推動，應設置保護基金；保護基金除第七條第二項之捐助財產外，其來源如下：

一、各證券商應於每月十日前按其前月份受託買賣有價證券成交金額之萬分之零點二八五提撥之款項。

二、各期貨商應於每月十日前按其前月份受託買賣成交契約數各提撥新臺幣一點八八元之款項。

三、證券交易所、期貨交易所及櫃檯買賣中心應於每月十日前按其前月份經手費收入之百分之五提撥之款項。

四、保護基金之孳息及運用收益。

五、國內外公司機關（構）、團體或個人捐贈之財產。

前項第一款至第三款之提撥比率或金額，主管機關得視市場狀況或個別證券商或期貨商之財務業務狀況及風險控管績效調整之。但增加之比率或金額以百分之五十為上限。

保護基金淨額超過新臺幣五十億元時，主管機關得命令暫時停止提撥已提撥超過十年之證券商、期貨商第一項第一款及第二款之款項。

保護基金不足以支應第二十條第一項規定之用途時，保護機構得經主管機關核准後，向金融機構借款。

未依第一項前三款規定繳納提撥款者，保護機構得報請主管機關命其限期繳納；屆期仍未繳納者，主管機關並得依法移送強制執行。

第 19 條

保護基金應以購入政府債券或存入金融機構之方式保管。經主管機關核准，得於合計不超過保護基金淨額百分之三十之範圍內，為下列方式之運用：

一、購置自用不動產。

二、投資上市、上櫃或興櫃有價證券。

三、其他有利基金保值之投資。

保護基金用於前項第一款之總額，不得超過保護基金淨額百分之五。

第一項第二款投資每家上市、上櫃或興櫃公司股票之原始投資股數不得超過一千股。

第 20 條

保護基金之動用，以下列各款為限：

一、依第二十一條規定，償付證券投資人或期貨交易人之用。

二、保護機構依本法執行業務之支出及其他必要費用。

三、依本法規定提起之訴訟或提付仲裁所需之費用。

四、其他經主管機關核准之用途。

前項第二款之經費，以當年度保護基金之孳息為上限，編列預算辦理。但主管機關得視其財務、業務情況適當調整之。

第 21 條

證券投資人及期貨交易人有下列情形時，保護機構得動用保護基金償付之：

一、證券投資人於所委託之證券商因財務困難失卻清償能力而違約時，其於證券交易市場買賣有價證券並已完成交割義務，或委託該證券商向認購（售）權證之發行人請求履約並已給付應繳之價款或有價證券，而未取得其應得之有價證券或價款。

二、期貨交易人於所委託之期貨商因財務困難失卻清償能力而違約時，其於期貨交易市場從事期貨交易，而未取得其應得之保證金、權利金，及經期貨結算機構完成結算程序後之利得。

保護基金依前項規定，償付每一證券投資人或期貨交易人之金額上限、對每一證券商或期貨商之全體證券投資人或期貨交易人之償付總額上限、償付程序及償付辦法，由主管機關定之。

保護機構依第一項規定償付後，於其償付之限度內承受證券投資人或期貨交易人對於違約證券商或期貨商之權利。

第三十四條至第三十六條規定，於保護機構依前項規定承受權利而對違約證券商或期貨商提起訴訟、上訴或聲請保全程序、執行程序時，準用之。

第 22 條

證券投資人或期貨交易人與發行人、證券商、證券服務事業、期貨業、交易所、櫃檯

買賣中心、結算機構或其他利害關係人間，因有價證券之募集、發行、買賣或期貨交易及其他相關事宜所生民事爭議，得向保護機構申請調處。

保護機構為處理調處事項，應設調處委員會，置委員七人至十五人；其組織及調處辦法，由主管機關定之。

第 23 條

申請調處有下列情形之一者，不予受理：

一、非屬前條第一項民事爭議者。

二、非證券投資人、期貨交易人提起者。

三、無具體相對人者。

四、已在第一審法院言詞辯論終結者。

五、調處內容為確定判決之效力所及者。

六、同一事件已依本法規定申請調處者。

調處委員會除前項情形或應補正事項外，應於受理申請後十五日內進行調處。

第 24 條

申請調處人依其申請內容所得主張之請求權，其時效因申請調處而中斷。但調處之申請經撤回、不受理或調處不成立時，視為不中斷。

第 25 條

調處事件經雙方當事人達成協議者，調處成立。

調處事件，達成協議有困難者，調處委員會得斟酌一切情形，求雙方當事人利益之平衡，經全體委員過半數之同意作成調處方案，並定四十五日以下期間勸導雙方當事人同意；必要時，得再延長四十五日。

當事人未於前項所定期間內為不同意之表示者，視為雙方當事人依調處方案調處成立。

多數具有共同利益之一造當事人，其中一人或數人於第二項所定期間內為不同意之表示者，該調處方案對之失其效力，對其他當事人視為調處成立。但為不同意表示當事人之人數超過該造全體當事人人數之半數時，視為調處不成立。

調處委員會依第二項規定為勸導者，視適當情形公開該調處方案。

第 25 條之 1

關於小額證券投資或期貨交易爭議事件，經證券投資人或期貨交易人向保護機構申請調處，相對人無正當理由，不於調處期日到場者，調處委員得審酌情形，依申請人之請求或依職權提出調處方案，並送達於當事人。

前項之方案，應經調處委員三人以上之出席，並經出席之調處委員過半數之同意，與記載第二十五條之二第一項所定期間及未於法定期間表示不同意之法律效果。

第一項之送達，不適用公示送達之規定。

第一項小額證券投資或期貨交易爭議之額度，由保護機構擬訂，報主管機關核定。

第 25 條之 2

當事人對前條第一項之方案，得於送達後十日之不變期間內為不同意之表示；未於期間內提出者，視為已依該方案成立調處。

當事人於前項期間內為不同意之表示，經調處委員另定調處期日並通知當事人，無正
當理由不到場者，視為依該方案成立調處。

第 26 條

調處成立者，保護機構應作成調處書，併同調處事件卷證，於調處成立之日起七日
內，送請保護機構所在地之管轄地方法院核定。

法院因調處書內容牴觸法令、違背公共秩序或善良風俗或有其他不能強制執行之原因
而未予核定者，法院應將其理由通知保護機構。

除有前項情形外，法院對於第一項之調處書應予核定。法院核定後，應將經核定之調
處書併同調處事件卷證發還保護機構，並由保護機構將經核定之調處書送達當事人。

調處文書之送達，準用民事訴訟法關於送達之規定。

經法院核定之調處，與民事確定判決有同一之效力。

經法院核定之調處有無效或得撤銷之原因者，當事人得向原核定法院提起宣告調處無
效或撤銷調處之訴，並得就原調處事件合併起訴或提起反訴，請求法院於宣告調處無
效或撤銷調處時，合併裁判之，並視為自申請調處時已經起訴。

調處無效或撤銷調處之訴之判決，於第三人以善意取得之權利無影響。

第五項情形，準用民事訴訟法第五百條至第五百零二條、強制執行法第十八條第二項
規定。

第 27 條

民事事件已繫屬於法院，在判決確定前調處成立，並經法院核定者，視為於調處成立
時撤回起訴。

第 28 條

保護機構為保護公益，於本法及其捐助章程所定目的範圍內，對於造成多數證券投資
人或期貨交易人受損害之同一原因所引起之證券、期貨事件，得由二十人以上證券投
資人或期貨交易人授與仲裁或訴訟實施權後，以自己之名義，提付仲裁或起訴。

證券投資人或期貨交易人得於言詞辯論終結前或詢問終結前，撤回仲裁或訴訟實施權
之授與，並通知仲裁庭或法院。保護機構依前項規定提付仲裁或起訴後，得由其他因
同一原因所引起之證券或期貨事件受損害之證券投資人或期貨交易人授與仲裁或訴
訟實施權，於第一審言詞辯論終結前或詢問終結前，擴張應受仲裁或判決事項之聲
明。

前二項仲裁或訴訟實施權之授與，包含因同一原因所引起之證券或期貨事件而為強制
執行、假扣押、假處分、參與重整或破產程序及其他為實現權利所必要之權限。

第一項及第二項仲裁或訴訟實施權之授與，應以書面為之。

仲裁法第四條及證券交易法第一百六十七條之規定，於保護機構依第一項或第二項規
定起訴或擴張應受判決事項之聲明時，不適用之。

第 28 條之 1

法院為審理保護機構依前條第一項規定提起之訴訟，得設立專業法庭或指定專人辦
理。

第 29 條

證券投資人或期貨交易人依第二十八條第一項撤回訴訟或仲裁實施權之授與者,該部分訴訟或仲裁程序當然停止,該證券投資人或期貨交易人應即聲明承受訴訟或仲裁,法院或仲裁庭亦得依職權命該證券投資人或期貨交易人承受訴訟或仲裁。

保護機構依第二十八條規定起訴或提付仲裁後,因部分證券投資人或期貨交易人撤回訴訟或仲裁實施權之授與,致其餘部分不足二十人者,仍得就其餘部分繼續進行訴訟或仲裁。

第 30 條

各證券投資人或期貨交易人於第二十八條第一項及第二項之損害賠償請求權,其時效應個別計算。

第 31 條

保護機構就證券投資人或期貨交易人授與訴訟或仲裁實施權之事件,有為一切訴訟或仲裁行為之權。但證券投資人或期貨交易人得限制其為捨棄、認諾、撤回或和解。

前項證券投資人或期貨交易人中一人所為之限制,其效力不及於其他證券投資人或期貨交易人。

第一項之限制,應於第二十八條第四項之文書內表明,或以書狀提出於法院或仲裁庭。

第 32 條

證券投資人或期貨交易人對於第二十八條訴訟之判決不服者,得於保護機構上訴期間屆滿前,撤回訴訟實施權之授與,依法提起上訴。

保護機構於收受判決或判斷書正本後,應即將其結果通知證券投資人或期貨交易人,並應於七日內將是否提起上訴之意旨以書面通知證券投資人或期貨交易人。

第 33 條

保護機構應將第二十八條訴訟或仲裁結果所得之賠償,扣除訴訟或仲裁必要費用後,分別交付授與訴訟或仲裁實施權之證券投資人或期貨交易人,並不得請求報酬。

第 34 條

保護機構依第二十八條規定提起訴訟,聲請假扣押、假處分時,應釋明請求及假扣押、假處分之原因。

法院得就保護機構前項聲請,為免供擔保之裁定。

第 35 條

保護機構依第二十八條規定提起訴訟或上訴,其訴訟標的金額或價額超過新臺幣三千萬元者,超過部分暫免繳裁判費。他造當事人提起上訴勝訴確定者,預繳之裁判費扣除由其負擔之費用後,發還之。

前項暫免繳之裁判費,第一審法院應於該事件確定後,依職權裁定向負擔訴訟費用之一造徵收之。但就保護機構應負擔訴訟標的金額或價額超過新臺幣三千萬元部分之裁判費,免予徵收。

保護機構依第二十八條起訴或聲請保全程序,取得執行名義而聲請強制執行時,其執行標的金額或價額超過新臺幣三千萬元者,超過部分暫免繳執行費,該暫免繳之執行

費由執行所得扣還之。

第 36 條

保護機構依第二十八條規定提起訴訟或上訴,釋明在判決確定前不為執行,恐受難以抵償或難以計算之損害者,法院應依其聲請宣告准予免供擔保之假執行。

第 37 條

證券商依法令開設存放客戶款項之專戶,及因業務接受客戶委託所取得之資產,與其自有財產,應分別獨立。

證券商除為其客戶辦理應支付款項或運用資產者外,不得動用前項款項或資產。

證券商就其自有財產所負債務,其債權人不得對第一項專戶款項及因業務接受客戶委託所取得之資產請求扣押或行使其他權利。

第 38 條

證券商違反前條第二項之規定者,其為行為之負責人處三年以下有期徒刑、拘役或科或併科新臺幣一億元以下罰金。

第 39 條

保護機構對於主管機關依第十六條所為之命令,拒不配合,或保護基金之管理、運用違反第十九條或第二十條之規定者,主管機關得以命令解除其董事、監察人、經理人或受雇人之職務。

保護機構董事、監察人、經理人、受雇人或調處委員會委員違反依第八條第二項所定管理規則,或依第二十二條第二項所定調處辦法規定之資格條件或不得為之行為者,主管機關得以命令解除其職務。

第 40 條

有下列情形之一者,處新臺幣十二萬元以上六十萬元以下罰鍰:

一、未依第十八條第一項第一款或第二款規定繳納提撥款者。

二、違反第三十七條第一項之規定者。

有前項情事,經主管機關處罰鍰,並責令限期辦理;屆期仍不辦理者,得繼續限期令其辦理,並按次連續各處新臺幣二十四萬元以上一百二十萬元以下罰鍰至辦理為止。

第 40 條之 1

本法中華民國一百零九年五月二十二日修正之條文施行前,已依第十條之一第一項規定提起之訴訟事件尚未終結者,適用修正施行後之規定。

第 41 條

本法施行日期,由行政院定之。

附錄〈II〉金融消費者保護法現行條文

民國 100 年 6 月 29 日總統令制定公布

民國 105 年 12 月 28 日總統令修正公布

第一章　總則

第 1 條

為保護金融消費者權益，公平、合理、有效處理金融消費爭議事件，以增進金融消費者對市場之信心，並促進金融市場之健全發展，特制定本法。

第 2 條

本法之主管機關為金融監督管理委員會。

第 3 條

本法所定金融服務業，包括銀行業、證券業、期貨業、保險業、電子票證業及其他經主管機關公告之金融服務業。

前項銀行業、證券業、期貨業及保險業之範圍，依金融監督管理委員會組織法第二條第三項規定。但不包括證券交易所、證券櫃檯買賣中心、證券集中保管事業、期貨交易所及其他經主管機關公告之事業。

第一項所稱電子票證業，指電子票證發行管理條例第三條第二款之發行機構。

第 4 條

本法所稱金融消費者，指接受金融服務業提供金融商品或服務者。但不包括下列對象：

一、專業投資機構。

二、符合一定財力或專業能力之自然人或法人。

前項專業投資機構之範圍及一定財力或專業能力之條件，由主管機關定之。

金融服務業對自然人或法人未符合前項所定之條件，而協助其創造符合形式上之外觀條件者，該自然人或法人仍為本法所稱金融消費者。

第 5 條

本法所稱金融消費爭議，指金融消費者與金融服務業間因商品或服務所生之民事爭議。

第 6 條

本法所定金融服務業對金融消費者之責任，不得預先約定限制或免除。

違反前項規定者，該部分約定無效。

第二章　金融消費者之保護

第 7 條

金融服務業與金融消費者訂立提供金融商品或服務之契約，應本公平合理、平等互惠及誠信原則。

金融服務業與金融消費者訂立之契約條款顯失公平者，該部分條款無效；契約條款如

有疑義時，應為有利於金融消費者之解釋。

金融服務業提供金融商品或服務，應盡善良管理人之注意義務；其提供之金融商品或服務具有信託、委託等性質者，並應依所適用之法規規定或契約約定，負忠實義務。

第 8 條

金融服務業刊登、播放廣告及進行業務招攬或營業促銷活動時，不得有虛偽、詐欺、隱匿或其他足致他人誤信之情事，並應確保其廣告內容之真實，其對金融消費者所負擔之義務不得低於前述廣告之內容及進行業務招攬或營業促銷活動時對金融消費者所提示之資料或說明。

前項廣告、業務招攬及營業促銷活動之方式、內容及其他應遵行事項之辦法，由主管機關定之。

金融服務業不得藉金融教育宣導，引薦個別金融商品或服務。

第 9 條

金融服務業與金融消費者訂立提供金融商品或服務之契約前，應充分瞭解金融消費者之相關資料，以確保該商品或服務對金融消費者之適合度。

前項應充分瞭解之金融消費者相關資料、適合度應考量之事項及其他應遵行事項之辦法，由主管機關定之。

第 10 條

金融服務業與金融消費者訂立提供金融商品或服務之契約前，應向金融消費者充分說明該金融商品、服務及契約之重要內容，並充分揭露其風險。

前項涉及個人資料之蒐集、處理及利用者，應向金融消費者充分說明個人資料保護之相關權利，以及拒絕同意可能之不利益；金融服務業辦理授信業務，應同時審酌借款戶、資金用途、還款來源、債權保障及授信展望等授信原則，不得僅因金融消費者拒絕授權向經營金融機構間信用資料之服務事業查詢信用資料，作為不同意授信之唯一理由。

第一項金融服務業對金融消費者進行之說明及揭露，應以金融消費者能充分瞭解之文字或其他方式為之，其內容應包括但不限交易成本、可能之收益及風險等有關金融消費者權益之重要內容；其相關應遵循事項之辦法，由主管機關定之。

金融服務業提供之金融商品屬第十一條之二第二項所定之複雜性高風險商品者，前項之說明及揭露，除以非臨櫃之自動化通路交易或金融消費者不予同意之情形外，應錄音或錄影。

第 11 條

金融服務業違反前二條規定，致金融消費者受有損害者，應負損害賠償責任。但金融服務業能證明損害之發生非因其未充分瞭解金融消費者之商品或服務適合度或非因其未說明、說明不實、錯誤或未充分揭露風險之事項所致者，不在此限。

第 11-1 條

金融服務業應訂定業務人員之酬金制度，並提報董（理）事會通過。

前項酬金制度應衡平考量客戶權益、金融商品或服務對金融服務業及客戶可能產生之各項風險，不得僅考量金融商品或服務之業績目標達成情形。

前項金融服務業業務人員酬金制度應遵行之原則，由所屬同業公會擬訂，報請主管機關核定。

第 11-2 條

金融服務業初次銷售之複雜性高風險商品應報經董（理）事會或常務董（理）事會通過。

前項所定複雜性高風險商品類型，由主管機關定之。

第一項複雜性高風險商品及前條第一項之酬金制度，於外國金融服務業在臺分支機構，應經其在臺負責人同意。

第 11-3 條

金融服務業因違反本法規定應負損害賠償責任者，對於故意所致之損害，法院得因金融消費者之請求，依侵害情節，酌定損害額三倍以下之懲罰性賠償；對於過失所致之損害，得酌定損害額一倍以下之懲罰性賠償。

前項懲罰性賠償請求權，自請求權人知有得受賠償之原因時起二年間不行使而消滅；自賠償原因發生之日起逾五年者，亦同。

第 12 條

金融服務業應將第八條至第十條、第十一條之一及第十一條之二規定事項，納入其內部控制及稽核制度，並確實執行。

第 12-1 條

金融服務業未依第二章有關金融消費者之保護規定辦理者，主管機關得限期令其改正，並得視情節之輕重，為下列處分：

一、警告。

二、停止該金融商品全部或一部之銷售。

三、對金融服務業就其全部或部分業務為一年以下之停業。

四、命令金融服務業停止其董（理）事、監察人、經理人或受僱人一年以下執行職務。

五、命令金融服務業解除其董（理）事、監察人、經理人或受僱人職務。

六、其他必要之處置。

金融服務業未依前項主管機關命令於限期內改正者，主管機關得再限期令其改正，並依前項規定處分；情節重大者，並得廢止其營業許可。

第三章　金融消費爭議處理

第 13 條

為公平合理、迅速有效處理金融消費爭議，以保護金融消費者權益，應依本法設立爭議處理機構。

金融消費者就金融消費爭議事件應先向金融服務業提出申訴，金融服務業應於收受申訴之日起三十日內為適當之處理，並將處理結果回覆提出申訴之金融消費者；金融消費者不接受處理結果者或金融服務業逾上述期限不為處理者，金融消費者得於收受處理結果或期限屆滿之日起六十日內，向爭議處理機構申請評議；金融消費者向爭議處

理機構提出申訴者，爭議處理機構之金融消費者服務部門應將該申訴移交金融服務業處理。

爭議處理機構除處理金融消費爭議外，並應辦理對金融服務業及金融消費者之教育宣導，使金融服務業與金融消費者均能充分瞭解正確之金融消費觀念及金融消費關係之權利與義務，以有效預防金融消費爭議發生。

爭議處理機構辦理金融消費爭議處理及前項業務，得向金融服務業收取年費及爭議處理服務費。

前項年費及服務費之收取標準及有關規定由主管機關定之。

第 13-1 條

為保護金融消費者，主管機關得指定金融相關之財團法人或公益社團法人，對於金融服務業與金融消費者間因同一原因事實受有損害之金融消費爭議事件，由二十人以上金融消費者以書面授與評議實施權後，以自己名義，依第二十三條至第二十八條規定為金融消費者進行評議程序。

前項金融消費者於申請評議後作成評議決定前，終止評議實施權之授與者，應通知爭議處理機構，該部分之評議程序先行停止；該金融消費者應於七個工作日內以書面向爭議處理機構表明自行續行評議，屆期未表明者，視為撤回該部分之評議申請。

第一項受指定之金融相關財團法人或公益社團法人申請評議後，因部分金融消費者終止評議實施權之授與，致其餘部分不足二十人者，爭議處理機構應就其餘部分繼續進行評議。

爭議處理機構作成之評議書，應由依第一項規定授與評議實施權之各金融消費者，依第二十九條及第三十條規定表明接受或拒絕評議決定及是否申請將評議書送法院核可。

第一項法人應具備之資格要件、同一原因事實之認定基準、評議實施權授與之範圍、評議程序之進行及其他應遵行事項之辦法，由主管機關定之。

第 14 條

爭議處理機構為財團法人，捐助財產總額為新臺幣十億元，除民間捐助外，由政府分五年編列預算捐助。爭議處理機構設立時之捐助財產為新臺幣二億元。

爭議處理機構設基金，基金來源如下：

一、捐助之財產。

二、依前條第四項向金融服務業收取之年費及服務費。

三、基金之孳息及運用收益。

四、其他受贈之收入。

爭議處理機構之下列事項，由主管機關定之：

一、組織與設立、財務及業務之監督管理、變更登記之相關事項、捐助章程應記載事項。

二、各金融服務業繳交年費、服務費之計算方式。

三、基金之收支、保管及運用辦法。

四、董事、監察人之任期與解任、董事會之召集與決議、董事會與監察人之職權及其

他應遵行事項。

第 15 條

爭議處理機構應設董事會,置董事七人至十一人。

爭議處理機構置監察人一人至三人。

爭議處理機構之董事及監察人,由主管機關就學者、專家及公正人士遴選(派)之。董事會應由全體董事三分之二以上之出席,出席董事過半數之同意,選出董事一人為董事長,經主管機關核可後生效。

董事、董事會及監察人不得介入評議個案之處理。

第 16 條

爭議處理機構設金融消費者服務部門,辦理協調金融服務業處理申訴及協助評議委員處理評議事件之各項審查準備事宜。

爭議處理機構內部人員應具備之資格條件,由爭議處理機構擬訂,報請主管機關核定。

第 17 條

爭議處理機構為處理評議事件,設評議委員會,置評議委員九人至二十五人,必要時得予增加,其中一人為主任委員,均由董事會遴選具備相關專業學養或實務經驗之學者、專家、公正人士,報請主管機關核定後聘任。

評議委員任期為三年,期滿得續聘。主任委員應為專任,其餘評議委員得為兼任。

評議委員均應獨立公正行使職權。

第 18 條

評議委員會為處理評議事件,得依委員專業領域及事件性質分組。

評議委員應具備之資格條件、聘任、解任、薪酬及其他應遵行事項之辦法,由主管機關定之。

第 19 條

金融消費爭議當事人,就他方當事人於爭議過程所提出之申請及各種說明資料或協商讓步事項,除已公開、依法規規定或經該他方當事人同意者外,不得公開。

爭議處理機構及其人員對所知悉金融消費爭議之資料及評議過程,除法規另有規定或經爭議雙方之同意外,應保守秘密。

第 20 條

爭議處理機構受理申請評議後,應斟酌事件之事實證據,依公平合理原則,超然獨立進行評議。

爭議處理機構為處理金融消費爭議事件,得於合理必要範圍內,請求金融服務業協助或提出文件、相關資料。受請求之金融服務業未協助或提出文件、相關資料者,爭議處理機構得報請主管機關處理。

第 21 條

金融消費者依其申訴或申請評議內容所得主張之請求權,其時效因依本法申訴或申請評議而中斷。

有下列情形之一者,前項請求權時效視為不中斷:

一、申訴或評議之申請經撤回。

二、申訴後未依第十三條第二項規定申請評議。

三、評議之申請經不受理。

四、評議不成立。

第 22 條

金融消費爭議事件涉及眾多金融消費者或金融服務業且事件類型相似者，或涉及重大法律適用爭議者，爭議處理機構對該等爭議事件得暫時停止處理，並針對該等爭議事件擬訂爭議處理原則經報請主管機關同意後，依該處理原則繼續處理，或向有權解釋法令之機關申請解釋後，據以繼續處理。

第 23 條

爭議處理機構處理評議之程序、評議期限及其他應遵行事項之辦法，由主管機關定之。

金融消費者申請評議後，爭議處理機構得試行調處；當事人任一方不同意調處或經調處不成立者，爭議處理機構應續行評議。

爭議處理機構處理調處之程序、調處人員應具備之資格條件、迴避、調處期限及其他應遵行之事項，由爭議處理機構擬訂，報請主管機關核定。

第十五條第五項及第十九條第二項有關評議之規定，於調處準用之。

調處成立者應作成調處書；調處書之作成、送達、核可及效力，準用第二十八條及第三十條規定。

金融消費者已依其他法律規定調處或調解不成立者，得於調處或調解不成立之日起六十日內申請評議。

第 24 條

金融消費者申請評議，應填具申請書，載明當事人名稱及基本資料、請求標的、事實、理由、相關文件或資料及申訴未獲妥適處理之情形。

金融消費者申請評議有下列各款情形之一者，爭議處理機構應決定不受理，並以書面通知金融消費者及金融服務業。但其情形可以補正者，爭議處理機構應通知金融消費者於合理期限內補正：

一、申請不合程式。

二、非屬金融消費爭議。

三、未先向金融服務業申訴。

四、向金融服務業提出申訴後，金融服務業處理申訴中尚未逾三十日。

五、申請已逾法定期限。

六、當事人不適格。

七、曾依本法申請評議而不成立。

八、申請評議事件已經法院判決確定，或已成立調處、評議、和解、調解或仲裁。

九、其他主管機關規定之情形。

第 25 條

爭議處理機構於受理申請評議後，應由評議委員會主任委員指派評議委員三人以上為

預審委員先行審查,並研提審查意見報告。

評議委員對於評議事項涉及本人、配偶、二親等以內之親屬或同居家屬之利益、曾服務於該金融服務業離職未滿三年或有其他足認其執行職務有偏頗之虞時,應自行迴避;經當事人申請者,亦應迴避。

前項情形,如評議委員及當事人對於應否迴避有爭議,應由爭議處理機構評議委員會決議該評議委員是否應予迴避,並由爭議處理機構將決議結果於決議之日起三日內,以書面通知當事人。

評議委員會主任委員應於預審委員自行迴避或前項評議委員會決議預審委員應予迴避之日起五日內,另行指派預審委員。

第 26 條

評議程序以書面審理為原則,並使當事人有於合理期間陳述意見之機會。

評議委員會認為有必要者,得通知當事人或利害關係人至指定處所陳述意見;當事人請求到場陳述意見,評議委員會認有正當理由者,應給予到場陳述意見之機會。

前項情形,爭議處理機構應於陳述意見期日七日前寄發通知書予當事人或利害關係人。

第 27 條

預審委員應將審查意見報告提送評議委員會評議。

評議委員會應公平合理審酌評議事件之一切情狀,以全體評議委員二分之一以上之出席,出席評議委員二分之一以上之同意,作成評議決定。

第 28 條

評議委員會之評議決定應以爭議處理機構名義作成評議書,送達當事人。

前項送達,準用民事訴訟法有關送達之規定。

第 29 條

當事人應於評議書所載期限內,以書面通知爭議處理機構,表明接受或拒絕評議決定之意思。評議經當事人雙方接受而成立。

金融服務業於事前以書面同意或於其商品、服務契約或其他文件中表明願意適用本法之爭議處理程序者,對於評議委員會所作其應向金融消費者給付每一筆金額或財產價值在一定額度以下之評議決定,應予接受;評議決定超過一定額度,而金融消費者表明願意縮減該金額或財產價值至一定額度者,亦同。

前項一定額度,由爭議處理機構擬訂,報請主管機關核定後公告之。

第 30 條

金融消費者得於評議成立之日起九十日之不變期間內,申請爭議處理機構將評議書送請法院核可。爭議處理機構應於受理前述申請之日起五日內,將評議書及卷證送請爭議處理機構事務所所在地之管轄地方法院核可。但爭議處理機構送請法院核可前,金融服務業已依評議成立之內容完全履行者,免送請核可。

除有第三項情形外,法院對於前項之評議書應予核可。法院核可後,應將經核可之評議書併同評議事件卷證發還爭議處理機構,並將經核可之評議書以正本送達當事人及其代理人。

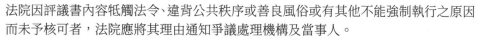

法院因評議書內容牴觸法令、違背公共秩序或善良風俗或有其他不能強制執行之原因而未予核可者，法院應將其理由通知爭議處理機構及當事人。

評議書依第二項規定經法院核可者，與民事確定判決有同一之效力，當事人就該事件不得再行起訴或依本法申訴、申請評議。

評議書經法院核可後，依法有無效或得撤銷之原因者，當事人得向管轄地方法院提起宣告評議無效或撤銷評議之訴。

前項情形，準用民事訴訟法第五百條至第五百零二條及第五百零六條、強制執行法第十八條第二項規定。

第三章之一　罰則

第 30-1 條

金融服務業有下列情形之一者，處新臺幣三十萬元以上一千萬元以下罰鍰：

一、違反第八條第二項所定辦法中有關廣告、業務招攬、營業促銷活動方式或內容之規定。

二、違反第九條第一項規定未充分瞭解金融消費者相關資料及確保金融消費者之適合度，或同條第二項所定辦法中有關適合度應考量事項之規定。

三、違反第十條第一項規定，未向金融消費者充分說明金融商品、服務、契約之重要內容或充分揭露風險，或違反同條第三項所定辦法中有關說明、揭露應以金融消費者能充分瞭解之方式或內容之規定。

四、違反第十一條之一規定，未訂定或未依主管機關核定應遵行之原則訂定酬金制度或未確實執行。

金融服務業對自然人或法人未符合第四條第二項所定之條件，而協助其創造符合形式上之外觀條件者，處新臺幣一千萬元以上五千萬元以下罰鍰。

金融服務業有前二項情形之一，且情節重大者，主管機關得於其所得利益之範圍內酌量加重，不受前二項罰鍰最高額之限制。

第 30-2 條

金融服務業有下列情形之一者，處新臺幣三十萬元以上三百萬元以下罰鍰：

一、違反第十一條之一第一項或第十一條之二第三項規定，業務人員酬金制度未提報董（理）事會通過，或未經外國金融服務業在臺分支機構負責人同意。

二、違反第十一條之二第一項或第三項規定，初次銷售之複雜性高風險商品未報經董（理）事會或常務董（理）事會通過，或未經外國金融服務業在臺分支機構負責人同意。

第四章　附則

第 31 條

爭議處理機構之董事、監察人、評議委員、受任人或受僱人違反本法或依本法所發布之命令者，主管機關得解除其董事、監察人、評議委員、受任人或受僱人之職務。

第 32 條

金融消費者於本法施行前已向主管機關及其所屬機關、金融服務業所屬同業公會或財團法人保險事業發展中心申請申訴、和解、調解、調處、評議及其他相當程序,其爭議處理結果不成立者,得於爭議處理結果不成立之日起六十日內申請評議;自爭議處理結果不成立之日起已逾六十日者,得依第十三條第二項規定向金融服務業重新提出申訴,金融消費者不接受處理結果或金融服務業逾三十日處理期限不為處理者,得向爭議處理機構申請評議。

第 32-1 條

主管機關為辦理金融監督、管理及檢查業務,得令爭議處理機構提出業務、財務及金融消費爭議案件之相關資料。

第 33 條

本法施行日期,由行政院定之。

■ 新基本小六法　三民書局編輯委員會

本書蒐錄常用之基礎法規逾一百種，在分類上依法規之主要關聯區分為十大類，除傳統熟悉之憲法、民法、商事法、民事訴訟法、刑法、刑事訴訟法、行政法規外，亦蒐錄智慧財產權法規及國際法規等新興法學之領域，並於書末臚列司法院大法官會議解釋及憲法法庭裁判彙編。

全書除法規條文外，更擇要加註重要條文之修法理由及舊條文，除供有志研習法律者於比較分析之查詢對照外，冀望對於掌管基礎法令之實務工作者亦有助益。

本版蒐錄2023年7月最新修正法規與憲法法庭判決
◎最新修正法規：憲法訴訟法、家事事件法、中華民國刑法、性侵害犯罪防治法、犯罪被害人權益保障法、刑事訴訟法、少年事件處理法、商標法、個人資料保護法、證券交易法、法官法、全民健康保險法、道路交通管理處罰條例等
◎新增憲法法庭判決：112年憲判字第2～9號

國家圖書館出版品預行編目資料

證券交易法導論／廖大穎著.－－修訂九版一刷.－－
臺北市：三民，2023
　　　面；　公分.－－（新世紀法學叢書）

　　ISBN 978-957-14-7654-4　（平裝）
　　1. 證券法規

563.51   112008972

證券交易法導論

作　　者	廖大穎
發 行 人	劉振強
出 版 者	三民書局股份有限公司
地　　址	臺北市復興北路 386 號 (復北門市)
	臺北市重慶南路一段 61 號 (重南門市)
電　　話	(02)25006600
網　　址	三民網路書店 https://www.sanmin.com.tw
出版日期	初版一刷 2005 年 5 月
	修訂八版一刷 2020 年 8 月
	修訂九版一刷 2023 年 9 月
書籍編號	S585440
I S B N	978-957-14-7654-4

三民書局